4

춘추전국이야기

· 전국시대의 시작
· 합종연횡

공원국 지음

위즈덤하우스

제1부 주요 등장인물

오기吳起(?~기원전 381)

전국시대 초기 불세출의 전략가 및 개혁가다. 위衛나라 출신으로 노魯나라, 위魏나라, 초楚나라에서 차례로 출사했다. 특히 위 문후를 도와 서하西河를 개척해 진秦을 압박하는 데 혁혁한 공을 세웠으나, 위 문후 사후 모함을 받아 초나라로 망명했다. 초나라에서 도왕의 부름을 받아 영윤의 자리를 차지하고 왕권을 강화하고 귀족권을 제어하는 법가적 개혁을 야심 차게 추진했으나 다시 도왕의 죽음으로 개혁은 좌절되고, 자신도 살해되고 만다. 병법가로서 손자에 비견되며《오기병법》을 남겼다. 상앙이나 한비자 등 후대 법가 개혁가들에게도 심대한 영향을 미쳤다.

위 문후魏文侯(재위 기원전 445~396)

오기, 이회 등을 등용해 전국시대 초기 위魏나라의 전성기를 연 개혁군주다. 그는 일관성 있게 서진 정책을 추진하는 한편 한·조 등과는 화진했다. 법가적 개혁가들을 등용해 부국강병을 추구했으나 유학자들 역시 중용해서 사마천으로부터 "전국시대에 학문을 사랑한 유일한 군주"라는 평을 들었다. 이 책의 주인공인 오기의 절대적인 지지자였다.

초 도왕楚悼王(재위 기원전 401~381)

위魏나라에서 망명 온 오기를 일약 영윤으로 발탁하여 과감한 법가 개혁을 시도한다. 그러나 개혁이 본 궤도에 오르기 전에 사망함으로써 성과를 보지는 못했다. 그의 죽음으로 오기의 개혁은 완전히 좌절된다.

위 혜왕魏惠王(재위 기원전 369~319)

《맹자》에 '양혜왕'으로 등장해 널리 알려졌다. 오기와 할아버지 문후가 세운 삼진연합의 원칙을 깨고 동서로 좌충우돌하다 강대한 위魏나라를 약소국으로 전락시켰다. 특히 서쪽에서는 상앙에게 패하고 동쪽에서는 손빈에게 대패하여 위나라 중심의 전국체제를 다시 기약할 수 없게 만들었다. 실력에 비해 치세는 대단히 길어서 위나라의 약화를 가속화시켰다.

이회李悝(기원전 455~395)

오기와 동시대 인물로 위 문후의 보좌역이었다. 성문법전을 만들고 전제, 세제 등 다방면으로 심대한 개혁을 추진했다. 특히 그가 제시한 적극적인 농업 생산 증산책인 '진지력지교盡地力之教', 국가가 곡물출납을 관장하는 '평적법' 등은 중국 고대 국가 경제 정책의 표본이 되었으며, 형법서인《법경法經》을 남겨 후대의 법학자들에게도 큰 영향을 미쳤다. 한편 오기를 등용하는 데 도움을 줬으며, 상앙의 변법에도 큰 영향을 주었다. 전목은 "상앙의 개혁은 오기와 이회에게서 나왔다"고 평가했다.

손빈孫臏(?~?)

상앙과 같은 시대를 산 인물로 위魏나라에서 다리를 잘리는 형을 받은 후 제齊나라로 와서 전략가가 되었다. 계릉과 마릉에서 연거푸 위나라의 대군을 물리침으로써 위魏나라를 약화시키는 데 큰 공을 세웠으며,《손빈병법》을 남겼다.

상앙商鞅(?~기원전 338)

오기와 마찬가지로 원래 위衛나라 출신이지만 위魏나라를 거쳐 진秦나라에서 출사했다. 진 효공을 도와 흔히 '상앙 변법'으로 알려진 법가 개혁을 추진하는데, 이 개혁이 성공하여 진나라는 독보적인 강국이 된다. 상앙 개혁의 핵심은 "농사를 지으면서 싸운다[農戰]"인데, 이는 오기와 이회에게서 배운 것이다. 전략가로서도 능력이 출중해 위나라가 동쪽에서 싸우는 틈을 두 번 이용하여 오기에게 내어준 서하를 되찾아온다. 다만 성정이 잔인해서 후견인 효공이 죽자마자 비참한 최후를 맞는다.

제2부 주요 등장인물

소진蘇秦(?~?)

동주東周 출신의 외교전략가. 6국 연합으로 진秦을 고립시키자는 합종책合從策을 내놓는다. 기원전 318년 6국 연합군을 이끌고 진의 함곡관을 공격하지만 패하자, 처음에 출사한 연燕으로 돌아가 연-제齊 관계를 담당한다. 제에서 정적이 보낸 자객에게 죽음을 당한다.

장의張儀(?~기원전 309)

위魏나라 출신의 외교전략가이자 군사가. 진秦의 장군이 되어 고국 위의 땅을 경략하고, 연횡책連衡策을 내어 소진의 합종을 깨뜨렸다. 초 회왕을 도발하여 진이 초를 공략하는 데 큰 공을 세웠다. 진의 군사력을 등에 업고 열국을 주유하며 대진對秦 연합을 차례로 깨뜨렸다.

초 회왕楚懷王(?~기원전 296)

상오의 땅을 준다는 장의의 감언이설에 속아 제齊와 단교했지만, 오히려 고립되어 진秦의 공격을 받고 한중을 잃는다. 그러나 다시 한중을 돌려준다는 장의에게 속아 진에 공격당하는 한韓을 외면한다. 진과 제 사이에서 오락가락하다 전화를 입고, 다시 진에 속아 함양에 억류당해 비참한 최후를 맞이한다.

감무甘茂(?~?)

초楚나라 하채 사람으로 진으로 가서 군인으로 출세했다. 진 무왕의 전폭적인 지원을 업고 기원전 307년 효산 밖의 거점인 한의 의양宜陽을 점령한다. 의양을 얻은 진은 동방 경략에 더욱 박차를 가한다.

조 무령왕趙武靈王(?~기원전 295)

조趙나라의 개혁군주로 호복기사胡服騎射 정책을 관철시켰다. 소진의 합종을 지지했으며, 북방 경략에 집중했다. 제후들이 진秦과 대치할 때를 노려 중산中山을 함락시키고 호胡의 땅을 개척했다. 기병으로 함곡관을 우회해 진을 칠 전략을 구상했지만, 정변의 희생양이 되었다.

제 민왕齊湣(閔)王(?~기원전 284)

송宋을 병합하여 동방의 패자가 되고, 나아가 천하의 제왕이 될 꿈을 꿨다. 맹상군과 소대蘇代를 써서 제후국을 모아 진秦을 견제하고, 틈을 노려 송宋을 병합했다. 그러나 덕이 없고 교만하여 결국 제후들이 제齊를 견제하는 동맹을 맺어 공격하고, 맹상군 마저 그를 배반하자 대들보에 매달려 죽는다.

맹상군孟嘗君(?~기원전 279?)

제齊나라의 재상으로 설薛을 봉지로 가져 설공으로 불렸다. 소진의 뒤를 이어 제2차 합종군을 이끌고 진을 쳐 크게 이름을 떨쳤다. 식객 3000명을 거느린 것으로 유명하며, 제나라의 실력자로 오랫동안 군림했다. 그러나 제 민왕과 사이가 벌어져 축출되자 조국을 배반한다.

연 소왕燕昭王(?~기원전 279)

제齊에게 하마터면 나라를 빼앗길 뻔한 것을 분하게 여겨 복수를 꿈꾼다. 겉으로 제에 충성하며 안으로는 제를 칠 인재를 모았다. 외교가 소대, 군사가 악의 등과 함께 제를 전복할 기회를 노렸다. 드디어 기회를 잡아 임치를 공격하고 제를 멸망시키기 직전 세상을 떠난다.

악의樂毅(?~?)

연 소왕을 도와 제齊를 친 희대의 군사전략가. 원래 조趙 출신이다. 제를 전복하기 위해 조와 연합하는 정책을 취했으며, 제를 침략하여 70여 성을 점령한 후 장기전을 기획했다. 그러나 연 소왕이 죽자 바로 소환되었으며, 모함이 두려워 조趙로 망명했다. 그가 쓴 〈보연왕서報燕王書〉는 제갈량의 '출사표'의 기반이 된 것으로 유명하다.

차 례

제2부 합종연횡

전국시대를 시작하며

1. 역사의 급류에 뛰어드는 무모한 도전 ━━━━━

전국시대, 바람이 잦아들면 비가 쏟아지고 비가 멎으면 땅이 갈라지던 시절이었다. 도요새가 조개를 쪼면 조개는 도요새를 물고, 어부는 둘 다 잡아 들고 집으로 돌아가는 시절이기도 했다. 누가 도요새이고, 조개이고, 어부였던가? 그렇게 물고 물리는 사이에서 각국은 지력智力을 다투며 승리를 잃고 얻었다.

전국시대가 끝나갈 무렵 예리한 사람들은 문득 되물어본다. 그 어부는 지금 무엇을 하고 있을까? 그물을 치러 갔을까, 아니면 도요새와 조개가 다시 싸우기를 기다리고 있을까? 한때의 이익이 다른 때의 해악이 되고, 한때의 고난이 뒷날의 열매가 된다. 그러나 그 찬란한 열매는 썩어 없어지거나 멧돼지의 밥이 되어버리고, 또 그 썩은 열매나 멧돼지의 똥에서 새로운 싹이 자라난다. 이렇게 이익과 해악도 시간의 수레바퀴와 함께 굴러가며 뒤섞인다. 2천 몇백 년이 지난 지금 이 무궁무진한 변화의 시기를 과연 객관적으로 묘사해낼 수 있을까?

전국시대를 집필하면서 필자는 자신감과 회의懷疑 사이를 이리저리 오가며 헤맸다. 역사는 필연적으로 거짓말의 기록이며 역사가는 그 거짓말을 다루는 사람이다. 왜 그런가? 죽인 사람은 바른말을 하지 않고 죽은 사람은 이미 말을 할 수 없다. 결국 우리에게 남은 것은 살아남은 사람들의 거짓말뿐. 그렇게 남아 있는 말이 진실이기를 바란다면 역사가로서는 지나치게 순진한 태도다.

춘추시대를 정리할 때는 그래도 비교적 약소국인 노魯나라의 기록으로서, 엄정하게 연도순으로 사건을 정리한《춘추좌전春秋左傳》이 있었다. 그러나 전국시대를 다룬 독보적인 저작은 없다. 다만 저자의 관점에 따라 서로 다르게 해석되고, 또는 사실마저 다르게 묘사된 잡다한 기록들과 마주친다. 특히 해석자들을 당황스럽게 하는 기록은《전국책戰國策》이다. 이를 역사서로 인정할 것인가, 그저 한 귀로 흘리는 한담으로 이해할 것인가? 그나마《사기史記》에 기대고 싶지만,《사기》는 또《전국책》에 기대고 있다. 그러니 새로운 자료들이 무더기로 발굴되기 전까지《전국책》을 버릴 수가 없다. 이런 약점을 안고 우리는 지금 전국시대를 묘사하려고 하니 필연적으로 상상과 추론의 도움을 받을 수밖에 없다. 도움을 받기로 마음을 굳히니 자신감이 생겨서 좋지만, 비틀린 것을 또 비트는 것 아닌가 하는 양심의 경고가 마음을 아리게 한다.

하지만 우리는 지금까지 잘 달려왔고 전국시대는 이미 펼쳐졌다. 급류에 뛰어들지 않고 저 건너 언덕으로 올라갈 수 있을까? 저 건너 언덕으로 가고 싶다면 우리는 일단 전국시대의 급류에 뛰어들어 뒤섞여야 한다. 필자의 글이 지사志士의 죽음을 욕되게 하고, 악한의 행동에 면죄부를 줄 수도 있으리라. 때로는 왜곡된 기록에 기반해 잘못된 결론을 내리곤 할 것이다. 오류는 피할 수 없다. 다만 필자가 할 수 있는 일은 기록과 해석의 경계를 분명히 밝히는 것뿐이다. 그러나 선인들은 다 이해하리라. 대개 진실은 바람 속으로 사라졌고, 우리는 흔적을 찾아다니는 사람일 뿐이니까.

이제 우리는 급류로 뛰어들었다. 어느 순간 급류를 박차고 올라 멀찍이서 급류를 내려다볼 순간이 오리라는 희망을 가지고. 모든 해석은 무모한 도전이다. 그러나 한 발짝 더 나가기 위한 필요악이기도 하다.

2. 전략으로 읽는 전국시대 ━━━━━

앞으로 이어질 이야기를 요약하면 다음과 같다.

전국시대는 '삼가분진三家分晉[삼진三晉(한韓·위魏·조趙)이 진을 나누어 가짐]'으로 본격화된다. 한·위·조가 진晉을 나누어 각 나라의 세력은 예전 한 나라일 때보다 못했지만, 위의 위대한 군주 문후文侯가 나와 삼진의 동맹을 유지하여 진秦을 견제한다. 전국시대 전기의 위대한 개혁가인 오기吳起는 문후를 도와 법가적 개혁을 추진하지만, 그의 개혁은 문후의 죽음으로 끝을 맺지 못한다.

오기의 개혁이 실패하고 삼진이 각자의 길을 가자 그 틈을 이용하여 진秦은 하루가 다르게 성장한다. 진의 성장 기반을 놓은 사람은 반쯤 성공한 개혁가 상앙商鞅이다. 상앙의 변법變法 이후 진은 나날이 강해지고, 대체로 서로 국경을 맞닿지 않은 진晉과 제齊가 연합하고 여타 나라들은 이리저리 동맹 정책을 바꾸며 치고받는 난타전의 시절이 온다. 그러나 진秦이 연횡으로 6국의 힘을 분산시키고 절대 강국으로 부상하자, 놀란 6국이 부랴부랴 반진 연합을 결성하여 진秦과 6국의 대결 양상이 벌어진다. 그러나 제각기 살길을 찾아야 하는 6국은 동상이몽 속에 제대로 된 연합전선을 구축하지 못했고, 진은 전신戰神 백기白起를 내세워 동방 나라들을 무차별적으로 공격한다. 장평에서 40만 조나라 장병들이 몰살당한 후 6국은 진에게 감히 드러내놓고 대들지 못한다. 그때 대세는 이미 결정되었다.

급기야 연燕나라 자객 형가荊軻가 진왕秦王을 칼로 찌르려 했지만 필부匹夫의 힘으로 망해가는 나라를 건질 수 없었고, 진秦에 의한 통일이라는 역사의 흐름을 막지도 못했다. 이리하여 위·초·연·제가 연이어 쓰러지고 드디어 진에 의해 중국 최초의 통일정권이 세워졌다. 그러나 진은 전국을 제패할 능력은 있었지만 아쉽게도 제국을 다스릴 능력이 없었다. 진의 학정에 신물이 난 진섭陳涉이 "왕후장상이 어찌 씨가 따로 있으랴" 하고 들고 일어나니 산동 땅은 모조리 배반하고 말았다.

그리고 이어지는 초한쟁패楚漢爭霸에서 항우項羽와 유방劉邦이 무너진 제국을 차지하고자 싸움을 벌인다. 항우가 투항자들을 쉽게 죽일 때 유방은 지친 백성들을 보듬었고, 항우가 진秦의 제도를 답습할 때 유방은 약법삼장約法三章으로 개혁했다. 유방은 이렇게 전국시대 내내 이어져온 법가적 흐름에 제동을 걸면서 새 시대의 이상을 제시함으로써 통일제국의 적자로 승인받았고, 전국시대의 분열상과 진秦 통치하의 참혹상을 전부 목격한 한漢은 이념과 실제를 동시에 갖춘 제국으로 성장한다.

이렇게 앞으로 전개될 이야기를 몇 줄로 요약했지만, 각론으로 들어가면 얽히고설킨 이야기들의 미로에 빠져 헤어날 수가 없다. 어제의 동지가 오늘의 적이 되고, 승리가 이어지는 듯하면 곧 패배가 온다. 더 난감한 점은 전국칠웅의 쟁투 과정은 너무나 복잡하고 변화무쌍하며 한 사건이 다른 사건과 중첩해서 엮여 있어 단순히 인과관계로 설명할 수 없다는 점이다. 이익인 듯 보이지만 손해인 한 수가 있고, 승리인 듯 보이지만 패배인 싸움이 즐비하기 때문이다. 그래서 우리는 끊임없이 전후좌우의 상관관계를 살피면서 사건에 들어가야 하고 상황들을 유형화할 필요가 있다. 이 또한 말처럼 쉬운 작업이 아니다.

그러나 지레 겁먹을 필요는 없다. 그 복잡한 사건들 속에는 어떤 면면한 흐름이 있는 것도 사실이니까. 태사공太史公(사마천司馬遷)이《사기》〈육국연표六國年表〉를 지으며 한 말은 그래서 의미심장하다.

"(전국시대) 대략 270년의 흥하고 망하는 단서를 기록하니, 후대에 군자가 있으면 이를 참고하라[凡二百七十年, 著諸所聞興壞之端, 後有君子, 以覽觀焉]."

필자는 〈육국연표〉를 여러 날 되풀이하여 읽다가 급기야 태사공이 어리석은 후대를 위해 베푼 가없이 큰 은혜에 감격하고 말았다. 필자는 비록 군자가 될 자질도 없는 이지만 둔한 머리를 움직여 생각하고 생각한 끝에 태사공이 말한 바의 끄트머리를 이해하게 되었다.

이제 비유를 통해 태사공의 가르침을 살펴보자. 여기 중원中原이라는 커다란 정원에 거대한 일곱 그루 나무가 경쟁하고 있다. 나무들이 얼마나 빨리 자라는지 중원이 비좁아지고, 급기야는 서로 침탈할 지경이 되었다. 어떤 나무가 다른 나무들을 압도할 것인가? 이 일곱 나무의 비유는 전국시대를 이해하는 데 중요한 열쇠가 된다.

나무의 뿌리는 국체國體요, 줄기는 전략戰略이며, 가지와 잎은 전술戰術이다. 국체란 정치의 근본으로서 백성들의 동의를 얻어내는 것이다. 전략은 전쟁과 외교의 지침으로 국가를 안존시킬 방안을 말한다. 전술이란 싸움에 임한 장수가 오로지 승리를 위해 짜내는 지혜의 총칭이다. 거꾸로 선 나무는 말라 죽고, 비스듬히 누운 나무는 크지 못한다. 이 나무의 비유를 염두에 두고 이렇게 물을 수 있다.

"6국이 스스로 망친 것인가, 진秦이 6국을 멸망시킨 것인가? 초楚·한漢이 진을 무너뜨린 것인가, 진秦이 스스로 무너진 것인가?"

처음 나무의 뿌리는 대개 비슷했다. 전국시대에는 나무들이 서로 자람 경쟁을 하느라고 뿌리를 옮길 생각을 하지 못했고 대개는 줄기가 자라면서 우열이 결판났다. 줄기는 하늘로 치솟아야 한다. 아침 빛을 좇아 동쪽으로 굽고, 저녁 빛을 좇아 서쪽으로 굽다 보면 위로 자라지 못한다. 위로 자라서 다른 나무를 덮자면 줄기는 오직 위로 곧게 자라야 한다. 오직 위로 곧게 자란다는 전략을 바꾸지 않고 일관성 있게 관철시킨 나라가 바로 진秦이었다. 위魏는 처음에는 곧게 자라다 세게 도끼질을 맞고 휘어버렸다.

이 책의 이야기가 바로 이 도끼질에 관한 것이다. 한韓과 조趙의 줄기는 동서남북으로 마구 휘었다. 줄기가 소임을 다하지 못한 것이다. 제齊는 줄기는 굵지만 비스듬히 자란 나무였고, 초楚는 위로 줄기를 뻗는 대신 가지를 넓히는 데 신경 쓰다 키가 자라지 못한 나무다. 어느덧 진이란 나무가 곧장 위로 자라 볕을 다 가리자 아래의 여섯 나무들은 옅은 볕을 두고 서로 싸우는 형국이 되고 만 것이다. 줄기를 자라게 한다는 전략에 비하면 전장에서의 승부와 담판장에서의 득실이란 그저 가지와 잎의 싸움에 불과하다. 가지와 잎의 싸움에 집중해서 뿌리와 줄기가 나갈 길을 잃은 나라는 바로 연燕일 것이다.

그러나 하늘을 찌르는 줄기와 땅을 뒤덮는 가지로 6국을 고사시켜 홀로 선 진秦이 곧장 한漢에 자리를 내준 이유는 무엇일까? 그것은 국체, 즉 뿌리가 썩었기 때문이다. 국체는 정치의 근본으로, 근본은 바로 사람들을 따라오게 하는 것이라고 했다. 사람들을 따르게 하는 근본은 역시 그들의 생명을 보존해주고 삶을 살찌우는 것이다. 마구잡이로 싸울 때는 뿌리의 중요성을 돌볼 겨를이 없었다. 전국시대에 진이 '이기면 성과를 주겠다', '전쟁으로 전쟁을 끝내겠다'고 하자 사람들은 눈앞의 이익을 바라서, 혹은 후대를 위한 이상을 좇아 고통을 감내했다. 그러나 나무는 홀로 섰고, 이제 잔뿌리를 내리고 둥치를 키워 열매를 맺을 때인데 바람 부는 창공으로 올라가라고만 하니 이것은 나무의 본성에 어긋난 것이 아닌가? 이 세상의 모든 홀로 선 나무는 위로 크지 않는다. 홀로 서면 옆으로 크게 펼쳐지는 게 나무의 본성이다. 이 본성을 무시하고 뿌리는 약한데 키만 키우니 작은 바람에도 그만 넘어지고 만 것이다.

대개 근본이 바로 서면 변화란 무쌍하게 펼쳐질 수 있다. 그러나 근본을 버리고 임기응변을 추구하면 길게는 몇십 년, 짧게는 몇 년 안에 역풍을 맞게 된다. 그럼에도 임기응변에 빠져 작게는 전략, 크게는 국체를 망각하는 것은 모두 바로 손에 잡힐 듯한 이익을 좇기 때문이다. 맹자孟子가 "왜 하필 이익을 말하십니까" 되물은 바는 깊이 음미할 가치가 있다.

공격의 근본은 무엇일까? 압도적인 위세를 들고 승리가 보장될 때만 나가는 것이다. 수비의 근본은 무엇일까? 오직 자신만 믿고 필사의 각오로 안으로 뭉치는 것이다. 전장에서 다른 목적이란 없다. 차도살인借刀殺人과 어부지리漁父之利 따위를 노리는 이들은 모두 결국 제 꾀에 넘어갔다. 요행으로 얻은 것은 쉽게 잃는 게 인간사의 이치다. 외교의 요체는 무엇인가? 두 방면으로 적을 만들지 않는 것일 뿐이다. 힘도 없으면서 원교근공遠交近攻을 바라고, 힘이 좀 있다고 사방으로 싸움을 걸다 보면 결국 외톨이가 되어 망하고 만다. 수많은 나라가 이런 식으로 반짝 타올랐다 꺼지는 촛불처럼 사라졌다. 공수의 근본을 지키면 대개 패하지 않고, 패하더라도 재기 불능의 참화는 입지 않는다.

국가와 마찬가지로 개인도 자신의 삶을 경영한다. 난세에 임해 끊임없이 삶의 근본에 대해 묻지 않은 이는 막상 죽음에 이르면 후회했다. 전국시대는 무수한 영웅을 키웠다. 삶이 주는 모든 것을 붙잡고자 시대와 타협한 이도 있고, 삶의 한 자락만을 붙잡고 그 시대와 맞선 이도 있다. 그러나 당대에 이룬 업적과 스스로가 삶에 부여하는 평가는 꼭 일치하지 않는 것 같다.

천하통일의 기획자 이사李斯는 죽음을 기다리며 아들에게 이렇게 말했다고 한다.

"너하고 고향에서 토끼 사냥이나 하고자 한들 이제 할 수 있으랴."

한편 전국시대 말기 진시황秦始皇을 암살하고자 한 자객 형가는 길을 떠나며 친구들에게 이런 말을 남겼다.

"장사 한 번 떠나면 다시 오지 못하리."

그 시절, 6국을 멸하고 대大 진秦의 정치를 독차지한 재상 이사와 북방의 소국 연의 무뢰배 형가의 삶이 비교조차 될 수 있었겠는가? 그러나 죽음을 앞두고 과연 누구의 말이 비루하고 누구의 말이 장쾌한가? 이사는 구차하고 형가는 담백하다. 아마도 두 사람의 말에서 차이가 나는 이유는 삶에 대한 진실함[誠]의 유무 때문 아니겠는가. 전국시대를 읽을 때 독자들은 국가 경영 전략뿐 아니라 개인의 인생 경영 전략도 함께 살펴보기를 바란다. 시작보다 끝이 좋아야 아름다운 삶이니까.

3. 민중의 삶에 대한 기록

필자가 보기에 전국시대를 다룬 기존 서적들이 가진 가장 심각한 결함은 몰인정함이다. 그들은 지난 시대의 민초들을 모래알보다 더 하찮은 존재로 본다. 우리 인류가 바로 그들의 후예임을 망각하고서.

　대다수의 개인은 역사의 희생양이 되기 위해 태어난 것이 아니다. 아버지나 아들, 지아비나 아내, 형이나 아우로서 온전한 삶을 사는 것이 민중의 염원이었다. 기존 서적들은 그 시절에 오로지 역사적인 소임을 완성하기 위해 살아가는 철의 심장을 가진 영웅호걸들만 살았던 것처럼 묘사한다. 전투에 임하는 병사나 생산에 종사하는 농민과 장인들의 자리에서 역사의 전개를 살펴보는 시도는 거의 없었다. 역사의 기록은 식자와 지배층이 독점할 수밖에 없지만, 실제 역사는 절대 다수인 피지배 인민에 의해 전개된다. 기록의 행간을 읽고 빈 곳을 채워 넣으면서 당시 인민의 생활과 욕망을 되살리지 않는다면, 이는 죽은 기록을 베끼는 짓에 불과하다. 읽을수록 잔인한 수단만 익히고 인간에 대한 사랑을 잃도록 만드는 역사책은 그 자체로 해악일 따름이다.

　그러나 어떻게 빈 곳을 채워 넣는단 말인가? 기록에도 남지 않은 먼 옛날 무명씨들의 삶을…….조지프 콘래드Joseph Conrad가《어둠의 심연Heart of Darkness》에서 한 말은 전국시대를 읽을 때 이렇게 응용될 수 있다.

　"이 세계의 정복이라는 것은 따지고 보면 더 잔인한 자들이 더 순한 자들에게 행하는 약탈이 아닌가. 그 행동은 알고 보면 그다지 아름다운 것은 아니야. 이 아름답지 않은 행동을 대속해주는 것은 상상밖에 없어. 사심 없는 상상."

끝없이 상상함으로써 역사의 현장에서 고통받았던 이들의 마음으로 들어가는 것 외에 기록이 그들에게 행한 폭행을 속죄할 길이 없다. 무능한 필자의 붓으로 인해 또 한 번 상처를 받을 무명씨들의 혼을 불러 위로하는 속죄의 부賦 한 수를 바치며 전국시대를 묘사하고자 한다.

초무명혼부招無名魂賦(무명씨들의 넋을 부르는 노래)

갑오甲午년 모일 동국東國 처사 공모孔某 삼가 고하나이다

강하江河가 동으로 흐르고 한강이 서로 흘러 황해로 들기 시작한 이래,

동과 서의 물이 한곳에 모이지 않은 적이 없듯이,

중국이 생긴 이래 우리 동방과 같이하지 않은 적이 없나이다

흠향하고 님들을 기다리니, 부디 주제넘다 마시고 오늘 이곳으로 오소서

눈물도 물이라고 아래로 흐르고, 정情도 기氣라 위로 오릅니다

아래에 계신 분은 눈물에 화답하고, 위에 계신 분은 정에 화답하여 오늘 이곳으로 오소서

오늘 님들을 뵙고자 강하가 시작되는 곳에서 황해까지 헤맸나이다

장평長平의 언덕에 올라, 40만 조趙나라 장정들을 뵈었고,

한수漢水·단수丹水 배 위에서 20만 초나라 열사들을 추모하고,

용문산龍門山에 올라 24만 한·위의 원혼들께 잔을 올리고,

신안新安 땅바닥에 귀를 대고 20만 진秦나라 장사들의 말씀을 들었나이다

오늘 다 오소서,

역수易水가에서 장사와 이별한 연燕 태자 단丹께서도 오시고,

하투河套의 장성 아래 묻힌 수만 검수黔首들도 오시고,

대량大梁에서 물에 잠긴 키 작은 어린이들도 오시어,

동국 창생들에게 이야기를 들려주시오

(그렇게 지성으로 며칠을 빌었더니)

여름 마른하늘이 검어지며, 폭풍이 불어 눈물처럼 쏟아붓더니,

백수천만 혼들이 해를 가리고 땅을 뒤덮으며 올라오고 내려오신다

해어진 옷에 찢어진 신, 자루만 남은 창에 깨진 투구를 쓰고,

화살을 뒤집어쓴 말에, 축 부러진 전차를 타고 전사 혼령들이 오시는구나

등과 배가 붙은 아이를 안고 아낙네 혼령들이 오시는구나

아비의 뼈를 등에 지고, 아들의 골을 보자기에 싸고 장정 혼령들이 오시는구나

손을 잡고 눈을 맞추는데, 피가 돌고 기가 살아 있어 애달픈 정을 가누지 못하노라

눈물은 눈을 적시고 종이를 적셔 다 적을 수가 없고,

슬픔이 기를 막고 혈관을 막아

목메어 차마 받아쓸 수도 없었노라

그래도 다시 오시기 힘드니, 말씀하시는 대로 듣고, 듣는 대로 적었

노라

어린아이도 말하고, 장군도 말하고, 아녀자도 말하고, 노인도 말씀하

셨느니,

황하의 둑이 터진 듯, 화산華山의 벽이 무너진 듯,

사연이 쏟아져, 슬픔의 강도 막아버리누나

그리저리 얻은 것이니, 에누리 없이 들으시오

차마 눈뜨고 볼 수 없어, 그래도 차려입은 이를 찾으니,

어떤 이 위魏나라 관리의 인수를 차고 있구나

나와 말씀을 하는 품이 나라의 어른이라

속담에 있지 않소, '방향이 틀렸다면 빨리 달릴수록 더욱 멀어진다고.'

우리 임금, '이 길이 아닙니다' 하면 '달려가지' 하고,

'방향이 틀렸습니다' 하면 '말을 타지' 하더이다

서쪽에서 범이 달려드는데 동쪽에서는 늑대끼리 닭 한 마리를 다투니,

동쪽에서 지고 서쪽에서 뺏기고, 작은 나라 남아날 틈이 있겠소

제齊나라도 만승이요, 진秦나라도 만승인데,

두 나라와 싸우며 이긴다 장담하니,

살쾡이 한 마리가 표범 두 마리와 싸우는 꼴이라,

서쪽에서 상군商君에게 속고, 동쪽에서 손빈孫臏의 노리개가 되더라
눈 감으면 떠오르고, 눈 뜨면 보이니,
녹 먹는다 좋다 마소, 관리 노릇 고역이라

그 옆에 한 사람 상이 훤칠한데,
높은 관을 쓰고 커다란 인수를 찼구나
옥패가 질경거리고, 금구가 딸랑거리니, 보아하니 진나라 재상이라
어디서 보던 얼굴, 듣던 말투라,
'이사 어른 아니시오' 하니, 그렇다고 하네
황하가 서쪽으로 흐르지 않듯이 떠난 화살은 돌아오지 않소
누가 망하게 했소, 스스로 망한 것이오
전쟁을 끝낼 수 있다면 전쟁은 필요한 것이외다,
아낙네들 소리는 이제 그만하소
그대들은 그저 나뉘는 작은 길만 알고, 합치는 큰길은 모르오
산동과 관중이 통하고, 백월白越과 호맥胡貊 땅이 연결되었소
이것이 우리 진秦나라의 공이 아니면 무엇이란 말이오
진나라가 잔혹했다고 하지 마오, 그 나라가 전쟁을 끝냈으니

그때, 늙은이 한 분이 망태기를 들고 나오는데,
무릎뼈는 툭 튀어나오고, 정강이뼈는 다 닳았구나
카랑카랑 호통치니 서리 같고 얼음 같다
'높은 님들 그만하소, 우리 맘을 어찌 알까'

노인장은 뉘시오 하니, 한韓나라 모처의 공인工人이라네

노인장 말씀 들어보니 작은 나라 백성 삶이 고달프다

동쪽 젊은이 내 말을 들어보소

백기白起는 용장勇將이고 손빈이 지장智將이던가?

백성은 나라님의 몸이고, 공인은 군대의 손발이니,

손발이 없으면 용장 지장 무슨 소용인가

의양宜陽의 철산鐵山은 깊기도 해라

하루 열 번 굴로 들어가고, 스무 번 넘어졌네

좋은 쇠는 칼 만들고, 나쁜 쇠는 보습 만드는데

오늘 넘어지는 이 노인이고, 내일 넘어지는 이 젊은이라

낙수洛水와 하수河水의 물을 들판에서 끌어 부을 때,

짚 망태는 오늘 해지고, 싸리 망태는 내일 해지고,

반은 쥐가 먹고 반은 사람이 먹는 곡식 창고 우리가 지었네

구절양장九折羊腸의 길이라도 수레 길을 뚫고,

수레 못 가는 곳은 마소 길을 뚫고,

그마저 아니면 이고 지고 가는 길,

백 번 굽고 천 번 휘는 그런 길을 닦았네

여름에는 더워서 쓰리고, 겨울에는 추워서 아린 무소 갑옷,

열 걸음이면 땀 나고, 백 걸음이면 한숨 나는 미늘 갑옷,

두 길짜리 극戟, 한 길짜리 과戈, 대문만 한 혁거革車, 집채만 한 충차衝
車, 언덕 같은 운제雲梯,

밤도 없고 낮도 없이 우리가 만들었네

고생하면 무엇하랴, 원망만 남은 인생

상당上黨 가는 양도糧道가 끊어지자, 곡식을 하변河邊에 쌓아두고 우

는 짐꾼,

'수숫대로 만들었단 말인가, 썩은 흙으로 발랐단 말인가 저놈의 양도,

휘파람에 날아가고, 호통에 무너지고,

내 자식 죽으면 공인 놈들부터 삶으리라' 하더이다

하소연이 이어지고, 한탄이 잇는 차에,

어떤 졸병 하나 나와 소리를 치네

'공인 양반 그런 말은 하도 마소.'

등에는 조趙 자 쓰고, 얼굴은 흙투성이라,

'형씨는 뉘요? 왜 얼굴은 흙투성이요?' 하니,

장평長平에서 매장당한 조나라 졸병 모 씨라 하네

젊은이 하소연에 손이 오그라들고 발이 저리누나

나 떠날 때 우리 아비 말씀하시길,

'살아서 오너라, 아들 있고 아내 있다

아비는 늙었고 태행산은 높지만,

철석같은 염파 장군 꿈에서도 믿느니라' 하시기에,

'우리 조나라 땅 넓힌다 하니 해 가기 전에 오겠소' 했어라

우리 임금 어리석고 귀가 얇아, 노장은 내치고 헛똑똑이를 세웠네

부질없이 진격하다 태행로 끊어지자, 늙은 아비 밤낮으로 가슴 뜯고

땅을 치고

'천리만리 지고 와서 여기까지 왔더니, 우리 아들 굶는구나, 우리 아

들 죽는구나'

다 살려준다기에 칼도 풀고, 창도 버렸는데,

시체도 아닌 우리들을 땅에다 묻더이다

40만 조나라 장사들 이렇게 땅에 묻혔어라

누가 평원군이 지혜가 있다 했던가? 한 치 앞도 못 보더라

누가 백기가 명장이라 하던가? 항복한 이만 묻더라

깡마른 젖먹이 안고 마른 젖 짜는 아낙네,

'애아비 보셨소, 애아비 보셨소?'

대량 땅 물에 잠길 때 못 나온 여인이더라

'더는 못 듣겠소, 이제는 못 듣겠소.'

술에 한을 풀고, 향에 정을 풀어, 혼백들께 고했더라

넘어진 사람 서러워 말고, 엎어진 사람 아파하지 마소

초목이 수백 번 바뀌고, 장강이 수천 년 흘렀소

미움도 버리시고, 슬픔도 버리시고, 중원도 버리시고, 강호도 버리시고,

산신이 되시고, 지신이 되시고, 창천에 오르시고, 강호에 임하시고,

청산같이 유수같이 바람같이 구름같이,

노니시고 누리시고, 이제 그만 쉬십시다

하늘이 밝아지고, 혼백들이 흩어지는데,

아쉽다고 받은 잔에 또 날이 샜더라

제1부

전국시대의 시작

1. 불세출의 전략가, 철의 사나이 오기 ━━━━━

이번 이야기의 주인공은 열렬한 개혁가이자 일세의 전략가인 오기와 그에게 무대를 제공한 위나라다. 진秦나라의 역사책《여씨춘추呂氏春秋》에는 오기가 참소를 당해 소환당하며 한 말이 나와 있다.

오기는 서하西河(황하 서쪽의 위나라 땅)를 바라보며 눈물을 줄줄 흘렸다고 한다. 그러자 마부가 오기에게 물었다.

"제가 공의 뜻을 모두 살펴보았지만, 공은 천하를 버리기를 신짝 버리듯 하셨습니다. 한데, 지금 고작 서하를 떠나면서 눈물을 흘리시니, 무슨 일입니까?"

오기가 대답했다.

"자네는 모르네. 군주께서 내 뜻을 알아 내 재주를 모두 펼치게 했다

면, 저 서하를 기반으로 천하의 왕이 될 수 있었을 것이야. 하나 지금 참
소하는 자의 말을 듣고 내 뜻을 몰라주시니, 서하가 진秦의 땅이 될 날
이 머지않았네. 우리 위나라는 결국 작아지고 말 것이야."

도대체 서하가 어떤 곳이기에 철의 사나이가 그토록 서글프게 울었
단 말인가? 황하는 난주蘭州에서 크게 방향을 틀어 북쪽으로 올라가다
음산陰山산맥에 부딪혀 다시 남쪽으로 내려온다. 용문龍門에 닿을 때까
지 황하의 좌우는 험하디험한 바위벽이 막고 있어서 동서로 자연적인
경계가 형성된다. 배로 건너기도 힘들고, 건넌들 전차로 돌격하기도
힘들며, 주둔군을 두자니 밭을 갈 땅도 변변치 않은 곳이다. 게다가 길
은 멀고 지형은 기복이 심해 식량을 실어 나르기도 어렵다. 그러나 황
하가 용문을 나서 몇십 리를 지나면 갑자기 좌우로 널찍하고 비옥한
범람원이 등장한다.

오기는 황하와 낙수洛水 사이에 펼쳐진 수십 킬로미터 폭의 평지에
서 농사를 지으며 군대를 기르는 임무를 부여받았다. 이 땅은 관중關中
의 목덜미와 같아서, 진秦이 이 땅을 버려두고 동쪽으로 나간다는 것은
불가능했을 뿐 아니라, 위의 수도 안읍安邑을 넘보는 것은 상상할 수도
없었다. 그러나 오기가 이 땅에 공을 들인 것은 단순히 방어를 위한 것
이 아니었다. 오기는 이 땅을 기반으로 진秦을 끝장낼 수 있다고 보았
고, 위가 진을 끝장내면 전국시대가 끝나리라는 것을 알고 있었다. 오
기가 기른 정병精兵 5만 명은 실로 무패 군단이었다. 오기가 얼마나 열
심히 진과 싸웠는지 어떤 기록에서는 무려 76번 싸워 64번 완승을 거
뒀다고 전한다. 오기가 서하에 버티고 농사를 지으며 양식 창고를 불

리자 진은 심한 불안에 빠져 낙수를 따라 길게 참호를 파고 성을 쌓아 대비했다. 오기가 전차 부대를 이끌고 위수渭水 북쪽의 평원을 따라 쳐 들어올 것이 두려웠기 때문이다. '서하를 기반으로 천하를 도모한다.' 이것이 오기의 전략이었다.

오기가 위나라에서 일을 할 수 있었던 것은 전국시대 초기 가장 위 대한 군주 중 한 사람이었던 위 문후가 뒤를 봐줬기 때문이다. 오기를 전폭적으로 지지하고 오직 서쪽 전선 한 곳에 집중시키고, 동쪽과 남 쪽에는 일관된 화친 정책을 적용한다는 것이 오기와 문후의 전략이었 다. 이미 다 지난 일이지만 문후가 10년을 더 오래 살고, 오기가 서하에 남아 있었더라면 통일제국 진秦이 탄생할 수 있었을까? 필자는 제국의 이름이 위魏로 바뀌었을 것이라고 거의 확신한다.

그러나 문후가 죽고 오기가 참소를 받아 초나라로 떠나면서 위는 더 이상 일관성 있는 전략을 구사하지 못했다. 동서 양쪽에서 싸우는 일 이 잦아졌고 일시적인 이익을 좇아 이리저리 동맹을 맺어댔다. 주적主 敵은 진秦이라는 사실을 망각하고 그들이 던지는 미끼도 덥석덥석 물 곤 했다. 전략은 사라지고 자잘한 전술들이 판을 쳤다.

2. 전략과 법치를 이해한 애민주의 지략가 ━━━━━━

오기는 불세출의 전략가이기도 하지만 법가法家적 개혁의 태두이기도 하다. 법가라고 하면 흔히 변법으로 유명한 상앙이 잘 알려져 있지만,

그 기틀은 모두 오기를 비롯한 위나라의 선배들이 놓았고, 상앙은 그들이 만들어놓은 틀을 그대로 응용했을 뿐이다. 상앙은 위나라에 있으면서 오기의 방법을 연구한 후 서쪽 진나라로 가서 법가적 개혁을 추진했다. 상앙 변법의 핵인 농전農戰, 즉 '농사 지으면서 싸우게 한다'는 책략은 오기가 서하에서 만든 것이다. 상앙이 얼마나 철저한 오기 추종자였는지는 본문에서 상세히 밝힐 것이다.

상벌의 규정을 명백히 하는 것, 남는 땅으로 백성들을 옮기는 것, 군주권을 강화하고 귀족과 종친 세력을 억누르는 것도 모두 오기에게서 배운 것이다. 이렇게 보면 오기는 실로 상앙의 정치적 스승이다. 그러나 오기는 상앙과는 천성적으로 다른 이였다. 오기는 초나라 군주에게 이렇게 유세했다.

"초는 남는 것은 땅이요, 부족한 것은 백성입니다. 하나 지금 군주께서는 부족한 것을 덜어 남는 것에 더하시니, 신은 손을 쓸 방법이 없습니다."

오기는 비록 최전선의 사령관으로서 사지에서 군대를 부리는 이였지만 그의 애민정신은 다른 법가들과 비교할 바가 아니다. 그는 법학자인 동시에 유학자를 자임했고, 그의 군사 사상은 상하동심의 묵가사상과 통했다. 필자가 판단하기에 전국시대 전체를 통틀어 오기만큼 전략과 법치의 본질을 이해한 사람은 없었고, 그토록 다양한 사상적 면모를 지닌 이도 드물었다. 또한 그처럼 예리한 지략이나 혁혁한 업적에 비해 덜 알려지고, 또 심하게 오해마저 받는 인물도 드물 것이다.

도대체 그는 왜 제대로 된 평가를 받지 못했을까? 아마도 그가 자리를 얻기 위해 아내를 죽였다는 이야기 때문이 아닐까? 과연 그는 출세를 위해 자기 아내를 죽일 정도로 냉혈한일까? 본문에서 그 의문이 풀리겠지만 그는 그런 야비한 사람이 아니었다.

오기는 위나라에서 천하 제패의 대업을 꿈꾸다 실패하여 달아났고 결국 초나라에서 슬픈 최후를 맞았다. 똑같은 질문을 초나라에 적용해서, 초나라가 만일 오기의 개혁을 받아들였다면 전국시대의 판도는 어떻게 바뀌었을까? 아마도 황하 남쪽의 땅은 전부 초나라로 들어가 남북국시대가 도래했을 것이다. 그만큼 오기가 주창한 개혁의 잠재력은 컸다.

오기가 실패한 후에도 당분간 위나라는 천하 제패라는 오기의 야망을 간직하고 있었다. 그 야망은 오기 사후 30년, 오기 병법의 계승자인 제나라의 전술가 손빈과 오기의 사상적 후계자인 진秦나라의 개혁가 상앙에 의해 물거품이 되고 만다. 오기가 뿌린 씨앗은 남의 땅에서 싹이 텄다. 오기의 꿈은 어떻게 이들에 의해 좌절되었는지 1부의 마지막 이야기 계릉桂陵과 마릉馬陵 싸움, 상앙의 개혁 부분에서 그 비밀이 밝혀질 것이다. 오기와 위 문후가 꾸었던 꿈을 손빈이 꺾은 바로 그때, 서쪽으로 건너간 상앙은 오기가 위나라에서 완수하지 못한 개혁 정책을 밀어붙이며 동쪽으로 뻗어오고 있었다.

독자들은 상앙과 오기를 비교하면서 글을 읽기를 바란다. 두 사람의 업적은 우열이 있었지만 주장은 비슷했고, 그들의 최후는 마치 베낀 것처럼 흡사했다. 그러나 필자는 이들을 동렬에 놓지는 않을 것이다. 앞서 말한 대로 삶을 대하는 '진실함[誠]', 그리고 인간을 대하는 심장

의 온도는 확연히 달랐기 때문이다. 오기는 한 명의 품격 있는 자연인
으로서 상앙처럼 이익을 좇는 비루한 이가 아니었다.

마지막으로 이 책에는 기존에 보지 못했거나 기존과는 다른 새로운
해석이 여럿 등장한다. 필자의 추론이 옳은지 아닌지는 독자들이 판단
할 몫이다. 자, 이제 전국시대의 용광로로 뛰어든다. 잠시 소소한 일상
을 떠나서 열혈남아들을 따라 심장을 덥힐 준비를 하길 바란다.

제1장

삼가분진

: 세 가문이 진쯥을 나누다

...

일개 가문의 욕망과 시대의 흐름이 반대로 가는 경우는 허다하다. 이익에 눈먼 가문들은 뭉쳐야 할 때 흩어지고, 화해해야 할 때 서로 찌른다. 멀리 볼 것도 없이 이는 분단국가를 살고 있는 우리의 현실이다. 전국은 어떤 시대인가? 간단히 말해 강하고 큰 자가 약하고 작은 자를 쳐서 없애는 시절이었다. 이른바 강대국이 지상의 목적이던 시절이었다. 그러나 강대국이었던 진晉에서는 어떤 일이 벌어졌던가? 세족들이 서로 싸우다 결국 세 갈래로 나뉘었다[三家分晉]. 모두 강대국을 지향하던 시절, 거꾸로 약소국의 길을 간 세 나라들의 운명은 어떻게 되었을까?

1. 거꾸로 가는 진晉

진晉이 막 분열하려는 찰나, 나머지 나라들은 어떻게 전국시대를 준비했는가? 오왕 합려閘閭에게 수도를 점령당한 후 초나라는 금세 회복했지만 더 이상 남방의 패자가 아니었다. 힘은 회복했다고 하더라도 무너진 이름을 회복하기는 쉽지 않다. 그러자 초나라는 과감하게 이름을 버리고 실리를 취했다. 진陳과 채蔡 등 이름만 남은 나라들을 흡수해 직할지로 바꾸고, 동쪽으로 오와 월의 땅을 다 접수했다. 나아가 황해를 오른쪽에 두고 계속 북상해서 제나라와 국경을 마주했다. 이러하니 송宋과 노魯도 언제 망할지 몰라 바짝 긴장할 수밖에 없는 처지였다. 이렇게 초나라는 전국시대에 맞는 행동들을 취해나갔다.

그때 제나라의 전田씨들은 강姜씨로부터 나라를 탈취할 준비를 하고 있었다. 기원전 484년 제나라는 애릉艾陵의 싸움에서 전 국력을 기울여 오나라 부차와 싸웠으나 대패하고 말았다. 초나라에 이어 제나라도 오나라에 패하자 중원 각국은 화들짝 놀랐다. 이 싸움에서 국씨國氏, 고씨高氏 등 전통적인 거성들이 가군家軍을 이끌고 모두 나섰지만, 혼전 속에서 중군 사령관 국서國書가 사로잡히고, 전차들은 거의 다 부숴졌으며, 무수한 장병이 전사하는 좌절을 겪었다. 《좌전左傳》의 기록에 오나라가 동맹국인 노나라에 건네준 수급만 3000명에 달했고 전리품으로 가져가기 힘든 혁거 800승도 노에 넘겼다고 하니 그 싸움에서 수만 명의 제나라 장병이 죽고 어마어마한 장비가 파괴되었다고 추측할 수밖에 없다. 이 싸움에 전씨도 힘을 보탰지만 속셈은 다른 곳에 있었다. 《춘추전국이야기 3》 2부에서 밝힌 대로 전기田乞는 동생 전서田書에게 이렇게 속마음을 전했다.

"(최선을 다해 싸워라.) 네가 죽는다면 내 뜻을 이룰 수 있을 것이다."

지금 전기가 말한 '내 뜻'이란 강씨의 제나라를 빼앗아 전씨의 나라로 만드는 것이었다. 《사기》〈중니제자열전仲尼弟子列傳〉에는 자공子貢이 전기의 아들 전상田常에게 오나라와 싸움을 벌이도록 조장하는 내용이 나온다. 고씨와 국씨 등의 거성을 전장으로 내몰아 제거하라는 말이었다. 전상은 이 계책을 듣고 뛸 듯이 기뻐했다. 국가의 거성들이 전쟁터에서 사라지면 쿠데타는 한결 쉬워질 것이 아닌가.

아니나 다를까, 전상은 애릉의 싸움이 있은 지 얼마 지나지 않아 군주 간공簡公을 죽였다. 이제부터 전씨들의 세상이 온 것이다. 아버지 전기도 군주를 죽이고 아들 전상도 군주를 죽였으나 전씨는 건재했다. 2대에 걸쳐 군주를 시해한 가문이 존속한다는 것 자체가 당시 전씨의 막강한 위세를 보여준다.

《사기》〈전경중완세가田敬仲完世家〉에 의하면, 전상은 군주 평공平公을 겁박해서 형벌을 주관하는 권리를 빼앗았고, 포鮑·안晏 등의 대성과 공족들 중 강한 이들은 모두 죽였는데, 포씨는 포숙아鮑叔牙의 일족이요, 안씨는 안영晏嬰의 일족이다. 이리하여 강씨를 호위할 모든 세력이 다 떨어져 나간 것이다. 그의 봉지는 안평安平에서 낭야郎邪에 이르러 이미 공실의 식읍보다 더 컸다고 한다. 전상이 죽을 때 남긴 아들이 70명이나 되었다고 하는데 이들은 모두 전씨의 거대한 봉지 곳곳에 배치되었다. 이렇게 동쪽에서는 전씨가 강씨의 나라를 잡아 삼키고 있었다. 전국시대적인 방식으로 나라를 얻은 전씨들 역시 전국시대적인 강국화 정책을 밀고 나갔다.

서쪽의 진秦은 주변의 위협 요소들을 계속 제거하며 동진할 기회만 보고 있었다. 진秦과 진晉 사이에 끼어서 어디에 붙을지 모르는 이민족 대려大荔를 쳤고, 황하변에다 참호를 팠다. 물론 진晉과의 전쟁 준비를 위한 것이었다. 또한 서쪽의 이민족인 의거義渠와도 계속 싸움을 벌이며 그들의 근거지를 장악해 나갔는데 동쪽으로 나올 때를 대비하여 후방을 안정시키려는 심사였다. 이렇게 서방의 진秦은 내실을 다지는 중이었다. 그러나 진이 동쪽으로 나오는 길은 오직 하나, 황하와 효산殽山 사이의 좁은 통로였다. 들어와 지키기는 쉽지만 만약 누군가 입구를 틀어막고 있다면 밖으로 나올 생각을 할 수 없는 지형이다. 기원전 628년 동쪽으로 출정했다가 효산에서 퇴로가 막혀 대패한 후 진秦의 위정자들은 군대가 출정하는 이 병목을 안전하게 하기 위해 갖은 수를 썼다. 그러나 진晉이 건재하다면 어떤 수를 써도 이 문제를 해결할 수가 없었다. 그런데 서서히 진晉 내부 상황이 이 문제에 해결책을 던지는 듯했다. 진晉이 바야흐로 분열의 길로 가고 있었던 것이다. 이리하여 진秦은 서북의 의거 문제만 해결한다면 당장 중원으로 튀어나올 태세였다.

기원전 460년 무렵 초·제·진秦은 모두 전국시대를 준비하고 있었다. 그러나 그 무렵 진晉은 거꾸로 가고 있었다. 공실은 그림자만 남고, 지知·조·위·한 등 네 경의 가문이 나라를 대부분 나누어 가졌다. 공실은 대대로 누려오던 곡옥曲沃과 강絳의 도읍만 간신히 차지하고 있을 뿐이었다. 네 가문의 욕심은 거칠 것이 없었다. 조씨가 무너뜨린 범씨, 중행씨의 땅을 공실에 귀속시키지 않고 자기들끼리 나누기로 작당한 것이었다.

비록 명목뿐인 나라의 군주라지만 진 출공晉出公은 이런 월권행위마저 눈감아줄 수는 없었다. 그는 몰래 제齊와 노魯에 사자를 파견해서 협조를 구했다.

"힘을 합쳐 네 가문을 정벌합시다."

그러나 이 모의는 사전에 발각되었고, 네 가문은 오히려 역습을 가해 출공을 나라 밖으로 쫓아냈다. 이리하여 출공은 제나라로 망명하고 (기원전 457년), 네 경이 새로 군주를 세웠으니 그가 애공哀公이다. 그러나 신하들에 의해 세워진 군주가 힘이 있을 리 만무했다.

이 무렵 네 경의 우두머리는 정력적인 무사로서 지씨 가문을 이끌고 있던 지백요知伯瑤였다. 그는 두 차례 정나라 원정을 승리로 이끌었으며, 범씨와 중행씨의 재산을 나눌 때도 주도적인 역할을 함으로써 이미 다른 세 씨족들 위에 섰다. 거침없이 판단하고, 대범하게 행동하며, 힘과 지력이 모두 남을 뛰어넘는 이 사나이는 앞으로 진晉나라 정치에 파란을 불러일으킬 것이다. 이 파랑을 헤치고 살아남은 자들이 결국 나라를 셋으로 나누고 마는데, 이리하여 서쪽 관중에서 웅크리고 있던 호랑이를 불러내는 결과를 낳는다. 이제 그 현장으로 달려가 보자.

2. 재주가 덕을 이기는 자 VS 겉은 부드럽고 속은 강한 자 ━

진晉 6경의 1차 투쟁을 겪고 살아남은 네 가문들은 공실을 무시하고 계속 욕심을 채워갔다. 그런데 네 가문이 나누기에 진은 너무 작지 않은가? 한·위·조·지 이렇게 네 성의 장자 중 특히 욕심이 많은 지백요가 나서서 조를 다음 희생양으로 지목했다. 그렇게 세 가문이 진을 나누어 가지는 과정에서 큰 분수령이 되었던 진양晉陽의 싸움이 벌어졌던 것이다.

　본격적으로 싸움을 묘사하기 전에 주인공들을 먼저 불러보자.･ 먼저

━━

• 이 이야기는 《국어國語》〈진어晉語〉, 《사기》〈조세가趙世家〉, 《한비자韓非子》〈십과十過〉, 《자치통감資治通鑑》, 《전국책》〈조책趙策〉을 기반으로 구성했다. 이 사료들 중 가장 문제가 되는 것이 《전국책》이다. 잡다한 자료들에서 모티브를 취한 후 작자의 추측까지 덧붙여 서술한 이 책을 어디까지 믿을 것인가를 두고 역대로 토론이 오갔다. 문제는 진秦의 전국 통일 후 제자백가 서적들과 함께 나머지 6국의 사료들이 대량 유실된 점이다. 그래서 사마천도 《사기》의 전국시대 부분을 묘사하면서 어쩔 수 없이 《전국책》의 내용을

지백요는 어떤 인물이었던가. 지씨 가문의 장자 지선자知宣子는 후계자로 아들 요를 마음에 두고 여기저기 자문을 구했다. 지백요는 여러 면에서 다른 사람을 앞지르는 호걸이었다. 그러나 일족인 지과知果에게 물어보니 기대와는 다른 대답이 돌아왔다.

"제 생각에는 차라리 소宵(지선자의 다른 아들)가 나을 듯합니다."

지선자가 대답했다.

"소는 행동거지와 마음 씀씀이가 불순[佷]합니다."

지과가 대답했다.

"소의 불순함이야 얼굴에 드러나는 것이지만, 요의 불순함은 마음속에 있습니다. 마음이 불순하면 나라를 망치지만 드러나는 불순함은 해가 되지 않습니다.

요가 남보다 나은 점이 다섯 가지가 있고, 남보다 못한 점이 하나 있습니다. 수염이 아름답고 몸집이 큰 것이 남보다 뛰어나고, 활을 쏘고 말을 몰고 힘을 쓰는 데도 남보다 뛰어나고, 여러 기예를 두루 익힌 것이 남보다 뛰어나고, 문장을 잘 짓고 언변이 유려한 것도 남보다 낫고, 굳세고 씩씩하며[剛毅] 과감한 점도 남보다 낫습니다."

이 정도라면 후계자로 삼아도 되지 않을까? 그러나 지과의 눈에는

대거 인용했다. 사마천은 《전국책》의 약점을 간파하고 오류를 피하려 무던히 노력했지만, 그럼에도 《전국책》의 오류를 여러 차례 반복할 수밖에 없었다. 사마천조차도 차선을 택했는데 사료들이 더 많이 사라진 지금 《전국책》을 버리자니 이는 굶어가는 사람이 한쪽이 썩은 호박을 통째로 버리는 격이다. 그러나 명백히 검증할 수 있는 부분을 제외하면, 현재로서는 《전국책》의 어떤 부분이 근거 없는 창작인지 밝혀내는 일도 지난하다. 필자는 《사기》와 《자치통감》, 그리고 상식을 기준으로 판단할 것이다. 앞으로 꼭 필요한 경우를 제외하고 일일이 출처를 표기하지 않는다.

결정적인 결점이 보였다.

"그러나 요는 참으로 어진 마음이 없습니다. 자신의 다섯 가지 장점으로 남을 업신여기고 어질지 못한 행동을 한다면 누가 참아낼 수 있겠습니까? 기어이 요를 후계자로 세우자고 하신다면, 우리 지씨 가문은 멸망하고 말 것입니다."

이렇게 부탁을 했지만 지선자는 마음을 바꾸지 않았다. 싸움터에서 힘과 용기보다 더 중요한 것이 무엇이 있단 말인가. 앞으로 지씨 가문은 무한 경쟁에서 살아남아야 한다. 지선자는 뛰어난 외모와 재능을 가진 요를 차마 버리지 못하고 그를 후계자로 삼았다. 지과는 자신의 말이 먹히지 않자 지씨에서 보輔씨로 성을 바꾸어버렸다. 지요가 지씨 가문을 파탄낼 것을 예상했기 때문이었다.

한편 싸움이 벌어지면 말벌처럼 매서웠던 조간자趙簡子(조앙趙鞅)는 어떻게 후계자를 골랐을까? 그는 장남 백로伯魯와 동생 무휼無恤을 아들로 두고 있었다. 어느 날 조간자는 아들들을 불러서 각자 죽간 하나씩을 건넸다. 거기에는 살아가면서 지킬 일을 훈계하는 글이 적혀 있었다.

그러나 조간자는 아무 생각 없이 죽간 쪼가리를 건넬 위인이 아니었다. 3년이 지났을 때 불쑥 아들들을 불러 죽간에 쓰인 글을 외어보라고 명했다. 형은 외어내지도 못했고 이미 그 죽간마저 잃어버린 후였다. 동생 무휼을 시켜보았더니 내용을 바로 외어냈을 뿐 아니라 지금 죽간이 어디 있느냐고 하니 죽간을 소매 속에서 불쑥 꺼냈다. 이 일로 조간자는 무휼의 가능성을 간파하고 태자로 세웠다. 오직 능력으로 다투는 시기에는 형, 동생도 가릴 것이 없다고 생각한 것이다. 무휼은 이토록 주도면밀한 면이 있었다.

조간자는 아들을 위해 태행太行산맥 평원지대의 진양, 동록東麓에서 하북평원을 바라보는 한단邯鄲, 양쪽이 산으로 막혀 있고 남쪽으로 황하를 바라보는 장자長子(상당上黨) 등 큰 읍에 정성을 들였다. 그중에 가장 신경을 쓴 곳이 바로 진양이다. 조간자는 가신 윤탁尹鐸을 보내 진양을 다스리게 했다. 윤탁은 임지로 떠나면서 물었다.

"진양을 실을 뽑아내는 곳으로 만들 요량이신지, 아니면 보호하는 가림막[保障]으로 만드실 요량이신지요?"

조간자가 대답했다.

"응당 우리 가문의 보호막으로 삼아야겠지."

윤탁은 진양으로 가자 세금을 내는 호수戶數를 줄여주었다. 한마디로 세금을 덜 걷고 진양의 민심을 거두겠다는 이야기였다. 조간자는 나중에 아들 무휼에게 일렀다.

"우리 진나라에 난리가 나거든, 너는 윤탁이 어리고 진양이 멀다고 생각하지 말고 반드시 그곳으로 가거라."

윤탁은 세금을 줄이는 대신 보루는 더욱 높였다. 윤탁은 다가올 세상을 읽고 있었다. 만약에 조씨 가문에 문제가 발생하면 진양을 기반으로 버티겠다는 생각이었다.

마침 기원전 457년, 조간자가 죽었다. 아버지의 말씀을 그토록 깊이 간직하던 아들은 어떤 행동을 했을까?

아버지의 자리를 이은 조무휼이 첫 번째 한 일은 대代를 친 것이었

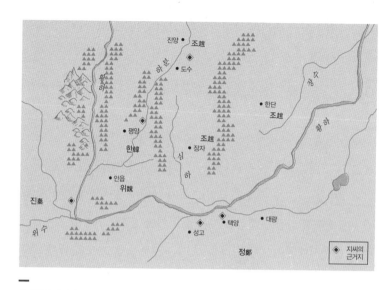

삼가분진 이전의 진晉 판도. 지·조·위·한 등 네 경의 가문은 진 출공을 나라 밖으로 쫓아내고 새 군주 애공을 세웠다. 그러나 신하들에 의해 세워진 군주는 힘이 없었고, 정력적인 무사인 지씨 가문의 지백요가 난리를 일으켜 결국 나라를 셋으로 나누고 만다. 당시 지씨는 황하 일대의 주요 읍들을 차지하고 있었다.

다. 대는 지금의 산서성山西省 대동大同에서 하북성河北省 울현蔚縣에 이르는 지역으로 진양의 바로 북쪽이다. 당시 대代왕은 조무휼의 자형이었다. 조간자는 진양을 중요시해서 딸을 대왕에게 시집보내고 우호관계를 유지하고 있었다. 아들은 과연 아버지의 말씀을 고이 간직한 조신한 청년이었을까?

조간자가 죽고 무휼이 조씨 가문의 수장이 된 바로 그해, 무휼은 북쪽을 순행하며 대왕을 초청하여 술자리를 열었다. 누가 보아도 우의를 다지는 자리였다. 대왕도 그렇게 생각했다. 그러나 그것은 오판이었다. 취흥이 한창 돌 즈음, 무휼의 가신이 돌연 구리 주기를 들고 대왕과 그 수행인들을 내리쳐 죽여버렸다. 그리고 바로 조군이 대 땅을 공격했다. 이런 파렴치한 행동을 상상도 하지 못했던 대나라는 속수무책으로 당할 수밖에 없었다. 그리하여 대 땅이 조씨 가문의 판도로 들어왔다.

그럼 무휼의 누나는 어떻게 되었을까? 동생의 잔혹한 음모로 남편을 잃자 그녀는 하늘을 우러러 통곡하다 자결하고 말았다. 그러나 누나의 죽음을 보고도 무휼은 꿈쩍도 하지 않았다. 조무휼은 아버지 조간자에 필적할 만큼 인내심과 과감성, 거기에 잔혹함까지 갖춘 사람이었다. 춘추시대에는 어떤 나라를 칠 때는 명분을 들고, 또 군대를 일으키고는 대개 선전포고를 했다. 이렇게 조무휼처럼 일국의 군주를 암살하는 예는 드물었다. '진양을 보위하자면 대 땅이 꼭 필요하고, 그렇다면 대는 없어져야 한다.' 이것만이 조무휼의 생각이었다.

그러나 그는 잔혹한 동시에 대단히 신중했다. 《여씨춘추》〈신대愼大〉편에 그가 북방 이민족을 공격할 때의 일이 기록되어 있다.

조무휼이 신치목자新稚穆子를 시켜서 적적[狄]을 공격했는데, 싸움에 이겨 좌인左人과 중인中人 땅을 취했다. 사자가 달려와 소식을 알릴 때, 그는 마침 밥을 먹고 있었는데 근심하는 표정이 역력했다. 그러자 좌우에서 물었다.

"하루아침에 두 성을 떨어뜨린 것은 남들이라면 기뻐할 일입니다. 군주께서는 지금 걱정하는 기색이 보이시니 무슨 일입니까?"

그는 이렇게 대답했다.

"대저 장강과 황하에 큰물이 넘쳐도 불과 사흘이면 줄어들고, 태풍과 폭우가 몰아쳐도 하루아침을 넘기지 못하며, 해가 중천에 떠도 잠깐이면 진다네. 지금 조씨가 덕행을 베풀어 쌓인 것도 없는데, 하루아침에 두 성을 함락시켰으니, 내가 이제 망하려나 보오."

강하지만 드러내지 않는 자 무휼, 이 사람이 장차 지백요와 진양에서 대결하게 되는 조 양자趙襄子다. 그는 힘이 약할 때는 엎드릴 수도 있지만, 기회만 오면 방법을 가리지 않을 정도로 냉혹한 사람이었다. 지씨 가문의 요(지백요)도 능력이 있고, 조씨 가문의 무휼도 능력이 있다. 둘이 부딪힐 날이 곧 오게 될 것이다.

한편 지백요의 안하무인 행동은 여타 거대 씨족들의 분노를 샀다. 특히 술자리에서 사람을 모욕하는 것이 도를 넘었다. 그는 조간자에 이어 정경이 되자 진晉나라의 이름으로 군대를 부렸다. 원정에서 돌아오는 길에 위씨, 한씨 가문의 종주들과 함께 잔치를 열었는데, 지백요는 마음 놓고 한 강자韓康子 호虎(한호)와 그의 모신 단규段規를 모욕했다. 단규는 한호가 가장 믿는 지모가였다. 그러자 지씨 가문의 인사 한 명이 지백요에게 충고했다.

"주군, 저들을 대비하지 않으면 반드시 난리가 닥칠 것입니다."

그러나 지백요는 코웃음을 쳤다.

"난리라면 장차 내가 일으킬 것이오. 내가 지금 난을 일으키지 않는데, 감히 누가 일으킨단 말이오."

그는 다시 타일렀다.

"그렇지 않습니다.《주서周書》에 이런 말이 있습니다. '원망이란 꼭 큰일 때문에 생기는 것도 아니고 작은 곳에서만 생기는 것이 아니다'

라고요. 대저 군자는 능히 작은 일에 신경을 썼기에 큰 우환을 막을 수 있었습니다. 지금 주군께서 연회 한 번에 남의 군주 되는 사람과 그 신하를 한꺼번에 욕보이시고는 대비하지도 않으면서, '그들은 감히 난리를 일으키지 않을 것이다' 하시니 이래서는 안 되지 않습니까? 벌이나 개미 따위의 벌레도 사람을 해할 수 있는데 남의 군주 노릇하는 자와 그 신하라면 어떻겠습니까?"

그러나 지백요는 여전히 들은 체하지 않았다.

3. 지백요, 진양을 포위하다 ━━━━

범씨와 중행씨의 재산을 나눈 지 몇 년이 지나자 지백요의 욕심은 더욱 커졌다. 이번에는 한·위·조나라*에 차례로 땅을 요구했다. 지백요의 사신은 한나라로 가서 다짜고짜 땅을 요구했다. 물론 진晉나라 공실의 명이라고 꾸몄겠지만 사실은 땅을 떼어서 자기에게 달라는 것이었다. 한호는 이 무례한 요구를 거절하고 싶었다. 그러나 모신 단규의 생각은 달랐다.

"안 줄 수가 없습니다. 대저 저 지백이라는 자는 이익을 밝히는 데다 괴팍한 교만 덩어리입니다. 저쪽에서 땅을 요구했는데 우리가 들어주

─────

• 이 무렵 세 가문은 이미 독자적인 조정을 가지고 있었다. 공식적으로 승인되지 않았을 뿐 이들 가문의 위상은 이미 위나 노 같은 나라들보다 더 컸다. 앞으로 나라로 부르는 것이 정당할 것이다.

지 않으면 군대를 우리 쪽으로 겨냥할 것이 분명합니다. 주군께서는 땅을 떼어주소서. 떼어주면 저쪽은 남의 땅을 거저 얻는 데 재미가 붙어 다른 나라에도 똑같이 요구할 것입니다. 다른 나라들 중에 그 요구를 들어주지 않는 나라가 있을 겁니다. 그러면 지백은 반드시 그 나라를 군사로 위협하겠지요. 그러면 우리 한나라는 우환을 벗어나고, 사태의 추이를 지켜볼 수 있습니다."

이리하여 한호는 표적이 되는 것을 피하려고 1만 호의 읍을 지백요에게 떼어주었다. 실제로 1만 호를 떼어주었다면 한나라는 엄청난 손실을 입은 것이다. 과연 지백요는 기뻐서 이번에는 위나라에 똑같은 요구를 했다. 위 환자魏桓子 구구(위구) 또한 주려고 하지 않았다. 그러나 모신 임장任章이 위구에게 반문했다.

"왜 주지 않으려 하십니까?"

"아무 까닭도 없이 땅을 달라기에 주지 않는 것이오."

"(아무 까닭도 없이 저런 짓을 하니 더욱 주어야 합니다.) 저쪽에서 아무 까닭도 없이 달라고 하니, 여러 대부들이 반드시 그를 두려워할 것입니다. 우리가 땅을 주면 지백은 필경 교만해질 것입니다. 저쪽은 교만해져서 적을 가벼이 보고 우리 쪽은 두려워서 서로 뭉쳐 가까워질 것입니다. 서로 뭉친 군대로 적을 가벼이 보는 이를 친다면 저 지씨가 망할 날도

• 전체적으로 이 부분을 묘사한 역사 기록들은 유사하지만 이름 등은 약간 다르게 기록되어 있다. 대체로 《한비자》의 내용을 따랐으나, 위나라 조정에서 일어난 대화는 《자치통감》에 더 실감나게 묘사되어 있다. 잠시 이 부분은 《자치통감》의 기록을 따른다. 앞으로도 대체로 좀 더 자세하고 구체적인 기록들을 따른다. 물론 《국어》에 기재된 것은 가장 신빙성 높은 자료로 인정하고 이용했다.

얼마 남지 않은 것입니다.《주서》에 이르길, '장차 저자를 넘어뜨리려 하면 반드시 잠시 저자를 북돋워주고, 장차 저자를 취하려고 하면 반드시 잠시 저자에게 주라'고 합니다. 주군은 지금 땅을 내줘서 지백을 교만하게 만드는 것이 낫습니다. 그런 연후에 우리 편이 될 이를 골라서 함께 지백을 도모할 수 있습니다. 그런데, 어찌 유독 우리가 땅을 아껴서 지씨의 표적이 되려 하십니까?"

위구도 어쩔 수 없어 수긍했다.

"좋소."

그리고 똑같이 1만 호의 읍을 지백요에게 넘겼다.

그러자 아니나 다를까 지백요의 사자가 이번에는 조무휼에게 도착했다. 이번에 사자는 채蔡와 고랑皐狼 땅을 요구했다. 채는 정확히 어느 곳인지 모르지만 고랑은 지금의 산서성 이석離石으로, 진양에서 서쪽으로 나가는 길의 중간에 있었다. 진양을 견제하겠다는 의도가 명백했다. 무휼로서는 그곳에 지씨의 봉지를 심어놓는 것은 꺼림칙하지 않을 수 없었다. 진양을 안전하게 지키기 위해 자형도 잔인하게 죽인 그였다. 무휼은 한마디로 거부했다. 이유 없이 내줄 수도 있지만, 특히 요구한 땅은 더욱 줄 수가 없었다. 지백요란 자와는 어차피 한 번은 싸워야 한다고 생각했을지도 모른다. 그러나 조무휼은 불안했다.《한비자》〈십과〉에 의하면 지백요가 채와 고랑 땅을 요구했을 때 조무휼은 앞으로 벌어질 일을 대강 예측했던 듯하다. 장맹담張孟談을 불러 이렇게 이야기했다.

"지백이란 자는 겉으로는 친한 척하지만 속으로는 미워하는 이요,

저자가 한과 위에 세 번씩이나 사자를 보내면서 우리에게는 아무런 소식도 없소. 분명 우리는 치려는 것이오."

조무휼이 할양을 거부하자 과연 지백요는 화가 나서 한과 위의 지원을 얻어 조씨 가문을 없앨 채비를 했다. 한과 위는 강한 지백요가 화살을 다른 곳으로 돌려주기를 원하던 차에 표적을 조로 돌리자 당장의 미움을 묻어두고 지백요와 연합했다. 모두 신의나 대의 따위와는 관계없는 행동이었다. 이렇게 철저하게 이중적인 행동을 하며 이익을 얻을 기회를 엿보는 것이 진晉나라를 나눠 먹은 나라들, 이른바 삼진三晉의 전형적인 향후 행동 양태가 된다. 국제 사회에서 모두가 책임은 작게 지고 이익은 많이 가져가려 한다면 최후의 해결 방법은 전쟁밖에 없다.

그러나 막상 세 가문이 힘을 합쳐 공격해오자 조무휼은 아버지 조간자가 그랬던 것처럼 자기 몸을 피해야 할 지경이었다. 어디로 달아나 지킬 것인가? 이 한 번의 선택이 중요하다. 따르는 사람 한 명이 권했다.

"장자長子가 가깝습니다. 게다가 성도 두껍고 잘 갖춰져 있습니다."

동쪽의 요새로 가자는 말이었다. 그러나 무휼은 거절했다.

"그곳은 아니다. 백성의 힘을 다 써서 성을 갖추었을 것인데, 또다시 목숨을 걸고 성을 지키라고 하면 누가 나와 함께하겠는가?"

어떤 이는 이렇게 권했다.

"한단의 창고가 실합니다."

화북[河北]으로 가서 평원의 생산물에 기대자는 말이었다. 무휼은 이

제안을 또 거절했다.

"백성들의 기름을 짜내서 창고를 실하게 했는데, 이제 나로 인해 그들을 죽음으로 내몬다면 누가 나와 함께하려 하겠는가?"

그는 북쪽을 선택했다. 북쪽을 중시했기 때문에 자형을 암살하기까지 하지 않았던가.

"나는 진양으로 가리라. 진양은 선주께서 부탁한 땅이며 윤탁이 관대히 다스린 곳이니 백성들은 반드시 화합할 것이다."

이리하여 그는 진양으로 떠났다.

잠시 우리는 조무휼의 행동에 대해 재고해볼 필요가 있다. 난국을 헤쳐 나가자면 결단이 중요하지만 바둑을 둘 때처럼 그다음 수는 항상 염두에 둬야 한다. 방어를 위해서는 어떤 거점까지 물러나야 한다. 그러나 어디까지 물러날 것인가? 그곳을 기반으로 반격할 수 있는 곳인가? 조무휼의 판단에 영향을 준 것 중 8할이 야속한 태행산太行山이었다. 여러 번 이야기했지만 태행산맥은 남북으로 달리고, 골짜기도 남북으로 달린다. 조씨는 진양과 장자의 두 분지, 그리고 하북의 대평원을 바라보는 한단에 기반을 두고 있었다. 그러나 이 세 도시를 흐르는 물줄기가 다 달랐다. 분하汾河(분수)의 상류에 자리 잡고 있는 진양, 심하沁河(심수)의 동쪽에 자리잡고 있는 장자, 장수漳水를 내려다보고 있는 한단은 각자 훌륭한 땅이다. 그러나 세 도시는 모두 태행산 때문에 끊어져 있었다. 한단과 진양, 한단과 장자는 좁은 태행로로 이어져 있고, 진양과 장자를 잇는 길도 구불구불한 산길이다. 전국시대 조나라의 약점은 땅은 넓으나 서로 뭉쳐 있지 않다는 점이었다. 향후 삼진끼리 서로 싸울 때 하남에 거점을 둔 위가 한단을 공략해도 진양이 쉽사리 구원할 수 없었던 이유가 바로 그것이다.

진양으로 퇴각한 것은 장자는 포기하고 군대를 집중시켜 최후의 일전을 벌이겠다는 의지로 볼 수 있다. 일찍이 그는 진양을 위해 대代 땅을 정벌하고 후방을 안정시켜놓았다. 그러나 만약 장자로 퇴각했다면 진양을 포기할 수 없다. 장자는 진양보다 좁으니 이곳으로 통하는 모든 산길을 막고 기다리기만 하면 고사할 수밖에 없는 위치다. 그러므로 장자를 지키자면 자연히 진양도 함께 지키는 부담을 떠안아야 한다. 협공을 받는 마당에 군대를 둘로 나눈다면 승리할 가능성은 줄어들었을 것이다. 필자로서는 당시 조씨 가문 병사들의 숫자를 알 길이 없으니 무휼의 판단에 대해 평가하기가 어렵다. 그러나 장자(훗날의 상당)를 포기함으로써 잃은 것은 반격의 기회였다. 장자는 천하의 목줄로, 미약한 한나라가 이 땅을 쥐고 열국 사이에서 캐스팅 보트를 행사하면서 근근이 그 명을 이었다. 조무휼이 장자를 버리지 않고 그곳에서 반격을 꾀했다면 어떻게 되었을까? 과연 성공할 수 있었을까? 이는 궁지에 몰린 이에게 너무 많은 것을 요구하는 것이리라.

결국 조무휼은 무리들을 이끌고 진양으로 탈출했다. 그러나 막상 진양에 도착하니 당장 싸울 물자를 채우는 것이 화급했다. 성 안으로 돌아보니 창고 안에 곡식이 없고, 전쟁물자와 병기도 준비되어 있지 않았다. 조무휼이 모신謀臣 장맹담을 불러 하소연했다.

"과인이 성곽과 오관의 창고를 둘러보니 전혀 준비가 되어 있지 않았소. 장차 무엇을 가지고 적과 싸운단 말이오?"

장맹담이 대답했다.

"신이 듣기로 성인이 다스릴 때는 관의 창고가 아니라 백성의 곳간에 양식을 쌓아둔다고 하고, 교화를 닦는 데 힘쓰지 성곽을 다스리는 데 힘쓰지 않는다고 합니다. 주군께서는 명령을 내리시어 백성들로 하여금 3년 치 양식을 자기 몫으로 남기고, 남는 것은 관의 창고로 넣고, 3년 치 돈을 남기고 남는 것은 부고로 넣고, 남는 인원이 있으면 성곽을 보수하게 하십시오."

과연 명령을 내리자마자 백성들이 움직이기 시작했다. 조씨 가문의 관대한 다스림을 경험한 이들이었다. 이리하여 성곽을 수리하고 기본 물자를 채웠으나 걱정거리는 남아 있었다.

"이제 곡식과 돈도 모았고, 성곽도 고쳤소이다. 그러나 화살과 촉이 없으니 무엇으로 적을 쏘리오."

장맹담이 이어받았다.

"듣기로 동자董子(조간자의 가신 동안우董安于)가 진양을 다스릴 때 공궁의 담을 모두 적호고초荻蒿楛楚(모두 화살을 만들 수 있는 나무)로 만들었다 합니다. 또한 공궁 기둥의 주초는 모두 연동煉銅으로 만들었다 합니다."

이리하여 공궁의 담장을 허물고 주초를 캐내 화살을 장만했다. 곧이어 3성姓 연합군이 쳐들어와 둘러싸고 공격을 퍼부었다. 중과부적이지만 과연 진양에다 조씨 가문이 정성을 쏟은 것이 주효했다. 진양의 백성들은 무려 석 달이 지나도록 효과적으로 저항했다. 싸움은 장기전 양상으로 치달았다.

4. 물로 흥한 자, 물로 망하다

지백요는 기발하고 집요한 사람으로 흉계를 쓰는 데 능했다. 《여씨춘추》〈권훈權勳〉 편에 지백요의 전형적인 술수가 등장한다.

지백요가 중산의 나라 중 구요厹繇를 칠 때의 일이다.* 지백요는 이 나라를 치고 싶었지만 험한 곳이라 길이 통하지 않아 칠 방법이 없었다. 그러자 지백요가 꾀를 냈다. 그는 커다란 종을 주조하여 선물하기로 하고 축이 보통의 두 배인 수레 두 대를 덧대어 종을 실어 보냈다. 물론 공격할 때 전차가 다니기 충분한 길을 만들기 위해서였다. 구요의 군주는 거대한 종을 실은 수레를 맞이하기 위해 절벽을 깎고 계곡을 메워 길을 만들려 했다. 그러자 적장만지赤章蔓枝가 만류했다.

"《시詩》에 이르길, '오직 원칙으로써 국가를 안정시킨다[唯則定國]' 했습니다. 지금 우리는 무슨 원칙에 의거해 지백으로부터 종을 받는 것입니까(받을 까닭이 없습니다)? 지백은 그저 탐욕스러울 뿐 신의가 없는 자[貪而無信]입니다. 필시 우리를 공격하고 싶으나 길이 없으니 커다란 종을 만들고 일반보다 두 배 큰 수레를 연이어 붙여 군주께 보낸 것입니다. 군주께서는 이 종 때문에 절벽을 깎고 골짜기를 메워 길을 만든다면, 반드시 군대가 따라올 것입니다."

그러나 구요의 군주는 이 말을 듣지 않았다. 얼마 후 또 간했더니 군

- 원문은 "中山之國有厹繇者"다. 이어지는 구절에 구요의 군주가 있는 것으로 나오니 나라 이름이 분명한데 중산국과 무슨 관계일까? 수레가 다닐 길도 변변하지 않은 것으로 보아 중산국의 속국, 혹은 중산국과 같은 종족이 세운 작은 나라라는 뜻일 것이다.

주가 대답했다.

"큰 나라가 우리를 위해 선물을 주는데 이를 거스르면 불길하오. 그대는 그만하시오."

그래서 기어이 종을 받아들였는데 결국 지백요는 이 길을 따라가 구요를 멸망시키고 말았다.

상대의 힘으로 길을 닦아서 상대를 멸망시킨 적이 있는 지백요, 과연 이번에는 어떤 계책을 들고 나올까? 그는 진양성이 항복할 생각을 하지 않자 물의 힘을 빌리기로 했다. 진수晉水의 물을 끌어다 성으로 들이부으면 버틸 재간이 있겠는가? 진양의 성이 견고하다고 해도 이렇게 대규모 군대에 의한 장기전을 버틸 정도로 전략적으로 설계되지는 않았다. 중국의 평지에 있는 성은 진흙을 다져 만드는데, 진흙다짐(판축) 세 판만 남을 정도로 성은 완전히 물에 잠기고 말았다. 이렇게 무려 3년을 포위하니 성 안의 사람들은 솥을 달아서 밥을 지어 먹게 되었는데, 부뚜막에서 개구리가 튀어나올 지경이었다. 이렇게 되니 성안 백성들은 말은 물론 자식들까지 바꾸어 먹는 처참한 지경이었다. 그러나 여전히 백성들은 조씨를 배반하지 않았다. 물론 승패는 이미 결판 난 것이 분명했다.

포위의 결실을 기다리며 지백요가 물에 잠긴 진양성 주위를 순행하는데, 위구가 수레를 몰고 한호가 옆에 탔다. 지백요가 본심을 토로했다.

"나는 오늘에야 물이 한 나라를 망하게 할 수 있음을 알았소이다."

지백요가 무심결에 한 말에 위구가 뜨끔해서 팔꿈치로 한호를 슬쩍 건드렸고, 한호도 위구의 발을 슬쩍 밟았다. 분하分河의 물을 끌어다 위나라의 수도 안읍에다 들이붓고, 강수絳水를 끌어다 한나라의 근거지 평양平陽을 수장시킬 수 있다는 말 아닌가? 실제로 지백요는 마음만 먹으면 그렇게 할 인간이었다. 한과 위는 싸움이 한창인 와중에 이미 끝난 후의 일을 걱정하고 있었다.

지백요 진영의 1급 모사들은 한씨와 위씨가 진심으로 협력하지 않는다는 것을 알고 있었다. 치자締疵'가 회합에서 돌아온 지백요에게 간했다.

"한과 위는 반드시 우리를 배반할 것입니다."

지백요가 의아해했다.

"무슨 말이오?"

"인사의 이치를 따져보면 알 수 있습니다. 대저 한과 위의 병사를 이끌고 조를 공격하는데, 조가 망하면 필경 한과 위에 난리가 덮치게 되어 있습니다. (주군의 생각이 그렇지 않습니까?) 우리는 이렇게 약속을 해두었습니다. '조를 멸망시킨 후 그 땅을 셋으로 나누어 갖자.' 지금 물에 잠기지 않은 부분은 세 판에 불과합니다. 사람과 말이 서로 잡아먹는 지경이라 성이 항복하기까지 며칠 남지 않았습니다. 그런데도 저 두 사람은 기뻐하는 기색 대신 걱정하는 낯빛입니다. 이것이 배반하겠다는 뜻이 아니면 무엇이겠습니까?"

지백요는 싸움에는 능했지만 인사의 이치에는 어두운 사람이었다.

• 《한비자》〈십과〉에는 이 말을 한 사람이 지과라고 되어 있는데, 이는 착오일 것이다.

그다음 날 치자가 한 말을 고스란히 한호와 위구에게 전해주고 말았다. 제 딴에는 두 사람의 기색을 살피는 것이었으리라. 그러자 두 사람은 정색을 했다.

"이는 우리를 참소하는 신하가 조씨를 위해 유세한 것입니다. 군주께서 우리 두 가문에 의심을 품도록 만들어 조씨를 공격하는 것을 느슨하게 하려는 작정이지요. 그렇지 않다면 우리 두 가문이 어찌 오늘내일 나눠 가질 조씨 땅을 이롭게 여기지 않고, 위험하고 이룰 수도 없는 일(배반)을 하려 하겠습니까?"

이 두 사람이 나가자, 치자가 들어와 물었다.

"주군, 어찌 신의 말씀을 저 둘에게 전하셨습니까?"

"그대는 어찌 그걸 알았소?"

"저들이 신을 보더니 급히 나가더군요. 자기들의 마음을 제가 간파한 것을 아는 까닭이지요."

치자는 선수를 칠 수 없다면 뇌물을 먹여서 무마할 것을 청했다.

"반드시 저들을 죽여야 합니다. 그러나 도저히 그렇게 하지 못하겠다면 더욱 친하게 대하십시오."

지백요가 반문했다.

"더욱 친하게 대하자면 어떻게 해야겠소이까?"

"위선자의 모신은 조가趙葭라는 자이고 한 강자의 모신은 단규입니다. 이들은 모두 군주의 계획을 바꿀 수 있는 이들입니다. 군주께서는

• 이어지는 대화는 《한비자》 〈십과〉에 나오는 지과의 말이다. 치자의 말로 보고 그대로 잇는다.

저들 두 군주와 약속을 맺어 '조나라를 깨뜨리면 저 두 사람에게도 만호의 현 하나를 봉해준다'고 하십시오. 이리하면 저들 두 군주가 모반하지 않도록 할 수 있습니다."

"조를 깨뜨려 그 땅을 셋으로 나누기로 했는데 또 그 모신 두 사람에게 만호의 현 두 개를 준다면 내가 얻을 것이 너무 적소이다."

지백요는 끝내 그 말을 듣지 않았다. 그러자 치자는 전장을 떠나 제나라의 사신으로 가고 말았다.

정말 한호와 위구는 배신을 생각하고 있었던 것일까? 잠시 조무휼의 진영으로 가보자. 물에 잠긴 성에서 3년을 버티고 나니 더는 견딜힘이 없었다. 이제 부하들도 자신을 우두머리로 대우하지도 않았다. 조무휼이 탄식했다.

"식량도 바닥났고, 재물도 끝나고, 사대부들은 병들었소. 아마도 더는 지켜내지 못할 것 같소. 성을 들어 항복하고 싶은데, 어느 나라에 항복하는 것이 좋겠소이까?"

모신 장맹담이 나섰다.

"신은 이렇게 들었사옵니다. '망하는 이를 보존하고 위태한 이를 안정시키지 못한다면, 지모란 것을 귀하게 여길 까닭이 없다'고 말입니다. 이제부터 항복할 생각일랑 아예 버리십시오. 신이 몰래 밖으로 나가 한과 위의 군주를 만나볼 생각입니다."

무휼은 맹담의 계책을 자세히 듣고는 맹담의 지혜에 희망을 걸고그를 밖으로 내보냈다. 몰래 한호와 위구를 만난 맹담은 이렇게 유세했다.

"신이 듣기로, '입술이 없어지면 이가 시리다[脣亡齒寒]' 합니다. 지금 지백이 두 군주의 군대를 이끌고 우리 조를 치고 있기에, 조는 장차 망하고 말 것입니다. 그러나 우리 조가 망하면, 두 군주가 그다음 차례가 됩니다."

한호와 위구는 지백요를 잘 알고 있었다. 두 사람에게 땅을 요구하더니 조에도 똑같이 요구했다. 진양을 물바다로 만들었다면 안읍과 평양이라고 그렇게 처리하지 못할 리가 없다고 생각했다. 두 사람이 말했다.

"우리도 그렇게 되리라는 것을 알고 있습니다. 그러나 지백은 괴팍하고 잔인한 사람이오. 우리들의 모의가 발각된다면 필히 화가 닥칠 것이오. 이를 어찌할 것이오."

장맹담이 두 사람에게 다짐해두었다.

"이 모의는 두 군주의 입에서 나와 제 귀로 들어갔습니다. 누가 알겠습니까?"

이리하여 두 사람은 지백요에게 등을 돌리기로 마음을 먹었다. 조씨 땅을 나누는 대신 지씨 땅을 나누자는 것이었다. 또한 북쪽으로 치우쳐 있는 조씨 땅보다 지씨 땅이 나눠 갖기도 더 좋았다. 조씨를 넘어뜨린들 지백요가 큰 몫을 줄 리도 없지만, 만약 지씨를 넘어뜨린다면 조씨에게 은혜를 베푸는 형국이니 지씨 땅 중 큰 부분을 차지할 수 있었다. 에누리 없이 이익에 의한 계산법이었다.

이렇게 다짐을 해두었지만 몰래 전군에 비밀 지령을 내리는 일이니 쉽지는 않았을 것이다. 그러니 지백요 진영의 모사들이 그 낌새를 알아채고, 혹자는 선수를 치자고 하고 혹자는 아예 뇌물을 더 먹여서 딴 마음을 먹지 못하게 하자고 했다. 그러나 지백요는 당장 조씨 땅을 차지할 욕심에 눈이 멀어 사태를 전혀 파악하지 못하고 있었다.

"3년을 기다려 이제 땅을 얻는 순간이 왔다. 이익을 눈앞에 두고 포기할 이들이 누가 있겠는가?"

드디어 조, 위, 한씨가 약속한 날이 왔다. 그날 밤 몰래 진수의 둑으로 접근하는 군사들이 있었으니 바로 조무휼의 부하들이었다. 물론 한호와 위구가 이들이 다가오도록 길을 열어주었기에 가능한 일이었다. 이들은 둑을 지키는 지백요의 군사들을 죽이고 바로 물길을 지씨 군대의 주둔지로 돌렸다. 지금까지 진양성을 포위하여 아사 직전으로 몰아갔던 그 물이 방향을 바꾸어 지백요의 진중으로 세차게 흘러들었다. 한밤중에 물이 들이치자 지백요 진영은 대혼란에 빠졌다.

그때 성문을 열고 조군이 치고 좌우에서 한군과 위군이 협공했다. 물에 빠져 전열을 가다듬을 틈도 없이 3면에서 협공을 받자 천하의 용사 지백요도 어쩔 수가 없었다. 그날 밤 지백요는 싸워보지도 못하고 허망하게 사로잡히고 말았다.《자치통감》의 지적처럼 재주가 덕을 넘어선[才勝德] 자의 최후였다.

이리하여 조, 한, 위 세 씨족이 지씨의 영지를 모두 나누어 가졌고, 지씨의 후사마저 끊어버렸다. 그러나 조씨는 장자를 한씨에게 넘겼으니 실제로 얻은 것은 별로 없었던 듯하다. 이번 거사로 가장 득을 본 쪽은 한씨였다. 주도主都 평양(오늘날의 임분臨汾) 일대의 생산물로는 한 나라를 이루기 부족했지만 이제 심하 일대의 커다란 분지, 즉 훗날 상당이

라 불리는 지역을 그러줌으로써 당당히 전국칠웅 중 하나로 부상한 것
이다.

한편 조무휼은 지백요에 대한 원한이 사무쳐 그의 두개골로 술잔을
만들었다. 둘 사이의 원한은 실로 오랜 것이었다.《회남자淮南子》〈도응
훈道應訓〉에 이런 이야기가 남아 있다.

원래 조무휼은 천출이었다. 그럼에도 조간자는 그의 가능성을 높이
샀다. 그래서 조무휼을 후계자로 삼고자 총신 동안우董安于에게 이야
기했더니 이렇게 대답했다.

"주군, 무휼은 천출인데 지금 그를 후계자로 삼겠다니 무슨 까닭입
니까?"

"무휼은 사직을 위해 능히 치욕을 견딜 수 있는 이오."

어느 날(아마도 정나라 원정에서 돌아오는 날), 지백요와 조무휼이 연회석
에서 만나 술을 마셨다. 그런데 취흥이 오르자 지백요가 조무휼의 머
리를 때렸다. 실로 있을 수 없는 일이었다. 여전히 거대 씨족인 조씨 가
문의 우두머리에게 손찌검을 하다니. 그러자 조무휼의 좌우에서 일어
나 이 자리에서 당장 지백요를 죽여버리자고 했다. 그러나 조무휼이
말렸다.

"선군께서 나를 후계자로 세우면서, 내가 사직을 위해 치욕을 견딜
수 있기 때문이라 하였소. 어찌 내가 사람이나 잘 찌른다고 나를 세웠
단 말이오."

이뿐이 아니었다. 일찍이 지백요는 조간자에게 조무휼을 후계로 삼
지 말라고 조언했고, 조무휼은 이 일을 잊지 않고 있었다. 재능은 있었

으나 덕이 없었던 지백요는 결국 정적에게 두개골을 술잔으로 바치고 말았다.

승패는 어디에서 갈렸을까? 지백요는 목적을 위해서는 수단을 가리지 않았는데 그 점에서는 조무휼도 별 차이가 없는 인간이었다. 그러나 지백요는 휼계만 반복적으로 사용할 뿐 정당한 방법은 아예 모르는 것이 문제였다. 오직 휼계만 반복해서 쓰는 상대도 더는 속지 않았다. 《전국책》〈송위책宋衛策〉에 지백요가 한 행동 한 토막이 기록되어 있다. 한때 지백요는 위衛나라를 치려 하면서 위나라에 야생말 400필과 백옥 하나를 보냈다. 구요를 칠 때와 똑같이 마음을 놓게 하려는 의도였다. 그런데 위나라에는 남문자南門子라는 이가 있었다. 그가 미심쩍어하는 모양을 보고 위나라 군주가 물으니 이렇게 대답했다.

"공 없이 얻는 상과 힘들이지 않고 얻는 예물은 잘 살펴보지 않을 수 없습니다. 야생말 400필과 백옥 하나를 바치는 것은 작은 나라가 큰 나라를 섬길 때 주는 예물인데, 지금 큰 나라가 이렇게 했습니다. 군주께서는 그 이유를 잘 살피십시오."

위나라 군주는 이 말을 좇아 오히려 경계를 늦추지 않았더니 과연 지백요는 포기하고 말았다. 대체로 지백요가 신의 없는 사람이라는 것은 세상이 다 아는 일이었다. 그럼에도 지백요는 욕심에 눈이 멀어 계속 자신의 속임수가 통할 것이란 착각에 빠져 있었다.

5. 자객들의 전성시대*

진양 싸움의 역사적인 의미를 평가하기 전에, 죽은 지백요의 가신 한 사람이 조나라를 한바탕 들었다 놓은 일을 언급할 필요가 있겠다. 이 일 또한 전국시대의 단면을 예리하게 보여주기 때문이다.

오나라 공자 광(합려)을 위해 왕을 죽인 자객 전설제專說諸(전제專諸)는 아마 자객들의 전성시대를 연 사람일 것이다. 전국시대는 한편 자객들의 시대이기도 했다. 공개적인 해결책이 없을 때 은밀한 방법을 찾는 것은 유사 이래 의지를 가진 인간들의 공통점이지만, 전국시대에 오면 그런 행동이 얼마나 성행했는지 일부 자객들은 독립적인 역할을 부여받았고, 일부는 역사책에 이름을 올렸다. 실제로 전국 말기 진秦의 정치를 전담하던 이사는 6국의 정치가들에게 두 가지 선택지를 던졌다. "금이냐 칼이냐?" 매수공작이 통하지 않으면 자객을 보내 그들을 찔렀다.

사마천은 그저 명령을 받고 수행하는 불나방 같은 살수들은 빼고 그 나름대로 주종관계의 의를 실천한 이들을 열전에 실었다. 그중 한 사람이 이 이야기의 주인공 예양豫讓이다.

예양은 한때 범씨와 중행씨를 섬겼지만 별로 알려지지 않았다. 범씨와 중행씨가 망하자 그는 지백요를 섬겼다. 예양은 팔 것은 몸뚱이밖에 없는 하급 선비였다. 지백요는 스스로 용사여서인지 용사를 아꼈는

• 이 편은 전적으로 《사기》 〈자객열전刺客列傳〉의 '예양豫讓' 부분에 근거를 두었다.

데, 용기가 남달랐던 예양은 특히 존경을 받았다. 그런데 진양의 싸움에서 지백요가 죽자, 지씨는 땅을 빼앗겼을 뿐 아니라 후손을 이을 이도 남지 못하고 몰살당했다. 특히 조무휼은 지백요의 두개골에 칠을 해서 술잔으로 쓸 정도였으니 이제 지씨가 부활할 가능성은 아예 없어 보였다. 지씨에게 몸을 맡겼던 예양은 이제 어디로 갈 것인가? 지백요가 패한 후 그의 가신들은 대개 새 주인을 찾아 떠났을 것이다. 그러나 예양만은 새 주인을 찾지 않고 산중으로 달아나 탄식했다.

"아 슬프도다! 선비는 자기를 알아주는 사람을 위해 죽고, 여자는 자기를 좋아하는 이를 위해 얼굴을 꾸민다. 지금 지백이 나를 알아주었으니 나는 반드시 원수를 갚고 죽어 지백에게 보답하리라. 그리하면 나의 혼백은 지백을 만나 부끄럽지 않을 것이다."

이리하여 성과 이름을 바꾸어 죄를 받은 사람으로 꾸민 다음 조무휼의 궁전으로 들어가 변소의 벽에 흙을 바르는 일을 하며, 몸에 비수를 지니고 찌를 기회를 엿보고 있었다.

어느 날 조무휼이 변소에 들어가는데 이상하게 마음이 동요하여 심장이 뛰었다. 그래서 화장실에 흙을 칠하는 죄수를 잡아 심문해보니 바로 예양이었는데, 품에 칼을 품고 있었다. 예양은 담대하게 대답했다.

"지백의 원수를 갚으려는 것이외다."

측근들이 아연 실색해서 예양을 죽이자고 했으나 조무휼이 측근들을 말렸다.

"저 이는 의인義人이오. 내가 조심하고 피하면 그뿐이오. 또한 지백이 죽고 후사도 없는데, 그 신하가 그를 위해 복수를 하고자 하니 이 사람은 천하의 현인이오."

이리하여 조무휼은 그를 놓아주었다. 그러나 예양은 포기하지 않았다. 얼마 지나서 그는 몸에 칠을 하고 숯을 삼켜 문둥이에 벙어리가 되어 남이 자기 모습을 못 알아보게 하고는, 도회에서 구걸을 하며 다녔다. 이러니 자기 아내도 못 알아볼 지경이었는데, 어느 날 길에서 한 친구가 그를 알아보았다.

"이 사람 예양 아닌가?"

"그래, 나일세."

이 참혹한 모습을 보고 친구는 울음을 참지 못하며 이렇게 권했다.

"자네 같은 인재가 예물을 올려 조 양자(조무휼)를 섬긴다면, 그는 반드시 자네를 가까이할 것일세. 그가 자네를 가까이하면 그때는 바라는 바를 쉽게 이룰 수 있지 않겠는가? 허나 기어이 자기 몸을 그토록 상해가면서 양자에게 보복하려 하다니, 이건 너무 어려운 일 아닌가?"

예양이 대답했다.

"여보게. 이미 예물을 바쳐 남을 섬기는 처지가 된 후에 그를 죽이려 한다면 두 마음을 품고 주군을 섬기는 일일세. 또 내가 하고자 하는 일은 참으로 어려운 일이네. 그럼에도 내가 이 일을 하려는 것은, 장차 천하에 남의 신하된 사람으로서 두 마음을 품고 그 주군을 섬기는 이들을 부끄럽게 하기 위해서네."

얼마 지나서 조무휼이 출타할 일이 생기자 예양은 그가 지나야 하는 다리 아래 엎드려 기다렸다. 그가 다리에 다다랐을 때 말이 어떤 사람을 알아보고 놀라 날뛰었다. 조무휼이 짐작하고 말했다.

"분명 저 사람은 예양이다."

사람을 시켜 확인해보니 과연 예양이었다. 이에 조무휼은 예양을 보고 꾸짖었다.

"그대는 일찍이 범씨와 중행씨도 섬기지 않았는가? 지백이 그들을 모두 멸망시켰는데 그대는 보복하지 않고, 도리어 예물을 바치고 지백을 섬겼다. 그랬던 그대가, 지백이 이미 죽은 마당에 유독 그를 위해 복수하려는 마음을 그리 독하게 품고 있는 것인가?"

예양이 대답했다.

"그렇습니다. 신은 범씨와 중행씨를 섬겼습니다. 허나, 그들은 저를 그저 여러 사람 중 하나로 대했을 뿐입니다. 그러니 저도 여러 사람 중 하나로 그들에게 보답했습니다. 그러나 지백을 섬기자 그는 저를 국사國士로 대우했으니, 저도 국사로서 그에게 보답하려는 것입니다."

무휼은 탄식을 하며 눈물을 흘렸다.

"슬프구려, 예자豫子여. 그대는 지백을 위하는 충정으로 이미 이름을 이루었소. 또한 과인이 그대를 용서하는 것도 이미 족하오. 그대는 스

• 이 대화는 《여씨춘추》 《불침不侵》에서 예양과 그의 친구 사이에 있었던 것으로 나와 있다. 《사기》와 대동소이하지만 지백요가 예양을 얼마나 아꼈는지 더 자세히 나와 있다. 실제로 지백요는 용사를 대단히 아꼈던 모양이다. 예양이 친구에게 대답한다. "내가 자네에게 이유를 알려주겠네. 범씨와 중행씨는 내가 추울 때는 옷을 주지 않고 굶주릴 때는 먹여주지 않았으며, 1000명의 사람들과 공동으로 밥을 먹게 했네. 이는 보통사람과 마찬가지로 나를 대우한 것이네. 그러면 나도 보통사람으로서 그들을 섬겨야지. 그러나 지씨에게 온 후로는 달랐네. 나가면 수레에 태우고 들어오면 충분히 보양해주고, 여러 사람들과 함께 조회에 나갈 때도 나에게는 반드시 각별한 예를 덧붙였네. 이는 나를 국사로 대우한 것이네. 무릇 국사로서 나를 대했으니 나도 국사로서 섬겨야지."

스로를 위해 도모하시오(목숨을 내놓을 각오를 하시오). 나도 그대를 다시 놓아줄 수는 없소."

그러고는 병사들로 하여금 그를 둘러싸게 했다. 그러자 예양이 말했다.

"신이 듣기로, '뛰어난 군주는 남의 아름다움을 가리지 않기에, 충신은 이름을 위해 죽는 아름다움을 가질 수 있다[明主不掩人之美, 而忠臣有死名之義]'고 합니다. 전에 군주께서 신을 관대히 용서해주셨으니 천하에 군주의 현명함을 칭찬하지 않는 이들이 없습니다. 오늘의 일로 신은 죽어 마땅합니다. 하나 청컨대 군주의 옷을 베어 복수의 뜻을 이룰 수 있게 해주소서. 이리하면 저는 죽어도 한이 없사옵니다. 감히 바랄 수 있는 일이 아닌 줄 알지만 이렇게 저의 마음을 털어놓습니다."

조무휼은 예양이 크게 의롭다고 여기고 옷을 벗어서 넘겨주었다. 그러자 예양은 칼을 뽑아 세 번 뛰어오른 다음 옷을 내리치고는 말했다.

"내가 지백의 원수를 갚게 되는구나."

그리고 칼에 엎드려 자결했다.

예양이 죽던 날, 조나라의 지사들이 이를 듣고는 모두 눈물을 흘렸다고 한다. 이리하여 예양은 숯을 삼키고 몸에 칠을 하는 고난을 견디며 복수를 기다린다는 '탄탄칠신吞炭漆身'이라는 고사성어를 남기고 역사의 희생양으로 사라졌다.

예양은 어쩌면 전국이라는 특수한 국면에서 특정 주군을 보좌함으로써 역사의 전면으로 떠오르고자 했던 하급 선비[下士]들의 마음가짐을 대변한다고 할 수도 있을 것이다. 예양처럼 칼을 든 사람뿐 아니라

지식을 가지고 출사하는 사람들의 운명도 다르지 않았다. 싸움 와중에 우두머리가 쓰러지면, 쓰러진 이와 함께 갈 것인가 새로운 길을 갈 것인가는 선택의 몫이었다. 대체로 자기를 따르는 무리들을 모두 예양과 같은 이로 만들 수 있는 사람이라면 전쟁의 각축장에서 승리할 가능성이 컸다. 우리는 조무휼이 예양을 대하는 태도를 유심히 살필 필요가 있다. 우두머리들은 부하 전사들이 예양을 표본으로 따르기를 원했던 것이다.

그러나 《한비자》 〈간겁시신奸劫弑臣〉에서는 예양에 대한 혹독한 평이 나온다.

"예양은 지백의 신하가 되어 위로는 주군을 설득하여 법술法術과 도수度數의 이치를 깨쳐 화란을 만나지 않도록 하지 못했고, 아래로는 그 대중을 이끌고 제어하여 국가를 안정시키지도 못했다. (중략) 비록 잔혹하게 자기 몸을 해치고 죽여가며 주군을 위한다는 이름을 얻었지만 실상 지백에게는 털끝만큼의 도움도 주지 못했다. 이런 짓은 내가 비천하게 여기는 바이지만 세상의 군주된 이들은 충성스럽다 하여 높게 산다."

한비자가 보기에 예양의 행동은 의도와는 다르게 아무런 실익이 없는 짓이다. 그러나 사마천이 예양을 높이 산 것은 그가 대가를 바라지 않고 주동적으로 행동했기 때문이다. 그는 고용된 사람이라기보다는 여전히 독립적인 사람이다. 그러나 정말 불나방처럼 생을 마감한 자객도 무수히 많았다. 그들은 고용된 이로서 오직 고용주와의 사사로운 의리만 믿고 평지풍파를 일으켰다. 그러나 실제로 천한 이는 자객이 아니라 고용주일 것이다.

말이 나온 김에 한 사람의 자객을 더 살펴보자. 고용주에게 철저히 이용당한 사람 중 섭정聶政이 있었다.˙ 대개 기원전 370년대(371년 혹은 374년)의 일이다.

한괴韓傀가 한나라의 재상일 때 엄수嚴遂가 애후哀侯의 총애를 받았다. 그래서 두 사람은 서로 시기했는데, 어느 날 조정에서 의논하다 엄수가 대놓고 한괴를 가리키며 잘못을 지적했다. 그러자 한괴가 조정에서 엄수를 심하게 꾸짖었고, 이에 엄수는 칼을 뽑아 달려들어 사사로이 문제를 해결하려 했다. 마침 사람들이 말려서 미수에 그쳤지만 이 일로 엄수는 국외로 달아났다. 이후 한괴에게 원한을 품고 복수할 날을 기다리는데 제나라에서 어떤 사람이 알려주었다.

"지軹 땅 심정리深井里의 섭정이 용사입니다. 지금 원수를 피해서 도살장에 숨어들어 백정 노릇을 하고 있습니다."

엄수는 슬그머니 섭정에게 다가가 후하게 대우를 해주었다. 섭정은 의아했다.

• 이 편은 《전국책》 〈한책韓策〉과 《사기》 〈자객열전〉에 함께 등장한다. 〈한책〉의 문장이 더 극적이고 현장감이 있다. 〈육국연표〉와 《자치통감》에 의하면 이 일은 기원전 371년에 일어났다. 그런데 여기서 짚어볼 점이 있다. 《사기》 〈한세가韓世家〉에는 "한 열후 3년에 섭정이 재상 협루俠累〈한책〉의 한괴韓傀를 죽였다"고 나오고, 또 "애후 6년에 한엄韓嚴(엄수嚴遂)이 군주 애후를 죽였다"고 나온다. 그러나 〈한책〉에는 한괴가 달아나다 살아보려고 군주 애후를 껴안자 섭정이 둘을 모두 찔러버렸다고 한다. 그렇다면 재상(협루 또는 한괴) 살인사건과 군주(애후) 살인사건을 따로 놓은 〈한세가〉의 기록과 〈한책〉의 기록 중 하나는 착오일 것이다. 그런데 사마천은 〈자객열전〉에서 분명히 열후가 아니라 애후 시절에 협루(한괴) 살해사건이 있었다고 써서 스스로 〈한세가〉의 내용을 부정한다. 〈한세가〉의 기록은 사마천의 착오였을 것이다. 그래서 《자치통감》도 이번에는 《전국책》 〈한책〉의 손을 들어준 것 같다. 따라서 필자도 〈한책〉을 따랐다.

"어른께서는 저를 어디에다 쓰시려고 이렇게 대하십니까?"

엄수는 슬쩍 마음에 없는 말을 했다.

"내가 그대에게 도움을 준 지 얼마 되지도 않고 지금 대접도 부실한데 무슨 바랄 것이 있단 말입니까?"

겉으로는 그렇게 말했지만 그는 섭정에게 대단한 공을 들였다. 섭정의 노모의 장수를 기원하기[祝壽] 위해 황금 100일鎰을 건네자 섭정은 놀라서 한사코 사양했다.

"저는 비록 노모를 모시고 있고 집은 가난하여 떠돌면서 개나 잡는 사람이지만, 아침저녁으로 맛있는 것을 올려 어머니를 모시고 있습니다. 어머니 모실 준비는 다 되어 있으니 의리상 어른께서 주시는 것을 감당할 수 없습니다."

그러자 엄수는 사람들 눈을 피해 슬쩍 본심을 흘렸다.

"나는 나라에서 원수를 지고 여러 나라를 떠돌아다니는 처지입니다. 지금 제나라에 와서 족하의 의기가 높다는 소문을 들었습니다. 백금을 드리는 것은 그저 노모의 거친 식사에 보태라는 것이지 무슨 다른 청이 있겠습니까?"

섭정은 완곡하게 거부했다.

"제가 뜻을 낮추고 몸을 욕보이면서 시정에 살고 있는 것은 그저 늙으신 어머니를 모시는 기쁨 때문입니다. 어머니가 살아 계신데 남에게 감히 몸을 맡길 수는 없습니다."

엄수는 기어이 금을 주려고 했으나 섭정은 받지 않았다. 한참 후 어머니가 운명하자 섭정은 결심을 굳혔다.

"아! 나는 시정에서 칼을 들고 짐승을 잡는 이요, 엄중자嚴仲子(엄수)는 제후의 경상이었다. 그런 그가 1000리를 멀다 않고 나를 찾아와 수레를 굽혀 나와 친교를 맺고자 했다. 내가 그를 너무 박하게 대했고, 그를 위해 세운 공도 없구나. 그런 내게 백금을 주며 어머니의 장수를 빌어주었다. 내 비록 그 돈을 받지는 않았지만 그가 나를 알아준 것은 틀림없다."

장례를 마친 섭정은 엄수를 찾아가 물었다.

"전에 몸을 허락하지 않은 것은 어머니 때문이었습니다. 이제 어머니께서 돌아가셨으니 묻겠습니다. 중자께서 원수를 갚고 싶다는 이가 누구입니까?"

이리하여 엄수가 자기 원수는 한괴이며 그는 군주의 계부季父이기도 해서 단단한 호위를 받고 있다고 알려주었다. 엄수가 거사를 도모할 준비를 해주겠다고 했으나 섭정은 거부했다.

"지금 우리는 한 나라의 재상을 죽이려 하고, 하물며 그는 군주의 친족입니다. 이런 형세에는 사람이 많아서는 안 됩니다. 사람이 많으면 득실을 따지고, 득실을 따지다 보면 모의가 누설됩니다. 누설되면 한 나라가 온 나라를 들어 중자와 원수를 맺을 것인데, 이리하면 위태롭지 않을 수 있겠습니까?"

이렇게 말하고 섭정은 칼 한 자루만 들고 한나라로 떠났다. 그때 한나라는 동맹東盟에서 연회를 열고 있었다. 연회장에는 병기를 들고 호위하는 이들이 상당히 많았다. 그러나 섭정은 개의치 않고 곧장 연회장으로 들어가 계단 위로 뛰어올랐다. 그러고는 바로 한괴에게 달려들었다. 한괴는 도망치다 황급히 애후를 끌어안았다. 그러나 섭정은 한 괴를 찌르고 애후도 찔러버렸다. 이런 아수라장에서 섭정은 그 외에도 여러 명을 살해했다. 그러나 끔찍한 장면은 그다음이다. 그는 바로 자기 얼굴 가죽을 발라내고 눈알을 후벼낸 후 배를 갈라 창자를 쏟으며 죽었다. 자신의 신분을 감추기 위해서였다.

섭정이 죽은 후 한나라는 이 자객의 신분을 밝히기 위해 시체를 거리에 눕혀놓고 거액의 현상금을 걸었지만 아무도 아는 이가 없었다. 어느 날 어떤 여인이 다가와 시체 위에 엎드려 목 놓아 울었다.

"네가 지금 죽어서 이름도 남기지 않은 것은 분명 부모형제도 없는 마당에 나를 보호하려는 심사였겠지. 내 몸을 아껴 동생의 이름을 버리는 일은 차마 못 하겠노라."

그녀는 시체를 안고 울면서 외쳤다.

"이 이는 지 땅 심정리 사람 섭정이다!"

그러고는 시체 옆에서 스스로 목숨을 끊었다. 그녀는 섭정의 누나였다. 그러자 삼진은 물론 초와 제나라 사람들도 "섭정의 실력도 대단하지만 그 누나도 열녀로다" 하고 찬탄했다고 한다.

그러나 필자는 예양은 몰라도 섭정을 높이 사지 않는다. 한 사람의 복수를 위해 도대체 몇 명이 헛되이 죽어야 했던가? 엄수는 원한에 사로잡힌 필부에 불과한데 섭정은 왜 그를 따랐을까? 예양은 죽은 주인을 위해 따라 죽었다지만 섭정은 엄연히 살아 있는 고용주를 위해 한나라의 재상과 군주까지 죽여 나라를 흔들었다. 엄수는 표독하고 섭정은 어리석지만, 전국시대에는 이런 이들이 계속 양성되었다. 비록 섭정이 큰 뜻은 모르고 사사로운 정만 안다고 할지라도 전국 말기 진秦의 재상 이사가 고용한 자객들보다는 나았다. 그들은 사사로운 정도 없는 날품팔이 칼잡이였다.

6. 삼진 성립의 의미

전국시대의 주종관계
—

진양의 싸움 후 장맹담이 조나라 조정을 안정시킨 다음 조무휼에게 간했다.

"예전에 선주(조간자)께서 이렇게 말씀하셨습니다. '오백五伯(즉 춘추의 오패五霸)이 천하를 거느릴 수 있었던 것은 군주의 세력이 신하들을 능히 제어할 수 있고, 신하들이 군주를 제어할 수 없도록 했기에 가능했다.' 그러니 신분이 열후의 자리에 오른 이는 재상의 자리를 차지하지 못하게 하고, 장군 이상의 직위를 가진 이는 군주를 가까이 모시는 대부[近大夫]가 되지 못하게 해야 한다'라고요. 지금 신은 이름을 날리고

• 《전국책》〈조책〉 원문은 "五伯之所以致天下者, 約兩主勢能制臣, 無令臣能制主"이다. 그런데 "約兩主勢能制臣"은 무슨 뜻일까? 《전국책》에는 뜻이 통하지 않는 문장들이 상당히 많다. 내가 보기에 '約兩'은 원래 다른 문자였거나, 전사하는 과정에서 일부 글자가 누락된 것으로 보인다. 이 부분을 "두 군주를 맹약으로 묶어"로 해석하는 경우가 보이지만, 뜻이 통하지 않는다.

몸이 존귀해졌으며 권세는 대중을 복종시킬 정도로 무겁습니다. 원컨 대 신은 공명을 덜고 권세를 버리고 그만 대중으로부터 떠나고 싶습 니다."

조무휼이 놀라서 반문했다.

"어쩐 일이십니까? 나는 이렇게 들었소이다. '군주를 보좌한 이는 이름을 날리고, 공이 큰 이는 몸이 귀해지며, 나라의 정사를 담당한 이는 권세가 무거우며, 충성과 신의를 갖춘 이에게는 대중이 복종한다'라고 말이오. 이렇게 인재를 우대하여 선대의 성현들이 국가를 일으키고 사직을 안정시켰소이다. 그대는 왜 그런 말씀을 하시오?"

맹담이 답했다.

"군주께서 하신 말씀은 공을 이룰 때의 미덕을 말하는 것이고, 신이 지금 하는 말은 나라를 유지하는 도를 이르는 것입니다. 신이 아는 바로 일을 성사시키기 위한 미덕은 고금천하 다 같습니다. 그러나 고래로 신하와 군주의 권위가 같은 것이 미덕이 된 적은 없습니다. 옛날 일을 잊지 않으면 훗날 일의 귀감으로 삼을 수 있습니다. 군주께서 이를 도모하지 않으시면 신은 역부족이옵니다."

이리하여 떠날 결심을 굳히니 붙잡을 도리가 없었다. 그래서 무휼은 가슴에 품은 의문을 하나 꺼냈다.

"진양에서 싸울 때, 신하로서 말을 듣지 않았던 이들을 어찌하면 좋겠소이까?"

장맹담의 대답은 이것이었다.

"죽여버리십시오[死僇]."

무휼은 진양성의 포위를 푼 후 논공행상을 할 때 특별한 공도 없는 고공高共을 최고의 상으로 포상했다. 좌우에서 분분히 말이 일자 무휼은 이렇게 대답했다.

"진양이 바야흐로 떨어지려 할 때 여러 신하들은 모두 해이해져 예를 차리지 않았으나, 고공만은 감히 신하의 예를 잃지 않았소. 그러니 그를 우선한 것이오."

"말을 안 듣는 신하는 신하가 아니다." 지금 맹담과 무휼은 전국시대 모든 국가들이 달성하고자 했던 국가 보위를 위한 기본 요강을 이야기하고 있다. 바로 군주를 중심으로 권력을 모으는 것이다. 이 변설이 한비자의 영향을 받았는지, 한비자가 이런 변설의 영향을 받았는지는 확실하지 않지만 장맹담의 이야기와 한비자의 이야기는 대동소이하다. 군주가 권력의 중심에 서서, 신하들에게 충성 서약을 받으라는 것이다. 그러니 위급한 순간에 군주의 말을 듣지 않은 이들이라면 차라리 죽여서 본보기를 보이는 게 낫다고 한 것이다.

과거를 돌아보면, 진 문공은 명령을 듣지 않은 장수 위주魏犨를 죽여버리고 싶었지만 진나라 최고의 용장의 재주를 아꼈기 때문에 살려주었다. 그러나 전국시대로 들어가면 전사들의 독립적인 행동반경은 점점 줄어든다. 특히 앞으로 등장할 오기는 전사들의 돌출행동을 용납하지 않았다.

진晉을 나눈 원죄

크게 보아 진晉의 분열은 시대를 역행하는 것이었다. 진이 약해지면 응당 진秦이 강해지는데, 이 진秦의 야심은 효산 동쪽의 여러 국가들과 비할 바가 아니었다. 그런데도 서로 나뉘어 그토록 오랫동안 포위 작전을 펴면서 서방의 진秦에게 시간을 벌어주었다. 형세로 보아 삼진이 힘을 합치면 진을 이길 수 있고, 그중 둘이 힘을 합치면 진을 막아낼 수 있고, 하나씩 싸우면 지는 것이 상식이었다. 그런데 세 씨족이 지씨를 멸망시켰을 때 보았듯이 삼진의 세 나라는 대단히 기회주의적이고 이익에 민감했다. 세 씨족이 나라를 갈라먹은 것도 모두 자기 씨족의 이익 때문이 아니었던가?

진晉은 셋으로 나뉘었고, 이제 관중의 구렁이가 효산을 넘어올 차례가 되었다. 그들의 분열로 진秦이 일약 전국시대의 강자이자 독립변수로 등장한다. 애초에 이익 때문에 갈라졌으며 항상 이익을 달리하는 셋이 다시 뭉치는 것은 대단히 어려운 일이다. 또한 진은 끊임없이 이간책을 써서 한·위·조가 서로 뭉치는 것을 방해했다.

이제 의문점이 하나가 떠오른다. 진晉의 네 세력이 내전을 벌였다. 그런데 왜 진秦은 가만히 보고만 있었을까? 그것은 황하 서쪽에 몰려 있던 위씨의 영지, 즉 서하라고 불리던 지역에 있는 일련의 요새들 때문이었다. 이 지역에 한 군단만 주둔하고 있다면 도저히 동쪽을 도모할 수 없다. 이 지역을 공략하지 않고는 불안해서 황하를 건널 수도 없고 효산의 험로를 빠져나갈 수도 없다.

재미있는 가정을 하나 해보자. 한·위·조가 모두 이익으로 나라를 운영했으니, 오직 이익의 관점에서 한과 위가 다른 전략을 펼쳤다고 하자. 조로서는 한과 위를 끌어들여 위기를 모면하는 길밖에 없다. 그러나 한과 위는 몇 개의 선택지가 있었다.

철저히 이익의 관점에서 판단한다고 해도 만약 필자가 위魏의 우두머리였다면 지씨와의 동맹을 깨지 않고 먼저 조씨의 항복을 받아냈을 것이다. 조씨 가문은 이미 진양과 한단, 장자 등 비교적 외곽에 강고한 근거지를 마련해두었기 때문에 일단 독립하면 제어하기 힘들다. 그러니 진晉을 다시 통일하고자 한다면 먼저 조를 제압할 필요가 있다. 그러고 나서 조를 갈라서 얻은 지분을 잘 간수하고 조씨의 인재들을 거둬들인다. 그런 후 기회를 노리면 지백요는 패악한 자라서 오래지 않아 다시 분란을 일으킬 것이다. 그때 한과 연합하고 조의 잔여 세력을 다독여 민심을 잃고 있는 지백요를 치면 최소한 진이 세 갈래가 아니라 두 갈래로 나뉘게 만들 수 있었다. 위와 한이 남으면 협동작전으로 진秦의 동진을 막을 수도 있고, 여의치 않으면 단독으로 수비할 수도 있다.

그런데 세 갈래로 쪼개진 나라를 한 귀퉁이씩 차지하고 어떻게 강한 진과 초를 상대할 수 있을까? 물론 이익에 따라 움직이는 이들이 그토록 먼 미래를 보는 것은 어려운 일이겠지만. 지요가 그토록 패악하지 않았다면 진晉이 그렇게 갈갈이 찢어지지는 않았을지도 모른다.

그러나 역사는 진을 세 갈래로 나누는 길을 택했고, 한·위·조는 진을 나눠 먹은 원죄를 껴안고 있었다. 그 원죄란 우스운 모양으로 뒤섞

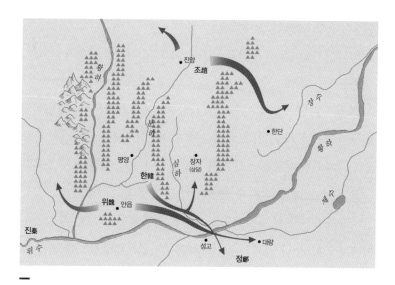

삼가분진 직후 삼진의 형세와 전략적 팽창 방향.
삼진의 배치는 많은 약점을 갖고 있었다. 위의 안읍과 한의 평양은 같은 분지에 위치하고 있어서 형세상
양립할 수 없었지만, 미약했던 한이 성고와 상당의 요새를 얻음으로써 삼국 중 제일 큰 이익을 얻었다.

인 국경선이다. 삼진의 배치는 많은 약점을 가지고 있었다. 위의 안읍
과 한의 평양은 같은 분지에 위치하고 있어서 형세상 양립할 수 없었
다. 한이 상당(장자 일대)을 차지했는데 위는 하남을 접수했다. 위의 동
쪽 땅과 서쪽 땅은 황하 일대의 좁은 길로 이어져 있어 한의 견제를 받
는 형국이었다.

그래도 땅을 나누는 과정에서 제일 이익을 얻은 이는 한이었다. 한
의 모신 단규는 여간내기가 아니었다. 《전국책》〈한책〉에 싸움이 끝난
후 단규가 한호에게 올린 계책이 나와 있다.

"(지씨의) 땅을 나눌 때 반드시 성고成皐를 취하십시오."

그러나 한호는 시큰둥했다.

"성고는 돌투성이의 척박한 땅[石溜之地]이오. 과인은 필요가 없소."

단규가 주장했다.

"그렇지 않습니다. 신이 듣기로 1리 두께의 땅으로 1000리의 권세를 누리는 것은 바로 지리地利 때문이고, 만인의 무리(1군)를 데리고 삼군을 격파하는 것은 불의의 계책 때문입니다. 제 말을 들으시면 우리는 분명 정나라를 차지할 수 있습니다."

이리하여 한은 성고의 요새를 차지할 수 있었다. 성고는 바로 춘추시대의 호뢰虎牢다. 호뢰는 정나라의 목줄이었는데 춘추시대 진晉-초양강이 대립할 때 진晉은 언제나 호뢰를 기반으로 차지했으니 정나라를 위협했다.*

언릉의 싸움 후 진이 이끄는 북방 연합군은 호뢰에 성을 쌓아 정나라를 위협했다. 호뢰는 중원의 동서를 연결하는 교통의 요지에 있다. 전국시대 이래 성고는 싸움터였고, 훗날 유방과 항우가 필사의 쟁탈전을 벌인 곳도 이곳이다. 한나라가 이곳을 차지했으니 정나라 수도 신정은 화살의 사정거리 안에 들어온 것이나 마찬가지였다. 한이 황하건너 상당을 지키려면 남쪽에 다시 호응하는 땅이 필요했기에 한은 정나라 땅을 먹어 들어갔다.

그러나 위에서 이야기한 것은 상대적인 것에 불과하고 한의 처지도 위와 마찬가지로 불안했다. 옛 정나라 땅과 한나라의 상당은 황하를

• 졸저 《춘추전국이야기 3》 참조.

건너 가늘게 이어져 있는데, 이 길목은 위나라에 위협을 받고 있었다. 황하의 남북을 한이 차지하고 동서를 위가 차지하는 십자가 형태의 기이한 국경선이 그려졌다.

그렇다면 조는 어떤가? 앞서 말했듯이 조는 상당을 잃음으로써 진양과 한단이 따로 노는 형국이 되었다. 또한 한과 위가 진秦과 싸울 때 조가 도울 방법은 없었다. 실제로 한과 위가 진에 시달릴 때 조는 안전했지만 위와 한의 방어벽이 무너지자 그동안 안일하게 지낸 대가를 톡톡히 치르고 말았다. 이 모든 어려움은 천혜의 요새로 둘러싸인 잘생긴 나라를 셋으로 쪼갠 원죄에서 비롯했다고 할 수밖에 없었다.

제2장

지혜로운 군주
위 문후

: 위魏나라 200년의 기틀을 만들다

• • •

바퀴가 하나인 마차는 넘어지고, 아무리 힘이 좋아도 외다리로는 빨리 뛸 수 없다. 지상에서 안정되게 서 있는 것, 빨리 달리는 것들은 모두 바퀴나 다리가 쌍이다. 셋으로 쪼개진 진晉의 한 조각을 물려받았음에도 위가 전국시대 초기를 주름잡았던 것은 위대한 군주와 그에 걸맞은 신하들이 있었기 때문이다. 그 군주는 위魏 문후다. 숲이 깊으면 새들이 모여들고 강이 깊으면 큰물고기들이 살듯이 위대한 지도자 아래에는 위대한 지지자들이 모이게 마련이다. 경제개혁으로 국가를 거대한 창고로 만든 이회李悝가 그 아래 있었고, 능력 있는 관리의 전형인 서문표西門豹와 불세출의 전략가 오기도 있었다. 인재는 어디에나 있지만 인재를 알아보는 이는 드문 법이다. 위 문후는 어떤 사람이었기에 위나라 향후 200년의 기틀을 세울 수 있었을까? 안타깝게도 위 문후 사후 위나라에는 그만한 식견을 가진 군주는 다시 나오지 않았다. 특히 훗날 맹자와 대담한 것으로 유명한 위 혜왕魏惠王은 여러 면에서 문후와 반대되는 인물이었다.

1. 흔들림 없는 뚝심의 전략가

상황에 따라 이리저리 흔들리는 것은 전략이라 부르지 않고 임시방편이라 한다. 그러나 위 문후는 전략가였다. 그는 처음부터 끝까지 국방과 외교의 방침을 바꾸지 않았다. "서쪽으로 진秦을 누르고 동쪽으로 한·조와 연합한다." 이는 삼진三晉의 모태인 진晉이 이전부터 실행해오던 전략이었다. 위 문후 시절 초나라는 그저 견제만 하는 것으로 만족했는데 위가 노리는 것이 초나라 본토가 아니라 정나라였기 때문이다.

또한 초를 견제할 때는 반드시 삼진이 동시에 작전을 수행하는 것을 원칙으로 했다. 가장 서쪽의 진秦은 위를 비롯한 삼진 세력을 견제하기 위해 항상 동쪽의 제를 끌어들였다. 그렇기에 진이 나서면 제도 따라 나섰다. 그러나 위 문후는 진과 제의 양동작전에 일일이 대응하지 않왔다. 어차피 조와 한이 남북에서 위를 지원한다면 제는 깊이 들어올 수 없을 것이기 때문이다. 그의 전략은 오직 하나, 먼저 진의 세력을 무력화시키고 그다음을 도모하는 것이었다. 진과 싸우자면 힘을 분산시키지 않아야 한다. 그러기 위해 그는 외교에도 각별히 신경 썼다.

전략가로서 그는 어떤 인물이었을까? 먼저 삼진 연합의 중추로서의 모습을 살펴보자.

문후가 조나라에 길을 빌려 중산을 치려 하자, 조나라 군주가 허락하지 않으려 했다. 그러자 조리趙利라는 이가 권했다.•

"보내주는 것이 좋겠습니다. 위나라가 중산을 쳐서 차지하지 못한다면, 위나라는 피폐해지고 조나라는 상대적으로 세력이 중해집니다. 위나라가 중산을 들어낸다고 해도 필경 우리 조나라를 건너 중산을 차지하지는 못할 것입니다. 이리하면 군대를 일으키는 이는 위나라요 땅을 거두는 이는 조나라가 됩니다. 군주께서는 허락하심이 좋을 듯합니다. 하나 허락하면서 크게 부추기는 기세를 보이면 저쪽에서 눈치채고 정복 계획을 철회할 것입니다. 그러니 군주께선 길을 빌려주되 마지못해 그러는 듯이 하십시오."

얼핏 들으면 대단한 계책인 듯이 보이지만 이런 식의 눈치보기, 혹은 어부지리를 기다리기는 한 나라의 정책으로 합당하지 않다. 남의 군대에게 길을 빌려주고 그 성과를 가지려는 기회주의가 바로 군대를 약하

• 《전국책》〈조책〉에 나오는 이야기다. 《한비자》〈설림상說林上〉 편에도 같은 이야기가 실려 있다. 기원전 432년 혹은 408년의 일이다.

게 하고 나라의 기강을 흔드는 길이다. 응당 대답은 거절이어야 한다.

위 문후는 이런 술책과는 거리가 멀었다. 그는 한과 조에 대해서 어떤 태도를 가지고 있었을까?《전국책》〈위책魏策〉에 이런 이야기가 나온다.

한과 조가 서로 싸우는데 모두 위나라를 자기편으로 끌어들이려고 했다. 한의 사절이 와서 문후에게 말했다.

"군사를 빌려 조를 치기를 원하옵니다."

그러자 문후가 답했다.

"과인은 조나라와 형제지간입니다. 감히 요청을 받아들일 수 없습니다."

이번에는 조나라 사절이 와서 똑같은 요구를 했다. 문후는 이번에는 이렇게 대답했다.

"과인은 한과 형제지간입니다. 감히 요청을 받아들일 수 없습니다."

이리하여 한과 조는 모두 원조를 받지 못하고 노하여 돌아갔다. 그러나 돌아가서 위 문후가 두 나라 사이를 화해시킨 것을 알고는 모두 와서 인사를 올렸다고 한다.

위 문후는 삼진의 연합에 이토록 공을 들이는 동시에 제나라를 길들이는 데도 힘썼다. 당시 제와 진은 느슨한 동맹을 맺고 있었다. 그러니 위가 진과 대립하고 있을 때 제가 움직이는 것이 껄끄러울 수밖에 없었다. 위 문후 통치 후반기, 오기가 서하에서 진과 혈전을 벌이고 있을 때 제나라는 위나라의 양릉襄陵을 공격해왔다. 명백한 양동작전이었다. 이 일이 있은 지 얼마 후, 위 문후는 주왕에게 간청해서 제나라 정권을 실질적으로 장악하고 있는 전화田和를 제후의 반열에 올리도록 힘을 썼다. '너희 전씨의 쿠데타를 용인해줄 테니 우리의 후방을 괴롭히지 말라'는 메시지였다. 문후의 사람됨을 살펴볼 때 쿠데타를 용인할 사람이 아니다. 게다가 한동안 제나라는 항상 선제공격을 감행해왔다. 그러나 그는 힘을 동서 양쪽으로 분산시키지 않는다는 전략의 원칙을 위해 자신의 기호나 옛 원한 따위는 잊고도 남을 정도로 유연한 사람이었다.

2. 개혁 군주의 인재 등용법

위 문후는 철저한 개혁군주였다. 이회(이극李克으로도 불린다)는 "땅의 힘을 따 뽑아내는 정책[盡地力之敎]"으로 위나라의 경제를 튼튼하게 했다.* 이회는 경제개혁가인 동시에 법가적 개혁가였다. 곽말약郭沫若은 이회를 이렇게 평가했다.

> 엄밀히 말해서 이회는 법가의 시조다. 《한서漢書》〈예문지藝文志〉에 "《이자李子》 서른두 편"이라는 말로 그를 법가의 머리로 삼았고, 주注에 "이름은 회요, 위 문후를 섬겨, 부국강병을 이뤘다"고 되어 있다. 아쉽게도 서른두 편은 다 망실되고 형률刑律과 농정農政 두 항의 내용 일부가 다른 문헌에 남아 있다. (중략)《진서晉書》〈형법지刑法志〉에

• 이회의 경제개혁은 이 책 1부의 〈깊이 읽기〉를 참조할 것.

"진한秦漢의 구율舊律은 위 문후의 스승 이회에게서 시작되었다. 이회는 여러 나라의 법을 편찬하여 《법경》을 지었는데, 왕자의 정치는 도적을 막는 것보다 더 급한 것이 없다고 여겨 그 법률이 〈도〉와 〈적〉에서 시작한다. 도적은 모름지기 잡아서 심문해야 하므로 〈망網〉과 〈포捕〉 두 편을 지었다."•

그러니 이회를 등용한 위 문후는 법가 개혁의 선도자라고 할 수 있다. 잠시 후 등장할 오기 또한 분명 법가적 개혁의 선구자다. 위 문후는 실용적 개혁군주, 좁게는 법가적 개혁군주라고 평할 수 있다. 그러나 위 문후의 법제·경제 개혁은 상앙을 비롯한 후기 법가들의 개혁과는 상당한 차이가 있었다. 우선 개혁가 이회 자신이 법가와 유가의 종합형 인물이었다. 《한비자》〈난이〉를 보면, 이회(원문은 이극)가 중산을 다스릴 때 이런 일이 있었다고 한다. 고경이라는 곳의 수령이 결산보고를 올리는데 수입이 많았다. 그러자 이회가 말했다.

"달변은 듣기에 좋으나 만약 의에 부합하지 않는다면 그것을 '허황된 말[詭言]'이라 하고 산림택곡山林澤谷의 이익이 없는데도 수입이 많다면 이것을 일러 '헛된 재물[詭貨]'이라 하오. 군자는 허황된 말을 듣지

• 곽말약, 《十批判書》〈前期法家的批判〉. 곽말약은 이회와 이극은 이명동인이라는 여러 정황 증거를 내놓고 《한서》〈고금인표古今人表〉가 두 사람을 다르게 본 것은 반고의 착각이라고 했다. 필자가 보기에도 문후가 활약하던 당시 극히 비슷한 역할을 한 두 이씨 재상이 다른 사람이라고 보기는 힘들 것 같다. 곽말약은 더 나아가 상앙은 위나라의 법가사상을 이어받아 진나라에서 벼슬을 했고, 한漢은 진의 제도를 승계해 소하가 법률을 제정했다고 주장한다. 결국 위 문후 시절의 법가개혁이 한漢 제국까지 이어진 것이다.

않고 헛된 재물을 받지 않소. 그대는 잠시 파면이오."

한비자는 이를 두고 이회의 잘못이라고 지적한다. 풍년이 들었으면 많이 거둬도 될 것 아니냐는 것이다. 그러나 재정학자인 이회가 풍흉도 구분하지 못했을 리가 없다. 국가의 재정수입을 늘리는 개혁을 추진한 이회가 이러하니 그의 가르침을 받은 문후도 그럴 수밖에 없었다.

한 가지 일화를 더 들어보자. 서문표와 해편解扁이라는 관리의 실적 보고를 보고 문후는 어떻게 반응했을까? 이 이야기를 들어보면 문후의 법가 개혁은 역시 《관자管子》에 나오는 원시 유가의 법가적 개혁을 넘지 않았음을 알 수 있다.

서문표가 업을 다스릴 때 곡식 곡창[廩]에는 쌓아놓은 곡식이 없고, 부고[府]에는 돈이 없고, 무기고에는 무기가 없고, 관에는 회계 장부가 없었다. 그러니 사람들이 여러 차례 문후에게 서문표의 과실을 보고했다. 그래서 문후가 몸소 업으로 행차했다. 서문표는 촉망받는 인재였으니 직접 확인해보려는 심사였다. 그런데 가보니 정말 사람들이 한 말과 똑같았다. 화가 난 문후가 질책했다.

"적황翟璜이 그대에게 업을 맡겨 다스리도록 했는데 이토록 어지러워졌다. 그대가 이유를 설명할 수 있으면 무사하겠으나 설명하지 못하면 죽음을 내리겠다."

그러자 서문표가 대답했다.

"신이 듣기로, '왕자는 백성을 부유하게 하며, 패자는 무기고를 채우며, 망하는 나라는 창고를 채운다'라고 했습니다. 지금 군주께서는 패왕이 되고자 하시니 신은 백성들에게 재화를 쌓아두었습니다. 군주께서 못 믿으신다면 신이 성에 올라 북을 치겠습니다. 그러면 무장한 병사와 곡식은 잠깐 사이에 모일 것입니다."

과연 북을 치자 순식간에 무장한 병사들과 곡식이 모여들었다고 한다. 이어지는 이야기는 대체로 과장이지만 문후와 서문표의 관계, 그리고 문후가 추구하던 정치를 짐작할 수 있다.

또 다른 인물인 해편은 서문표와 달리 세금을 거두는 데 소질이 있었다. 해편이 동봉東封을 다스릴 때 회계보고를 올리는데 수입이 일약 세 배로 늘어 있었다. 문후가 물었다.

"우리 땅이 더 넓어진 것도 아니고 인구가 늘어난 것도 아닌데 어찌 수입이 세 배로 늘었는가?"

해편이 대답했다.

"겨울에 나무를 베어 쌓아두었다가 봄에 황하에 띄워 보내 팔았습니다."

그러자 문후가 오히려 책망했다.

"백성들은 봄이면 힘들여 땅을 갈고, 여름에는 고생고생하며 김을 매고, 가을에는 수확을 하고, 겨울에야 쉬는데, 나무를 베어서 쌓게 하고 이것들을 져다가 황하에 띄우게 한다면 이는 백성들을 부리면서 쉴 틈을 주지 않는 것이다. 백성들이 피폐해지면 비록 세 배의 수입이 있다고 한들 장차 어디에 쓰겠는가?"*

이회의 개혁에서 보듯이 문후는 국가의 재정을 대단히 중시했고, 앞

---

* 《회남자》〈인간훈〉.

으로 서문표의 행적을 통해 밝혀지겠지만 지방관이 현지의 백성들을 장악하기를 바랐다. 그러나 그는 기본적으로 백성을 이끄는 것보다 지지를 받는 것이 중요하다고 보았다.

그래서 《사기》 〈유림열전儒林列傳〉에서 사마천은 위 문후에 대해 상당히 포괄적인 평가를 내린다.

"자하子夏는 서하에 있었으며 자공은 제나라에서 명을 마쳤다. 전자방田子方, 단간목段干木, 오기, 금활리禽滑釐 등은 모두 자하의 학파에게서 공부를 해서 왕의 스승이 되었으니, 이 시기에는 위 문후만이 학문을 좋아했다."

〈유림열전〉에 언급된 것처럼 위 문후 자신도 크게 보아 유학자의 범주에 들어간다. 법가적 실용개혁을 추진한 문후가 유학자들을 중시한 이유는 무엇일까? 위 문후는 법제든 병제兵制든 그것을 운영하는 주체는 인간이라고 생각했다. 그 아래서 개혁을 추진한 인재들은 모두 실용적인 기능을 가진 인물이었다. 그러나 그는 이러한 인재들을 통솔할 최상급 인재들이 따로 필요하다고 생각했다. 그 사람들이 유학자인데 이들은 군주의 권한으로도 함부로 할 수 없다고 생각했다. 맹자는 "장차 큰일을 할 군주에게는 반드시 함부로 부르지 못하는 신하가 있다[將大有爲之君, 必有不召之臣]"고 주장했는데, 이 역시 같은 맥락이다. 위 문후가 진정으로 존경하는 이는 이런 사람이었다. 《여씨춘추》 〈기현期賢〉에 이런 이야기가 전한다.

위 문후는 단간목이 사는 마을을 지나면서 수레 위에서 예를 취했다. 군주가 작은 마을을 지나면서 예를 취한다? 그러자 마부가 의아해서 물었다.

"무슨 까닭에 예를 취하시는지요?"

문후가 대답했다.

"이곳은 단간목이 사는 마을이 아닌가? 단간목은 현자이니 내가 어찌 예를 취하지 않을 수 있으랴. 듣기에 단간목은 나와도 자리를 바꾸려 하지 않는다 한다. 그러니 내가 어찌 감히 교만할 수 있겠는가? 단간목은 덕행이 크고 과인은 가진 땅이 크다. 단간목은 의로움이 넘치고 과인은 재물이 넘친다."

마부가 말했다.

"그렇다면 그를 재상으로 삼아야 하지 않을까요?"

문후가 이 말을 좇아 그를 재상으로 삼으려고 불렀지만 단간목은 재상직을 받으려 하지 않았다. 문후는 대신 백만의 녹을 주고 수시로 그를 찾아가 조언을 들었다.

마침 진秦이 위를 치려 하자 모신 사마당司馬唐이 이런 이유로 반대했다.

"단간목은 현자이고 위나라 군주는 그를 예로 대하고 있습니다. 이는 천하가 다 들어 아는 사실이니 군대를 쓸 수 없을 것 같습니다."

이리하여 진은 결국 군대를 내지 않았다고 한다. 단간목이란 어떤 사람이기에 문후가 그토록 존중했을까? 《여씨춘추》〈존사尊師〉에 의하면 단간목은 시장에서 흥정을 붙여 돈을 받던 큰 거간꾼[駔]이었지만 자하로부터 학문을 배웠다고 한다. 거간꾼은 천한 사람이지만 문후는 출신을 따지지는 않았다. 같은 책의 〈하현下賢〉에는 단간목을 대하는 문후의 마음이 드러나 있다.

위 문후가 단간목을 찾아갔는데 서서 이야기하느라 피곤했지만 감히 쉬지 않았다. 돌아와서 적황翟璜을 만나는데 이번에는 당에 앉아서 이야기를 나누자 적황이 언짢아했다. 적황은 바로 이회를 등용해서 법가 개혁을 도운 인물이다. 그러자 문후가 이렇게 말했다고 한다.

"단간목은 관직을 주려 해도 수락하지 않고, 녹을 주려 해도 받지를 않소. 그대는 원하는 관직은 재상이요, 바라는 녹은 상경의 것이오. 과인이 주는 실리를 모두 받았는데, 나보고 예의를 책하니 너무 한 것 아니오?"

문후의 인재 등용에는 확고한 원칙이 있었다. 그는 인격적으로 존경받는 군자를 가장 높이 두고자 했다. 그래서 그는 유학자의 역할을 높이 샀다. 자하·단간목·전자방 등은 모두 유학자였다.

여기서 간단히 논점을 정리해보자. 알려진 대로 향후 법가사상의 고봉으로 알려진 상앙과 한비자는 모두 유학자를 경멸했다. 따라서 흔히들 유가와 법가를 대립적인 것으로만 생각한다. 그러나 유가는 법가의 출발점이다. 실제로 오기 역시 유학자 출신이었다. 전목은《선진제자계년先秦諸子系年》〈상앙고商鞅考〉에서 이렇게 말했다.

"상앙이 정치를 할 때 종실과 귀척 인사들이 그를 원망해서 결국 제명대로 살지 못했는데 이 역시 오기의 최후와 유사하다. 사람들은 모두 상앙의 정치를 과장해서 말하지만 사실 다 이회와 오기에서 배운 것임을 모른다. 사람들은 모두 법가가 도덕(도가의《도덕경道德經》)에서 나왔다고 하지만 실로 그 연원이 유자라는 것을 모른다. '법을 지키고

공을 받드는 것[守法奉公]'은 바로 공자孔子의 '정명복례正名復禮'의 정신
이 시세에 따라 변화한 것뿐이다."

사마천이 이미 갈파했고 전목이 그에 맞춰 평가한 것처럼, 법가가
도가에서 나왔다고 단정하는 것은 억지다. 실제 법가의 연원은 오히려
유가에 더 가까운데, 오기는 유가의 학설을 바탕으로 자신의 법가 및
병가사상을 발전시켜나갔다. 따라서 위 문후의 개혁도 유가적 법가의
맥락에서 읽어야 한다.

그렇다면 다음의 이야기도 이해가 된다. 그는 능력이 출중해도 성품
이 모진 사람을 좋아하지 않았다.

위나라가 중산을 공격할 때, 악양樂羊이 장수가 되어 중산을 얻고 돌
아와 문후에게 성과를 보고하는데 자기 공을 자랑하는 기색이 완연했
다.• 문후가 이를 알고, 상주문을 관리하는 이에게 명했다.

"여러 신하들과 빈객들이 바친 상주문을 들여오거라."

관리자가 들어와 서류를 펼쳐, 악양에게 보이니 모든 내용이 중산
을 공격하는 것을 비난하는 내용이었다. 악양이 문후에게 배례하며
말했다.

"중산을 들어낸 것은 신의 공이 아니옵고 군주의 공이옵니다."

이번 출정은 잘못된 것이라는 의론이 들끓고 막상 중산은 넘어오지
않는 상태에서, 어리석은 군주였다면 참소하는 말 한마디에 넘어갔을
것이다. 중후한 위 문후는 쉽게 참소하는 말을 믿지 않았다. 그러나 그

• 《여씨춘추》〈악성樂成〉.

가 당장 문서를 보인 것은 악양의 태도가 마음에 들지 않았기 때문일 것이다. 《전국책》〈위책〉에는 악양을 대하는 문후의 심사가 편치 않았다고 전한다. 그 이유는 바로 악양의 심성 때문이었다.

악양이 중산국을 공격할 때 마침 그의 아들이 중산에 있었다. 아들이 자기 손에 있는데 아비가 공세를 멈추지 않자 중산의 군주가 그 아들을 삶아 국을 만들어 보내왔다. 악양은 군막 아래 앉아서 그 국 한 그릇을 다 먹어버렸다. 문후가 그 말을 듣고 찬탄했다고 한다.

"악양이 나를 위해 자식의 고기까지 먹었구나!"

그때 옆에 있던 도사찬睹師贊이라는 자가 이렇게 일렀다.

"자기 아들의 고기도 먹었는데, 누구 고기인들 못 먹겠습니까?"

이 말을 듣고 문후는 겉으로는 공을 찬양하면서 악양에게 의혹을 품었다는 것이다.

실제로 문후가 악양의 배신 가능성 따위를 생각하지는 않았을 것이다. 그러나 그가 악양과 같이 오직 충성을 고집하는 이들을 경계한 것은 사실이다. 또한 문후는 기본에 충실한 군주였다. 흔히들 큰 솥에는 작은 짐승을 삶을 수 없다고 말한다. 그러나 어떻게 사슴을 삶는 솥에 토끼를 삶을 수 없겠는가? 다만 토끼를 삶는 솥에 사슴이 들어가지 않을 뿐이다. 바탕이 크다는 것은 오히려 기본에 충실하다는 말이지 작은 일을 무시한다는 뜻이 아니다.

《전국책》〈위책〉에는 이런 이야기들이 실려 있다. 두 이야기는 큰 솥의 진정한 의미를 알려준다.

문후가 산택과 원림을 관리하는 관리인 우인虞人과 사냥을 나가기

로 약속을 했다. 그날 연회가 있어 술을 마셔서 기분도 좋고 마침 비도
오는 차였다. 문후가 나가려 하자 좌우에서 말렸다.

"오늘은 술자리 분위기도 좋고 비도 오는데 군주께서는 기어이 사냥
을 나가시렵니까?"

문후가 대답했다.

"내가 우인과 사냥을 가기로 약속을 했소이다. 비록 술자리가 즐겁
지만 한번 기약한 것을 어찌 없는 일로 할 수 있겠소."

그리고 직접 가서 우인을 만나 약속을 파하고 돌아왔다. 위는 이때
부터 강해지기 시작했다고 한다. 이야기는 이렇게 이어진다.

문후가 전자방과 함께 술을 마시며 음악을 듣고 있었다. 문후는 음
악에 조예가 있었던 모양이다.

"종소리가 맞지 않구려. 왼쪽이 높습니다."

전자방이 이 말을 듣고 웃었다.

"왜 웃으시는지요?"

"신이 듣기로, 군주는 악관樂官을 뽑아 다스리는 데는 밝고 음악 자체
에는 밝지 않다고 합니다. 지금 군주께서 음악을 살피시니, 혹여 관리
를 다스리는 데는 귀가 멀까 걱정입니다."

그러자 문후가 반성하며 말했다.

"좋은 말씀입니다. 삼가 가르침을 받들겠습니다."

공자가 말한 대로 군주는 해와 달 같아서 모두가 그 행동을 바라보
고 있다. 그러므로 군주의 기본 자질은 신뢰이며, 그가 할 일은 바른 인
재를 등용하여 일을 맡기는 것이다. 작은 약속이라도 지키는 것이 신

뢰의 기본이고, 전문적인 일에 직접 관여하지 않는 것이 인재들의 능력을 최대한 활용하는 방법이다. 군주가 되어 우인과의 약속을 지킨 것은 작아 보이지만 큰일이고, 음악이 제대로 연주되는지 알아맞히는 것은 대단한 재능인 듯 보이지만 나라를 다스리는 데는 필요 없는 일이다.

3. 일선을 장악하다

위 문후 휘하의 또 다른 호걸 서문표의 일을 살펴보고 다음 장에서 오기를 이야기하자. 서문표와 오기는 모두 지방 일선의 실력자들이다. 문후는 유독 지방 단위의 정치를 중시했다. 문후의 태도는 "경작되지 않는 땅은 내 땅이 아니며, 따르지 않는 백성은 우리 백성이 아니다"라는 《관자》의 사상과 상통한다.

　문후가 서문표를 임지로 보내면서 하는 이야기는 관리로서의 기본에 관한 것이다. 《전국책》〈위책〉에 나오는 이야기다. 서문표가 업鄴의 현령이 되어 임지로 가면서 문후에게 인사를 하러 왔다. 이 둘 사이에 이런 이야기가 오갔다.

　"이제 떠나시게. 그대는 반드시 공을 이루고 이름을 얻을 것일세."

　서문표가 물었다.

　"감히 묻사옵니다. 어찌하면 공을 이루고 이름을 얻을 수 있겠습니까? 별다른 방법이라도 있는지요?"

문후는 자기가 하는 행동을 그대로 알려주었다. 공손히 어른들에게 물어보고 인재들을 찾아 섬기라는 것이었다.

"있지요. 대저 향읍의 나이 든 분들을 보면 먼저 앉도록 하고, 선비가 들어오면 누가 능력 있고 착한 선비인지 물어보아 그들을 스승으로 섬기고, 남의 좋은 점은 감추고 허물을 드러내는 것을 좋아하는 이들이라면 살펴보고 시험을 해보시오. 대저 사물에는 비슷해 보이지만 실상은 아닌 것이 많소. 유유幽莠 풀은 어린 것은 벼와 비슷하고, 당나귀나 소의 누런 빛은 호랑이와 닮았고, 백골은 상아같이 보이고, 무부武夫라는 돌은 꼭 옥 같다오. 이런 것들은 모두 비슷하지만 사실은 다른 것이오."

문후는 겉으로는 부드럽지만 사람을 꿰뚫어보는 눈은 정확했다. 서문표는 이 말을 가슴에 품고 임지 업鄴으로 떠났다. 먼저 향읍 어른들의 말씀을 들어보라는 문후의 명을 마음에 두고 업에 도착하자 장로들을 모아놓고 백성들이 제일 고통스러워하는 것이 무엇인지 물었다. 그러자 장로들이 대답했다.˙

"하백河伯(황하의 신)이 장가가는 일 때문에 괴롭고, 또 이 때문에 가난합니다."

왜 그런지 물어보니 대답은 이러했다.

"우리 업의 삼로三老(지방의 풍속을 담당하는 향관)와 현지의 속리들이 해마다 백성들에게 부렴으로 거둬들이는 것이 수십만인데, 그중 얼추 20~30만을 하백을 장가보내는 데 쓰고 남은 돈은 무당들과 나눠서

• 이어지는 내용은 《사기》 〈골계열전〉에 나오는 이야기를 정리한 것이다.

자기들이 챙깁니다. 그때가 되면 무당이 여염집을 돌며 좋은 처녀를 찾고는, '하백에게 시집을 보낼 만하다' 하면 바로 빙례를 하고 데려갑니다. 처녀를 씻겨서는 비단 옷을 입히고 쉬게 하며 재계합니다. 처녀가 머물 곳을 물가에 만들어놓고는 비단 장막을 치고 쇠고기와 술로 대접합니다. 열흘 남짓 지나면 화장을 시키고 꾸며서 시집보낼 때처럼 침상과 자리를 만들어 그 위에 처녀를 앉히고는 물에 떠내려 보냅니다. 처음에는 떠내려가지만 수십 리를 가다 보면 가라앉습니다. 그래서 예쁜 딸자식을 가진 집에서는 우두머리 무당이 자식을 하백에게 시집보내려고 데려갈까 두려워 여식을 데리고 도망치는 집이 많습니다. 그러니 갈수록 성안이 비고 사람이 줄어들어 무인지경이 된 데다 남은 이들은 더욱 가난해지는데, 이런 지 오래되었습니다. 사람들이 하는 말에, '하백을 장가보내주지 않으면, 물이 덮쳐와 사람들을 빠뜨려 죽인다'고 합니다."

서문표가 이 소리를 듣고 말했다.

"하백에서 아내를 보내주는 날, 삼로와 무당, 부로父老들이 처녀를 물 위로 떠내려 보낼 때 저에게 와서 고해주시기 바랍니다. 본관도 함께 가서 그 여식을 전송하고 싶습니다."

그들이 대답했다.

"좋습니다."

드디어 그날이 오고 서문표가 물가에 나가 자리를 잡았더니, 삼로, 관속, 호족과 장로들에다 마을의 부로들이 다 모였고, 보통 백성으로 이 광경을 보러 온 이도 2000~3000명이었다. 우두머리 무당은 이미 일흔을 넘긴 늙은 여자였는데, 여제자 열 명 정도가 비단 홑옷을 걸치고 그 뒤를 따르고 있었다. 서문표가 나가서 말했다.

"하백에게 시집갈 여식을 나오라고 하시오. 용모가 괜찮은지 살펴겠소."

그러자 즉시 장막 안으로 들어가 서문표 앞으로 처녀를 데리고 나왔다. 서문표가 물끄러미 보더니 삼로, 무당, 부로들을 둘러보며 말했다.

"이 여식은 예쁘지 않구려. 번거롭더라도 대무大巫가 물에 들어가 하백에게 '더 예쁜 처녀를 구해 다른 날 보내드리겠다'고 하시오."

그러고는 바로 이졸들을 시켜 무당 할멈을 번쩍 안아서 황하로 던져 넣었다. 좌중은 아연실색했다. 그리고 시간이 한참 지나자 말했다.

"무당 할멈은 왜 이리 늦는가? 제자가 들어가 재촉하라."

우리는 이때 서문표의 어투가 싸늘하게 바뀌었음을 알아차릴 수 있다. 그러고는 다시 제자 하나를 잡아 강물에 던져 넣었다. 제자도 물에 빠져 돌아오지 않자 얼마간 기다리다 또 역정을 냈다.

"이자는 또 왜 이리 꾸물거리는가? 다시 한 사람을 보내 재촉하라!"

이렇게 그를 던져 넣고, 다시 세 명째 던져 넣은 후 서문표가 좌중을 돌아보며 말했다.

"무당 할멈과 제자들은 여자라서 사정을 제대로 말하지 못한 것 같소. 번거롭더라도 삼로가 들어가 잘 설명해주시오."

그러고는 삼로를 강에 던졌다. 서문표는 관에다 붓을 꽂고 몸을 앞으로 구부리고 황하를 바라보며 꽤 오랜 시간을 보냈다. 장로, 관속, 그 옆에서 보는 이들이 모두 벌벌 떨었다. 그때 서문표가 입을 열었다.

"무당 할멈에 삼로까지 안 돌아오니 이를 어찌하오?"

이렇게 말하고는 속리와 호족 한 사람이 다시 물에 들어가 재촉하라고 시키니, 이들이 머리를 땅에 찧어 깨어지고 이마에서 흐른 피가 땅을 적시는데, 안색이 사색이 되어 잿빛이었다. 그러자 서문표가 말했다.

"좋소. 좀 더 기다려봅시다."

그리고 조금 더 기다리더니 말했다.

"속리들은 일어나라. 하백이 손님들을 오래 머물게 하는구나. 너희들은 모두 파하고 돌아가라."

이 일로 업의 관리와 백성들이 크게 떨었는데, 그 후로는 하백에게 처녀를 시집보낸다는 소리는 입 밖으로 내지 못했다.

우리는 이 사건을 단순히 재치 있는 사람의 일화로 치부하는 대신 사회사적으로 해석해야 한다. 고대의 인신공희人身供犧란 그 뿌리가 대단히 깊다. 가까운 예로 인도 무굴제국의 무슬림 황제들이 힌두인들의 인신공희를 금하고자 했지만 뿌리 뽑지 못했다. 지방에 자리 잡은 관습은 악습이라도 뿌리 뽑기가 어렵다.

지금 서문표는 공자가 일으킨 인문학 혁명을 수행하고 있는 와중이다. 국가는 적당한 의식儀式이 필요하지만 미신은 필요 없다는 것이다. 그러나 뒤집어보면, 서문표의 조치는 비록 비틀린 형식이지만 기존에 행하던 '지방자치'를 용인하지 않겠다는 의지의 표시다.

위 문후는 이회를 통해 이렇게 선언했다. "앞으로 국가는 거대한 곡식창고 역할을 하여 인민들의 생사를 결정할 것이다." 이것이 〈깊이 읽기〉에 자세히 설명된 평적법이다. 또한 국가는 자연이 주는 조건에 만족하지 않고 땅에서 뽑아낼 수 있는 것은 다 뽑아낼 것이다. 이제 국가밖에 설 사람은 없다. 밭을 갈고, 요역을 지고, 전투에 동원되어야 한다. 싸움에는 농민과 사대부의 구분 없이 모두 나서야 한다.

서문표는 일선에서 문후의 국가경영법을 관철하고 있다. 서문표가 업에서 엄청난 인력을 동원하여 관개시설을 만든 것은 이회의 '진지력지교'를 실천하기 위해서고, 지방에서 행해지던 풍습에 직접 손을 댄 것은 이제 지방 속리들의 도움을 받지 않고 일반 백성들을 직접 지배하겠다는 표시였다. 중앙에 유학자들을 등용했지만 지방에는 확실히 백성들을 장악할 수 있고, 그들을 부릴 수 있는 인재들을 쓰는 것이 문후의 등용법이었다. 특히 지방에 강단 있는 실력자들을 배치하여 중앙정치와 균형을 이루도록 한 것도 문후 시절 정치의 특징이었다. 거시적인 안목이 있는 정치가가 아니면 시도할 수 없는 기획이었다. 이제 문후는 지방에 실력자들을 심었다. 다음 장에는 지방 최고의 실력자 오기가 등장한다. 과연 문후가 오기를 통해 이루려는 꿈은 무엇이었을까?

제3장

미완의 개혁가 오기

: 전국시대의 방향을 제시하다

...

이제 이 이야기의 핵심에 도달했다. 필자는 감히 오기를 전국시대 초기 최고의 전략가이자 개혁가라고 주장하려 한다. 고전을 많이 읽는 이들에게도 이름이 생소한 오기가 과연 이런 평가를 받을 수 있을까?

필자는 오래전에 오기의 병법과 전략을 읽고 무릎을 쳤다. 그는 전국시대 초기의 형세를 직시하고 그다음 단계로 가는 길을 정확하게 제시하고 있었다. 그러나 그가 출세를 위해 자기 아내를 죽였다는 이야기를 듣고는 이내 실망하고 혼돈에 빠졌다. 과연 위대한 전략가는 위대한 인간성 없이도 만들어질 수 있는 것일까? 과연 그토록 큰 결점을 가진 이가 역사를 뒤바꿀 개혁을 행할 수 있는 것일까?

대개 인간적인 결점이 있더라도 소소한 장점들을 가진 이는 많다. 그러나 변덕스러운 군주 아래서 100만 인민의 운명을 바꾸는 일을 해내는 이가 그런 엄청난 결점을 가지고 있는 것이 말이 되는 일인가? 혹시 좋은 방향이든 나쁜 방향이든 우리는 오기를 완전히 오해하고 있는 것은 아닐까?

그러다 곽말약의 《술오기述吳起(오기에 대해 말하다)》를 읽고 또 한 번 무릎을 쳤다. 그는 과연 대가다운 필치로 나의 의문들을 시원스레 해결해놓았다. 애초에 이 글을 읽었다면 사료를 긁어모으며 오랜 시간 고민하지도 않았을 것이다. 그의 평가를 들어보자.

오기는 중국 역사에서 영원히 마멸될 수 없는 인물로서, 진의 통일 이전에 병가로서는 손무와 이름을 나란히 하고 정치가로서는 상앙과 함께 거론되는 인물이다.

그러나 반고의 《고금인표》에는 상앙을 '중상등中上等'으로 놓고 손무를 '중중등中中等'으로 놓으면서 오기는 '중하등中下等'으로 놓았는데, 무슨 기준으로 이렇게 했는지 모르겠다. 사실 세 사람 중 오기의 품격이 가장 높으니, '상하등上下等'의 이른바 '지혜로운 이[智人]'에 올리는 것도 응당 지나치지 않을 것이다.

더 나아가 곽말약은 《술오기》에서 그가 아내를 죽였다는 것은 '반동적인 봉건귀족들의 음모'라고 단정하고, 오기에 관한 낭설들과 의문점들을 대부분 깨버렸다. 필자는 오기에 대한 곽 선생의 평가에는 대개 동조하지만 구체적인 추론 방식에서는 상당히 다르다. 또한 어떤 부분에서는 판단을 유보하겠지만 어떤 부분에서는 곽 선생이 지적한 것 이상으로 나아갈 것이다.

중국에서 오기는 오래전에 전목 등에 의해 재평가되었다. 유독 한국에서는 《손자오기열전孫子吳起列傳》의 내용을 그대로 믿고 있는데, 이로 인해 중국의 고대사상사나 전국시대사를 읽는 데 어려움이 생긴다. 물론 전국시대를 고찰할 때 《사기》에 절대적으로 의존하는 까닭은 이제 갓 선진先秦 및 진한秦漢 대의 역사서들이 번역되기 시작했고, 2차적인 저작들은 거의 번역되지 않았기 때문일 것이다. 그러나 이제 우리도 선배들의 고찰을 받아들이되 거기서 한발 더 나아가 오기를 되살릴 시기가 되었다. 오기야말로 충분히 살펴볼 가치가 있는 저평가된 사상가로서, 괄목상대하고 그를 바라보면 전국시대의 법, 군사, 인사人事가 동시에 보인다. 이제 파란만장한 삶을 살았던 가슴 뜨거운 한 사나이의 행적을 따라가 보자.

1. 오기는 아내를 죽이지 않았다 ━━━━━━━

먼저 필자를 혼돈에 빠뜨린 질문, 즉 오기가 과연 아내를 죽였는가 하는 문제를 해결하기 위해《사기》의 기록을 따라 오기의 초기 행적을 추적해보자.

오기는 위衛나라 사람으로 용병을 좋아했다. 일찍이 증자(연대로 보아 공자의 제자 증삼曾參은 아닌 듯하다)에게서 배웠고, 노나라 군주를 섬겼다. 제나라가 노나라를 침공하자 노나라는 오기를 장수로 삼고자 했는데, 오기의 처가 제나라 사람이었기에 노나라 사람들이 의혹을 품었다. 그러자 오기는 이름을 얻기 위해 아내를 죽여, 자기가 제나라와 관련이 없음을 명백히 했다. 이리하여 오기는 노나라 장수가 되어 제나라를 대파했다.

오기는 어쩌다가 노나라로 왔을까? 그 비밀은 어떤 참소꾼의 입을 통해 밝혀진다.

노나라의 어떤 이가 (아마도 군주가 들으라고) 이렇게 오기를 비방했다. "오기는 시기심이 많고 잔인한 사람입니다. 어릴 적에는 집에 천금을 쌓아놓았지만 벼슬을 구한다고 돌아다니다 실패하여 집을 파탄 냈고, 마을 사람들이 그를 비웃자 자기를 비방한 사람 서른 명 이상을 죽이고 동쪽으로 성문을 빠져 달아났습니다. 그리고 어머니와 헤어질 때는 자기 팔을 깨물며 맹세했는데, "저 기는 경상卿相의 자리를 얻지 못하면 다시 위나라로 돌아오지 않겠습니다"라고 했습니다. 그리고 증자를 섬겼는데 얼마 지나지 않아 어머니께서 돌아가셨지만 오기는 결국 돌아가지 않았습니다. 그래서 증자도 오기를 박덕한 인간으로 보고 그와 의절했습니다.

오기는 이에 노나라로 들어가 병법을 배워 노나라 군주를 섬겼는데, 노나라 군주가 그를 의심하니 자기 처를 죽여서 장군의 자리를 구했습니다. 대저 노나라는 소국인데 이제 싸움에 이겨 이름을 얻었으니 여러 제후들이 우리 노나라를 도모할 것입니다. 또한 노나라와 위나라는 형제의 나라인데, 군주께서 오기를 기용하시면 위나라를 버리는 꼴입니다."

이런 참소를 듣고 노나라 군주는 오기를 의심하고, 오기를 버렸다. 그러자 오기는 노나라에서 설 자리가 없다고 보고 위나라 문후가 현명하다는 말을 듣고 그를 섬기려 했다. 문후가 이회*에게 오기가 어떤 사람인지 물었다.

"오기는 탐욕스럽고 여색을 밝힙니다[貪而好色]. 그러나 병법이라면 사마양저司馬穰苴**도 따라올 수 없습니다." 이리하여 문후는 오기를 장수로 삼아 진秦을 쳐서 다섯 성을 들어냈다.

이상이 〈손자오기열전〉의 내용이다. 도대체 이렇게 패악한 인간이 따로 있을까? 공을 이루고자 처를 죽이지 않나, 사사로이 원한을 갚고자 마구잡이로 무수한 사람을 찌르지 않나, 어머니께서 돌아가셨는데도 그저 제 앞길이나 생각하질 않나. 이런 인간이 재주를 갖췄다고 써줄 군주가 몇이나 있을까? 그런데도 천하의 명군이라는 문후는 그를 써주었다. 기량이 있더라도 성품이 모진 이를 경계했던 그가 말이다.

그러나 이 말을 그대로 믿을 수 있을까? 그저 노나라 사람이 오기를 중상한 말에 지나지 않는 것 아닐까? 오기가 얼마나 무예에 능하기에 서른 명을 죽이고도 무사히 달아날 수 있었단 말인가? 또한 고국에서

• 원문에는 이극으로 되어 있지만 앞으로는 모두 이회로 통일한다.

•• 전목은 사마양저가 제 경공 시절의 인물이 아니라 훨씬 후대의 인물임을 밝혔다. 일단 경공 시기에 진晉이 제의 아읍과 견읍을 치고 동시에 연이 황하로 출정한 적이 없다는 것이다(《선진제자계년》, 八五 '田忌鄒忌. 孫臏考[附司馬穰苴]'). 그렇다면 이 말을 이회가 한 것으로 보기는 어렵다. 《좌전》의 기술이 끝난 후 전국시대가 갓 시작된 시대를 다룰 때 《사기》에 특히 많은 오류가 발견된다. 사마천이 수많은 자료를 모아 정리하면서 잘못 기록하거나 빠진 부분을 추측할 때 실수했기 때문일 것이다. 오기의 열전도 앞뒤가 맞지 않는 부분이 상당히 많은데 이 점이 곽말약의 비판의 출발점이다.

서른 명을 죽인 살인자임이 밝혀졌는데 사람 보는 눈이 그토록 예리한 위 문후는 왜 그를 등용했을까? 문후를 보필하는 이들은 모두 유학자로서 수신修身을 정치의 출발점으로 삼는데 왜 오기의 수신을 문제 삼지 않았을까?

필자는 오기가 아내를 죽이지 않았다고 거의 확신한다.《한비자》〈외저설우상外儲說右上〉에 그 단서가 남아 있다.˙ 다음 문장에 주의를 기울여보자.

> 오기가 사랑하는 처를 내보내고[吳起之出愛妻], 문공이 전힐顚頡을 참한 것은 모두 인정에 어긋나는 것이다.

우선 왜 이런 말이 나왔는지 그 맥락이 중요하다. 한비자가 하고자 하는 말은 상황에 따라 극단적인 결정이 필요하다는 이야기다. 진문공은 조曹나라와 싸울 때 이런 명령을 내렸다. "희부기僖負羈의 집은 태우지 말라." 희부기는 문공이 핍박당해 여러 나라를 떠돌던 시절 은혜를 베푼 사람이다. 그러나 전힐은 이 명령을 듣지 않고 희부기의 집을 불

- 필자의 추론은 곽말약의 추론과 비슷하기도 하고 다르기도 하다. 사실 원고를 거의 완성한 후에《술오기》를 볼 수 있었기에 나중에 이를 확인해보았다. 대개 필자는 더 오래된 자료가 집필되던 시기에 '사람들이 어떻게 생각하고 있었는지'를 중시하는 반면, 곽말약은 여러 자료들에서 서로 상충하거나 종합해볼 때 합리적이지 않은 점을 강조한다. 오기를 다룬 사료는 한정되어 있기 때문에 필자가 다룬 것과 곽말약의 논문에 나오는 것이 많이 겹친다. 필자와 곽말약의 주장이 어떻게 다르고 같다는 것을 다 밝히지는 않겠지만, 큰 방향에서 오기를 폄훼하는 말들이 대개 근거가 없다고 생각하는 점은 같다. 곽말약과 필자의 추론이 서로 다른 점을 일일이 밝히지는 않겠다. 곽말약도 자신의 추론이 선배 전목의 추론과 일치하는 부분에 대해 세세히 이야기하지 않았다. 대개 상식으로 판단할 수 있는 것들이기 때문이다.

태웠다. 그러자 문공은 싸움에 이미 이겼고 전힐이 공을 세웠는데도 불구하고 그를 참해버렸다. 싸움에 이기고 아군의 용사를 죽이는 것이 가당한 일인가? 한비자는 문공의 행동이 매우 극단적이었음을 강조하고 있다. 그렇다면 처를 내보낸 오기의 행동은 어느 정도 극단적인지, 왜 그가 처를 내보냈는지 알아봐야 한다. 《한비자》의 이야기를 정리해본다.

오기는 위나라 좌씨左氏 사람인데, 다음은 그가 위나라에 있을 때의 일이다. 오기가 처에게 베를 짜라고 했는데 폭이 기준보다 좁았다. 그러자 오기가 고치라고 했다. 아내가 그 말을 듣고 물건을 다시 만들었는데 역시 폭이 맞지 않았다. 오기가 화가 나서 물으니, 아내가 베를 짤 때 이미 날줄을 그렇게 매어 놓아서 고칠 수가 없었다고 했다. 그러자 오기는 아내를 내쫓았다. 아내가 집으로 들어가고자 했으나 오빠가 이렇게 말하며 단념하라고 했다고 한다.

"오자는 법을 집행하는 사람이다. 법을 집행하는 것은 만승萬乘의 나라와 더불어 공을 이루고자 하기 때문인데, 먼저 처첩을 대상으로 법을 실천한 후 밖에서 이루려는 것이다. 그러니 너는 돌아갈 생각을 버려라."

당시 처의 아우가 위나라 군주의 중용을 받았는데 그가 오기에게 압력을 넣었다. 그러자 오기는 위나라를 떠났다고 한다.

필자가 보기에 이 이야기는 사실로 보기에 지나치게 극적이다. 그러나 〈외저설〉이 쓰인 시절에 널리 유포된 오기의 '극단적인' 행동은 그가 야박하게 처를 내쫓았다는 이야기다. 그건 문공이 전힐을 죽인 일

만큼 '극단적인' 일로 여겨진다. 그런데 더욱 '극단적인' 것을 제시하려면 오기가 제나라 출신의 아내를 죽인 것을 말해야 했던 게 아닌가? 그러므로 오기가 아내를 죽인 일은 사실 없었다고 추정할 수 있다.

그리고 또 하나 주목할 점은 〈외저설〉이 쓰일 당시에는 오기가 범죄를 저지른 것 때문이 아니라 위나라 공실의 미움을 받아 출국했다는 이야기가 퍼져 있었다는 것이다. 그러니 〈외저설〉이 쓰일 당시의 오기에 대한 평가보다 《사기》가 쓰일 무렵의 평가가 더욱 나빠졌다고 추측할 수 있다. 이 이야기는 나중에 변주되어 다시 등장한다. 다시 《사기》의 기록으로 돌아가 보자. 여기서는 아내를 죽일 정도로 표독한 인간이었던 오기가 갑자기 병사들과 동고동락하는 어진 장수가 되었다.

오기는 장수가 되자 병사들 중 최하급자와 똑같은 옷을 입고 밥을 먹었다. 누워도 자리를 깔지 않고, 행군을 할 때는 말이나 수레를 타지 않았다. 스스로 먹을 양식을 들고 다니며 사졸들과 고락을 함께했다. 사졸 중에 종기가 난 이가 있자, 오기는 몸소 종기의 고름을 빨아냈다. 그 사졸의 어머니가 그 소식을 듣고 울었다. 다른 이가 물었다.

"아들은 졸병이고, 장군이 몸소 고름을 빨아냈는데, 왜 우시나요?"

어머니가 대답했다.

"그런 것이 아닙니다. 예전에 오공吳公이 아이 아버지의 고름을 빨아냈는데, 애 아비는 전투에서 등을 보이지 않고 용감히 싸우다 결국 적에게 죽고 말았습니다. 오공이 이번에 또 우리 아들의 고름을 빨았으니, 첩은 아들이 어디에서 죽을지 모르겠기에 이렇게 우는 것입니다."

문후는 오기가 용병에 뛰어나고, 청렴하고 공평하며(廉平), 군사들의 마음을 완전히 얻을 수 있다고 여겨서 그에게 서하를 지키는 일을 맡겨 진과 한에 대항하게 하였다.

이 기록도 수상하다. 얼마 전 이회는 오기가 '탐욕스럽고 여색을 밝힌다(貪而好色)'고 했는데 지금 문후는 '청렴하고 공평하다(廉平)'고 한다. 오기가 지독한 위선자라서 그토록 철저하게 변했을까?

오기와 가장 많이 싸웠기에 오기의 원수이기도 하고, 또 그를 제일 잘 아는 진秦나라 사람들이 편찬한 사서에는 왜 오기를 그토록 청렴한 사람으로 묘사할까? 필자가 오기의 인물됨을 평한 문장들을 뽑아보니 한결같이 진실하다고 나와 있다. 《여씨춘추》〈관표觀表〉에는 심지어 이런 구절도 있다.

숨어 있는 낌새와 드러난 외양이 파악하기 쉽든 어렵든 성인은 알아차리지 못하는 일이 없지만, 보통 사람들을 알아차릴 길이 없다. 알아차릴 길이 없으면 보통 사람들은 '신기하다(神), 요행수다(幸)'라고 한다. 그러나 신기한 것도 요행수도 아니고, 그 이치상 그렇게 될 수밖에 없는 것이다. 이런 면에서 후성자와 오기는 성인에 가깝다(非神非幸, 其數不得不然. 郈成子·吳起近之矣).

오기가 어떤 예측을 했기에 성인에 근접한다는 평가를 받았는가? 바로 자기가 계속 서하를 기반으로 진을 압박하면 진을 멸망시킬 것이고, 서하를 잃으면 진이 위를 잡아먹을 것이라는 이야기였다. 같은 편에 오기의 마차를 모는 마부가 이런 말을 한다.

"제가 공의 뜻을 살펴보면, 천하를 버리는 것을 마치 헌신짝 버리듯 하셨습니다[視釋天下若釋躧]."

마부에 의하면 오기는 천하를 다 주어도 별 관심을 보이지 않는 청렴한 이다. 참소꾼의 말을 믿을 것인가, 아니면 그의 군주인 위 문후와 그를 매일 모시던 마부의 말을 믿어야 할까? 곽말약이 지적했듯이 열전에 나오는 참소꾼의 말 이외에 오기가 자기 아내를 죽였다는 기록은 어디에도 등장하지 않는다.

《사기》는 오기에 관한 기록만큼은 믿을 수 없거나 서로 모순되는 부분이 지나치게 많다. 심지어 〈위세가〉에는 위 무후魏武侯 9년에 "오기가 제나라를 공격하여 영구를 빼앗았다"고 기록되어 있다. 그때 오기는 이미 망명지 초나라에서 죽은 후였다. 연도가 틀리든지 제나라를 공격한 장수가 오기가 아니든지 둘 중 하나다. 추측컨대 사마천이 열전을 편찬한 당시 오기에 관한 기록은 여러 종류가 있었고, 이를 취사하는 과정에 서로 모순이 생긴 것이다.

그리고 오기가 아내를 죽이지 않았다는 또 하나의 정황 증거가 있다. 《전국책》〈위책〉에 위魏나라가 "오기의 후손을 찾아 전지 20만의(과장되었을 수는 있지만) 녹을 줬다"는 기록이 나온다. 이것은 국가가 행한 포고령이므로 사실일 가능성이 매우 크다. 《사기》의 기록을 믿는다면 오기의 후손이란 오기가 죽인 제나라 여인의 아이들이다. 《한비자》와 《사기》를 다 믿는다면 오기가 고국에서 쫓아낸 여인의 아들, 혹은 자신이 죽인 제나라 여인의 아들, 혹은 위나라로 들어가서 얻는 제3의 여인이 낳은 아들(혹은 그 아들의 후손)이다. 그렇지만 사람 서른 명을 죽이고 동문으로 황망히 달아난 오기가 아들을 데리고 가지는 못했을 것이니, 제나라 여인의 아이들일 가능성이 크다. 만약 제3의 위나라 여인의 아들이라면 과연 다 늙고 처와 아들까지 있는 오기에게 《사기》에 나오는 대로 위 무후가 공주를 주겠다고 했겠는가? 그렇다면 결국 오기는 어머니를 죽이고 그 아들을 데리고 다니는 특이한 사람이라고 추측할 수밖에 없다. 그런데 그처럼 혹독하게 자식을 아끼는 사람이 왜 초나라로 망명할 때는 아들을 위나라에 그대로 두었을까? 《사기》를 믿자면 이 모든 이해할 수 없는 일을 인정해야 한다. 더욱이 《사기》에는 모함꾼의 이름도 나와 있지 않다.

과거의 일을 확신할 수는 없지만 오기가 아내를 죽였을 가능성은 매우 적다. 그것은 잡다한 일화보다는 오기의 사상 자체에서 가장 잘 확인된다. 오기는 자신의 병법서 《오기병법》〈도국圖國〉에서조차 "나라를 통제하고 군대를 다스릴 때는, 반드시 예로써 교화하고, 의로써 격려하며, 부끄러움을 알게 해야 한다"고 하여 유자로서의 정체성을 명백히 하며, 그가 입에서 내는 말은 모두 신의와 예의에 관한 것이었다. 앞으로 살피겠지만 《오기병법》은 《손자병법》에 비해 임기응변보다는 기본을 훨씬 중시한다. 과연 아내를 죽인 자가 '부끄러움'을 모르고 '부끄러움'을 입에 담는 것일까? 그런 자가 예의염치를 말한들 과연 누가 들어줄 것인가?

법가적 개혁가들은 대개 종실 사람들의 미움을 받을 수밖에 없다.

종실과 귀족을 억누르고 군주를 높이고, 군주와 백성을 직접 연결시키려 하기 때문이다.《한비자》의 기록처럼 오기가 위나라에서 개혁을 시도하다 미움을 받았을 수도 있다. 그러나 그 역시 확신할 수는 없다. 그렇지만 오기는 남에게든 자신에게든 상당히 엄격했다. 원칙을 세우면 하늘이 무너져도 바꾸지 않는다는 태도 때문에 상처를 받은 사람들이 많았을 것이다.《한비자》〈외저설좌상〉에 나오는 오기는 우인과의 약속을 위해 술자리를 떠났던 문후를 떠올린다.

오기가 출타했다가 옛 친구를 만나서 멈추고 식사를 하기로 했다. 친구가 말하길, "그리하세. (잠깐 일을 보고) 돌아와서 먹도록 하겠네."

그러자 오기는 이렇게 대답했다. "그리하세. 나는 자네가 돌아오면 먹겠네." 그런데 저녁이 되도록 친구는 오지 않았고, 오기는 여전히 밥을 먹지 않고 기다리다 결국 그날 밥을 먹지 않았다. 다음 날 아침, 오기는 사람을 보내 옛 친구를 찾아오게 하고 그 친구가 오자 밥을 먹었다고 한다. 오기에게 약속이란 이런 의미였다.

문후나 오기 모두 강박적일 정도로 신의를 중요시했다. 일국의 군주가 약속을 철저히 지킬 때는 미덕이 되지만, 기반 없이 떠도는 개혁가가 작은 약속에 집착할 때 사람들은 그를 모난 인간이라 비난하기 십상이었을 것이다. 그러니 결론을 말하면 오기는 아내를 죽이지 않았다.

2. 물고기, 물을 만나다

오기는 노나라를 떠나 위나라로 향한다. 위 문후는 당시 국제적으로 이름을 떨치던 명군이었다. 오기는 언제 노나라를 떠났으며 구체적인 이유는 무엇이었을까?《한비자》〈설림상〉에 재미있는 기사가 있다.

노나라 계손씨가 막 그 군주를 죽였을 때 오기가 벼슬을 살고 있었는데[魯季孫新弑其君, 吳起仕焉] 어떤 사람이 오기에게 말했다고 한다.

"대저 사람이 죽으면, 처음 죽었을 때는 피를 흘리고, 피가 멈추면 몸이 오그라들고, 오그라든 후에는 썩어 재가 되며, 재가 된 후에는 흙으로 돌아갑니다. 흙으로 돌아간 뒤에는 어찌 될지 알 수가 없습니다. 지금 계손이 막 피를 보이고(흘리고) 있는데, 앞으로 어찌 될지 알 수가 없습니다."

오기는 이로 인해 진晉(위)으로 떠났다는 것이다.

이 기사로 인해 오기가 언제 노나라를 떠났는지 논란이 일었다. 오기가 노나라에 있을 때 어떤 계손씨가 정말 군주를 죽였는가? 죽였다면 어떤 군주인가? 437년 노도공이 죽고 노원공이 섰다. 그는 대략 기원전 436년에서 416년까지 자리를 지켰으니 오기가 노나라에 있을 시절에 시해당했을 가능성도 있다. 그러나 그가 시해당했다는 기사는 어디에도 없다. 그렇다면 계손씨가 죽인 이는 노나라 군주가 아니라 자기 종중의 주군이었을까? 그렇다면 오기가 노나라를 떠난 시기를 더욱 알 수가 없다. 다만 계손씨가 원공을 죽였다면 오기는 기원전 416년 직후에 노나라를 떠났을 것이다. 오기가 떠난 이유는 어지러울

대로 어지러워진 약소국 노나라에서 할 일이 없었기 때문이다. 이미 두 나라에서 좌절을 겪은 오기는 서쪽의 위나라를 찾아간다. 일단 오기가 위나라로 향한 시기를 416년 직후라고 가정하자.

문후는 인재라면 가리지 않고 모으는 중이었다. 그 아래에는 이미 이회, 적황 등 기라성 같은 경들이 있어서 쓸모 있는 인재가 보이면 지체하지 않고 추천했다. 사서를 종합하면 아마도 적황이 먼저 오기를 알아보고 문후에게 보고했고 문후는 이회에게 오기의 사람됨을 물었다. 구체적으로 어떤 이야기가 오갔는지 모르지만 이회는 오기를 만나보는 것이 좋다고 했던 모양이다.

이리하여 드디어 오기가 유학자 복장을 하고 병법의 이론을 가지고 문후를 알현했다.• 그는 어떤 방략을 풀어놓을 것인가?

오기를 만난 문후는 짐짓 딴소리를 했다.

"(어쩌지요.) 과인은 군사의 일은 좋아하지 않습니다."

열혈남아 오기는 언제나 단도직입이다.

• 현행본 《오기병법》의 서문에 나오는 장면을 추임새를 약간 넣어 읽기 쉽게 편집했다. 오기가 위나라로 가서 문후를 만나는 장면을 기록한 사서는 없고 다만 《오기병법》에만 극적으로 묘사되어 있다. 《오기병법》은 내용 자체에 오기가 아닌 제3자가 썼다는 것이 분명히 드러난다. 아마도 오기 학파가 오기의 어록(혹은 어록이라 추정되는 것)을 모아 편찬한 것으로 보인다. 그러나 그것이 원래 오기의 병법 사상과 얼마나 닮은 것일까? 오늘날 남아 있는 6편과 《한서》〈예문지〉에 기록된 48편은 얼마나 차이가 있을까? 오늘날의 《오기병법》이 원래의 모습과 얼마나 다른지 이미 알 길이 없다. 그러나 오기는 손무와 달리 역사적으로 뚜렷한 종적을 남긴 인물이다. 사마천과 반고, 그리고 조조가 익혀 알고 있던 병서가 오늘날까지 전해지면서 원래와 완전히 다른 모습으로 변질되었을 것이라고 보기는 힘들고, 다만 오늘날까지 전하면서 수많은 편들이 사라졌다고 보는 것이 타당할 것이다. 그러니 《오기병법》은 여전히 전국시대의 자료들의 모음이며 사료로서 활용도가 높다. 이 책에서 필자는 《오기병법》을 사료로서 적극 활용할 것이다. 고백하자면 《여씨춘추》를 제외하면 이보다 더욱 믿을 만한 사료도 없다.

"신은 보이는 것으로 미루어 보이지 않는 것을 짐작하고, 지난 일로 다가올 일을 살핍니다. 군주께서는 어찌 본심과 다른 말씀을 하시는지요?

군주께서는 지금 사시四時 내내 붉고 검은 칠을 하고, 붉고 푸른 물감으로 무늬를 넣고, 코뿔소와 코끼리 문양을 더한 갑옷을 만들고 계십니다. 그렇게 만든 갑옷이란 것은 겨울날 입으면 따뜻하지 않고 여름날 입어도 시원하지 않습니다.

2장 4척짜리 장극長戟과 1장 2척짜리 단극을 만들고, 대문을 가릴 만한 혁거革車(가죽을 두른 전차)를 갖추는데, 그 전차는 무늬도 없어 눈으로 보아 아름답지도 않고, 타고 사냥을 나가자니 너무 무겁습니다.

저는 그 이유를 모르겠습니다. 군주께서는 이런 것들을 갖추고 어디에 쓰시려 하시는지요? 만약 이것들을 가지고 나아가 싸우고 물러나 지키려 하면서 이를 잘 쓰는 이를 구하지 않는다면, 이는 비유하자면 암탉이 살쾡이를 치고 하룻강아지가 호랑이에게 달려드는 격이니 비록 투지는 있다 하나 금방 죽게 됩니다."

암탉이 살쾡이를 친다는 표현은 바로 위와 진秦의 우열 관계를 말한 것이다.

오기는 말을 잇는다.

"옛날 승상씨承桑氏 군주가 덕을 닦는다고 무를 폐하였더니 그 나라가 망하고 말았습니다. 반면 유호씨有扈氏 군주는 무리가 많은 것을 믿고 자기 용기를 자랑하다가 사직을 잃고 말았습니다. 현명한 군주라면 이를 살펴서, 안으로는 문덕을 닦고 밖으로는 무비武備를 다스립니다.

그러니 적을 앞에 두고 달려들지 않는 것은 의義라고 할 수 없으며, (자기 백성의) 시체를 두고 슬퍼하기만 하는 것은 인仁이라 할 수 없습니다."

안으로 문덕을 닦고 밖으로 무비를 갖춘다는 것은 바로 공자의 말이다. 특히 문덕은 단순한 수식어가 아니다. 《논어》〈계씨〉 편에 보면 공자는 작은 나라가 인민을 모으는 방법으로 "멀리 있는 사람이 복종하지 않으면 문덕을 닦아 오게 하고[修文德以來之], 그들이 오면 안정시켜주어야 한다[旣來之則安之]"고 했다. 오기는 지금 그 말을 하고 있는 것이다. '나는 단순히 군사 부리는 법을 배운 이가 아닙니다. 나라를 이끌 방략을 가지고 있습니다.' 이토록 오기의 태도는 당당하고 말에는 거침이 없었다.

이 대답을 듣고 문후는 단번에 오기의 진가를 알아보았다. 그는 자기가 직접 자리를 깔고, 부인은 술잔을 들게 해서, 종묘에 오기를 위해 제사를 올리고는 그를 대장으로 임명했다. 위 문후는 오기를 스승으로 대하며 국가를 이끌어갈 방략을 물었다.˙

오기가 대답했다.

"옛날에 국가를 도모하는 이는 반드시 먼저 백성百姓을 교화하고 만민과 친했습니다[必先敎百姓而親萬民]. 불화에는 네 가지가 있습니다. 국

- 현행 《오기병법》〈도국〉 편은 두 가지 문체로 되어 있다. 앞 몇 구절은 '오자왈吳子曰'이라고 되어 있어 총론적인 느낌을 주다가, 몇 구절이 지나면 갑자기 "무후가 물으니[武侯問曰]" "오기가 대답하길[起對曰]"의 형식으로 바뀐다. 무후의 질문은 앞의 총론 부분에 비해 수준이 떨어진다. 〈도국〉의 첫 몇 구절은 분명히 단순한 병법을 논하는 것이 아니라 국가 운영의 기본을 말하고 있다. 이것은 분명 군주의 질문에 대한 답이다. 이런 질문을 한 그 군주가 누구일까? 필자는 과감하게 문후라고 추정한다. 그래서 문후가 오기에게 묻는 식으로 구성했으니 감안해서 읽어주시길 바란다.

가가 화목하지 못하면 군대를 출정시킬 수 없고, 군대가 화목하지 않으면 나아가 진을 칠 수 없으며, 진중이 화목하지 않으면 진격해서 싸울 수가 없으며, 전투에서 화목하지 않으면 이길 수가 없습니다.

그러니 도를 갖춘 군주가 장차 그 백성을 쓸 때는, 먼저 화목하게 한후 큰일을 시작했습니다. 감히 (자신의) 사적인 지모를 믿지 않고[不敢信其私謀], 반드시 종묘에 고하고, 큰 거북 껍데기로 점을 치고, 천시를 고려하는데, 모두 길吉하다고 하면 일을 개시했습니다. 이리하면, 백성들은 군주가 자기들의 목숨을 아끼고 죽음을 슬퍼하는 바가 이토록 지극하다는 것을 알게 됩니다. 이리하여 그들과 함께 싸움에 임하면 병사들은 나아가 죽는 것을 영광으로 여기고, 물러나 사는 것을 치욕으로여깁니다."

오기는 지금 묵자도 강조한 상하일체가 된 군대를 말하고 있다. 순자는 〈의병議兵〉 편에서 '왕자의 군대는 싸우기 전에 이미 이긴다'고 했다. 백성과 상하일체가 되지 않는 군대가 형세를 타고 권모술수를 써봐야 바위에 계란을 던지는 격이라는 것이다. 오기의 병법은 대개 정책正策을 앞에 두고 기책奇策을 뒤에 둔다.

그렇다면 어떻게 상하일체가 될 것인가? 오기의 대답은 이어진다.

"나라를 통제하고 군대를 다스릴 때는, 반드시 예로써 교화하고, 의로써 격려하며, 부끄러움을 알게 해야 합니다. 대저 사람이 부끄러움을 알면 크게는 나가 싸울 수 있고, 작게는 들어와 지킬 수 있습니다. 그러나 싸움에서 이기는 것은 쉽지만 승리를 지키기는 어렵습니다. 그래서 '천하의 싸우는 나라들[天下戰國] 중 다섯 번 이긴 자는 해를 입고, 네 번 이긴 자는 피폐해지며, 세 번 이긴 자는 패자가 되고, 두 번 이긴 자는 왕이 되며, 한 번 이긴 자가 제帝가 된다'고 하는 것입니다. 그러니 여러 번 싸워 이겨 천하를 얻은 이는 드물고, 그렇게 하다 망한 자가 많았습니다."

오기는 싸움을 자주 해서는 안 된다고 말한다. 그리고 전장의 승패는 아군의 태도에 달려 있으며, 백성들이 예의염치를 알게 되면 승리를 이미 얻은 것이라고 한다. 그래서 오기는 이런 말을 했다.

"하는 짓이 도道와 의義에 부합하지 않으면 비록 크고 부귀한 자리를 차지하더라도 반드시 환란이 찾아옵니다. 그러므로 성인聖人께서는 도로써 백성을 안정시키고, 의로써 다스리며, 예로써 동원하고, 인으로써 어루만져주셨습니다. 이 네 가지 덕[道義禮仁]을 닦으면 흥하고 버리면 쇠퇴합니다. 그러니 은나라 탕이 하나라 걸을 토벌하자 하나라 백성들이 기뻐했고, 주나라 무왕이 은나라 주紂를 벌할 때 은나라 백성들이 그를 비난하지 않았습니다. 거사를 도모함에 하늘과 사람의 뜻을 따랐으니[擧順天人] 그렇게 될 수 있었습니다."

문후는 오기가 위나라를 반석에 올려놓은 인물이며 그를 잘 쓰면 패업까지 바라볼 수 있다는 것을 직감했다. 오기는 멀리 약소한 나라에서 온 인물에 불과했지만 문후의 대접은 파격적이었다. 나라 안의 무수한 용장들을 모두 물리치고 일체의 기반도 없는 망명객 오기에게 서하를 맡겼다.

서하란 어떤 땅인가? 하루가 멀다 하고 크고 작은 전투가 벌어지는 황하 서쪽의 최전선이다. 심하게 비유하자면 진秦에게 서하 땅은 마치 올가미 같았다. 서하 땅을 지나 동쪽으로 간다면 목이 올가미에 걸리는 위험을 무릅쓰는 형국이고 또 서하 땅을 두고 서쪽에 집중하면 꼬리가 걸려 앞으로 나갈 수 없는 상황이었다. 오기, 이 사람은 과연 서하에 웅크리고 성을 지키는 데만 만족할 것인가?

3. 서하의 지배자

열혈남아, 서하로 떠나다
—

지금부터 우리는 변방으로 떠난 전국시대 초기 병가 최고의 고수가 어떻게 행동할지 목격할 것이다.˙ 서하로 떠나는 오기에게 무후가 물었다.

"선생은 장차 무엇으로 서하를 다스릴 생각이십니까?"

"충신용감으로 하겠나이다[以忠, 以信, 以勇, 敢]."

"충이란 무슨 뜻입니까?"

"군주에게 충성한다는 뜻입니다[忠君]."

—

• 당唐 위징魏徵이 편집한 《군서치요群書治要》 39권 〈여씨춘추〉 부분에 아래의 대화가 나와 있고, 현행본 《여씨춘추》에는 기록되어 있지 않다. 아마도 당대까지 있던 문장이 산실되었을 것이다. 아래의 대화에서 묻는 주체는 무후이지만 문후로 바꾸어 읽어도 사실 무방하다. 오기는 문후 시절에 이미 서하를 다스렸다. 혹은 무후는 태자 시절 서하의 전역에서 작전을 벌였는데 그때 오기가 보좌했으므로 두 사람이 한 말인지도 모르겠다. 독자들은 무후를 문후로 바꿔 읽기 바란다.

"신이란 무슨 뜻입니까?"

"백성들을 믿게 한다는 뜻입니다[信民]."

"용이란 무슨 뜻입니까?"

"불초한 자를 제거하는 데 용맹하다는 뜻입니다[勇去不肖]."

"감이란 무슨 뜻입니까?"

"능력 있는 이를 등용하는 데 과감하다는 뜻입니다[敢用賢]."

무후가 답했다.

"이 넷이면 충분하겠습니다."

사심이 없기에 언제나 거침 없는 이가 바로 오기다. 그는 어떤 물음에 대해서도 긴 수식을 하지 않는다. 오늘날의 말로 바꾸면 이런 것이다. "저의 충정을 믿으십시오. 그러면 백성들이 저를 믿고 따르도록 하겠습니다. 감히 거스르거나 무능한 자는 가차 없이 제거하거나 내칠 것이며, 뛰어난 이가 보이면 망설이지 않고 등용하겠나이다."

실제로 오기는 마음에 있는 말만 하고 말한 바는 꼭 지키는 사람이었다. 당시 위와 진秦이 팽팽히 대치하던 서하의 정황은 어떠했던가? 일단 서쪽 진秦의 상황을 살펴볼 필요가 있겠다. 진晉이 셋으로 쪼개진 직후 위나라는 억세게 운이 좋았다. 서쪽의 진이 내우외환에 시달리느라 동쪽을 공략할 여유가 없었던 것이다. 기원전 430년 북쪽의 의거義渠가 쳐들어와 위양渭陽에까지 이르렀다. 위양은 곧 위남渭南인데 위남까지 의거가 들어왔다는 것은 진의 수도 옹성과 하서 지역의 교통이 두절되었다는 것을 뜻한다. 쉽게 말해 관중이 둘로 나뉘고 좁은 위수 상류에 갇힌 형국이다.

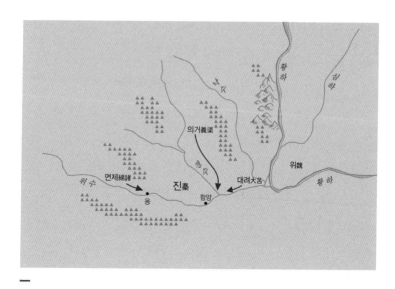

진秦 주위의 이민족들. 춘추시대부터 진과 진은 양국 사이에 있는 이민족들을 자기편으로 끌어들이기 위해 공을 들였다. 특히 황하 주변의 이민족 중 면제, 의거, 대려를 완전히 굴복시키지 않고 동쪽으로 나아갈 수 없었는데, 그중 가장 강한 세력은 의거였다.

춘추시대부터 진秦과 진晉(전국시대의 위)은 양국 사이에 있는 이민족들을 자기편으로 끌어들이기 위해 공을 들였다. 전국시대에도 진秦은 서쪽의 면제綿諸, 북쪽의 의거, 동쪽의 대려大荔 때문에 애를 먹고 있었다. 이들을 완전히 굴복시키지 않고는 동쪽으로 가도 불안했다. 그중에도 가장 두려운 세력이 의거였다. 의거는 지속적으로 진과 충돌하면서 때로는 동쪽 열국들과 연합하여 반진反秦 전선에 뛰어든다. 의거가 약화되기까지는 아직 100년 이상을 기다려야 한다.

진의 내부 상황도 좋지 않았다. 의거가 쳐들어온 지 5년 후 쿠데타가 일어났다. 진 조공秦躁公이 죽자 아우 회공懷公이 군위에 올랐지만 기반이 약했던 모양이다. 서출들의 장자 조■가 쿠데타를 일으켜 회공을 죽이고 그 손자를 세우니 바로 영공靈公이다. 쿠데타 세력이 세운 군주는 초기에 정국을 주도하기 힘들다. 이리하여 또 몇 년이 지나갔다.

이웃의 난국을 이용하지 않고 수수방관하고 있을 위 문후가 아니다. 그는 진이 내우외환에 휩싸인 틈을 타서 소량小梁에 성을 쌓았다. 이로써 하서를 기반으로 서쪽을 도모하겠다는 의지를 표명한 것이다. 양梁은 진목공秦穆公에게 망한(기원전 641년) 나라로서 망한 후 소량으로 불렸다. 그렇다면 그 땅은 언제 위의 것이 되었을까? 진秦-진晉의 오랜 투쟁의 역사 와중에 소량의 주인은 몇 번씩 바뀌었을 가능성이 있다.《사기》〈육국연표〉를 살펴보면 위가 소량에 성을 쌓은 이듬해 진이 공격했고, 그다음 해에 위가 또 성을 쌓았다고 한다.

소량에 성을 쌓은 것은 앞으로 서하 지역에서 충돌을 불사하겠다는 의도를 드러낸 것이다. 소량은 후방에서 군량을 공급하기도 좋고, 황하를 왼쪽에 두고 산을 오른쪽에 둔 곳, 즉 병법가들이 가장 선호하는 곳이었다. 들어가 지키기도 좋고 상황에 따라 진격하기도 좋았다.

소량성이 이미 위의 수중으로 들어가자 진도 황하변에 참호를 파고 성을 쌓았다. 정확히 어느 곳인지는 알 수 없지만 진이 황하변에 쌓았다는 성은 위의 소량성에 대단히 근접한 것이었음이 분명하다. 어쩌면 소량성의 북쪽에 있었을 수도 있다.

두 해가 지나 또 이런 기사가 나온다. "방龐(번방繁龐)을 보수하고 적고籍姑에 성을 쌓았다." 번방은 이미 있는 곳이지만 적고는 새로 쌓은 곳이다. 황하변에 참호를 파고 새로 쌓은 성은 또 다른 성일 것이다. 번

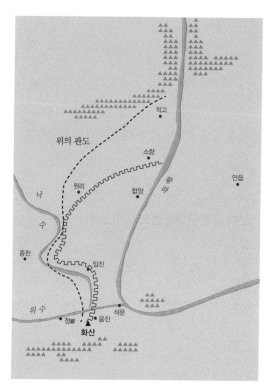

소량의 위치와 위나라 장성.
위 문후는 진이 내우외환에
휩싸인 틈을 타서 소량에
성을 쌓고 하서를 기반으로
서쪽을 도모하겠다는 의지
를 표명했다. 소량은 후방
에서 군량을 공급하기 용이
하고, 황하를 왼쪽에 두고
산을 오른쪽에 둔 최적의
요충지였다.

방성은 소량의 동쪽에 황하변에 있는 것으로 추정하지만 정확한 위치

를 알 길은 없다. 적고성은 그 목적에 비추어 보아 소량성에 바짝 붙어

있었을 것인데,《괄지지括地志》에 따른다면 소량성의 북쪽에 있다.˙한

마디로 말해 위는 소량을 근거로 황하 서쪽의 땅을 먹어 들어가려 하

고 진은 기존의 성에 더해 새 성을 쌓아 소량을 둘러싸고 압박하는 형

• "籍姑故城, 在同州韓城县北三十五里."

국이었다.

위는 황하 서쪽 땅을 서하라고 불렀는데, 만약 위가 이 일대를 모두 장악한다면 진은 그저 본국을 지키는 데 급급한 형국이 된다. 위 문후 는 서하로 진을 도모하려 하고, 진은 위 세력을 쫓아내려고 하는 절체 절명의 상황에 오기가 서하에 도착한 것이다.

기본이 강한 군대는 반드시 이긴다
—

과연 오기의 군대는 어느 정도로 강했을까?《울료자律了子》〈제담制談〉 에 울료가 진시황에게 유세했다는 이야기가 나온다.

> 도적 한 명이 칼을 잡고 시장에 나타나면, 1만 명 중에 그를 피하지 않 는 이가 없을 것입니다. 신은 말하겠습니다. 이것은 한 사람이 유독 용맹하기 때문이 아니며 만인이 모두 비겁하기 때문도 아닙니다. 왜 그렇습니까? 반드시 죽으려는 이와 반드시 살려는 사람은 서로 대적 할 수 없기 때문입니다. 저의 방법을 들어주신다면, 삼군의 무리를 모 두 그 죽음을 무릅쓴 도적처럼 만들어 그 앞을 막을 자도 없고, 그 뒤 를 쫓을 자도 없으며, 혼자서도 돌진하고 혼자서도 빠져나오게 할 수 있습니다. 혼자서도 돌진하고 빠져나오는 이, 그가 바로 왕자와 패자 의 병사입니다.
>
> 10만의 무리를 이끌면, 천하에 그를 당할 이가 없는 사람은 누구겠습

니까? 환공이라 말하겠습니다.

7만의 무리를 이끌면, 천하에 당할 자가 없는 이는 누구겠습니까? 오기라 말하겠습니다. 3만의 무리를 이끌면 천하에 당할 자가 없는 이는 누구겠습니까? 무자武子(손무)라 말하겠습니다.

울료자는 오기의 7만 명의 군대가 가는 곳에 패배는 없었다고 한다. 그러나 여타 사서에서는 오기의 군단은 5만 명에 불과했다고 한다. 7만 명이면 3군 두 병단을 구성하고, 5만 명이면 두 병단도 어려운 숫자로, 전국시대의 충돌 규모를 보면 대단하지 않은 것이다. 그러나 오기는 작은 싸움이든 큰 싸움이든 다 쓸어 담았다. 그는 최전방에서 어떤 정책을 썼기에 천하제일의 강병을 만들어낸 것인가? 그의 대답은 단순하다. "싸울 수 있도록 여건을 마련해주고, 싸움의 결과에 대해서는 상벌을 확실하게 하고, 그 어떤 경우에도 신의를 잃지 않으면 군대는 강해진다."

《오기병법》〈치병治兵〉 편에서 그는 다음과 같이 주장한다.

무후가 묻는다.

"군대를 쓰는 방법으로는 무엇을 우선시해야 합니까?"

오기가 대답한다.

"먼저 네 가지를 가볍게 하고, 두 가지를 무겁게 하며, 한 가지 믿음을 명백히 해야 합니다."

무후가 다시 묻는다.

"무슨 뜻입니까?"

오기가 대답한다.

"땅이 말을 가벼이 여기고, 말이 전차를 가볍게 여기고, 전차가 사람을 가볍게 여기며, 사람이 전투를 가볍게 여기도록 하는 것이 네 가지를 가볍게 한다는 것입니다. 지형의 험함과 평탄함을 확실히 파악하면 땅이 말을 가볍게 여기며, 먹이를 제때 주면 말이 전차를 가볍게 여기며, 전차에 기름을 여유 있게 치면 전차가 사람을 가볍게 여기며, 무기의 날을 예리하게 하고 갑옷을 견고하게 차리면 사람이 싸움을 가볍게 여기게 됩니다."

《관자》에 "병기를 예리하게 해두면 어리석은 사람도 현명해진다[器無方則愚者智]"는 주장과 부합하는 이야기다. 오기는 적보다 못한 장비를 들고 정신력으로 싸우라는 이야기를 절대 하지 않는다. 사졸들은 최상의 조건에서 싸우기만 하면 되는 것이며, 지형을 파악하고 전차와 병기를 준비하고 양식을 대는 것은 모두 장수가 할 일이다.

그렇다면 두 가지 무거운 것과 하나의 믿음이란 무엇일까? 오기는 이어서 가장 중요한 것을 말한다. 오기의 군대가 천하 최강이 된 것은 바로 이것 때문이었다.

"진격하면 상을 무겁게 주고, 퇴각하면 벌을 무겁게 내립니다[進有重賞, 退有重刑]."

법가로서 오기의 면모가 유감없이 드러나는 부분이다. 원칙은 간단하다. 앞으로 가면 상을 주고 물러나면 벌을 준다. 상앙은 오기의 사상을 서쪽으로 가지고 가서 "적의 목을 베면 작위를 주지만, 후퇴하면 연좌제를 적용시켜 처벌한다"는 규정으로 발전시킨다. 대단히 기계적인 발상이다. 그러나 상앙과 달리 오기는 바탕이 유생이다.

무후가 묻고 오기가 답한다.•

"형을 엄격히 집행하고 상을 명확히 함으로써[嚴刑明賞] 이길 수 있습니까?"

"엄격한 형과 명백한 상에 대해 저는 다 알지 못합니다(그것은 군주가 하실 일입니다). 그러나 (전장에서) 믿을 만한 것은 아닙니다.

대저 호령을 내리면 사람들이 즐거이 듣고, 군대를 일으키고 대중을 동원하면 그들이 즐거이 싸우며, 병기를 잡고 접전을 벌일 때는 군사들이 즐거이 죽음을 감수하는 것, 이 세 가지가 바로 군주께서 믿을 바입니다."

"어찌하면 그렇게 될 수 있을까요?"

"군주께서는 공이 있는 이들을 불러 잔치를 베풀고, 공이 없는 이라면 격려를 해주십시오."

오기는 공이 있는 이들에게는 큰 상을 주고 공이 없는 이들은 격려해야 한다고 말한다. 오기는 상앙처럼 뒤로 물러나면 무조건 죽이겠다고 위협하지 않는다. 사실 오기의 주장에 의하면 군주와 장수는 반드시 이기는 판을 만들어 놓고 군대를 투입해야 하기 때문에 심각하게 벌을 줄 일도 없다. 여기서 우리는 다시 오기를 비롯한 전기 법가와 상앙으로 대표되는 후기 법가의 차이를 감지한다.

• 같은 책, 〈여사勵士〉.

장수는 거짓말을 하지 않는다

—

이어서 오기는 이런 말을 한다.

"이 모든 것을 행할 때 (오직) 믿음으로 해야 합니다[行之以信]."

믿음으로 한다는 것은 빈말을 남발하거나 인정에 따라 기준을 함부로 바꾸지 않는다는 것이다. 서하에 도착한 후 오기는 자신이 믿을 만한 인물임을 드러내기 위해 작은 연극을 벌인다.《여씨춘추》〈신소慎小〉에 재미있는 일화가 실려 있다.

오기가 서하를 다스릴 때, 백성들에게 자신의 신의를 명백히 밝히고자 했다. 그래서 밤에 남문 밖에 기둥을 하나 세워놓고 읍 사람들에게 공포했다.

"내일 누구든지 남문 밖의 기둥을 넘어뜨리는 이가 있으면, 장대부長大夫에 임명하겠다."

그다음 날 해가 저물도록 기둥을 넘어뜨리는 사람이 없었다. 백성들은 서로 쑥덕거리면서, "이건 절대로 못 믿겠다"고 했다. 그런데 어떤 사람이 나서서 "시험 삼아 한번 넘어뜨려 보지 뭐. 아니면 상을 안 받으면 될 뿐이지 손해될 것은 없잖아"하고는 가서 기둥을 넘어뜨렸다. 그리고 오기에게 고하자 오기는 밖으로 나와서 기둥이 넘어졌는지 확인하더니 정말로 그를 장대부로 삼았다. 그다음 날도 기둥을 하나 심어놓았는데, 이번에는 깊이 박아 놓아서 사람들이 달려들어도 넘어뜨릴 수가 없었다고 한다.˙

《한비자》〈내저설상內儲說上〉에도 비슷한 이야기가 실려 있다.

오기가 무후 아래서 서하를 다스릴 때 진나라의 작은 보루[亭] 하나가 국경 가까이 있어 껄끄러웠다. 이 보루를 없애지 않으면 농사짓는 데 크게 해가 되고, 없애자니 갑옷을 두른 병사들을 모을 정도가 안 되었다. 그래서 꾀를 하나 냈는데, 수레 끌채 하나를 북문 밖에 두고는, "남문 밖으로 옮겨 놓으면 좋은 땅과 집을 준다"고 선포했다.

물론 모두들 이 말을 곧이듣지 않았다. 그러나 한 명이 시험 삼아 해 보았더니 오기는 실제로 말한 대로 해주었다.

또 한번은 팥 한 석을 동문 밖에다 두고 서문 밖으로 옮기면 역시 좋은 땅과 집을 준다고 했다. 사람들은 서로 옮기려고 야단이었다. 그러자 이렇게 명령을 내렸다.

"내일 저 보루를 공격한다. 제일 먼저 오르는 이를 국대부國大夫로 삼고, 좋은 밭과 집을 주겠다."

이리하여 사람들이 앞을 다투어 달려갔는데, 하루아침에 보루를 들어냈다.

내가 없으면 나라가 망한다

—

오기는 농사를 짓고 양식 창고를 만들어 장기전을 준비했다. 오기가

—

• 훗날 상앙도 똑같은 행동을 한다. 상앙이 오기를 그대로 따라 했거나 혹은 후대인들이 오기의 고사를 상앙에게 똑같이 적용했을 것이다. 어쨌든 이 일화는 상앙이 얼마나 깊이 오기의 영향을 받았는지를 잘 알려준다.

장기전을 준비하자 진秦은 긴장하기 시작했다. 오기의 일차적인 계획은 낙수를 따라 화산까지 연결되는 곳을 국경으로 만드는 것이었다.·

그렇게 되면 진은 이제 우리에 갇힌 맹수 신세가 된다. 〈육국연표〉에 따르면 기원전 413년과 412년, 409년에 걸쳐 위와 진 사이에 일대 격돌이 벌어졌다. 물론 여러 사적을 종합하면 이 작전의 명목적인 사령관은 공자 격擊(훗날 위 무후가 된다)이고 오기가 실질적으로 군대를 이끌었다.·· 차 작전은 황하를 따라가 화산 북쪽의 요지들을 겨냥한 싸움이었다. 〈육국연표〉에는 간단히 "정하鄭下에서 진秦이 위를 격퇴했다[與晉戰敗鄭下]"라고 되어 있다. 이로 보아 오기는 이 작전에서 큰 승리를 얻지는 못했던 모양이다.

이어서 408년에 다시 정鄭(정하) 땅을 공략했는데 이번에는 공자 격이 중산으로 떠난 후였기 때문에 작전은 오로지 오기 혼자서 진행했음이 분명하다. 이번에는 그야말로 대승을 거두고 요지에 바로 성을 쌓았다. 바싹 죄어오는 오기 때문에 진은 애가 탔다. 아쉽게도 《사기》는 이 전투들의 정황을 자세히 전하지 않는다.

이제 《오기병법》의 여러 편과 기타 사적을 동원하여 그때의 상황을

• 오늘날 위나라 장성[魏長城]으로 남아 있는 성벽은 아마도 오기가 서하를 공략한 후부터 축조되었을 것이다. 〈진본기〉 진 효공秦孝公 원년(기원전 361년)에 "위가 성을 쌓았는데, 정에서 낙수를 따라 위로 올라가 상군이 들어 있었다[魏築長城, 自鄭濱洛以北, 上郡]"라는 기록이 나오는데, 진 효공 원년에 위가 성을 쌓았다는 이야기는 아니고 그때의 국경 상황을 말하는 것으로 보인다. 남쪽으로 화산에서 황하를 건너고 낙수를 따라 성을 잇는 것은 바로 오기가 기획한 것이다.

•• 《오기병법》에 무후와 오기의 대화가 빈번하게 나오는 것도 그 이유일 것이다. 사실은 공자 격과 오기의 대화였으나 후대에 시호를 따라 무후로 바꿨을 가능성이 크다.

복원해보자. 오기의 승리는 지금부터 시작된다. 무엇이 그로 하여금 승리의 보증인이 되도록 했을까? 〈논장論將〉 편에서 오기는 전장에서 장수가 갖춰야 할 조건에 대해 이렇게 말한다.•

"군대의 장수는 문무를 함께 갖춰야 하며, 군대의 일은 강함과 부드러움을 함께 갖춰야 합니다. 사람들은 대개 장수의 자격을 논할 때 주로 그의 용맹함을 봅니다. 그러나 장수의 자질에서 용맹함은 몇 분의 일에 불과합니다. 대체로 용감한 이들을 쉽게 붙어 싸우는데, 쉽게 붙어 싸우면서도 유불리有不利를 모르니 이는 안 될 일입니다.

장수로서 신중해야 할 것이 다섯 가지입니다. 하나는 이치[理]요, 둘은 준비[備]요, 셋은 과감함[果]이요, 넷은 경계[戒]요, 다섯은 간략함[約]입니다. 이치란 수많은 무리를 소수의 무리처럼 (자유자재로) 다스리는 것을 말하고, 준비란 출정한 직후부터 적을 마주 대하는 듯이 행동하는 것을 말합니다. 과감함이란 적과 마주치면 살 생각을 버리는 것을 말하고, 경계란 비록 이겼더라도 처음 싸움을 시작할 때의 마음을 견지하는 것을 말하며, 간략함이란 법령이 잡다하지 않고 간소함을 말합니다. 명을 받으면 가족과 작별할 시간도 가지지 않고 떠나며, 적을 이긴 후에나 돌아간다는 말을 입에 올리는 것, 이것이 장수의 예의입니다. 그러니 군대는 출정한 후에는 죽어 쓰러지는 영광은 있으나 살아서 치욕을 볼 수는 없습니다."

―――

• 《오기병법》은 편년체 역사서가 아니고, 오기가 전후에 수행한 싸움 장면들도 사서에는 잘 등장하지 않는다. 필자는 〈논장〉 편을 오기가 전장에 나간 공자 격을 가르치는 것으로 각색했다. 참고하고 읽어주기 바란다.

필자는 이 대화를 오기가 공자 격을 훈계하는 것으로 읽어도 좋다고 본다.

"군위를 이을 사람으로서 원정에 나섰으니 이제는 반드시 승리를 얻은 후에 돌아갈 수밖에 없습니다."

오기의 당부는 이어진다.

"전쟁에는 네 가지 관건이 있습니다. 하나는 사기[氣]의 관건이며, 둘은 지형[地]의 관건이며, 셋은 전술[事](권모술수)의 관건이며, 넷은 힘[力]의 관건입니다. 삼군의 병력, 100만의 군사들이 경중輕重의 장비(가벼운 전차와 무거운 전차, 혹은 가벼운 병장기와 무거운 장비, 혹은 경무장한 군인과 중무장한 군인)를 펼쳐 세우는 것이 오직 한 사람의 손에 달려 있는데, 이는 사기의 관건이라 합니다. 길은 좁고 험하며, 큰 산의 깊은 계곡이 가로막아, 열 명이 막으면 1000명이 지나가지 못하도록 하는 것, 이것은 지형의 관건이라 합니다. 간첩을 능란하게 쓰고, 가벼이 무장한 군대로 왔다 갔다 하며, 적의 군대를 분산시키고, 적의 군주와 신하가 서로를 원망하게 하며 상하가 서로 나무라게 하는 것, 이것을 전술의 관건이라 합니다. 전차의 굴통쇠와 비녀장을 견고하게 하고, 전선의 노와 돛을 잘 정비하며, 군사들은 싸우고 진 치는 것을 배우고, 말은 달리고 쫓는 데 익숙하게 하는 것, 이것이 바로 힘의 관건입니다. 이 네 가지를 아는 이는 장수가 될 수 있습니다.

그러나 그 위덕인용威德仁勇으로 반드시 능히 아랫사람을 이끌며, 무리를 안정시키고 적을 겁주며, 의심을 결단하고 명령을 내리는데, 아랫사람은 그 영을 거르지 못하고 적은 감히 대들지 못하니, 그가 어디에 가든지 그를 얻으면 나라가 강해지고, 그가 없으면 나라가 망하는 인사[得之國强去之國亡], 그이가 바로 뛰어난 장수입니다."

지금 오기는 자신이 있으면 나라가 살고 없으면 죽는다고 호언하고 있다. 이런 솔직함이 사실은 오기의 약점이었다. 그러나 사실 오기는 윗사람을 대할 때는 지나칠 만큼 강직해서 심지어 오만해 보이기도 하지만 전장에서 부하들을 대할 때는 정이 넘쳤다.《울료자》〈무의〉편에 오기가 전투에 나섰을 때 한 여러 행동들이 기록되어 있다. 울료자는 오기는 장수로서의 자질을 갖추기 위해 스스로는 각고의 노력을 기울였지만 아랫사람에게 부담을 지우지 않았다고 평한다.

> 오기는 진秦과 싸울 때, 막사를 설치할 밭둑을 깎아 평평하게 하는 법이 없고 잔가지로 막사를 덮어 서리와 이슬을 피했다. 왜 그렇게 했을까? 스스로 남보다 높은 대우를 받는 것을 인정하지 않았기 때문이다. 다른 이로 하여금 목숨을 걸고 싸우기를 요구하는 이는 존중받기를 바라지 않으며, 다른 이로 하여금 온 힘을 쏟게 하려면 예를 갖추라고 요구할 수는 없는 것이다. 그러므로 옛날에 갑옷을 두르고 투구를 쓴 병사는 장수에게 배례를 올리지 않았으니, 이는 장수가 무장한 병사들을 번거롭게 하지 않는다는 것을 보여주기 위함이다. 대저 남을 번거롭게 하면서 그의 목숨을 걸고 전력을 다하라고 요구한다는 이야기는 고래로 들어본 적이 없다.

오기가 말한 간략함이란 바로 이런 것이다. "전장에서 목숨을 걸고 싸우는 전사들을 귀찮게 하지 말고 싸움에 전력하도록 도와라." 오기는 장수가 할 일을 이렇게 밝힌다. 오기가 전투에 임하자 좌우에서 검을 올렸다. 그러자 오기는 이렇게 대답했다.

"장수는 오직 기와 북을 주관할 뿐이다[將專主旗鼓耳]. 어려움에 부딪히면 의심나는 것을 결단하고, 병력을 지휘하는 것이 장수의 임무다. 칼 한 자루로 하는 일은 장수의 일이 아니다."

실전에서 검은 거의 위력이 없다. 좌우에서 검을 올린 것은 검을 들고 싸우라는 것이 아니라 말을 듣지 않는 자를 베라는 충성의 표시다. 그러나 오기는 단호히 거부했다. 전장에서 장수는 형리가 아니라 아버지다.

오기는 군대를 하나의 거대한 유기체로 보았다. 전체가 움직이고 전체가 협력해야 승리할 수 있다. 용기가 없는 것도 문제지만 사사로이 용기를 뽐내는 것도 용서되지 않는다. 오기에게 명령은 곧 원칙이다.

이런 일이 있었다. 오기가 진과 싸움을 벌이는데, 양군이 격돌하기 전에 한 병사가 용기를 이기지 못하고 달려들어 적의 수급 둘을 가지고 돌아왔다. 오기가 바로 그 병사를 베어버리라 하니 군리가 간했다.

"저 사람은 능력 있는 용사[材士]입니다. 그를 베어서는 안 됩니다."

오기가 말했다.

"능력 있는 용사란 이런 것인가? 나는 진격하라는 명령을 내리지 않았다."

그러고는 끝내 병사의 목을 베어버렸다.

이리하여 진秦과의 싸움은 시작되었고, 오기의 무패신화가 만들어진다. 물론 사실 그대로 믿을 바는 아니지만 오기는 무려 76번 싸워 64번은 전승을 거두고 그 나머지는 비겼다고 한다. 아마도 정하의 싸움은 비긴 12번의 싸움에 해당할 것이다.

굳히기의 명수
—

그러나 그 이듬해 오기와 공자 격은 번방성을 공략해 들어내고 그곳의 진나라 백성들을 쫓아냈다. 소량의 위협을 제거하기 위해서였을 것이다. 번방이 함락되면 적고성도 힘을 못 쓰게 되어 소량을 위협하던 보루들이 무용지물이 되었을 것이다. 번방은 소량의 동쪽 황하에 있었을 것이므로 번방을 함락으로써 서하와 황하 동쪽 위나라 땅의 연계성이 더 좋아졌다. 황하에 마음대로 배를 띄우고 유사시 배로 인력과 양식을 마음대로 나를 수 있기 때문이다. 우리는 오기와 공자 격이 "백성들을 쫓아냈다[圍繁龐, 出其民]"는 기사에 주목해야 한다. 승리 후 그 성을 어떻게 자기 땅으로 굳힐 것인가?《오기병법》〈응변應變〉에 그 방법이 기술되어 있다.

적을 공격하고 성을 포위하여 성읍이 이미 함락되었으면, 우리 군은 각자 그 관청으로 들어가 적의 관리들을 제압하고 기물들은 거둬들인다. 군대가 이르는 곳에는 나무를 베거나 민가를 수색하여 곡식을 약탈하거나 가축을 죽이거나 그들이 쌓아놓은 것을 불지르지 않고,

백성들에게 우리가 잔혹한 짓을 할 마음이 없다는 것을 알리고[示民無
殘心] 투항하려는 이가 있으면 받아들이고 안정시켜야 한다.

오기는 군대를 이끄는 장수이지만 국가가 나아갈 바를 밝히는 정치
가이기도 하다. 순자荀子가 "남의 나라를 병합하기는 쉽지만 굳혀 안정
시키기는 어렵다"고 한 것이 바로 점령 후 굳히기의 중요성을 말한 것
이다. 순자는 "예로써 사士를 복종시키고 공평한 정치로 백성들을 안정
시키는 것을 일러 '크게 굳히기[大凝]'"라고 하며 크게 굳히기를 안다면
왕자의 대업은 끝난 것이나 마찬가지라고 했다. 오기는 싸움에 나가
이기는 데도 능했지만 사실은 굳히기에 더 강했다.《울료자》〈무의武
議〉편에도 비슷한 이야기가 나와 있다.

무릇 군대는 죄 없는 성을 공격해서는 안 되며, 죄 없는 사람을 죽여
서도 안 된다. 대저 남의 부형을 죽이고 남의 재물을 탈취하며 남의
자녀를 신첩으로 삼는 것은 모두 도적질이다. 군대란 폭란한 자를 주
살하고 불의를 금하는 수단이다. 군대를 진격시킬 때는, (상대편) 농민
들은 농토를 떠나지 않도록 하고, 상인들은 점포를 떠나지 않게 하며,
사대부는 관청을 떠나지 않도록 해야 하는데, 군대를 일으키는 이유
는 죄를 지은 한 사람을 처벌하기 위한 것이기 때문이다. 그러니 병사
들의 칼에 피를 묻히지 않고도 천하가 귀부해온다.

오기는 한 가지를 제외하면 울료자가 말한 것처럼 행동했다. 그 한

가지란 진秦의 백성들을 쫓아내고 위의 백성들을 이주시킨 일이었다. 오기는 성인군자인 척하지 않는다. 《상군서商君書》에도 나오지만 위는 백성은 많고 땅은 적으며 진은 땅은 있으나 백성은 적다. 위는 적극적으로 땅을 개척하여 본국에 남는 백성들을 이주시킬 필요가 있었다. 오기는 훗날 초나라에서 가서도 적극적인 사민徙民책을 쓴다.

나의 병법은 단순하다

—

기원전 409년 다시 진을 치고 임진臨晉과 원리元里에 성을 쌓을 때의 싸움은 규모가 대단했을 것으로 보인다. 오기의 거침없는 진격에 진은 이제 겁을 먹고 맞서 싸우는 대신 요새에서 저항하기로 한다. 싸움 직후 진은 낙수로 물러나 참호를 파고 낙수의 서쪽 중천重泉에 성을 쌓아 대비하며 완전히 수비 자세로 바꾸기 때문이다. 야전으로 오기를 이길 수는 없었다. 또한 이듬해에는 다시 진을 쳐서 정鄭에 이르고 낙음洛陰과 합양合陽˙을 구축했다. 오늘날 남아 있는 위나라 장성 유적은 임진과 원리를 잇고 있으며 합양은 황하변의 요지로 하서와 하동河東을 잇는 보루다. 그러니 임진과 원리에 성을 쌓았다는 것은 서하가 이제 자립할 수 있다는 이야기이며, 이로써 서하에서 위나라의 일차적인 기획은

• 오기가 들어냈다는 하서의 다섯 성에 관해서는 전목의 《선진제자계년》 "吳起爲魏將拔秦五城考"를 참조.

완성되었다는 것을 뜻한다.

필자는《오기병법》〈여사(勵士)〉의 후반부가 이 대규모 영토 쟁탈전에 관한 것이라고 추정한다. 오기는 무후에게(사실은 문후) 대공세를 위해 5만 명을 청하며 이렇게 유세한다.*

> 지금 만약 도적 한 명이 광야에 엎드려 숨어 있다고 하고 1000명으로 그를 뒤쫓게 하면, 추적하는 이들 중에 올빼미처럼 눈을 부릅뜨고 늑대처럼 살피지 않는 사람이 없을 것입니다. 왜 그렇습니까? 그 도적이 갑자기 일어나 자기를 해칠지도 모르기 때문이지요. 그러니 한 사람이 목숨을 걸고 나서면 1000명의 사람을 떨게 하기에 충분합니다. 신이 지금 이 5만의 병력을 그처럼 죽음을 무릅쓴 도적으로 만들고, 이들을 끌고 적을 친다면 적은 대항하기 힘들 것입니다.

이리하여 무후(문후)는 그 말을 따랐는데, 오기는 전차 500대, 기마 3000필을 구비해서 진나라 50만 군대를 상대하여 이겼다고 한다. 진나라 군사 50만을 격퇴했다는 것은 76전 64승과 마찬가지로 분명히 과장이다. 그러나 오기가 단지 5만의 병력으로 필사적으로 방어하는 진나라 주력을 몰아내고 황하에서 낙수 사이의 땅을 모두 얻은 것은 사실이다. 그렇다면 오기가 싸움 전날 내린 명령은 무엇이었을까? 그

• 《오기병법》에 무후에게 청했다고 나오지만 사실상 중요한 작전은 문후 시절에 다 이루어졌다. 이 싸움이 벌어질 때 공자 격(무후)은 중산으로 떠났다고 되어 있으므로 문후에게 유세한 것으로 가정하고 이야기를 구성했다.

의 명령은 대단히 단순한 것이었다. 전투 하루 전에 오기가 삼군에 명령을 내렸다.

"제군들, 마땅히 적의 전차·기병·보병의 대열에 우리도 같은 부대로 맞서라. 전차가 적의 전차를 잡지 못하고, 기병이 적의 기병을 잡지 못하고, 보병이 적의 보병을 잡지 못한다면 적을 이겼다고 해도 공은 없는 것이다."

그렇게 싸움이 벌어지자 오기의 군대는 사전에 짜놓은 듯이 타격점을 찾아 들어갔다. 전차가 전차를 제압하고, 보병이 보병을 제압한다는 이 단순한 명령을 병사들은 시종일관 수행했다. 그러니 싸우는 당일 명령은 이토록 간단했지만 위세는 천하를 흔들었다[其命不煩而威震天下]! 훗날 당나라의 명장 이정李靖은 당태종에게 이렇게 조언했다. 이 실전의 명장이 하는 말은 분명 오기에게서 배운 것이다.

"신이 병법을 살펴보건대, 황제 이래로 먼저 정병을 쓴 후에 기병을 썼으며, 먼저 인의의 방법을 쓴 후에 임기응변과 속임수를 썼습니다."

정면으로 부딪혔을 때 적을 제압하지 못하는 군대라면 측면을 칠 능력이 있을 리 없다. 오기의 승리 약 50년 후, 알렉산드로스의 마케도니아-그리스 연합군이 페르시아 군과 가우가멜라 평원에서 맞붙었다. 페르시아 군은 그들 특유의 낫을 단 전차로 마케도니아의 중무장한 보병 대오의 정면을 타격해서 대오를 흩어놓으려 했다. 무시무시한 전차부대가 보병 진영을 덮쳤지만 보병은 전차와 정면으로 상대하지 않고 계속 길을 열어주었다. 그 사이 전차는 하나하나 부숴졌다. 결국 보병 대 보병의 충돌에서 이기지 못하자 전차부대도 위력을 발휘하지 못했다. 이처럼 전장에서 오기는 변화무쌍한 전술을 구사했지만 기본적으로 오기 군단의 정면대결 능력이 승리의 열쇠였다.

그러니 임진, 원리에 성을 쌓은 후 바로 정을 치고 낙음, 합양을 또 구축했다면 서쪽 낙수에서 동쪽 황하 사이의 땅이 모두 위나라의 수중으로 떨어졌다는 것이다. 또한 정鄭(오늘날의 화산 북쪽)도 쳤다면 황하를 따라 동쪽으로 이어지던 길도 완전히 끊었다는 이야기다. 이제 진을 우리 안에 가뒀고 관중을 쪼겠다. 《여씨춘추》〈관표〉에 따르면, 오기가 자신이 계속 서하를 다스리면 "진을 반드시 멸망시키고, 서하를 기반으로 왕이 될 수 있다[秦必可亡, 而西河可以王]"고 장담한 것도 실로 허언은 아닌 것이다. 과연 오기의 꿈은 실현될 수 있을 것인가?

4. 참소당한 오기, 서하를 떠나다

직설과 호승심이 위기를 부르다
—

오기가 서하에 온 후 그가 거느리고 있는 5만의 군단과 진나라 세력이 대치하는 장기전의 시절이 왔다. 문제는 오기가 위나라 본국에 기반이 없었다는 점이다. 오기의 군단은 천하최강으로 알려져 있고 그 휘하의 장병들은 오기를 위해 죽음을 불사할 이들이었다. 일선의 장수가 너무 뛰어나고 세력이 지나치게 크면 이를 견제하는 세력이 출현하는 것은 당연지사다.

또한 진나라 성을 차례로 들어내며 낙수까지 진격했을 때와 달리 전선은 교착 상태에 빠져 있었다. 일선의 장수를 모략하는 무리들은 꼭 전선이 교착될 때를 노린다. 그러다 패하면 군사를 함부로 썼다고 비난하고, 진격하려 하면 뒷다리를 당긴다. 가까운 예로 임진왜란 당시 이순신이 전황이 여의치 않아 진격을 미루다 참소를 받아 똑같은 곤경에 빠졌다. 오기가 하서로 계속 사민을 시키는 것은 분명 하동의 귀족들에게는 대단한 불만이었을 것이다. 훗날 오기가 초나라에서 시행한 정책으로 보아도 알 수 있듯이 오기는 진나라 백성들이 물러간 땅에 위나라 백성들을 옮겨 농사를 짓게 했다. 백성들은 곧 귀족들의 재산이다. 그러나 오기가 새로 얻은 땅에 보낸 백성들은 어디에서 온 이들일까? 어쩔 수 없이 귀족들의 식읍에서 차출한 이들일 것이다. 변방을 지키는 장수로서 위세가 높고 백성들을 끌어들이는 이, 이런 이가 바로 중앙 정계에서 활동하며 지방에 식읍을 가지고 있는 귀족들이 가장 미워하는 대상이다.

그러나 오기가 서하에서 농사를 지으며 싸우던 당시 위나라 조정에는 문후가 버티고 있었다. 문후는 오기를 절대적으로 신임하고 있었다. 물론 수많은 참소가 들어갔을 것이다. 그러나 문후가 있는 한 오기의 지위는 요지부동이었다. 문후와 오기는 한·조와 화친하고 진秦을 친다는 전략을 공유하고 있었다. 그러나 그토록 오랫동안 통치하며 위나라를 반석에 올렸던 문후도 자연인이었다. 기원전 387년 오기가 서하로 온 지 20년 정도 되었을 무렵 문후는 세상을 떠났다. 이어서 공자

격이 군위에 오르니 그가 바로 무후다.

오기는 대전략가이며 사심 없는 개혁가였지만 정치적인 술수에 능한 이는 아니었다. 그는 또 호승심이 남다른 이로 자주 윗사람의 심기를 건드렸다. 좋은 말도 자주 들으면 귀에 거슬리는데 충고하는 말이 지나치게 직설적이면 윗사람이 좋게 받아들일 리가 없다. 오기는 그런 면에서 꼭 오자서를 닮았다. 《오기병법》〈도국〉 편에 나오는 무후와 오기의 대화를 살펴보자.

무후가 물었다.

"진을 치면 반드시 안정되고, 들어와 지키면 반드시 공고하고, 나가 싸우면 반드시 이기는 방법을 듣고 싶습니다."

오기는 이렇게 대답한다.

"지금 당장 볼 수도 있는데 어찌 그냥 듣고자만 하십니까? 군주께서 능히 현명한 이를 위에 두고 못난 이를 아래에 둔다면, 진은 이미 안정된 것입니다. 백성들이 자기 밭과 집을 편안하게 여기고 관리들을 친근하게 여긴다면 수비는 이미 공고한 것입니다. 백성들이 모두 우리 군주가 옳다 하고 이웃나라가 그르다고 여긴다면 싸움은 이미 이긴 것입니다〔百姓皆是吾君而非鄰國, 則戰已勝矣〕."

지금 당장 볼 수(보여줄 수) 있다는 것은 군주가 지금 올바른 정책을 행하지 않고 있다는 이야기다. 또한 전장에서 장수가 이기기를 바란다면 당장 정치를 바르게 해야 한다고 충고한다. 오기의 이런 직설적인 어투가 마찬가지로 호승심이 강한 무후를 자꾸 자극한다. 오기는 어쩌면 오자서보다 성정이 더 강한 사람이다. 무후는 오기에게서 병법을 배웠는데 무후라는 시호에서도 알 수 있듯이 군대를 쓰는 일을 즐겼다. 그러니 자부심이 대단했다. 무후가 얼마나 교만한 사람이었는지는 《여씨춘추》〈교자驕恣〉 부분을 보면 잘 알 수 있다.

> 위 무후가 일을 도모했는데, 계책이 맞아 떨어졌다. 그러자 소매를 걷어붙이고 조정에게 말했다.
>
> "대부들의 꾀가 모두 과인만 못하구만."
>
> 그리고 잠시 멈추었다가 또 이런 말을 여러 차례 반복했다. 그러자 오기가 빠른 걸음으로 나가가 아뢰었다.
>
> "옛날 초장왕이 일을 도모하고 계책이 맞아 떨어져 공을 이루자, 조정을 물러나 걱정하는 기색이 있었습니다. 좌우에서 '왕께서 큰 공을 세우셨는데, 조정에서 물러나 걱정하는 안색이십니다. 감히 그 연고를 묻겠습니다' 하니 장왕이 이렇게 대답했습니다. 중훼가 하신 말씀이 있으니 이 못난 이가 그 말씀을 좋아하오. '제후의 덕으로, 스스로 스승을 취할 수 있으면 왕이 되고, 친구를 취할 수 있으면 유지하고, 자기보다 못한 이들을 택한다면 그는 망한다'고 말입니다. 지금 나도 못난 이인데, 여러 신하들의 의견이 나만도 못하니 나는 결국 망하지

• 원문에는 여기서 충간을 한 사람은 이회로 나오지만 실제로는 오기였을 것으로 보고 오기로 고쳤다. 《순자》〈요문堯問〉, 《신서 新序》〈잡사雜事〉에는 모두 이회가 아니라 오기가 충고한 것으로 나온다.

않을까요?'

이는 패왕들조차 걱정하는 일인데, 유독 군주께서 자랑하시니 무슨

까닭이신지요?"

그러자 무후가 인정했다.

"좋은 말입니다."

사실 무후는 말은 그렇게 했지만 진심으로 승복하는 이가 아니었다.
문후가 죽은 후 그는 기다렸다는 듯이 동서남북으로 싸움을 벌인다.
아무리 강국이라도 힘을 분산시키거나 낭비해서는 견딜 재간이 없다.
당시 조정은 외정의 오기와 내정의 이회 이 두 쌍두마차가 끌고 있었
다. 그러나 이 둘의 시절도 지나가는 듯했다. 참소꾼들은 문후가 죽자
벌떼처럼 일어났고, 개인적인 이익을 위해 인재들을 내치는 것은 대수
롭게 생각하지 않았다.

오기가 중앙 권력에서 배제되고 있다는 것을 암시하는 자료들은 많
다.《여씨춘추》〈집일執一〉을 찬찬히 읽어보자. 서하에서 이룬 업적으
로 오기는 인망이 있었다. 그가 보기에 자신보다 못한 이들이 재상 자
리를 차지하는 것 같았다.

오기가 재상 상문商文에게 말했다.*

• 〈손자오기열전〉에는 상문이 전문田文으로 나온다. 오기가 서하를 다스린 후 그의 명성이 대단했다. 위나
라는 재상의 자리를 두고, 전문(상문)을 재상으로 삼았다. 그러자 오기가 기분이 나빠 전문에게 물었다.
"어른과 공을 논하고 싶은데 괜찮겠습니까?"

"군주를 섬기는 것도 운명이 있는 것이구려."

상문이 대답했다.

"무슨 말씀이신지요?"

오기가 답했다.

"사방 국경 안을 다스려, 교화를 이루고 습속을 바르게 하며, 군주와 신하 사이에 의리가 있고, 아비와 자식 사이에 질서가 잡히도록 하는 일에서, 어른과 저 중에 누가 낫습니까?"

"그건 그대가 낫소."

"오늘 예물을 바치고 신하가 된 즉시 군주의 자리가 무겁게 되며, 오늘 인장을 버리고 관직을 사퇴하면 바로 군주의 자리가 가볍게 되는 것, 이 점에서 어른과 저 중에 누가 낫습니까?"

"내가 그대만 못하오."

"병사와 말이 대열을 이루고 말과 사람이 서로 부딪히며, 사람이 말

"좋소이다."

"삼군의 우두머리가 되어 사졸들로 하여금 죽음을 즐거이 받아들이도록 하고, 적국이 우리를 감히 도모할 엄두를 내지 못하게 하는 점에서 저와 어른 중에 누가 낫습니까?"

"내가 못하지요."

"백관을 통제하고 만민을 친하게 하고, 창고를 가득 채우는 면에서 저와 어른 중 누가 낫습니까?"

"내가 못하오."

"서하를 다스리면서 진나라 군대가 감히 동쪽으로 나오지 못하도록 하고, 한과 조가 우리에게 사신을 보내 따르도록 하는 점에서 저와 어른 중 누가 낫습니까?"

"내가 못하오.

"세 가지 다 제가 어른보다 나은데 어른께서 저보다 윗자리에 있는 것은 무슨 까닭입니까?"

"군주는 어리고 나라 사람들이 서로 의심을 품고 있는데, 대신들이 충심으로 귀부하지 않고, 백성들이 서로 믿지 않소이다. 이런 때에 그대를 따르겠소이까, 나를 따르겠소이까?"

오기는 한참을 생각한 후 수긍했다.

앞에 있는데, 채를 잡고 한 번 전고를 울리면 삼군의 병사들이 죽음을 삶처럼 즐거이 받아들이게 하는 점, 이 점에서 저와 어른 중에 누가 낫습니까?"

"내가 그대만 못하오."

"이 세 가지가 모두 저보다 못한데 자리는 저의 위에 있군요. 대저 군주를 섬기는 것도 운명이 있나 봅니다."

"좋습니다. 그대가 나에게 물으니, 나도 그대에게 하나 묻겠습니다. 시절은 수상한데 군주는 어리고, 여러 신하들은 서로 의심하는데 뭇 백성들은 안정을 찾지 못하고 있을 때, 그들이 그대를 따르겠소, 아니면 나를 따르겠소?"

오기가 한참 동안 말을 못 하더니, 대답했다.

"어른과 함께하겠군요."

상문이 말했다.

"이것이 바로 내가 그대의 위에 있는 까닭이오."

이어지는 이야기는 오기가 자신의 장점은 알았지만 단점은 몰랐기에 모함을 받았다고 되어 있다. 그러나 이 이야기는 곱씹어볼 필요가 있다. 오기는 장수이며 개혁가다. 상문은 지금 문후가 없는 위나라가 변화보다 안정을 원한다고 말하고 있다. 오기는 전공이나 명망으로 보아 이회에 버금가지만 국내에 지지기반이 없었다. 자신을 절대적으로 지지하는 군주가 떠난 후 오기는 불안한 상태가 되었다.

음모에 휘말리다

이제 참소꾼들은 오기를 제거할 시기가 왔다고 생각했다. 그 참소꾼들의 우두머리가 바로 왕조王錯라는 이였다.《사기》는 공숙좌公叔痤가 오기를 참소했다고 하지만 믿을 만하지 않다.

그렇지만 일단《사기》〈손자오기열전〉의 이야기를 따라가 보자. 전문(상문)이 죽고 공숙(공숙좌)이 재상이 되었다. 공숙은 위나라 공주를 아내로 두고 있었는데 오기를 해치려 했다고 한다. 공주를 아내로 얻은 일과 오기를 해치는 일이 어떤 관련이 있을까? 무후의 총애를 독차지하기 위해서였을까? 일단 이야기로 돌아가 보자. 공숙의 시종이 이렇게 말했다.

"오기는 쉽게 축출할 수 있습니다."

"어떻게?"

"오기는 사람됨이 절염節廉하고 이름을 소중히 여깁니다. 주인께서는 먼저 군주께 이렇게 말씀드리시지요. '오기는 뛰어난 인재인데, 군주의 나라는 작고 강한 진과 경계를 맞대고 있습니다. 신은 오기가 우리나라에 남아 있을 마음이 없을까 걱정됩니다'라고요. 군주께서 '어찌하면 되겠소?'라고 되물으면 이렇게 대답하십시오. '공주를 시집보낸다고 하고 시험을 해보시지요. 오기가 남아 있을 마음이 있다면 반드시 공주를 받아들일 것이고, 남을 마음이 없으면 반드시 사절할 것입니다. 이렇게 그의 마음을 떠볼 수 있습니다'라고요.

그러고 나서 주인께서는 오기를 불러 함께 집으로 간 후 공주에게 화를 내게 해서 주인님께 멋대로 하도록 하십시오. 오기는 공주가 주인님을 해하는 것을 보고는 필시 혼인 제안을 사양할 것입니다."

공숙좌는 이 말을 듣고 그대로 음모를 꾸몄다. 그런데 오기는 고지식하게도 공주가 위나라 재상에게도 제멋대로 하는 것을 보고는 혼인 제의를 거부했다. 그러자 무후는 의심을 품고 오기를 믿지 않았고, 오기는 죄에 걸려들까 두려워서 달아나 초나라로 갔다고 한다.

이 이야기가 시사하는 바는 명백하다. 먼저 공주를 시집보내서 시험한다는 것은 이미 오기에 대한 모욕이다. 오기는 고국을 떠나 노나라로 갔고 다시 위나라로 온 인사다. 또한 서하에서 이미 20년 이상 근무했으므로 그의 나이는 아무리 적게 잡아도 50세가 넘는다. 오기는 고국에서 처를 쫓아낸 적이 있고, 아내를 죽였다는 참소를 얻기도 했다. 뒤에서 밝혀지겠지만 오기는 이미 자식도 있었다. 그런 오기에게 공주를 시집보낸다고 제의하는 것은 분명 모독, 혹은 누가 봐도 명백한 음모였다. 고지식한 오기는 그것이 올가미라는 것을 알자 우회적인 방법을 쓰지 못하고 직설적인 성격대로 거절하고 말았다. 외지에서 들어온 기반 없는 사람이 현지 사정에 밝은 음모꾼들이 2중 3중으로 쳐놓은 올가미를 벗어날 재주는 없었을 것이다.

두 번째는 이 이야기를 통해 오기가 진과 위의 갈등 와중에 캐스팅보드를 쥔 중요한 인물로 떠올랐다는 점을 알 수 있다. 오기가 만약 변심하여 진秦의 편으로 붙는다면 위는 끝장이다. 오기는 지금 무적의 강병 5만에 전차 500대를 거느리고 곡식이 가득한 창고와 요새로 만들어 놓은 성을 다스리고 있다. 5만의 상비군을 유지하기 위해 서하에 얼마 정도의 인력이 주둔하고 있는지는 능히 상상할 수 있다. 지금 위나라의 주력이 서하에 있다. 그런데 그는 공실의 인척도 아니고 위나라에 대대로 뿌리박은 귀족도 아니다. 오기가 마음만 먹으면 황하를 방어벽으로 하고 창을 거꾸로 잡기만 하면 된다. 그러므로 오기가 아무리 청렴결백하다 해도 의심받지 않을 수 없는 위치였다.

그러나 오기에게 공주를 시집보내는 음모가 실제로 있었다 할지라도 그 음모를 꾸민 이는 공숙좌가 아닌 것으로 보인다. 진짜 음모꾼은 왕조라는 자였다. 《전국책》〈위책〉에 공숙좌가 어떤 사람인지 알려주는 기사가 있다. 그는 오기의 정적이 아니라 오히려 오기의 지지자였다.

> 공숙좌가 장수가 되어 한·조와 회북澮北에서 싸워 적장 악조樂祚를 사로잡았다. 위왕(아마도 혜왕)이 기뻐하며 도성 밖으로 나가 맞이하며 전지 100만으로 녹을 주었다. 그러나 그는 이렇게 사양했다.
>
> "사졸들의 대오가 붕괴되지 않게 하며, 곧장 달려들되 남에게 의지하지 않고, 뒤엉켜 근접전을 벌이는 것을 피하지 않도록 하는 것은 오기의 가르침입니다. 신이 할 수 있는 일이 아닙니다."
>
> 그리고 오기의 후손을 찾아 전지 20만의 녹을 줬다. 그러자 왕은 이렇게 칭찬했다.
>
> "공숙을 어찌 어른〔長子〕이라 하지 않을 수 있으랴. 이미 과인을 위해 강적을 이기고도, 뛰어난 사람들의 후손을 잊지 않고, 능력 있는 선비들의 자취를 덮어두지 않는구려."

그리고 이런 평이 붙어 있다. "성인은 쌓아두는 법이 없고 모두 남을 위해 쓰기에 오히려 그 자신이 소유하게 되고, 이미 남에게 줌으로써 자신은 더 많이 가지게 된다." 이는《노자》에 나오는 구절로 공숙좌를 극찬한 것이다.

공숙좌가 만약 오기를 참소한 사람이었다면 어떻게 나중에는 정반대로 오기의 후손을 위한 행동을 하고 그런 호평을 받을 수 있었겠는가? 공숙좌는 훗날 위왕에게 개혁가 상앙을 추천한 인물이기도 하다. 그는 위나라의 충신이었고 오기의 지지자였다. 그리고《전국책》의 기사로 보아 알 수 있는 것은 오기가 초나라로 망명한 후에도 위나라는 오기의 후손에게 위해를 가하지는 않았다는 점이다. 오기의 공을 참작했을 것이다. 공숙은 오기가 비록 떠났지만 그 후손을 홀대해서는 안 된다고 주장했다.

오기는 결국 초나라로 망명했다. 그는 왜, 누구에 의해 밀려났을까? 필자가 보기에 오기가 밀려난 첫 번째 이유는 그의 정책 때문이다. 초나라에서 그가 한 행동을 보면 명백히 드러난다. 오기는 귀족들을 누르고 군주권을 획기적으로 강화하기를 원했다. 또한 군주와 백성 사이에 중간 지배층이 끼어들어 2중으로 착취하지 못하도록 하고자 했다. 그리고 그는 땅을 얻으면 바로 백성들을 이주시켜서 채웠다. 이 모든 정책이 귀족들에게 대단히 불리했다.

두 번째로는 무후와의 사이에 벌어진 틈이었다. 조선의 태종 이방원 李芳遠이 개국공신 정도전鄭道傳을 죽인 것도 비슷한 이유다. 정도전은 아버지 이성계李成桂의 형제와 같은 사람이다. 이방원은 어지간히 경험이 쌓여 자신의 실력을 확신하면서 아버지의 페르소나인 정도전을 믿게 보기 시작한다. 오기는 무후가 공자이던 시절부터 서하에서 병법을 가르치며 함께 전장을 누볐다. 사람들이 서하에서 이룬 공을 오기에게 돌린다면 시기심이 일 만도 하다. 공자 시절에는 참았지만 군주가 되니 오기와 아버지의 그늘에서 벗어나고 싶었던 것이다.

마지막으로 비록 가정이지만, 오기를 비롯한 서진西進파와 왕조를 비롯한 동진파의 알력도 생각할 수 있다. 《사기》는 빠뜨렸지만 《여씨춘추》와 《전국책》은 왕조라는 이름을 빠뜨리지 않았다. 〈위책〉에 다툼의 실마리가 숨어 있다.

> 무후가 여러 대부들과 더불어 서하에 배를 띄워 산천을 구경하다가 찬탄했다.
> "아, 산하의 험함이여, 어찌 견고하다 믿지 않을 수 있겠소."
> 그러자 왕조°가 옆에서 모시고 있다가 거들었다.
> "이것이 진晉나라가 강해진 이유입니다. 이를 잘 활용한다면 패왕의 업이 갖추어질 것입니다."
> 오기가 이 소리를 듣고 쓴소리를 했다.
> "우리 군주의 말씀은 나라를 위태롭게 하는 길입니다. 그런데도 그대는 거기에다 맞장구까지 치니 이는 더 위태로운 일이오."

———

• 원문에는 왕종王鍾으로 되어 있지만 정황으로 보아 왕조가 확실하다. "鍾一作錯, 此大臣名應爲王錯", 朱右曾輯, 黃永年校点 《古本竹書記年輯證》. 《사기》는 《전국책》을 활용한 것으로 보이는데 어쩐지 왕조의 대꾸가 나오지 않는다.

무후가 화가 나서 물었다.

"무슨 까닭에 그런 말씀을 하시오. 이치를 한번 들어봅시다."

오기가 대답했다.

"산하의 험요함은 보호막으로 믿을 바가 못 됩니다. 패왕의 위업은 이로부터 나오는 것이 아닙니다. 옛날 삼묘三苗가 자리 잡은 곳은 왼쪽으로는 팽려택의 파랑이 있고, 오른쪽으로는 동정호의 물결이 가로막으며, 문산文山을 남쪽에 두고 형산衡山을 북쪽에 두었습니다. 그러나 지형의 험요함을 믿고 정치를 문란하게 했기에, 우禹 임금이 그들을 쫓아내 버렸습니다.

하나라 걸왕의 나라는 왼쪽에 천문산[天門]의 북쪽 자락이 버티고 오른쪽으로는 천계산[天谿]의 남쪽 자락이, 북으로는 여산[廬]과 역산[嶧]이 자리를 잡았으며, 이수와 낙수가 남쪽을 흘렀습니다. 이런 험요함을 갖추고 있었지만 정치가 문란하자 탕 임금이 정벌하고 말았습니다. 은나라 주왕의 나라는 좌로 맹문산[孟門]이 버티고 우로는 장수[漳]와 부수[釜], 그리고 앞은 황하가 둘러싸고, 뒤는 산이 받치고 있었습니다. 이런 험요함을 갖췄지만 정치를 문란하게 하자 무왕이 정벌하고 말았습니다.

또한 군주께서는 친히 신을 따라 적을 이기고 성을 항복시키셨습니다. 성벽이 높지 않은 것도 아니고, 백성들이 많은 것도 아닌데, 우리가 쳐서 빼앗을 수 있었던 것은 그들의 정치가 글렀기 때문이었습니다. 이로 본다면, 지형의 험준함으로 어떻게 패왕의 업을 이룰 수 있단 말입니까?"

그러자 무후가 대답했다.

"옳습니다. 나는 오늘 성인의 말씀을 들었습니다. 서하의 정치는 그대에게 일임하겠습니다."

오기는 단도직입적이다. 왕조가 하는 말은 아부에 불과하고, 군주는 사태를 직시하지 않고 있다는 것이다. 그리고 오기는 무후에게 자신들이 전우로서 싸워 서하 땅을 얻을 때의 초심을 이야기하고 있다. 군주가 정치를 바르게 하자면 아첨꾼들을 멀리해야 한다.

이 이야기에는 또 하나의 미묘한 알력이 숨어 있다. 서하 땅은 황하의 서쪽에 있다. 그런데 왕조가 지금 황하와 강변의 지세를 이야기하는 이유는 무엇인가? 서하를 지키는 오기의 입장에서 유사시 황하는 죽음의 물이다. 일선에 나가 있는 그에게 이 땅의 험요함은 소용이 없다. 오기가 구축한 요새들은 가느다란 낙수를 방어막으로 하고 있을 뿐 앞으로는 광대한 평원이 펼쳐져 있다. 서하의 평지는 방어하기 쉬운 곳이 아니다. 왕조는 넌지시 지형을 이야기함으로써 오기가 이룬 성과를 깎아 내리는 동시에 서쪽은 지형을 믿어도 좋다는 이야기를 하고 있다. 혹은 오기가 이 지형에 기대어 등을 돌릴 수도 있다는 암시까지 보이는 것일까?

왕조는 태생이 모함꾼이라지만 지금 왜 오기를 겨냥하고 있을까? 필자는 이런 추측을 해본다. 왕조는 애초에 위나라가 서쪽에 공을 들이는 것을 탐탁히 여기지 않았다. 〈위세가〉의 혜왕惠王 원년 부분에 왕조라는 이름이 등장한다. 뒤에 다시 서술하겠지만 이 이야기는 한韓의 대부 공손기公孫順가 한나라 군주에게 위나라를 도모하라고 하면서 한 말이다.

"위앵魏罃(혜왕)과 공중완이 태자 자리를 두고 싸우고 있는 것은 군주 께서도 들으셨겠지요? 지금 위앵이 왕조를 얻어 상당을 끼고 있으니, 실로 나라의 반을 차지하고 있습니다. 이를 틈타서 그를 제거하면 반 드시 위를 격파할 수 있습니다. 기회를 놓칠 수가 없습니다."

왕조는 오기가 죽은 지 얼마 후 상당을 차지하고 있었다. 상당은 상 당히 넓은 땅이라 한과 위가 나누어 가지고 있었지만, 위가 정확히 어 느 정도를 점령하고 있었는지 모른다. 그러나 중요한 점은 왕조가 상 당을 차지하고 있었다는 것이다. 위나라의 서방 전략 거점은 서하이며 동방 거점은 상당이다. 상당은 한과 조를 동시에 상대해야 하는 곳이 다. 왕조가 오기를 헐뜯은 이유는 동방의 거점이 서방의 거점보다 중 요하다고 생각했기 때문이 아닐까? 춘추시대의 귀족들은 분명히 자신 의 식읍이 있는 곳을 중요히 여긴다. 시대가 달라졌다고 해도 왕조가 동쪽을 중시하는 것은 그가 상당에 기반을 둔 귀족이었기 때문이 아니 었을까?

《자치통감》주 열왕 7년(기원전 369)에 "위 대부 왕조가 한으로 달아 났다. 그래서 공손기가 위를 치자고 건의했다"는 기사가 보인다. 그가 한으로 달아남으로써 위나라의 동부 거점에 커다란 공백이 생긴 것이 다. 이렇게 왕조라는 자는 오기와는 완전히 품격이 다른 기회주의적인 인물이다. 일단 왕조가 구체적으로 어떻게 참소했는지는 모르지만 오 기를 모함한 것은 확실하다.《여씨춘추》〈장견長見〉에 이런 서글픈 이야기가 나온다.

오기가 서하 밖(황하 서쪽)을 다스리고 있을 때, 왕조가 위 무후에게 오기를 참소했다. 무후는 사람을 시켜 오기를 소환했다. 오기는 안문岸門에 이르자 수레를 세우고 서하를 바라보며 눈물을 줄줄 흘렸다. 마부가 오기에게 물었다.

"제가 공의 뜻을 모두 살펴보았지만, 공은 천하를 버리기를 신짝 버리듯 하셨습니다. 한데, 지금 고작 서하를 떠나면서 눈물을 흘리시니 어쩐 일입니까[竊觀公之意, 示釋天下若釋躍, 今去西河而泣, 何也]?"

오기가 대답했다.

"자네는 모르네. 군주께서 내 뜻을 알아 내 재주를 모두 펼치게 했다면, 저 서하를 기반으로 천하의 왕이 될 수 있었을 것이야. 하나 지금 참소하는 자의 말을 듣고 내 뜻을 몰라주시니 서하가 진秦의 땅이 될 날이 머지않았네. 우리 위나라는 결국 작아지고 말 것이야."

이렇게 오기는 소환되었고 중앙 무대에서는 설 땅이 없었다. 모함꾼들이 공주를 오기에게 시집보낸다는 등 법석을 떤 것도 아마 그때일 것이다. 이제 위나라에서 더 펼 것은 없었다. 오기의 소원대로 진을 멸하고 관중을 차지했다면 위는 천하를 도모할 수 있었을 것이다. 그것은 어렵더라도 서하를 틀어쥐고 화산과 황하에 기대고 있었더라면 합종연횡 따위에 의지하지 않고 능히 자립할 수 있었을 것이다. 그러나 위는 오기를 버렸다. 서하의 맹주에서 일순간 외톨이가 된 그는 당장 일신의 안위를 걱정하는 처지로 전락했다.

　오기의 다음 행선지는 초였다. 위로서는 진으로 가지 않은 것에 감사해야 할 노릇이었다. 자식들을 남겨두고 나이 든 이 정객은 초나라로 떠났다. 위와 진이 양립할 수 없다는 그의 소신은 카르타고와 로마가 양립할 수 없다고 주장한 한니발을 떠올리게 한다.

5. 멈출 수 없는 개혁 본능, 최후를 맞다 ━━━━━━━━

다시 《사기》를 따라 오기의 행적을 추적해보자. 초 도왕悼王은 오기가 뛰어난 인물이라는 소문을 들었기에, 오기가 도착하자마자 그를 재상으로 삼아 정치를 맡겼다고 한다.•

　초에서 재상직을 맡으면서 오기는 법을 명확히 밝히고 영令을 자세히 밝히며, 불급한 관직은 줄이고, 공족 중에 촌수가 멀어진 이들의 작위는 폐하여, 전사들을 어루만지고 길렀다. 그 개혁의 요지는 병력을 강하게 하고, 합종연횡의 이론을 논하는 자들을 격파하는 것이었다. 이리하여 그는 진陳과 채蔡를 겸병하고, 삼진三晉을 격퇴하고, 서쪽으로 진秦을 벌하니 제후들이 초가 강해지는 것을 걱정했다고 한다.

　구체적으로 오기는 어떤 개혁을 추진했을까? 《설원》〈지무〉에 나오

• 《설원》〈지무指武〉 편에는 오기가 완宛(초의 대읍으로 훗날 남양으로 불린다)의 수령을 1년 역임했다고 하는데, 상식적으로는 그러했을 가능성이 더욱 커 보인다.

는 대화를 옮겨본다. 영윤이 된 오기에게 굴의구屈宜臼가 물었다.

"어른은 장차 어떻게 정치를 하시렵니까?"
오기가 답했다.
"장차 초나라의 작록을 평평하게 만들고, 그 남는 것을 덜어 모자란 것
을 채우고, 갑병을 예리하게 벼려 (군대를 길러) 때를 보아 천하를 다투겠
습니다〔將均楚國之爵而平其祿, 損其有余而繼其不足, 厲甲兵以時爭於天下〕."

과연 오기가 아니면 대답할 수 없는 이야기다.《한비자》〈화씨和氏〉
에는 오기가 초 도왕에게 초나라의 실정을 분석하여 한 말이 있다.

"지금 초나라는 대신들의 권력이 너무 무겁고, 봉군들의 수가 너무
많습니다〔大臣太重, 封君太衆〕. 이리하면 이들은 위로는 군주를 핍박하
고 아래로는 백성들을 가혹하게 부립니다. 이는 나라를 가난하게 하
고 군대를 약하게 하는 길입니다. 봉군의 자손으로 3대째가 되면 그
작록을 거둬들이고, 잡다한 관리들의 녹질祿秩을 줄이거나 없애며,
꼭 필요하지 않은 관직은 덜어내고, 이 재원으로 선발되어 훈련받는
병사들을 부양하는 것이 좋습니다."

이 고지식한 사나이는 몇 나라에서 쫓겨난 후에도 아직 정신을 차리
지 못한 것일까? 그는 지금도 후과를 두려워하지 않고 또다시 군주권
을 위해 귀족권을 깎자고 주장한다.《여씨춘추》〈귀졸貴卒〉에는 남는

것이 무엇이고 모자라는 것이 무엇인지 잘 나와 있다. 오기가 초왕에게 말했다.

> "초는 남는 것은 땅이요, 부족한 것은 백성입니다. 하나 지금 군주께서는 부족한 것을 덜어 남는 것에 더하니, 신은 어찌할 방법이 없습니다."
> 이리하여 귀인들은 빈 땅으로 보내 채우니, 이들은 모두 이것을 괴롭게 여겼다.

이 구절에서 우리는 오기가 서하에서 한 행동을 추측할 수 있다. 오기는 서하에서 5만 정예병을 기르면서 귀족들을 불러 척박한 땅을 개간하게 했을 것이다. 귀하게 태어난 이로서 척박하고 위험한 땅을 좋아할 사람은 없다. 그러니 모함을 받을 수밖에 없었다.

오기의 개혁은 대단히 작은 부분에까지 미쳤던 것 같다. 《여씨춘추》〈의상義賞〉편에 재미있는 구절이 있다.

"초나라 영郢 사람들은 판 두 개를 대고 담을 쌓는데 오기가 이 방법을 고쳤다가 미움을 받았다. 상과 벌로 바꾸었더니 사람들이 편하게 여겼다[郢人之以兩版垣也, 吳起變之而見惡, 賞罰易而民安樂]."

무슨 이야기일까? 당시 초나라에는 성이나 담을 쌓을 때 양쪽에 판을 하나씩 대는 양판기법으로 쌓았을 것이다. 오기는 이 방법이 시간이 많이 걸린다고 생각해 양쪽에 판을 두 장씩 대는 사판 기법을 도입한 것 같다. 이 기법을 도입한 후 오기는 기존의 기법으로 담을 쌓으면 벌을 주고 새 기법으로 쌓으면 상을 주었다. 적용한 뒤 능률이 올라가

자 사람들이 모두 새 기법을 즐겨 사용했다는 것이다. 오기는 부국강 병을 위해 위魏에서 시행했던 모든 제도와 중원에서 증명된 신기술들을 초나라에 이식하려 했다. 그는 실질을 위해서는 모든 방법을 동원할 사람이었다. 그의 개혁은 귀족들에게는 불리했지만 백성들에게는 유리했다.

그러나 초나라에서도 오기는 운이 없었다. 그가 초에 들어와 개혁을 정열적으로 시도하던 그때 도왕이 운명한 것이다. 아무 기반도 없이 들어왔지만 도왕은 파격적으로 그를 영윤으로 삼았다. 이는 위나라에서 받은 대우와는 비교할 수 없는 것으로 가히 혁명적인 변화를 예고하고 있었다. 초나라에서 오기가 믿을 것이라고는 왕의 신임밖에 없었다. 졸지에 그런 왕이 죽었다.《여씨춘추》의 기사를 따라가 오기가 최후를 맞는 현장으로 가보자.

왕이 죽자 귀인들이 모두 오기를 죽이러 왔다. 그들에게 오기는 굴러온 돌이자 자신들의 지위와 재산을 강탈한 원수였다. 원한이 얼마나 깊었는지 그때 왕의 시신이 당 위에 있었는데 그들은 오기에게 활을 쐈다. 그러자 오기가 호통을 치며 달아났다.

"내가 너희들에게 군사 쓰는 법을 보여주리라."

그러나 화살이 오기를 맞췄는데 그는 멈추지 않고 왕의 시체로 달아나서 자기 몸의 화살을 뽑아 왕의 시신에 꽂고 소리쳤다.

"신하들이 왕을 침범했다."

과연 오기다운 순발력이다. 물론 오기는 처참하게 살해되었다. 그렇다면 오기의 정적들은 어떻게 되었겠는가? 왕의 시신에 화살을 꽂는 대역죄를 저질렀으니.* 《사기》에 따르면 이 일로 연루되어 일족이 몰살당한 집이 70여 가에 이르렀다고 한다.

6. 오기의 개혁사상 평가

착취자를 줄여라

—

이리하여 일세의 병법가이자 개혁가인 오기는 타지에서 공을 세우고 생을 마쳤다. 생각해보면 오기와 같은 열혈남아의 삶으로서는 그리 나쁘지도 않다. 사마천을 비롯한 일부 역사가들은 그의 매몰찬 개혁과 모진 고집을 비웃고, 그의 처참한 말로를 조롱했다. 그러나 순자를 비롯한 역대 전략가들과 일선 정치가들은 모두 오기가 행한 개혁의 가치를 인정했다.

순자가 "위씨(위나라)의 무졸들은 삼속三屬의 갑옷을 두르고 열두 석石장력의 활을 당기며, 화살 50개를 지고, 그 위에 다시 창을 들고 검을 차고 사흘 치 양식을 가지고, 하루에 100리를 간다"고 평했던 그들이

—

• 〈손자오기열전〉에는 이 장면이 약간 다르게 기록되어 있다. 이제나저제나 오기를 해칠 생각만 하고 있던 차에 도왕이 죽자 종실과 대신들이 난을 일으켜 오기를 공격했다. 공격했다고 표현한 것은 오기가 가만히 있지는 않았다는 뜻이다. 오기를 죽이려던 무리가 화살을 쏘아댈 때 궁지에 몰린 오기는 왕의 시신으로 달려가 엎어졌다. 그러자 오기를 쏘던 화살이 도왕의 시신에 명중했다. 도왕을 묻고 태자가 즉위하자, 영윤에게 명하여 오기를 죽이려다 왕의 시신에 활을 쏜 이들을 모두 죽이라고 명했다.

바로 오기의 가르침을 따르는 이들이었을 것이다. 《사기》〈범저채택열전范雎蔡澤列傳〉에 채택이 범저에게 유세하는 중에 오기에 관한 평이 두 번 나온다.

"오기가 도왕을 섬기면서 사私가 공公을 해치지 못하도록 하고, 참소하는 말이 충성스러운 말을 가리지 못하도록 하고, 말을 할 때는 구차하게 영합하지 않고 행동을 할 때도 구차하게 낯빛을 꾸미지 않았으며〔言不取苟合, 行不取苟容〕, 위험한 지경이라고 가벼이 태도를 바꾸지 않고 의로운 일이라면 어려워도 피하지 않았습니다〔不以爲易行, 行義不避難〕. 이리하여 그는 자기 군주를 패자로 만들고 나라를 강하게 하기 위해서는 자기에게 닥칠 재앙도 피하지 않았습니다〔爲霸主强國, 不辭禍凶〕."

오기라는 인물에 대한 평가 가운데 이처럼 정곡을 찌르는 문장이 없다. 오기는 자기에게 화가 미칠 것을 예상하지 못한 것이 아니다. 아부하지도 영합하지도 못하고 위험에도 굴하지 않고 어렵다고 피하지 않았다. 그는 군주를 높이고 나라를 강하게 한다는 일념으로 불구덩이로 뛰어드는 뜨거운 사나이다. 이어서 채택은 오기의 개혁을 이렇게 평가한다.

"오기는 초 도왕을 섬기며 법을 바로 세우고 대신들의 위세와 비중을 낮추고 줄였으며 무능한 자들을 파면하고 쓸모없는 관직은 없애고 꼭 필요하지 않은 관직은 줄이고 가문들의 사사로운 청탁을 막아 초 나라의 풍속을 하나로 만들었습니다. 떠돌아다니며 손님 노릇 하는 백성들을 없애고*농사를 지으며 싸우는 전사들을 단련시켜서〔精耕戰 之士〕** 남으로는 양월楊越을 거둬들이고 북으로는 진陳과 제蔡를 병합 하여 합종연횡 따위의 주장을 깨뜨리고, 유세하며 나다니는 선비들 의 입을 막아버리고, 붕당을 금하고 백성들을 격려하여 초나라 정치 의 초석을 놓았습니다. 그리하여 그 군대는 천하를 떨게 했고 위세는 제후들을 엎드리게 했습니다. 그럼에도 공적을 이루자 사지가 찢어 졌습니다."

채택의 평가는 대체로 정당하다. 오기의 개혁은 간단히 부민강병富 民强兵을 통해 천하를 주름잡는다〔覇天下〕는 것이다. 권모술수나 합종연 횡을 버리고 백성의 생업을 보장하고 군대의 능력을 강하게 해서 천하 를 도모한다는 것인데, 그러자면 백성과 군주 사이에 여러 층의 지배 계급이 없어져야 한다. 그러나 오기가 공을 이뤘다는 말은 수사에 불 과하다. 오기는 길을 열었지만 결과적으로 실패했다.

• "금유객지민禁游客之民." 유객지민을 유세객遊說客으로 해석하는 경우도 있다. 대체로 농사를 제대로 짓지 않고 떠도는 이라는 뜻으로, 그중에는 유세객도 있을 것이다.

•• 종종 '경전지사耕戰之士'를 농부와 병사로 해석하나 이는 중대한 오류다. 경전耕戰이란 바로 상앙이 말한 농전으로, 농사를 지으면서 싸운다는 뜻이다. 농전은 상앙 변법의 핵심이다. 이 문장에서도 오기의 경전 이 상앙의 농전으로 발전했음을 확인할 수 있다.

군사는 반드시 정치와 결합해야 한다

—

독자들은 필자가 오기를 지나치게 높게 평가한다고 비판할 수도 있겠다. 그러나 오히려 지금껏 오기는 지나치게 저평가되었다. 오기는 법가적 개혁가였지만 그는 단순히 기능적인 역할을 수행한 것이 아니다. 오기는 병兵과 법法을 유儒의 위민爲民 사상에 결합시킨 사람이다. 오기의 병가 사상은 상앙처럼 사술로 무조건 이긴다는 주장이나, 훗날 손빈의 병법처럼 전술에 치우친 것이 아니라 위민·일민一民·일신一信, 즉 유·묵·법의 정수를 병법으로 녹인 것이다.《오기병법》〈도국〉 편은 한 편의 완결된 전쟁론이다. 오기는 이렇게 말한다.

대저 군대를 일으키는 이유는 다섯 가지가 있다. 첫째는 이름을 다퉈서〔爭名〕, 둘째는 이익을 다퉈서〔爭利〕, 셋째는 미움이 쌓여서〔積惡〕, 넷째는 내란〔內亂〕, 다섯째는 기근〔饑〕 때문이다. 군대에는 다섯 가지의 이름이 있다. 첫째는 의병義兵, 둘째는 강병强兵, 셋째는 강병剛兵, 넷째는 폭병暴兵, 다섯째는 역병逆兵이다. 포학함을 금하고 난리를 구하는 것을 의라 하며, 숫자를 믿고 정벌하는 것을 강强이라 하며, 분노로 인해 군대를 일으키는 것을 강剛이라 하며, 예를 버리고 이익을 탐하는 것을 폭暴이라 하며, 나라는 어지럽고 인민들은 지쳤는데도 일을 벌이고 사람들을 동원하는 것을 역逆이라 한다.
이 다섯을 상대하는 데는 각기 방법이 있다. 의병은 반드시 예로써 굴복시키고, 강병〔强〕은 반드시 겸양〔兼〕으로 굴복시키며, 강병〔剛〕은 반

드시 말[辭]로 굴복시키고, 폭병은 반드시 속임수로 굴복시키며, 역
병은 반드시 권모술수[權]로 굴복시킨다.

오기는 군사를 반드시 정치와 결합시켜 논한다. 무후에게 유세했듯
이 승리는 정치에 의해 이미 결정된다. 오기는 위가 서하를 점령할 수
있었던 것은 진의 정치가 잘못되었기 때문이지 용병의 승리가 아니라
고 했다. 오기가 추구한 군대를 흔히 강병强兵이라 부르지만 그가 명목
상 추구하던 최상의 군대는 의병義兵이었고 실질적으로 추구하던 군대
는 정병精兵이었다. 잘 훈련된 군대라는 의미에서는 강병이 맞다. 그러
나 오기는 숫자로 위협하는 군대[强兵]를 추구하는 대신 적정 수의 잘
훈련된 군대, 즉 정병을 추구했다.《여씨춘추》〈용민用民〉에 이렇게 나
와 있다.

"합려가 군사를 쓸 때는 3만을 넘지 않았고, 오기가 군사를 쓸 때는
5만을 넘지 않았다."

오기가 정병을 추구한 것은 군사보다 농사가 더 중요하다고 생각했
기 때문이다.

실패를 빛나게 한 불굴의 정신

개혁가들은 살아서는 비난을 지고 다니다 그 비난에 눌려 생을 마감한
다. 후대 사람들이 서문군西門君이라고 그토록 칭찬하던 서문표의 운

명도 오기와 다르지 않았던 모양이다.《한비자》〈외저설좌하外儲說左下〉에 서문표가 참소를 받은 이야기가 나온다.

서문표가 업을 다스릴 때 얼마나 청렴하고 성실했던지 털끝만큼의 사적 이익도 취하지 않았다. 당연히 군주의 좌우 측근들에게는 별 대접을 하지 않았다. 그러자 측근들이 한 덩어리가 되어 서문표를 모략했다. 1년 후 결산보고[上計]를 보고 문후는 서문표의 관인을 거두어버렸다. 그러자 서문표가 나서서 이렇게 청했다.

"신이 전에는 업을 다스리는 방법을 미처 몰랐사옵니다. 이제야 방법을 알게 되었으니 원컨대 관인을 돌려주어 다시 한번 기회를 주시옵소서. 제가 또 임무를 완수해내지 못한다면 엎드려 부질斧鑕을 받겠나이다."

그러자 문후는 이 청을 거절하지 못하고 그에게 다시 업을 다스리도록 했다. 한 해 후 서문표의 실적은 놀랄 만하게 향상되어 있었다. 사실은 서문표가 백성들을 무섭게 다루고 세금을 무겁게 거둬들였기 때문이다. 이를 모르는 문후는 서문표의 실적을 보고 허리를 굽혀 배례했다. 그러자 서문표가 반문했다.

"지난해 신을 군주를 위해 업을 다스렸더니 군주께서는 저의 관인을 거두셨습니다. 그러나 올해 제가 군주의 좌우 측근들을 위해 업을 다스렸더니 군주께서는 제게 배례를 하시는군요. 저는 업을 다스릴 재간이 없습니다."

이렇게 말하고는 기어이 관인을 반납하고 떠나려 했다. 그러자 문후가 반납한 관인을 받지 않고 말했다.

"과인이 전번에는 그대를 알아보지 못했지만 지금 잘 알게 되었소. 그대는 과인을 위해 힘써 다스려주시오."

문후는 끝내 관인을 받아주지 않았다. 그토록 높은 평가를 받는 서문표도 문후가 없었으면 쓰러질 운명이었다.《한비자》〈난언難言〉에 이런 구절이 나온다.

"서문표는 싸우지도 않고 (못하고) 남의 손에 죽었다[不鬪而死人手]."

단지 이 짧은 구절로 서문표의 최후를 구체적으로 알기는 어렵지만 그가 자연사하지 못하고 비명에 간 것은 분명하다. 서문표도 개혁가였고 그의 최후는 오기보다 더 낫지 않았던 모양이다.

《설원》〈지무〉 편에서 이어지는 대화를 마저 들어보자. 오기는 평소에 자신의 운명을 예감하고 있었다. 오기가 완의 수령이 되어 순찰하던 차에 식息으로 행차해서 굴의구를 만나 물었다.

"왕께서 저 기起가 못난 줄 모르고 완의 수령으로 삼았습니다. 선생은 장차 어떻게 저를 가르치려 하십니까?"

그러나 굴의구는 대답하지 않았다. 1년이 지난 뒤, 오기는 영윤이 되어 다시 굴의구를 찾아 물었다.

"제가 선생께 물었으나 가르침을 주시지 않았습니다. 지금 왕께서 저 기가 못난 줄 모르고 영윤으로 삼았습니다. 선생께서 제가 하고자 하는 바를 시험 삼아 살펴주시지요."

"어른은 장차 어떻게 정치를 하시렵니까?"

오기의 대답은 앞에서 말한 대로 귀족의 것을 빼앗아 군대를 기르겠다는 이야기였다. 이야기를 듣고 굴의구는 이렇게 대답했다.

"제가 듣기로 예전의 나라를 잘 다스리는 이들은 옛 제도를 고치지 않고[不變故] 기존의 법을 바꾸지 않는다[不易常]고 합니다. 또한 저는 병기란 흉기요 싸움이란 덕을 거스르는 것이라 들었습니다. 지금 어른께서는 남몰래 덕을 거스르는 일을 도모하고, 흉기(병기)를 쓰는 것을 즐겨 남들이 꺼리는 것(군대를 쓰는 일)을 시작하려 하고 있습니다. 이는 크게 이치를 거스르는 음일淫侠한 일이니 행하면 이롭지 않습니다. 어른은 억지로 노나라 군대를 이끌고 제나라를 쳐서 뜻을 이뤘고, 위나라 군대를 이끌고 진나라를 쳐서 뜻을 이뤘습니다. 저는 '남을 해치지 않으면 자신도 해를 입지 않는다'고 들었습니다. 저는 정말 우리 군주가 하늘의 도를 수차례 거스르고 지금까지 화를 입지 않은 것을 괴이하게 생각하고 있었는데, 아! 어른을 기다린 것이었군요(드디어 당신이 와서 화를 입히려 하는군요)."

오기가 두려워하며 물었다.

"이제라도 고칠 수 있습니까?"

굴의구가 말했다.

"고칠 수 없습니다."

오기가 말했다.

"저 기는 남을 위해 도모하는 것입니다[起之爲人謀].*"

굴의구가 말했다.

"이미 형을 받기로 된 사람을 스스로를 고칠 수 없습니다. 어른께서

• 이 문장은 매끄럽지 않은데, 아마도 문장에서 빠진 구절이 있는 듯하다.

는 처신을 조심하시고 행실을 돈독히 하시는 것이 낫겠습니다. 초나라에서는 현명한 사람을 추천하는 것보다 더 귀한 일이 없습니다."

필자가 보기에 굴의구는 유명한 점쟁이 혹은 예언가다. 오기는 지금 유명한 예언가를 찾아가 자신의 운명에 관한 이야기를 나누는 중이다. 그러나 오기는 결국 자신의 길을 갔고 피살될 운명을 피하지 못했다. 채택이 말한 대로 그는 위험하다고 피할 사람이 아니며, 어렵다고 포기할 사람도 아니다.

태사공(사마천)은 이렇게 평했다.

능히 행할 수 있는 이가 꼭 말을 잘하는 것은 아니고, 말을 잘하는 이가 능히 행할 수 있는 것도 아니다. 오기는 서하에서 무후에게 형세보다 덕이 중요하다고 역설했지만, 정작 초나라에서 가서는 각박하고 모질며 은혜를 베풀지 않다가(刻暴少恩) 피살되고 말았다. 아, 슬프다.

• 《사기》〈한세가〉에 굴의구의 예언이 등장한다. 한 소후 25년 가뭄이 들었는데 높은 문을 만들었다. 굴의구가 말했다.

"소후는 이 문을 나서지 못할 것이다. 왜 그런가? 때가 아니기 때문이다. 내가 때라고 말하는 것은 시일을 가리키는 것이 아니다. 사람에게는 원래 유리한 때와 불리한 때가 있다. 소후는 유리한 때에는 높은 문을 만들지 않았다. 작년에는 진에게 의양宜陽을 빼앗기고 올해는 큰 가뭄을 당한 지금 백성을 구휼하는 급한 일을 하지 않고 오히려 높은 문을 만들어 사치를 더하고 있다. 이를 일컬어 '시굴거영時詘擧嬴(쇠잔한 시기에 오히려 허영을 부린다)'이라고 한다. 이듬해 높은 문을 다 만들었을 때 소후가 죽어 과연 이 문을 나서지 못했다."

기원전 335년 한 소후가 죽었고, 334년에 굴의구가 이런 예언을 했다. 이때는 오기가 초나라에서 활동하던 시기와 50년이나 차이가 나서 완전히 불가능하지는 않지만 굴의구의 나이가 너무 많다. 필자는 《설원》에 오기와 굴의구가 직접 대화한 것으로 기록한 것은 기록 과정의 착오라고 짐작한다. 오기와 이야기를 나눈 이는 굴의구가 아닌 다른 예언가였을 것이다. 그러나 이 대화는 전국시대 오기에 대한 세평을 알 수 있는 자료다.

그러나 필자는 오히려 태사공 같은 안목을 지닌 이가 유독 오기가 한 일을 제대로 살피지 못하고 그런 평을 내놓은 것이 슬프다. 오기는 오자서와 흡사하다. 겉으로는 강해 보였지만 동정심이 많았다. 고금을 통틀어 자신의 양식을 지고 다니며 먹는 장수가 있었던가? 적진에 들어가서도 밭 가운데 들어가지 않고 곡식을 피해 가며 막사를 친 장수가 또 어디에 있을까? 아버지가 자신을 따르다 죽어도, 그 아들이 또 아버지를 따르다 죽으려 하도록 만들기는 쉽지 않다. 위선으로 그런 충성을 이끌어내기는 불가능하다. 오기는 언제나 아랫사람에게 따뜻하고 윗사람에게 강경하다.

오기는 실패자다. 그러나 그의 가치는 그의 실패 때문에 더 두드러진다. 조국 위衛를 떠나 노魯에 갔으나 참소를 당했고, 서하에서 공을 이뤘으나 또 모함을 받았다. 그리고 마지막으로 찾아간 곳에서 신하로서 최고의 자리에 올랐지만 왕과 함께 최후를 맞았다.

오기의 위대한 점은 성과를 점치지 않고 전진하는 불굴의 정신이다. 부질없는 가정이라는 것을 알면서도 필자가 오기의 실패를 아쉬워하는 것은, 만약 그가 성공했더라면, 혹여 상앙을 비롯한 후기 법가들이 추구한 '백성을 제압하는[制民]' 가혹한 방식을 거치지 않고 통일제국으로 이행했을지도 모른다는 희망사항 때문이다. 오기의 주장은 사실상 한漢 제국의 건국이념과 별 차이가 없으니까.

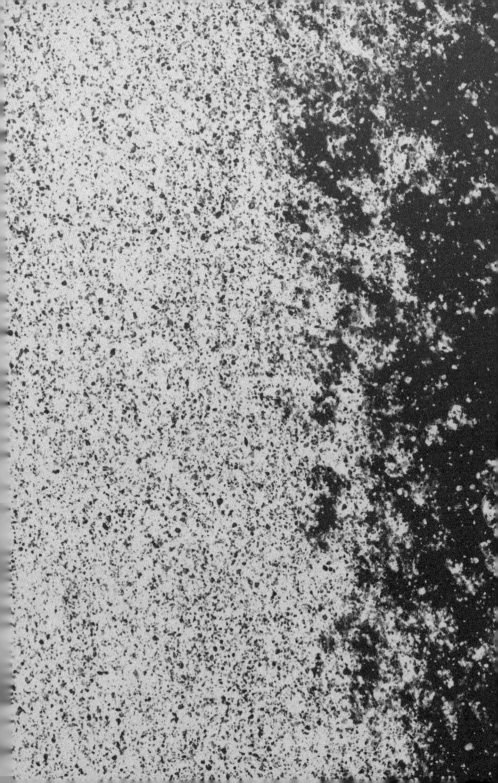

제4장

시행착오를 반복하는
군주들

: 서진西進 원칙이 무너지다

...

아무리 위대한 권투선수일지라도 전적이 쌓일수록 턱이 약해진다. 인체의 급소인 턱은 인위적으로 단련할 수도 없거니와 다른 부위와는 달리 타격을 받으면 받을수록 약해진다. 그래서 한때 위대했던 권투선수가 나중에는 턱을 스치기만 해도 쓰러지는 선수가 되곤 한다.

국가를 경영하는 것은 국가의 급소를 잘 감싸고 팔다리를 튼튼하게 하는 것이지 싸움을 잘한다는 것이 아니다. 그리고 싸움을 잘한다는 것은 턱을 맞지 않고 상대를 굴복시킨다는 것이지 난타전 끝에 상처뿐인 승리[幸勝]를 거둔다는 것이 아니다. 난타전을 벌이면 필연적으로 턱이 약해진다.

위 무후는 서쪽 전장에서 오기의 용병을 배웠고 동쪽의 중산을 지키면서 지구전도 익혔다. 그는 스스로 싸움을 잘한다고 자부하는 사람이었다. 그러나 군주가 싸움을 잘하면 나라는 필연적으로 약해진다. 전략과 전술은 엄연한 차이가 있다.

《여씨춘추》〈적위適威〉에 이회가 무후에게 넌지시 간하는 내용이 나온다. 이회가 하는 말은 명확하게 문후와 오기가 추진해오던 전략을 강조한 것이다.

위 무후가 중산에 있을 때 이회에게 물었다.

"오나라는 왜 망했습니까?"

"자주 싸우고 자주 이겼기 때문입니다[驟戰而驟勝]."

"자주 싸워 자주 이기는 것은 나라의 복일진대, 유독 오나라만 망한 이유는 무엇입니까?"

"자주 싸우면 백성들이 피폐해지며, 자주 이기면 군주가 교만해집니다. 교만한 군주로 하여금 피폐해진 백성들을 부리게 하고도 나라가 망하지 않은 경우는 천하에 드뭅니다. 교만하면 마음대로 하고, 마음대로 하면 극단적으로 사물을 추구합니다[極物]. 피폐하면 원망하고, 원망하면 극단적으로 꾀를 부립니다[極慮]. 아래 위가 모두 극단으로 치닫고도 오나라는 그래도 오랫동안 버틴 것입니다. 이것이 부차가 자결할 수밖에 없었던 이유입니다."

얼마나 정곡을 찌르는 말인가. 그러나 무후는 이회의 조언을 듣지 않았다. 우리는 앞으로 싸우면 싸울수록 위나라가 약해지는 모습을 보게 될 것이다. 아무리 강한 군대를 보유하고 있더라도 전선을 확장하지 말아야 한다는 것은 병법사의 영원한 진리다. 유럽 최강의 군단을 거느린 히틀러가 패망한 것은 서유럽에 만족하지 않고 동유럽으로 전선을 확장시켰기 때문이다. 양면에서 동시에 싸워 이긴 예는 고래로 드물다. 장개석이 몰락한 것은 동남을 갈무리하기도 바쁜 시기에 군대를 동북으로 나누었기 때문이다. 양쪽으로 나뉘면 군대는 약해지며, 사방으로 싸우는 군대는 지친다.

오기는 최강의 군대는 아버지와 아들의 군대[父子之軍]로 전장에서 이들은 "오직 뭉칠 뿐 흩어지지 않는다[可合而不可離]"고 했다. 이 말은 나라 전체에도 적용된다. 전선은 오직 한군데로 집중시키고 기존의 우호적인 나라들과의 관계를 쉽사리 깨어서는 안 된다. 조나라가 기회적인 태도를 보일 때도 위 문후는 삼진연합의 원칙을 가지고 우호관계를 지켜냈다. 안타깝게도 무후는 그런 안목이 없었다.

1. 무후, 삼진연합의 원칙을 깨다 ━━━━━━

기원전 386년, 공자 격이 아버지를 이어 군위에 오르니 그가 무후다. 무후가 자리에 오르자마자 동쪽에서 유혹이 찾아왔다. 무후와 같은 해에 조나라에는 경후敬侯가 들어섰다. 그러나 새 군주에게 반감을 품은 공자 삭朔이 난을 일으켰으나 실패하고 위나라로 달아났다. 위나라에 도착한 삭은 위나라 군대를 이끌고 한단으로 들어가고자 했고, 무후는 이를 다시 얻기 힘든 기회로 여겼다. 원래 남의 나라의 난리를 틈타서 공격하지 않는 것이 춘추시대의 예법이었지만 지금은 그런 시절이 아니다. 마침 조나라는 진양에서 한단으로 도읍을 옮긴 터라 어수선했다. 그러나 전략적으로 지금 조를 공격하는 것이 타당한가?

《전국책》〈위책〉에 한단 공략을 비판하는 어떤 전략가의 간언이 나온다. 무후가 한단을 공격하려 하니'계량李梁이 (사신으로 떠나는) 중도에 돌아와, 얼마나 급했는지 꼬질꼬질한 옷에 머리도 감지 않은 채로 와서 바로 무후를 만났다.

"오늘 신이 오다가 큰길에서 어떤 사람을 보았는데 북쪽으로 수레를 몰고 가면서 '나는 초나라로 가련다'고 하더군요. 신이 '그대는 초나라로 간다면서 왜 북쪽으로 가는가?' 하고 물으니 '내 말[馬]이 좋다'고 하더군요. 그래서 신이 '말이야 좋다 해도 이 길은 초나라로 가는 길이 아니오'라고 했더니 이제는 '나는 노자가 풍부하오'라고 하더군요. 신이 또 '노자를 아무리 쓴들 이 길은 초나라로 통하지 않소'라고 했더니 그제는 '내 마부가 말을 잘 몬다'고 하더군요. 그래서 제가 '그대가 말한 것들이 좋으면 좋을수록 더욱 초나라에게서 멀어지오'라고 해주었습니다.

지금 군주께서는 움직여 패왕이 되고 일을 일으켜 천하의 신뢰를 얻고자 합니다[動欲成覇王, 擧欲信於天下]. 나라의 크기와 군대의 뛰어남을 믿고 한단을 공격하여 땅을 넓히고 이름을 높이려 하시지만, 왕께서 움직이면 움직일수록 패왕의 자리와 멀어질 뿐입니다. 이는 마치 초나라로 간다면서 북쪽으로 향하는 것과 같습니다."

계량은 지금 인의를 설파하는 것이 아니라 창의 방향이 틀렸다고 말

- 원문은 '위왕魏王'이라고 되어 있으나 응당 위후魏侯라고 해야 한다. 그러나 《전국책》은 군주를 부를 때 후나 왕의 호칭을 엄격하게 구분하지 않는다. 따라서 이 대화는 기원전 386년 위 무후가 한단을 공략하기 전에 조정에서 있었거나 30년 후 위 혜왕이 한단을 공략할 때 있었을 것이다. 그러나 대화의 취지는 바뀌지 않는다. 필자는 계량이 무후에게 유세한 것으로 설정했다.

하는 것이다. 그러나 위나라는 결국 조나라 공자를 도와 군대를 파견했으나 실패하고 말았다.

필자는 한단성 둘레를 도보로 답사한 적이 있다. 조 경후가 진양을 떠나 이곳으로 온 것은 한단이 화북의 평원을 바라보며 태행산을 등지고 있기 때문이다. 동서남이 꽉 막힌 진양의 생산물로는 앞으로 펼쳐질 전면전을 견딜 수 없다고 본 선택이었다. 커다란 언덕에 의지해서 두꺼운 성벽을 쌓고, 성 안에 곡식을 산더미처럼 쌓아놓은 한단성을 단기간에 공략해서 이기기는 상당히 어렵다.

또한 조나라 경후의 아버지 열후烈侯와, 숙부 무공武公 시절에 조나라의 인재들이 나라 살림살이를 윤택하게 만들어놓았다. 조 열후 시절의 정치에 관해 〈조세가〉에 이런 일화가 나온다. 열후는 음악을 좋아해서 가수들을 아꼈다. 얼마나 좋아했는지 창이네 석이네 하는 가수들에게 작위를 내리려 했다. 그러자 상국 공중련公仲連이 반대했다.

"그들을 부유하게 해주는 것은 괜찮지만 귀하게 할 수는 없습니다."

공이 없는 이에게 작위를 주어 질서를 흔들지 않겠다는 이야기였다. 열후도 이를 따랐다.

"그렇다면, 이 정나라 가수 두 사람에게 한 사람당 1만 무씩 밭을 하사하리다."

"좋습니다."

공중련은 이렇게 대답해놓고는 땅을 주지 않았다. 그리고 한 달이 지나 열후가 대代 땅을 순무하고 돌아와 다시 물었다. 공중련은 이런 핑계를 댔다.

"구하고 있는데, 아직 줄 만한 곳을 발견하지 못했습니다."

얼마 후 열후가 또 이 일에 대해 물었지만 공중련은 기어이 땅을 내주지 않고 병을 핑계로 조회에 나가지 않았다. 그 무렵 파오군鄱吾君이 대 땅에서 돌아와 공중련에게 물었다.

"우리 군주께서는 선을 좋아하시지만 아직 어떻게 해야 할지 모르고 있습니다. 공중께서 조나라 재상직을 맡으신 지 올해로 4년이 되었습니다. 추천해서 들여 쓴 선비들이 있습니까?"

"아직 없습니다."

"우축牛畜, 순흔荀欣, 서월徐越이 모두 뛰어난 인재들입니다."

그러자 공중련은 바로 이 세 사람을 등용해서 썼다. 그리고 공중련이 조회에 나가니 열후가 다시 물었다.

"가수들에게 밭을 주는 문제를 처리했소이까?"

공중련이 또 핑계를 댔다.

"곧 그들에게 좋은 땅을 고르게 하겠습니다."

새로 등용된 우축은 열후에게 왕도를 가르치고, 순흔은 인사를 가르치고, 서월은 재정을 관리하는 데 낭비하는 것이 없었다. 열후는 이들과 함께하면서 군도를 터득해나갔다. 마침내 열후가 공중련에게 사람을 보내 전했다.

"가수들에게 밭을 주는 일을 중단하시오."

열후의 정치는 볼만했고 그의 동생 무공의 치세에 조나라는 이웃과 싸우지 않았다. 두 군주에 이어 20년 동안 내실을 다진 나라를 하루아침에 뒤집을 수는 없었다. 한단 공략이 실패함으로써 무패의 위나라 군단은 명성에 타격을 입었다. 더 심각한 문제는 패배가 아니다. 조나라의 혼란을 틈타 한단을 공략함으로써 위 문후가 그토록 오랫동안 지켜낸 삼진연합이라는 대원칙이 깨진 것이다.

한단 공략 실패 후 무후는 도성인 안읍에 방어벽을 쌓았다. 서하의 전진기지를 믿는다면 그럴 필요가 없었다. 아마 이때 오기가 실각하여 초나라로 망명한 것으로 보인다. 성을 쌓는 행동은 진에게 '이제 위나라는 동쪽으로 간다'는 신호를 주었다. 진秦에게 위는 이제 문후와 오기가 있던 시절과는 다른 상대였다.

위 무후 3년 위는 늠구廩丘로 출정해 제나라와 싸웠다. 이때도 위군은 위기에 빠졌지만 조나라 군대의 도움을 받아 크게 승리를 거두었다. 왜 조나라는 위나라를 도왔을까? 조가 한단을 기반으로 화북 평원으로 나가려면 위衛·제齊와 맞설 수밖에 없었는데, 제가 너무 커지면 조에 좋을 것이 없었다. 그들은 위와 제의 균형을 원했기에 끊임없이 기회주의적으로 행동했다.

그 이듬해 무후는 다시 조나라를 공략해서 토대兎臺에서 승리했다. 두 해 뒤에 위는 다시 제와 손을 잡고 조의 강평을 빼앗았다. 위가 진과 대적하고 있을 당시 제는 항상 위의 발목을 잡았다. 문후는 제를 견제하는 데 공을 들였다. 그런데 이제 무후는 아버지의 정책을 뒤집어 오히려 조를 치기 위해 제와 손을 잡는다. 긴 안목은 없고 그저 상황에 따라 움직이고 있다. 조나라를 약하게 한다면 어제의 원수와 손을 잡는 것도 불사한다. 그러자 이듬해 조는 초의 군대를 빌려 위의 극포棘蒲를 빼앗았고, 그 이듬해는 다시 황성黃城을 빼앗았다. 조의 반격이 개시된 것이다. 싸움을 지속하다 보면 원한이 쌓인다. 향후 위와 조는 상황에 따라 연합하기도 하지만 크게 보면 해가 갈수록 원한이 쌓여갔다.

그 이듬해 위는 진秦을 끌어들여 한을 쳤다.' 그러자 한은 제에 구원을 요청했고, 제의 조정에서는 이 일을 두고 토론이 오갔다. 기원전 380년의 일이다.

제 환공이 물었다.

"한나라를 일찍 구원할까요, 아니면 천천히 구원할까요?"

추기의 대답은 부정적이었다.

"구해주지 않는 것이 낫습니다."

그러자 단간붕段干朋이 반박했다.

"구하지 않으면 한은 쪼개져 위에 편입될 것입니다. 구하는 것이 낫습니다."

전신사田臣思(즉 전기田忌)가 나섰다.

"그대의 계책은 잘못되었습니다. 진秦과 위가 한을 공격하면 초와 조가 반드시 구원할 것입니다. 이것은 하늘의 우리에게 연燕나라를 주는 것입니다!"

- 이 부분은 《사기》〈전경중완세가〉에 기반한 것인데 미심쩍은 부분이 있다. 《전국책》〈제책〉에 계릉의 싸움 전에 조정에서 추기鄒忌와 단간륜段干綸이 한 이야기와 어투가 너무나 비슷하다. 추기는 훨씬 훗날 거문고를 들고 제 위왕을 알현하여 중시되는 인물이다. 훗날의 계릉의 싸움 전에 있었던 기록이 혼입된 것일까?
  자료가 부족하여 밝히기는 어렵지만 무후가 정말 진秦을 끌어들였다면 전략의 기본은 무시한 처사다. 정황상 대체로 삼진이 서로 싸우는 틈을 타서 제나라가 연나라의 상구를 쳤고, 그러자 삼진이 다시 뭉쳐서 제나라에 달려들었다고 판단된다. 진이 개입했는지 추기, 단간붕, 전기가 조정에서 그런 대화를 나누었는지는 확실하지 않다. 아마도 사마천의 착오일 것이다.

삼진과 진秦, 초가 뒤엉켜 있을 때 자기들은 연을 친다는 계산이었다. 계산 자체는 뛰어나나 전략이랄 것도 없는 기회주의적 술책이었다. 다만 제가 이렇게 행동할 빌미를 준 것은 모두 위 무후가 조와 한에 포문을 열었기 때문이다. 막상 제가 연의 상구桑丘를 차지하자 삼진은 부랴부랴 180도 방향을 바꾸어 제나라의 상구를 쳤다. 그러나 이미 점령해서 방비를 하는 땅을 공략한다는 것은 쉬운 일이 아니다. 〈육국연표〉는 "상구에 이르렀다[至桑丘]"고만 써놓아 이미 이 땅을 공략할 수는 없었다는 것을 보여준다. 이렇게 위나라는 스스로 전황을 복잡하게 만든 후 상황에 따라 조변석개하며 끌려 다니고 있었다.

2. 강해지는 제나라

이제 사태는 대단히 복잡해졌다. 삼진이 서로 기회를 노리고 싸우자 신이 난 쪽은 동쪽의 제나라와 서쪽의 진나라였다. 먼저 제나라의 입장에서 생각해보자. 위가 조를 공격하면 제는 약한 연을 겸병할 수 있다. 위와 조의 힘의 균형이 깨어지려 하면 개입해서 영향력을 늘릴 수 있다. 제가 무서워하는 것은 삼진이 힘을 합치는 것이었다. 한나라는 정나라 땅을 뺏느라 정신이 없었으므로 위나라를 견제하기 위해 제나라를 이용하려 했다. 삼진이 모여 제를 칠 때도 있었지만 조와 위 사이에 낀 한은 언제나 두 마음을 품을 수밖에 없었다.

기원전 378년 제 환공이 죽고 그 아들이 군위에 올랐다. 그 사람이 바로 전상田常, 무려 36년 동안 군위에 있으면서 위나라를 약화시켜 오기의 기획을 좌절시킨 위왕威王이다. 제 위왕이 등극했을 때 바로 삼진이 상사를 틈타 영구靈丘를 공격해왔고, 심지어 노나 위衛와 같은 약체들도 위魏나 조를 믿고 제에 도전했다. 제 위왕 치세 초기 권력은 경대부들의 손에 있어서 왕이 힘을 발휘하지 못했다. 그러나 제 위왕은 호락호락한 인물이 아니었다. 그는 단지 기회를 보고 있었다.•

어느 날 왕은 즉묵卽墨의 대부를 불렀다.

"그대가 즉묵에 있을 때 나날이 비방하는 말이 과인에게 들어왔소. 그러나 과인이 사람을 시켜 즉묵을 살펴보니 전야는 잘 개간되어 있고 백성들의 생활은 요족하며 관에는 처리하지 않고 남겨두는 일이 없었으니, 이로써 동방은 편안하게 되었소. 이는 그대가 나의 측근들을 섬겨 명성을 구하지 않았기 때문이오."

이렇게 말하고는 그를 만호의 읍에 봉했다. 그러고 나서 다시 아읍阿邑의 대부를 불렀다.

"그대가 아읍을 지킬 때 그대를 칭찬하는 말이 나날이 내 귀에 들어왔소. 그러나 사람을 시켜 아읍의 실정을 살펴보라 하니, 전야는 개간되어 있지 않고 백성들은 가난하고 고단했소. 전날 조나라가 우리 견읍甄邑을 공격했을 때 그대는 구해내지 못했고, 위나라가 우리 설릉薛陵을 취했을 때도 그대는 알지 못했소. 이는 그대가 후한 뇌물로 나의 측근들에게 아부했기 때문이오."

• 이어지는 이야기는 〈전경중완세가〉를 기반으로 했다.

바로 그날 그는 아홉의 대부를 삶아 죽이고, 평소에 그를 칭찬했던 좌우 측근들도 같이 삶았다. 그러자 제나라의 정치가 일시에 달라졌다고 한다.

제 위왕은 위 문후 정도의 안목은 없었지만 다스림의 기본은 알고 있었다. 그 아래에 추기가 있어 대사에 의견을 내고, 전기는 손빈을 데리고 전쟁터를 누볐다. 앞으로 전기와 손빈에 대해서는 자세히 말할 것이므로 추기라는 인물을 먼저 고찰해보자. 추기는 나중에 전기와 사사건건 대립하여 전기를 모함했다고 한다. 그러나 전기가 전술가라면 추기는 전략가요, 전기가 싸움터에서 강한 반면 추기는 왕을 보좌하는 데 능했다. 독자들은 지금 소개하는 추기와 앞으로 등장할 위나라의 혜시惠施를 비교해보기 바란다. 〈육국연표〉에 의하면 추기가 제 위왕을 알현한 것은 기원전 358년의 일이다.

추기는 거문고를 대단히 잘 타서 제 위왕을 만날 수 있었다. 왕이 거문고를 타는 것을 보고 추기가 나와 은근히 유세했다.

"거문고를 잘 타시는군요."

왕이 발끈하여 기분이 나빠 거문고를 버리고 칼을 잡고 물었다. 또 한 놈의 아첨꾼이 나타났다고 여겼던 것이다.

"선생은 내 겉만 보고 잘 살피지도 않았는데, 어찌 거문고를 잘 타는 줄 아시오."

추기가 대답했다.

"대현의 소리는 둔탁하면서 봄처럼 따뜻하니 군주와 같고, 소현의 소리는 맑고 깨끗하니 재상의 것입니다. 깊숙이 누르고 경쾌하게 떼는 것은 정령政令이요, 대소현이 같이 울리지만 서로 해치지 않고 도움을 주니 사계절과 같습니다. 그러니 저는 군주께서 거문고를 잘 탄다는 것을 알았습니다."

지나친 아부가 아닐까? 그러나 왕은 이 말을 인정했다.

"선생은 음에 대해 잘 말하는구려."

추기가 유세에 들어간다.

"어찌 음만 말하는 것이겠습니까. 대저 나라를 다스리고 백성들을 안정시키는 것도 모두 그 안에 있습니다."

지나치게 오만한 태도가 아닌가? 왕이 화가 나서 되물었다.

"오음의 기본에 관한 것이라면 내가 선생만 못하오. 그러나 나라를 다스리고 백성들을 안정시키는 것이 어찌 거문고 현과 판 사이에 있단 말이오?"

추기가 말을 이었다.

"대저 소리가 반복되지만 어지러워지지 않는 것은 다스림이 창성하기 때문이요, 이어지며 통하는 것은 망하는 나라를 존속시켜주기 때문입니다. 그러므로 거문고의 음이 조화로우면 천하는 잘 다스려진다고 말하는 것입니다. 나라를 다스리고 백성들을 편안하게 하는 것이 오음을 다스리는 것과 같지 않다 할 수 있겠습니까?"

왕은 그의 물 흐르는 듯한 변설에 감동했다.

"그렇군요."

추기는 왕을 알현한 지 석 달 만에 재상의 인수를 받았다. 과연 그는 진정한 국사일까, 사이비일까? 순우곤淳于髡이라는 제나라의 유명한 변사가 추기를 검증하겠다고 나섰다.

"선생께서는 말씀을 잘하시는군요. 저 곤에게 어리석은 생각이 있는 데 풀어놓아도 될까요?"

"삼가 가르침을 받겠습니다."

"온전함(온전한 신임)을 얻으면 모두 창성할 것이며, 온전함을 잃으면 모두 망할 것입니다[得全全昌, 失全全亡]."

"가르침을 받습니다. 삼가 그 앞(왕의 앞)을 떠나지 않겠습니다."

"돼지기름을 차축에 바르는 것은 매끄럽게 하기 위함인데, 그래도 네모난 구멍에 넣으면 굴러갈 수 없습니다."

"가르침을 받습니다. 삼가 좌우(왕의 좌우)를 섬기겠습니다."

"활에 아교를 바르는 것은 (활대와 각角이) 딱 붙도록 하기 위함인데, 그래도 틈이 있는 것을 완전히 꼭 붙게 할 수는 없습니다."

"가르침을 받습니다. 삼가 스스로 만백성들에게 다가가겠습니다."

"여우 갖옷이 비록 해졌다 한들, 누런 개가죽으로 기울 수는 없습니다."

"가르침을 받습니다. 삼가 군자를 가려 뽑되 소인들이 그 사이에 끼어들지 않도록 하겠습니다."

"큰 수레도 균형이 맞지 않으면 보통 수레가 싣는 짐도 못 싣고, 금슬의 현을 잡아놓지 않으면 오음을 낼 수가 없습니다."

"삼가 가르침을 받겠습니다. 삼가 법률을 닦아 간사한 관리들을 감독하겠습니다."

천하의 변사 순우곤을 상대하는 추기의 학식과 말주변이 이 정도였으니 그가 중용되는 것은 시간 문제였다. 1년 후 추기는 하비下邳를 봉읍으로 받고 성후成侯로 불렸다. 그러나 추기는 그저 언변에만 능한 사람이 아닐까?《전국책》〈제책〉에 이런 이야기가 나온다. 추기는 장신에 대단한 미남이었다고 한다. 그러나 서공徐公이라는 이는 훨씬 미남이었던 모양이다. 어느 날 추기가 아내에게 물어보았다.

"나와 서공 중 누가 더 잘났다고 보오?"

아내가 대답했다.

"영감이 훨씬 잘생겼지요. 서공이 어찌 당신에게 미치겠습니까."

추기가 미심쩍어 첩에게 또 물어보았다. 그랬더니 첩은 이렇게 대답했다.

"서공이 어찌 영감님만 하겠어요?"

다음 날 손님이 와서 추기와 이야기를 나누었다. 추기는 똑같이 물어보았다. 손님 또한 "서공은 어른보다 못났습니다" 하고 대답했다.

추기는 이 일로 느낀 점이 있었다. 그래서 궁으로 들어가 왕에게 이렇게 간했다.

"신은 서공보다 용모가 못난 줄 명백히 알고 있는데, 신의 처는 저를 사사로이 여기기 때문에 신이 서공보다 낫다고 하고, 첩은 신이 두려워서 낫다고 하고, 객은 신에게 바라는 바가 있어서 낫다고 하더이다. 지금 우리 제나라는 사방 1000리의 땅에 120개의 성읍이 있습니다. 궁중의 여인들과 좌우 측근으로서 왕을 사사로이 여기지 않는 이가 없고 조정의 신하로서 왕을 두려워하지 않는 이가 없으며 국경 안의 인민들로서 왕께 바라는 것이 없는 이가 없습니다. 이로 보면, 왕의 시야를 가림이 너무 심합니다."*

그러자 왕이 대답했다.

"좋은 말입니다."

그리고 이렇게 영을 내렸다고 한다.

"여러 신하들과 관리 및 백성들로서 능히 과인의 면전에서 잘못을 지적할 수 있는 이들은 최고의 상을 내리고, 글을 올려 잘못을 간하는 이는 가운데 상을 내리고, 저자와 조정에서 과인을 비방하는 이론을 퍼뜨려 과인의 귀까지 닿게 하는 이는 그 아래 상을 내리겠노라."

이렇게 하였더니 과연 신하들이 마음 놓고 잘못을 간했고, 1년이 지나자 간하려 해도 잘못이 없었다고 한다. 그러자 주위의 여러 나라들이 제나라를 대단하게 여겼다고 한다.

이렇듯 추기는 그저 말만 잘하는 이가 아니었다. 대체로 추기는 다른 나라의 싸움에 개입하지 말자고 하고, 전기는 개입하자고 해서 두 사람이 부딪혔다. 이름을 붙이자면 전기는 주전파요 추기는 주화파였다. 전기가 자주 승리를 거뒀지만 전국시대 전체를 보면 추기의 전략이 옳았다.

제나라는 원래 여러 나라 중 가장 부유했다. 제 위왕의 오랜 통치기간 동안 여러 인재를 모아 나라를 다지니 강해질 수밖에 없었다. 내정

---

* 〈제책〉에 의하면 추기는 제 선왕을 섬길 때 너무나 많은 선비들을 추천하여 왕이 불쾌하게 여겼다고 한다. 아마도 추기가 자기 붕당 사람들을 밀어주는 것이 아닐까 하는 우려 때문이었을 것이다. 반면 안수晏鳥라는 이는 높은 자리에 있으면서 추천하는 사람이 너무 적었다. 그래서 선왕은 안수를 더 좋아했다. 그러자 추기가 선왕에게 이렇게 진언했다. "저 기가 듣기로 한 아들의 효도는 다섯 아들의 효도보다 못하다고 합니다. 지금 안수가 추천하여 벼슬에 오른 이가 도대체 몇이나 됩니까?"

은 대개 추기가 조언을 올리고 싸움은 장군 전기와 그 유명한 병법가 손빈이 담당했다. 제나라가 이렇게 커질 수 있었던 것은 위 무후가 조나라와 싸움을 개시했기 때문이다. 이제 위나라는 예전보다 훨씬 강해진 제나라와 싸우게 된다.

제가 강해지고 위는 좌충우돌하는 사이, 기회주의자들은 크고 작은 성과를 얻는다. 먼저 조나라 경후는 위 무후가 한단으로 쳐들어온 것을 잊지 않았다. 그러나 전적으로 제나라와 연합할 수도 없었다. 황하를 사이에 두고 서로 대치하는 정국에서 제나라가 너무 커지는 것이 불리하다고 여겼다. 그리하여 조는 위와 제 사이에서 줄타기를 하는 한편 한과는 대체로 안정적인 관계를 맺었다. 그러다가 기원전 372년, 자국과 제나라 사이에 위치해 눈치 보던 약소국 위衛에 갑자기 들이쳐 항읍 73개를 빼앗았다. 이 일로 인해 바로 위魏나라의 견제를 받아 북린에서 패했지만, 위衛나라로부터 빼앗은 땅은 그대로 남았다.

기원전 375년, 한 애후는 드디어 정나라를 멸망시켰다. 한나라는 이리하여 예로부터 중원의 요지였던 정나라를 차지했고, 또 이제는 성과 요새를 가졌으므로 나라로서 기틀은 잡힌 셈이다. 정나라를 멸망시킨 후 한은 옛 정나라 도읍으로 수도를 옮겼다.

그런 와중에도 위 무후의 전선 확장은 계속되었다. 기원전 371년, 그는 단독작전을 감행해 초나라의 노양魯陽을 빼앗았다. 노양이 초나라 방성에 바로 근접한 요지이기는 하나 갑자기 단독작전을 감행해야 했던가 하는 의문이 있다. 전통적으로 초와 싸울 때는 삼진이 연합했다. 이제 홀로 작전을 감행함으로써 초나라의 창을 온전히 받아내는 처지가 된다. 이것이 무후의 마지막 작전이었다. 이렇게 무후는 위 문후 시절의 주적이던 서쪽의 진秦을 내버려두고 동쪽으로 나와 세 방면에서 동시에 적을 상대하며 뚜렷한 승리도 거두지 못한 채 생을 마감했다.

무후가 이토록 좋은 여건을 마련해주는 틈을 타서 진은 수도를 역양櫟陽으로 옮겼다. 역양이 어디인가? 낙수를 사이에 두고 위의 서하땅과 마주하고 있는 곳이 아닌가? 이미 서하에는 오기가 없었고, 조정에는 문후와 같은 군주가 없는데 위는 과연 이 땅을 지킬 수 있을 것인가?

3. 탁택의 대패

위 무후의 뒤를 이은 이는 맹자와의 대화로 유명한 위 혜왕(양혜왕)이다. 이 사람은 학습 의욕이 높고, 상당히 박식하며, 남의 이야기를 경청하고, 또 나라를 잘 다스려야겠다는 의지로 충만한 군주였다. 그러나 바로 그의 치세에 위나라는 그나마 가지고 있던 군대가 강한 나라라는 명성마저 잃고 보잘것없는 약소국으로 전락하고 말았다.

왜 그런 일이 벌어졌을까? 문제는 단 한 가지다. 국가를 경영하는 전략도 없이 쉽사리 싸우고, 패배하면 만회하기 위해 또 싸우다 더 크게 졌다. 유가에 기울었다, 명가名家에 기울었다, 종횡가에 기울었다 도무지 종잡을 수 없을 정도로 시행착오를 반복하는 통에 나라는 방향을 잃고 휘청거렸다. 정나라 자산이 말한 대로 배운 후에 정치를 해야지 정치를 통해서 배우겠다고 하면 백성들이 괴롭다. 실패를 겪지 않으면 배울 수 없는 사람이 바로 위 혜왕이었다.

훗날의 일이지만 다음 일화보다 위 혜왕의 특성을 잘 보여주는 이야기는 없을 것이다. 일화에 따르면 혜왕은 그야말로 줏대가 없는 사람이니, 장기적인 전략이 있을 리 만무하다.

이런 일화가 있다.• 순우곤이 혜왕에게 다가가 합종책을 말했더니 혜왕이 대단히 솔깃해했다. 그래서 초와 결합하고자 수레 열 대를 주어 사신으로 가도록 했다. 막상 순우곤이 출발하려 할 때 사람들이 합종책은 부족하다 하여 연횡책을 일러주었다. 그랬더니 그는 그 주장이 옳다고 보고 순우곤의 사신 행차를 취소해버렸다. 혜왕의 이런 즉흥적이고 근시안적인 행동은 앞으로도 계속된다.

오기와 문후는 국제 형세를 고찰하여 변치 않는 전략의 기초를 세우고 이를 실천했는데, 몇십 년이 지나 혜왕 대에 이르면 유세객의 세 치 혀에 국가의 방향을 바꾸는 지경에 이른다. 《여씨춘추》〈이위離謂〉는 이런 양혜왕의 태도를 "합종의 뜻도 잃고, 연횡의 일도 잃었다"고 하면서 "능력이 많은 것이 적은 것보다 못하다[多能不如寡能]"고 평한다. 위 혜왕은 능력이 없는 것도 게으른 것도 아니었지만 큰 그림이 없어서 이리저리 휘둘리는 사람이었다. 그러기에 강대한 위나라 군대를 이끌고 이리저리 싸움을 다녔지만 실제로 얻는 것은 없었고, 사람들의 충고를 들으면 그 자리에서는 경청했지만 소화해서 행동으로 옮기지 못

• 《회남자》〈도응훈〉.

했다. 맹자가 혜왕을 힐난한 것도 그의 오락가락하는 행보 때문이었을 것이다.

그는 출발부터 불행했다. 먼저 무후가 죽으면서 태자를 지정해주지 않았기 때문에 동생 위완魏緩(공중완公中緩)과 군위쟁탈전을 벌여야 했고, 또 이 과정에서 오기를 참소한 왕조라는 자와 함께했기 때문이었다. 무후는 외정을 복잡하게 만들어놓고 죽으면서 태자도 정해놓지 않았다. 무후가 죽자 위앵과 위완은 후계자 자리를 두고 다퉜다. 그때 한나라의 사신 공손기公孫順가 돌아와 한 의후韓懿侯에게 계책을 올렸다.

"위앵과 공중완이 태자 자리를 두고 싸우고 있는 것은 군주께서도 들으셨겠지요? 지금 위앵이 왕조를 얻어˚상당을 끼고 있으니, 실로 나라의 반을 차지하고 있습니다. 이를 틈타서 그를 제거하면 반드시 위를 격파할 수 있습니다. 기회를 놓칠 수가 없습니다."

그러자 의후가 대단히 기뻐하면서 이 의견을 따랐다. 그래서 조나라와 한나라 군대가 연합해 위앵과 탁택濁澤에서 싸워 대승을 거뒀다. 이때 위앵은 포위당해 위나라 사직이 끊어질 찰나였다. 조나라 성후成侯는 이렇게 주장했다.

"이참에 위나라 군주를 없애고 공중완을 세우고, 땅을 떼어 가진 뒤 돌아가면 우리들에게 이익입니다."

그러나 한 의후는 반대했다.

• 《자치통감》에는 왕조가 한으로 달아난 사실을 먼저 기술했다. 논리적으로 보아 왕조가 한으로 달아나면서 한나라에 틈이 생겼다고 보는 것이 타당할 것이다. 위앵이 "왕조를 얻었다[得王錯]"는 기록은 착오로 보인다.

"안 됩니다. 위나라 군주를 죽인다면 사람들은 분명히 우리를 난폭하다 할 것이고, 땅을 떼어서 돌아가면 우리를 탐욕스럽다 욕할 것입니다. 위魏를 둘로 나누는 것이 오히려 낫습니다. 위가 둘로 나뉘면 송이나 위衛보다도 약할 것이니 앞으로 우리는 영원히 위로 인한 우환을 겪을 일이 없을 겁니다."

공중완과 위앵을 모두 군주로 인정하여 위를 나누자는 작전이었다. 그러나 조 성후는 끝내 찬성하지 않았다. 그러자 한 의후는 화가 나서 한밤중에 핵심병력을 데리고 떠나버렸다. 이리하여 위앵은 구사일생으로 살아났고, 가까스로 조나라와 공중완의 연합군을 격퇴하고 공중완을 죽였다. 이렇게 어렵사리 살아나 군주가 된 혜왕은 한과 조에 대한 원한을 가슴에 품을 수밖에 없었다.

4. 동진하는 진秦나라 ▬▬▬▬▬

위 혜왕은 오히려 아버지 무후보다도 더 자주 싸웠다. 한 해가 멀다하고 계속 싸웠는데 동쪽에서는 승패를 반복했지만 서쪽에서는 거의 힘을 쓰지 못했다. 그는 얼마나 자주 싸웠던가? 탁택의 패배 이듬해 한나라에 보복을 가해서 마릉에서 승리했고, 또 조나라를 공격해서 이겼다. 그 이듬해는 제나라의 침공을 받아 관觀을 빼앗겼다. 제나라 군주가 누구인가? 그가 두 해 연속으로 두 나라와 싸운 위의 틈을 두고 볼리가 없다.

설상가상으로 서쪽에서 진秦이 치고 나올 준비를 하자 부득이 어제까지 싸우던 한과 다시 힘을 합했다. 위-한 연합군이 낙음에서 진군을 맞아 싸웠지만 패배했다. 두 해 후 진나라와 다시 석문에서 싸웠는데 결과는 처참했다. 진의 대장 장교章蟜는 위병 6만의 수급을 취했다고 한다. 아마도 이 석문의 싸움이 전국시대 최초의 대량 살육전이었을 것이다. 또한 전국시대 전반 동진을 전개하던 진이 위를 상대로 거둔 최초의 완벽한 대승이었다. 기원전 364년의 일이다. 석문은 오기가 그토록 고생하여 낙수를 따라 화산까지 연결시켜놓았던 보루들의 동쪽에 있다. 이제 진군은 서하의 보루들을 무시하고 더 동쪽에서 작전을 개시하고 있다.

위 혜왕은 연이은 서쪽에서의 패배를 견디지 못하고 안읍에서 훨씬 동쪽에 위치한 대량大梁으로 수도를 옮길 수밖에 없었다. 진이 이렇게 나올 수 있었던 것은 모두 위가 조 및 한과 싸움을 벌이는 데 힘을 쏟다, 진의 압박으로 목구멍까지 물이 차오른 후에야 다시 어제의 적들과 힘을 합쳤기 때문이다. 2년 후 진은 이번에는 소량을 공격해왔다. 문후가 소량에 성을 쌓음으로써 오기의 서하 공략이 본격화되었다. 그런 요지에서의 싸움에서 위군은 다시 대패했다. 이 싸움에서 공손좌가 사로잡히고 방성龐城을 빼앗겼다.

어떻게 이렇게 허무하게 패배했을까? 위가 동쪽에서 싸움질을 하느라 힘을 분산시켰기 때문이다. 〈위세가〉에는 위가 한을 공격해서 회澮에서 패배시켰다는 기록이 나오고, 〈육국연표〉에는 조를 패배시켰다는 기록이 나온다. 그렇다면 위는 진에 대항하기 위한 동맹을 또 깨고

회에서 한-위 연합군과 싸운 것이다. 그렇게 싸운 후 다시 소량을 공격당했으니 어떻게 당할 수 있겠는가? 진의 동진을 막고자 한다면 당장 동쪽에서의 싸움을 멈춰야 했다. 그러나 이듬해 위 혜왕은 다시 조를 공격해서 피뢰皮牢를 정벌했다. 이쯤되면 위 혜왕은 관성에 따라, 혹은 감정에 따라 싸우고 있는 것이다. 작은 땅을 얻기 위해 끊임없이 동쪽에서 싸움을 벌이고 서쪽에서는 연전연패였다.

소량에서 대패한 후 서쪽에서 다행스러운 소식이 들려왔다. 정력적으로 동진을 추구하던 진의 군주 헌공이 죽었던 것이다. 그러나 진의 새 군주 효공은 영걸이었다. 권력 교체기의 국가를 들어 끊임없이 싸울 정도로 무모하지 않았다. 그 틈에 위 혜왕은 어떻게 행동해야 하는가? 마땅히 서하의 보루들을 복원하고 동방의 국가들과의 관계를 복원하든지, 최소한 싸움을 멈춰야 했다. 그러나 그는 멈추지 못하고 다시 송나라를 침공했지만 땅을 얻지는 못했다.

위가 송을 침공한 이듬해 진이 다시 서하의 보루를 공격해서 위나라 장정 7000명을 죽이고 소량을 빼앗았다. 서하는 이로써 사실상 끝장이 났다. 좌충우돌 위 혜왕의 다음 행보는 무엇일까?

제5장

화려한 전술가 손빈

: 오기의 꿈을 무너뜨리다

···

위 혜왕은 맹자에게 이런 푸념을 늘어놓았다.

"우리 진晉나라(위나라)가 천하 막강이었다는 것은 선생도 아시지 않습니까? 하나 과인의 치세에 이르러서는 동쪽으로 제나라에 패하여 큰아들을 죽였고, 서쪽으로 진에게 700리의 땅을 빼앗기고, 남쪽으로 초나라에 욕을 당했습니다."(《맹자》〈양혜왕〉)

어렴사리 군위에 올라 부지런히 일했지만 왜 그런 결과를 얻었던가 잠시 위 혜왕을 측은하게 생각하기도 했다. 그러나 그가 맹자에게 이렇게 묻는 것을 보고 측은지심도 거두고 말았다.

"과인은 나라를 다스림에 온 마음을 다했습니다. 하내河內에 흉년이 들자 사람들을 하동으로 옮겼고, 곡식은 하내로 옮겼습니다. 하동에 흉년이 들 때도 역시 그렇게 했습니다. 이웃 나라들이 정치 하는 것을 살펴보면 저처럼 마음을 쓰는 이가 없습니다. 그런데도 이웃 나라의 인구가 줄어드는 것도 아니고 과인의 인구가 늘어나지도 않는데 이는 무슨 까닭입니까?"

위 혜왕은 무지한 것인가, 아둔한 것인가? 위나라의 인구가 늘어나지 않는 것은 전장에서 너무 많은 사람들이 죽었기 때문임을 모르다니.《맹자》에 나오는 말이 사실이라면 위 혜왕은 최하급의 군주임이 분명하다. 서쪽에서 패하는 바로 그때 그는 동쪽에서 만회할 틈을 노리고 있었다. 마치 도박에 빠진 사람이 본전을 찾아 더 수렁으로 빠져드는 것처럼 혜왕은 다시 수렁으로 빠져들었다. 이번에는 조나라 수도 한단邯鄲을 반드시 뽑아내겠다는 것이었다. 서하를 잃는 그 순간 한단을 뽑겠다고 결심한 이유는 무엇이었을까? 아버지의 꿈이었기 때문인가, 탁택의 원한 때문인가?

위 혜왕이 꼭 그 꿈을 이룰 수 있는 듯하기도 했다. 여전히 위나라 갑사의 용맹함은 천하를 진동시키고 있지 않은가? 싸울 수 있을 때 싸우는 것도 방법이리라. 그러나 그는 동쪽에 어떤 변수가 있는지 모르고 있었다. 제나라 위왕 아래에는 인재들이 들끓고 있었다. 이제 손빈이 등장하여 위나라를 중심으로 전국시대의 판을 짜려 했던 오기의 꿈을 완전히 종식시킬 시점이 왔다. 위나라 갑사들은 기어이 한단을 향해 떠났다. 기원전 354년의 일이다.

1. 계릉의 싸움: 앞에서 지치게 하고 뒷덜미를 잡다 ━━━━━

위 혜왕은 한단 공략을 위해 몇 가지 사전작업을 해두었다. 그는 먼저 송나라에 협조를 요청한 것으로 보인다.* 송나라는 나날이 축소되는 중이었고 주위를 둘러싸고 있는 위魏·제·조의 향방에 따라 휘둘리는 중이었다. 특히 한 해 전에 위의 공격을 받은 적이 있어 위축되어 있었다. 그런 송에게 위 혜왕은 위가 조의 한단을 공격할 때 협공할 것을 주문했다. 그러나 송나라 군주는 몰래 조 성후에게 사신을 보내 물었다.

"위나라 군대는 강하고 위세는 무거운데, 저들이 우리나라에 군대를

─────────

• 《전국책》〈송위책〉.

요구하고 있습니다. 따르지 않자니 사직이 위태롭고 따르자니 귀국을 해치는 것이라 과인은 차마 할 수가 없습니다. 원컨대 어찌하라는 명을 내려주십시오."

그러자 조 성후˙가 되물었다.

"그렇습니다. 사실 송이 위와 대적할 수가 없는 것은 과인도 알고 있습니다. 그러나 우리 조나라를 약하게 하고, 위나라를 강하게 하는 것은 분명 귀국 송나라에 불리합니다. 과인이 어떻게 사자께 고하면 좋겠습니까?"

사자는 이런 꾀를 냈다.

"신은 변방의 성 하나를 내주기를 청하옵니다. 저희가 그 성을 공격하며 시간을 끌다가, 나중에 귀국의 하리下吏의 명을 받으면 되지 않겠습니까.""

"좋습니다."

조 성후는 이 의견에 찬성했는데 위 혜왕은 원군을 얻었다고 착각하고는 대단히 기뻐했다.

"송이 우리를 도와 조를 공격하고 있구나."

- 《전국책》에는 제후가 왕이 아니라 공이나 후일 경우에도 왕이라고 칭하는 경우가 대단히 많다. 이것은 《전국책》이 1차사료가 아니라 후대의 첨삭과 해석의 영향을 많이 받았기 때문이다. 필자가 《전국책》을 인용할 때 임의로 오류를 고친 부분이 많지만 다 밝히지는 않았다. 본문은 조 성후를 조왕으로 써놓았다.

- •• 원문은 "待下吏之有城而已"이지만 뜻이 통하지 않는다. 필자는 '城'은 '命'의 오기라 추측한다. 그렇다면 "귀국의 성 하나를 두고 공격하는 척 시간을 끌고 있을 테니 사태가 마무리되면 관리를 시켜 우리에게 어찌하라는 명을 내려달라"는 뜻이 된다.

이리하여 기나긴 한단 포위전이 개시되었다. 그러나 얼마 후 송은 배반하고 말았다.

위나라 군대는 한단을 포위하고 반드시 이기겠다는 투지를 보였다. 조나라 사자가 다급한 목소리로 제나라에 와 구원을 요청했다. 제나라가 도와주지 않으면 조나라는 이제 끝장날 처지였다. 제나라 위왕이 대신들을 불러 모아서 의견을 물었다.

"조나라를 구하는 것이 좋겠소, 안 구하는 것이 좋겠소?"

추기가 대답했다.

"구하지 않는 것이 낫습니다."

그러자 단간륜이 이렇게 반박했다.

"구하지 않으면 우리에게 불리합니다."

왕이 물었다.

"어째서 그렇소?"

"대저 위나라가 한단을 차지하는 것이 우리 제나라에 무슨 이익이 되겠습니까?"

왕이 대답했다. "그렇겠군."

그러고는 군대를 일으키고 명령을 내렸다.

"한단의 교외로 진격해 진을 쳐라."

• 《전국책》〈제책〉과 〈전경중완세가〉의 대화 내용은 비슷하다. 〈손자오기열전〉과 《손빈병법孫臏兵法》〈금방연擒龐涓〉 등의 내용을 논리적으로 연결했지만 온전히 재구성하기는 어렵다. 우선 〈금방연〉과 《사기》 및 《전국책》의 내용이 상당히 다르다. 〈금방연〉에는 계릉에서 방연이 사로잡혔다고 하지만 《사기》와 《전국책》은 마릉에서 전사했다고 한다. 마릉과 계릉의 싸움이 다 있었으므로 위나라 태자가 사로잡힐 때 방연도 죽었다는 《사기》의 기록을 따른다.

그러자 단간륜이 말했다.

"신이 유리하네 불리하네 한 것은 이런 뜻이 아닙니다. 우리가 한단을 구한다고 성의 교외에 진을 치면 위나라는 우리가 두려워 한단을 들어내지 못할 것이고(즉, 한단을 포기할 것이고) 그러면 큰 싸움이 일어나지 않아 위나라는 온전히 손실을 입지 않게 됩니다. 그러니 남쪽으로 위나라 양릉을 쳐서 위나라를 피폐하게 하고, 한단이 떨어질 때 위나라가 지친 틈을 타야 합니다. 그리하면 조나라는 깨어지고 위나라는 약해집니다."

왕이 이 말을 듣고 "좋소" 하고 허락했다. 이리하여 제나라는 먼저 양릉을 쳤다.

그러나 위의 이야기는 사건이 종료된 후에 정리된 듯하고, 실제 전황은 상당히 복잡했던 것 같다. 《죽서기년竹書紀年》에 "양혜왕 17년, 송경선과 위공손창이 제나라 군대와 합세하여 우리의 양릉을 포위했다[梁惠成王十七年, 宋景䰖, 衛公孫倉會齊師, 我襄陵]"고 되어 있다. 단순히 위魏와 제의 대결이 아니라 위와 제-조-송-위 연합군의 대결이었다. 또한 제군의 진격로도 하나가 아니었을 가능성이 있다.

가장 자세한 기록인 《손빈병법》의 설명을 들어보자. 위 혜왕은 한단을 공격하면서 갑사 8만을 (한단을 치기 전에 먼저) 치구茬丘로 진격하게 했다.* 전기가 갑사 8만을 데리고 국경으로 나가 대응하도록 했지만 위

• 이어지는 내용은 《손빈병법》〈금방연〉 부분을 일부 편집한 것이다. 그러나 필자는 방연이 전투에 참여했는지 확신할 수 없다. 은작산한묘죽간정리소조銀雀山漢墓竹簡整理小組에서 붙인 《손빈병법》의 편명과 해석을 따른다.

군魏軍이 위衛를 공격하니˙상황이 위급했다. 전기가 구할까 말까 하니 손빈이 구하지 말자고 했다.˙˙ 전기가 물었다.

"안 구하면 어떻게 한단 말이오?"

손빈이 대답했다.

"남쪽으로 (위魏나라의) 평릉平陵을 치시지요. 평릉은 성(방어벽)은 작지만 현縣(행정구역)은 크며, 인구도 많고 갑옷을 입은 병사들도 많은 동양東陽(동양지대)의 전투거점이니 공격하기 어려운 곳입니다. 저는 저들이 (왜 평릉을 칠까 하고) 고개를 갸우뚱하도록 만들겠습니다. 우리가 평릉을 공격하자면 남쪽으로는 송나라, 북쪽으로는 위衛나라를 마주하고, 가는 길에 위魏나라 시구市丘를 지나야 하니 우리의 보급로가 끊어진 격입니다. 이리하여 저들로 하여금 우리가 작전의 기본을 모르는 것처럼 보이려고 합니다."

이리하여 제나라 군단은 평릉으로 이동했다. 전기가 다시 손빈을 불러 물었다.

"이제 어떻게 하려오?"

손빈이 대답했다.

"우리 도都의 대부들 중 누가 가장 작전에 서툽니까?"

"(직접 전선에서 싸울 일이 없는) 제성齊城(제나라 수도)과 고당高唐의 대부들

- "龐涓功衛" 뒤의 몇 글자가 산일되었다. "방연이 위의 어느 지방을 공격하니 위급했다"는 뜻일 것이다.

- 이 부분에도 많은 글자가 손실되었지만 그다음에 전기가 반문한 구절. "구하지 않으면 어떻게 한단 말이오?"로 미루어 짐작할 수 있다.

이 가장 서툴지요."

"제성과 고당의 대부로 하여금 환도還涂의 길을 지나도록 하지요.̇ 환도는 적의 갑병이 주둔하고 있는 곳입니다. 우리는 선봉부대를 보내고 후속부대는 보내지 마십시오. 환도의 적병이 아군의 후방을 끊으면 아군의 두 대부를 죽일 수가 있습니다."

이리하여 두 대부가 각자 부대를 이끌고 평릉을 공격하게 하니 과연 평릉과 환도의 위나라 부대가 제나라 부대의 후미에게 협격해 제성과 고당 대부의 부대는 크게 패했다. 전기가 다시 손빈을 불러 물었다.

"우리는 평릉을 공격해서 얻지도 못하고 제성과 고당의 대부들만 잃었소. 이제 어쩌면 좋겠소?"

손빈이 대답했다.

"가벼운 전차부대를 대량(위魏나라 수도)의 교외로 달리게 해서 저쪽의 화를 돋우고, 보병 부대를 좀 떼어서 딸려 보내어 우리의 수가 적다는 것을 보이시지요." 전기가 이 작전을 따랐더니 과연 방연이 치중을 버리고 쉬지 않고 밤낮을 달려 왔다. 그러자 손빈은 이 기회를 놓치지 않고 계릉에서 위군을 요격했다. 과연 일곱 달 만에 한단은 점령되었지만 제는 위나라 군대가 지친 틈을 타서 대승을 거두었다. 이 싸움이 그 유명한 계릉의 싸움이다.

〈손자오기열전〉에는 대량을 치자고 하면서 손빈이 이렇게 이야기했다고 한다.

• 이 부분 역시 여러 글자가 누락되어 정확한 뜻을 알 수 없다. 뒤 문장을 참작하여 대략적인 뜻만 취했다.

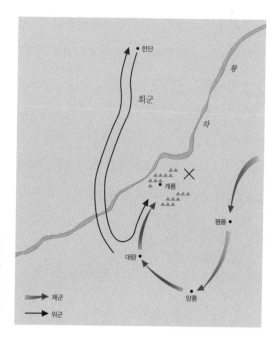

계릉의 싸움. 제나라는 평릉과 양릉을 거쳐 천천히 진격하면서 위군이 회군할 시간을 주었고, 대량을 위협하다 막상 위군이 들이치자 일단 도주한 후 계릉의 협곡에서 반격했다.

 "이리저리 엉킨 실타래를 풀려면 주먹으로 쳐서는 안 되고, 서로 싸우는 사람들은 떼어놓을 때도 그 사이에서 같이 주먹질을 해서는 안 됩니다. 급소와 빈곳을 쳐서 형세로써 멈추게 하면 스스로 풀게 되어 있습니다. 지금 위와 조가 서로 싸우고 있으니 빠르고 강한 병사들은 필경 모두 밖에 있을 것이고, 노약자들만 국내에 남아 있을 것입니다. 주군께서 군대를 거느리고 질풍처럼 대량을 들이치고 길목을 막고 빈곳을 치면 저들은 반드시 조나라의 포위를 풀고 본국을 구하러 올 것입니다. 이것이 한 방으로 조나라의 포위를 풀고 위나라를 피폐하게 하는 방법입니다."

기록이 상충하여 세부적인 부분에서는 상당한 추론이 필요하지만, 대체로 제나라 조정과 손빈의 전략은 결국 위나라 본토를 공략하여 한단을 구하자는 것이었다.

가능성은 두 가지다. 첫 번째, 제군은 송 및 위衛의 군과 합세하여 양릉을 목표로 달렸으나 위군魏軍이 내려와 위衛나라를 침공하자 그들에게 맞설까 고민했다. 그러나 손빈의 계책에 의해 그대로 남하하여 평릉, 양릉을 거쳐 대량으로 들이닥쳤다고 볼 수 있다.

두 번째, 애초에 제나라 군단이 두 개였을 수 있다. 하나는 양릉을 포위한 송-제-위 연합군단이며, 하나는 전기와 손빈의 군단으로 원래는 국경으로 나가 조나라를 원조하려 하다가 대량을 기습했다고 볼 수 있다. 후자도 충분히 가능성이 있는데 〈손자오기열전〉에 손빈이 한 말이 근거가 될 수 있다.

오늘날까지 계릉 전투의 진상을 둘러싼 온갖 추정이 난무하지만 대체적인 형세는 분명하다. 위군은 한단을 공격하다가 후방을 기습당했고, 기어이 한단을 떨어뜨렸지만 계릉에서 대패함으로써 한단을 지킬 수가 없었다.

《전국책》〈진책秦策〉에 위 혜왕에 관한 기록이 있는데 한단을 함락시킨 후 잠깐 동안은 대단히 위세가 있었다고 한다. 어떤 이가 진왕秦王에게 유세하며 이런 이야기를 했다고 한다.

"위나라가 조나라 한단을 정벌하고 물러나 봉택逢澤에서 모임을 가질 때 하나라 수레[夏車]를 타고 하나라 왕이라고 칭하면서, 천자를 알현하니 천하가 모두 따랐습니다. 제태공(사실은 태공이 아니라 제 위왕)이

이 이야기를 듣고 군대를 일으켜 위를 쳐 땅을 두 조각으로 나누니 나라가 크게 위태로웠습니다. 양왕梁王(위 혜왕)이 공손하게 예물을 올리며[抱質執璧: 폐물을 안고 옥을 잡고] 제나라 군주의 신하가 될 것을 청하니 천하가 양(위)나라를 풀어주었습니다."

이 기록에서 보듯이 혜왕은 군대를 움직여 처음에는 성공하는 듯했지만 사실은 앞에서 한단을 빼느라 지치고 뒤에서 얻어맞아 만신창이가 되었다. 위 혜왕의 적은 대단히 많았다. 한단의 포위전이 벌어지고 있을 당시 서쪽에서 더욱 심각한 일이 벌어졌다. 진秦이 서하에 만족하지 않고 황하를 건너 안읍을 공격하여 빼앗은 것이다. 안읍은 불과 10년 전까지 위나라의 수도였다. 위나라는 한단을 포기했을 뿐만 아니라 동쪽으로 제나라와 서쪽으로 진나라에 완전히 굽혀야 하는 처지였다. 잘못하면 나라가 끝장날 판이었다.

그런데 더욱 나쁜 소식은 안읍으로 쳐들어온 진나라 장수의 이름이 공손앙公孫鞅이었다는 점이다. 훗날 상앙, 혹은 상군으로 불리며 이름을 떨친 이 사나이는 위나라에는 실로 재앙 같은 존재였다. 상앙은 다음 장에서 이야기하고 먼저 손빈의 이야기를 정리하자.

2. 마릉의 싸움: 회복할 수 없는 타격을 입다 ━━━━━

위 혜왕, 다시 군대를 일으키다
━

보통 사람들은 같은 실수를 두 번 반복하지 않으려고 노력한다. 그러나 어떤 이들은 과거의 실패를 통해 배우지 못한다. 위 혜왕이 바로 그런 사람이었다.

계릉에서 대패한 후 상앙에게 안읍과 고양高陽을 잃었다. 정상적인 군주라면 이 처참한 결과를 받아들이고 수비태세로 전환해서 내치를 다지고 서쪽의 문을 잠그는 데 주력했을 것이다. 그러나 혜왕은 그런 인물이 아니었다. 그로부터 몇 년 후, 이번에는 한나라를 공략했다. 역시 제나라가 어떻게 나올지 충분히 계산하지 않은 행동이었다. 이리하여 위나라와 한나라가 남량南梁의 싸움을 벌이자, 힘에 밀린 한나라가 제나라에 구원을 요청해왔다. 제 선왕이 대신들을 모아놓고 물었다.

"속히 구해주는 것이 낫겠소, 아니면 천천히 구해주는 것이 낫겠소?"

장개張丐가 대답했다.

"늦게 구하면 한이 꺾여 위로 편입될 것입니다. 당장 구하는 것이 좋습니다."

그러나 전신사田臣思(전기田忌)가 반박했다.

"안 됩니다. 대저 한과 위의 군대가 아직 피폐해지지 않았는데 당장 한을 구해주면, 우리가 한 대신 위의 군대를 맞아야 합니다. 그러면 도리어 한의 명을 받게 될 것입니다(위와 제가 싸우다 피폐하면 한이 강해진다는 뜻). 게다가 지금 위는 한을 꼭 깨뜨리겠다는 의지가 있습니다. 한이 장차 나라가 망할 조짐이 보이면 반드시 동쪽으로 우리 제에게 머리를 숙여올 것입니다. 우리는 이를 받아들여 은밀히 한과 동맹을 맺어놓고 천천히 위가 피폐해지는 틈을 타면 우리나라의 위치는 중요해지고, 얻을 것은 얻으며, 이름도 높일 수 있습니다."(〈제책〉)

이 계책을 전기에게 알려준 이는 물론 손빈일 것이다. 손빈과 전기의 계책은 대체로 상대가 지친 틈을 타는 것이다. 제 선왕이 이 의견에 찬성하고 몰래 한나라 사신에게 도와주겠다는 대답을 해주고 보냈다. 한나라는 제나라가 자기편이라고 믿고 다섯 번 싸웠지만 전부 지고 말았다. 그들은 결국 동쪽으로 와서 머리를 숙이고 구원을 요청했다. 다시 손빈이 나설 차례가 되었다.

손빈과 방연의 인연

이번에 위나라 군대를 이끄는 이는 방연이라고 했다. 〈손자오기열전〉에는 손빈과 방연의 기이한 인연이 소개되어 있다. 손빈은 원래 제나라 사람인데 손무의 후손이라고 한다. 손빈은 방연과 동문수학했고, 방연은 위나라에서 벼슬을 했다. 그런데 방연은 손빈이 자기보다 더 뛰어난 것이 마음에 걸려 사람을 보내 손빈을 불렀다. 그러고는 손빈에게 죄를 뒤집어 씌워 두 다리를 자르고 얼굴에 글자를 새겨 세상에 나오지 못하도록 했다.

얼마 후 제나라 사자가 위나라로 갔을 때 손빈은 몰래 사자를 만나 데려가 달라고 했다. 사자가 보니 손빈이 보통 사람이 아니기에 몰래 숨겨서 제나라로 데려왔다. 제나라에 가자 장군 전기가 그를 알아보고 잘 대우해주었다. 《손빈병법》의 변화무쌍함을 이야기할 때 흔히 드는 경마 이야기도 이때 만들어진 것이다.

전기는 경마를 대단히 좋아했는데 손빈이 필승의 계책을 가지고 있다고 했다. 그리하여 제왕 및 여러 공자들과 천금을 걸고 내기를 했는데 손빈의 전략이란 이런 것이었다.

"우리 측의 최하급 말과 저쪽의 최상급 말을 상대하게 하시고, 상급 말과 저쪽의 중급 말, 중급 말과 하급 말을 상대하게 하십시오."

이리하여 전기의 하등 말만 패하고 상등 말과 중등 말이 이김으로써 시합에서 이기게 되는데, 전기는 그 후로 손빈을 군사軍師로 대접했다. 방연이 정말 동문수학한 손빈에게 죄를 뒤집어씌웠는지는 미지수다. 애초에 같은 나라에서 자리를 두고 경쟁하지도 않던 사람을 원수로 몰다니 지나치게 비상식적이다. 손빈이 방연의 모함을 받았는지는 모르지만 위나라에서 다리를 잘리는 형을 받은 것은 사실인 듯하다. 《한비자》〈난언〉에 "손빈은 위나라에서 다리가 잘렸다[脚於魏]"는 내용이 나온다. 그러니 손빈에게 방연은 몰라도 최소한 위나라는 철천지 원수였다. 손빈이 원수의 나라를 가만둘 것인가?

백전백승의 계책

—

이리하여 제나라 조정에서는 한과 위가 싸우다 지칠 때 나선다는 대체적인 전략은 완성되었다. 이제 손빈은 어떤 계책을 내놓을 것인가? 다시 《사기》를 따라간다. 이번에도 전기는 곧장 대량을 향해 나갔다. 그러자 위의 대장 방연은 군대를 돌려 제나라 군대를 맞으러 나왔다. 이때는 방연이 장군으로 출정했고 태자 신申마저 상장군이 되어 출정했다. 이번에는 반드시 이기겠다는 의지였다. 그러나 위군이 되돌아왔을 때 제군은 이미 퇴각하고 있었다. 무슨 꿍꿍이가 있는 것일까? 손빈은 전기에게 이렇게 조언했다.

"저 삼진의 병사들은 본시 사납고 용맹하여 우리 제나라 군대를 가볍게 보고 겁쟁이라 부릅니다. 싸움을 잘하는 사람은 형세를 타고 상황을 유리하게 이끕니다. 병법에 '100리를 달려 승리를 구하면 상장군을 잃고, 50리를 달려 이기려 하면 군대의 반만 도달한다'고 합니다. 지금 제나라 군대가 위나라 땅으로 들어온 곳에 아궁이 10만 개를 만들고, 그다음 날은 5만 개, 그다음 날은 3만 개만 만들도록 하십시오."

이렇게 말하고는 퇴각했다. 그 뒤를 위태자 신과 방연이 뒤쫓았다. 위태자 신이 대량 동쪽 100리 지점의 외황外黃을 지날 때, 서자徐子라는 이가 태자에게 이렇게 말했다.

"신에게는 백전백승의 계책이 있습니다."

"들려주실 수 있겠습니까?"

"태자께서 몸소 군을 이끌고 제나라를 공격하여 대승을 거두고 거莒

땅을 아우른다 해도 그 부유함은 위나라를 가지는 것보다 못하고, 귀함은 왕이 되는 것보다 못합니다. 그러나 제나라와 싸워 이기지 못하면 만세토록 위나라는 없는 것입니다. 이것이 신이 말하는 백전백승의 계책입니다."

서자의 의미심장한 충고였다.

"맞습니다. 반드시 공의 말을 쫓아 회군하도록 하겠습니다."

"태자께서 비록 회군하고 싶다 해도 그리하지 못하실 겁니다. 태자께 싸우자고 권한 이들 중에 공을 세우고자 하는 이들이 많으니까요. 태자께서 돌아가고자 하셔도 아마 그럴 수 없을 것입니다."

그때 태자가 탄 전차의 조종수가 말했다.

"출정하려다 돌아가는 것은 달아나는 것과 마찬가지입니다."

이리하여 위군은 계속 전진했다. 공을 세우고 싶어 하는 이들의 선두는 아마 방연이었을 것이다. 방연이 아궁이 수를 세어보니 제나라 군대의 군기가 무너져 탈영병이 속출하고 있는 것이 분명했다.

"제나라 군사들이 겁쟁이인 줄은 익히 일고 있었지만 우리 땅에 들어온 지 사흘 만에 달아난 자들이 반이 넘는다니!"

이리하여 방연은 본대가 도착하는 것을 기다리지 않고 빠른 정예병으로 이틀 길을 하루에 달려 추격전을 개시했다. 그러나 마릉의 좁은 계곡에서는 손빈이 방연이 도착하기만을 기다리고 있었다. 날이 어두워질 무렵 위나라 군대가 도착할 정도의 위치에 있는 커다란 나무의 껍질을 벗기고 이렇게 써넣었다.

"방연은 이 나무 밑에서 죽는다[龐涓死於此樹之下]."

그러고는 마릉의 좁은 골목 양쪽에 쇠뇌병 1만을 배치해놓고 명령을 내렸다.

"밤에 불빛을 보면 쏴라!"

방연이 밤이 되어 정말 이 길을 통과하는데 희뿌연 나무껍질이 벗겨진 것을 보고는 불을 켜서 비춰보았다. 그 순간 좌우에서 화살이 빗발치듯 날아왔고 위나라 군사들을 어쩔 줄 몰라 궤산했다. 방연은 이제 어쩔 도리도 없고 싸움에 완전히 진 것을 알고는 스스로 목을 찌르며 절규했다.

"내가 결국 꼬마 녀석의 이름을 이뤄주고 말았구나."

제나라 병사들은 승세를 타고 좁은 길에 갇힌 적을 몰아붙여 전멸시켰고 위태자 신도 잡히고 말았다. "10만 군대를 짓밟았다"는 기록으로 보아, 손빈은 위군의 선봉대를 친 후 바로 본대까지 들이쳤을 것이다. 그리고 위 혜왕 스스로 장자가 죽었다고 고백한 것으로 보아 태자 신은 사로잡힐 때 이미 부상을 입었거나 사로잡힌 후 죽음을 당한 모양이다. 실로 비참한 패배였다.

치명상을 입은 위나라

—

이로써 위는 완전히 힘을 잃고 말았고 더 이상 이전의 힘을 회복하지 못했다.《전국책》〈위책〉에 마릉 전투 이후의 위나라 정국이 다음과 같이 기록되어 있다.

마릉의 싸움에서 위나라는 10만의 병사를 잃고 태자 신申도 살해되었다. 그러자 혜왕은 재상 혜시를 불렀다.

"제나라는 과인의 원수요. 죽어도 원한을 풀 방법이 없소. 우리나라가 비록 작으나 과인은 항상 온 나라의 군대를 들어 제나라를 공벌하고 싶은데 어떻게 생각하시오?"

혜시가 말렸다.

"안 됩니다. 신이 듣기로 왕자는 법도를 깨달았으며[得度] 패자는 계책을 안다[知計]고 합니다. 방금 왕께서 신에게 하신 말씀은 법도에 맞지 않을 뿐만 아니라 계책과도 멉니다. 왕께서는 진실로 앞으로 조나라(위는 조-한 연합군과 싸웠다)와 원한을 맺더니 뒤로는 제나라와 싸움을 벌였습니다. 지금 싸움에서 졌으니 나라에서는 전쟁을 계속할 준비도 없습니다. 그런데 왕께서 또 나라의 병사들을 다 모아 제나라를 공격한다고 하시니 이는 신이 말씀드린 법도나 계책이 아닙니다. 정녕 제나라에 복수를 하고 싶다면 옷을 갈아입고 절개를 굽혀 제나라 군주를 조현하는 것이 낫습니다. 그러면 초나라 왕은 반드시 화를 낼 것입니다. 그때 왕께서는 유세객을 보내 둘의 싸움을 부추기십시오. 그러면 초는 반드시 제를 벌할 것입니다. 그동안 잘 쉰 초나라가 우리와의 싸움으로 피폐해진 제나라를 치면 반드시 초나라가 이길 것입니다. 이것이 바로 초를 이용해 제를 훼손하는 방책입니다."

"좋은 방도로군요."

위 혜왕은 이 방안을 받아들여 제나라에 사신을 보내 '신하로서 조현하기를 원하옵니다'고 전했다. 제나라 전영田嬰이 허락하려 하자 장축長丑이 반대했다.

"만약 위魏와 싸워 이기지 않고 조례를 받았다면, 위와 화합하여 초를 누르면 대승을 거둘 수 있었을 것입니다. 그러나 지금 위와 싸워 이미 이겨 10만의 군대를 짓밟고 태자 신을 잡았으며 만승의 위나라를 신하로 만들고 진과 초마저 초라하게 만들어놓았습니다. 이것으로 (위나라의) 사나운 포악함은 안정시킨 것입니다.ˈ 그리고 초나라 왕은 군대 쓰기를 좋아하고 심히 이름을 얻는 데 힘을 씁니다. 반드시 초나라는 제나라의 우환이 될 것입니다."

비록 문장은 짧지만 이는 대단한 통찰이다. 그러나 전영은 이 제안을 받아들이지 않고 위왕의 조례를 받아들였는데, 위 혜왕은 세 번이나 제나라로 찾아갔다고 한다. 이 기록을 보면 혜시는 초나라를 이용하려 하고 장축은 이용당하지 않으려 한다. 과연 혜시와 장축의 예측은 옳았다. 위 혜왕은 이번만은 전술적으로 정확한 판단을 했다. 위가 제에 고개를 숙이자 이제는 초가 강해진 제를 견제할 준비를 하고 있었다.

그리고 이듬해 서쪽에서 상앙이 다시 출격해 위공자 앙卬을 사로잡았다. 위나라가 계릉에서 패했을 때는 안읍을 치더니, 마릉에서 패하자 다시 공략에 나선 것이다. 이번에는 진만 달려든 것이 아니라 제와 조의 군대도 함께 왔다. 위나라는 사방이 적이었고, 바짝 엎드리지 않

- "此其暴於戾定矣." '폭려暴戾'는 난폭하고 모진 것을 말한다. '於'는 '與'로 보인다. 이 문장은 상당히 함축적인데, 도대체 누구의 폭려가 진정되었다는 뜻일까? 아마도 위나라를 가리키는 것으로 보인다. 그러니 "그들의 조례를 받을 필요가 없다. 만약 위나라의 조례를 받는다면 초나라가 시샘을 할 수밖에 없다"로 해석할 수 있다. 초나라는 동쪽에서 제나라와 국경을 마주하고 있기 때문이다.

으면 나라가 결단날 지경이었다. 상앙의 이야기는 다음 장에서 전개하고 위나라의 조정으로 가서 그들의 정치 상황을 살펴보자.

3. 눈앞의 이익과 허황된 말을 좇은 죄 ━━━━━

손무, 오기, 손빈의 병법은 모두 "전쟁은 조정에서 이미 결판난다"고 한다. 특히 오기는 전장에서의 승리는 그 나라의 정치가 제대로 되고 있느냐에 따라 이미 결판난다고 한다. 양혜왕은 정치의 의미를 몰랐다. 맹자의 비판은 정곡을 찌르고 있다.

위 혜왕이 맹자에게 이렇게 물었다.

"맹 선생님. 불원천리不遠千里 하시고 열국을 주유하시는 분이니 장차 그 나라에 어떤 이익을 주시겠지요?"

그러자 맹자는 이렇게 대답했다.

"왜 하필 이익을 말하십니까? 저에게는 오직 인의가 있을 뿐입니다 [何必曰利亦仁義而已矣]!"

그리고 이렇게 신랄하게 위나라의 정치를 비판한다.

"개돼지가 사람 먹을 것을 먹는데도 거둬들일 생각을 하지 않고 길 위에 굶어 죽은 시체가 널려도 창고를 풀 줄 모른다[狗彘食人食而不知檢, 塗有餓莩而不知發]."

과연 전국시대 최초로 곡물출납제를 확립한 나라가 이 지경에 이르렀을까? 그것은 이회, 오기, 서문표 등이 공들여서 만든 체제였다. 정말 그렇다면 어쩌다 이 지경이 되었을까? 살벌한 전국시대라지만 눈앞의 이익을 좇는 자들에게 긴 이익은 오지 않았다. 위 혜왕의 판단 기준은 오직 전투에서 이길 수 있는가 없는가 여부에 달려 있었기에 승리의 기미가 조금이라도 보이면 불에 뛰어드는 나방처럼 달려들었다. 또한 패배하면 스스로 반성하지 않고 남의 탓을 하며 보복할 기회를 노렸다. 맹자는 위 혜왕에게 '이익을 찾아 그토록 오랫동안 돌아다녔지만 이익을 얻었느냐?'고 반문하고 있다.

국가는 시험 삼아 운영할 수 없고, 검증되지 않은 허황된 말을 따라 운영할 수도 없다. 오기는 삼군은 태산처럼 움직이지 않고 움직이면 반드시 승리해야 한다고 말했다. 양혜왕은 왜 그토록 경망스럽게 삼군을 움직였을까? 역시 그가 줏대 없는 왕이었기 때문이다. 줏대가 없기에 사이비를 구분하지 못하고 화려한 말에 쉽게 넘어간다. 제 위왕과 선왕을 보좌하던 추기와 달리 위 혜왕을 보좌하던 혜시는 속 빈 강정이었다.

《여씨춘추》〈불굴不屈〉편에 의하면 위 혜왕은 혜시의 영향을 많이 받아 한때 왕위를 그에게 넘겨준다는 말을 하기도 했다고 한다. 혜시는 유명한 달변가로 대답하지 못하는 것이 없었다. 혜시가 얼마나 말을 잘하는지, 또 혜왕이 혜시를 얼마나 중시했는지 그를 제 환공이 관중을 칭했듯이 중보仲父라고 불렀다.

훗날 혜시는 합종을 주장하여 장의와 대립하기도 하지만, 그는 달변가일 뿐 오기와 같은 전략가나 추기와 같은 보좌역도 아니었다. 실로 그가 위 혜왕과 함께한 시절의 성과는 달변에 비해 너무나 초라했던 것 같다.

《여씨춘추》는 혜시가 위나라에서 정치를 했을 때 이런 일들이 있었다고 전한다. 광장匡章(제나라의 명장)이 위 혜왕의 면전에서 혜시에게 말했다.

"농부가 황충과 명충을 잡아 죽이는 이유가 무엇입니까? 농사에 해를 주기 때문이지요. 지금 공께서 행차를 하실 때 많을 때는 따르는 수레가 수백 승이요 걸어 다니는 이도 수백 명입니다. 이들은 밭 갈지 않고 먹는 이들이니 농사에 해를 끼침이 정말 심합니다."

위 혜왕이 말했다.

"혜자 시는 공(광장)과 말로써 상대하기 어려울 것입니다. 하나 청하노니 한 말씀 해주시지요."

혜시가 얼마나 달변가인가? 그는 이렇게 대답했다.

"오늘날 성을 쌓을 때 어떤 이는 커다란 흙 다지는 공이를 들고 성벽 위에서 일하고 어떤 이는 흙을 지고 성벽 아래에서 일하며 어떤 이는 가늠자[表掇]를 들고 (방향이나 길이를) 계측하는 데 능합니다. 저 시(혜시)는 가늠자를 들고 있는 사람입니다. 여공女工으로 하여금 실이 되라 하면 실을 다스릴 수가 없고, 큰 장인에게 나무가 되라 하면 나무를 다스릴 수가 없습니다. 저 시는 농부를 다스리는 사람입니다. 공께서는 어찌 저를 그런 벌레에 비유하십니까?"

과연 소문난 달변가다운 답변이다. 하지만《여씨춘추》는 혜시의 말솜씨를 이렇게 비판한다.

혜자가 근본을 세워 위나라를 다스린다고 했지만, 그 다스림은 다스림이 아니었다. 혜자가 정치를 하던 시기, 위나라는 50번 싸워 20번 패했고 싸움에서 죽은 이들은 셀 수도 없었고, 대장이나 군주의 사랑하는 자식 중에도 붙잡힌 이가 있었다. 그가 말하는 큰 방책〔大述〕의 어리석음은 세상 사람들의 웃음거리가 되어 입에 오르내렸고, 이에 주나라 태사에게 명해서 이름을 바꾸어달라고 요청했다.* 한단을 3년간 포위했지만 취하지 못했고, 병사와 백성들은 지치고 국가는 텅 비니 천하의 군대가 사방에서 쳐들어왔다. 뭇 백성들이 비방하고 제후들까지 가세하니, 적전翟翦에게 사과하고 그의 계책을 다시 받아들인 이후에야 사직을 보존할 수 있었다. 이름난 보물들은 다 나가고 땅은 사방에서 깎여 위나라는 이때부터 약해졌다.

"적전에게 사과했다"는 것은 혜시의 신법이란 듣기는 좋아도 허황된 것이라서 위나라에 쓸모가 없다는 적전의 주장을 무시한 일에 대해 사과했다는 것이다. 그렇다면 혜시가 말한 큰 방책이란 어떤 것이었을까? 그의 의미심장한 논리나 외교 정책을 통한 전쟁 중지 등의 주장을 일컫는 말일 것이다. 그러나 간단히 말해 혜시는 명과 실이 부합하지 않는 인물이었다.

《장자》〈천하〉 편에 혜시의 논리가 몇 가지 나와 있다. "하늘과 땅의 높이는 같고, 산과 연못도 똑같이 평평하다〔天與地卑 山與澤平〕", "오늘 월나라에 가서 어제 돌아왔다〔今日適越而昔來〕" 따위의 말장난이 있는가

---

* 위 혜왕이 왕의 칭호를 버리려 했거나, 혜시가 '중보仲父'라는 호칭을 버리려 했던 것 같다.

하면 "만물을 똑같이 사랑하라. 천지가 한몸이다[汎愛萬物, 天地一體也]" 와 같은 심오한 주장도 있다.

〈천하〉편은 혜시의 언변에 대해 "말하는 방식은 마구잡이로 뒤섞여 있고, 하는 말은 이치에 맞지 않다[其言也不中]"고 꼬집는다. 심오한 듯 말을 하지만 노자와 같은 진짜 지식인[眞人]이 아니라 허황된 말싸움을 일삼는 사람이란 뜻이다. 그래서 "혜시를 포함한 변론가의 무리들은 말로 남을 이길 수는 있어도 남을 마음으로 굴복시키지는 못한다[能勝人之口, 不能服人之心]"라고 일축한다.

물론 논리학자로서 혜시는 중요한 사람이다. 그러나 정치는 논리학이 아니다. 혜시가 입으로 반전을 주장했지만 그가 정치를 할 때 위나라는 더 많이 싸웠다. 싸움이란 강약의 형세에 따라 생기는데, 나라의 근본을 강하게 하지 않고 말을 유려하게 하듯이 상황에 따라 임기응변으로 대응했기 때문에 싸움이 몰려들 수밖에 없었다. 일부 문헌에서 혜시가 반전反戰을 주장했다고 했지만 그는 묵자처럼 한결같은 이론을 갖춘 것은 아니었다. 간단한 예로 마릉에서 패한 후 초를 끌어들여 제를 치자고 한 것은 묘책이긴 하나, 훗날 자신이 주장한 위-제-초 연합의 합종과는 어긋나는 것이다. 그는 사실상 일종의 종횡가다.

"존귀함을 버린다[去尊]" 따위도 실천이 따르지 않는 변설에 불과하다. 농민들은 들판에서 굶주리고 병사들은 전장에서 쓰러지는 전국시대에 자신의 행차는 어찌 그토록 사치스러웠던가? 광장이 지적한 대로 이것도 이율배반적이다. 《장자》〈소요유〉편에서 혜시는 "장자 그대의 주장은 너무 크기만 하지 소용所用이 없다"고 주장한다. 소용이란 바로 양혜왕이 말한 이익[利]이다. 그 군주에 그 재상이라 할 수 있다. 혜시가 가끔 심오해 보이는 주장을 했다 해도 행동이 말을 따르지 않는 인물이라서 그의 반전이 묵자와 다르고, 그가 말하는 자연이 장자와 다르다.

더 가관은 마릉의 싸움 직후 혜시가 한 행태다. 그는 곧장 국경을 넘어 도망쳤던 모양이다. 오랫동안 왕을 보좌했으나 남의 나라에 가서 왕이 신하의 예로 굴복하도록 했으니 국내 여론이 나빴기 때문일 것이다. 《여씨춘추》는 명실이 부합하지 않는 이들의 결과를 이렇게 조소한다.

> 위 혜왕은 견甄 땅에서 포관布冠을 쓰고 억류당했지만 하마터면 제 위왕이 그의 청을 받아들이지 않을 뻔했고, 혜시는 옷을 갈아입고 관을 바꾼 후 수레를 타고 달아났지만 하마터면 위나라 국경을 나서지 못할 뻔했다.

4. 《손빈병법》 VS 《오기병법》

정변을 위한 모략을 꾀하다
—

《전국책》〈제책〉에 대단히 재미난 이야기가 들어 있다. 마릉에서 대승을 거두고 손빈이 전기에게 이런 대책을 올렸다는 것이다. 당시 전기는 성후 추기와 사사건건 대립해서 불편한 참이었다.

전기가 제나라 장군이 되어 위나라 태자 신申과 방수 방연을 사로잡고 죽이는 대승을 거둔 후에 손빈이 전기에게 이렇게 물었다.

"장군께서는 대사를 결행할 수 있겠습니까[將軍可以爲大事乎]?"

"대사라니?"

전기가 대답한다.

"어떻게 말이오?"

그런데 손빈이 전기에게 해보자고 하는 것은 바로 정변이었다.

"장군께서는 군대를 해산시키지 말고 제나라로 들어가십시오. 가장 지치고 노약한 병사들만 뽑아 주主(지명)를 지키게 하십시오. 주는 전차 한 대가 겨우 지나다닐 수 있는 좁은 길이니 전차 두 대가 만나면 서로 얽혀 지나가지도 못할 곳입니다. 지치고 약한 병사들로 이곳을 지키게 해도 반드시 일당십, 십당백, 백당천입니다. 그런 후에 태산을 등지고 좌로 제수를 두고 우로 천당天唐을 두며, 본대는 고완高宛에 진을 치고' 경무장한 부대와 빠른 전차부대를 보내서 옹문雍門(도성 임치의 서문)을 들이치십시오. 이리하면 제나라 군주를 바르게 할 수도 있고 성후(즉 추기)도 쫓아낼 수 있습니다. 그렇게 하지 않으면, 장군은 제나라로 들어갈 수가 없습니다."

- 원문은 "軍重踵高宛" '군重과 치중[重]은 고완에 이르고'로 해석할 수 있다. 필자는 '軍重'을 '重軍', 즉 중무장한 부대, 혹은 본대로 해석해보았다. 이어지는 구절에 '경군輕軍'이 등장하기 때문이다.

이 무슨 무시무시한 말인가? 말인즉 정변을 일으켜 제나라를 차지하라는 이야기다. 그러나 전기는 이 말을 듣지 않았고, 그 결과 제나라로 들어가지 못했다는 것이다.

이 이야기가 과연 사실일까? 물론 형세상 손빈이 실제로 이 대책을 올렸을 수도 있다. 그러나 이것은 전기가 실각한 후 그의 정적들이 지어낸 이야기에 불과할 수도 있다. 전기는 나중에 정쟁에서 밀려 초나라로 망명한다. 전기가 망명한 후 온갖 죄명을 그에게 씌웠을 것이다. 그러나 이 고사가 손빈이라는 사람의 변화무쌍함과 어울리는 것은 사실이다. 손빈병법의 핵심은 형세形勢를 고찰하는 것이다. 이 일화가 사실이라면 손빈은 나라를 기울게 할 모사꾼이 분명하지만 일단 이 이야기의 진위 판단은 미뤄두자.

전기와 추기의 사이가 대단히 좋지 않았음은 사실이고, 그것을 알려주는 일화가 〈제책〉과《사기》에 남아 있다. 사기의 기록은《전국책》에서 온 것으로 보인다. 애초에 추기는 마릉의 싸움을 반대했다. 그런데 전기가 기어이 싸우려 하니 오히려 자신이 앞서서 싸움을 주장해서, 전기가 지면 그를 제거하고 이기면 자신의 공으로 돌리려 했다는 것이다. 더욱 무서운 건 추기가 저자의 점쟁이를 매수해서 전기가 모반을 꾀한다고 음모를 꾸몄다고 한다. 전기가 점장이에게 "대사(모반)를 꾀하려는데 길한가?"라고 물었다는 것이다. 그래서 곤경에 빠진 전기는 군대를 이끌고 임치를 공격해 "성후를 내놓아라"라고 농성하지만 결국 패하여 망명하고 말았다고 한다.

점쟁이 매수 이야기가 사실인지는 확실하지 않다.《전국책》에는 누군가 사건이 일어난 후에 만들어냈음직한 일화들이 무척 많다. 다만 이 기록을 통해 당시 전기와 추기 사이의 험한 분위기를 짐작할 수 있기에 소개하는 것이다.

그러나 이 이야기는 상당히 미심쩍은데, 그 이유는 이렇다. 만약 훗날 추기가 실각했다면 음모가 발각되어 기록으로 남았을 것이다. 그러나 실각되지 않은 사람이 밀실에서 한 이야기를 누가 어떻게 알아낼 수 있을까?《사기》의 다른 부분에서는 일관성 있게 조정에서 추기가 삼진三晉의 싸움에 끼어들어 위나라를 치는 것을 막았다고 되어 있다. 그러던 그가 오직 전기를 곤경에 빠뜨리기 위해 선제적으로 위나라를 치자는 건의를 했을까?

전기·손빈·추기의 대립을 이렇게 묘사하는 이유는 전략론 측면에서다. 손빈은 전술에 능했지만 전국시대 전체를 볼 때는 추기의 전략이 옳았다. 손빈과 전기가 출정한 까닭은 한과 위를 동시에 최대한 피폐하게 한다는 것이지, 한이 좋아서 구한 것이 아니었다. 결국 한을 구해서 위를 원수로 만들었지만 제가 더 강해졌는가? 국가의 운영자는 싸움 후 적국이 얼마나 약해지는가가 아니라 본국이 얼마나 강해지는가를 기준으로 군대를 움직여야 한다. 앞으로 계속 겸병전이 일어날 텐데 자국을 강하게 하면서 이웃의 인민들을 뺏는 것이 기본적인 전략이고, 좀 더 나아가서 이웃의 정치가 문란한 틈을 타서 땅과 인민을 모두 얻는다면 최선이다.

정치 수준이 오십보백보인 삼진이 난타전을 벌일 때야말로 제나라가 군대를 움직이지 않고 내실을 다질 수 있는 기회다. 그리고 삼진이 최소한 이진二陣 정도로 정비되어야 제나라는 정상적인 외교를 펼칠 수 있다. 그런데 제나라는 지금 삼진의 일에 너무 자주 개입하고 있다. 야전에서 승리를 거둔다고 해도 피해는 쌍방이 입는다. 추기와 맹자가 주장하는 요지는 바로 그런 것이다. 자신을 위한 싸움마저 완전히 배제하라는 것이 아니라, 불확실한 이익을 노려 쉽사리 남의 싸움에 개입하지 말라는 것이다.

손빈이 과연 정변을 기획했을까? 알 수 없는 일이다. 정변을 기획했다면 그것은 자기 주인을 위해 나라를 버리는 행동이다. 기획하지 않았다고 해도 손빈의 병법은 그런 오해를 사기에 충분한 요소들을 가지고 있다. 그의 병법은 지나치게 변화무쌍해서 어느 것이 수단이고 목적인지 혼동될 때가 있기 때문이다. 대체로 예측 가능한 인간 오기와 예측 불가능한 손빈의 차이다.

이기기 위한 수단인가, 국가를 도모하는 것인가

—

이제 손빈과 오기를 비교할 차례다. 필자는 손빈은 전술가이며 오기는 전략가라고 말하겠다. 또한 손빈은 모사이며 오기는 사령관이라 말하겠다.

《손빈병법》〈견위왕見威王〉편에 이런 이야기가 있다.

대저 군대 쓰기를 즐기는 자는 망하고, 승리를 이롭게 여기는 자는 굴

욕을 당합니다. 군사는 즐길 일이 아니며 승리는 이롭게 여길 일이 아
닙니다[夫樂兵者亡, 而利勝者辱, 兵非所樂也, 而勝非所利也].

그러나 이것은 병서의 일반적인 수사修辭일 뿐, 손빈이 실제로 하고
싶은 이야기는 뒤에 있다.

요 임금이 천하를 다스리고 있을 때 왕명을 거스르고 따르지 않는 이
들이 일곱 있었으니, 동쪽 오랑캐[夷]가 둘, 중국에 넷, 그리고 (글자 유
실됨)……. 요 임금은 평소에는 편안히 있으면서 최대한 물자를 모으
다가, (갑자기 떨쳐 일어나) 전쟁에서 이겨 강자로 우뚝 서니, 천하가 모
두 복종했습니다. 옛날 신용神戎은 부수斧遂와 싸웠고, 황제는 촉록蜀
祿과 싸웠으며, 요 임금은 공공共工을 주벌했고, 순임금은 (죽간 멸실)
하여 삼묘를 병합했으며, 탕(상나라 건국자)은 (하나라) 걸왕을 쫓아냈
고, (주나라) 무왕은 (상나라) 주왕을 벌했으며, 주공은 엄奄이 반란을
일으키자 멸했습니다. 그러니 저는 말하겠습니다.
(요즘의 군주들은) 덕이 오제만 못하고 능력이 삼왕에 못 미치며 지혜는
주공만 못하면서 말하길 "나는 장차 인의를 쌓고 예약을 드러내어 옷
을 늘어뜨리고 (편안하게) 쟁탈전을 멈추겠다"고 하는데, 이것은 요순
이 원하지 않았던 바는 아니나 (현실적으로) 불가능했으므로 군대를 써
서 사태를 해결했던 것입니다.

《손빈병법》은 이 구절에서 명백하게 맹자를 공격하고 있다. 《오기병

법》도 분명 싸움의 필요성을 강조하지만 "싸움을 하지 않는 것이 불가능하다"는 식으로 이야기하지는 않았다.

《손빈병법》은 대개 이런 식으로 앞에 수사를 늘어놓고 강조할 부분을 뒤에 두는 방식으로 서술되어 있다. 〈찬졸纂卒〉 부분의 서술도 비슷하다. 다음 구절은 전략에 관한 것이다.

> 덕행은 군사를 쓸 때 두터이 쌓아야 할 일이며, 믿음은 상(상벌)을 명백히 함으로써 얻으며, 싸움을 즐기지 않는 것은 병법의 근본〔惡戰者 兵之王器也〕이다.

그러나 이어지는 이야기는 기본적으로 전장에서 전술에 관한 것이다.

> 항상 이기는 군대에는 다섯 가지가 있다. 군주로부터 군사를 마음대로 쓰라는 전제권〔專制〕을 받으면 승리하며, 병도〔知道〕를 알면 승리하며, 대중의 마음을 얻으면〔得衆〕 승리하며, 좌우가 화합하면 승리하며, 적의 기량을 파악하고 지형을 잘 계측하면〔量適計險〕 승리한다.

전장에서 장수가 군주의 제어를 받지 않는 것을 강조하는 것은 《손자병법》과 《손빈병법》의 공통점이다. 병가의 관점에서 전쟁 시 사령관의 자율성을 강조한 것이다. 그러나 이 두 병서는 전쟁을 정치의 연장으로 이해하는 수준까지 도달하지 못했다. 오기는 철저하게 전쟁을 정치의 연장선에서 파악한다. 그래서 "상대방의 정치가 그르면 우리는 이미 이긴 것이다"고 한다. 반면 《손빈병법》이 실제로 가장 중시하는 것은 '형세'다.

손빈은 〈의장義將〉 편에서 장수의 자질로 의로움, 어짊, 예의, 덕, 믿음, 지혜를 강조한다. 그러나 역시 그가 강조하는 요점은 뒤에 있다. 바로 "지략"이다. 손빈은 실제로 전략을 운용할 때 의로움이나 어짊을 기준으로 하지 않는다. "하늘과 땅 사이에 인간보다 더 귀한 것은 없다[天地之間, 莫貴於人]"라고 하면서도 아군을 미끼로 쓰는 일을 자연스럽게 행한다. 패배 하나를 던져줘서 승리 두 개를 챙기는 3전 2승의 계책, 그리고 계릉의 싸움에서 가장 못 싸우는 대부들을 희생시켜 적을 끌어들이는 것 등이 바로 그런 것이다. 오기라면 그렇게 용병하지 않는다.

《손빈병법》 〈오명오공五名五恭〉 편은 분명 오기가 군대를 다섯 유형으로 나눈 것을 염두에 두고 이야기하고 있다. 문장 자체가 거의 완전히 호응한다. 오기는 다섯 유형으로 의병義兵, 강병強兵, 강병剛兵, 폭병暴兵, 역병逆兵을 말했다. 그렇다면 손빈은 어떻게 말했을까?

"군대의 이름(유형)은 다섯 가지가 있다. 첫째는 위강威强병이요, 둘째는 헌교軒轎병이요, 셋째는 강지剛至병이요, 넷째는 목기(目+鳥)忌병""

• 이 편이 《오기병법》과 가장 명징하게 대조되는 부분이다. 비슷한 듯하면서도 많은 차이가 있지만 글의 편제가 가장 유사하다. 필자는 이 편의 저자(손빈학파)가 오기의 병법을 염두에 두고 비판적인 해석을 가한 것으로 보며, 따라서 오기와 손빈의 차이를 가장 확실히 밝히는 부분이라 말하겠다.

•• 처음 나오는 문구는 '조기(助忌)'로 되어 있고, 그다음에는 '(目+鳥)忌'로 되어 있다. 아마도 '물수리[鳴]'를 뜻하는 말일까? 독음은 정확히 알 수 없지만 은작산한묘죽간정리소조는 이 글자를 '모를'로 파악하고 '탐욕스럽다'로 읽었다. 필자는 부수 '目'을 따라 '목'으로 읽었다.

이며, 다섯째는 중유重柔병이다."

위강병은 위세를 떨치는 강한 군대이며, 헌교병은 교만방자하여 제멋대로 날뛰는 군대며, 강지병은 강폭함이 지나친 군대이며, 목기병은 탐욕스럽고 의심이 많은 군대이며, 중유병은 지나치게 유약한 군대다.

그럼 이 다섯 유형의 군대는 어떻게 상대해야 하는가?

"위강병은 굽혀서 부드럽게 상대하고, 헌교병은 공경을 보여서 시간을 끌며, 강지병은 유인해서 취하며, 목기병은 전면에 육박하고(육박하는 척하고) 시끄럽게 측면을 교란하고[薄其前譁其旁: 출몰하거나 북을 어지럽게 쳐서 정신이 없도록 한다는 뜻] 해자를 파고 보루를 높이 쌓아 군량 보급이 어렵도록 만들며, 중유병은 요란을 떨어서 두렵게 하다가, 갑자기 들이닥쳐 기습적으로 찌르는데, 적이 출격하면 맞받아치고 나오지 않으면 포위한다."

오기가 말한 다섯 군대와 비교해보자. 일단《손빈병법》의 다섯 가지 군대 중에는 오기가 말한 의병義兵, 즉 '포학함을 금하고 난리를 구하는 군대'가 없다. 물론 '예를 버리고 이익을 탐하는 폭병暴兵'도 없고, '지친 인민들을 강제로 동원해서 만든' 역병逆兵도 없다. 여기서 우리는 오기가 군대를 그 도의적인 성격에 따라 분류했고, 손빈은 군대의 강약에 따라 분류했다는 것을 알 수 있다. 의義니 역逆이니 하는 따위는 손빈의 실질적인 고려 대상이 아니다. 그래서 그가 전기에게 실제로 반역을 사주했을 수도 있고, 그렇지 않더라도 옛사람들에게 그런 혐의를 받았을 것이라고 추론하는 것이다. 결론적으로 오기에게 병법은 국가를 도모하는 것[圖國]의 연장이며 손빈에게는 이미 주어진 전장에서 이기기 위한 수단이다.

손빈의 변화와 오기의 원칙

—

이어지는 구절 역시 의미심장한데, 오기의 '한결같은 원칙'을 비판하면서 손빈은 상황에 따른 대응을 주문한다.

군대는 오공五恭(다섯 가지 공손함)과 오폭五暴(다섯 가지 난폭함)이 있다. 먼저 무엇을 오공이라 하는가? 남의 나라 국경을 넘어 들어가 공경하는 태도를 보이면 군대는 전투의지를 잃게 된다. 또다시 공손하면 군대는 양식으로 삼을 것이 없고, 세 번째로 공손하면 일을 그르치고, 네 번째로 공손하면 먹을 것이 없어지며, 다섯 번째로 공손하면 작전에 완전히 실패하게 된다. (반면) 남의 땅에 들어가 난폭하게 행동하면 (그 땅의 백성들이 우리 군대를) 침략자[客]라고 비난하고, 또다시 난폭한 짓을 하면 폭도라 비난하고, 세 번째로 그런 짓을 하면 저들 백성들이 두려워 떨고, 네 번째로 그리하면 사졸들이 속임을 당하고,* 다섯 번째로 또 그러면 군대는 반드시 큰 손상을 입게 된다. 그러므로 다섯 가지 공손함과 다섯 가지 난폭함을 (상황에 맞게) 교대로 써야 한다[故五恭

—

• '사졸견사土후見詐'를 직역하면 사졸들이 속임을 당한다는 뜻인데, 이것이 난폭하게 행동하는 것과 무슨 관련이 있을까? 적의 유혹에 빠져든다는 뜻일까?

五暴, 必史相錯也).

　이렇듯 손빈은 상황에 맞게 공과 폭의 완전히 상반되는 태도를 자연스럽게 구사해야 한다고 한다. 그러나 《회남자》〈병략兵略〉은 오기의 원칙을 주장하는데, 대체로 오기의 군대 분류법을 따랐다. 이 편에는 이른바 패왕의 군대가 국경을 넘어 상대 수도의 교외에 이르면 아군에 내리는 포고가 구체적으로 묘사되어 있다.

　　수목을 베지 말라! 분묘를 훼손하지 말라! 오곡을 불태우지 말라! 재물에 불사르지 말라! 백성들을 포로로 잡지 말라! 가축을 거두지 말라!

　"나라를 점령해도 그 백성들에게 폐를 끼치지 않는다[剋國不及其民]"는 것이 요지다. 그러고는 그 나라에 들어가 정치를 일신하고 약하고 억울한 자들을 구휼하고 충성스러운 인물들을 들어 쓴다고 한다. 물론 대단히 이상적인 이야기지만 훗날 한漢을 세운 유방은 이 방식으로 대업을 이뤘다. 지금 《회남자》는 전술이 아니라 전략을 말하고 있다. 다음 구절은 오기의 주장에 수식을 가한 것이다.

　　대저 전쟁의 승패는 본래 정치에 달려 있다. 정치가 백성들을 승복시켜 아래(아랫사람)가 위(윗사람, 지배층)에 따라 붙으면 군대는 강해지고, 백성들이 정치에 불복하여 아래가 위를 배반하면 군대는 약해진다[兵之勝敗, 本在於政, 政勝其民, 下附其上, 則兵强矣, 民勝其政, 下畔其上, 則兵弱矣].

이제 "손빈은 세를 중시한다[孫臏貴勢]"는 평가의 의미가 밝혀졌다. 오기는 적의 정치가 무너진 틈을 타서 빼앗고, 그 후 바른 정치로 다져야 한다고 말한다. 하지만 손빈은 적진으로 들어가 공손한 태도를 보이면 적이 얕잡아보고, 그 태도를 고집하다 보면 적의 양식을 약탈하지 못하고, 또 작전 시기를 놓쳐서 성과를 달성할 수 없다고 한다. 난폭한 행동도 마찬가지다. 계속 난폭한 짓을 하면 적의 사기를 돋우어 아군이 필패한다는 것이다. 난폭함과 공손함을 교대로 사용해야 적이 우리를 넘볼 수 없다는 것인데, 이 주장과 오기의 정벌론을 비교해보면 차이가 확연하다. 《손빈병법》의 이런 임기응변의 태도는 아군에게도 적용된다. 〈장덕將德〉 편에는 이런 구절이 있다.

> 귀여운 어린아이를 대하듯 병사를 사랑하고, 엄한 스승을 대하듯 그들을 공경하라. (그러나) 병사를 쓸 때는 흙이나 지푸라기 따위처럼 여겨라[愛之若狡童, 敬之若嚴師, 用之若土芥].

병사들의 충성심을 이끌어내기 위해서는 그들을 아끼고 스승을 대하듯 존중하는 태도를 보인다. 그러나 그 목적은 그들을 전쟁에서 활용하기 위해서다. 손빈 학파는 변화를 대단히 중시한다. 그래서 전투에 임할 때는 물론 사람을 대할 때도 모두 상황에 따라 다른 대응책을

• 《여씨춘추》〈불이不二〉 편에 여러 학파의 대표자들의 핵심 사상을 짚은 구절이 있다. "노자는 부드러움을 중시하였고, 공자는 인을 중시하였으며, 묵자는 염직을 중시하였고, (중략) 손빈은 세를 중시하였다"는 이야기가 나온다. 손빈 병법에서 가장 중요시하는 것이 형세임을 제대로 짚은 것이다.

내놓는다. 이 무궁한 변화는 적이 상상하지 못하기 때문에 '기奇(기이하다)'라고 부른다. 〈기정奇正〉 편에 손빈 병법의 핵심이 이렇게 한 구절로 정리되어 있다.

> 유형으로써 유형에 맞서는 것을 '정'이라고 하고[形以應形正也], 무형으로써 유형을 제압하는 것을 '기'라 한다[無形以制形奇也]. 정과 기는 무궁무진하게 분화한다.

정, 즉 힘으로써 정면대결하는 것을 기본으로 언급하지만 중심이 기에 있다는 것은 쉽사리 알 수 있다. 손빈은 기책의 달인이다. 《노자》의 "바름으로써 나라를 다스리고 기이함으로써 군대를 쓴다[以正治國, 以奇用兵]"는 주장이 《손자병법》에서 "무릇 전쟁이라는 것은 정병正兵(정책)으로 맞서고, 기병奇兵(기책)으로 승리한다[凡戰者, 以正合, 以奇勝]"는 주장으로 발전하고, 《손빈병법》에 이르면 "무형으로써 유형을 제압하는 것"으로 상승한다. 기발함의 중요성이 갈수록 높아지는 것이다. 반면 오기의 병법은 "정병으로 맞서고 기병으로 보완한다[以正合, 以奇佑]"는 쪽에 가깝다. 그러나 필자는 오기를 지지한다. 정책으로 9할을 얻고 기책으로는 나머지 1할을 얻어야 한다. 손빈의 기책은 정책을 침식시킬 위험이 다분하다. 《오기병법》 〈치병〉 편은 천하무적의 군대를 '부자父子의 군대'라 부른다.

> 진퇴에 절도가 있고 좌우는 지휘에 응하니, (부대의 중간이) 끊어져도

진을 이루고, 흩어져도 대오를 이룬다. 서로 더불어 편안하고, 더불어 위험을 무릅쓰니〔與之安, 與之危〕, 이 군단은 뭉칠 수는 있어도 나눌 수는 없으며〔可合而不可離〕 부릴 수는 있어도 지치게 할 수는 없다〔可用而不可疲〕. 이 군단이 전진하면 천하에 막아설 자가 없으니 이를 일러 부자의 군대〔父子之兵〕라고 한다.

장수는 아버지이며 사졸들은 모두 형제들이다. 그러므로 그들은 어떤 상황에서도 운명을 같이한다. 사졸과 사졸은 물론 장수와 사졸 또한 오직 뭉쳐 "함께 위험을 감수하고 함께 편안"하다. 이들은 지휘에 따라 모두 목숨을 걸고 적진으로 뛰어들 수 있지만 버려지는 이들은 아니다. 오기는 병사들이 귀한 대우를 받는다는 것을 느끼도록 했고, 승리의 관건은 전 군단이 전장에서 운명공동체로 움직이는 것이라고 주장한다. 아버지는 아들들을 초개처럼 쓸 수가 없다. 그래서 이 군당의 이름이 부자의 군대다.

《회남자》〈병략〉에 "손가락 다섯 개를 번갈아 가며 튕기는 것보다 주먹을 말아서 한 번 치는 것이 낫고, 1만 명이 번갈아 가며 전진하는 것보다 100명이 뭉쳐서 달려드는 것이 낫다"고 한 말이 바로 오기의 용병을 이르는 것이다. "좋은 장수는 군대를 쓸 때 군중의 마음을 하나로 뭉치고〔同其心〕 힘을 한데로 모으니〔一其力〕, 용감하다고 혼자 전진하지 못하고〔勇者不得獨進〕, 겁쟁이라도 혼자 달아나지 못한다〔怯者不得獨退〕"고 하는 말은 바로 오기의 용병을 염두에 둔 것이다. 우리는 오기가 한 용사가 혼자 적진에 뛰어들자 기어이 베어버린 사실을 알고 있다. 형제들처럼 뭉쳐서 떨어지지 않게 한다는 것이 오기 병법에서 유독 강조하는 바다.

손빈의 변화는 분명히 오기를 능가한다. 그러나 그는 오기와 같이 판국을 만들어갈 사람은 아니다. 크게 보아 오기의 목적은 자신을 강하게 하는 것이고 손빈의 목적은 상대를 약하게 하는 것이기 때문이다. 스스로 강한 자는 어떤 상대가 와도 상대할 수 있으나, 상대를 약하게 하는 데 치중하는 자는 갈수록 많아지는 변수를 관리하느라 지력을 소모해야 한다. 그래서 손빈은 오기가 말한 대로 "그 사람이 없으면 국가가 망하는" 인재 축에는 들 수 없다.

제6장

오기의 후계자 상앙

: 변법 개혁으로
승리의 열쇠를 쥐다

．．．

전국시대를 살펴보면 역사는 전진과 멈춤[休]의 단조로운 운동이 아니라 좌우로 커다랗게 진폭을 그리며 서서히 앞으로 나가는 수레처럼 보인다. 어떤 이는 옛것을 뜯어고치자[改作] 하고 어떤 이는 전통을 지키자[保守] 한다. 그러나 현실에서는 고치고 지키는 점진적인 과정보다는 일단 기존 체제를 부수고 그에 상응하는 반동으로 다시 후퇴하는 과정이 더 일반적이다. 상앙은 오기의 후계자였다. 그러나 그는 오기보다 훨씬 먼 곳까지 달렸고 끝내는 수단과 목적이 전도되는 지점에 이르고 말았다.

　오기는 놀고먹는 이들을 줄이고자 했다. 농민들은 놀고먹을 수 없으니 그의 개혁 대상은 자연히 높은 사람들이었다. 짐이 말을 이기면 주저앉기 때문이다. 상앙도 오기의 개혁을 따라 짐을 덜었다. 그러나 그 대신 그는 말에게 무거운 굴레를 씌워 오직 짐만 실어 나르도록 개조했다. 그러나 말이 오직 짐을 싣기 위해 태어난 것은 아니지 않은가?

　상앙의 변법이 비록 통일시대의 장구한 계획은 아니었지만 서로 끝없이 싸우는 시절 서쪽에 치우친 국가에 승리의 열쇠를 쥐여준 것은 사실이다. "싸움으로 싸움을 제거한다[以戰去戰]"는 어젠다를 온 백성에게 각인시키고, 비록 전공戰功을 기준으로 했지만 공평한 신분상승의 기회를 주어서 하층민의 불만을 무마했고, 군주권을 위협하는 과두체제의 등장을 막음으로써 불필요한 낭비와 내분을 잠재웠다. 향후 초·제·조·한 모두 왕실의 인사들에 의한 과두체제가 만들어지는데 이것이 나라를 이중으로 약하게 한 것도 사실이다.

　상앙의 개혁이 성공한 것은 모두 공세를 탔기 때문이다. 상앙은 진秦을 하나의 커다란 전쟁 사업 벤처기구로 개조했다. 대개 이윤율이 바닥으로 떨어질 때까지 벤처 기업은 달려간다. 이처럼 진秦의 전쟁 사업 이윤율은 하루가 다르게 치솟고 있었다. 그때 상앙이 키를 잡고 기름을 붓고 바람을 불어넣었다.

1. 서쪽으로 간 상앙 •

공교롭게도 상앙은 오기와 같이 원래 위衛나라 사람으로, 위나라 군주
의 여러 첩 중에 한 명이 낳은 공자였다고 한다. 그는 젊어서부터 형명
지학刑名之學(법가의 학문)을 좋아했는데 위魏나라로 건너와 재상 공숙좌
의 중서인(집사)이 되었다. 공숙좌는 상앙이 똑똑하다는 것을 알았지만
아직 기회를 못 얻어 추천하지 못하고 있었다. 그러던 차에 공숙좌가
병에 걸리자 위 혜왕이 찾아왔다. 공숙좌는 오기가 살아 있던 시절부

• 외국인들은 그를 위앙(위나라 출신의 앙)이라 부르고, 본국인은 공손앙이라 불렀을 것이다. 나중에 상 땅에
봉해진 후 상군이라 불렸지만 여기서는 통용되는 호칭인 상앙을 계속 쓰겠다. 상앙에 관한 기록으로 《사
기》〈상군열전商君列傳〉과 〈진본기秦本紀〉가 가장 자세하다. 그 밖에 《여씨춘추》《상군서》《한비자》 등에
도 가끔 등장한다. 《사기》를 기반으로 해서 서술하고, 꼭 필요한 경우 기타 서적의 출처를 밝히겠다.

터 위나라에서 정치를 하던 중신이다. 위 혜왕이 걱정스레 물었다.

"공숙의 병이 만약 낫지 않는다면 우리 위나라 사직은 어찌한단 말입니까?"

그러자 공숙좌가 말했다.

"제 중서자로 공손앙이란 이가 있습니다. 나이는 아직 어리지만 뛰어난 인재이니, 왕께서는 나라를 그에게 맡기고 다스리는 법을 물으십시오."

이 소리를 듣고 혜왕은 실색해서 아무 말도 하지 않았다. 위 혜왕의 지력은 거기까지가 끝이었다. 얼마 후 왕이 떠나려 하자 공숙좌는 주위 사람들을 물리고 왕에게 간했다.

"왕께서 상앙을 쓰라는 요청을 거두지 않으시려거든 반드시 그를 죽여서 국경 밖으로 나가지 못하게 하십시오."

혜왕은 공숙좌가 계속 황당한 소리를 한다고 여기고 건성으로 "그러겠습니다" 하고는 돌아갔다. 왕이 돌아가자 공숙좌는 상앙을 불러 사과하며 말했다.

"오늘 왕께서 나에게 재상으로 삼을 만한 사람이 누구냐고 묻기에 나는 그대를 이야기했지만 안색을 보니 내 말을 듣지 않는 것 같다. 나는 군주를 먼저 챙기고 신하를 돌보는 이니 어쩔 수 없이 '쓰지 않으려면 상앙을 꼭 죽이라'고 했다. 왕이 그러마 허락했으니 그대는 어서 떠나라. 안 그러면 붙잡힐 것이다."

그런데 당돌하게도 상앙은 이렇게 대답했다.

"왕께서 저를 쓰라는 어른의 말씀을 받아들이지 않았는데, 어찌 저를 죽이라는 말을 받아들이겠습니까?"

이렇게 말하고는 기어이 떠나지 않았다.

혜왕은 돌아온 후 투덜거렸다.

"공숙의 병이 너무 심하니 슬프오. 과인에게 나라를 공손앙에게 맡기고 가르침을 받으라고 하다니, 어찌 황당하지 않으리오."

나이도 어린 데다 겨우 집안의 집사를 하던 자에게 어찌 나라를 맡길까 하는 심사였다. 결국 공숙좌가 죽자 장례까지 치르고 상앙은 서쪽 진秦나라로 떠났다.

그는 왜 진나라를 선택했을까? 바야흐로 진나라는 융성하는 중이었다. 순장을 폐지하는 등 풍속을 개혁하고 수도를 역양으로 옮겨 서하에서 한창 기세를 올리던 진 헌공秦獻公이 죽고 막 효공이 자리에 오른 때였다. 효공은 아버지를 능가하는 인물이었다. 또한 그는 겨우 21세의 창창한 나이로, 개혁가라면 한번 기대해볼 만한 사람이었다. 반면 오기는 문후의 신임을 받았지만 당시 문후는 이미 노년이었다.

등극하자마자 효공은 이런 포고령을 내렸다.

"옛날 선군 목공께서 기岐와 옹雍 사이에서 덕을 닦고 무를 행하시어 동쪽으로 진晉의 난리를 평정하시고 황하를 국경으로 삼았다. 또한 서쪽으로 융적을 제패하고 땅을 1000리나 늘렸더니 천자께서 백伯의 작위를 내리시고 제후들이 모두 축하했다. 이렇게 후세를 위해 사업을 여시니 심히 빛나고 아름다웠다. 그러나 여공, 조공, 간공, 출자 시절에 불행히 나라 안이 편안하지 못하여 밖을 도모할 겨를이 없었다. 삼진이 우리 선군께서 개척하신 하서를 침공해서 빼앗았고, 제후들이 우리 진을 깔보니 이보다 더 부끄러울 수가 없었다. 그러나 헌공께서 즉위하시어 변경을 진무하시고 역양으로 수도를 옮겨, 동쪽을 벌하여 목공 시절의 땅을 찾고 그 시절의 정령을 닦으려 하셨다. 과인은 선군의 뜻을 생각하면 항상 마음이 아프다. 빈객들과 군신들 중에 능히 기발한 계책을 내어 우리 진을 강하게 하는 자가 있으면 높은 관직을 주고 땅을 떼어 봉하겠노라."

이렇게 포고를 내리고 군대를 내어 섬성陝城을 포위하고 융의 원왕源王을 베었다.

상앙이 이런 효공에게 매력을 느끼지 않을 수가 없었다. 상앙 자신이 배운 것이 바로 강국지술이 아닌가. 그는 진에 가자 효공이 경감景監(환관의 우두머리)을 총애한다는 것을 알고 청탁을 넣었다. 첫 만남에서 상앙은 효공과 오랜 시간 이야기를 나눴지만 효공은 집중해서 듣지 않았고 때때로 졸기까지 했다. 자리가 파하자 효공은 경감을 책망했다.

"그대의 객은 망령된 사람이다. 어디에 쓸 것인가."

경감이 이 이야기를 듣고 다시 상앙을 나무랐다. 그러자 상앙은 천연덕스레 이렇게 대답했다.

"제가 제도帝道로 유세했더니 그 뜻을 잘 몰랐던 모양이군요."

그리하여 다시 청을 넣었다. 이번에는 전보다는 나았지만 역시 마음에 들지는 못했다. 경감이 나와 또 책망하자 상앙이 대답했다.

"제가 공께 왕도로 유세했는데 아직 마음에 들지 않은가 봅니다. 한번 더 알현하고 싶습니다."

이리하여 세 번째 만났는데 효공은 꽤 마음에 들었지만 아직 그의 의견을 채택하지는 않았다. 상앙이 돌아가자 효공이 경감에게 말했다.

"그대의 손님이 마음에 드오. 더불어 이야기를 나눌 수 있겠소."

경감이 이 말을 전하니 상앙이 말했다.

"공께 패도를 설했는데 공이 받아들일 뜻을 보이시더군요. 마지막으로 한 번 더 만나게 해주십시오. 이제 공의 마음을 알았습니다."

이리하여 효공을 만났는데 효공은 너무 심취한 나머지 몸이 상앙 앞으로 가는 줄도 모르고 며칠을 이야기해도 싫증을 내지 않았다. 그러자 경감이 상앙에게 물었다.

"그대는 어떻게 우리 군주의 마음을 사로잡았소? 군주께서 심히 기뻐하십니다."

상앙이 말했다.

"제가 공께 제왕의 도로 삼대三代에 버금가자고 유세했더니 공께서는 '너무 멀어 과인은 기다릴 수가 없소. 그리고 현군은 당대에 이름을 드러낸다는데 어찌 갑갑하게 수십, 수백 년을 기다려 제왕의 업을 이루려 한단 말이오'라고 하더군요. 그래서 제가 나라를 강하게 하는 법[彊國之術]을 설했더니 군주께서 크게 기뻐하시더군요. 하지만 이는 은주시대의 일과 비할 바는 아닙니다."

물론 상앙이 무슨 제도와 왕도를 마음에 둔 것은 아니다. 그는 패도조차 마음에 두지 않는 사람이다. 이렇게 오랜 시간을 끈 것은 군주의 마음을 알아내기 위함이다. 쉽게 말하면 뜻을 같이하는 것이고 나쁘게 말하면 군주의 뜻에 영합하자는 것이다. 《한비자》〈세난說難〉에 "용은 길들여 탈 수가 있다. 그러나 목 아래에 한 자 정도의 거꾸로 선 비늘[逆

鱗]이 있는데, 만약 어떤 이가 이를 건드리면 반드시 그를 죽인다. 군주에게 유세하는 이가 이 역린을 건드리지 않는다면 성공을 기대할 수 있다"고 했는데, 바로 상앙이 이 역린을 건드리지 않기 위해 속도를 조절한 것이다. 아무리 법가에 마음을 둔 사람도 처음부터 법으로 유세하면 자기의 인격을 낮게 보는 것이 아닌가 의심하지 않겠는가? 군주란 역린을 가진 용처럼 그렇게 변덕스러운 존재다.

어쨌든 효공은 상앙이 대단히 마음에 들었다. 오기와 이회의 병법과 재정학 및 법률, 공숙좌 밑에서 궁중정치의 원리까지 배운 상앙은 효공에게는 기이한 존재로 보였을 것이다. 이리하여 진秦에서 변법 개혁이 시작된다.

2. 전국시대의 판을 바꾸다 ━━━━━━━

새로 만들 것인가, 구속될 것인가
━

일단 상앙 변법의 구체적인 내용을 들여다보기 전에 변법을 도입할 당시 조정에서 어떤 토론이 오갔는지 살펴보자.* 상앙의 변법 의지가

---

* 이 부분은 《상군서》의 내용이 《상군열전》보다 자세하다. 줄거리는 크게 다르지 않으므로 좀 더 자세하고 박진감 넘치는 《상군서》를 기초로 한다.

번뜩이지만 기존 대신들의 저항도 만만치 않다. 살펴보겠지만 반대자들의 주장은 기존의 통설을 엮은 것에 불과하나 상앙의 변설은 요지가 분명하여 좌중을 압도하는 힘이 있었다. 먼저 효공이 이야기를 꺼낸다.

"선군을 이어 군주의 자리에 섰으면 사직을 잊지 않는 것이 군주의 도리이고, 법을 시행하면서 군주의 좋은 점을 드러내려 힘쓰는 것이 신하가 갈 길입니다. 과인은 이제 법을 고쳐 다스리며[變法以治], 예법을 바꾸어 백성을 교화시키려[更禮以敎百姓]합니다. 하나 천하가 나를 비난할까 두렵습니다."

그러자 상앙이 나서서 변법의 필요성을 역설한다.

"신이 듣기로, 의심을 두고 행동하면 일을 이룰 수 없고, 의심을 하며 일을 도모하면 공을 이룰 수 없다고 합니다. 군주께서 당장 법을 바꾸겠다는 생각을 하셨으면 천하 사람들의 분분한 의견일랑 괘념치 마시옵소서. 대저 높은 사람의 행동은 세상 사람들의 입에 오르내리고, 독보적인 지혜를 가진 사람은 반드시 보통 사람들의 비난을 받는 법입니다. 이런 말이 있습니다. '어리석은 이는 일이 다 되어도 알아차리지 못하고, 지혜로운 이는 싹도 나지 않는데 알아차린다'라고요. 백성은 일을 시작할 때 같이 걱정하는 이들이 아니라, 일을 다 이룬 후에 함께 즐기는 이들입니다. 진(晉)의 곽언(문공의 총신 호언)의 법에 말하길, '최상의 덕을 논하는 이는 세상 사람들과 영합하지 않고, 크게 공을 이루는 이는 대중과 모의하지 않는다'고 했습니다. 법은 백성을 아끼는 수단이고[法者所以愛民也], 예는 일을 편하게 하는 수단입니다[禮者所以便事也].

그러니 성인은 진실로 나라를 강하게 할 수 있다면 옛 법을 고수하지 않고, 진실로 백성들을 이롭게 할 수 있다면 옛 예를 따르지 않습니다."

효공이 찬성했다.

"좋은 생각입니다."

그러나 감룡甘龍은 옛 방식을 따르는 것이 편하다고 주장한다.

"그렇지 않습니다. 신이 듣기로, 성인은 백성들을 바꾸지 않고 교화하며, 지혜로운 이는 법을 바꾸지 않고 다스린다고 합니다. 백성들의 마음을 따라 교화하는 이는 힘들이지 않고 공을 이루며, 옛 법에 의거해 다스리면 관리들은 익숙하고 백성들은 편안합니다. 지금 만약 법을 바꾸어 우리 진나라의 옛 제도를 따르지 않고, 예를 바꾸어 백성을 교화한다면, 신은 천하가 모두 군주를 두고 수군거릴까 두렵습니다. 살펴주시옵소서."

상앙은 모든 시대에는 제 나름대로 맞는 방식이 있으며, 지혜로운 이는 새 방식을 만들 수 있다고 말한다.

"그대의 말은 그저 세속에서 하는 말입니다. 대저 보통 사람들은 옛날 습관을 편안하게 여기며, 학자들은 자기가 들은 것에 매몰됩니다. 이 두 부류는 그저 관직에 앉아 법을 지킬 뿐 더불어 법 밖의 일을 의논할 상대가 되지 않습니다. 3대(하, 은, 주)는 예가 달랐지만 다 왕 노릇을 했고, 오패는 저마다 법이 달랐지만 모두 패자가 되었습니다. 그러니 지혜로운 이는 법을 만들고, 어리석은 이는 법의 통제를 받으며, 현명한 이가 예를 바꾸면 못난 이가 이에 구속됩니다. 예에 구속되는 이와는 함께 일을 논할 수 없으며, 법의 제어를 받는 사람과는 함께 개혁(변법)을 논할 수 없습니다. 군주께서는 의심하지 마시옵소서."

두지杜摯는 변법의 효과를 의심하며 다시 상앙을 반박한다.

"신이 듣기로 100배의 이득이 없으면 법을 바꾸지 않고, 열 배의 효과가 없으면 기물을 바꾸지 않는다고 합니다. 신이 듣기로 옛 법을 따르면 과실이 없고 옛 예를 따르면 일을 그르치지 않는다고 합니다. 이를 헤아려주소서."

그러자 상앙은 옛 법은 오늘에 맞지 않으며, 오늘날에 맞추어 새로 만들면 그만이라고 주장한다.

"전세前世에도 가르침은 다 달랐습니다. 어떤 옛날의 법을 따른단 말입니까? 제왕들이 다시 오실 리도 없는데 어떤 예를 따른단 말입니까? 복희伏羲와 신농神農은 가르치기만 하고 주벌하지 않았고, 황제와 요순堯舜은 주벌하기는 했으나 (사람들이) 분노를 터뜨리지는 않았습니다. 주의 문왕과 무왕 대에 이르러서는 각자 시세에 맞게 법을 만들었고 사정에 따라 예를 만들었습니다. 예와 법은 시절에 맞추어 정하고, 제도와 정령은 상황에 따라 만들며, 무기와 갑옷과 기물은 사용하기 편리하게 만들면 됩니다.

그러니 신은 이렇게 말씀드립니다. '치세를 이루는 데는 한 가지 방법만 있는 것이 아니고, 국가에 편리하다면 반드시 옛 법을 따를 필요는 없다'라고요. 탕왕과 무왕이 왕이 되었지만 옛것을 그대로 따라 흥한 것이 아니며, 은나라와 하나라는 사라졌지만 예를 바꾸어 그리된 것이 아닙니다. 그러니 옛 법에 반대한다고 해서 꼭 잘못된 것도 아니고 옛 예를 고수한다고 해서 족히 옳은 것도 아닙니다. 군주께서는 의

심하지 마시옵소서."

효공은 상앙의 변설을 듣고 마음을 굳힌다. 사실상 두 사람은 이미 마음을 맞춰놓은 터였다.

"옳은 말입니다. 과인이 듣기로 빈궁한 골목에는 괴이한 일이 많고 학문을 구부리는 이는 변설이 많다고 하오[曲學多辯]. 어리석은 사람이 웃는 것을 지혜로운 이는 슬퍼하고, 미치광이가 즐기는 것을 현명한 사람은 마음 아파하오. 과인은 이제 세상 사람들의 비난에 구애되어 의심을 품는 일이 없을 것이오."

상앙은 자신이 새 시대의 법을 만들 테니 어리석은 이들은 그저 따라 오면서 그 결과를 보라고 한다. 물론 결과가 없을 경우에 그는 처벌을 면하지 못할 것이다. 그러나 이토록 강하게 주장하는 이에게 솔깃하지 않을 군주가 있겠는가? 효공은 상앙을 좌서장左庶長으로 삼아 개혁을 추진하게 했다. 그리하여 전국시대의 판도를 바꾼 변법은 시작되었다.

결과를 만들어라
—

상앙이 행한 변법이라는 것이 어떤 것이었을까? 〈상군열전〉,《한비자》 〈화씨〉,《상군서》* 등을 통해 그 면모를 대개 알 수 있다. 먼저 〈상군열

—
• 《상군서》는 상앙의 저작이 아니지만 진秦의 법의 실상을 상세히 전한다. 진은 상앙 변법을 기반으로 법 령을 정비했고 한漢의 관리들도 진의 법을 잘 알고 있었다. 《상군서》에 관해서는 졸저 《춘추전국이야기 6》 2부를 참조.

전)을 중심으로 하나씩 살펴보자. 그의 변법의 저변에는 결과로 말한 다는 결과주의가 놓여 있다.

> 백성들을 5호, 10호로 편제하고 서로 감시하게 하고 죄를 연좌시켰다[令民爲什伍, 而相牧司連坐].

오를 짜는 것은 관중이 이미 시도했고, 훗날 정나라 자산도 실시했다. 이 제도는 삼진 지역에서는 흔했던 것으로 보인다. 그러나 연좌제는 분명 상앙의 작품이다. 전쟁 시에도 연좌제는 그대로 적용되었다. 퇴각하면 그 오에 속한 이가 함께 처벌을 받았다. 《묵자墨子》에도 성을 방어할 당시 연좌제를 강조했는데 아마도 진나라에서 활발히 활동했던 묵가 집단도 상앙의 영향을 받은 듯하다. 물론 5호, 10호 단위로 편제된 이들은 함부로 정해진 지역을 벗어날 수 없고 이사도 할 수 없다. 《상군서》에는 아예 "여관을 없애서 백성들이 돌아다니지 못하게 해야 한다"고 주장한다. 물론 여관에 들어갈 시간도 정해져 있고 신분증이 없으면 들어갈 수 없었던 것 같다.

> 나쁜 일을 한 자를 고발하지 않으면 허리를 베고 고발한 자는 적의 수급을 벤 자와 같은 상을 주며 숨겨준 이는 적에게 항복한 자와 같은 죄로 다스린다[不告姦者腰斬, 告姦者與斬敵首同賞, 匿姦者與降敵同罰].

위에서 상앙은 범죄를 막기 위해 극형주의를 표방하고 있다. 훗날

《한비자》 등에서 극형주의는 법가의 특징으로 명백히 드러난다. 가벼운 죄에 무거운 벌을 내리면 범죄가 없어져서 오히려 백성들에게 이익이라는 것이다. 《상군서》는 "형벌을 무겁게 하고 연좌해서 처벌[重刑而連其罪]하면 백성들이 사사로이 싸우지 못할 것"이라고 한다.

> 한 집에 남자가 둘 있으나 분가하지 않으면 부세를 두 배로 한다[民有
> 二男以上不分異者, 倍其賦].

이것은 인구 및 호수 증강책이다. 동쪽의 열국들에서는 이미 결혼하면 분가하는 것이 상식이었다. 대개 유목민들은 한 집에 여러 남자들이 사는 경향이 있다. 지금 상앙은 진秦에 남아 있는 서방과 북방 민족의 영향을 없애려 하고 있다. 또한 《상군서》에는 "데리고 있는 식구가 많으면 농사를 망치니, 그 식구의 수에 따라 부세를 걷고 요역을 시켜야 한다"고 주장한다. 그 목적은 역시 호수를 늘리고 농부들을 키우는 것이다.

> 군공이 있는 자는 공에 따라 작위를 올려주고, 사적으로 싸우는 이는
> 그 경중에 따라 대소 형벌에 처한다[有軍功者, 各以率受上爵, 爲私鬪者,
> 各以輕重被刑大小].

위 구절이 바로 상앙 변법의 핵심이다. 오직 군공에 따라 작위를 준다는 것이다. 《상군서》는 "농사짓고 싸우는 것이 아니면 작위를 얻을

방법이 없도록 한다[不以農戰, 則無官爵]"고 설명했다. 그리고 백성들 사이에 사사로운 싸움을 금하게 한다는 것은 법가의 특징으로, 국가가 백성의 사적인 생활을 제약하겠다는 뜻이다. 그들은 사사롭게 상호 간의 문제를 해결한다면 국가의 권위가 무너진다고 생각한다. 오늘날 대부분의 법치국가가 표방하고 있는 사적 구제 배제와 똑같은 원리다.

종실의 사람이라도 군공이 없으면 심사하여 종실의 족보에 오르지 못한다[宗室非有軍功論, 不得爲屬籍].

위 구절도 마찬가지로 군공에 의한 작위를 말하는데, 이번의 개혁 목표는 종실이다. 그리고《상군서》에는 "귀족이라도 장남 외의 자식들은 모두 요역에 내보내야 한다[均出餘子之使令]"고 말한다. 군공 외의 특권은 없다는 것이다.

본업에 힘써 밭을 갈고 길쌈을 해서 곡식과 포를 많이 바치는 이는 부역을 면해준다[僇力本業, 耕織致粟帛多者複其身].
상공업을 통해 이익을 추구하거나 게을러서 가난해진 자는 관노로 거둬들인다[事末利及怠而貧者, 擧以爲收孥].

이것은 농업 생산 장려책이다. 중농주의 역시 상앙 변법의 특징이다. 상앙의 전제 개혁에 관해서는 이미 앞에서 언급했다. 또한《상군서》에는 아예 상인이 곡식을 사지 못하고 농민은 곡식을 팔지 못하게

상앙 개혁기의 되 앞면과 뒷면. 상앙은 농업 생산 장려책을 바탕으로 진을 개혁하고자 했다. 군주권을 강화하고 귀족권을 제한하며 강한 법을 통해 백성에 대한 통제권을 확보하기 위해 도량형을 통일하고, 극단적인 중농책을 강화했다.

해야 한다고 주장한다. 위나라에서 이회가 행한 평적법을 상앙이 대단히 강화해서 적용하고 있다고 볼 수 있다. 《상군서》는 더 나아가 "관시의 세금을 무겁게 [重關市之賦] 매겨 장사할 엄두도 내지 못하게 한다"고도 말한다. 일종의 극단적인 중농책으로, 《관자》나 《맹자》의 관시의 세금을 내려 물자 유통을 촉진한다는 사상과 정면으로 배치된다.

그 외에도 《상군서》에만 나오는 내용들로는 "수확량에 따라 세를 걷는다[訾粟而稅]", "산택을 국가가 관리해서 백성들이 이익을 노리지 못하게 한다", 심지어 "술과 고기의 값을 올려 취하거나 흥청거리지 못하게 한다"는 등의 내용이 있다. 《한비자》에는 "《시》《서》 따위를 불태우기도 했다"는데 진위를 알 수 없지만 같은 내용이 《상군서》에도 등장한다. 추측하건대 그런 극단적인 시도도 있었을 것이다.

그리고 가끔 매우 극단적인 주장들이 등장한다. 아마도 이것들은 주장으로만 남고 실행되지는 않은 정책이었을 것이다. 예를 들면, "나라가 강한데도 싸우지 않으면 독이 안에서 쌓인다[國彊而不戰, 毒輸於內]"고 하여 적극적으로 나가서 싸울 것을 주문하는 따위의 주장이다. 그러나 "백성들이 전쟁 보기를 굶주린 늑대가 고기를 본 것처럼 한다면[如餓狼 之見肉] 그 백성은 쓸 만하다"는 주장은 당대의 사실과 부합한다. 진이 승리를 계속하는 한 보통의 백성이라도 전쟁에서 얻을 것은 많을 테니까 말이다.

전해지는 자료만 보아도 상앙 변법은 대단히 광범위하게 실시되었음을 알 수 있다. 핵심은 군주권을 강화하고 귀족권을 제한하며, 강한 법을 통해 백성에 대한 통제권을 확보하며, 오직 농사와 전쟁만이 지위가 올라가고 유복해질 수 있는 길임을 밝혀 생산력과 전투력을 동시에 올리겠다는 것이었다. 상앙의 변법은 순수한 목적주의, 혹은 결과주의라고 할 수 있다. 과연 이런 전면적인 개혁이 성공할 수 있을 것인가?

준법에 예외는 없다

—

상앙은 우선 오기를 모방했다. 법령을 다 갖추고 나서 세 길 장대를 성의 남문에 세워두고 백성들을 모아 이렇게 명을 내렸다.

"이 장대를 북문으로 옮기는 이에게는 10금金을 상으로 주겠다."

예전에 오기가 그런 행동을 했을 때 아무도 나서지 않았던 것처럼 이번에도 아무도 믿고 나서지 않았다. 그러자 상앙은 상금을 올렸다.

"50금을 상금으로 주겠다."

그러자 어떤 사람이 시험 삼아 나서서 장대를 옮겼다. 상앙은 즉시 상금을 지불했다. 그리고 나서 법령을 공포했다. 기원전 360년 무렵의 일이다.

새 법령을 공포하고 1년을 시행하니 신법이 불편해서 도저히 참을 수가 없다고 도성에 올라와 토로하는 이들이 대단히 많았다. 그럴 즈음에 태자가 신법을 어겼다. 그러자 상앙은 엄포를 놓았다.

"법이 행해지지 않는 것은 위에서부터 범하기 때문이다[法之不行, 自上犯之]!" 그리고 효공에게 간했다.

"법이 지켜지지 않는 것은 귀척들부터 안 지키기 때문입니다. 군주께서 기어이 법을 지키도록 하시겠다면 태자부터 본을 보여야 합니다. 태자에게는 경형[黥]을 내릴 수 없으니 태자의 부傅와 사師에게 경형을 내리소서."

효공은 이 말을 따랐다. 그리하여 태자의 부인 공자 건虔과 사인 공손가公孫賈의 이마에 글자를 새겼다. 바로 그다음 날부터 백성들은 감히 어기지 못하고 신법을 따랐다. 그렇게 법이 시행된 지 10년이 지나자 과연 진나라는 크게 다스려져서 길에 물건이 떨어져도 줍는 이가 없고, 산에는 산적이 없고, 백성들의 생활도 넉넉해졌으며, 사사로이 싸우는 이도 없어졌고, 전쟁에서는 모두 용감했다고 한다. 그러자 예전에 신법이 불편하다고 했던 사람 중에 이제는 편하다고 하는 이들이 있었다. 그러자 상앙은 "이자들은 모두 교화를 어지럽히는 이들이다"라고 말하고는 모두 변방의 성으로 옮겨 살게 했더니 그 후에 감히 법을 두고 의논하는 이들이 사라졌다고 한다.

신법이 얼마나 지켜졌는지, 그 법의 효력이 얼마나 대단했는지 자세히 알 수는 없지만 상앙이 10년 동안 법을 집행하는 자리에 있으면서 태자의 스승들을 경형에 처하고도 살아남았다는 것은 그의 위치가 거의 공고해졌다는 것이다. 그러나 스스로 밝혔듯이 진에서 군공 없이는 귀해질 수 없다. 상앙도 오기처럼 외국에서 온 인재였다. 왕의 신임만으로 부족한 점이 있었다. 자리를 굳히자면 오직 군공이 필요했다. 그러나 그는 대단히 신중한 사람으로 모험을 즐기지 않았다.

그러던 그에게 위 혜왕이 기회를 주었다. 호시탐탐 기회를 노리는 차에 혜왕이 동쪽으로 주력을 돌린 것이다. 기원전 352년 그는 대량조大良造가 되어 위나라가 조나라 한단을 포위하고 또 제나라와 싸움을 벌이고 있는 틈을 타 안읍을 포위해서 항복시켰다. 대량조는 신하로서 최고의 작위로 군권을 가지고 있었다. 상앙이 얼마나 신임을 받고 있었는지 이로써 알 수 있다. 또한 황하를 건너 얼마 전까지 위나라의 수도였던 안읍을 들어냈으니 그 공은 대단했다. 오기가 서하의 수장이 되어 하서에 보루를 완성한 지 겨우 30여 년 뒤의 일이었다. 황하 일대 산천의 지세를 믿지 말라던 오기의 예언이 실현된 순간이다. 이리하여 황하의 동서에 오기의 흔적은 거의 지워지고 말았다.

그리고 3년 후 함양에 궁을 세웠다.˙ 함양은 통일 제국이 들어선 후에

• 〈상군열전〉에는 옹에서 함양으로 옮겼다고 되어 있는데, 그렇다면 효공이 역양에서 다시 옹으로 옮겼다가 함양으로 나온 것이다.

도 수도의 역할을 하는 길지였다. 그는 작은 행정단위를 모아서 현을 설치하니 모두 31개 현이었다. 또한 농지의 경계를 새로 하여 단위 경작지의 면적을 키우고'부세를 평평하게 하고[賦稅平]" 도량형도 통일했다. 단신으로 외국에서 들어와 이 정도의 권력을 가지고 이처럼 철저하게 개혁을 수행한 이는 역사상 다시 찾기 어려울 것이다.

그로부터 4년 후 공자 건이 다시 범죄를 저지르자 이번에는 코를 베어버렸다. 상앙은 법을 집행할 때 어떤 예외도 두지 않았다. 얼마 후 주나라 천자가 효공에게 제육을 내리니 진은 이제 명실공히 여러 제후국들 중 으뜸이 되었다.

3. 위魏를 동쪽으로 밀어내다 ━━━━━━━━━

상앙은 자잘한 싸움에 끼어드는 대신 확실히 대승을 챙길 수 있는 기회를 포착하는 데 명수였다. 계릉의 싸움을 틈타서 안읍을 친 적이 있는데, 이번에는 마릉의 싸움을 이용할 작정이었다. 상앙을 서쪽으로 보낸 것은 위魏로서는 실로 통탄스러운 일이었다. 마릉에서 위군이 대패하고 대장 방연과 태자까지 죽자 상앙이 다시 효공에게 유세했다.

———

• "開阡陌封疆"은 이 책 1부 마지막의 〈깊이 읽기〉를 참조할 것.

•• 부세를 낮춰서 평등하게 했다는 뜻인지, 다른 방식으로 공평하게 했다는 뜻인지 확실하지 않다. 다만 어떤 확고한 기준을 두었다는 것은 확실하다.

상앙의 장대한 구상이 이곳에서 밝혀진다. 사실은 동서의 방향만 바뀐 오기의 구상이었다.

"진秦과 위는 비유하자면 사람의 배에 병이 있는 것과 같아 위가 진을 병합하지 못하면 진이 위를 병합하는 형세입니다. 왜 그렇습니까? 위는 험준한 산맥의 서쪽을 차지하고 안읍에 도읍을 두고 (사실 이때는 안읍을 떠나 대량으로 간 시점이었다) 우리 진과 황하를 경계로 마주하면서 산동의 이익을 모조리 누리고 있습니다. 유리하면 서쪽으로 우리 진을 침범하고 힘이 약해지면 동쪽의 땅을 노립니다. 지금 우리 진은 군주의 현명함과 성스러움으로 인해 나라는 강하고 왕성합니다. 하나 저쪽 위는 작년에 제나라에 대패했고 제후들은 모두 배반했으니 이 시기를 노려 위를 치면 위는 우리를 당하지 못하고 반드시 동쪽으로 달아날 것입니다. 위가 동쪽으로 달아나고 우리 진이 황하와 험산의 견고함을 차지하고 동쪽을 향해 제후들을 제압하면 이것이 바로 제왕의 업입니다[秦拠河山之固, 東郷以制諸侯, 此帝王之業也]."

우리는 오기가 서하를 떠나며 "서하를 기반으로 진秦을 멸하고 천하를 도모할 수 있었을 텐데" 하며 울었던 일을 기억하고 있다. 이제 상앙은 서하의 땅을 다 차지하는 것은 물론 하동에 거점까지 만들려 하고 있다. 이 기막힌 계책을 효공이 거부할 리가 없다. 이리하여 상앙이 이끄는 진군이 동쪽으로 치고 나왔다. 이렇게 살벌한 적수가 기회를 노리고 있을 때 위 혜왕은 혜시와 같이 허랑한 이들의 보좌를 받으며 동쪽에서 갈피를 못 잡고 있었으니 어떻게 이들을 대적할 수 있겠는가?

위나라 측의 상대는 공자 앙卬이었다. 바야흐로 싸움이 불을 찰나에 상앙은 계책을 냈다. 상앙이 위나라에 있을 때 공자 앙과 사이가 좋았다. 상앙은 이 친분을 살려 공자에게 서신을 보냈다.

"제가 이곳으로 흘러들어 귀한 자리를 욕심낸 것은 모두 공자 덕분이었습니다. 지금 진은 저 앙을 장수로 명했고 위는 공자로 하여금 그 소임을 맡겼습니다만, 어찌 차마 서로 어울려 싸우겠습니까? 공자께서는 귀국의 군주에게 말씀을 올리고 저 앙은 저대로 저희 군주에게 말씀을 올려 쌍방이 함께 군대를 파하도록 하시지요."

공자는 옛 정을 생각하여 상앙의 말을 받아들였다. 이에 따라 쌍방이 장차 군대를 거둘 즈음에 또 사람을 보내 공자에게 말을 전했다.

"돌아가면 우리는 다시 볼 날이 없을 것입니다. 바라건대 공과 함께 앉아 작별 인사나 나누고 싶습니다."

공자 앙은 이 말도 곧이곧대로 듣고 군리들의 반대를 무릅쓰고 상앙을 찾아가 술을 마셨다. 그러나 상앙은 목적을 위해 수단을 가리지 않는 사람이다. 그는 이미 군막 뒤에 병사들을 숨겨놓았다. 상앙은 술자리 와중에 공자 앙을 덮쳐 사로잡고 기회를 틈타 위군을 공격했다. 이때 위군은 대패를 당했다. 상앙은 정치를 할 때는 법가法家였지만 군대를 부릴 때는 손빈보다 더한 술가術家였다.

《상군서》에 "군대는 상대가 차마 못 하는 것을 하면 이긴다"고 한 것이 바로 이날 상앙의 행동을 말하는 것일까? 비겁한 방법으로 얻은 것이었지만 승리는 승리였다.

• 이 부분은 《여씨춘추》〈무의無義〉 편의 대화로 보충했다.

동서에서 완패한 위 혜왕은 어쩔 수 없어 서하의 땅을 떼어주고 화해를 구걸했다. 서하가 떨어진 마당에 위나라 안읍은 이제 지킬 수 없는 형국이었다. 천하를 도모하고자 한 오기의 야망이 깨어진 정도가 아니라 이제 위나라는 존망도 위태로운 약소국이 되고 말았다. 이 패배 후 혜왕은 이렇게 탄식했다고 한다.

"일찍이 공숙좌의 말을 듣지 않은 것을 한탄하노라."

이 싸움으로 인해 상앙은 상商과 오於의 열다섯 읍을 받고 상군商君이라 불렸다. 그의 출세가도는 언제 끝날지 몰랐다.

4. 반역자의 오명을 쓰다

《역》에서 "하늘 끝까지 난 용은 후회하게 될 것이다[亢龍有悔]"라고 했던가. 상앙은 지금 너무 높은 곳까지 올라갔다. 특히 상앙은 효공이 아직 장년인 것을 지나치게 믿고 있었다. 그러나 그도 효공이 갑작스럽게 죽거나 정적들이 달려들까 두려웠던 모양이다. 《한비자》〈남면〉에 "상군이 드나들 때 쇠창과 겹방패로 만약의 사태에 대비했다"고 되어 있다. 선배 오기가 비명에 당한 것을 기억하기 때문이리라. 다시 《사기》를 따라 개혁가의 운명을 살펴보자.

진나라에 상앙을 미워하는 이들은 대단히 많았다. 특히 종실과 귀척 중에 그를 원망하는 이들이 많았다. 물론 종실 인사나 귀척들만 그를 미워하지는 않았을 것이다. 《자치통감》에 따르면 한때 상앙이 위수가에서 법을 집행할 때 죽인 사람 수가 너무나 많아 위수가 붉게 물들었다고 한다. 그러나 그 또한 보복의 두려움을 느끼지 않을 수 없었다.

상앙이 진나라 정치를 주무른 지 이제 10년이 되었을 때, 상앙은 조량趙良이라는 이를 만났다. 이어지는 언사로 보아 조량은 분명 유학자다. 상앙은 사적인 청탁이나 사귐을 피하고, 특히 유학자를 경멸하는 사람이었다. 그런데 어쩐 일인지 이번에는 상앙이 먼저 손을 내밀었다. 이어지는 언사로 보아 조량은 분명 유학자다.

"저 앙이 선생을 뵐 수 있었던 것은 맹난고孟蘭皐가 주선했기 때문입니다. 교분을 맺고 싶은데, 괜찮겠습니까?"

조량이 말했다.

"저는 감히 사귀고 싶지 않습니다. 공구(공자)*가 한 말이 있습니다. '현명한 사람을 추천하여 받드는 이는 앞으로 나가고(흥하고), 불초한 이들을 모아 왕 노릇 하는 이는 뒤로 물러난다(망한다)[推賢而戴者進, 聚不肖而王者退]'고 말입니다. 저는 불초한 자로서 감히 명을 받들 수 없습니다. 제가 듣기로 '자기 자리가 아닌데 그 자리를 차지하고 있는 것을 자리를 탐한다고 하고, 자기가 얻을 이름이 아닌데 그 이름을 가진 것을 이름을 탐한다'고 합니다. 제가 어른의 말씀을 받아들인다면 자리와 이름을 탐하는 것이 될까 두려워 감히 명을 받지 못하겠습니다."

상앙이 물었다.

"선생께서는 제가 진나라를 다스리는 방식을 좋아하지 않습니까?"

• 조량은 철저한 법가인 상앙 앞에서 감히 '공자'라고 부르지 못하고 그 이름을 불렀다.

조량이 대답했다.

"반성하며 듣는 것을 총聰이라 하고 안으로 살펴보는 것을 명明이라 하며, 스스로를 이기는 것을 강殭이라 합니다. 순임금이 한 말이 있습니다. '스스로 낮추면 더 높아진다.' 어른께서 순임금의 길을 가실 요량이 아니시면 저에게 물을 필요가 없습니다."

상앙이 자기 업적을 자랑했다.

"처음 진은 융적 오랑캐의 가르침을 따라 부자의 구별도 없이 한 집에서 살았습니다. 지금 제가 그 제도를 고치고 가르쳐 남녀의 구별이 있게 하고, 크게 기궐冀闕을 세워 노나라나 위衛나라처럼 만들었습니다. 선생께서 제가 진나라를 다스리는 것을 보니 오고대부五羖大夫(백리해百里奚)와 저 둘 중에 누가 더 낫습니까?"

상앙은 은근슬쩍 유학의 가르침과 주나라의 문화가 남아 있다는 노나라, 위衛나라를 언급하며 발언을 유도하고 있다. 그러자 조량이 이제 자신은 유학자로서 발언할 것임을 밝힌다.

"양 가죽 1000장도 여우 겨드랑이 가죽 한 장만 못하고, 뭇사람 1000명의 아부가 선비 한 사람의 직언만 못합니다. 주나라 무왕께서 신하들의 직언으로 창성했고, 은나라 걸왕은 신하들이 입을 닫음으로써 망했습니다. 어른께서 만약 무왕이 그르다고 생각하지 않으신다면 저는 하루 종일 바른말을 할 테니 죽이지 마십시오. 가능하시겠습니까?"

상앙이 얼마나 무서운 사람인가. 그런데도 조량은 유학으로 말을 이어간다. 상앙도 느끼는 바가 있었던 모양이다.

"이런 말이 있지요. 허황된 말은 화려하고 지극한 말은 진실되며, 쓴 말은 약이며 달콤한 말은 병이라고요. 선생께서 정말 하루 종일 말씀해주시면 저 앙에게는 약입니다. 앙은 선생을 섬기고자 하는데 선생은 왜 사양하십니까?"

그러자 조량의 입에서 길고 긴 대답이 이어져 나왔다. 듣는 이는 모골이 송연해졌을 것이다.[•]

"오고대부는 본래 초나라의 시골뜨기에 불과했습니다만 진의 목공께서 현명하다는 말을 듣고 진나라 사신에게 몸을 맡겨 소를 치며 들어왔습니다. 한 해가 지나 목공께서 그가 현명하다는 것을 아시고 백성 위에 올리니 진나라에서는 이를 질투하는 이가 없었습니다. 진나라 재상이 된 지 6~7년 만에 동으로 정나라를 치고 진晉의 군주를 세 명이나 세웠으며 초나라의 난리를 한 번 구했습니다. 나라 사람들을 가르치니 파巴 사람들이 찾아오고 제후들에게 덕을 베푸니 팔방의 오랑캐들이 와서 조아렸습니다.

오고대부는 진나라 재상이 된 후 힘이 들어도 수레에 걸터앉지 않고, 더워도 일산을 펴지 않았습니다. 순시할 때는 전차가 따르지 않았고 창을 잡은 무사도 없었습니다. 그의 공은 역사에 기록되어 서고에 보존되어 있습니다. 오고대부가 세상을 뜨자 남녀 할 것 없이 눈물을 흘리고, 아이들도 노래를 부르지 않았으니 이것은 그분의 덕망 때문이었습니다.

지금 어른께서 진나라 군주를 뵐 때는 총신 경감을 통했으니 이는

• 이 대답은 역시 〈상군열전〉에 나오지만 지나치게 길어 설명을 넣고 축약해서 소개한다.

명예로운 일이 아니며, 재상이 되어서는 백성을 섬기지 않고 기궐을 지었으니 이는 공이 아닙니다. 태자의 사부에게 먹물을 들이고 잔혹한 형벌로 백성들을 상하게 하여 원망과 화를 쌓았습니다.

지금 어른의 명은 임금의 명보다 더 무겁고 백성들은 어른을 임금보다 더 두려워합니다. 지금 어른은 또 남면하여 과인이라 부르며 날마다 나라의 귀공자들을 묶어 넣습니다.《시》에서 말하길, '쥐도 몸뚱이가 있는데 사람이 되어 예가 없구나. 예가 없으니 어찌 빨리 죽지 않을쏘냐[相鼠有體, 人而無禮, 人而無禮, 何不遄死]'라고 했습니다. 코를 베인 공자 건은 두문불출 8년이며, 축환은 어른께 죽었고 공손가는 경형을 받았습니다.《시》에 '사람을 얻는 이는 흥하고, 잃는 이는 망한다'고 했는데, 어른께서 하신 일은 사람을 얻는 일이 아닙니다. 그리고 어른께서 나설 때는 전차 수십 대가 따르고 창을 든 병사들이 옆에서 달립니다. 어른께서는 지금 아침 이슬처럼 위태로운데 어찌 더 목숨을 연장하려 하십니까?"

모두 섬뜩한 이야기였다. 그리고 조량은 마지막으로 한 마디 더 권했다.

"상과 오의 땅을 돌려주고 전원으로 물러나와 꽃에 물이나 주며 사는 것이 좋겠습니다."

봉지와 권력을 탐내다가는 하루아침에 이슬처럼 사라질 수 있다는 것이었다. 그러나 상앙은 끝내 그 말을 받아들이지 못했다. 이미 물러날 곳이 없었기 때문일까? 그로부터 다섯 달 후 효공이 죽고 태자가 군주가 되니 바로 혜문왕惠文王이다(혜왕惠王이라고도 한다). 그가 왕위에 오르기를 기다렸다는 듯이 공자 건과 그 무리가 바로 상앙을 무함했다. 혜문왕도 옛날의 수치를 잊을 리가 없었다. 상앙은 이제 동쪽으로 달아날 수밖에 없었다.

상앙이 함곡관에 도착하여 여관에 들르자 여관 주인은 그가 상앙인 줄 모르고 이렇게 대답했다고 한다.

"상군의 법에 여행증이 없는 객을 받으면 연좌되어 죄를 받습니다."

상앙이 탄식했다.

"아, 내가 만든 법의 폐해가 이곳에 이르렀구나."

이 이야기는 너무 은밀하며 극적이라 믿을 수 없다. 그러나 다음 이야기는 충분히 개연성이 있다. 상앙은 진에 머물지 못하고 가족과 어머니를 데리고 위魏로 돌아가려 했다. 그러나 위의 양자襄疵(어딘가를 지키는 수령이었을 것)가 그를 받아주지 않으며 이렇게 말했다.

"군이 옛날 공자 앙을 배반한 것으로 볼 때, 저는 군을 도저히 이해할 수가 없습니다."*

의리 없는 당신을 믿을 수 없다는 말이었다. 또한 위나라 사람들은 진나라에 죄를 지은 상앙을 받아들일 마음이 없었기에 핑계를 댔다.

"상군은 진나라의 적이다. 강한 진나라의 적이 들어왔으니 돌려보낼 수밖에 없다."

그러고는 상앙을 받아주지 않았다. 상앙은 자신의 영지 상으로 돌아와 군대를 이끌고 정나라를 쳤다. 최후의 몸부림이었지만 역부족이었

• 이 말은 《여씨춘추》 〈무의〉 편에 나온다. '의리 없는 놈[無義]'이라는 편명이 의미심장하다.

고, 곧 진나라 군대가 따라와 기어이 상앙을 죽였다. 혜왕은 상앙의 사지를 찢어 죽이며 이렇게 말했다.

"상앙 같은 반역자가 되지 마라!"

그리고 그의 가족들마저 다 죽였다. 사냥이 끝나면 사냥개를 삶는다 했던가. 이렇게 진을 강하게 만들었던 상앙도 '반역자'라는 오명을 쓰고 허무하게 죽고 말았다.

5. 상앙과 오기

상앙은 오기에 버금가는 전략가였고 오기보다 철저한 개혁가였다. 군주를 보는 안목이나 언변, 그리고 정치적인 생존 감각은 오기보다 월등히 뛰어났다. 오기가 진나라에 있었더라면 상앙보다 더 먼저 실각했을 것이다. 또한 오기가 못 이룬 것들을 상앙은 모두 이뤘다. 오기는 20년에 걸쳐 서하를 건설했지만, 상앙은 순식간에 서하를 들어내고 황하를 건넜다.

오기는 작은 승리를 쌓아갔지만, 상앙은 커다란 승리 두 가지를 가져갔다. 모두 형세를 읽는 능력 때문이었다. 오기는 초나라에서 개혁을 시도하다 바로 살해되었지만, 상앙은 정치를 좌지우지하며 나라의 융성을 목격하고 죽었다. 오기의 꿈은 손빈과 상앙에 의해 좌절되었는데 결정타는 역시 상앙이었다.

상앙의 업적은 실로 오기보다 혁혁하다. 상앙이 아니었으면 진秦은 통일을 바라보지 못했을 것이다. 상앙은 진나라의 재정 정책, 지방 행정, 토지 제도, 군사 제도, 궁중 건축, 그리고 민간의 풍속까지 모두 바꾸었다. 그와 같은 극단적인 강단이 아니면 태자의 사부들에게 감히 형을 내리지 못했을 것이다. 그가 위나라를 동쪽으로 쫓아내지 않았다면 향후 진군은 마음대로 산동으로 나오지 못했을 것이다.

그럼에도 필자가 오기를 더욱 높이 사는 이유는 먼저 원류와 아류의 차이 때문이다. 상앙은 오기에게서 근본과 말단까지 다 배웠다. 상앙의 변법은 이미 동쪽에서 일부 검증된 것이다. 다만 오기는 원래 유자였기에 상부구조를 개혁할 수는 있었지만 아래 백성들에게 영향을 주지는 못하고 자신의 군대에만 영향을 미쳤다. 또한 초나라에서는 시간이 너무 없었다. 그러나 상앙은 유학을 완전히 배척했기 때문에 백성들을 가혹하게 다루며 죄책감을 느끼지 않을 수 있었다. 그렇지만 상앙의 법이 오기와 이회에게서 왔다는 것은 명백하다. 다만 상앙은 공을 이루자면 효공을 믿고 관중에서 일을 도모하는 것이 어리석은 혜왕을 따라 산동에 남는 것보다 낫다는 적절한 판단을 내렸다.

오기를 높이 사는 두 번째 이유는 전략가로서 오기의 방법이 공수攻守에 모두 적합한 반면, 상앙의 방법은 공격 시에만 유효하기 때문이다. 오기는 뭉쳐진 군대로 쳐서 정치로 굳힌다는 전략을 가지고 있었다. 적이 약할 때 공격하여 취할 수 있고 강할 때 뒤로 물러나서 지켜도 아군이 와해되지 않는다. 그러나 상앙의 법은 수비 시 취약하다. 다행히 진은 효공 이래 승리를 거듭했다. 승리를 거듭할 때 작위를 계속 내려줄 수 있고, 나눠줄 땅이 있을 때 군사들은 맹렬하게 싸운다. 그러나 일순간 팽창이 멈춘다면 어떻게 되겠는가? 상으로 줄 땅도 없고 작위도 없다면 군대는 무엇으로 움직이는가? 포상과 작위, 그리고 처벌에 의거한 군대는 대개 수비 시에는 힘을 발휘하지 못한다.* 이 점은 이미 순자가 통렬히 지적한 바 있다.

진의 승리가 잦았던 이유를 오로지 상앙의 변법 덕으로만 돌릴 수는 없다. 진은 천혜의 요지인 관중을 차지하여 후방을 걱정할 필요가 없는 이점을 가지고 있는 국가다. 힘이 없을 때는 웅크리고 있으면 나올 수 있기에 사방으로 적을 맞아야 하는 여러 열국들보다 훨씬 좋은 조건에서 싸웠다. 또한 진이 강해진 이유는 상앙의 개혁 덕분이기도 하지만 위 혜왕이라는 보기 드문 혼군昏君이 상대편에 있었기 때문이기도 하다. 위 혜왕은 '다행히도' 대단히 오래 다스렸다. 그럼에도 나라가 유지된 것은 모두 선대의 덕이었다고 할 수밖에 없다.

마지막으로 두 사람 생애의 질적 차이 때문이다. 오기가 떠돌이 생활을 했지만 그는 적의 땅으로 가서 얼마 전 아군에게 창을 들이대는 짓은 하지 않았다. 노나라의 장수가 되어 제나라와 싸우다가 그는 제나라 대신 멀리 위나라로 떠났고, 위나라에서 모함을 받자 어제의 적수인 진이 아니라 초나라로 떠났다. 당시 인재를 구하는 데 총력을 쏟고 있던 진은 유망한 망명객들에게 대단히 우호적이었다. 지씨가 망하자 그 가문이 거의 진으로 망명해서 자리를 잡았다. 마찬가지로 오기가 진으로 갔다면 엄청난 환대를 받았을 것이다. 그러나 그는 그렇게

• 졸저 《춘추전국이야기 6》 2부에서 진의 군대에 대한 순자의 혹평을 참조.

하지 않았다. 반면 상앙은 어제까지 위魏나라에 살다가 다음 날 원수의 나라 진으로 가자마자 자신을 키워준 위나라를 매몰차게 몰아쳤다. 그는 제2의 조국을 박살낸 자다.

오기는 성정이 강했지만 사실은 대단히 인정이 넘치는 이였다. 그는 전장에서조차 병사들과 고락을 같이했지만 상앙은 평상시에도 호위병에 의지했다. 오기는 언사가 거칠었지만 윗사람을 기만하지 않았다. 그러나 상앙은 전장에서 한때 윗사람이었던 공자 앙을 기만했고, 군주의 마음에 들기 위해 마음에 없는 말로 연극을 하기도 했다.

오기는 참소를 받자 자식들을 남겨두고 조용히 위나라를 떠났다. 그래서 그 자식들은 아버지의 후광으로 녹을 받을 수 있었다. 그러나 상앙은 궁지에 몰리자 가족들을 데리고 한때 자신이 배반했던 위나라를 다시 찾았고, 마지막에는 구차하게 삶을 구해 다시 진나라에 대들다 애꿎은 정나라를 쳤다. 그러다 그는 온 가족을 몰살시키고 말았다.

한비자는 〈오두五蠹〉 편에서 법가는 이율배반적인 행동을 금해야 한다고 말한다. 싸움에서 이기려 하면서 사사로운 행동을 높이고, 농민의 생산품을 가지고 살림을 꾸리면서 말이나 하는 학자들을 높여서는 안 된다는 것이다. 그러나 개인사로 볼 때 상앙의 행동이야말로 모순의 연속이다. 귀척을 누르고 군주를 높인다고 하면서 정작 자신은 죽을 때까지 상오商於의 열다섯 고을에 그토록 집착하고 군주처럼 수많은 무장병을 데리고 다녔으며, 작은 잘못도 극형으로 다스려 위수를 피로 물들이고 법에 대해서는 의론도 하지 말라며 사람들을 유배시켰지만 정작 자신이 법에 걸리자 형을 기다리지 않고 달아났다. 《시》와

《서》를 불태우라 하면서도 정작 자신은 정적들에게 죽을까 두려움에 떨며 유학자에게 조언을 구했다.

그러니 업적이 비록 크다 하여도 상앙은 오기와는 인격적으로 다른 인간이다. 그러하니 진나라의 이해를 대변하는《여씨춘추》가 "의리 없는 놈"이라 비난하는 것도 당연하다. 사마천은 이렇게 평했다.

"상군(상앙)은 천성이 각박한 자다. 효공에게 등용되고자 제왕의 술을 이야기했지만 허황된 말을 늘어놓은 것일 뿐 원래의 심정이 아니었다."

그러나 그도 반역자로 죽은 것은 억울할 것이다. 진은 상앙을 죽이고도 야비하게 그 법을 그대로 썼으니까. 그렇게 보면 상앙은 진나라 왕실에 이용당한 망명객일 수도 있겠다. 그가 유학을 조금만 마음에 두고 있었더라면 그런 오명을 얻지는 않았을 것이다.

나가며

전략과 개혁

· · ·

이번 책 1부에서는 유독 전략과 전술의 차이에 대해 자세하게 언급했다. 전략과 전술은 질적으로 다른 범주인가, 아니면 전술적인 행동들이 모여 전략을 구성하는가?

필자는 이 책에서 계속 전략과 전술은 명백하게 구분되어야 한다고 말했다. 국가라는 조직은 너무 커서 전술적인 실험 대상이 될 수 없기 때문이다. 언제나 국가는 검증된 전략에 의해 운영되어야 하며, 위급한 순간일지라도 전술적인 판단에 의해 기본 전략이 수정되어서는 안 된다. 전략과 전술의 관계를 수립하는 사람을 우리는 군주, 혹은 사령관이라 부른다.

1. 전략과 전술, 전략가와 전술가 ━━━━━━━

전략은 애초에 현실주의자들의 용어이지만, 특히 전국시대의 전략이란 거의 전적으로 그들의 전유물이었다. 이 책의 주인공인 위 문후·오기·이회·손빈·상앙 중 누구라도 현실주의자가 아닌 이들이 없었고, 위 무후나 위 혜왕도 비록 실패했지만 철저한 현실주의자였다. 현실주의자들은 주어진 국제정치의 현실을 있는 그대로 받아들인다.

전국시대의 현실이란 바로 약육강식이다. 현실주의자는 위기를 타개할 유일한 주체는 국가라고 보기에 그들은 국가주의자들이다. 이 점에서 전국시대의 현실주의자들과 가장 닮은 근대의 인물은 온갖 술수를 동원해 독일의 통일과 강대국화를 이룬 프로이센의 철혈 재상 비스마르크O.E.L. Bismarck였을 것이다. 비스마르크의 개혁은 특히 상앙의 개혁과 대단히 유사하고, 그의 인물됨도 상앙과 유사하다.

현실에서 모든 국가는 생존을 도모하기 때문에, 현실주의자들의 지상목표도 국가의 생존이다. 앞으로 전국시대 각국의 외교와 군사행동을 쉽게 이해하기 위해 편의상 현실주의적 국가 전략을 두 단계로 나눌 필요가 있다.

먼저 생존을 위해서는 현재 살아 있는 상태를 유지해야 한다. 현재의 상태를 유지한다는 것은 힘의 균형Balance of Power, BOP을 유지한다는 것이다. 그러나 힘의 균형을 유지하는 비용은 대단히 크다. 고려해야 할 변수들이 지나치게 많기 때문이다. 전국시대에 일곱 나라만 경합하고 있다고 가정해도 수십 개의 동맹관계를 그릴 수 있다.

그래서 항상적인 불안정 상태를 벗어나기 위해 어떤 국가들은 균형상태BOP 유지 대신 내부화Internalizing를 추구한다. 내부화란 외부의 변수를 주어진 것으로 받아들이지 않고 변수 자체를 제거하거나 통제 아래 둔다는 것인데, 어떤 국가에게 주어지는 변수란 타국이므로 내부화란 바로 타국의 속국화, 그리고 궁극적으로는 합병合併을 말한다. 이것이 바로 약육강식의 전국시대에 자라나던 제국의 이데올로기다.

그러나 수많은 변수, 즉 속마음을 알 수 없는 수많은 경쟁자를 둔 상태에서 내부화를 실행하려면 다시 일정한 단계를 밟아야 한다. 대개 이 단계를 밟으며 목적을 성취하는 사람을 우리는 전략가라고 부른다. 위 문후·오기·이회·상앙 등을 전략가로 부르는 이유는 바로 이것이다. 전술이란 전략의 실천 과정에서 하위 단계에서 상위 단계로 넘어가기 위해 취하는 다양한 수단이다. 한편 다음 단계로 넘어가기 위해서 대체로 승리가 필요하므로 승리를 위해 여러 가지 수단을 동원하는 이를 우리는 전술가라 부른다. 그러므로 전략가는 자연스레 전술가이기도 하지만 전술가는 전략가가 되기도 하고 실패하기도 한다. 왜 그런가? 전술이 전략이 요구하는 단계를 거스르거나 건너뛰면 전술적인 성공이 전략적인 성공으로 연결되지 못하거나 오히려 실패로 이어질 수가 있다. 손빈처럼 전술적인 승리에 그친 이가 있고 위 혜왕처럼 전술적인 성공이 오히려 전략적인 실패를 부르는 이도 있다. 남방의 초나라로 간다면서 북쪽으로 달린다면 빨리 달릴수록 초나라에서 멀어지는 이치다.

전략가들이 궁극적으로 내부화를 지향한다고 가정하면 그들이 밟는 단계란 무엇인가? 첫째, 그들은 자신의 국가 자체를 내부화한다. 오기가 자기의 병사들을 수족처럼 단련시킨 것은 그의 군대를 내부화한 것이다. 서문표가 무당을 죽인 것은 농민들을 내부화한 것이다. 그럼으로써 그들은 이전의 여러 가지 목적을 가진 군대에서 국가의 군대, 제각각 자율성을 가진 '야인'에서 국가의 신민으로 포섭된다. 오기가 귀족들의 작위를 평평하게 하고, 상앙이 부세를 평평하게 하고 전국을 현으로 편성한 것도 신분과 토지를 내부화한 것이다.

이제 국가 밖에는 신분이 없고, 제도가 없다. 이회가 평적법을 실시하고 상앙이 도량형을 통일한 것은 시장을 내부화한 것이다. 비스마르크가 독일을 통일하여 제국을 만들며 한 일이란 바로 단일 통화, 중앙은행, 도량형 표준화 등이었다. 이것은 바로 이회와 상앙이 했던 일이다.

이렇게 고대나 근대나 내부화를 지향하는 국가가 하는 행동이란 대동소이하다. 오기가 작위와 녹봉을 국가의 통제 아래 두고자 한 것[均爵平祿], 상앙이 오직 군공에 따라 작위를 주자고 한 것[以功授爵] 등도 모두 내부화 전략의 일환이다. 전략가들이 기본적으로 현실주의자이며 국가주의자라는 것을 환기하면 진 효공이 고아들을 맡아 키운 일과 비스마르크가 사회보장제도를 도입한 것도 모두 내부화 전략의 일환으로 볼 수 있다.

이렇게 자국의 내부화가 끝나면 그다음 단계로 그들은 힘의 균형 상태에서 자신의 국가만 탈출시키고자 한다. 간단히 말해서 자국 스스로 독보적으로 강해진다는 것인데, 그러자면 역시 상대를 쳐서 덩치를 키워야 한다. 그러나 이 역시 단계를 밟아야 한다.

우선은 한 대상에 집중해야 한다. 덩치를 키울 때 타격지점을 분산시켜서는 안 된다. 예를 들어 진秦이 위魏를 병합하려 한다고 하자. 진이 행동할 때 나머지 모든 나라들이 위를 편든다면 작전은 성공할 수 없다. 나머지 국가들은 반드시 진을 돕거나 혹은 중립상태에 있어야 마음대로 위를 병합할 수 있다. 상앙은 위가 동쪽의 제에 발목이 잡히는 순간을 두 번 노렸다. 반면 위 문후는 진을 치면서 삼진연합이라는 전통적인 자산을 활용하여 다른 국가들이 개입하지 못하게 했다.

비스마르크는 통일을 위한 사전 작업으로, 싸움을 벌일 때 항상 동맹의 확보와 상대의 동맹 해체에 오랜 공을 들였다. 예컨대 러시아의 중립을 얻고 오스트리아와 힘을 합쳐 덴마크를 치고, 프랑스의 중립을 종용하고 이탈리아와 동맹을 맺어 오스트리아를 치는 식이었다.

위 혜왕은 이런 안목이 없었거나, 욕심에 사로잡혀 항상 이익을 성취하려는 순간 뒷덜미를 잡혔다. 그러니 그는 전략가가 될 수 없다. 손빈이 전략가가 될 수 없다고 한 것은 그가 위를 제지하여 삼진의 힘의 균형을 유지하는 데는 성공했지만, 이로써 초나라를 자극하여 대패의 화근을 심었고, 장기적으로는 진을 키웠기 때문이다. 세력 균형 유지 전략에서 판단의 관건은 이 전략을 통해 "상대를 약화시킬 수 있는가" 보다 오히려 "나만 독보적으로 성장할 수 있는가" 하는 점이다. 여타 국가들의 세력 균형을 유지하기 위해 개입하면서 실익을 얻지 못하면 오히려 적을 키운다. 나폴레옹 3세가 잔꾀를 써서 비스마르크의 프로이센과 오스트리아의 싸움을 두고 질질 끌다가 시기를 놓쳐 동맹국 오스트리아를 패하게 하고, 결국은 프로이센에게 호되게 보복당한 것이 그 예다. 나폴레옹 3세와 손빈의 전략은 성격이 대략 비슷하다. 다만 손빈이 출격하는 시기를 포착하는 데 좀 더 뛰어났다.

이렇게 균형유지와 독보적 성장을 동시에 이루기 위해서는 자신과 상대방의 힘을 정확히 가늠하는 것이 중요하다. 위 혜왕이 한단을 공략할 때 제나라의 개입을 예상하지 못했을 리가 없다. 그러나 그가 공략에 성공하고도 다시 돌려준 것은 시간을 너무 끌었기 때문이다. 시간을 너무 끈 것은 나와 상대의 전력을 제대로 예측하지 못했기 때문이다. 비스마르크는 내부적으로는 철혈재상이자 독재자에 가까웠지만 독일 밖에서는 반反팽창주의자 행세를 했다. 평화주의자여서가 아니라 독일의 힘을 잘 알았기 때문이다. 비스마르크의 후계자임을 자부하던 히틀러는 그런 의미에서 전략가라 할 수 없다. 독일의 힘을 과대

평가하고 전선을 무한정 확대했기 때문이다.

그러나 지피지기知彼知己란 말처럼 쉬운 것이 아니다. 상대는 고정된 사물이 아니라 우리와 마찬가지로 전략적인 목표를 추구하는 유기체다. 그 유기체들의 행동을 어떻게 다 예측할 수 있단 말인가? 그래서 어떤 전략가들은 여타 국가들의 힘을 균형 유지에 개입하지 말라고 충고한다. 바로 맹자가 그런 사람이다. 맹자가 위 혜왕에게 "왜 하필 이익을 말하십니까?"라고 반문한 것을 다시 풀어보면 "당신은 이익을 추구해도 얻을 능력이 없으니 차라리 포기하는 것이 이익이다"라고 해석할 수 있다.

전략가로서 오기를 높이 평가할 수 있는 것은 상대가 처한 전략적인 단계를 간파하고, 더 나아가 각각의 전략적인 단계에 따라 대응책을 내놓았다는 점이다. 〈도국〉에서 싸움이 일어나는 다섯 가지 배경, 군대의 다섯 가지 성격, 이에 대응하는 다섯 가지 방책이 그것이다. 특히 오기가 "의병義兵은 예로써 굴복시키고, 역병逆兵은 반드시 권모술수[權]로 굴복시킨다"고 주장한 것을 주목해보자.

상대가 의병이라면 전략적으로 상대의 밑으로 들어가야 한다. 그러나 상대가 역병이라면 몰아쳐서 끝장을 보면 되는 것이다. 오기는 판국을 주도하기 위해서 "진秦의 정치가 틀렸다. 우리가 의병이다"라고 주장하며 세력을 키웠다. 반면 위 혜왕은 지쳐버린 인민들을 끌고 계속 역병을 동원했다. 그 상황에서 손빈과 상앙은 아무런 거리낌 없이 권모술수로 상대할 수 있었던 것이다. 역병은 고립무원의 군대로 동맹이 없다.

마지막으로 변수 관리의 시각에서 지리의 중요성을 간단히 살펴보자. 필자는 진秦의 마지막 도읍지 함양에서 첫 도읍인 옹雍까지 지형을 살피며 답사해보았다. 서하를 제압하면 실로 관중에는 후방이 없다. 위수를 따라 길게 펼쳐진 관중 평원의 좌우는 높은 산이 막아서고 동쪽의 입구는 효산과 화산이 틀어막고 가느다란 오솔길만 허락한다. 비록 의거·면제 등의 민족들이 위협이 되기는 했지만 산동의 6국에 비하면 우직했다. 산동의 6국은 진의 일거수일투족을 감시하다가 움직임만 감지되면 자기들도 대책을 세웠다. 게다가 6국의 혼란을 틈타 이들 이민족들을 차례로 제압한 후에는 오직 동쪽에만 집중할 수 있었다. 최후의 승리를 위해 온갖 수단을 동원해 싸우던 전국시대에 관리할 후방이 없다는 것은 다른 국가들의 절반의 변수만 관리해도 된다는 것을 의미했다. 헌공은 동쪽으로 치우친 역양으로 가서 서하를 공략하고, 드디어 상앙은 관중 평원에서 좌우폭이 가장 넓은 함양으로 도읍을 옮기면서 진의 야망은 부풀어 올랐다.

2. 개혁과 지속

오기도 개혁가이고 상앙도 개혁가다. 단기적으로 오기의 개혁은 실패했고, 상앙의 개혁은 성공했다. 두 사람의 목표는 모두 강병을 통한 강국 달성이었다. 그러나 오기는 귀족들을 주요 목표로 삼아 개혁을 실행해서 그들에게서 개혁에 필요한 재원을 얻으려 했으나, 상앙은 귀족

현존하는 함양성 유적. 위수를 따라 길게 펼쳐진 관중 평원의 좌우는 높은 산이 막아서고 동쪽의 입구는 효산과 화산이 틀어막고 있었다. 관중 평원에서 좌우폭이 가장 넓은 함양으로 도읍을 옮기면서 진의 야망은 불타올랐다.

과 농민들을 동시에 압박했고 개혁에 필요한 재원을 얻어냈다. 군주와 농민 사이에 있는 계급에 대한 두 사람의 생각은 거의 같았다. 이 계급을 치면 강병을 위한 재원을 얻을 수 있다. 그러나 농민들에 대한 태도는 달라서 오기·이회·서문표 등 위 문후 휘하의 개혁가들은 여전히 유가적인 시혜주의적 시각을 견지했고, 상앙은 시혜주의를 완전히 버리고 농민들에게도 실적을 강요했다. 물론 '농전'을 비롯한 상앙의 사상들은 기본적으로 오기가 제시한 것이지만 상앙의 개혁은 훨씬 철저했다.

상식적으로 상부의 개혁에 집중한 오기보다 양방향으로 동시에 개혁을 추진한 상앙이 실패할 가능성이 더 크지 않을까? 상앙은 분명 귀족들뿐 아니라 하층민들에게도 비난을 받았다. 그런데 왜 상앙의 개혁이 더 성공적이었을까? 그것은 상앙이 오기가 주장한 "의로운 싸움"을 넘어 "전쟁으로 전쟁을 제거한다[以戰去戰]"는 구체적인 의제를 선점했기 때문이다. 전쟁으로 전쟁을 제거한다는 주장의 이면에는 중요한 함의가 들어 있다. 거기에는 전쟁이 완전히 끝날 때까지 전쟁을 지속하겠다는 의지, 그리고 전쟁을 통해 전쟁을 지속할 동력을 확보할 수 있다는 계산이 깔려 있다. 반면 오기가 말하는 '의로운 군대義兵'는 명예와 관련이 있다. 그래서 전쟁의 이유로 쟁명爭名을 내세웠던 것이다. 그러나 상앙이 말하는 '의로운 군대'는 도덕적인 명분을 내세우는 것이 아니라 어떤 수단을 쓰든 장차 전쟁을 완전히 끝낼 군대다. '전쟁으로 전쟁을 끝내는 군대가 의로운 군대'라는 생각은 진나라의 통일 사상을 반영하는 《여씨춘추》에 분명히 드러나 있다. 이 책은 '상앙은 의리가 없는 놈이지만, 상앙이 추구한 이전거전의 군대는 의로운 군대'라고 주장한다. 이렇게 상앙의 주장은 구체적인 만큼 인민들이 이해하기 쉬웠다.

그렇다면 어떻게 전쟁을 지속할 수 있는가? 오기는 전쟁의 목표를 현실주의적으로 '토지쟁탈'로 수정했고, 상앙은 이를 철저하게 극단적으로 추구해 자국민의 복리에 연결시켰다. 승리한다면 계속 백성들에게 작위를 줄 수 있고, 장수들에게는 포상할 수 있다. 진은 전쟁배상금을 챙기는 데 명수였다. 온 천하가 내부화될 때(즉 통일이 될 때)까지 진의 장수와 백성들에게 줄 작위와 토지는 있다. 그것들은 어디서 오는가?

모두 외국에서 온다. 그러자면 끊임없이 싸워야 한다. 이것이 바로 한계까지 팽창한다는 제국의 논리이며, 진나라에서 광범위한 동의를 얻어 비탈길을 굴러가던 수레바퀴처럼 스스로 동력을 얻어 시행되던 방책이다.

사실 개인들의 자유를 역사 발전의 척도로 본다면, 법가들의 국가주의적 개혁은 분명 반동적이다. 오히려 개인의 절대적인 자유를 주장한 가장 진보적인 사상가는 장자다. 법가는 유가를 고루하다 했지만, 낮은 세금·최소한의 동원·최소한의 전쟁을 주장하는 유가가 개인의 자유라는 관점에서 보면 법가보다 훨씬 진보적이다. 반면 국가에 의한 풍속의 통제·국가의 요구에 맞춘 징발과 강제 동원·빈번한 전쟁 등 법가의 의제들은 분명 퇴보적이다. 심지어 유가의 봉건주의(분봉주의)조차 오늘날 미국을 비롯한 거대 국가들이 시행하는 연방주의와 흡사하다. 봉건주의는 분명 지방자치의 요소를 가지고 있다. 그 땅의 풍속을 그대로 두고 다스린다는 주장은 전국에 획일적인 기준의 군현을 설치하는 주장에 비해 반중심적·지방자치적 성격을 띤다.

그러나 상앙 스스로 주장했듯이 법과 예는 시절에 따라 변한다. 전국시대의 상황에는 상앙의 주장과 변법이 대단히 실효성이 있었다. 마치 비스마르크가 프로이센이 주도하는 전 독일의 통일을 주장했듯이 상앙은 '진에 의한 내부화'를 주장했고, 이것은 여타 복잡한 설명들보다 훨씬 현실적인 설득력이 있었다. 진의 인민들을 '피에 굶주린 이리'처럼 만들어 전장을 휘젓게 했고, 순자가 말한 것처럼 이익을 찾는 '장사꾼'처럼 만들어 스스로 전장을 찾아다니게 만들었기 때문이다. 오기나 이회에게서 배웠지만 선배들의 주장에서 도덕적인 색을 모두 지운 상앙의 단순하고 뚜렷한 주장이 역시 오직 동진東進이라는 단순하고 뚜렷한 목표를 지닌 군주 진 효공을 만나 빛을 발했던 것이다.

그러나 각고의 노력으로 모든 외부를 내부화한 후, 즉 천하를 통일한 후에는 어떻게 할 것인가? 상앙의 법에는 그 답이 들어 있지 않았다. 이것이 상앙 변법의 강점이자 한계다. 승리를 챙기는 데는 도움이 되었지만 승리 후 의사결정에는 아무런 도움이 되지 않았다. 그것은 앞에서 말한 대로 법가의 개혁이 개인의 자유라는 진보의 기준에서 분명 반동反動적인 성격을 가지고 있었기 때문이다. 모든 상품에 유통기간이 있듯이 개혁에도 유효기간이 있다. 오래된 제도들도 모두 한때는 개혁으로 생긴 것들이다. 이미 돈을 번 권투선수에게 헝그리 정신을 주입한들 귀에 들어갈 리가 없다. 이렇듯 동기를 상실하면 몰락하고, 가상의 동기는 오래 유지되지 않는다.

역사는 실로 멈춤을 싫어하는 것 같다. 새 체제는 확립되는 순간 바로 구체제로 전환된다. 앞으로 우리는 이 문제점까지 파헤칠 것이지만, 여기에서는 변법의 효용에서 논의를 마무리한다.

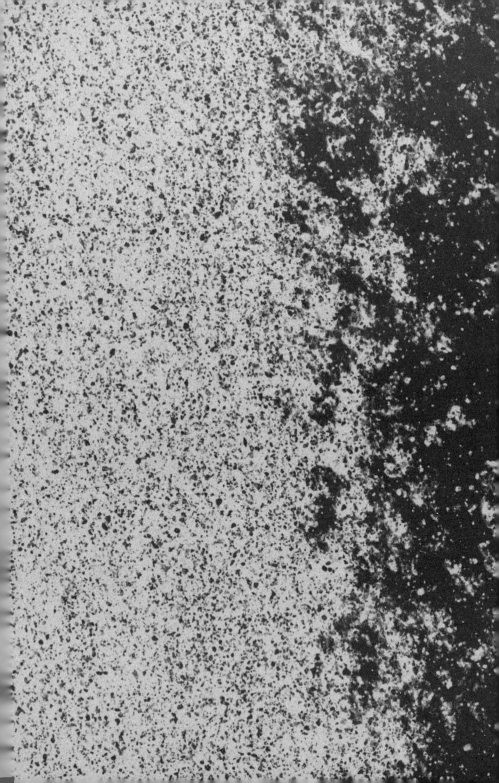

전국시대론

．．．

이번에는 두 편의 저명한 역사 논설을 통해 전국시대를 깊이 알아갈 준비를 해보자. 진晉의 분열이 전국시대의 지표라는 것은 말할 나위가 없다. 그로 인해 7국의 쟁탈전이 본격화하기 때문이다. 그러나 고대의 역사책들이 반복해서 말하는 주周 왕실의 쇠퇴와 전국시대의 도래는 어떤 연관이 있을까? 역사는 현실과 명분(이데올로기)의 이중주다. 어느 것 하나 무시될 수 없으며 양자는 서로 영향을 주고받는다. 표상과 실제의 차이 때문에 더욱 파악하기 힘든 전국시대를 읽을 때, 명분론과 현실론을 모두 파악함으로써 그나마 균형을 찾을 수 있을 것이다. 이 장은 비교적 복잡한 정치사상과 경제 문제를 다루고 있다. 원래는 이 장을 먼저 읽어야 하겠지만 다른 장을 먼저 다 읽은 후에 읽는 것이 이해하는 데 도움이 될 것 같아 마지막에 배치했다. 이 장에서 우리는 전국시대 초기의 구체적인 개혁은 물론 위 문후 휘하의 인물들의 실력도 가늠할 수 있다.

1. 사마광의 명분론

세계 최장의 개인 편찬 역사서인《자치통감》은 이 구절로 시작한다.

위열왕威烈王 23년(기원전 403)

(천자)가 처음으로 명하여 진 대부 위사(위 문후), 조적(조 열후烈侯), 한 건(한 경후景侯)을 제후로 삼았다[初命晉大夫魏斯·趙籍·韓虔爲諸侯].

기원전 403년이면 한·위·조씨가 지씨를 넘어뜨리고 진晉을 세 조각으로 나눈 지 무려 50년이 지난 때의 일이다. 당시 세 나라는 독립적인 군주를 두고 있었음에도 여전히 진의 공실을 살려둔 이유는 하극상의 오명을 혼자 뒤집어쓰기 싫었기 때문이었다.

그는 기원전 403년을 전국시대의 출발점으로 삼아 심대한 의미를 부여하고 중국 역사상 가장 영향력이 큰 불후의 역사 평설을 시작한다. 지금도 전국시대의 출발점으로 기원점 403년을 채택하는 모든 사람들은 이 평설에 근거를 둔다. 그런데 왜 사마광司馬光은 기원전 403년을 거의 300권에 달하는 방대한 역사책의 출발점으로 삼았을까? 사마광이 전국시대 개시의 기준으로 삼는 것은 바로 명분이다.

이제《자치통감》전국시대 부분의 서문을 통해 사마광의 전국시대론을 음미해보자. 이 글은 송나라 신종 황제에게 올리는 형식으로 되어 있다. 일부 구체적인 사례 부분을 제외하면 전체를 다 읽어도 군더더기가 없는 문장이다.

신 광(사마광) 아뢰옵니다.

신이 듣기로, 천자가 할 직무로 예보다 큰 것이 없으며, 예에는 직분〔分〕을 지키는 것보다 큰 것이 없으며, 직분을 지키는 것 중에 이름〔名〕보다 더 중요한 것은 없다고 하였습니다.

무엇을 예라고 합니까? 바로 기강입니다. 무엇을 직분이라 합니까? 군주와 신하를 말합니다. 무엇이 이름입니까? 공公, 후侯, 경卿, 대부大夫가 바로 이름입니다. 무릇 광대한 사해 땅과 억조의 인민들이 모두 한 사람(천자)의 통제를 받고 있으면서, 그들 중 누가 비록 절륜의 힘과 세간을 뛰어넘는 재주를 가지고 있다 하더라도 열심히 일하며 한 사람에게 복종하는 것, 그것은 바로 예로써 기강을 삼은 까닭이 아니겠습니까? 그러하니 천자는 삼공三公을 통솔하며, 삼공은 제후를

거느리고, 제후는 경대부를 통제하고, 경대부는 사와 서인을 다스렸
던 것입니다.

이어서 다스리는 수단은 예이며, 예의 기반은 직분과 이름임을 밝히
고 있다.

주 문왕께서 《역易》의 차례를 만들면서, 건곤乾坤을 첫머리에 두었습
니다. 공자께서 계사繫辭를 붙여 설명하시기를, "하늘은 높고 땅은 낮
으니 건곤의 순서가 정해진 것이다. 높고 낮은 것의 순서를 정하니 귀
한 것과 천한 것이 자리를 잡았다"고 하셨습니다.

이는 군주와 신하의 자리는 하늘과 땅처럼 바꿀 수 없다는 것을 말함
입니다. 《춘추》는 제후를 누르고 주 왕실을 높였으며, 왕의 인물됨이
별 볼 일 없어도 그를 제후의 위에 두어, 성인(공자)께서 군신 관계에
삼가고 또 삼갔음을 보였습니다.

걸주桀紂(하나라 마지막 왕 걸과 상나라 마지막 왕 주로, 두 사람 모두 포학해서 악
명이 높았다)의 포학함과 탕무湯武(상나라 건국자 탕과 상을 무너뜨린 주나라
문왕으로, 모두 성군으로 추앙받는다)의 인자함이 겹치고, 백성이 모두 귀
부하고 하늘이 (역성易姓혁명의) 명을 내리는 일이 아니라면, 군주와 신
하의 구분이란 (신하가 군주를 위해) 응당 절개를 지키고 엎드려 죽음을
기다리는 관계일 따름입니다.

사마광의 주장에 의하면 역성혁명이란 극도로 포학한 이가 정치를

망치자 극도로 성스러운 이가 나타나고, 동시에 백성들이 모두 새로운 사람을 받들고 하늘이 새로운 이에게 새 사명을 부과할 때, 즉 이 네 가지 조건이 동시에 성립할 때 일어날 수 있는 것이다. 다시 말해 지금의 군주가 아무리 포학해도 하늘의 명을 받은 사람이 아니라면 그 군주를 칠 수 없다. 그러므로 평소에 군주의 잘잘못에 관계없이 군주와 신하의 관계는 완전한 주종主從관계라는 것이다. 그는 이어서 설명한다.

그러니 미자(송미자宋微子는 상나라의 왕족으로 주 무왕이 상을 멸망시킨 후 그를 송나라에 봉했으며, 어진 사람이었다)가 주紂를 대신했다면 탕 임금은 하늘에게 여전히 배례를 받았을 것이고, 계찰季札(오吳의 왕자로 인품이 출중했으나 장유의 순서를 거르지 않고자 왕위를 받지 않은 것으로 유명하다)이 오나라의 군주가 되었더라면 태백(오나라의 시조)은 혈식(제사)을 계속 받았을 것입니다. 그럼에도 미자와 계찰 두 사람이 나라가 망할지언정 군주의 자리를 받지 않은 것은 진실로 예야말로 큰 절도이니 어지럽힐 수 없다고 생각했기 때문입니다. 그러니 예에는 직분을 지키는 것보다 큰 것이 없다고 하는 것입니다.

예란 귀천을 판별하고 친소의 차례를 정하며, 만물을 재단하며, 만사를 통제하는 것이니, 이름(작위, 명분)이 아니면 드러나지 않고 그릇(직위, 직분)이 아니면 형상이 정해지지 않습니다. 이름으로써 명령을 내리고 그릇으로써 구별한 연후에 상하가 찬란한 윤리를 갖추니 이것이 바로 예의 커다란 요체입니다.

이름과 그릇이 이미 없어졌는데 어찌 예가 홀로 존재할 수 있겠습니까? 옛날 중숙우해仲叔于奚가 위衛나라에 공을 세웠을 때, 그는 군주가 내려주는 읍邑은 사양하고 번영繁纓(제후의 말을 장식하는 치장)을 달라고 했습니다만, 공자께서는 읍을 더 주는 것이 오히려 낫다고 생각하셨습니다. 그릇과 이름만은 남에게 빌려줄 수 없는 것으로서 오직 군주가 다룰 것이니, 정치가 망하면 국가는 따라 망하는 것입니다.

사마광은 말한다. 통치의 기반이 예이며 예의 기반이 명분이라면, 명분에 어긋나는 행동은 절대로 용납할 수 없다는 것이다. 그것은 통치 자체를 무력화하는 것이기 때문이다. 계찰이나 미자는 인품과 능력이 모두 최상이었지만, 단지 적장자가 아니라는 이유로 왕위를 마다했다. 중숙우해가 비록 공을 세웠지만 공자는 번영이 제후들의 장식물이기 때문에 절대로 줄 수 없다고 했다. 직분에 맞지 않는 행동을 용인하면 정치는 어그러지기 때문이다. 이제 이름이라는 것을 구체적으로 살필 차례다.

위나라 군주가 공자를 기다려 정치를 맡기자 공자께서는 먼저 이름을 바로잡고자[正名] 하셨으니, 이름이 바르지 않으면 백성들이 손발을 둘 데가 없다고 여겼기 때문입니다. 대저 번영 따위는 자그마한 물건이고, 이름을 바로잡는 것은 사소한 일임에도 공자께서는 무엇보다 이를 우선하셨습니다. 그 까닭은 진실로 이름과 그릇이 어지러워지면 상하가 서로 함께할 수단이 없어진다고 여겼기 때문입니다.

무릇 일이란 모두 미미한 것에서 시작하여 커져 드러나는 것입니다.

성인께서는 먼 일을 염려하시기에 (사전에) 미미한 것을 삼가 다스릴 수 있지만, 보통 사람들의 식견이란 짧아서 일이 커져서 드러난 후에 구제하려고 합니다. 일이 작을 때 다스리면 작은 힘을 쓰고도 공은 크지만, 이미 드러난 후에 구제하려고 하면 온 힘을 다해도 미치지 못합니다. 《역》에 "서리가 밟히면, 굳센 얼음이 곧 온다〔履霜堅氷至〕"고 하고, 《서書(서경)》에는 "하루 이틀에 1만 가지 실마리가 생긴다"고 했는데, 바로 이런 일을 말함입니다. 그러니 직분을 지키는 것은 이름을 지키는 것보다 큰 것이 없다고 말합니다.

여기까지는 흔히 듣는 도덕 교과서 같은 이야기들이다. 그러나 다음 내용은 대단히 독창적이다. 그는 직분과 이름을 지키는 것이 오직 힘에 기반한 것이 아니라고 주장한다. 천자의 강단과 의지가 있으면 여전히 명분에 기초한 사회를 유지할 수 있다, 이것이 바로 미약한 주나라가 종주의 지위를 잃지 않은 까닭이었다고 한다.

아, 슬픕니다! 유왕과 여왕(서주西周의 무능하고 포학한 왕들)이 덕을 잃자, 주나라의 도가 날로 쇠하고 기강이 헤어지고 흩어져 아래는 위를 능욕하고, 위는 참람히 제멋대로 행동하게 되었으며, 제후가 마음대로 정벌에 나서고 대부가 정치를 주물렀습니다. 이리하여 예의 큰 몸통은 열에 일고여덟이 무너지고 말았습니다. 그럼에도 문왕과 무왕께 드리는 제사가 면면히 이어져온 것은 대개 주 왕실의 자손들이 여전히 명분을 고수할 수 있었기 때문이었습니다.

어째서 그렇다고 할 수 있습니까? 옛날 진문공이 왕실에 큰 공을 세워 양왕에게 수장隧葬(묘도를 파고 들어가서 묘실을 만드는 방식으로 천자의 무덤만 그렇게 할 수 있다)을 할 수 있도록 청하니, 왕께서 허락하지 않으며 말씀하셨습니다. "그것은 왕의 법도입니다. 덕을 대신하지도 않고(역성혁명도 없이) 두 명의 왕이 있는 것은 숙부께서도 싫어하시는 일입니다. 그렇지 않다면, 숙부께 땅이 있으니 수장을 하면 되지, 또 무엇 하러 내게 청하십니까?" 문공이 이 말을 듣고 부끄러워 감히 어기지 못했습니다.

그러니 당시 주나라 땅은 조曹, 등滕보다 작았고, 그 인민은 주邾나 거莒보다 적었지만 수백 년이 지나도록 천하의 종주 역할을 하고, 진晉·초·제·진秦의 강함으로도 함부로 하지 못했던 것은 무슨 까닭입니까? 바로 여전히 명분을 붙들고 있었기 때문입니다.

사마광은 이어서 명분을 유지하는 방법을 말한다. 그에 의하면 명분이란 한번 잃으면 되찾을 수 없으니 명분을 지키는 것이 바로 실질을 지키는 것이다. 천자가 힘이 없다면 명분을 따르는 사람들의 힘을 빌릴 수도 있다고 한다.

지금 진의 대부들이 월권행위를 할 때 그들에게 정당성을 준 이는 바로 천자이며, 이리하여 상하의 질서는 깨어지고 마구잡이로 전쟁을 일으키는 시절이 왔다는 것이다. 사마광은 천자가 자신의 통치를 이어갈 생각이었다면 응당 이들의 요구를 거부했어야 한다고 주장한다.

지금 진晉의 대부들이 자기 군주를 함부로 멸시하고 나라를 나누어 가지자, 천자는 이를 토벌하지는 못할망정 그들을 총애하여 작위를 주어 제후의 반열에 오르게 했으니 이는 구구한 명분을 다시 지키지 못하고 버린 것이요, 선왕의 예는 이로 인해 모두 끝났습니다.

혹자는 "그때는 주 왕실은 미약하고 삼진三晉은 강성하니, 비록 허락하고 싶지 않아도 어찌할 도리가 있었겠는가" 합니다. 정말로 그렇지 않사옵니다. 대저 삼진이 비록 강하더라도 진실로 천하가 자신들을 주벌하는 것을 염두에 두지 않고 의를 범하고 예를 침해하려 했다면 천자에게 청하지 않고 자립했을 것입니다.

천자에게 청하지 않고 자립한 이는 패역한 신하이니, 천하에 진실로 환공이나 문공과 같은 군주가 있어 반드시 예의를 받들어 그들을 정벌했을 것입니다. 그러나 그들이 지금 천자에게 청하자 천자가 허락하였습니다. 이는 천자의 명을 받아 제후가 된 것이니 누가 그들을 토벌할 수 있겠습니까? 그러니 삼진이 제후의 반열에 든 것은 삼진이 예를 무너뜨린 것이 아니라 천자 자신이 무너뜨린 것입니다.

아, 슬픕니다. 군신의 예가 이미 깨어지니, 천하는 지력智力으로 웅장雄長(강자)을 가리니, 드디어 성현의 자제로서 제후가 된 이들은 사직이 무너져 끊어지지 않은 이가 없었으며(탕의 후예인 송, 주공의 후예인 노 등의 나라가 전국시대에 멸망한 것을 말한다), 산 백성들은 죽어 문드러져 거의 멸망할 지경까지 이르렀으니 어찌 슬프지 않겠습니까?

사마광은 천자가 직분과 명분을 포기하자 전국시대가 도래하여 백

성들이 거의 다 죽을 지경까지 갔다고 주장한다.

　그렇다면 여기서 우리는 당연히 질문을 던질 수 있다. 과연 직분과 명분을 포기했기 때문에 전쟁의 불길이 타올랐을까? 아니면 혹자의 주장처럼 전쟁의 열기 때문에 직분과 명분이 불타 없어진 것일까?

　필자가 보기에 사마광의 주장은 반은 타당하고 반은 부당하다. 실질 (하부구조)이 명분(상부구조)을 견인하지만 명분 역시 실질을 제어한다는 주장은 타당하다. 현실을 봐도 어떤 변화가 시작되어 결국 명실상부한 상황이 오기까지는 상당한 시간이 필요하다. 주 왕실은 여전히 제후들 사이에서 이해관계의 중재자로 인정받고 있었다. 그렇다면 정치적으로 제후들 사이의 관계를 이용할 여지도 충분했다. 이것이 필자가 언급한 대로 그동안 '여우처럼' 생존할 수 있었던 이유였다.

　그러나 역사에는 되돌릴 수 없는 과정, 혹은 바꿀 수 없는 법칙과 같은 속성들이 몇 가지 있다. 우선 명분과 실질이 시차를 가지고 엎치락 뒤치락하지만 영원히 멀어질 수 없다는 점은 명백하다. 예를 들어 태양력에 따라 생산 활동을 제어하는 오늘날, 태음력을 따르는 세시풍속들이 쇠퇴하듯이, 자본주의적 생산방식을 따르는 지금은 사농공상의 신분구분을 따를 수 없다.

　따라서 사마광의 명분론은 새 명분론으로 대체될 수밖에 없었다. 긴 항쟁을 거쳐 전국시대 중반부터 확연하게 드러난 명분은 통일론統一論이었다. 통일로써 전쟁을 종식시키겠다는 명분은 이 책의 주인공인 오기에 의해 전국초기에 이미 제시되었지만, 이를 구체적으로 발전시킨 나라는 진秦이었다. 공자나 묵자의 저술에서는 보이지 않던 통일 이념

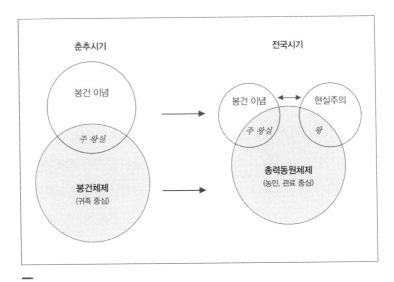

춘추시기   전국시기

봉건 이념

주 왕실

봉건체제
(귀족 중심)

봉건 이념   ↔   현실주의

주 왕실   왕

총력동원체제
(농민, 관료 중심)

춘추-전국 전환기 명분과 실질의 관계 변화. 춘추시대에는 주 왕실을 정점으로 한 봉건제가 명목상 유지되고 있었다. 그러나 전국시대에 이르면 부국강병을 추구하는 현실주의 이론이 하부 구조의 변화에 호응하지만, 봉건 이념은 여전히 살아남아 국가 정책에 영향을 미쳤다.

이 맹자에서 '일통一統'이라는 모호한 개념으로 제시되더니,《여씨춘추》에 이르면 '정의正義의 군대에 의한 통일'로 구체화된다. 실제로 정의로운지 않은지는 결과가 알려줄 것이라고 믿었고, 다수의 민중도 통일을 받아들일 준비가 되어 있었다.

주의 종법적 봉건제를 깨는 제도적인 이데올로기는 바로 관료제에 의한 직접지배, 즉 군현제郡縣制였다. 군현제는 봉건제가 가지고 있는 반란의 위험성을 미연에 방지한다는 의도로 만들어졌다. 앞으로 이 주제들은 진의 통일 과정에서 자세히 다루기로 하고 왜 기존의 명분론이 힘을 잃었는지 검토해보자.

먼저 전국시대를 초래하는 기원전 5세기 당시 중요한 국제관계의 변화는 진晉-초 양강체제의 와해였다. 사마광이 주장하는 종주국 주나라와 다른 제후국들의 관계가 아니라, 제후국들 사이의 관계 변화가 핵심 문제였다. 주의 이념으로는 제후국들 사이의 관계를 제어할 수가 없었다. 그들 사이는 대등했으므로 힘으로 승부를 가린다고 주 왕실이 개입할 수도 없었다.

양강체제의 붕괴는 각개약진으로 이어졌지만, 사실상 춘추시대부터 이미 각개약진을 하던 국가가 있었다. 바로 서방의 진秦이다. 진은 애초에 춘추의 질서인 회맹 밖에 있는 '진융秦戎(진 오랑캐)'이었다. '진융'은 춘추의 질서를 받아들일 마음이 없었지만 진晉이 동쪽으로 나가는 입구를 틀어막고 있는 한 독자적으로 행동할 방법이 없었다. 그래서 그들은 대체로 초와 연합했지만, 초가 동쪽으로 가는 길을 장악하고 있는 것은 아니었으므로 실질적으로 초에서 얻을 것은 적었다. 그런데 삼진이 스스로 분열하여 '진융'이 동쪽으로 나가는 데 걸림돌을 치워주었다.

다극체제에서는 구질서를 받아들이지 않는 이가 하나만 등장하면 바로 '바닥으로의 경쟁race to the bottom'이 시작될 수밖에 없다. 이때는 협상의 정치, 즉 회맹의 질서가 성립할 수가 없다. 진晉-초 양강의 보증에 의해 질서가 유지될 때는 양대 진영의 협약이 가능했기에 실제로 국제적인 휴전협정(미병弭兵)도 여러 번 이끌어냈다. 그러나 서로 대등하다고 여기는 나라들 사이에서 이런 협정은 불가능하다. 각개약진은 '적이 나를 선제공격할지 모른다' 혹은 '동맹이 나를 배신할지도 모른다'

는 안보 불안감을 가중시켰고, 안보불안감은 국가의 힘을 왕실 한 곳으로 모으자는 새 이념을 만들어냈다. 일종의 전시戰時 통치체제인 셈이다.

전국시대에 이르면 백성들에 대한 국가의 장악력은 나날이 커졌다. 국가는 백성들에게 토지를 직접 수여하고 세금을 받았다. 전쟁과 동원의 규모가 나날이 커지고, 명분으로는 해결할 수 없는 문제들이 생겨났다. 농민들이 전쟁에 동원되면서 지배자는 패배의 최종 책임을 져야 했다. 농민들이 주 왕실이 내세우는 명분 따위에 어떻게 관심이 있을 수 있겠는가? 그들은 《시》니 《서》니 하는 것을 대충 외우던 사士와는 근본적으로 달랐다. 또한 전쟁의 규모가 커질수록 사상자들의 규모도 커졌고, 내가 죽을지도 모른다는 죽음의 공포 때문에 다시 국가에 힘을 보태는 현상이 나타났다.

이제 강국들은 장소를 가리지 않고 싸운다. 춘추 말기 오나라가 보여준 점령전과 보병전, 월나라가 채택한 인구 증가 정책, 3년이나 조씨 가문의 영지를 포위하여 기어이 멸망시키겠다는 지백요의 장기전 전술 등은 모두 기존의 명분론으로는 설명이 불가능한 것이다.

세상은 어떻게 변하고, 또 국가의 힘이 얼마나 커지고 있었을까? 이제는 현실론에 입각한 위대한 역사 논술 하나를 더 살펴볼 차례다.

2. 이회의 현실론

이제 고대의 경제 정책 입문서인 《한서漢書》〈식화지〉로 가본다. 춘추 말기와 전국초기에 대한 경제적인 분석은 이렇게 시작된다.

> 주 왕실이 이미 폭군과 오리汚吏들이 (정전의) 경계經界*를 우습게 알고, 백성들을 마음대로 요역에 동원하고, 정령政令은 믿을 수 없게 되었으니, 상하가 서로 속이고, 공전은 다스려지지(경작되지) 않게 되었다. 그래서 노나라 선공이 처음으로 무畝에 세금을 걷자(初稅畝: 토지의 면적에 따라 세금을 걷자)** 《춘추》는 이를 책망했다. 이리하여 위는 탐욕스럽고 아래는 이를 원망하니 재해가 생기고 화란이 일어났다.

반고班固는 춘추시대 중후반기에 이미 주나라의 토지 이념인 정전제는 거의 붕괴했음을 지적한다. 실력은 대단하지 않았지만 그런대로 주나라의 제도를 간직하고 있다고 자부하는 노나라가 정전을 방기하

• 《맹자》〈등문공〉 편에 따르면 경계는 정전의 경계다. "대저 인의의 정치는 반드시 경계에서 시작한다. 경계가 바르지 않으면 정전의 땅이 균등하게 나뉘지 않고, 곡록俸祿이 고르지 않게 된다[經界不正, 井地不均, 穀祿不平]"고 되어 있다.

•• 《좌전》의 원문은 초세무初稅畝(기원전 594년의 일)로 되어 있다. 무畝는 면적의 단위이므로 직역하면 토지의 면적에 따라 세금을 매겼다는 것이다. 그런데 누구의 땅에 세금을 매겼다는 것일까? 정전제하에서는 공전의 수확을 거두면 된다. 그러므로 이 말은 농민들이 경작하는 땅에 직접 세금을 물렸다는 말이다. 또한 《좌전》의 문맥으로 보아 토지 면적에 따른 세금 부과는 전쟁에 대비하기 위한 것이었다. 백성들의 땅 면적에 따라 세금을 부과한 것은 공전의 수확으로는 비용을 감당하지 못했기 때문일 것이다. 공자는 이 행위가 전제를 어지럽히고 백성의 삶을 피폐하게 한다고 생각해 경문에 썼다(《춘추전국이야기 2》 2부 참조).

는 시점이라면, 여타 열국들의 상황은 훨씬 심했을 것이다. 기원전 403년이란 시점 이전에 사회의 하부구조 변화는 시작되었던 것이다. 이제 전국시대로 넘어간다.

> (주 왕실의 제도가) 더욱 쇠퇴하여 전국戰國에 이르자, 속임수와 힘을 귀하게 여기고 인의를 천하게 여기며, 부유함을 앞세우고 예의와 겸양은 뒤에 두었다. 이때 위魏나라의 이회가 위 문후를 위해 '땅의 힘을 다 뽑아내는 정책盡地力之敎'을 만들어내니, 사방 100리가 대개 9만 경頃(900만 무)이 되는데, 그중 산택과 읍거의 3분의 1을 제하면, 전지 600만 무가 남는다. 부지런히 땅을 갈면 한 무마다 세 되升를 더 생산하고, 부지런히 하지 않으면 또 세 되 덜 생산할 것이라고 생각했다. 따라서 사방 100리 땅을 최대로 경작했을 때와 대충 경작했을 때는 평균치보다 180만 석 많거나 적을 것이다.

땅의 힘을 다 뽑는다는 것은 두 가지로 해석할 수 있다. 우선 경지 면적을 늘린다는 이야기다. 사방 100리 토지의 3분의 2가 경작지라는 것은 산지와 계곡, 평지가 뒤섞여 있는 위나라의 상황을 고려하면 대단히 높은 비율이다. 개간할 수 있는 토지는 모두 개간해야 그런 수치가 나올 것이다. 이 내용은《상군서》에 "진秦은 토지가 많고 인민이 적

• 한 되는 미미한 양이니, 실제로는 말斗이 되어야 옳다(박기수 외 역주, 《사료로 읽는 중국사회경제사》, 청어람미디어, 2005, 317쪽, 안사고顏師古 주 참조).

으며, 위는 토지가 적고 인민이 많다"고 한 것과 상부한다. 두 번째로 단위면적당 생산력을 늘린다는 이야기다. 그것은 이미 제시되어 있다. 열심히 밭을 갈면 평균(1.5석)보다 20퍼센트(3말)더 생산하고, 게으름을 피우면 20퍼센트 덜 생산한다.

중요한 점은 국가가 농민에게 땅을 주고 그 생산량(혹은 면적)에 따라 세를 받았다는 점이다. 그뿐이 아니다. 국가는 곡식의 가격과 분배까지 통제한다. 이회의 말은 이어진다.

> 곡식을 사들이는 가격이 너무 높으면 도시민(民: 농사를 짓지 않는 성읍 사람들을 이른다)이 손해를 입고, 가격이 너무 낮으면 농민들이 손해를 입는다. 도시민이 손해를 입으면 흩어지고, 농민이 손해를 입으면 나라가 가난해진다. 그러니 곡가가 너무 비싸거나 너무 싼 것은 똑같이 손해다. 나라를 잘 다스리는 자는 도시민이 손해를 보지 않게 하는 동시에 농민들을 더욱 열심히 일하게 한다. 지금 장부 하나가 (자신을 포함하여) 다섯 식구를 먹이는데, 해마다 한 무당 1.5석의 소출이 나니 100무의 땅을 갈면 150석을 거둔다. 그중 10분의 1세를 제하면 135석이 남는다.

국가는 곡식의 가격을 고르게 하여 도시민과 농민이 동시에 생업에 집중하게 해야 한다고 한다. 그러자면 어떤 정책을 써야 하는가? 이하 내용은 조금 복잡한 수치로 되어 있으므로 요약해서 제시하겠다.

한 명이 한 달에 1.5석을 먹으니 1년에 18석을 소비하고, 다섯 식구이면 90석을 소비한다. 그러면 남는 것은 45석이다. 그중 옷값으로 50석, 제사 비용으로 10석이 드니, 15석이 부족하다. 그리고 나머지 예기치 않은 비용들과 관에게 과외로 걷는 것도 있으니 부족분은 더 클 것이다.

이것이 현재의 실정이니 항상 부족한 농민들은 농사를 짓지 않으려 하고, 곡식 값은 항상 비싸다. 그렇다면 어떻게 해야 하는가? 풍년일 때 곡식을 사들이고, 흉년일 때 방출해서 가격을 일정하게 해야 한다. 큰 풍년(上熟)일 때는 수확이 평시의 네 배이니(600석), 농민에게 남는 여유분은 400석이다. 국가는 이 중 4분의 3(300석)을 매입하여 비축한다.

중간 풍년(中熟)일 때는 수확이 평시의 세 배이니(450석), 농민에게 남는 것은 300석이다. 국가는 그중 3분의 2(200석)를 사들인다.

작은 풍년(下熟)일 때는 수확이 평시의 두 배이니(300석), 농민에게 남는 것은 200석이다. 국가는 그중 2분의 1(100석)을 사들인다.

왜 이렇게 하는가? 곡가를 일정하게 유지하고 기근에 대비하기 위해서다.

작은 기근(小飢)이 들면 수확량은 100석이니, 국가는 작은 풍년 때 사들인 곡식을 풀어 구제한다. 중간 기근(中飢)이 들면 수확량은 70석이니, 국가는 중간 풍년 때 사들인 곡식을 풀어 구제한다. 큰 기근이 들

먼 큰 풍년 때 사들인 곡식을 풀어 구제한다.

이것이 바로 이회의 평적법*이다. 이회는 이 정책의 의의를 이렇게 설명한다.

> 그리하면 비록 기근과 수해·한발을 만난다 하더라도 곡식을 사들이는 값이 높지 않아서 도시민이 흩어지지 않고, 남는 것을 취해서(풍년에 거둔 것으로) 부족한 것(흉년의 부족분)을 보충할 수 있다.

이 정책을 위나라에 시행했더니 나라가 실제로 부유하고 강해졌다고 한다.

우리는 위에서 제시한 이런 자질구레한 수치를 버려두고 숨어 있는 이야기들을 읽어야 한다. 우선 농민들의 부족분을 증산으로 해결하려한 것을 읽어야 한다. 이회는 증산을 통해 한 무당 세 말을 더 거둘 수 있다고 했다. 그렇다면 열심히 일한다면 증산한 30석으로 부족분 15석을 채울 수 있다. '진지력지교'의 취지에 의한다면 국가는 증산을 독려할 것이다. 《관자》나 《맹자》 등에 "풍년이면 짐승들이 곡식을 먹고, 흉년이면 굶어 죽는 사람들이 넘친다"는 표현들이 등장한다. 이것은 국

- 물론 평적법의 수치들을 살펴보면 그다지 정밀하지는 않다. 일단 생산비인 종자와 농기구 비용이 계산되지 않았고, 의류비가 너무 높게 측정되어 있다. 또한 작은 기근 때 필요한 곡식의 양과 작은 풍년 때 거둔 곡식의 양도 같지가 않다. 반고는 평적법의 의의를 대강 제시하려 했기 때문에 전체의 수치가 꼭 맞아떨어질 수 없었을 것이다.

가의 비축 정책이 실패했음을 지적하는 것이다.

곡물이란 특이한 것이라서 아무리 배가 고파도 한 사람이 정해진 양이상을 먹지 못하지만 겨우 몇 끼를 거르면 목숨을 잃을 수도 있다. 그래서 수요의 가격 탄력성이 매우 작은 상품이다. 풍년이면 곡식은 가축의 사료가 될 정도로 가치가 떨어지고, 흉년이면 돈으로 못 살 정도로 가치가 올라간다. 그리하여 풍년에는 농민들이 상하고 흉년에는 도시민들이 상한다. 그러니 국가는 지금 거대한 창고 역할을 맡으려 한다. 국가가 거대한 창고가 되면 도시민들의 목숨은 거의 국가에 달려 있게 된다. 알다시피 흉년에는 농민들도 입에 풀칠을 하지 못하므로 국가라는 창고에 의지할 수밖에 없다. 백성들의 먹을거리를 잡고 있는 이는 이제 국가다.

《사기》〈육국년표〉에 기원전 408년 "진秦이 처음으로 벼의 수확량에 세금을 매겼다[初租禾]"는 기사가 나온다. 사마천은 이 제도를 대단히 중요한 지표로 생각하여 연표에 넣은 것이다. 당시 제도의 흐름으로 보아 진은 위의 제도들을 참고했을 것이다. 국가는 이제 백성들이 만들어 내는 것을 더욱 심하게 통제한다. 왜 이런 추세가 지속되었는가? 나라가 부유하고(군량) 농민들(군사)을 장악해야 전쟁을 수행할 수 있기 때문이다.

이제 정리를 해보자. 이회가 보기에 국가는 국토의 3분의 2를 경작지로 확보해야 한다(물론 전 국토에 해당하지는 않을 것이다). 또한 국가는 농민들에게 평작의 20퍼센트 증산을 장려해야 한다. 그리고 국가는 거대한 창고가 되어 도시민과 농민들의 소득과 지출을 통제해야 한다.

이제 국가는 절대농지를 늘리고 토지의 생산성을 높이기 위해 어떤 노력을 하는가? 일단 풍흉의 관건인 물을 장악해야 한다. 다시 위 문후의 신하 서문표가 어떤 시책을 썼는지 살펴보자.《사기》〈골계열전滑稽列傳〉에 나오는 이야기다.

서문표는 백성들을 동원하여 수로 열두 갈래를 파서, 황하의 물을 끌어다가 백성들의 밭에서 대니, 밭마다 모두 물을 얻을 수 있었다〔引河水灌民田, 田皆漑〕. 관개사업을 시작할 때 백성들은 관개 효과는 적고, 일은 고되다고 생각해서 하고자 하지 않았다. 그때 서문표가 말했다. "백성이란, 일을 이룬 후에 함께 즐길 수는 있어도 함께 고민하여 새로운 일을 시작할 수는 없는 법이오. 지금 부로자제들은 나 때문에 걱정이고 괴롭다고 하겠지만, 100세 뒤의 부로자손들은 내 말을 생각하게 될 것이오."

이렇게 말하고는 사업을 강행했는데, 열두 갈래 수로 작업이 모두 성공해서 백성들이 풍족해졌다. 그 열두 수로는 치도馳道(황제가 다니는 길)를 가로지르고 있었다. 한漢나라가 들어선 후, 장리長吏들은 수로의 열두 다리가 치도를 끊고 있고, 이 다리들이 서로 너무 다닥다닥 붙어 있다고 생각해 그대로 두지 않기로 했다. 그래서 수로 세 개석 합쳐 치도를 통과하게 하고 그마다 다리를 놓으려고 했더니, 업의 백성과 부로들은 장리들의 말을 듣지 않으려 했다. "이 수로와 다리는 서문군西門君이 만든 것으로, 현군賢君의 법식을 바꿔서는 안 된다"고 여겼기 때문이다. 장리들을 결국 여론을 받아들여 다리들을 그대로 두었다. 그러니 서문표가 업의 수령이 되어 그 명성이 천하에 자자했고, 후세까지 이어져 끊어지지 않았으니, 어찌 그를 현명한 대부라 하지 않을 수 있으리오.

당시에는 관개지의 수확량을 보통 농지 수확량의 두 배로 보고, 농민에게 토지를 부여할 때 기준으로 삼았다. 이제 국가가 대규모로 인력을 동원하여 관개 시설을 만들자 토지 생산력은 두 배로 증가했다. 그렇다면 이 토지를 집적적으로 경작하기 위해서는 더 많은 농민이 투입되어야 한다. 물론 관개로 인해 황무지들이 개간되고 절대 경작면적도 늘었을 것이다. 전국시대는 저수지와 수로를 만드는 경쟁도 치열했다. 진秦과 같이 편벽한 곳에 있는 국가들은 심지어 외국의 전문가들을 끌어들이기도 했다.*

증산을 위해서 국가가 채택한 시책들은 여기서 그치지 않는다. 국가는 기존의 대규모 경지정리 사업을 통해서 수확량을 늘리려 했다. 몇 개의 사료를 통해 이 사실을 확인해본다. 《전국책》〈진책〉에서 진의 채택蔡澤의 유세 중 "상앙이 결렬천맥決裂阡陌했다"는 구절이 나온다.**《사

• 예를 들어 전국시대 말기 한韓나라의 정국鄭國이 진秦으로 와서 경수와 위수를 관중 평원에 대는 대규모 수리 사업에 착수했다. 정국의 원래 의도는 진이 이 수로사업에 집중하여 힘을 소진하도록 하는 것이었다고 한다. 그러나 진은 이 사실을 안 후에도 수로를 완성해서 관중평원의 황무지에 물을 대어 대규모 경작지를 얻었는데, 이 수로를 이름하여 정국거鄭國渠라 한다.

•• 이하 경지정리를 설명하는 부분에 이어지는 인용문들은 고민高敏, 〈從雲夢秦簡看秦的土地制度〉, 《雲夢秦簡初探》(하남인민출판사, 1981)에 정리된 것을 가려 뽑은 것이다.

기》〈진본기〉와 〈상군열전〉에는 "밭을 위해 천맥을 열다[爲田開阡陌]"라는 구절이 나온다. 이어서《한서》〈식화지〉에는 상앙의 정책을 설명하며 "정전을 폐하고 천맥을 열었다[壞井田開仟伯]"고 되어 있고, 동중서의 상주문에 "상앙이 정전을 폐지하니, 백성들은 이를 매매할 수 있어서, 부자들은 전지가 천맥을 잇고, 가난한 자들은 송곳 하나 세울 땅도 없게 되었다[除井田, 民得賣買, 富者田連阡陌, 貧者亡立錐之地]"고 나와 있다. 역대로 "천맥을 열다"라는 말이 무엇을 뜻하는지를 두고 의견이 분분했지만, 어쨌든 천맥은 토지 사이의 길이나 수로로서 토지의 경계인 것이 분명하다. 사천성 청천현靑川縣 진묘秦墓에서 발굴된 목독木牘에 "추팔월 봉강封疆의 울타리를 수리하고 경계를 바르게 하며, 천맥의 큰 풀을 뽑는다[以秋八月, 修封捋(埒), 正彊(疆)畔, 及發千(阡)百(陌)之大草]"는 구절이 나온다. 〈식화지〉와 이 기사로 보아 천은 1000, 맥은 100과 관련된 것임은 명백하다.

필자는 이렇게 추측한다. 정전제 아래에서 한 집은 사방 100보, 즉 100무의 토지를 경작한다. 그러자니 토지는 가로 세로 100보로 구획되었다. 천백은 가로 세로를 100보와 1000보로 구획한 것으로, 정전제하의 토지보다 열 배나 큰 덩어리다. 그러므로 동중서가 "부자들의 땅이 천맥을 이어 있다"고 한 것은 정전제하에서 상상도 못할 규모의 땅을 부자들이 거느렸다는 것을 강조한 것이다. 이것은 일종의 대규모 경지정리다. 대규모 개간사업을 벌이고 적극적으로 백성들을 이주시키는 시점에 기존의 정전제는 한계가 있었던 것이다. 또한 기존의 정전제하의 토지는 논밭의 두렁이 차지하는 비율이 너무 컸다. 이렇게 잘게 쪼개진 토지 사이로 곡물을 운반하거나 우경牛耕을 실시하기도 좋지 않았을 것이다.

이렇게 전국시대 각국은 더 이상 명분론에 집착하지 않았다. 생산량이 곧 국력이다. 이 경쟁의 선두에 선 이가 위 문후라는 사실을 기억할 필요가 있다. 바로 오기를 등용하여 위魏를 중심으로 천하의 판도를 조정하려 했기 때문이다. 위 문후가 큰 그림을 짜자 그 아래에 기라성 같은 인재들이 모여들었다.

3. 철, 역사의 무대로 등장하다 ━━━━━

이제 주 왕실이 내세우는 명분론을 슬그머니, 그러나 확실히 잠재울 물질 혁명이 춘추 말기에 시작하여 꾸준히 진행되고 있었다. 또한 이 혁명은 명실공히 동양과 서양의 기술문명이 역전되었다는 표지였으니, 바로 제철 기술이다. 전국시대 이래 철기 생산 기술의 발전사를 잠시 살펴보자.

은허의 상나라 말기 무덤에서도 철제 날 검은 있었지만 야금冶金 기술로 만든 것은 아닌 듯하다. 그러나 근래의 고고학적 발굴에 의하면 중국에서도 최소한 서주 말기에는 철기가 이용되었다. 서주 말기 괵국 묘에서 날이 철로 된 동검이 발견되었는데 이미 상당한 기술로 만든 것이었다. 춘추 말기에 이르면 철제 예기禮器나 무기는 흔했던 것으로 보인다. 예를 들어 호북성 장사長沙 양가산楊家山 춘추 말기 묘에서 나

옥자루 철검(좌)과 청동 쟁기날(우).
춘추 말기에 이르면 철제 예기나 무기는 흔했던 것으로 보인다. 옥자루 철검은 하남성 괵국묘에서 출토된
서주 시대에 제작된 중국 최초의 야철 철기이며, 청동 쟁기날은 섬서성 기산에서 출토된 전국시대 농기구
다.(섬서역사문화박물관 소장)

온 철검과 철정鐵鼎, 하남 절천折川 춘추 말기 묘에서 발굴된 철검 등이
그 예다. 그러나 우리가 관심을 두는 것은 철제 생산 도구다.

철을 고찰하기 전에 먼저 청동기를 살펴보자. 구리를 제련해서 만드
는 비싼 청동기가 농기구나 생산 도구로도 쓰였을까? 물론 청동 농기
구는 쓰였다. 필자가 직접 목격한 섬서 기산岐山 출토 전국시대 쟁기날
은 청동이다. 호북성 동록산 구리 광산에서 발굴된 채굴 도구들도 대
부분 청동제다. 그럼에도 청동기를 농기구로 쓴다는 것은 낭비였다.
대단한 강도를 요하는 곳, 혹은 청동이 넘치는 곳이 아니라면 목기나
석기가 훨씬 경제적이었다. 청동을 만드는 데 들인 엄청난 노동력에
비해 청동제 기구의 효율이 엄청났다고 생각할 수는 없다. 그러기에
청동제 농기구는 부식되지 않는데도 불구하고 출토된 양이 극히 적다.

우리가 주목할 것은 역시 철이다. 동광석과 달리 철광석은 어디에나

널려 있기 때문이다. 철제 농기구들이 언제부터 선진적으로 쓰이고, 언제부터 보편화되었는가 하는 점을 밝히는 것은 경제사 연구에서 중요한 과제다. 철제 농기구가 쓰인다면 토지 생산력은 분명 한 단계 올라갈 것이기 때문이다. 진한秦漢 이래 중국의 야금 기술은 질과 양에서 서방의 모든 문명을 압도했는데, 그것은 용광로의 온도를 높이는 데 기계를 사용했기 때문이다. 그렇다면 과연 전국시대에도 그러한 품질의 철이 생산되었을까? 만약 생산되었다면 그 철은 농기구에는 어떤 영향을 미쳤고, 그 농기구는 어느 정도의 역할을 했을까?

지금까지 고고학적 발굴로 볼 때, 전국시대 초기까지도 철제 농기구는 보편화되지 않았다.[•] 그리고 대규모 개간은 철제 농기구의 도움 없이도 가능했다. 사실 교통과 통신이 오늘날과 비교할 수 없을 정도였던 춘추전국시대에 새로운 기술이 전파되는 속도를 오늘날의 기준으로 상상해서는 안 된다. 그러나 철이 세상을 바꿀 수 있을 것이라는 확신도 없었다고 생각해서는 안 된다. 중국은 세계 최초로 철을 대량으로 생산할 기술과 체제를 만들어낸 곳이기 때문이다.

알다시피 철광석은 널려 있지만 광석에서 추출한 철은 고온에서 제련하여 불순물을 제거하고 탄소의 양을 조절하지 않으면 그저 단단한 돌에 지나지 않는다. 실제로 순철이 완전히 녹으려면 1500도 이상의 고온이 필요한데, 800도면 녹는 청동과는 비교할 수 없을 정도로 차이가 난다. 저온에서 얻은 철괴는 인성靷性이 거의 없어서 주조하여 농기

• 后德俊, 〈楚國鐵器及其對農業生産的影響〉, 《農業考古》, 1984년 2기.

구로 쓰면 너무 쉽게 부숴진다. 그러기에 단조 과정을 반복하여 철의 성분을 개량해야 하는데 그 과정에 드는 비용이 너무 크다. 결국 철의 약점은 고온에서 녹여야 한다는 점이었다. 과연 전국시대에 이런 기술적인 난점을 극복할 수 있을까? 그때까지 철에 관한 한 세상 어디에도 이 난점을 극복한 문명은 없었다.

산서 천마天馬 진晉 유적지에서 발굴된 춘추 초기와 후기 철편 두 개는 백주철[白口生鐵]이었다. 백주철은 경도는 높지만 인성이 작아 농기구로는 적합하지 않다. 그러나 낙양 시멘트 공장의 전국시대 초기의 회갱灰坑(저장 구덩이, 혹은 쓰레기 구덩이)에서 발굴된 삽은 단조가 가능한 질긴 주철[靭性鑄鐵]이다. 이것이 바로 세계에서 가장 오래된 가단주철, 즉 단조를 할 수 있는 주철이다.˙ 이외에도 호북성 동록산 구리 채굴장에서도 백심가단白心可鍛주철이라고도 부르는 질긴 주철을 사용한 호미가 발견되었다. 이로 보아 중원에 위치한 낙양은 춘추전국시대 기술 발전의 중심지이고, 초나라에 속하는 동록산 일대는 비교적 변방이지만 모두 가단주철 기술을 쓰고 있었음을 알 수 있다.

그렇다면 왜 이 가단주철의 발견이 철기사에서 그토록 주목을 받을까? 주형에 넣어 찍어낸다는 것은 대규모 제작을 의미한다. 단조가 가능할 정도로 인장강도가 강하다는 것은 물성이 청동을 능가한다는 것이다. 이런 철을 생산하려면 일단 기존에 저온에서 얻던 불순물 덩어리 철 대신 고온에서 액체 상태의 철을 얻어야 한다. 대단히 높은 온도

• 李恒全 외, 〈鐵農具和牛耕導致春秋戰國土地制度變革說質疑〉, 《中國社會經濟史硏究》, 2005년 4기.

의 도가니를 사용했을 것이고, 그러자면 도가니로 산소를 주입하는 기술이 혁신되어야 한다. 당시에 어떤 기술을 이용했는지는 확실하지 않지만 후대의 예로 추측할 수는 있다. 한漢 대에는 엄청난 수의 가축의 힘을 이용한 풍구로 고압의 바람을 도가니로 불어 넣은 기술을 쓴 것을 감안하면, 전국시대 역시 비슷한 기술을 초보적으로 응용했을 것으로 보인다.

그러나 산소를 도가니에 불어넣는 것으로는 강인한 철을 얻기에 부족하다. 두 번째로 철광석에서 얻은 철의 탄소 함량을 줄여서 인장강도를 늘리는 유화 기술을 알고 있어야 한다. 유화기술이란 주철을 탈탄제脫炭劑와 함께 고온으로 불려서, 주철 내부의 탄소가 빠져 나와 탈탄제와 결합하도록 하는 기술이다. 탈탄제로는 주로 철광석 가루가 쓰였다. 고대 중국인들이 어떻게 이 기술을 획득했는지는 미지수지만, 이렇게 하면 정말로 오늘날 우리가 쓰는 철과 거의 다를 바 없는 철이 완성된다. 또한 유화 과정의 길이에 따라 얼마든지 강도를 조절할 수 있었다. 고압송풍과 탈탄유화 등의 기술을 통해 단조가 가능한 주철을 만드는 기술은 서양에서는 무려 2000년 후에야 실용화되었으니 이 기술이 얼마나 선진적인지 쉽게 짐작할 수 있다.

춘추시대 말기에서 전국시대 초기 주도적인 국가의 지도자들은 이미 철이 청동을 대체할 것을 예감했을 것이다. 당시에 그토록 방대한 인력과 자본을 들여 시행착오를 반복하며 기술을 발전시킬 주체는 국가밖에 없었다. 청동기시대의 국가들이 청동 생산을 국가가 주관했던 것과 마찬가지로 후대의 한漢은 철 생산을 국가가 완전히 독점했는데,

그 이유는 국가가 철을 통해 지배력을 강화하려는 의도도 있으나 거대한 설비와 노동력 및 축력이 필요한 제철사업을 국가가 아닌 다른 단위에서 실행하기는 어렵기 때문이기도 했다. 이렇게 자연에서 개인이 얻을 수 없는 높은 '온도'는 강한 철을 생산함으로써 국가를 더욱 강하게 했고, 동시에 더 높은 온도를 얻기 위해 국가는 더 강해지려고 했기에 양자는 서로를 자극했다. 철제 농기구가 보편화되지는 않았지만 그런 기술은 이미 맹아로 존재했고, 그 기술을 통해 생산력을 제고하려는 과학정신은 분명히 전국시대가 만든 새 조류였다.

제2부

합종연횡

1. 풍운아들: 말재주꾼인가 전략가인가 ━━━━

"내 혀가 아직 붙어 있소? 그럼 됐소."

　위나라 출신의 유세가 장의張儀는 어느 날 도둑으로 몰려 흠씬 두들겨 맞았는데, 걱정하는 아내에게 이렇게 말했다고 한다. 전국시대 중후반, 이렇게 오직 입 하나만 믿고 천하에 도전장을 내민 이들이 있었다. 세 치 혀로 검은 것을 흰 것으로 만들 수 있는 이라면 분명 달변가다. 그렇다면 그는 웅변가라고 할 수 있는가? 단연코 그럴 수가 없다. 1만 개의 혀가 검은 것을 희다고 해도 검은 것은 검은 것일 뿐이다. 웅변이란 달변과 달리 의심을 없앨 뿐 아니라 해결책까지 담은 변설이다. 또한 조리와 위세를 동시에 갖추었기에 물리적인 위력이 있는 말이다.

　이 책 2부에서는 전국시대 중기의 기라성 같은 웅변가들을 다룬다.

여러 달변가들이 등장하지만 그중 웅변가를 꼽으라면 역시 소진蘇秦과 장의 두 사람을 첫머리에 둘 수밖에 없다. 당대와 후대의 무수한 유자儒者들이 소진과 장의의 세 치 혀를 조롱하고, 심지어 태사공太史公(사마천司馬遷)조차 이 둘은 "나라를 기울고 위태롭게 하는 자[傾危之士]"라 비판했다. 그러나 장의가 위태롭게 한 나라는 진秦이 아니라 나머지 6국이었고, 소진이 결박한 나라는 연燕이 아니라 진秦이었다. 그들은 각자 자기 나라를 위해 최선을 다했다. 대개 장의는 진을 위해 연횡連橫, 連衡의 꾀를 내었고, 소진은 6국을 위해 합종合從을 도모했다. 합종연횡의 조합이 수없이 많았지만 연횡으로 제일 큰 이익을 얻는 나라는 진이었고 합종은 6국에게 이익이었다. 간에 붙었다 쓸개에 붙었다 하는 유세가들이 있었지만, 최소한 소진과 장의에게는 충忠도 있었고 신信도 있었다. 다만 그 충신을 받을 이가 누구였느냐가 중요하다.

우리가 지금 전국시대 어떤 나라의 군주라고 가정해보자. 수레 한 대를 끌고 적진으로 들어가 세 치 혀로 노도 같은 갑사를 물리치고, 적국 군주의 면전에서 쟁쟁한 변사들과 설전을 벌이면서도 주눅 들지 않고 국가의 체면과 이익을 지키는 이, 한번 움직이면 적국의 정세를 줄줄이 꿰고 돌아와 대책을 내놓는 이, 그런 사람을 말재주꾼이라는 꼬리표를 붙여 내칠 수 있을까? 나서면 수십 척 높이의 성과 사방 수십 리의 읍을 들었다 놨다 하는 언설을 그저 달변이라 무시할 수 있을까? 그들은 검의 날 같은 존재다. 두꺼운 쇠로 손잡이를 만들고 휘두르면 그들은 상대를 위협하는 군대 같은 위력을 드러내지만, 맨손으로 잡고 흔들면 스스로 다칠 뿐이다. 그러니 문제는 유세가들이 아니라 그들을 쓰는 이들이다.

> 신이 제나라에서 귀해지면 연나라 대부들은 장차 저를 믿지 않을 것
> 이고, 신이 천해지면 가벼이 하겠지요. 신이 쓰임을 받으면 장차 신에
> 게 바라는 바가 많아질 것이고, 제나라에 좋지 않은 일이 생기면 그
> 죄를 저에게 돌리겠지요. 천하가 제나라를 공격하지 않으면 "제나라
> 를 위해 좋은 모책을 낸다"고 할 것이고, 천하가 제나라를 공격하면
> 제나라와 묶어서 저를 버리겠지요. 신은 지금 계란을 쌓아놓은 상황
> 에 처해 있습니다(《전국종횡가서戰國縱橫家書》).

연나라를 위해 제나라에서 이중간첩으로 활동하던 소대蘇代의 고뇌
다. 이처럼 본국과 적국에 모두 적을 두었기에 말 한 마디에 목숨이 걸
린 이들이 바로 유세가들이었다. 의양宜陽을 얻어 진의 산동 공략의 기
반을 놓은 감무甘茂는 스스로 "의양은 왕이 내게 던진 미끼다[我以宜陽餌
王]"라고 말했다. 하지만 뜨내기가 허튼 공약을 남발하다 실패하면 바
로 죽음이 온다.

그러나 기반 없는 선비들에게 격동의 전국시대는 기회의 무대이기
도 했다. 나날이 치열해지는 열국의 쟁탈 과정에서 정상적인 군주라면
동원할 수 있는 자원을 모두 동원하려고 할 것이다. 쟁탈에서 성공하
려면 생산력과 전투력이 기본이어야 하지만, 이를 활용할 인재 역시
절실했다. 그렇기에 실력만 있으면 누구나 인재로서 등용될 수 있었
다. 선비들은 인재를 찾는 군주들의 욕망에 부응하여 벌 떼처럼 일어

났다. 여섯 나라의 인수를 차고 고향을 찾은 소진은 이렇게 말했다고
한다.

"낙양성 밖에 밭 두 고랑만 있었던들 내가 어찌 여섯 나라의 인수를
찰 수 있었겠는가?"

유세가들은 바닥에서 출발한 사람들이었다. 그들이 바닥에서 꼭대
기로 오르는 길은 오직 실력이었다. 실력이 바닥나면 쫓겨나거나 왕족
및 거성巨姓 경쟁자들의 희생양이 되기 십상이었다. 그럼에도 그들 중
일부는 생존하여 자신들의 전략을 관철시켰다.

물론 오로지 자신의 이익을 위해 고국과 우방을 버리고, 자신을 키
워준 군주와 친구를 버리고, 애첩처럼 오로지 총애를 다퉈서 사변邪辯
을 늘어놓는 이들도 수두룩했다. 합종을 말하던 입술의 침이 마르기도
전에 연횡을 말하는 이, 교활한 토끼처럼 이 나라에 굴을 하나 파고 저
나라에 또 굴을 파는 이들 또한 넘쳤다. 휘두르려 하면 손잡이에서 빠
지고, 요행으로 목표를 맞춰도 칼날이 약해서 들어가지 않고, 결국은
주인의 손에 상처를 입히는 일도 마다하지 않는 피아彼我가 실로 모호
한 칼날도 있었다. 공손연公孫衍, 누완樓緩과 같은 이들의 행동을 보면
그러했다. 그러나 최소한 일급 유세가들, 즉 소진과 장의로 대표되는
이들은 그런 수준은 아니었다. 물론 그들도 애초에 고국을 떠나 타지
에서 영달을 꾀한 자들이다. 그러나 전국시대의 가난한 선비들에게 고
향을 등지는 최초의 '배신'은 배신이라기보다는 오히려 난세에 적합한
주군과 나라를 택하려는 적극적인 선택이었다.

그렇다면 그들은 전략가인가? 물론 그들은 순자나 묵자처럼 논리와

일관성을 함께 갖춘 철학자는 아니었다. 상황에 따라 이리저리 말을 바꾸고 협잡을 일삼았다. 그러나 그들은 분명 외교군사전략가였다. 그들의 논설과 실제 행동을 보면 단순한 유세가가 아님이 명백히 드러난다. 그들은 명분과 실제 중 실제를 항상 강조한다. 실제란 무엇인가? 간단히 말해 전쟁을 견뎌내는 물리력을 말한다. 그들은 국가의 생산력, 인민의 수, 지형지세, 내부의 결속도, 왕권의 공고함, 제도의 유효성, 제후 간의 친소관계를 빠짐없이 분석하여 경우의 수를 제시하고 그중 가장 유리한 방책을 제안한다.

물론 이런 작업은 재능 있는 이라면 누구나 할 수 있는 일이다. 그러나 그들은 공족이나 거성이 갖지 못한 큰 자산인 현지조사에 능했다. 그들은 객경客卿, 즉 '손님으로 왔지만 경의 대우를 받는 자'였다. 그들은 먼저 자국의 지형과 형세를 관찰한 후 그 정보를 유세 대상에게 팔았다. 그 지역과 나라를 가장 잘 알고 있는 사람이 자신이라고 내세웠다. 그 후 그들은 자신이 명확하게 장악한 정보를 이용하여 일차적인 성공을 거둔다. 장의가 진나라로 가서 스스로 장수가 되어 조국인 위나라를 공략한 것이 바로 그 예다. 그다음 그들은 왕의 후원을 업고 천하를 주유했다. 휘황찬란한 치장을 한 수레를 수십 대씩 끌고 다니며 수행원들을 마음대로 부리고, 또 나날이 위력을 더해가던 무기인 돈을 가지고 다녔다. 그들은 아낌없이 돈을 뿌리며 정보를 긁어모았다. 그들이 현장에서 얻은 정보는 이미 천금의 값을 치른 것이었기에 이를 사고자 하는 군주들은 넘쳤다. 그들은 이 정보가 자신의 몸값이라는 것을 너무나 잘 알았기에 정보의 독점에 사활을 걸었고, 자신감이 생기면 의뭉스럽게도 이 정보를 가끔 이중으로 팔아먹었다.

그러나 대척점에 있던 소진과 장의는 일신의 영달을 꾀했지만 정보 장사꾼은 아니었다. 그렇기에 그들은 군주의 신임을 얻었고, 국제정세의 조언가로 왕의 곁에 있으면서 외교군사전략 하나하나에 관여했다. 사서에서 "진나라가 객경 누구와 함께 어떤 지역을 공략했다"고 할 때, 객경이란 바로 그 공략 대상 지역 출신을 말한다. 초나라 사람이면서 진秦나라에서 벼슬을 한 감무는 "효산의 요새에서 귀곡鬼谷까지 지형의 험함과 평탄함을 모조리 꿰고 있다"는 평을 들었다. 이런 사람이 적국으로 들어가면 그 결과는 어떻게 되겠는가?

비록 정통 사서는 아니지만 《삼국연의三國演義》에 나오는 제갈량諸葛亮의 평은 대체로 옳다. 제갈량이 손권孫權과 힘을 합쳐 조조曹操와 대항하려 할 때 오吳나라의 인사들은 그를 반기지 않았다. 오나라 인사들과 조정에서 설전을 벌일 때 오나라 인사 보즐步騭이 이렇게 쏘아붙였다.

"공명, 감히 묻고자 하오. 그대는 소진과 장의의 세 치 혀를 본받아 우리 오를 설득하려 온 게 아니오?"

제갈량은 이렇게 대답했다고 한다.

"보 선생께서는 소진과 장의를 변사로 여기시지만, 그들이 호걸인 것을 모르시는구려. 소진은 여섯 나라의 인수를 찼고 장의는 진에서 두 번이나 재상을 지냈소. 이들은 모두 나라를 바로잡고 지탱할 꾀를 가지고 있는 이들이었지[皆有匡扶人國之謨], 강한 자를 두려워하고 약한 자를 능멸하거나 칼을 무서워하고 검을 피하는 사람들과 비할 이가 아니었소. 그대들은 조조의 허풍과 속임수 말을 듣고 두려워 항복을 청하면서 감히 소진과 장의를 비웃는단 말이오?"

소진과 장의는 제갈량의 말처럼 업적을 남긴 인재들이었다. 약체인 연을 포함한 6국이 소진의 덕을 입은 것처럼 진은 장의의 덕을 입었다. 장의는 그야말로 협잡을 일삼았지만 진의 사서인《여씨춘추呂氏春秋》가 '협잡꾼' 장의를 평하며 "장의가 천하에 덕을 베푼 바[張儀所德於天下者]" 운운하는 것도 진의 관점에서는 모두 일리가 있다.

이제 이어지는 이야기를 따라가면서 독자들은 각자 누가 일급 전략가이고 누가 세 치 혀로 국정을 농락하는 유세가인지 판단해보길 바란다. 이 책에서는 종횡가의 대부 소진과 장의는 물론이고, 왕이 되었으면 오히려 나았을 거물 정치인 제나라 맹상군孟嘗君, 부국강병에 매진한 개혁군주 조나라 무령왕과 연나라 소왕, 약한 연나라에 패자의 희망을 안긴 군사 전략가 악의樂毅, 실력과 야심에 비해 덕이 부족해서 패망한 제나라 민왕, 희대의 애국 문학가인 초나라 굴원屈原까지 등장한다. 이야기는 한층 복잡해지지만, 변사들의 강렬한 유세를 듣다 보면 전체적인 흐름이 잡힐 것이다.

각 나라들은 어지러이 얽혀 싸웠지만 결국 진秦이 강해졌다. 이는 바꿀 수 없는 사실이다. 왜 유독 진이 강해졌을까? 그 이유를 밝히는 것이 2부의 목적이다. 이 시기 정치가·전략가들의 결정적인 선택들을 이해한다면 현대의 국제정치 이론들이 오히려 유치해 보일 것이다. 필자는 유세가들의 유세를 되도록 통으로 옮기고 독자들의 판단을 기다리기로 했다. 또한 2부는 이 책의 1부와 이어지는 이야기의 한 부분이지만, 2부의 내용만 따로 읽어도 난세를 헤쳐 나갈 작은 지혜 하나쯤은 얻을 것이다.

2. 《사기》와 《전국종횡가서》

마지막으로 이 책을 쓰기 위해 겪었던 어려움을 실토한다. 이 책을 쓰자면 반드시 《전국책戰國策》을 정리해야 한다. 그러나 《전국책》은 일급 사료와 풍문이 뒤섞인 기이한 책이다. 《전국책》의 모순을 다 열거하자면 따로 몇 권의 책을 써야 할 것이다.

그런데 근래 중국 장사의 마왕퇴에서 발견된 백서帛書인 《전국종횡가서》가 가세해 모순을 증폭시켰다. 그래서 고대사의 대가 전목錢穆조차 "합종연횡에 관한 논설들은 대개 후대의 논설에 소진과 장의의 이름을 끌어다 붙인 것"이라고 단언했다. 비록 이 시대를 체계적으로 묘사한 《사기史記》가 있지만 《사기》는 거의 《전국책》에 기대고 있다. 《사기》는 《전국책》의 오류들을 대거 수정했지만 정작 내용은 건드리지 못했다. 게다가 《사기》의 제나라 묘사는 후대에 발견된 위魏나라 사서 《죽서기년竹書紀年》을 통해 엄청난 오류가 있었음이 밝혀졌다. 왕의 세계世系부터 틀리는데 세부적인 사항을 어떻게 믿을 수 있겠는가? 그러나 역사를 다루는 이는 목욕물을 버리면서 아기까지 같이 버리는 잘못을 범해서는 안 된다. 다행히 《사기》의 〈진본기秦本記〉와 〈육국연표六國年表〉는 《진기秦紀》라는 진나라 사서를 기반으로 했기 때문에 진에 관한 기사를 믿을 수 있다. 또한《수호지진간睡虎地秦簡》의 기년은《사기》의 진나라 관련 기사가 극히 정확하다는 것을 증명했다. 더불어《전국종횡가서》의 등장으로 연나라와 제나라 사이의 구체적인 알력을 이해할 수 있게 되었고, 특히 후대의 어떤 사서에도 등장하지 않는 편지글로 된 은밀한 이야기들 덕에 당시의 분위기를 읽을 수 있었다.

필자는《사기》가 인용한《전국책》의 관련 기사들을 모두 번역해서 재배열했다. 또한 한글로 번역된 적이 없는《전국종횡가서》의 관련 기사도 모두 번역했다. 미련하지만 이 방법 외에 달리 이 시대를 이해할 지름길이 보이지 않았기 때문이다. 지루한 번역의 시간이 끝날 무렵, 난마처럼 얽힌 전국시대 외교의 윤곽이 아침 해처럼 서서히 보일 때의 쾌감은 번역에 공들인 시간을 보상하기에 충분했다.

본문에서 필자는《사기》의 많은 기사들을 반박할 것이다. 그럼에도 헌사는 태사공에게 바치는 것이 도리인 듯하다. 컴퓨터도 종이도 없던 시절, 태사공은 그 산더미 같은 사료를 헤치고 역사의 줄기를 찾아냈다. 선배가 밝힌 등불이 없었다면 필자는 길을 찾지도 못했을 것이다. 이 책의 2부를 태사공에게 바쳐 후학의 한없는 그리움을 표한다.

제1장

합종론의 탄생

: 소진의 출사

...

희대의 풍운아 소진을 역사의 무대로 올린 발단은 오기吳起의 죽음이었다. 오기가 서하를 지킬 때 진秦은 비록 강했지만 산동의 나라들을 도모할 재간이 없었다. 그러나 오기의 전략이 실패하고 위魏가 약해지자 진은 거의 해를 거르지 않고 효산 밖으로 군대를 보냈다. 진은 연燕이나 위를 우방으로 얻으면 조趙를 치고, 조를 얻으면 위를 치고, 초楚를 얻으면 한韓을 치고, 한을 얻으면 초를 치는 식으로 마치 연발 쇠뇌를 쏘듯이 전쟁을 수행했다.

싸움은 여기서 그치지 않았다. 지출은 정해져 있는데 땅을 잃으면 창고가 빈다. 그래서 서쪽에서 땅을 잃으면 동쪽을 쳐서 보상하려는 마음이 생기는 것은 당연지사였다. 잔꾀가 많았던 위 혜왕은 서쪽에서 진에게 얻어맞으면 동쪽의 조를 쳤다. 제齊는 진이 위를 칠 때 후방을 노렸고, 초는 그 사이에 한에 눈독을 들였다. 진이 위를 이기면 여세를 몰아 조까지 치거나, 나아가 연이나 제까지 쳤다. 이렇게 진이 위를 치면 도미노처럼 동쪽으로 싸움의 파장이 퍼졌다.

이런 현상이 이어지자 중원의 나라들은 싸움의 근원이 진에 있다는 것을 알았고, 진의 공격에는 함께 대응해야 한다는 인식이 커졌다. 바로 그때 진의 공격을 받으면 산동 국가들이 공동 대응하여 진을 다시 효산 안에 가두자는 유세를 하는 이들이 등장했으니 이들을 합종론자라 불렀고, 그 우두머리가 바로 소진이다. 이제 소진의 파란만장한 인생사를 통해 합종이라는 불세출의 외교 이론으로 들어가자.

1. 동주의 가난뱅이, 유세길에 오르다 ━━━━━

《사기》〈소진열전蘇秦列傳〉에 따르면 다음과 같은 전설적인 이야기가
전한다. 소진은 동주 낙양 사람인데 동쪽 제나라로 가서 귀곡자鬼谷子
를 스승으로 모시고 유세술을 배웠다.˙ 집은 뼈 빠지게 가난했지만 그
의 포부는 대단했다. 그의 꿈은 오직 전략으로 군주를 설득하여 천하
를 주름잡는 것이었다. 그러나 현실은 만만치 않았다. 유세술을 익히
고 노자를 만들어 열국을 돌아다녔지만 성공하지 못하고 돌아오니 온
집안사람들이 그를 비웃었다.

　"주나라 사람들의 풍속은 산업(농사)을 다스리고 힘써 물건을 만들어

━━━

• 《사기》〈소진열전〉은 전기적인 색이 강하지만, 소진의 출신이 비천한 것은 사실이다.

팔아 2할의 이익을 얻는 것이 의무입니다. 허나 당신은 본업을 버리고 입과 혓바닥을 섬기고 있으니, 빈곤한 게 당연하지 않겠습니까?"

소진은 이 말을 듣고 부끄러워 마음이 상했다. 그래서 그는 방문을 닫고 밖에 나가지 않으면서 여러 책을 훑어보다가 탄식했다.

"무릇 선비의 업이 머리를 숙여 책을 받는 것이지만(스승으로부터 배우는 것), 배워서 높아지고 영화를 누릴 수 없다면 책을 많이 읽은들 무슨 소용이 있으랴."

이리하여 《주서周書》의 〈음부陰符〉를 얻어서 엎드려 읽으니, 한 해가 지날 무렵 '췌마揣摩법'을 발견하고는 이렇게 말했다.

"이것이야말로 당대의 군주들을 설득할 수 있는 방법이로다!"

췌마란 남의 마음을 읽어내는 기술을 말한다. 그는 이 기술을 가지고 주周나라 현왕에게 유세를 했지만 왕의 측근들이 모두 소진을 알기에 하찮게 생각하고 믿지 않았다. 그러자 소진은 진秦나라로 갔다. 마침 효공이 죽고 혜왕이 즉위한 직후였다. 소진은 이렇게 유세했다.

- 이상이 《사기》 〈소진열전〉의 내용이다. 이어지는 유세는 《전국책》 〈진책秦策〉에 나오는 것이다. 〈진책〉에는 소진이 진나라 유세에 실패한 후 돌아와 책을 열심히 읽었다고 나와 있다. 〈진책〉은 소진에 대해 이렇게 묘사한다.
  소진이 이렇게 열 번이나 대책을 올렸지만 유세는 성공하지 못하고 검은 담비 가죽 옷과 황금 100근도 다 떨어졌다. 이리하여 자본을 다 쓰자 어쩔 수 없이 돌아오는데, 그 행색이 심히 초라했다. 신을 질질 끌면서 책을 지고 돌아오는데 얼굴이 시커멓고 다 죽어가는 기색이었다. 집에 돌아오니 처는 내려와 보지도 않고 형수는 밥도 주지 않았으며, 부모는 말도 붙이지 않았다. 소진은 길게 탄식했다.
  "처는 나를 지아비로 보지 않고, 형수는 나를 시동생으로 여기지 않으며, 부모는 나를 아들로 여기지 않는구나. 이는 모두 나 소진의 죄로다."
  이에 발분하여 밤에도 책을 꺼내 읽는데 수십 짝 분량의 책을 읽다가 태공의 〈음부〉의 지략을 얻고서는 엎드려 외는데, 특히 췌마 부분을 뽑아 익혔다. 책을 읽다가 잠이 오면 송곳을 꺼내 허벅지를 찔렀는데 피를 발까지 흘리면서 말하길, "군주에게 유세를 하며 금옥비단도 내놓도록 하지 못하면서 어찌 경상의

"대왕의 나라는 서쪽으로 파촉과 한중의 이익이 있으며 북쪽으로는 호胡 땅의 맥貉과 대代 땅의 말 등의 자원이 있으며, 남쪽으로는 무산巫山과 검중黔中'의' 험함이 있고, 동쪽으로는 효산과 함곡관의 견고함이 있습니다. 밭은 비옥하고 아름다우며 백성은 부유하니, 전차 1만 승에 용사[奮擊]가 100만이고, 기름진 들판이 1000리에 이어지고, 쌓아놓은 것이 넘치며, 지세는 유리합니다. 이는 이른바 '천부天府'라는 곳으로서 천하에 으뜸가는 나라입니다. 대왕의 현명함에다 많은 사민士民을 더하여 차기車騎를 쓰고 병법을 가르치면 가히 제후들을 병합하여 천하를 삼켜 황제라 일컬으며 다스릴 수 있습니다. 대왕께서 자그마한 뜻이라도 보이신다면, 신이 이 대책의 효과를 올리겠나이다."

그러나 혜왕의 반응은 시큰둥했다.

"과인이 듣기로, 깃털이 풍만하지 않으면 높이 날 수 없고, 문장을 이루지 못한 자는 주벌할 수 없으며, 도덕이 두텁지 못한 자는 백성을 부릴 수 없으며, 정교가 불순하면 대신을 번거롭게 할 수 없다고 합디다.

──────

존귀한 자리를 내놓게 하리오?"
한 해가 가고 그는 드디어 쳬마를 완전히 터득한 후 말했다.
"이는 실로 오늘날의 군주들에게 유세할 수 있는 방법이로다."

• 《사기》〈육국연표〉에 따르면 파촉은 당시 아직 진의 판도에 들어오지 않은 상태였고, 한중을 얻은 것은 기원전 312년의 일이다. 백기白起가 무산과 검중을 함락시킨 시기는 기원전 277년이다. 이 세 가지 사실로 보아 《전국책》〈진책〉에 나오는 소진이 진 혜왕에게 유세했다는 이야기는 분명 후대에 편집된 것이다. 소진이 실제로 유세를 한 것은 사실이고 일부 내용만 후대인이 가필한 것일까? 아니면 그가 아예 유세한 적이 없을까? 이 문장의 풍격은 《한비자韓非子》〈오두五蠹〉의 상고시대 분석과 《오자병법吳子兵法》〈도국圖國〉과 상당히 유사하다. 또한 마지막 문장은 오히려 변사들을 물리치라는 것인데, 소진이 그런 말을 했는지 의심이 든다. 필자는 이 문장이 후대인이 소진의 이름을 빌려 지은 것이라고 확신한다. 그러나 그 작자는 상당한 문장력과 안목을 갖춘 이로서 당시의 정세 분석은 거의 정확하다고 본다.

지금 선생께서 100리를 멀다 않고 조정에 나와 가르침을 주셨으나 오늘은 그만하고 다음에 들었으면 합니다."

그러나 소진은 온 힘을 다해 다시 혜왕에게 유세했다. 그의 요지는 적극적으로 산동으로 나가 싸우라는 이야기였다.

"신은 실로 대왕께서 이 방책을 쓰지 못할까 의심했습니다. 옛날 신농씨는 보수補遂를 정벌했으며, 황제는 탁록에서 치우蚩尤를 사로잡았고, 요 임금은 환도驩兜를 벌했고, 순 임금은 삼묘三苗를 벌했고, 우 임금은 공공共工을 벌했고, 탕 임금은 유하씨를 벌했고, 문왕은 숭후崇侯를 벌했고, 무왕은 은나라 주왕을 벌했고, 제 환공도 싸움을 통해 천하의 우두머리가 되었습니다. 이로 보건대, 세상에 어찌 싸움이 없을 수 있겠습니까? 옛날에 사신들이 수레바퀴 통을 서로 부딪히며 달리며 '천하가 하나 되자'고 약속을 하여 종으로 횡으로 동맹을 맺었지만 군사는 결국 그치지 않았고, 문사들이 한꺼번에 일어나 말을 꾸며대자 제후들은 오히려 의혹을 품고 어리둥절해졌으며, 1만 가지 단서가 한꺼번에 일어나니 어찌 처리할 수조차 없어졌습니다."

기이하게도 앞으로 합종론으로 6국을 설득할 소진이 여기서는 맹약이란 소용 없는 짓이라고 말하고 있다. 이어서 소진은 더욱 적극적으로 진의 공격을 주문한다.

"법령이 이미 갖춰지자 백성을 오히려 더 속이려 하고, 서책이 번다해지자 백성의 생활은 오히려 부족해졌습니다. 아래 위가 서로 근심하니 백성이 기댈 곳이 없어지고, 말을 밝히고 조리를 드러내도 전쟁은 오히려 더 일어났으며, 변사들의 뛰어난 말과 훌륭한 의복이 있건만 군사로 공격하는 것은 끊이지 않았습니다. 잡다하게 문사를 펼친들 천하는 다스려지지 않고, (변사의) 혀가 닳고 (듣는 이의) 귀가 먹도록 말이 오가도 성공을 이루지 못했고, 의를 행하고 신의를 지켜도 천하는 서로 친해지지 않았습니다. 그리하여 마침내 문文을 버리고 무武를 취하여 죽음을 불사하는 무사를 후하게 기르고 갑옷을 수선하고 무기를 예리하게 하는 것이 전장에서 이기는 데 효과 있는 수단이 되었습니다.

대저 하는 일 없이 가만히 있으면서 이익을 얻고 편안히 앉아서 국토를 넓히고자 하나, 심지어 옛날의 오제五帝·삼왕三王·오백五伯 같은 명주현군明主賢君도 일찍이 앉아서 그런 공을 이뤄보려 했으나 형세로 보아 불가능하기에 결국 전쟁을 수단으로 썼으니, 간격이 넓으면 전차로 서로 공격하고 육박하면 장극으로 서로 후려친 후에야 큰 공을 이룰 수 있었습니다."

그리고 소진은 자신의 처지를 망각한 듯, 군대를 강하게 하고 유세가를 멀리하라고 말한다.

"그러므로 밖에서는 군대가 이기면 안에서는 의기가 강해지고, 위에서 위세가 서면 아래의 백성이 복종합니다. 지금 천하를 병탄하여 만승의 나라들을 능가하며, 적국을 굴복시켜 해내海內를 제패하고자 하며, 천하의 백성들을 자식으로 삼고[子元元] 제후들을 신하로 부리려면 군대를 쓰지 않고는 안 됩니다. 오늘날 사직을 잇는 군주들은 이 지극한 도를 홀대하고, 백성을 가르치는 방법을 모르며, 다스림에는 어지럽고, 언변에 미혹되고 변론에 매몰되어 있습니다. 이로 보아 실로 왕께서는 대업을 이룰 수 없을 것입니다."*

　이렇듯 혼신의 힘을 다해 유세했지만 소진에게 돌아오는 대답은 여전히 차가웠다.

　왕은 유세를 거절하면 그만이겠지만 소진에게는 생계가 걸린 문제였을 것이다. 그래서 소진은 동쪽의 조나라로 향했다. 그러나 조나라 군주 숙후肅侯의 아우 봉양군奉陽君은 소진을 마음에 들어 하지 않아서 그는 먼저 연나라로 갔다고 한다. 《사기》〈육국연표〉에 따르면 소진이 연나라에서 유세한 것은 기원전 334년이다.

　소진의 연나라 유세를 살피기 전에 잠깐 중요한 사항 두 가지를 짚고 넘어가자. 훗날 희대의 합종론자인 소진이 정말 진으로 갔을까? 《전국책》〈진책〉과 《사기》〈소진열전〉에는 모두 소진이 먼저 진 혜왕에게 유세했다고 나와 있다. 진 혜왕은 훗날 장의를 쓴 사람인데 왜 소진은 쓰지 않았을까? 소진이 유세 내용 중 자신이 유세가이면서도 유세가들을 멀리하라는 말을 한 이유는 또 무엇일까? 《전국책》의 연대와 인명 착오는 실로 심각하고 문장의 혼입도 많다. 또한 〈소진열전〉은 《전국책》을 기반으로 썼다. 그러나 확실한 반대 증거가 없는 한 두 책에서 모두 소진이 먼저 진으로 갔다고 하니 일단 받아들이자.

　두 번째, 소진이 본격적으로 합종 유세를 시작한 시기가 과연 기원전 334년 무렵이었을까? 필자는 소진이 유세를 시작한 때는 약 10년

- 마지막 문장은 이렇다. "今之嗣主, 忽於至道, 皆於敎, 亂於治, 迷於言, 惑於語, 沈於辯, 溺于辭, 以此論之, 王固不能行也." 여기서 "皆於敎"의 뜻이 명확하지 않은데, 혹 "廢於敎"가 아닌가 한다.

남짓 후인 기원전 325년 조 무령왕 즉위 후로 본다.˙ 그 이유는 다음과 같다.

먼저 역사적으로 산동의 나라들이 실제로 합쳐서 진을 봉쇄한 일은 기원전 318년이었다. 또한 진이 위는 물론 한과 조마저 가리지 않고 본격적으로 두드리기 시작한 때는 기원전 325년 이후다. 그 전에는 주로 위를 타격했다. 그러므로 시기적으로 기원전 330년대에 합종을 말하기는 이르다. 또한 소진은 조나라에서 작위를 받고 그 자금으로 유세를 했다. 그렇다면 조나라가 진의 직접적인 위협에 직면한 후에 소진을 등용했다고 보는 것이 합리적이다.

이보다 합리적인 정황 증거가 하나 더 있다. 《사기》〈조세가趙世家〉에 따르면 조는 기원전 333년(숙후 17년) 위나라의 황읍黃邑을 쳤다. 그해는 마침 진이 위를 강타하고 있었으니, 위가 서쪽에 매달리는 동안 후방을 노려 친 것이 명백하다. 그 이듬해 위는 제와 합세하여 조를 쳤고 조는 황하의 물을 이용해서 격퇴시켰다. 그로부터 4년 후(기원전 328)에 조나라는 진의 공격을 받아 인藺과 이석離石을 빼앗겼다. 그다음 해(기원전 327)에는 제와 위가 힘을 합쳐 이번에는 한韓을 쳤다. 제와 위가 한을 친 것이 〈조세가〉에 나오는 이유는 아마도 조가 한을 지원했기 때문

- 《사기》〈육국연표〉는 분명 《전국책》〈연책〉의 "소진이 연문후燕文公(연 문공)에게 합종을 유세했다"는 기록에 근거하여 소진의 연나라 유세가 334년에 있었다고 주장하는 무리수를 두었을 것이다. 그러나 《전국책》의 인명과 연대는 실로 착오가 많다. 《전국책》의 인명을 믿는다면 소진이라는 이름은 기원전 337년에 등장하여 기원전 280년 무렵까지 나온다. 그러나 소진이 60년 동안 활동했을 리가 없다. 《전국책》 자체의 모순 때문에 소진의 활동 연대는 《전국책》으로는 파악할 수 없다. 그래서 필자는 충돌하는 기록을 선별적으로 받아들이기보다는 역사적인 상황에 근거하여 판단하는 것이 옳다고 보았다.

일 것이다.

도대체 소진의 합종은 어디로 갔는가? 소진이 합종을 성사시켰는데, 어떻게 합종의 중심인 조는 서쪽의 위와 동쪽의 제를 상대로 싸우고, 지금껏 진의 직접적인 공격을 받지 않다가 오히려 공격을 받게 되었을까? 그렇다면 그때까지 합종은 실체가 없는 것이었다.

정확한 연대를 알 수는 없으나 여러 역사적인 상황을 종합하면 소진의 활동 연대는 기원전 334년보다 최소한 10년 이후로 보인다. 앞으로 우리는 소진의 활동 연대를 기원전 325년 이후로 가정하고 논의를 진행할 것이다.

2. 소진의 연나라 유세: 조나라와 친해야 한다 ━━━━

이리하여 소진은 연나라로 향한다. 동북의 연나라는 소진에게 완전히 새로운 땅이었을 것이다. 드디어 그의 합종론이 모양을 드러낸다. 그는 이제 지정학자가 되어 합종론자로서 자신의 의견을 거침없이 밝힌다. 우선 소진은 조와 연이 하나가 되어야 함을 역설한다. 연나라에서 1년 동안이나 머무르며 드디어 기회를 얻은 그는 대뜸 연의 유리함을 말한다.˙ 이제부터 문장을 분석하면서 읽어보자. 소진은 먼저 연이 풍

• 《전국책》〈연책燕策〉의 문장이다. 〈연책〉은 소진이 유세한 이가 연문후로 되어 있으나, 위에서 밝혔듯이 필자는 역왕易王이라 추정한다.

요롭고 강하다고 말한다.

연은 동쪽으로 조선과 요동이 있고, 북쪽으로는 임호林胡와 누번樓煩, 서쪽으로는 운중과 구원九原, 남쪽으로는 호타呼沱와 역수易水가 있습니다. 땅은 사방 2000여 리에 갑사는 수십만, 전차는 700승에 전마는 6000필이 있으며, 곡식은 10년을 버틸 수 있습니다. 남쪽으로는 갈석碣石과 안문雁門의 풍요로움이 있고 북쪽으로는 대추와 밤의 이익이 있으니 백성들이 굳이 밭을 갈지 않아도 대추와 밤으로도 충분히 먹을 수 있습니다. 이것이 이른바 천부의 나라라는 것입니다.

그렇다면 연이 어떻게 이런 풍요를 누릴 수 있었는가? 소진은 조가 연의 남쪽 울타리가 되기 때문이라고 주장한다.

지금 편안히 지내며 어려운 일을 겪지 않고 군대가 엎어지고 장수가 죽는 걱정을 겪지 않는 나라로는 연이 최고일 것입니다. 대왕께서는 그 까닭을 알고 계십니까? 무릇 연이 적의 침탈을 받지 않는 까닭은 조가 남쪽 울타리가 되어주기 때문입니다. 진과 조가 다섯 번 싸워 진이 두 번 이기고 조가 세 번 이겼습니다. 진과 조가 서로 싸우다 피폐해지면 왕께서는 온전한 나라를 가지고 그 뒤를 제압할 수 있으니, 이것이 연이 병화를 입지 않는 이유입니다. 게다가 진이 연을 공격하자면 운중과 구원을 가로지르고 대代와 상곡上谷을 지나 수천 리를 행군해야 하니, 비록 연의 성을 얻더라도 실로 지켜낼 수 없다고 여깁니다. 이로써 진이 연을 해칠 수 없다는 것은 명백합니다.

그런데 조를 멀리한다면 어떤 일이 벌어질 것인가? 소진은 "진은 멀고 조는 가깝다"고 말한다.

그러나 지금 조가 연을 공격한다면 호령을 내린 후 열흘이 지나지 않아 수십만 군대가 동원東垣에 이를 것입니다. 호타를 넘고 역수를 건너면 사나흘도 안 되어 국도에 이릅니다. 그러니 말씀드리자면, 진이 연을 공격하려면 수천 리 밖에서 싸워야 하지만 조가 연을 공격한다면 100리 안에서 싸우게 됩니다. 무릇 100리 안의 걱정거리를 근심하지 않고 1000리 밖의 것을 중하게 여기니, 이보다 잘못된 계책은 없습니다. 그러니 대왕께서 조와 합종을 맺고 천하가 하나가 되면 필시 나라에 우환은 없을 것입니다.

조와 친해지면 나라를 보존할 수 있다는 비교적 단순한 주장이다. 그러나 연은 연 나름대로 조와 친해야 할 이유가 또 있었다. 조는 진의 위협을 받고 있으므로 쉽사리 연을 칠 수 없겠지만 제는 언제나 연을 칠 수 있었다. 연의 잠재적인 적은 제인데, 조 또한 제의 위협을 느끼고 있었다. 이 점에서 조와 연은 이해를 같이했다. 굳이 멀리 있는 진의 위협을 방지하는 것보다 조와 친해서 가까이 있는 제를 방어할 수 있다면 다행이다. 소진의 유세를 듣고 연왕은 이렇게 대답했다.

과인의 나라는 작은데 서쪽으로 강한 진의 압박을 받고 있고, 남으로 제·조와 접하고 있습니다. 제와 조는 강한 나라입니다. 지금 주군主君께서 친히 가르침을 내려 깨우쳐주시어 합종하여 연을 안정시키려고 하시니 삼가 나라를 들어 따르겠습니다.

이리하여 연왕은 수레와 금백을 줘서 소진을 조로 보냈다.

3. 소진의 조나라 유세: 동방이 더 크다 ━━━━━

연나라는 정국을 주도할 힘이 없다. 합종이 힘을 얻으려면 중원의 조가 중심이 되어야 한다. 소진은 연나라의 사신이 되어 조로 가서 무령왕에게 합종을 유세했다.《사기》〈소진열전〉에는 유세 대상이 숙후라고 되어 있지만, 앞에서 말한 근거로 필자는 무령왕이라 가정한다. 소진이 이 시기 무령왕에게 유세했다고 추정하는 근거는 또 있다. 무령왕 등극 직후 10년 이상 조는 삼진 연합의 중심이 되어 일관성 있게 진을 공략한다. 그는 한과 회맹하고 한의 여인을 부인으로 받아들였고, 재위 9년에는 삼진과 연합하여 진에 선제공격을 감행했다. 무령왕 후대로 가면 삼진은 이렇게 일관성 있게 진에 대응하지 못한다.

어린 나이에 등극한 무령왕은 야망이 큰 군주였다. 그는 한과 결합했지만 한은 삼진 중에 가장 약했고 위 다음으로 진의 공격 목표가 될 위태로운 나라였다. 그런 한과 함께 진을 공략하겠다는 것은 위기를 사전에 봉쇄한다는 의미가 있었다. 왕위에 등극한 지 8년 되는 해에 조보다 더 작은 연이나 한도 왕을 칭했지만 그는 "실속도 없는 이름은 필요 없다"고 하며 거부했다. 실질을 숭상했던 그는 훗날 호복기사胡服騎射, 즉 '오랑캐의 옷을 입고 말 위에서 활을 쏘는' 전술상의 개혁을 단행한다.

이제 소진이 어떻게 무령왕을 설득하는지 살펴보자. 문장은《전국책》〈조책趙策〉에서 가져왔다. 연에서 한 유세보다 훨씬 세련된 방식으로 소진이 운을 뗀다.

> 천하의 경상과 신하된 이들부터 포의의 선비들까지 대왕의 의행이
> 높고 뛰어나다 하지 않는 이가 없으니, 이들은 모두 가르침을 받들고
> 충성을 펼치기를 고대한 지 오래입니다. 그러나 봉양군奉陽君*이 시기
> 심이 많아 대왕께서는 몸소 일을 처리하지 못했습니다. 그리하여 외
> 국의 빈객이나 유세하는 선비들이 감히 앞에 나와 충성을 다하지 못
> 했습니다. 지금 봉양군이 관사館舍를 버려 (죽어) 이제부터 드디어 대

---

* 《사기》〈소진열전〉는 무령왕의 숙부 조성趙成을 봉양군이라고 하고 《사기》〈장의열전張儀列傳〉에도 무령왕이 "선대에는 봉양군이 전권을 행사하여[奉陽君專權]"라는 내용이 나온다. 그러나 《사기》〈조세가〉에 무령왕의 호복기사 개혁 단계에서 다시 숙부 성이 등장하는데, 그의 봉호가 안평군安平君으로 나온다. 오늘날 학계는 대개 무령왕 사후 전권을 행사하는 이태李兌를 봉양군으로 본다. 물론 이태와 조성은 시대적으로 완전히 다른 인물이다. 여기서 말하는 봉양군이란 물론 이태가 아니고 무령왕의 숙부다. 《전국책》〈조책〉의 '봉양군의 죽음' 운운하는 부분이 틀렸거나, 〈조세가〉의 호복기사 부분이 틀렸을 것이다. 그러나 〈조세가〉의 호복기사 개혁 부분 역시 〈조책〉에서 나왔으므로 〈조세가〉가 〈조책〉의 모순을 답습한 것으로 보인다. 그런데 《전국책》〈연책〉에는 이태와 봉양군을 다른 이로 묘사하는 "이태가 소진을 위해 봉양군에게 말했다[李兌因蘇秦謂奉陽君]"는 기사가 나와서 혼란을 더한다.

왕께서는 사민과 서로 친할 수 있게 되었으니, 신은 감히 어리석은 대책과 충성을 바칠까 합니다.

소진은 먼저 외교에서 기밀의 중요성을 말한다.

왕을 위한 대책으로는 안민무사安民無事가 최고이니, 유위有爲의 방법을 쓰지 마소서(구태여 일을 일으키지 마소서). 안민의 근본은 사귈 이를 선택하는 데 있습니다. 사귈 이를 선택하여 사귀면 백성은 안정되고, 그러지 못하면 백성은 평생 안정을 얻을 수 없습니다. 바깥의 우환에 대해 말씀드리고자 합니다. 제와 진을 함께 적으로 삼으면 백성은 편안할 수가 없을 것이고, 진에 기대어 제를 공격하거나 제에 기대어 진을 공격해도 백성은 편안할 수가 없습니다. 그러니 남의 군주와 모의하여 남의 나라를 공격하자면 항상 말이 먼저 새어나가 외교를 단절하는 고통을 겪으니, 대왕께서는 삼가시어 의중이 입 밖으로 나가지 않게 하소서. 좌우를 물릴 것을 청하오니, 말이 서로 다른 것은 음양의 차이 때문입니다.*

그다음으로 소진은 합종의 실리를 이야기한다. 그는 합종으로 조가 천하의 중심이 될 수 있다고 주장했다.

• 원문은 "曰言所以異陰陽而已矣"다. '이 말 저 말이 다 다른 까닭은 드러내느냐 감추냐에 달렸다'는 뜻으로 보인다. 《사기》에는 "請別白黑所以異陰陽而已矣"로 바뀌어 있다.

대왕께서 진실로 저의 말을 들어주신다면 연은 분명 모전·갓옷과 개와 말이 나는 땅을 가지고 대왕을 찾아올 것이며, 제는 분명 바닷가 어염이 나는 땅을 가지고 오고, 초는 귤과 유자가 나는 운몽 땅을 가지고 오며, 한과 위도 모두 봉지를 가지고 와서 탕목읍湯沐邑으로 쓰게 할 것이니 귀척부형을 모두 봉후封侯로 삼을 수 있습니다. 무릇 오패도 땅을 떼어 받고 실익을 얻으려 적의 군대를 엎고 장수를 잡았으며, 탕왕과 무왕도 (남을) 방벌하여 죽이고 싸워 (자신의) 귀척을 봉후로 삼았습니다. 지금 대왕께서 소매를 늘어뜨리고 팔짱을 끼고 이 둘을 얻을 수 있으니, 이것이 신이 대왕을 위해 원하는 바입니다.

이어지는 구절은 당시의 상황과 잘 들어맞는다. 소진은 제나 진 하나를 골라서 친하면 조에게 손해라고 말한다. 한과 위가 약해지면 조가 직접 진의 공격을 받고, 초는 조와 국경을 맞대지 않고 있어서 서로 싸울 필요가 없는데 초를 약하게 하면 도움이 필요할 때 얻을 수 없다는 것이다.

대왕이 진을 편든다면 진은 분명 한과 위를 약화시킬 것이고, 조가 제와 함께한다면 제는 필시 초와 위를 약화시킬 것입니다. 위가 약해지면 (진에게) 하외의 땅이 떨어져 나갈 것이고 한이 약해지면 (진에게) 의양을 바칠 것입니다. 의양이 넘어가면 상군上郡(한의 남양과 상당)이 두절되고, 하외가 떨어지면 길이 통하지 않으며, 초가 약해지면 도와줄 이가 없어집니다. 이 셋은 숙고하지 않을 수 없습니다.

진의 전략은 어떤 것인가? 진은 먼저 조의 남쪽을 단절시키고 공격해올 것이다.

대저 진이 지도軹道로 내려오면 남양이 동요하고, 한을 겁박하여 주周를 포위하면 조는 스스로 녹아내릴 것이며, 위衛에 기대어 기淇를 취하면 제는 분명 입조할 수밖에 없을 것입니다. 진이 산동에서 욕심을 채우면 반드시 갑병을 이끌고 조로 향할 것입니다. 진의 갑병이 황하를 건너고 장수를 지나 파오番吾에 근거지를 두면 바로 (조나라 수도인) 한단성 아래서 싸워야 할 것이니, 이것이 신이 왕을 위하여 걱정하는 바입니다.

소진은 남쪽의 울타리를 약화시켜서는 안 된다고 말한다.

지금 산동 나라 중에 강건하기로는 조나라가 으뜸입니다. 조는 땅이 사방 2000리에 갑사가 수십만, 전차 1000승에 말 1만 필을 가지고 있으며 식량은 10년을 버틸 수 있습니다. 서쪽으로 상산이 있고 남쪽으로 황하와 장수가 있으며, 동쪽으로 청하淸河(제수)가 있으며 북쪽으로는 연이 있습니다. 연은 실로 약한 나라이니 두려워할 바가 못 됩니다. 또한 진이 천하에서 두려워하고 꺼리는 이로 조만 한 나라가 없습니다. 하지만 진이 군대를 이끌고 조를 치지 않는 까닭이 무엇입니까? 한과 위가 배후를 도모할까 두렵기 때문입니다. 그러니 한과 위는 조의 남쪽을 가리는 울타리입니다. 허나 진이 한과 위를 공격할 때

는 그렇지 않습니다. 명산대천의 방어막이 없기에 야금야금 갉아먹
다가 결국 국도까지 이른 후에야 그치겠지요. 한과 위는 진을 버텨내
지 못하면 분명히 진에 입조할 것입니다. 진이 한과 위를 신하로 거느
리면 한과 위의 가림막이 없어지니 화는 바로 조에 집중될 것입니다.
이것이 신이 대왕을 위해 우려하는 바입니다.

　이어서 소진은 동방이 진보다 크다고 말한다. 소진의 동방중심론으
로, 덩치도 크면서 앉아서 화를 기다리지 말고 나아가 막고 취하라고
한다. 소진의 진취성을 들여다볼 수 있다.

　신이 듣기로, 요堯는 세 장정 몫의 땅도 없었고 순舜은 지척의 땅도 없
었지만 천하를 차지했고, 우禹는 백 사람의 무리도 없었지만 제후들
의 왕이 되었으며, 탕왕과 무왕의 병력은 3000명이 못 되었고 전차는
300대가 못 되었지만 자립하여 천자가 되었다 하니, 이는 진실로 그
도를 얻었기 때문입니다. 그러니 밝은 군주는 밖으로 적국의 강약을
헤아리고 안으로 자기 병력의 수와 뛰어남과 못남을 가늠함으로써
양쪽 군대가 맞닥뜨리기 전에 승패와 존망의 관건을 이미 마음속으
로 확실히 간파하고 있으니, 어찌 뭇 사람들의 (허튼) 말에 가려져 몽
매한 채로 일을 결정하겠습니까?
　신이 가만히 천하의 지도를 두고 가늠해보니 제후들의 땅이 진의 다
섯 배나 되고 그 병력은 열 배나 됩니다. 6국이 힘을 하나로 모아 서쪽
으로 진을 공격하면 반드시 격파할 수 있습니다. 그러나 지금 오히려

진에게 격파당해 서쪽을 보고 진을 섬기며 진의 신하 노릇을 하고 있습니다. 무릇 남을 격파하는 것과 격파당하는 것, 남을 신하로 부리는 것과 남의 신하가 되는 것을 어찌 같은 날에 두고 말할 수 있습니까(그 차이는 대단히 큽니다)?

소진은 연횡을 말하는 이들은 사실은 자기 몸을 위해 나라를 팔아먹는 자들이라고 말한다.

대저 연횡을 꾀하는 자들은 모두 제후의 땅을 떼어 진과 화친하고자 하고, 진과 화친하기만 하면 대를 높이고 궁실을 꾸미고 우슬竽瑟 소리나 듣고 진미를 맛보며 앞에는 수레를 두고 뒤에는 커다란 마당을 두고 미인의 간드러진 웃음을 즐기나, 마침내 진의 우환이 닥치면 함께 걱정해주지는 않습니다. 그러므로 연횡을 꾀하는 이들은 밤낮으로 진의 권세를 이용하고 제후들을 겁주어 땅을 떼어주는 데 힘을 쓰고 있습니다. 원컨대 대왕께서는 깊이 살피소서.*

이제 소진은 6국이 하나가 되어 진을 봉쇄하자는 전략의 전모를 드러낸다.

---

* 《전국책》〈조책〉의 문장은 "夫橫人者, 皆欲割諸侯之地以與秦成, 與秦成則高臺, 美宮室……, 卒有秦患, 而不與其憂"이고, 《사기》〈소진열전〉의 문장은 "夫衡人者, 皆欲割諸侯之地以予秦, 秦成則高臺榭, 美宮室……, 國被秦患而不與其憂"으로 상당히 수정되어 있다. 지금 소진은 연횡을 주장하여 땅을 떼어 주어 진과 맹약을 맺은 후 태평성세가 온 듯 사치스럽게 즐기다가 막상 진이 공격해오면 나 몰라라 하는 인사들의 행태를 신랄히 고발하고 있는 것이다.

신이 듣기로 밝은 군주는 의심을 끊고 참소를 멀리하며, 떠도는 말의 자취를 물리치며, 붕당의 문을 막아버린다 합니다. 그러니 군주를 높이고 땅을 넓히며 군대를 강하게 하는 대책으로 신이 면전에서 충심을 펼칠 수 있었습니다. 가만히 대왕을 위한 계책을 생각해보니, 한·위·제·초·연·조 여섯 나라가 종으로 하나같이 친해져 진에 대항하는 것이 최선입니다. 천하의 장상들을 원수洹水 가에 불러 회합을 열도록 하여, 인질을 교환하고 백마를 죽여 이렇게 맹서를 합니다.

"진이 초를 공격하면 제와 위가 각각 정예를 출정시켜 돕고, 한은 보급로를 끊으며 조는 황하와 장수를 건너며 연은 상산常山의 북쪽을 지킨다. 진이 한과 위를 공격하면 초는 그 후방을 끊고 제는 정예병으로 도우며 조는 황하와 장수를 건너고 연은 운중雲中을 지킨다. 진이 제를 공격하면 초가 그 후방을 끊고 한이 성고를 지키며 위는 오도午道를 막고, 조는 황하와 장수를 건너 박관博關을 나서고 연은 정예병을 보내 돕는다. 진이 연을 공격하면 조는 상산을 지키고 초는 군대를 무관武關으로 보내며 제는 발해를 건너고 한과 위는 정예병을 내어 돕는다. 진이 조를 공격하면 한은 의양에 군대를 주둔시키고 초는 무관으로 군을 보내고, 위는 하외에 주둔하고 제는 발해를 건너고 연은 정예병을 보내 돕는다. 제후 중 먼저 맹약을 위반한 자는 5국이 함께 친다."

여섯 나라가 종으로 화친하여 진을 물리치면 진은 필시 감히 함곡관 밖으로 군대를 내어 산동 나라들을 해치지 못할 것이니, 이리하면 패업을 이룰 수 있습니다.

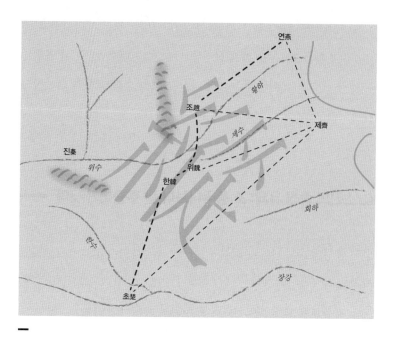

소진의 6국 합종. 소진은 무령왕에게 6국을 하나로 연합해 진을 봉쇄하자는 전략을 주장했다. 그는 한·위·제·초·연·조 여섯 나라가 종縱으로 서로 화친하여 진에게 대응하면, 위기에 처한 나라의 지형을 이용해 구원군을 효율적으로 활용할 수 있어 결국 패업을 이룰 수 있다고 보았다.

젊지만 야심에 찬 무령왕이 화답했다. 무령왕은 실제로 어린 나이에 왕위에 등극했고, 등극 후에 결혼한 새파란 청춘이었다.

과인은 나이가 어리고 국사를 돌본 날이 얼마 되지 않아 아직 사직을 보존한 장구한 대책을 들어보지 못했습니다. 지금 상객께서 천하를 살리고 제후들을 안정시키려는 뜻을 가지고 계시니 과인은 삼가 나라를 들어 받들겠습니다.

이리하여 무령왕은 소진을 무안군武安君으로 봉하고 치장한 수레 100승과 황금 1000일, 백옥 100쌍과 수단 1000순純을 주어 제후들과 맹약하게 했다. 이렇게 두둑한 자금을 얻은 소진. 그다음 행선지는 어디일까? 바로 중원이다.

4. 소진의 중원 유세: 소 꽁무니보다 닭 주둥이가 낫다 ━━━

당시 중원에 슬픈 나라가 있었다. 스스로를 진晉이라 부르며 막강했던 과거를 기억하지만 해를 거르지 않고 진秦의 침략을 당하는 나라, 실력 있는 인재들을 걸핏하면 서쪽으로 떠나보내고 다시 그들의 해코지를 당하는 나라. 바로 위魏다. 《사기》〈육국연표〉를 따라 그들이 진에게 당한 날들을 간단히 정리해보면 다음과 같다.

- 기원전 333년: 조음雕陰에서 대패. 4만 5000명 사망.
- 기원전 332년: 음진陰晉 땅을 바쳐 화해를 구걸함. 위나라 사람 공손연公孫衍(서수犀首)이 위를 침.
- 기원전 330년: 하서 땅을 진秦나라에 바침.
- 기원전 329년: 진에 분음汾陰과 피지皮氏를 빼앗김. 다시 진에 화해를 구걸함.
- 기원전 328년: 진에 상군上郡을 헌납.
- 기원전 324년: 진에 섬陝을 빼앗김. 위나라 사람 장의張儀가 섬을

빼앗음.

- 기원전 323년: 진과 묵계를 맺은 초와 양릉襄陵에서 싸워 대패함.
- 기원전 322년: 진에 곡옥과 평주平周를 빼앗김.

　　당시 위처럼 혹독하게 전란에 시달리는 나라는 없었다. 찬란하던 시기도 누리고 이 비참한 시기까지 견뎌낸 이는 바로 위 혜왕이었다. 진과 인접한 위는 싸우기 싫어도 싸워야 하는 형편이었다. 그러나 오기가 죽은 후 선제공격은 언감생심이고 그저 성을 지키는 데 급급했지만 그나마도 싸우기만 하면 패했다. 이런 나라의 왕에게 어느 날 승리할 수 있는 대책을 가지고 있다는 사나이가 나타났으니 바로 소진이다. 소진은 위 혜왕에게 어떤 대책을 내놓을 것인가? 소진은 위 혜왕을 찾아가 조를 중심으로 한 합종을 이야기한다.*

　　먼저 소진은 혜왕을 자극하여 심사를 뒤틀어놓는다. "초나라보다 못하지 않은 위나라를 들고 진을 섬기려 하는가? 당신은 진의 신하가 되려 하는가?" 사실 당시 위는 전쟁 대신 땅을 떼어주는 방식으로 싸움을 모면하는 꼴이었다.

———

- 《사기》〈소진열전〉에는 소진이 한을 먼저 찾아간 후 위를 찾았다고 하나 편의적인 배열인 듯하다. 또한 소진의 한나라 유세 내용을 보면 현실과 너무 맞지 않아 문장 전체를 후대인이 만든 것 같다는 혐의가 드는 한편 《전국책》〈위책〉에 나오는 소진의 위나라 유세와 일치하는 문장이 상당히 있다. 따라서 필자는 소진의 한나라 유세는 소진의 위나라 유세를 기반으로 후대인이 지어낸 것이 아닌가 한다. 또한 당시 진에게 심하게 당하고 있던 나라는 한보다는 위였으므로 위를 앞에 둔다. 《사기》는 당시 군주가 위 양왕魏襄王이었다고 하지만 위나라 사서 《죽서기년》에 따르면 위 혜왕은 기원전 319년까지 통치했다. 오늘날 학계는 모두 이를 인정하고 있다. 이어지는 문장은 〈위책〉에 나온다.

대왕의 땅은 남쪽으로 홍구鴻溝와 진陳과 여남이 있고 (중략) 서쪽로는 장성의 경계가 있으며 북쪽으로는 하외河外가 있고 (중략) 땅은 사방 1000리입니다. 명목상으로야 땅이 작지만 집과 밭이 이어져 일찍이 말과 소를 풀어놓을 곳도 없었습니다. 인민과 거마가 무수히 많이 주야로 지나며 끊이지 않으니 꼭 삼군의 무리를 방불케 합니다.

신이 가만히 헤아려보니, 대왕의 나라는 초나라만 못하지 않은 듯합니다. 허나 연횡을 주장하는 이들은 대왕께서 밖으로 호랑이나 이리 같은 강한 진과 사귀어 그를 강하게 하여 천하를 침탈하게 하고는, 급기야 나라가 우환에 빠지면 그 화를 함께 감내하지 않습니다. 대저 강한 진의 위세를 끼고 안으로 군주를 겁박하니 이보다 더 큰 죄는 없습니다. 또한 위는 천하의 강국이며 대왕은 천하의 현명한 군주이십니다. 허나 지금 서쪽을 향해 진을 섬겨 동번東藩(동쪽의 속번)이라 칭하고 제궁帝宮(황제의 궁)을 만들어 바치고 관대冠帶(신하의 상징)를 받고 춘추로 제사를 지낼 뜻을 가지고 계시니, 신은 대왕을 위해 이를 부끄럽게 여깁니다.

소진은 자존심 센 위 혜왕을 다시금 도발한다. 월왕 구천은 보병 삼천 명으로 오나라를 결딴냈다. 그런데 당신은 이토록 많은 군대를 거느리고도 땅을 떼어주는가?

신이 듣기로, 월왕 구천은 보병 3000명으로 간수干邃에서 오왕 부차夫差를 사로잡았고, 주나라 무왕은 군졸 3000명에 혁거 300승으로 목야에서 은나라 군주 주紂를 참했다 하니, 이것이 어찌 병력이 많아서 이룬 일이겠습니까? 진실로 위세를 떨쳤기 때문이지요. 지금 대왕의 병력에 대해 들어보니 무력武力이 20만, 창두蒼頭가 20만, 분격奮擊이 20만, 잡무병[厮徒, 하인]이 10만, 전차 600승, 전마가 5000필이라 합니다. 이는 월왕 구천이나 무왕보다 훨씬 많은 것인데도 작금 기어이 편벽한 신하들의 말에 겁을 먹고 신하로서 진을 섬기려 하십니다. 대저 진을 섬기자면 반드시 땅을 떼어주고 인질을 보내야 하니 군대를 써보지도 못하고 나라는 이미 무너집니다. 여러 신하 중에 진을 섬기자고 말하는 이들은 모두 간신이지 충신이 아닙니다. 남의 신하가 되어 자기 군주의 땅을 떼어 밖으로 사귐을 구하고, 속임수로 하루아침의 공을 취하나 그 후과는 돌아보지 않으며, 공가公家(왕실)를 부수어 사문私門(가문)의 이득을 성취하며, 밖으로 강한 진의 위세를 끼고 군주를 겁박하여 진에 땅을 떼어주는 자들을 대왕께서는 깊이 살피소서.

진에 굴복할 필요가 없다는 솔깃한 제안이다. 그렇다면 진을 이길 뾰족한 방법이 있는가? 조와 힘을 합치면 된다. 화려한 말에 잘 넘어가는 혜왕에게 소진은 말솜씨를 펼친다.

《주서周書》에서 이르길, '하늘하늘할 때 자르지 않으면 우거지면 어찌하랴. 터럭 같을 때 뽑지 않으면 도끼자루만큼 커지리라'라고 했습니다. 목전의 걱정거리를 두고 결단하지 않으면 뒤에는 커다란 우환이 따를 것이니 장차 이를 어찌하시렵니까? 대왕께서 진실로 신의 말씀을 들어주시어 여섯 나라가 종으로 친하여 마음을 다하여 힘을 합친다면 강한 진의 우환은 필시 없을 것입니다. 그러니 폐읍의 조왕이 사신을 시켜 어리석은 계책을 올리고 분명한 약속을 받들라 하였으니, 이는 대왕의 명령에 달려 있사옵니다.

이제 혜왕은 전란에서 벗어날 수 있을 것인가? 그는 소진을 감히 주군主君이라 부르며 이렇게 대답했다.

과인이 불초하여 일찍이 밝은 가르침을 듣지 못했습니다. 지금 주군께서 조왕의 조칙으로 가르침을 주시니 삼가 나라를 들어 따르겠습니다.

중원에는 위와 비슷한 처지의 나라가 또 하나 있었다. 지금껏 모질게 당한 나라가 위라면 앞으로 당할 나라는 한이다. 왜냐하면 진은 오래전부터 한의 의양宜陽을 빼앗아 명목뿐인 주 왕실을 넘보는 동시에 효산 밖의 거점으로 삼으려고 했기 때문이다. 진이 황하 북쪽의 위나라 도시들을 확보한 다음에는 한의 의양을 칠 것이 뻔했다. 황하 북쪽에 열심히 거점을 마련하는 것은 의양 정벌을 위한 사전작업일 수도 있었다.

소진은 위나라를 떠나 한으로 갔다. 그는 한나라 선혜왕에게 유세한다.＊ 먼저 그가 항상 내세우는 말로부터 시작한다. 독립국이여, 자존감

• 유감스럽게도 이 유세는 당시의 정세에 부합하지 않는다. 아직까지 한은 위처럼 걸핏하면 진에게 땅을

을 회복하라!

한은 북으로 공鞏, 낙洛, 성고의 견고함이 있고, 서쪽으로는 의양과 상 판常阪의 요새가 있으며, 동으로는 완宛, 양穰, 유수洧水가 있으며, 남 쪽으로 형산陘山이 있어서, 땅은 사방 1000리에 갑사는 수십만입니 다. 천하의 강한 활과 굳센 쇠뇌가 모두 한나라에서 나옵니다. 부자니 소부니 시력이니 거래니 하는 쇠뇌는 모두 600보 이상 날아갑니다. 한의 병사가 여기다 발을 걸고 쏘면 화살 100대가 그치지 않고 날아 가는데, 멀리 날아간 것은 적의 가슴에 닿고 가까운 것은 엄심掩心(가 슴막이 갑옷)을 뚫습니다. 한나라 군졸들이 쓰는 검은 모두 명산·상계· 묵양 등에서 나며, 등사니 완풍이니 하는 검은 하나같이 땅 위에서는 말과 소를 토막 내고 물에서는 고니와 기러기를 자를 수 있어 적을 만 나면 방패와 갑옷 따위를 끊어내니 갖추지 못한 장비가 없습니다. 한 나라 병졸의 용맹함에다 견고한 갑옷을 입고 굳센 쇠뇌를 당기며 예 리한 검을 차니 일당백이라 해도 과장이 아닙니다. 한의 굳셈과 대왕 의 현명함을 가지고도 기어이 서쪽을 향해 진을 섬겨 동번을 칭하고 제궁을 지어주고 관대를 받아 춘추로 제사를 올리며 두 팔을 모으고 복종할 뜻을 가지시다니, 사직을 대하기 부끄럽고 천하에 비웃음을 살 일로 이보다 더한 것이 없습니다. 그러니 대왕께서는 깊이 살피소서.

바치는 행동을 하지는 않았다. 다만 그럴 날이 다가오고 있다는 것만 감지하고 있었다. 유세의 신빙성이 의문이지만, 이 유세를 통해 전국시대 한의 강점을 알 수는 있다. 한의 무기는 전국시대에 이름이 높았 다. 문장은 《전국책》〈한책韓策〉에서 취했고, 고유명사나 장황한 수식은 약간 줄였다.

소진은 땅은 유한한데 진의 욕구는 무한하다는 것을 기억하라고 주장한다.

대왕께서 진을 섬기면 진은 분명 의양과 성고를 요구할 것이고, 올해 땅을 내주면 내년에는 더 많은 땅을 달라고 할 것입니다. 땅을 계속 주자니 남아날 땅이 없을 것이고 주지 않으면 앞에 주었던 공은 없어지고 다시 화를 입어야 하는 꼴입니다. 대왕의 땅은 끝이 있지만 진의 요구는 한이 없습니다. 무릇 유한한 땅으로 무한한 욕구를 맞이하는 것은 이른바 '원한을 팔아 화를 산다(市怨而買禍)"는 짓이니, 싸우지 않고서도 이미 땅이 깎여나갑니다. 속담에 '닭 주둥이가 될지언정 소 꽁무니(항문)가 되지 마라(寧爲鷄口, 無爲牛後)'는 말이 있습니다. 지금 대왕께서 두 팔을 모으고 서쪽으로 진을 섬긴다면 소 꽁무니와 무슨 차이가 있습니까? 현명하신 대왕께서 강한 한의 군대를 끼고서도 '소 꽁무니'라는 오명을 뒤집어쓰다니, 신은 대왕을 위해 이를 수치스럽게 생각합니다.

지금 소진은 한 나라의 왕에게 소의 꽁무니가 되려고 하느냐며 꾸짖고 있다. 선혜왕이 분연히 얼굴빛을 바꾸고 검을 어루만지며 하늘을 우러러 크게 한숨을 쉬며 말했다고 한다.

과인은 죽을지언정 결코 진을 섬길 수 없소이다. 지금 주군께서 조왕의 가르침으로 일깨워주시니, 삼가 사직을 받들어 따르겠습니다.

이렇게 소진은 중원의 나라들도 하나로 묶었다. 다음 차례는 동쪽의 제와 남쪽의 초다.

5. 소진의 제·초나라 유세: 제와 초는 진과 버금이다 ━━━

이제 소진은 전국시대에 가장 부유한 나라와 가장 큰 나라를 찾아간다. 제나라에게는 진은 위협이 되지 않으니 섬길 필요가 없다고 하고, 초나라에게는 합종을 통해 진나라 대신 패자가 되라고 권한다. 진을 섬긴다는 표현이 나오지만 모두 수사적인 것이다. 아직 제와 초는 진을 섬길 필요가 없었다. 다만 초는 진의 위협을 실감할 수밖에 없었는데 진이 험한 진령을 넘어 장강 상류의 파촉을 노렸기 때문이다. 소진의 제나라 유세 내용은《전국책》〈제책齊策〉과《사기》〈소진열전〉의 것이 똑같다. 이제 소진이 제 선왕에게 어떻게 유세할지 살펴보자. 소진은 먼저 제나라 군대의 강함을 말한다.

제는 남쪽으로 태산이 있고 동쪽으로는 낭아산[琅邪]이 있으며 서쪽으로는 청하淸河(제수와 황하)가 있고 북쪽으로는 발해渤海가 있어 이른바 사면이 요새인 나라입니다. 제 땅은 사방 2000리에 갑옷을 두른 병사가 수십만 명이며 곡식은 산더미같이 쌓여 있습니다. 제나라 전차의 뛰어난 성능에 다섯 집 장정으로 조를 짠 병사들을 합치니 마치 송곳 화살처럼 질주하고 천둥번개처럼 싸우며 폭풍우처럼 흩어져,

일찍이 전투에서 적이 태산을 넘은 적도 없고 청하를 가로지른 적도 발해를 건넌 적도 없었습니다.

군대가 강하기도 하지만 제나라의 진정한 강점은 인구와 부유함이다. 제나라는 외국에 소금과 물고기를 팔 수 있었고, 평지에서도 충분한 곡물이 났다. 소진은 제나라의 강점을 강조한다. 이 유세를 통해 우리는 제나라의 당시 풍속도 알 수 있다.

제나라 수도 임치에는 7만 호가 있습니다. 신이 가만히 계산해보니 작은 집이라도 남자 셋은 있습니다. 3에 7을 곱하여 21만 명이니 멀리 바깥 현에서 징발할 것도 없이 임치의 병졸만 넉넉히 21만 명입니다. 임치는 실로 부유하고 알찬 곳으로, 주민이라면 모두 피리불고 북치고 비파를 켜고 거문고를 뜯으며, 닭싸움에 개 경주, 윷놀이와 공차기를 즐깁니다. 임치의 길에서는 수레바퀴 통이 서로 부딪히며 사람들의 어깨가 서로 닿고, 옷깃이 이어져 휘장을 이루고 소매를 들면 장막이 되며, 땀이 떨어져 비가 될 지경입니다. 집안은 돈독하며 부유하니 그 뜻은 높이 날립니다. 대저 대왕의 현명함과 제나라의 강함이라면 천하가 당할 수 없습니다. 허나 지금 서쪽을 향해 진秦을 섬기시다니, 저는 속으로 이를 대왕의 수치라고 여깁니다.

소진은 이어서 제나라는 진나라를 두려워할 이유가 전혀 없다고 말한다. 진과 제는 국경을 마주하지 않기 때문이다. 소진은 수천 리를 건너 진이 제를 치는 것은 불가능하다고 주장한다.

한과 위가 진을 두려워하는 것은 국경을 맞대었기 때문으로, 진이 군대를 내어 맞붙으면 열흘이 못 되어 싸워 이기든지 살아남든지 망하든지 결판이 나기 때문입니다. 한과 위가 진과 싸워 이긴다 해도 군대의 절반은 꺾일 것이니 사방의 국경을 지킬 수 없고, 싸워 이기지 못하면 멸망이 뒤따릅니다. 그러니 한과 위는 진과 싸우는 것을 어려워하고 그 밑에 신하로 들어가는 것을 차라리 쉽게 여기는 것입니다. 그러나 지금 진이 제를 공격하고자 하면 형세가 다릅니다. 한과 위의 땅을 지나쳐 뒤에 두고 위衛나라 양진陽晉의 길을 지나고 항보亢父의 험지를 통과해야 하니, 전차 두 대가 나란히 지날 수 없고 말 두 마리가 함께 지날 수 없으니, 100명이 험지를 지키면 1000명이라도 통과할 수 없습니다. 진이 비록 깊이 들어오고 싶으나 이리처럼 (켕겨서) 뒤를 돌아보며 한과 위가 배후를 칠까 두려워합니다. 이런 까닭에 두려워 의심하면서 부질없이 으르렁거리고 펄쩍펄쩍 뛰면서도 감히 달려들지 못합니다. 그런즉, 진이 제에 해를 입힐 수 없음은 자명합니다.
진이 자신을 어쩌하지 못한다는 것을 깊이 헤아리지 않고 서쪽을 향해 진을 섬기고자 하니, 이는 여러 신하들의 대책이 틀린 것입니다. 지금 (삼진을 도우면) 신하로서 진을 섬긴다는 오명도 없고 나라를 강하게 할 실리마저 있습니다. 신은 진실로 대왕께서 이 대책을 조금이라도 곰곰이 살펴주시길 원하옵니다.

그러자 제 위왕이 대답했다.

과인이 못나서, 주군으로 하여금 조왕의 가르침을 가지고 와서 베푸는 수고를 하도록 했습니다. 삼가 사직을 들어 따르겠습니다.

여기서 약간의 분석이 필요하다. 당시 제는 진을 섬기지 않았다. 오히려 제는 진이 삼진을 칠 때 종종 배후를 치곤 했다. 진과 제는 삼진을 칠 때 함께 움직였으므로 사실상 동맹관계다. 그런데 진이 제보다 군사적으로 더 강했으므로 둘이 약속할 때 진이 주도했을 것이다. 이 논설의 의미를 확대해보면 지금까지는 제가 진의 군사작전을 활용했지만 이제는 진을 견제할 때가 되었고, 삼진이 무너지기를 기다리지 말고 이제는 삼진을 울타리로 생각할 필요가 있다는 뜻이다.

이렇게 제나라 유세가 끝나자 이제 소진은 초나라로 떠난다. 이번 유세 대상은 초 회왕楚懷王*이다. 초나라는 진이 파촉巴蜀을 노리는 차에 관중과 파촉 사이에 낀 한중이 불안해진 상태라 두려웠고, 파촉을 기반으로 진이 강을 따라 내려오는 것도 두려웠다. 지금까지 초는 진이 위를 치는 것을 이용해왔지만 이제는 자신들이 공격 대상이 될 날이 머지않았음을 느끼는 차였다. 회왕을 만난 소진은 초의 방대한 토지를 언급하며 초는 진과 버금이라는 유세를 펼친다. 버금이라는 우위를 차

• 《전국책》〈초책楚策〉에는 초 위왕楚威王을 찾아가 말했다고 나와 있다. 그러나 필자는 소진의 활동 연대를 더 늦게 잡았기 때문에 초 회왕으로 고쳤다.

지하는 것이 더 좋지 않은가?

　　초는 천하의 강국이며, 대왕은 천하의 현왕賢王입니다. 초는 서쪽으
로 검중과 무군巫郡, 동쪽으로 하주夏州와 해양海陽, 남쪽으로 동정과
창오, 북쪽으로 분형汾陘의 요새와 순양郇陽이 있으며, 땅이 사방
5000리입니다. 이에 갑사 100만 명, 전차 1000승, 말 1만 필에 10년
을 지탱할 곡식을 갖추고 있으니 이는 패왕의 자산입니다. 무릇 초나
라의 강대함과 대왕의 현명함이면 천하에 당할 자가 없습니다. 허나
기어이 서쪽을 향해 진을 섬기려 하신다면, 제후들 중 서쪽으로 가 장
대章臺(진의 공궁) 아래서 진을 섬기지 않을 이는 없을 것입니다. 진이
천하에서 미워하는 이로 초만 한 나라가 없습니다. 초가 강해지면 진
이 약해지고 초가 약해지면 진이 강해지니, 형세상 둘은 양립할 수 없
습니다. 그러니 합종하여 진을 고립시키는 것이 왕을 위한 최상의 계
책입니다.

　　그러나 합종을 하지 않으면 어떤 사태가 벌어질 것인가? 진이 양로
로 공격해오면 장강과 한수를 방어막으로 하고 있는 수도 영郢이 위험
하다. 물론 소진은 합종이 줄 물질적인 이익도 빼놓지 않는다.

　　대왕께서 합종하지 않으시면 진은 필시 군대를 양쪽으로 일으켜, 일
군은 무관으로 내보내고 일군은 검중으로 내려보낼 것입니다. 이리
하면 당장 언鄢과 영이 동요하게 됩니다. 신이 듣기로 어지러워지기

초나라의 주요 요새 중 하나인 장강. 초는 진이 파촉을 기반으로 강을 따라 내려와 공격할 가능성을 두려워했다. 소진은 초 회왕에게 합종을 하지 않으면 장강과 한수를 방어막으로 하고 있는 수도 영이 위험할 수 있다고 설득했다.

전에 다스리고 기미가 보이지 않을 때 도모하라고 하니, 우환이 다다른 후에 걱정한들 이미 늦습니다. 하오니 대왕께서는 일찍이 대책을 세우소서. 대왕께서 실로 저의 말씀을 들어주실 수 있다면 신은 산동의 나라로 하여금 사시로 봉헌물을 가지고 와서 대왕의 밝은 제도를 잇게 할 것이며, 종묘와 사직을 대왕께 맡기어 군대를 단련하고 병기를 벼려 대왕께서 쓰도록 하겠습니다. 대왕께서 실로 저의 어리석은 계책을 들어주신다면, 한·위·제·연·조·위衛의 아름다운 음악과 미인들이 반드시 후궁을 채울 것이고, 조와 대代의 양마와 낙타는 바깥 마구간에 가득 찰 것입니다.

소진은 그에게 앉아서 삼진이 깨어지기를 기다릴 것인가, 치고 나가 맹주가 될 것인가 묻는다.

그러니 종으로 합치면 초가 왕이 되고 횡으로 연결되면 진이 제帝가 됩니다. 지금 패왕의 업을 내려놓고 남을 섬기는 오명을 얻으려 하니, 신은 속으로 대왕께서 취할 대책이 아닌 것으로 봅니다. 저 진은 호랑이나 이리의 나라로서, 천하를 삼킬 마음을 가지고 있습니다. 진은 천하의 원수입니다. 연횡을 주장하는 이들은 모두 제후의 땅을 떼어 진을 섬기고자 하지만, 이는 이른바 원수를 봉양하고 섬기는 일입니다. 대저 신하된 이로서 그 군주의 땅을 떼어다 밖으로 빼내 호랑이와 이리 같은 진과 사귀어 (내통하여) 천하를 침탈하면서, 결국 진의 우환이 닥쳐도 그 화를 돌아보지 않습니다. 무릇 밖으로 강한 진의 위세를 끼고 안으로 자기 군주를 겁박하여 땅을 떼어주도록 하는 짓보다 더 대역불충한 것이 없습니다. 그러니 종으로 친하면 제후들은 땅을 떼어 초를 섬길 것이고, 횡으로 합치면 초가 땅을 떼어 진을 섬기게 됩니다. 이 두 대책은 실로 억조의 차이가 있습니다. 둘 중 대왕은 어느 것을 택하시겠습니까? 그리하여 폐읍 조나라의 왕이 신을 사신으로 보내 어리석은 계책을 전하고 명확한 약조를 받들라 하셨으니, 이는 대왕의 명에 달렸습니다.

이후의 행적으로 살펴보면 초 회왕은 욕심이 대단히 많은 사람이다. 그는 소진의 제안에 동의했다. 그는 다른 나라의 군주들과 달리 상당히 직설적으로 자신의 심정을 토로한다.

> 과인의 나라는 서쪽으로 진과 국경을 마주하고 있는데, 진은 파촉을
> 들어내고 한중을 병탄할 마음을 가지고 있습니다.* 진은 호랑이, 이리
> 의 나라이니 친할 수가 없으나, 한과 위는 진의 우환이 당장 임박한지
> 라 깊이 모의할 수가 없고, 깊이 모의했다가 그들이 배신하여 진에 붙
> 으면 모의를 펼치기도 전에 나라가 위태로워질 뿐입니다. 과인이 혼
> 자 생각해보니 우리 초 하나로 진을 감당하면 승리가 보이지 않고, 안
> 으로 여러 신하들과 모의해봐도 믿을 바가 못 됩니다. 이리하여 누워
> 도 불안하고 먹어도 단맛을 모르며, 마음이 달아놓은 깃발처럼 흔들
> 려 종시 안주할 곳을 몰랐습니다. 지금 주군主君께서 천하를 한마음
> 으로 만들어 제후들을 안정시키고 위태로운 나라를 살려줄 생각을
> 하시니, 과인은 삼가 사직을 들어 따르겠습니다.

이리하여 소진의 6국연합 기획은 일차적으로 성공했다. 필자가 일
차적이라고 말한 이유는 곧 밝혀질 것이다. 진이라고 6국이 자신을 도
모하도록 팔짱 끼고 기다릴 이유가 없다.

• "검중黔中" 운운한 것은 이미 파촉을 얻었으니 서쪽에서 강을 따라 내려온다는 뜻이다. 그런데 유세가 끝
  난 후 초왕은 진은 "파촉을 들어내고 한중을 병탄할 마음을 가지고 있다[秦有舉巴蜀并漢中之心]"고 하는데
  이는 모순이다. 그러므로 앞에서 "검중" 운운한 것은 논리에 맞지 않는다.

6. 금의환향하여 은혜를 갚다

이리하여 동주의 가난뱅이 소진은 무려 여섯 나라를 하나로 묶고 재상의 인수를 찼다고 한다. 소진이 재상이 되자 진은 함곡관 밖으로 나올 생각을 하지 못했고, 온 나라의 실력자들이 모두 소진과 정책을 논의했다고 한다. 《전국책》〈조책〉에는 소진이 조나라 재상일 때의 일을 이렇게 묘사한다.

> 한 톨의 양식과 한 자루의 병기도 쓰지 않고, 한 명의 병사도 전쟁에 보내지 않고 한 줄의 시위도 끊지 않고 한 발 화살도 부러뜨리지 않았는데 제후들이 서로 친해지기가 마치 형제 같았다. 그러므로 말하길, "정교의 방법을 쓰지 용기를 쓰지 않고, 조정 안에서 해결하지 국경 밖에서 해결하지 않는다"고 하는 것이다.

이어서 소진의 성공을 이렇게 묘사한다.

> 소진의 전성기에는 황금 1만 일을 사용했고, 행렬의 수레가 이어져 거리에서 빛이 날 정도였으며, 산동의 나라들이 모두 바람을 따르듯이 복종하여 조나라가 크게 중함을 받았다. 또한 소진은 찢어지게 가난한 동리에 살며 문도 비틀어지고 뽕나무로 문지도리를 만들 정도의 비천한 인사였다. 그러나 수레를 타고 거리에 올라 천하를 휘젓고 다녔으며, 조정에서 제후들의 우두머리에게 유세할 때는 좌우의 입

을 모두 틀어막으니 천하에 그를 당할 자가 없었다.

《전국책》과《사기》를 합쳐 그가 귀향했을 때 어떤 일이 있었는지 살펴보자. 모두 전설적인 이야기들이지만 이 이야기는 당시 널리 퍼져 가난한 선비들에게 희망과 좌절을 동시에 안겼을 것이다.

소진이 초나라로 유세를 가는 차에 고향 낙양을 지나게 되었다. 그러자 부모가 그 소식을 듣고 집을 청소하고 도로를 소제하여 음악을 준비하고 음식을 늘어놓고 교외에 30리까지 나와 그를 맞았다. 한때 소진을 무시했던 주 현왕도 그를 두려워해 교외까지 사람을 보내 영접했다. 소진의 아내는 옆으로 눈을 돌리고 바로 보지도 못하고 귀 기울여 들을 뿐이고, 형수는 기는 걸음으로 나와 그에게 네 번 절하고 스스로 무릎을 꿇고 사죄했다. 소진이 형수에게 물었다.

"형수님, 왜 전에는 거만하시더니 지금은 이리도 비루하게 구시는지요?"

형수가 대답한다.

"계자季子께서 높은 지위에 올랐고 큰돈을 가지고 있으니까요."

소진이 한탄했다.

"오호라! 빈궁할 때는 부모도 자식 취급을 하지 않았는데 부귀하니 친척마저 두려워하는구나. 사람이 세상을 살아감에 권세며 지위와 부귀를 어찌 무시할 수 있겠는가?"

그러고는 역사에 남을 한마디를 던졌다.

"낙양성 밖에 밭 두 고랑만 있었던들 내가 어찌 여섯 나라의 인수를 찰 수 있었겠는가?"

당시 고향을 떠나 유세하던 사람들 중 다수가 가난뱅이였다. 그러나 전국시대에는 욕망이 있는 자들은 꿈을 꿀 수 있었다.

소진은 고향에 오자 친지와 친구들에게 천금을 풀었다고 한다. 《사기》〈소진열전〉은 소진이 얼마나 은혜 갚는 데 철저했는지 한 일화를 통해 들려준다.

소진은 연나라로 유세를 떠날 때 노자로 100전錢을 빌렸다고 한다. 그런데 후에 그는 빌린 돈을 100금으로 갚았다. 그는 은혜 입은 사람들에게 모두 보답했는데, 한 하인이 나와서 자기는 보상을 받지 못했다고 투정했다. 그러나 소진은 모든 것을 기억하고 있었다.

"나는 자네를 잊지 않았다. 자네가 나와 연으로 갈 때 두세 번이나 나를 역수易水 가에 버리고 가려고 했지. 그때 마침 나는 곤궁해서 자네를 심하게 원망했다. 그래서 자네를 뒤로 미룬 것이지만 이제 자네에게도 보상을 주겠다."

이렇듯 동주의 가난뱅이가 일약 여섯 나라의 왕을 상대하며, 여섯 나라를 종횡으로 움직이는 신분이 되었으니 그가 야심가들의 마음에 불을 지른 것은 당연한 일이었다.

제2장

합종은 허상이다

: 장의의 출사

...

라이벌 관계는 역사 읽기에 묘미를 더한다. 양자의 자질이 막상막하라면 사람들은 손에 땀을 쥘 수밖에 없다. 유창하고 우아한 변론을 구사하며 산동을 주물렀던 소진에게도 강력한 적수가 있었으니 그의 이름은 장의다. 소진의 언설이 상대의 처지로 들어가서 함께 물처럼 흐르는 반면 장의의 언설은 상대의 약점을 바늘처럼 찌른다.

장의의 언설은 유세보다는 오히려 협잡과 속임수에 가깝다. 그럼에도 누구나 장의의 말을 들으면 떨지 않을 수 없었는데, 그의 배경이 바로 호랑이 같은 진이었기 때문이다. 진은 장의를 내세운 후 무리한 부탁도 서슴없이 들어줘서 그의 말에 힘을 실어줬다.

소진은 안간힘을 썼지만 합종은 성립 직후부터 삐걱거렸다. 어떻게 연횡의 논리가 힘을 얻었을까? 혹시 합종이 스스로 넘어진 것이 아닐까? 이제 소진에 버금가는 전기적인 이야기를 뿌리고 다닌 장의가 등장한다.

1. 도둑으로 몰린 사나이, 진에 출사하다

《사기》〈장의열전〉에 소진의 이야기 못지않게 전설적인 이야기가 전한다. 누군가 지어낸 것이겠지만 이렇게 재미있는 이야기는 한번 언급할 필요가 있겠다.*

장의는 위魏나라 사람인데 소진과 함께 귀곡자 아래서 수학했다고 한다. 소진이 같이 공부하면서 장의가 자기보다 낫다고 생각했다고 한다. 장의 역시 공부를 마치고 제후들을 찾아다녔다. 그런데 장의도 초

• 《사기》〈장의열전〉의 초반은 소설 같은 이야기지만, 장의의 굵직굵직한 행동들은 비교적 연대가 확실하게 알려졌다. 바로 장의가 통일을 실현한 진에서 주로 활동했기에 그의 행적이 기록으로 남아 있었기 때문일 것이다. 다만 소진이 장의와 동문이라거나 장의의 출사를 기획했다는 이야기는 믿기지 않는다. 손빈孫臏과 방연龐涓의 이야기, 범저范雎와 수가須賈의 이야기와 상당히 유사하지 않은가?

반에 무시당하기는 마찬가지였다.

한번은 어찌하다 초나라 재상과 술을 마신 적이 있는데 그 재상이 고리 옥[璧]을 잃었다. 그러자 문하 사람들이 장의를 의심하고 이렇게 말했다.

"장의는 가난한 데다 품행이 좋지 않습니다. 그자가 재상 어르신의 구슬을 훔친 것이 분명합니다."

여러 사람이 장의를 잡아다가 매를 수백 대나 가했지만 장의는 버텨내며 수긍하지 않아 결국 놓아주었다. 이 꼴을 당하고 집으로 가니 그의 아내가 하소연했다.

"슬픕니다. 당신이 책을 읽고 유세를 하지 않았다면 이런 치욕을 당했겠습니까?"

그 말에 장의는 이렇게 대답했다.

"내 혀가 아직 있는지 살펴보오."

아내가 기가 차서 웃으며 대답했다.

"혀는 아직 있네요."

"그럼 됐소."

대개 장의는 이런 사람이다. 그럼 장의는 어떻게 출사했을까? 《사기》〈장의열전〉은 그것이 소진의 기획이라고 말한다. 소진이 조나라 군주를 설득하여 합종을 성사시켰지만 진의 반격을 받으면 모두 자기 살길을 찾아 배반할까 걱정이 되었기에 장의를 진으로 보내고자 했다는 것이다. 물론 이 이야기는 믿기 어려울 정도로 공교롭지만 남은 이야기를 마저 들어보자.

이리저리 실패하다 지친 장의에게 소진이 보낸 사람이 와서 넌지시 권했다.

"그대는 처음에 소진과 친했는데, 지금 소진은 이미 자기 자리를 차지했습니다. 소진을 찾아가서 그대의 바람을 알리는 것이 어떨까요?"

장의가 이 말을 듣고 조나라로 소진을 찾아가 만남을 청했다. 그러나 소진은 문하인에게 그를 들이지 말라고 하고는, 답도 주지 않고 며칠이 지나도록 떠나지도 못하게 했다. 그러다 겨우 두 사람이 만났는데 소진은 장의를 당 아래에 앉히고 첩이나 먹는 음식을 주었다. 그러고는 몇 번이나 질책하며 말했다.

"자네의 재능을 가지고도 스스로를 이렇게 곤궁하고 욕되도록 내버려두다니. 내 어찌 말을 넣어서 자네를 부귀하게 하지 못하겠냐만 자네는 그걸 받기에 부족하네."

이렇게 장의의 부아를 돋운 후 그대로 돌려보냈다. 장의는 돌아와서 분을 삭였다. 옛 친구라고 여겨 찾아가 도움을 좀 받으려 했더니 오히려 욕을 먹다니. 생각해보니 지금 제후들 중에 섬길 만한 이는 없지만 진이라면 조를 괴롭힐 수 있을 것 같았다. 이리하여 그는 진으로 들어갔다.

소진은 이렇게 장의를 보낸 후 따로 사인을 불러 부탁했다.

- 그러나 앞에서 밝혔듯이 필자는 소진의 합종유세 시기를 기원전 325년 이후로 본다. 그리고 《사기》 〈육국연표〉에 따르면 장의가 진나라 재상이 된 연도는 기원전 328년이다. 《사기》 〈육국연표〉의 진나라 기년은 《진기》에 기반을 두었으므로 이 시기 사료 중 가장 믿을 수 있는 부분이다. 장의는 소진이 합종유세를 할 때 이미 진나라에 가 있었다고 보는 것이 옳을 것이다.

"장의는 천하의 똑똑한 선비라 나는 그만 못하오. 지금은 내가 운이 좋아서 먼저 등용되었으나, 장차 진의 권세를 이용할 사람은 오직 장의 밖에 없소. 허나 그는 빈한하여 출사할 방법이 없었소. 나는 그가 작은 이익을 즐기느라 떠나지 않을까 걱정되어 모욕을 주고 격동시켰소. 그대는 나를 대신해 몰래 따라가 그를 거들어주시오."

그후 소진은 조왕에게 말해 금·비단·수레·말을 얻고는 사람을 시켜 몰래 장의를 따라가 함께 자면서 차츰 장의와 친해지도록 하고, 필요한 것은 제공하되 자신이 그랬다고 말하지는 못하게 했다. 장의가 드디어 진 혜왕을 만나 유세하니 왕은 그를 객경으로 임명하고 함께 제후를 도모할 일을 상의했다. 조나라에서 온 소진의 사인은 장의가 출사하자 바로 돌아가려 했다. 장의가 놀라 그를 만류했다.

"그대 덕에 제가 드러날 수 있었습니다. 한데 이제 덕을 갚으려 하는데 어쩐 이유로 돌아가신단 말입니까?"

소진의 사인이 말했다.

"신은 군을 모르고 군을 알아준 사람은 실은 소군蘇君(소진)입니다. 소군은 진이 조를 쳐서 합종을 깨뜨릴까 걱정되던 차였는데, 군이 아니면 진나라의 권력을 잡을 사람이 없다고 여겨 감히 군을 노하게 한 후 신으로 하여금 몰래 자금을 대도록 했습니다. 이는 모두 소군의 계책입니다. 지금 군께서 이미 등용되었으니 저는 돌아가 소군께 보고할까 합니다."

장의는 탄식했다.

"오호라! 이것은 나의 술수 중에도 있는 것이지만 깨닫지 못했구려.

나는 소군처럼 똑똑하지 못하오. 또 나는 금방 등용되었는데 어찌 조를 도모할 수 있겠소? 나를 위해 소군께 감사의 말을 전해주시오. '소군의 시절에 나 장의가 어찌 감히 말을 내겠으며, 소군이 있을 때 가능하기나 하겠습니까'라고요."

이후 장의가 진의 재상이 된 후 초의 재상에게 격문을 보냈다.

"예전에 내가 그대와 함께 술을 마셨을 때, 내가 옥을 훔치지 않았는데 그대는 나에게 매질을 했습니다. 그대는 그대의 나라를 잘 지키십시오. 나는 이제 그대 나라의 성을 훔치려 하오."

이상이 《사기》〈장의열전〉에 나오는 기록이다. 그러나 우리가 이 이야기를 전부 믿지 않더라도 우리의 결론에는 영향을 미치지 않고 중요한 사실도 변하지 않는다. 장의는 진으로 갔고, 앞으로 그는 소진의 합종을 깨뜨릴 것이다. 그리고 장의가 밝힌 대로 이제껏 주로 삼진을 공략하던 진이 공격로를 확장해 초를 노릴 것이다.

소진은 왜 초와 진은 양립할 수 없다고 했을까? 이제 그 이유가 밝혀질 것이다. 또한 우리는 사마천이 이런 소설적 장치를 통해 자신을 버리려고 했던 이에게도 사례하던 소진과 자신을 해코지한 이를 절대로 잊지 않는 장의를 대비시켰음을 상기할 필요가 있다. 장의에게 잘못 보이는 이는 반드시 앙갚음을 당한다.

- 한 나라의 재상이 타국의 재상에게 저런 글을 써 보낼 수 있겠는가? 필부라도 그런 글을 보내서 상대가 대책을 세우도록 하지 않을 것이다. 그리고 장의가 소진의 죽음을 기다린 후 활동했다는 것도 꾸며낸 이야기다. 장의가 재상이 되던 그해에 진은 조나라의 인과 이석을 공격했다.

2. 장의의 서방중심론

그렇다면 장의는 무슨 말로 진 혜왕을 설득했던 것일까?《전국책》〈진책〉에는 장의가 다음과 같은 천하제패의 그림을 제시했다고 한다.˙ 이 논설을 장의가 쓴 것은 아닐지라도 장의의 외교 정책을 기반으로 한 것은 확실하다. 이 논설을 읽으면 진을 위해 일하는 일급 책사들의 인식을 이해하는 동시에 통일을 위한 진의 거친 노정을 간파할 수 있다. 이 강력한 논설은《한비자》에도 수록되어 있다.

장의는 혜왕에게 "내 대책이 틀리면 나를 죽여도 좋다"고 유세하며 자신감을 피력한다. 장의의 말은 소진의 말보다 강렬하다.

신이 듣기로, 아무것도 모르면서 말하는 것은 지혜롭지 않으며, 알면

• 《전국책》〈진책〉에 나오는 장의의 진나라 유세는 《한비자》의 〈초견진初見秦〉과 거의 일치하므로 분명 작자가 같다. 물론 장의가 한비자 이전의 사람이고 《한비자》의 편찬 연대는 아무리 빨라야 전국시대 끄트머리에서 진의 통일 이후일 테니 《한비자》보다 이 논설의 연대가 확실히 앞선다. 그러나 앞으로 중간마다 설명하겠지만, 이 논설에 나오는 사건 중 장의 사후에 일어난 일들이 허다하다. 그러니 이 논설이 장의의 것이 아님도 분명하다. 그렇다면 작자는 누구일까? 곽말약郭沫若은 〈초견진〉이 여불위呂不韋의 작품이라고 했다. 그렇다면 〈진책〉의 논설 역시 여불위가 쓴 것이다. 또 어떤 학자는 범저가 썼다 하고 어떤 이는 채택蔡澤이 썼다 하지만 모두 추측일 뿐이다. 다만 〈초견진〉의 사상은 종횡가의 것이라기보다 법가의 것이므로, 필자는 이 논설의 저자는 법가적 전통을 받아들인 일급 책사라고 생각한다.

이 논설에 나오는 큰 사건들은 대개 소왕 시절의 일이다. 그러니 소왕의 뒤를 이은 장양왕 시절에 재상이 된 여불위의 작품으로 의심할 만도 하다. 혹시 여불위의 식객으로 있다가 나중에 객경이 된 이사李斯의 작품이 아닐까? 그럴 수도 있다. 작자가 누구든 이 논설의 요지는 내부적으로 법가의 정책을 확실히 실행하고 외부적으로는 멀리 제와 연을 친구로 두고 삼진과 초를 깨뜨리라는 것이다. 원교근공을 확고히 하여 합종을 깨뜨린다는 것으로, 장의 시대의 종횡책보다 훨씬 뚜렷한 주장이다. 하지만 이 편은 그 저자가 장의가 아니더라도 향후 전국시대의 전개를 보여주는 최상급 논설이며, 또한 합종을 깨뜨리는 방안에서는 장의의 논설과 일치한다. 독자들은 이를 감안하고 이 논설을 읽어주기 바란다.

서 말하지 않는 것은 충성스럽지 않다고 합니다. 또 남의 신하된 이로서 충성스럽지 않다면 응당 죽여야 하며, 자세히 살피지도 않고 멋대로 말하는 이도 응당 죽여야 한다고 합니다. 그럼에도 신이 들은 바를 다 말씀드리고자 하니, 대왕께서는 제 죄를 물어주소서.

장의는 진이 나서기만 하면 합종은 쉽게 부술 수 있다고 말한다. 중요한 것은 내정의 안정감과 군대의 강력함뿐이다. 진은 이미 둘을 갖추고 있으나 산동의 나라들은 갖추지 못했다.

신이 듣기로 천하는 지금 북쪽의 연과 남쪽의 위가 초와 연합하여 제를 공고히 하고 나머지 한마저 끌어들여 연합하여 서남쪽의 귀국 진과 싸우려 한다는데, 저는 이 소리를 듣고 속으로 웃었습니다. 세상에는 망하는 길을 가는 나라가 세 종류가 있어 천하가 이런 나라들을 거두어들인다 하더니, 바로 이 형세를 말하는 것이 아닙니까?

신이 듣기로 "어지러운 나라가 다스려지는 나라를 치면 망하고, 바르지 않은 나라가 바른 나라를 치면 망하고, 이치를 거스르는 나라가 따르는 나라를 치면 망한다[以亂攻治者亡, 以邪攻正者亡, 以逆攻順者亡]"고 합니다. 지금 천하(산동의 6국)의 부고는 차지 않고 창고는 비었는데, 자신들의 사민을 다 동원하여 1100만의 군대를 만들었으나, 앞에 (진격하라는 아군 장교들 혹은 기다리는 적의) 서슬 퍼런 칼날이 있고 뒤에 (후퇴하면 죽인다) 도끼가 기다리고 있어도 모두 달아날 뿐 목숨 걸고 싸우지 못합니다. 이는 그 백성들이 죽음을 무릅쓰고 싸우지 못하는 것이 아니라, 그 윗사람들이 그렇게 만들지 못했기 때문입니다.* 말로는 상을 준다고 하면서 주지 않고, 말로는 벌을 내린다고 하면서 막상 실행하지 못하니 백성들이 죽음을 불사하지 않는 것입니다.

그러나 지금 진은 호령을 내리고 상벌을 행함에 공이 있는 이와 없는 이를 명백히 구분하여 처리하니, (어린 전사들은) 부모 품을 떠나 생전적을 한 번도 본 적이 없으면서도, 전쟁의 소식이 들리면 맨발로 좇아나가 시퍼런 칼날을 무릅쓰고 달려들고 불구덩이라도 뛰어들어 앞으로 전진하여 죽겠다는 이가 이토록 많습니다〔出其父母懷衽之中, 生未嘗見寇也, 聞戰頓足徒裼, 犯白刃, 蹈煨炭, 斷死於前者比是也〕. 무릇 죽음을 무릅쓰는 것과 삶을 구하는 것이 같지 않음에도 (죽음이 삶보다 못함에도) 백성들이 그렇게 하는 것은 용감하게 적을 치는 것을 귀하게 여기기 때문입니다. 이리하여 한 명이 열 명을 이기고 열 명이 100명을 이기며 100명이 1000명을 이기고 1000명이 1만 명을 이기며, 1만 명은 천하를 이길 수 있습니다.

이 말은 잠깐 살펴볼 필요가 있다. 장의의 말처럼 진은 상벌을 명확

• 《전국책》〈진책〉의 원문은 "罪其百姓不能死也, 其上不能殺也"다. 의미가 모호하지만 "그 백성이 죽음을 무릅쓰지 못한다고 죄를 묻지만, 그 위(백성을 부리는 이)는 죽이지 못한다" 정도로 해석할 수 있다. 후퇴하면 백성들만 죽이지 그 윗사람들은 죽이지 못한다는 뜻일까? 《한비자》〈초견진〉은 이 문장을 "非其士民不能死也, 其上不能故也"으로 약간 바꾸어 뜻을 명확하게 해놓았다. 직역하면 "사민들이 죽음을 무릅쓰지 못하는 것이 아니라, 그 윗사람들이 그렇게 만들지 못하는 것이다"가 된다. 필자는 〈초견진〉의 문장을 따라 수정하여 의역했다. 이후 일부 뜻이 통하지 않거나 전사 과정의 실수가 분명한 부분은 〈초견진〉을 참고하여 수정한다.

히 한 법이 잘 적용됨으로써 병사들이 강한 것이 사실이었다. 그러나 그들이 적의 수급을 얻으려고 야수처럼 달려들도록 사주하는 진의 법률체계가 그리 아름다운 것은 아니었다. 비교적 근래에 발굴된 진나라 법률 관리의 무덤에서 나온 이른바《수호지진묘죽간睡虎地秦墓竹簡》의 법률답문 부분에는 적의 머리를 두고 다투는 진나라 병사들의 이야기가 나온다. "적의 수급을 들고 오는 동료를 찔러 수급을 빼앗았다. 그럴 때에는 어떻게 처리하는가"를 다룬 문제였다. 왜 그토록 진의 병사들은 적의 수급을 갈망했을까? 적의 수급을 가지고 오면 상과 작위를 받고, 그 작위는 거래할 수 있었다. 이는 "작위 두 등급으로 아버지의 죄를 사한다", "작위를 팔아 노비의 신분을 면한다" 등의 기사를 통해 확인할 수 있다. 죄를 지은 이, 혹은 가족이 죄를 지은 이, 실수로 법에 걸린 이, 농사가 너무나 싫은 이 등 이런 사람들은 오히려 싸움을 반겼다. 수급을 얻기 위해 동료도 찌르는데 적을 찌르려고 달려드는 것은 당연했을 것이다. 위의 글에서 우리는 불구덩이로 뛰어드는 어린 진나라 전사들의 모습을 상상할 수 있다.

다시 본문으로 돌아가서, 장의의 전쟁론과 실리론을 살펴보자. 장의는 전쟁을 하고 실리를 얻지 못하면 패망을 앞당길 뿐이고, 진이 실리를 못 챙기고 아직 패왕이 되지 못한 이유는 모두 모신들의 역량이 부족하기 때문이라고 말한다. 진의 모신들에게 부족한 것은 끈기였다. 장의는 진의 모사들은 싸움만 하지 그 여세를 몰아 뿌리까지 캐내는 철저한 감투정신이 없다고 비판한다. 그렇다면 실리를 챙겨 진을 패자로 올릴 사람은 누구인가? 물론 장의 자신이다.

지금 진의 지형에서 긴 부분을 잘라 짧은 부분에 이으면 국토가 사방 1000리이며, 이름난 군사가 100만 명입니다. 진의 호령과 상벌의 정연함과 지형의 유리함에 비길 나라는 천하에 없습니다. 이를 가지고 천하와 맞붙으면 천하를 다 겸병하고도 남습니다.* 그러니 진은 싸워서 이기지 못한 적이 없고 공격해서 취하지 못한 적이 없으며 맞닥뜨려서 격파하지 못한 적이 없었습니다. 물론 땅을 수천 리 개척한 것은 커다란 공입니다. 그러나 지금 군대는 지치고 사민들은 병들어 있으며 (부고에) 쌓아놓은 것은 거덜 나고 논밭은 황폐하고 곡창은 비었으나, 사방의 제후들은 복종하지 않아 백왕伯王(패왕)의 이름을 아직 이루지 못했으니, 그 까닭은 다른 것이 아니라 왕의 모신들이 충성을 다하지 않았기 때문입니다.

신이 감히 옛일을 말씀드릴까요? 옛날 제나라는 남쪽으로 초를 깨고 가운데로 송을 깨고, 북쪽으로 연을 깨고, 가운데로 한과 위의 군주를 부리니, 그 땅은 넓고 군대는 강했습니다. 싸우면 이기고 공격하면 취했으며 천하에 명령을 내렸습니다. 맑은 제수와 탁한 황하가 족히 국경이 되었고, 장성과 거방鉅坊은 족히 요새가 되었습니다. 제는 다섯 번 이긴 나라지만 한 번 싸워 지자 나라가 없어졌습니다.** 이로 보면 대저 전쟁은 만승의 나라의 존망을 결정하는 대사입니다.

- 원문은 "天下不足兼而有也"이고, 《한비자》〈초견진〉에도 그렇게 씌어 있다. 그러나 문맥상 "天下足兼而有也"로 보아야 할 것이다. 이 논설의 끝 부분에 역시 똑같은 문장이 이어지는데, 이번에는 "天下可兼而有也"로 씌어 있다.

•• 제 민왕 시절에 나라가 거의 끝장날 뻔한 이야기를 하고 있다. 그러나 이는 장의 사후에 일어난 일이다.

모신들의 실책이란 구체적으로 어떤 것인가? 어떻게 제후들을 모두 격퇴할 것인가? 장의는 멸망시키는 것 외에는 방법이 없다고 말한다. 그는 먼저 초를 멸망시키지 못한 실책을 말한다.

또한 신이 듣기로 "그루터기를 자르고 뿌리를 캐내라. 화를 가까이 두지 않아야 화가 없어진다[削株掘根, 無與禍隣, 禍乃不存]"고 합니다. 진이 초와 싸워 크게 이기고 수도 영을 습격하고, 동정·오도·강남을 취하니 초왕은 달아나 동쪽의 진陳 땅에 엎드렸습니다. 그때 군대를 끌고 끝까지 쫓아갔다면 초를 들어낼 수 있었습니다. 초를 들어냈다면 족히 그 백성들과 그 땅의 이익을 쓸 수 있었습니다. 동쪽으로 강한 제와 연을 이용하여 삼진을 능멸하면 일거에 패왕의 이름을 이루고 사방의 제후들의 조현을 받을 수 있었을 것입니다.* 그러나 대왕의

---

* 원문은 "東以强齊燕, 中陵三晉, 然則是一擧而伯王之名成也, 四隣諸侯可朝也"다. 문제는 "東以强齊燕, 中陵三晉" 구절인데, 가운데 어떤 글자가 빠진 것으로 보인다. 이 구절로도 해석이 가능한데, 강한 제와 연을 이용하여 가운데의 삼진을 친다는 것이다. 그렇다면 연횡 이후 등장한 원교근공의 전략과도 상통한다. 그런데 《한비자》 〈초견진〉에는 이 문장이 바뀌어 "東以弱齊燕, 中凌三晉, 然則是一擧而覇王之名可成也, 四隣諸侯可朝也"가 되었다. 즉 나머지 구절은 똑같은데, "强"이 "弱"으로 바뀌어 있다. 이 문장의 뜻은 완전히 달라져 "이로써 동으로 제와 연을 약하게 하고 가운데로 삼진을 능멸하면 패왕의 이름을 일거에 이룰 수 있고……"가 된다. 어떤 것이 원래의 의미일까? 필자는 《전국책》 〈진책〉에 쓰인 "强"이 옳다고 본다. 이어지는 구절에서 보겠지만 논설의 끄트머리에 "조를 들어내고 한을 멸망시키며, 초와 위를 신하로 삼고, 제와 연과는 화친하여 패왕의 이름을 이룬다[擧趙亡韓, 臣荊魏, 親齊燕, 而成伯王之名]"라고 명백히 나와 있고, 〈초견진〉도 이 구절을 되풀이하고 있다. 그렇다면 전략은 제·연과 연합해 삼진과 초를 친다는 원교근공을 말하는 것이지, 초를 쳐서 연과 제를 약하게 한다는 전면전을 뜻하는 것이 아니다. 〈초견진〉은 이미 진이 어느 나라를 가리지 않고 전면전을 벌일 정도로 성장했던 후대에 《전국책》 〈진책〉에 나오는 이 논설을 시대 상황에 맞게 일부 수정한 것으로 보이지만, 그 수정으로 인해 전체 논거가 흐트러졌다. 그러니 이 논설은 수정된 〈초견진〉의 내용보다 장의가 활약하던 시절에 더 부합한다.

모신들은 그리하지 않고 오히려 군대를 끌고 물러나며 초와 강화하고 말았습니다. 이제 초인들은 망한 나라를 수습하고 흩어진 인민들을 다시 모아 사직을 세우고 종묘를 만들었으며, 천하 사방의 나라들을 이끌고 진과 대적하고 있으니, 이는 패왕이 되는 길을 버린 첫 번째 실책입니다.*

이어서 장의는 진이 위를 멸망시키지 못한 실책을 말한다.

천하(산동의 나라들)가 뜻을 모아 군대를 화양성華陽城 아래 두었으나 대왕께서 속임수로 그들을 격파하고 군대가 위나라 수도 대량大梁의 외성에 달했으니, 그때 포위하면 수십 일이면 뽑아낼 수 있었습니다.** 대량을 뽑아내면 위나라를 들어낼 수 있습니다. 위를 들어내면 초와 조의 연합이 끊어집니다. 초와 조의 연합이 끊기면 조는 바로 위태해집니다. 조가 위태해지면 초는 고립되고, 동쪽으로 강한 제·연과 연합하여 삼진(이번에는 한과 조)을 능멸하면 일거에 패왕의 이름을 이루고 사방의 조현을 받을 수 있었습니다. 그러나 대왕의 모신들은 그리하지 않고 군대를 물려 위와 화친하여, 위씨가 다시 망한 나라를 수습하고 흩어진 인민을 모아 사직과 종묘를 다시 세웠습니다. 이는 실로

• 진의 장수 백기白起가 초의 수도 영을 점령한 일은 장의가 죽고 난 뒤 거의 30년이 지난 기원전 278년의 일이다.

•• 사건의 순서에 약간 착오가 있는 듯하지만, 대체로 백기가 화양성에서 삼진의 군대를 깨고 15만 명을 벤 기원전 273년의 일을 말하는 듯하다. 역시 장의 사후 한참 뒤의 일이다.

패왕이 될 길을 잃게 한 두 번째 실책입니다.

이제 장의는 군대를 내주면서도 실익을 얻지 못하는 유형을 비판한다. 여기서는 원교근공을 명백히 하고 있다.

예전 양후穰侯(위염)가 진의 정치를 하던 시절 한 나라의 군대를 써서 두 나라를 얻는 공을 욕심냈습니다.* 이리하여 병사들은 종신토록 외지에서 햇빛에 노출되고 안으로 사민은 피폐하게 되어 패왕의 이름을 이룰 수 없었습니다. 이것이 실로 패왕이 되지 못한 세 번째 이유입니다.

이어서 장의는 조를 끝장낼 기회를 놓쳤다고 한탄한다.

조는 중앙에 위치한 나라로서 잡민이 거주하는 곳입니다. 그 백성은 경박하여 부리기 어려우며 호령은 먹히지 않고 상벌은 믿음이 없었고, 지형도 (태행산이 가로질러 있어서) 불편한데, 윗사람들은 백성들이

• 원문은 "用一國之兵, 而欲以成兩國之功"이다. 직역하면 "한 나라의 군대를 써서 두 나라의 공을 이루려 하다"라는 뜻으로, "한 나라의 군대를 써서 두 나라의 군대가 이룰 공을 욕심내다"라고 해석할 수도 있다. 필자는 약간 의역했는데, 양후 위염이 멀리 산동에 있는 자신의 영지 도陶를 넓히려는 욕심에 삼진=韓 땅을 건너 제나라를 공격했기 때문이다. 훗날 모신 범저는 위염을 실각시키고자 왕에게 멀리 있는 땅을 공격해봐야 힘만 빼는 짓이라고 비판한다. 간단히 너무 먼 나라를 치는 것은 비효율적이며, 삼진과 초를 번갈아 가며 공략하는 와중에 제나라까지 노리는 것은 중과부적이라는 이야기다. 그리하여 제나라와 연합하여 삼진을 친다는 원교근공책이 등장하는데, 필자는 그런 맥락에서 의역했다. 역시 장의 사후의 일이다.

힘을 다하게 할 능력이 없었습니다. 이는 진실로 망국의 형상이었지만, 그 백성들을 아끼지 않고 사민을 다 긁어모아 장평에 군대를 주둔시키고 한의 상당 땅을 두고 진과 다투었지만, 대왕께서 속여 깨뜨리고 무안武安을 뽑았습니다.*

그때 조나라의 아래와 위는 서로 친하지 않았고 귀한 이와 천한 이는 서로 믿지 않았으니 수도 한단을 지킬 힘이 없었습니다. 그때 한단을 뽑았다면 하간河間 땅을 다 취한 후 군대를 이끌고 돌아와 서쪽으로 수무修武를 공략하면 양장羊腸을 뚫고 대代와 상당上黨을 항복시킬 수 있었습니다. 대에 서른여섯 개의 현이 있고 상당에 열일곱 현이 있는데, 한 벌의 갑옷도 쓰지 않고 한 명의 사졸로 고생시키지 않으면서 이를 모두 진의 땅으로 만들 수 있었습니다. 대와 상당은 싸우지 않고도 진의 땅이 되며 동양東陽과 하외河外는 싸움 없이 제의 땅으로 돌아가며, 중호지中呼池 이북은 싸움 없이 연의 땅이 됩니다. 이리하여 조를 들어내면 한이 반드시 망하며, 한이 망하면 초와 위가 독립할 수 없습니다. 초와 위가 독립하지 못하면 이어서 한을 무너뜨리고 위를 먹어 들어가며, 초를 끼고 동쪽으로 제와 연을 약하게 하며(조가 망하면 당연히 연과 제를 보호하던 입술이 사라진다), 백마진의 입구[白馬之口]를 터뜨려 위나라를 물에 떠내려가게 할 수 있었으니, 이리하면 일거에 삼진을 멸망시키고 합종을 추구하던 이들을 패배시킬 수 있었으니, 대왕께서는 팔짱을 끼고 있어도 천하가 줄줄이 항복해와 이로써 패왕

• 기원전 260년의 장평대전을 말한다. 역시 장의 사후의 일이다.

의 대업은 완성되는 것입니다.

그러나 대왕의 모신들은 그리하지 않고 군대를 물리고 조나라와 강화했습니다. 대왕의 현명함과 진나라 군대의 강함을 가지고도 여전히 패왕의 업을 이루지 못하고 결국 망하는 나라에 속고 말았으니, 이는 모신들이 졸렬했기 때문입니다. 대저 당연히 망할 조나라가 망하지 않고, 당연히 우두머리가 되어야 할 진이 우두머리가 되지 못했으니, 이로써 천하가 실로 진의 모신들의 역량을 간파했습니다.

장의는 한번 잃은 기회는 다시 오지 않음을 역설한다.

이에 다시 병력을 전부 모아 한단을 공격했으나 뽑아내지 못했고, 오히려 갑옷을 버리고 두려워 퇴각했으니 천하가 진의 힘을 두 번째로 가늠했습니다. 군대를 물려 이하李下 땅에 진을 치고 대왕께서는 다시 싸웠으나 이렇다 할 전과를 거두지 못하고 다시 퇴각했으니 이로써 천하는 실로 진의 능력을 세 번째로 알아차렸습니다. 이리하여 안으로 우리 모신들의 능력의 간파하고 밖으로 우리 군사들의 능력을 완전히 알아차렸습니다. 신이 이로써 판단컨대, 천하가 진에 대항하여 합종하는 것이 무엇이 어렵겠습니까? 안으로 군대는 지치고 사민은 병이 나 있으며, 쌓아놓은 것은 거덜 나고 전답은 황폐해졌는데, 밖으로 천하(산동의 나라들)는 심히 견고하게 뜻을 모았습니다. 원컨대 대왕께서는 이를 근심하소서.

위에 나오는 복잡한 지명들을 다 기억할 필요는 없고 지도를 참고하기 바란다. 앞으로 하나하나 그 지역들의 중요성이 밝혀진다. 이어지는 문장은 대개 옛날의 이야기를 들어 부연 설명한 것이니 생략한다. 다만 오늘날 진의 위태로움이 한과 위를 데리고 조를 공격하다 오히려 한과 위의 배신으로 몰락하고 만 지백知伯의 경우과 비슷하다는 이야기는 새길 필요가 있겠다. 그는 이렇게 이야기를 잇는다.

지금 진나라 땅의 긴 곳을 잘라 짧은 곳에 이으면 사방 수천 리에 정예 병사는 100만 명이며 호령은 먹히고 상벌은 엄정하며, 지형은 유리하니 천하에 비할 나라가 없습니다. 이를 가지고 천하와 대적하면 천하 겸병은 가능하고도 남습니다. 신은 죽음을 무릅쓰고 대왕을 알현하여 천하의 합종을 들어 부수고, 조를 들어내고 한을 멸망시키고 초를 신하로 두고 제와 연과 친하여 패왕의 이름을 이루고 사방의 제후들이 조현하게 할 방안을 말씀드리고자 합니다. 대왕께서 시험 삼아 제 방안을 들으셔서 만약 일거에 천하의 합종을 부수지 못하고, 조를 들어내고 한을 멸망시키지 못하고, 초와 위를 신하로 부리지 못하고, 제와 연과 친해지지 못하고, 패왕의 이름을 이루고 사방 제후의 조현을 받는 공을 이루지 못한다면, 대왕께서는 신을 참하여 온 나라에 조리 돌려 군주를 위해 계략을 내는 데 불충한 이들을 경계하도록 하소서.'

• 마지막 구절의 원문은 "以主爲謀不忠者"인데 어순이 어색하다. 《한비자》〈초견진〉에는 "以爲王謀不忠者也"로 되어 있어서 "군주를 위해 계략을 내는 이"로 명백히 규정한다. 이로 미루어 보아 논설의 원문을 "以爲主謀不忠者"로 바꾸어야 할 것이다. 그러나 불충한 자들을 베어서 어떤 효과를 내겠다는 것이 나

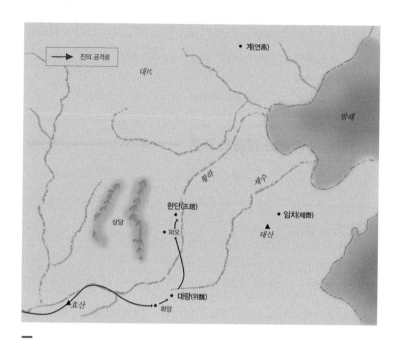

장의의 6국 공격 계획. 장의는 진 혜왕에게 효산을 넘어 횡으로 길을 뚫어 먼저 위나라 수도 대량을 치면 초와 조의 연합을 끊을 수 있으며, 조나라 수도 한단을 차지하면 한을 무너뜨릴 수 있고, 제나라와 연나라와는 친맹을 맺어 결국 패업을 이룰 수 있다고 주장했다.

　　장의의 말이 끝나자 혜왕은 희색이 돌았다. 이제 6국을 끝장낼 전략가 한 명을 얻은 것이다. 이렇듯 유세가는 세력이 작다고 하여 가벼이 볼 이들이 아니다. 대책이 실패하면 죽음이 기다리므로 그들은 목숨을 걸고 유세한다. 지금 장의는 6국을 겸병할 수 있다고 자신하고 있다. 진

─────

와 있지 않다. 아마도 어떤 글자가 빠진 듯하다. 필자는 "以戒爲主謀不忠者"로 보고, "이로써 군주를 위해 계략을 내는 데 불충한 자를 경계하라"로 새겼다.

이 한참 동안 동방을 상대로 싸워 이겨온 것이 자신감의 기반이 되었을 것이다. 그리하여 기원전 328년, 장의는 기어이 진의 재상이 되었다.

3. 연합군의 패배와 합종의 균열 ━━━━━━━━━

틈을 만드는 장의
—

진은 법 적용이 엄격한 나라다. 비록 장의를 썼다고 하지만 그가 능력을 발휘하지 못한다면 버릴 것이다. 《사기》 〈장의열전〉에는 장의가 재상이 된 경위가 짤막하게 나와 있다. 진이 위의 포양蒲陽을 포위해서 얻자 장의는 진에 엉뚱한 제안을 했다.

"공자를 인질로 보내고 포양도 되돌려주는 대신 위에서 뭔가를 얻어냅시다."

그러고는 위에 이렇게 요구했다.

"진이 싸움에 이기고도 이렇게 잘 대해주니 위도 보답을 하시오."

이런 협상을 거쳐 장의는 포양을 주는 대신 소량少梁과 상군上郡을 얻어냈다고 한다. 상군이 어디인지는 모르겠으나 소량은 하서에 있어서 진에게는 대단히 중요했으므로 남는 장사였다. 이 공으로 인해 혜왕은 장의에게 일을 맡겼다고 한다.

그러나 진에서는 오직 군공만이 작위의 척도다. 상앙商鞅 또한 군공으로 자리를 보존했다. 장의가 과연 군사적인 역량을 발휘할 것인가? 그 시험대는 역시 국경을 맞대고 있는 위나라다. 장의는 소진과 달리 군대를 부리는 능력이 있었다. 기원전 324년 장의는 직접 군대를 이끌고 가서 위의 섬陝을 빼앗았다.

장의가 위나라를 목표로 한 후 섬을 얻어냈다고 해서 여기서 그칠 인물인가? 그는 여느 무장과 달리 몇 수를 내다보는 사람이었다. 그는 연횡을 깨뜨리기 위해 위를 표적으로 삼고는 먼저 직접적인 원한이 적은 상대 둘을 만났다. 《사기》〈진본기〉와 〈육국연표〉에는 기원전 323년 장의가 설상齧桑에서 제·초와 회합을 가졌다고 나와 있다. 안타깝게도 사서에는 그들이 무슨 이야기를 나눴는지 나와 있지 않다. 그런데 오비이락烏飛梨落이랄까? 초는 그해에 위의 양릉襄陵을 공격했다. 초가 양릉을 노려 위의 수도 대량과 송 사이로 치고 들어가는 것은 군사적으로는 충분히 예견되지만 지금은 합종의 시기가 아닌가? 지난해 장의가 이끄는 진군에 공격당하고 이번에는 초에게 양릉을 공격당하자 위는 당황했다. 합종이란 아무 소용이 없는 것인가?

군대를 이끌고 양릉을 친 초나라 장수는 소양昭陽이었다. 그는 위를 쳐서 군대를 뒤엎어 적장을 죽이고 여덟 성을 얻은 후 군대를 돌려 제나라를 공격했다. 왜 군대를 제로 돌렸는지는 명확하지 않지만 장기적으로 송을 둘러쌀 생각을 했던 듯하다. 그때 유세가 진진陳軫이 제왕을

• 이어지는 이야기는 《전국책》〈제책〉을 위주로 하고 《사기》〈초세가〉를 참고했다.

위한 사자가 되어 소양을 찾아갔다.' 진진은 승리를 축하하며 재배한 후 일어나 물었다.

"초나라 법에 적군을 엎고 장수를 죽이면 어떤 관작을 받습니까?"

"관위는 상주국上柱國이 되고 작위는 상집규上執珪가 됩니다."

"이보다 높은 자리가 있습니까?"

"영윤밖에 없습니다."

"영윤은 귀한 자리니 왕은 두 영윤을 두지 않겠지요(당신은 영윤이 될 수는 없다). 신이 공을 위해 비유 하나를 들어도 될까요? 초나라에 제사를 주관하는 사람이 사인舍人들에게 술 한 잔을 내렸습니다. 사인들이 상의를 했습니다. '여러 사람이 마시기에는 부족하고, 한 사람이 마시기에는 남습니다. 땅에 뱀 그림을 그리는데 먼저 그리는 이가 마시도록 합시다.' 한 사람이 먼저 뱀을 그리고 잔을 들고 마시려 하면서, 왼손으로 잔을 들고 오른손으로 뱀을 그리면서 말했습니다. '나는 뱀의 발까지 그릴 수 있습니다.' 하지만 그가 뱀의 발을 다 그리기도 전에 다른 이가 뱀을 다 그리고 잔을 낚아챘습니다. '뱀은 발이 없는데 당신이 어찌 발을 그릴 수 있다 하시오.' 그러고는 그 술을 마셔버렸습니다. 결국 뱀의 발을 그린 사람은 술을 놓쳤지요. 지금 군께서 초나라의 재상이 되어 위를 공격하고, 군대를 깨고 적장을 죽여 여덟 성을 얻었습니다. 게다가 군대를 그대로 보존하고 제마저 공격하려 해서 제가 심히 두려워

• 《사기》〈초세가〉에는 당시 진진이 진秦의 사자로 제에 가 있었다고 하는데 외국의 사자가 이런 일을 할 수 있을지 의문이 든다.

하고 있으니, 이로써 공은 충분히 명성을 얻었고, 관위는 더 높아질 수도 없습니다. 연전연승하면서 멈출 줄 모른다면 결국 그 몸은 죽고 작위 또한 박탈될 것이니 꼭 뱀에 발을 붙이는 것과 같습니다."

그러자 소양은 이 말에 일리가 있다고 여기고 군대를 거두어 철수하고 말았다. 이것이 그 유명한 '사족蛇足'의 고사다. 이 일화를 통해 구체적인 이해관계를 계산하기는 어렵지만 한 가지는 확실하다. 소진의 합종책은 언제든지 깨어질 수 있었다. 물론 장의가 끼어들면 더 쉽게.

6국의 동상이몽
—

장의는 설상에서 회담을 주도한 이듬해 위나라로 갔다. 장의는 진나라의 후원을 입고 있었기에 매해 공격을 받던 위로서는 그를 통해 싸움을 줄이기를 원했다. 그러나 장의는 위에 도움을 주려고 온 것이 아니었다. 그는 위가 진을 섬기게 해서 다른 제후들도 따르기를 원했다. 이른바 합종이다. 그러나 노련한 위 혜왕은 쉽게 넘어가지 않았다. 이제껏 어떤 상황에서도 위를 치는 데 전념하던 진을 섬긴다고 갑자기 잘해줄 것인가? 차라리 합종이 낫다고 보았다. 진은 위가 말을 듣지 않자 다시 곡옥과 평주를 쳐서 장의의 말에 무게를 실어주었다. 그러던 차에 드디어 늙은 정치가 혜왕이 죽었다.

그렇다면 진이 공세에 나설 시기인가? 장의가 움직일 때 소진도 가만히 있지 않았다. 기원전 318년과 기원전 317년을 다룬 사서들에는 이렇게 적혀 있다.

• 기원전 318년

혜문왕 7년, 악지樂池가 진의 재상이 되다. 한·조·위·연·제의 군대와 흉노가 함께 진을 공격했다. 진은 서장庶長 질을 보내 수어修魚에서 싸우게 하여 한의 장수 신차申差를 사로잡고 조의 공자 갈渴과 한의 태자 환奐을 패배시키고 8만 2000명을 참했다(《사기》〈진본기〉).

회왕 11년, 소진이 산동의 여섯 나라를 합종시켜 진을 공격하니, 초 회왕이 합종장이 되었다. 연합군이 함곡관에 이르자 진이 나와 6국을 쳤다. 그러자 연합군은 모두 돌아갔으나 제가 홀로 뒤에 남았다(《사기》〈초세가〉).

혜문왕 7년, 다섯 나라가 진을 공격했으나 패하고 돌아가다(《사기》〈육국연표〉).

• 기원전 317년

혜문왕 8년, 장의가 재상으로 복귀했다(《사기》〈진본기〉).

혜문왕 8년, 한·조와 싸워 8만을 베다. 장의가 재상으로 복귀하다.
제나라가 위나라를 관택觀澤에서 이기다.
진이 수어에서 한을 이기고 신차를 얻다.
조가 한·위와 합하여 진을 공격하다(물론 지다).

제가 조를 관택에서 패배시키다(진과 제가 한편이 됨)(《사기》〈육국연표〉).

회왕 12년, 제 민왕(실은 제 선왕이다)이 조와 위를 쳐서 패배시키고, 진 역시 한을 패배시켜 제와 우두머리를 다투었다(《사기》〈초세가〉).

우리는 이 기사를 종합하면 앞으로 전개될 이야기들을 거의 간파할 수 있다. 우선 진을 공격한 이들은 천하 연합군이다. 6국은 물론 흉노까지 가세했다. 흉노는 마침 북방에서 흥기하던 유목민으로 '호胡'라 불렸는데 이들은 기마병이었다. 진과 조는 기마병의 존재를 알았겠지만 중원에는 아직 기마병이 일반적이지 않았다.

그뿐 아니다. 혹시 6국과 흉노가 연합하여 진을 쳤을 때 진의 후방에 있던 의거義渠도 뒤를 쳤을까? 그럴 수 있다. 진에서 위로 돌아와 있던 또 한 명의 유세객 공손연과 의거의 군주가 나눴던 이야기가 《전국책》〈진책〉에 나온다.˙ 공손연이니 진진이니 하는 인명은 정확하지 않을 테니 무시하고, 어떤 이야기가 오갔는지 잠시 살펴보자.

• 《사기》〈장의열전〉은 이 대화가 6국이 진을 친 이후 다시 5국이 진을 칠 때의 일이라고 하지만 《사기》〈진본기〉나 〈육국연표〉에 따르면 맹상군이 5국을 거느리고 다시 진을 친 것은 기원전 298년의 일이다. 기원전 333년 역사의 무대로 등장한 공손연이 그때까지 정치를 하고 있었을 가능성은 적다. 사실 오류가 많은 《전국책》의 인명으로 연대를 추적하는 것은 의미가 적고 차라리 역사적인 맥락에서 연대를 추정하는 것이 낫다. 진은 당하면 반드시 차례로 보복하는데 6국과 흉노가 진을 공격한 지 4년 후 진이 의거의 25개 성을 들어냈다는 기사가 가장 신빙성 있는 〈육국연표〉의 진나라 기사에 나온다. 그렇다면 의거가 이 싸움에 참가했다고 보는 것이 나을 것이다. 필자는 이 일화를 공손연이 위에 있고 진진이 진에서 일할 때의 일로 보지 않는다. 진진은 장의에게 밀려 초로 간 후 대체로 초를 위해 대책을 내고 있었다. 《사기》〈한세가韓世家〉에 당시 진진이 초를 위해 낸 대책이 버젓이 나와 있다. 물론 이들이 한 말이 아니라도 중요한 맥락에 영향을 미치지는 않는다.

의거의 군주가 위나라로 가자 (당시 위에서 정치를 하고 있던) 공손연은 이렇게 유세했다.

"길이 멀어 신은 다시 찾아뵙지 못할 듯합니다. 청컨대 천하의 일이 돌아가는 정황을 말씀드리고자 합니다."

"듣고 싶습니다."

"중국(산동의 나라들)이 진에 대해 일을 벌이지 않으면, 진은 군주의 나라를 불태울 것입니다. 중국이 진에 대항해 일을 벌이면 진은 황급히 사신을 보내 크게 뇌물을 주며 군주의 나라를 섬길 것입니다."

"삼가, 명을 듣겠습니다."

얼마 후 다섯 나라가 진을 정벌할 때 진진이 진에 있었는데 진왕에게 조언했다.

"의거군은 만이蠻夷 사이의 똑똑한 군주입니다. 그에게 뇌물을 주어 마음을 어루만지는 것이 좋겠습니다."

이리하여 진이 의거로 사절을 보냈는데, 수놓은 비단 1000필과 미녀 100명이 따랐다. 그러나 의거의 군주는 여러 신하들을 모아놓고 대책을 세우며 말했다.

"이것이 바로 공손연이 말한 것이오."

이에 5국이 진을 공격할 때 의거도 군대를 일으켜 진을 습격하여 이백李帛에서 진을 대파했다.

이렇듯 진은 온 천하를 상대로 싸워야 했다. 과연 진은 어떻게 이 많은 무리를 격파할 수 있었을까? 바로 6국의 동상이몽 때문이었다. 기사를 보라. 초가 합종의 맹주인데 제의 군대가 끝까지 자리를 지키는 우스꽝스러운 현상은 왜 일어났는가? 사실 초는 위나 한만큼 합종에 적극적이지 않았다. 두 나라처럼 매일 공격을 받는 처지가 아니었기 때문이다. 그리고 아예 진과 국경을 공유하지 않는 제가 끝까지 자리를 지키는데 삼진(한·위·조)의 군대는 다 달아났다. 이는 삼진의 기회주의적인 속성을 여실히 보여준다. 앞으로 제가 삼진을 믿지 않을 것은 뻔했다.

먼저 이들의 기회주의적인 속성을 살펴보기 위해《사기》〈한세가〉에 묘사된 당시의 상황을 살펴보자.

> 선혜왕 16년(바로 기원전 318년), 진이 수어에서 우리〔我, 한〕*를 패배시키고 탁택濁澤에서 한나라 장수 수와 신차申差를 잡아갔다. 상황이 급박해지자 공중치公仲侈가 한왕에게 말했다.
>
> "동맹국은 믿을 수가 없습니다. 진이 초를 치려고 한 지가 오래입니다. 우리는 차라리 장의를 통하여 진과 화해하고 이름 있는 도시 하나를 뇌물로 준 후, 갑사를 갖추어 진과 함께 남쪽으로 초를 치는 것이 낫겠습니다. 이는 하나와 둘을 바꾸는 길입니다〔以一易二之計, 진의 공격을 피하면서 초를 쳐서 이익까지 얻는다는 뜻〕."

• 한을 묘사하면서 어떤 때는 '한'이라 하고, 어떤 때는 '우리'라 한다. 춘추전국시대 기년체 사서가 자국을 '우리〔我〕'라고 부르는 것으로 볼 때, 이런 문장은 기년체 사초를 옮겼을 가능성이 높은 것으로, 신빙성도 높다.

그러자 한의 선혜왕은 좋다고 승낙했다. 동맹의 실상이란 이런 것이었다. 이렇게 변화가 많은 나라를 상대하는 초는 대책이 없었을까? 초왕이 한이 진에 뇌물을 먹이려 한다는 소식을 듣고 크게 놀라자 당시 초의 모사로 있던 진진은 이렇게 운을 뗐다.

> "진이 초를 치려고 한 지는 오래되었고, 지금 한이 이름난 도시를 얻어 갑사를 갖추고 함께 쳐내려 온다는데, 이는 진이 바라던 바입니다. 이미 그리되었으니 초는 분명 격파될 것입니다."

그렇다면 그는 어떤 대책을 내놓는가?

> "경내에 경계를 내리고 군대를 일으켜 한을 구한다고 하시지요. 전차로 도로를 가득 메우고 믿음 있는 신하를 사신으로 보내되 수레를 더하시고 폐물도 중하게 하여 구원할 것이라고 하십시오."

한이 구원군을 믿고 진과 끝까지 싸워서 서로 원수지간이 되게 하겠다는 심사였다. 과연 초 회왕은 그 말을 따라 한의 선혜왕에게 말을 전했다.

> "과인의 나라가 비록 작으나 이미 온 나라의 군대를 다 내었습니다. 원컨대 대국이(한이) 진을 상대로 뜻을 펼친다면(싸운다면) 과인도 초를 이끌고 따라 목숨을 걸겠습니다."

초나라 사신이 이 말을 전하자 의심이 많은 공중치가 펄쩍 뛰며 반대했다.

"초는 돕는 척만 할 것입니다."

그러나 한왕은 기어이 초의 말에 넘어가고 말았다. 결국 진과 한은 끝까지 싸웠고 한은 끔찍한 패배를 맛보고 말았다.

또한 위의 기사에서 보이듯이 한이 처절히 당하고 있을 무렵 제는 배반하여 위와 조를 공격해서 깨뜨렸다. 제로서도 할 말이 있었다. 진과 직접적인 원한이 없음에도 그 나름대로 합종의 맹약을 믿고 자리를 지켰는데, 막상 전투가 벌어지자 먼저 달아나는 삼진의 행태는 실망스러웠다. 이렇게 동상이몽의 6국 연합은 진의 실력 앞에서 깨어지고 말았다.

이제 장의는 어떤 조치를 취할 것인가? 그리고 연합이 깨어진 마당에 소진의 운명은 어떻게 될 것인가?

4. 장의의 위나라 유세: 위는 전쟁터의 지형이다 ━━━━

이제 진의 집중력과 산동 국가들의 모래알 같은 결집력이 드러났다. 드디어 장의가 진을 위해 연횡으로 위왕에게 유세한다. 마침 상대는 즉위하자마자 합종의 허약함을 절절히 느낀 위 양왕이다.

장의는 먼저 위나라 땅이 방어에 불리함을 역설한다. 위는 사방이 적국으로 둘러싸여 지키는 비용이 너무 크다.

> 위나라 땅은 사방 1000리가 못 되며 병력은 30만 명이 못 됩니다. 사방이 평평하여 제후들의 나라와 통하는 것이 마치 바퀴살이 바퀴통으로 모이는 것 같은 데다 명산대천의 가림막도 없습니다. 정鄭(한의 수도 신정)에서 대량까지 불과 100리이며, 진陳에서 대량까지도 200리 남짓이니, 말로 달리거나 도보로 뛰어도 힘들기도 전에 대량에 닿습니다. 남쪽으로는 초나라와 국경을 맞대고, 서쪽으로는 한과 마주보며, 북쪽으로는 조를 마주하고, 동쪽으로는 제와 이웃하고 있으니, 병졸들은 사방의 국경을 수비하고 망루를 지키는 이들이 열을 짓고 있습니다. 또한 군량을 배로 옮기는 데도 10만 명 이하의 인력으로는 안 될 것입니다. 그러니 위나라의 지세는 전쟁터입니다.

지형이 전쟁터라 하여 사방을 둘러싸고 다 지킬 수는 없다. 어쩔 수 없이 동맹이 필요하다. 그러면 누구와 연합하여 지킬 것인가? 장의는 더 매몰차게 약점을 파고든다. 안타깝게도 위에게는 어떤 연합도 불리하다.

> 위가 남쪽으로 초와 함께하고 제를 멀리하면 제가 귀국의 동쪽을 칠 것이고, 동쪽으로 제와 함께하고 조를 멀리하면 조가 북쪽을 칠 것이며, 한과 화합하지 않으면 한이 서쪽을 치고, 초와 친하지 않으면 초가 남쪽을 칩니다. 이는 이른바 사분오열의 방법입니다(이런 식으로 연합해서는 국토가 갈갈이 찢어집니다).

이제 장의 특유의 직설적인 화법이 등장한다. 패배를 맛본 자의 처지에서는 이 말이 더욱 아팠을 것이다. 부모자식 간에도 이익이 있으면 다투는데 동상이몽의 산동 나라들을 무슨 수로 믿느냐? 위왕 당신도 적극적으로 뭉쳐 싸우지 않고 달아나지 않았나. 그러고는 이제 소진을 직접 공격한다.

대저 제후국들이 합종을 하는 이유는 사직을 보존하고 군주를 높이며 군대를 강하게 하고 이름을 날리자는 것입니다. 합종하자는 이들은 천하를 하나로 뭉쳐 형제의 맹약을 하고, 원수洹水 가에서 백마를 죽여 서로 굳건히 결합하자 맹서했습니다. 허나 한 부모에게서 난 친형제도 항상 돈과 재물을 가지고 서로 싸우는데, 속임수로 이리저리 뒤집는 소진의 말단 계략에 기대고자 하니 일이 되지 않을 것이 뻔합니다.

그렇다면 그가 제시하는 대책은 무엇인가? 장의는 먼저 진을 섬겨야 하며, 진을 섬기지 않으면 가장 먼저 멸망하는 나라가 바로 위라고 한다. 이것은 협박이다.

대왕께서 진을 섬기지 않으면 진은 군대를 내어 하외를 공략하여 권卷과 연衍, 연燕, 산조酸棗를 뽑아내고, 위衛나라를 협박하여 양진을 취하면 조는 남쪽으로 갈 수 없게 됩니다(조는 위를 도울 수 없다). 조가 남쪽으로 못 오면 위는 북쪽으로 가지 못하여 세로로 통하는 길(합종의 길)은 끊어지고, 그 길이 끊어지면 대왕의 나라가 위태로움을 피하고

자 해도 그럴 수 없습니다. 진이 한을 끼고 위를 공격하자 하면 한은 진에게 겁을 먹어 감히 따르지 않을 수 없습니다. 진과 한이 한 나라가 되면 위의 멸망은 서서도 기다릴 수 있습니다. 이것이 신이 대왕을 위해 걱정하는 바입니다. 대왕을 위해 계책을 낸다면, 진을 섬기는 것이 최선입니다. 진을 섬기면 초와 한은 감히 움직이지 못할 것이고, 초와 한의 우환이 없으면 대왕께서는 베개를 높이 베고 주무실 수 있으며 나라는 분명 걱정거리가 없을 것입니다.

위에서 장의는 황하를 따라 나가며 보루를 깨서 한과 위가 교차하는 지역을 끊고 조가 내려오는 길도 끊은 후 위를 공략하겠다고 말한다. X자형으로 교차하는 한과 위의 지형의 불리함과 태행산 때문에 남쪽으로 내려오는 통로가 제한된 조의 약점을 이야기하는 것이다.

그러더니 이번에는 이야기를 슬그머니 돌려 진의 공격 목표가 위가 아니라 초라고 말한다. 장의는 초를 공격할 테니 위가 우방이 되어 달라고 한다. 그러면 진의 공격을 면할 뿐 아니라 초에게서 땅을 얻을 수가 있다고 말한다.

무릇 진이 기어이 약화시키고자 하는 나라는 초이며, 초를 약화시킬 수 있는 나라로는 위가 제격입니다. 초가 비록 부유하고 크다는 명성이 있지만 사실은 공허한 나라입니다. 그 병력이 많다지만 가벼이 달아나고 쉽게 도망치니 감히 악착같이 싸우지 못합니다. 위의 군대가 남쪽을 겨냥하고 치면 분명 초를 이길 수 있습니다. 대저 초를 깎아 위에 더하고, 초를 공격하여 진에 귀부하면 화를 멀리 보내고 나라를 안정시킬 수 있으니 이것이 올바른 일처리입니다. 대왕께서 신의 말씀을 듣지 않는다면 진의 갑병이 동쪽으로 나올 테니 그때는 진을 섬기고자 해도 늦습니다.

그러고 나서 다시 합종을 꾀하는 이들을 공격한다. 그들은 말로는 충신인 듯하지만 실상은 자기 이익에 눈이 먼 자들이다.

대개 합종을 꾀하는 자들은 격한 언사는 많으나 믿을 바는 적고, 제후왕 하나만 설복하면 나갈 때는 내려준 수레를 타며, 한 나라와 약조하고 돌아오기만 하면 봉후封侯의 기반을 닦습니다. 그런 고로 천하의 유세가들이 밤낮을 가리지 않고 팔뚝을 움켜쥐고 눈을 치켜 뜨고 이를 갈면서 합종의 이로움을 말하여 군주들에게 유세하는 것입니다. 그러니 군주들이 그들의 언사를 듣고 그 유세에 끌리면 어찌 현혹되지 않겠습니까? 신이 듣기로 깃털도 쌓이면 배를 가라앉히며, 가벼운 짐도 모이면 수레 축을 부러뜨리며, 여러 사람의 말은 쇠도 녹인다[衆口鑠金] 합니다. 그러니 대왕께서는 깊이 살펴 대책을 내소서.

실제로 한은 진에게 갈갈이 찢겼고, 초는 돕는 척하면서 이를 방관했다. 진이 한을 칠 때 제는 군대를 자신에게 들이댔다. 그래도 근근이 조와 결합하고 있지만 조는 제에게 패했다. 이런 상황에서 진이 위 대신 초를 친다고 하면 한 나라의 왕으로서 솔깃하지 않을 수 없었을 것

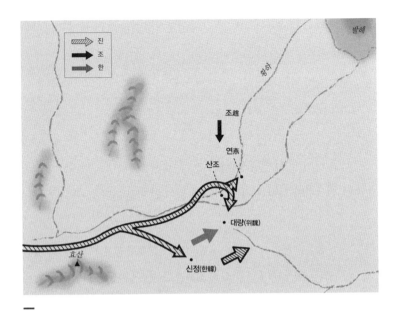

장의의 위나라 공략 개념도. 장의는 위왕에게 진과 한이 한 나라가 되면 위나라도 멸망할 수 있다고 협박한다. 황하를 경계로 산조와 연을 취하여 조의 원군을 막고, 한의 군대를 몰아 진과 함께 위나라 대량을 공격한다는 전략을 제시했다.

이다. 위 양왕은 이런 비루한 언사로 제의를 받아들였다고 한다.

> 과인이 어리석어 이전에 잘못된 대책을 내었습니다. 동번이라 칭하
> 고 제궁을 짓고 관대를 받아 춘추에 제사를 지내며, 하외河外를 드리
> 겠습니다.*

• 《전국책》〈위책〉에서 가져온 논설이다. 대체로 의미가 잘 통하지만 "하외를 드린다, 제궁을 지어준다"는
  말은 훗날 덧붙인 것이 확실하다. 아직 그럴 상황이 아니었기 때문이다. 《전국책》에 소진이나 장의의 논
  설이 끝난 후 왕들이 대답하는 부분이 특히 역사적인 상황에 맞지 않는데 아마도 후대의 편집자가 덧붙

나라의 모양과 위치 때문에 위가 얼마나 비용을 많이 쓰는 국가였던 가? 진은 관중에 위치하고 있어서 수비 비용이 적은 국가였기에 남는 비용으로 전쟁을 할 수 있었다. 그렇기에 전쟁을 하면서 전사들에게 줄 토지와 작위를 만든다. 둥근 형태로 토지가 커질수록 지키는 숫자 대비 수익은 늘어난다. 국경이 일그러질수록 지키는 숫자에 비해 거둬들이는 것이 줄어든다. 이렇게 비용이 늘어나는데 수입이 늘어나지 않으면 어떻게 하는가? 다시 어디서든 수입을 얻어야 한다. 서쪽의 진은 너무 강하니 동쪽으로 갈 수밖에 없다. 바로 나비효과다. 아메리카에 서구인들이 들어가자 인디언 부족들 간에 싸움이 벌어졌다. 유라시아 초원에서도 이런 일이 벌어진다. 흉노가 월지月氏를 치면 월지는 다시 서쪽으로 이동하여 다른 나라를 친다. 진이 위와 한을 한 번씩 칠 때 동쪽에서 어떤 파급효과가 일어났는지 살펴보라.

5. 합종주의자의 최후 변론: 나는 진취적인 선비다 ━━━

소진은 연에서 출사했으나 주로 조를 위해 합종을 꾸몄다. 그런데 제와 초는 돌아섰고, 위마저 돌아섰으니 합종은 깨어진 것이다. 이 상황에서 그가 조에 남을 수 있을 것인가? 조왕이 소진에게 화를 내는 것은

였기 때문일 것이다. 앞으로 우리는 대체적인 의미를 취하고 세세한 잘못들은 지적하는 것으로 그칠 것이다.

당연하다. 소진은 두려워 자신의 근거지인 연으로 떠나며 약속했다.

"반드시 제나라에 보복하겠습니다."

소진이 조를 떠나자 합종은 완전히 와해되었다. 기원전 317년의 일이었다.

소진이 연으로 가면 과연 어떤 대접을 받을까? 연에 도착하니 연역왕이 그를 맞았다. 역왕은 태자 시절에 진 혜왕의 딸과 결혼한 상태였다.

먼저 《사기》 〈소진열전〉의 기사를 그대로 옮기는 것에서 시작하자.

> 역왕이 처음 자리에 올랐을 때 제 선왕이 연의 국상을 이용해서 공격하여 성 열 개를 빼앗았다. 역왕은 소진에게 말했다.
>
> "예전에 선생께서 연에 오셨을 때 선왕께서 선생에게 자금을 주어 조나라로 보냈고, 이리하여 여섯 나라가 합종을 약속했습니다. 지금 제가 조를 벌하고 다시 연에 이르니, 선생은 이로 인해 천하의 웃음거리가 되었습니다. 선생께서 연을 위하여 빼앗긴 땅을 찾아주실 수 있겠습니까?"
>
> 소진이 크게 부끄러워하며 말했다.
>
> "왕을 위해 되찾아오고자 합니다."

- 필자는 앞에서 소진의 활동 연대를 일부 수정했다. 여기서 다시 역사적인 맥락에 기반하여 《사기》 〈소진열전〉과 《전국책》의 기사를 일부 수정할 것이다. 《사기》의 여러 기사를 따르면 소진의 6국 합종이 와해된 것은 명백히 기원전 317년이다. 그리고 제가 조와 위를 공격한 것도 317년이다. 이것은 열전보다 훨씬 정확한 《사기》의 〈육국연표〉, 각 〈세가〉, 그리고 〈진본기〉에 기반한 사실이다. 〈진본기〉의 정확성은 《수호지진간》의 편년기사로 확고해졌다.

소진은 이렇게 수세에 몰려 생존을 도모해야 하는 처지가 되었다. 앞의 기사는 일부 논리에 맞지 않다.ᆞ 그러나 사마천이 연합군이 진을 공격하다가 실패한 직후 소진이 조를 떠났다고 추론한 것은 탁견이다. 이 일은 기원전 318년으로 확고하게 고정되어 있다.

그렇다면 당시에 어떤 일이 실제로 벌어졌을까? 첫 번째 가능성으로, 열 개의 성 따위 운운은 다소 과장된 이야기일 터이나 기원전 317년 제가 조를 친 후 연을 압박했을 수 있다. 합종이 깨어지니 합종의 출발점인 연도 제의 응징을 받았다는 것이다. 두 번째 가능성으로, 연이 제의 공격을 받은 것은 실제로 아주 오래전의 일로서 연 역왕이 등극할 때 제 위왕(제 선왕의 아버지)에게 당한 것인데, 한참이 지난 지금 연 역왕은 합종에 실패하고 돌아온 소진이 미워서 오래전의 일을 해결하라고 과제를 줬을 수 있다. 필자는 전자를 지지하는데, 이 일은 기원전 317년에 벌어진 일이지만 일부 연대가 흐트러졌다고 본다. 둘 중 어느 것이든 역사적인 사실로 추론하면 소진은 기원전 317년 연으로 돌아갔고, 연은 돌아온 소진을 반기지 않았다. 연도를 무시하고 이어지는 이야기를 《전국책》 〈연책〉으로 보충해보자. 잃어버린 토지를 찾는 어려운 과제를 안고 소진은 제로 향했다.

• 《죽서기년》에 의거하여 제나라 세계를 수정하면 제 선왕의 임기는 기원전 319년부터 시작된다. 그런데 연 역왕의 아버지 연 문공은 기원전 333년에 죽었다. 그러므로 제 선왕이 연의 국상을 이용하지 않았거나 제 선왕이나 연 역왕 등의 이름이 틀린 것이다. 사마천이 잘못된 제나라 세계표를 가지고 연대 기록이나 전후 맥락 없이 단편으로 구성되어 있는 《전국책》 〈연책〉의 기사 오류를 수정하지 않은 채 역사적인 맥락에서 배열하려는 중에 실수가 발생했을 것이다.

소진은 먼저 재배하고 축하의 말을 올린 후 바로 머리를 들고 조의를 표했다. 제왕이 놀라서 창[戈]을 잡고 뒤로 물러나며 말했다.

"어찌 축하와 조의가 이리도 빨리 이어져 나오는 것이오?"

"사람이 굶주려도 오훼烏喙(독초의 일종)를 먹지 않는 이유는 이것이 잠시 배를 채울 수는 있어도 곧 죽을 정도로 앓아야 하기 때문입니다. 지금 연이 비록 약소국이나 강한 진의 젊은 사위입니다. 왕께서는 성열 개를 이익으로 여겨 강한 진과 깊은 원수지간이 되려고 하십니다. 지금 약한 연이 전위가 되고[雁行] 강한 진이 뒤를 제압하여, 천하의 정병들을 모은다면, 이는 오훼를 먹은 것과 같은 꼴입니다."

제 선왕이 되물었다.

"그럼 어떻게 하면 좋겠소?"

소진이 답한다.

"성인께서 일을 하실 때는 화를 바꾸어 복으로 만들고 실패를 기반으로 공을 이룬다 합니다. (중략) 왕께서 신의 말씀을 들어주실 수 있다면, 연에 열 개의 성을 돌려주고 진에 공손한 말로 사과하는 것이 좋겠습니다. 진은 자기들 때문에 왕께서 연에게 성을 돌려줬다는 것을 알면 분명 고마워할 것이고, 연은 까닭 없이 성 열 개를 얻으니 역시 고마워할 것입니다. 이는 강한 원수 관계를 버리고 후한 친분을 세우는 것입니다. 또한 연과 진이 함께 제를 섬긴다면, 대왕께서 호령만 내리면 천하가 모두 따를 것입니다. 이는 왕께서 한마디로 진을 붙게 하고 성 열 개로 천하를 취하는 방도이니, 바로 패왕의 업입니다."

그러자 제 선왕은 옳다고 여겨 실제로 성을 돌려주었다고 한다.

위의 이야기는 과장이 심하지만 대략의 의미는 밝혀졌다. 연을 치는 것은 연과 사돈의 나라인 진을 자극하는 것이니 그만두라는 것이다. 소진은 이제 합종에서 크게 후퇴하여 연을 보위하는 것을 주 임무로 삼는다.

그러나 비방은 끊이지 않았다. 소진은 여러 나라에 사신으로 다니며 구설수에 휘말린 데다 원래 기반이 약한 뜨내기다. 마침 합종이 실패했으니 얼마나 많은 사람들이 그를 헐뜯었겠는가? 소진이 의심하는 연왕에게 반박했다는 다음의 논설은 《전국책》〈연책〉과 《사기》〈소진열전〉에 동시에 실려 있으며 《삼국지》의 영웅 조조 또한 이 이야기를 감명 깊게 읽은 듯하다. 이 논설에서 소진은 자신의 진취성을 강력히 주장한다. 《전국책》〈연책〉을 기반으로 소진의 최후 변론을 들어보자. 그는 자신이 연을 위해서 대책을 세운 애국자임을 강변한다.

연나라 신하들이 이렇게 소진을 헐뜯었다.

"무안군은 천하에 신의가 없는 자입니다. 왕께서는 만승의 군주로서 그 아래 숙여 그를 조정에서 높여주시어 천하에 소인배들과 함께 한다는 것을 보였습니다."

소진이 제나라에서 돌아왔다. 그러나 연왕은 이런 말을 들은 터라 그를 관사에 들이지도 않았다. 그가 오히려 제나라를 위해 일한다고 의심했기 때문이다. 그러자 소진이 이렇게 반박한다.

"신은 동주의 시골뜨기였고 족하를 알현할 때 지척의 공도 없었으나 족하께서는 신을 교외까지 나와 맞아주시고, 조정에서 신을 높여주셨습니다. 지금 신이 족하의 사신이 되어 열 개의 성을 얻는 이익을 드리고 위태로운 연나라를 존속시키는 공을 세우고 나서는 오히려 신의 말씀을 듣지 않으시니, 필시 어떤 이가 왕의 면전에서 저를 신의 없는 놈이라고 중상했겠지요. 허나 제가 신의가 없는 것이 바로 족하의 복입니다. 만약 신이 미생尾生처럼 신의가 있고 백이伯夷처럼 청렴하고 증삼曾參처럼 효성스럽다고 가정해보지요. 이 셋은 천하의 고결한 행동인데, 이로써 족하를 섬기면 안 되겠습니까?"

"되지요."

"이런 덕을 갖추고 있었다면 신 또한 족하를 섬기지 않습니다."

"왜 그렇소?"

"증삼처럼 효성스럽다면 의리상 하룻밤도 부모를 떠나 밖에서 잘 수 없는데, 족하께서는 어떻게 그런 이를 제나라에 사신으로 보낼 수 있겠습니까? 백이처럼 청렴하다면 나물밥도 먹지 않고, 무왕의 의(은이 무도하다고 방벌한 것)가 더럽다 하여 고죽의 임금 자리도 버리고 수양산에서 굶어 죽을 텐데, 어찌 수천 리 길을 마다 않고 약한 연나라의 위태로운 군주를 섬기겠습니까? 미생처럼 신의가 있다면 약속한 이가 오지 않자 다리 기둥을 안고 물에 빠져 죽을 텐데, 어찌 제를 상대로 연과 진의 위세를 드날리고 큰 공을 얻었겠습니까? 대저 믿음을 행하는 것은 사실 자신의 만족을 위한 것이지 남을 위한 것이 아닙니다. 이는 모두 자기 충족의 방도[自覆之術, 제자리 밟기]이지 나아가 취하는 길[進取之道]은 아닙니다. 대저 삼왕이 바뀌어가며 흥하고 오패가 번갈아 성한 것은 모두 자기 충족을 벗어났기 때문입니다.

군주가 스스로 만족해서 되겠습니까? 그렇다면 제나라는 영구營丘

땅에 멈춰 더 커지지 않았을 것이고, 족하께서는 초나라 국경을 넘지 못했을 것이고, 국경의 성 밖을 엿보지 못했을 것입니다. 또한 신의 노모는 주에 계시나 신이 노모를 떠나 족하를 섬기고 있음은 자기 충족을 벗어나 진취의 길을 도모했던 까닭인데, 신이 가고자 하는 방향은 실로 족하의 방향과는 달랐군요. 족하께서는 스스로 만족하는 군주요, 노복(저)은 나아가 취하는 신하이니[進取之士], 신은 이른바 충성과 믿음 때문에 군주에게 죄를 얻었습니다."

소진의 말은 여러 나라를 위해 일하던 당시의 유세객들이 처한 어려움을 대변한다. 그들은 모책을 기반으로 삼았기 때문에 태생적으로 의심을 받았다. 그러나 소진은 연왕에게 지금이 전국시대임을 잊지 말라고 말한다. "필요한 것은 나의 능력이지 도덕성이 아니지 않은가?"《논어論語》에서 공자孔子가 한 말이 있다.

중용의 길을 가는 이를 얻어 함께하지 못하면, 분명 광자[狂], 견자[狷]가 되리라. 광자는 (물불을 가리지 않고) 나아가 취하고 견자는 (머뭇거려) 못 하는 바가 있도다[子曰, 不得中行而與之, 必也狂狷乎, 狂者進取, 狷者有所不爲也].

광자란 바로 소진처럼 기획하고 나아가 취하는 사람이고, 난세에는 그런 인재를 원한다. 그러나 위 내용에서 읽을 수 있듯 6국을 묶으려던 소진의 기획은 연을 중심으로 한 동방 외교로 축소된다. 그리고 소진의 처연한 말에서 장의와 소진의 시대가 바뀌고 있음을 짐작하게 된다.

제3장

장의, 합종을
격파하다

...

소진의 6국 연합이라는 원대한 계획은 실패했다. 이제 소진은 중원의 조에서 동방의 연과 제로 후퇴하여 더 이상 대규모의 합종을 꾀하지 못하고 지역 유세가로 바뀌었다. 그러나 장의의 원대한 계획은 이제부터 시작이다. 장의가 노리는 것은 바로 초였다.

소진의 6국 합종 기획은 실패했지만 부분적으로는 살아남았다. 비교적 직접적으로 충돌하지 않는 나라들은 서로 연합했는데 초와 제, 한과 위, 한과 조 등이 서로 묶이는 식이었다. 위를 공략한 다음 장의는 말과 칼을 섞어서 6국을 공략한다. 소진은 말을 뒷받침할 힘이 부족했지만 장의는 진이라는 시퍼런 칼날의 지원을 받고 있었다. 그 무렵 장의는 또 하나의 커다란 자산을 얻었는데 바로 촉이었다. 촉을 얻으면 초의 위상을 뒤엎을 수 있다. 장의는 어떻게 초를 약화시킬 것인가?

이제 장의의 초나라 공략과 변화무쌍한 진의 행보를 따라가 보자. 장의는 소진이 쌓은 것을 하나하나 격파한다.

1. 진의 촉 정벌: 서해의 이익을 노리다 ━━━━━━━━

"농(지금의 감숙성 일대)을 얻으니 촉을 바라보는구나[得隴望蜀]."

후한을 세운 광무제가 탄식하며 했다는 말이다. 농을 얻었더니 또 촉을 바라는 마음이 생겼다며 사람의 욕심을 한탄한 말이지만, 중요한 것은 그러면서도 광무제가 기어이 촉을 얻었다는 사실이다. 전략적으로 농을 얻으면 촉을 바라게 되는 것은 당연하다. 관중에 왼손을 두고 농에 오른손을 두면 촉을 가슴에 품는 형상이 되기 때문이다. 촉으로 들어가는 길은 한중과 농 두 갈래가 있다. 그래서 촉으로 들어가면 어떤 일이 벌어지는가? 오른손을 촉에 두고 왼손을 단수丹水로 뻗으면 초의 수도를 품는 형상이 된다.

필자는 이 시리즈를 쓰기 전에 여러 해 촉의 지형을 돌아다니며 관찰했다. 그러면서 느낀 것은 강자가 촉을 차지하면 천하를 차지하지만, 약자가 차지하면 갇혀서 나오지 못할 것이라는 점이다. 히말라야 산맥 동쪽 끄트머리가 끝나는 곳, 진령의 남쪽 산악지대가 갑자기 내려앉는 곳, 운귀고원 북쪽 끝이 문득 사라지는 곳에 실로 엄청난 크기의 분지가 자리 잡고 있는데, 흔히 이 지역을 촉이라 부르니, 오늘날의 사천四川에 해당한다. 사면의 거대한 산맥이 물을 내려보내기 때문에 가뭄 걱정이 없는 충적평야이며, 은나라 시절에 이미 중원과 버금가는 청동기 문명이 있었다. 그러나 그들은 중원인들의 침략을 걱정하지 않았기에, 현지의 문화와 서부의 사방의 고원지대 사람들의 문화를 섞어 독특한 촉 문화를 만들 수 있었다.

이 촉의 동쪽에는 파인巴人들이 또한 그 나름의 문화를 이루고 살고 있었으니 오늘날의 중경重慶 지역이다. 파 지역에는 산악 지대가 많으나 연중 고온다습한 하곡에서 식물이 잘 자라고 짐승과 물고기가 많아 많은 인구를 감당할 수 있었다.

민강岷江의 물을 사천의 평원에 들이부으면 수백만 명을 거뜬히 먹일 수 있기에, 개발만 하면 실로 관중 이상의 생산력을 갖추고 있는 곳이다. 오늘날 대략 1억 3000만 명 이상의 인구가 살고 있는 이 파촉의 규모를 당시에 가까운《한서漢書·지리지地理志》에 의거해 한대의 가구와 인구를 살펴보면 대략 다음과 같다. 전국시대도 크게 다르지는 않았을 것이다.

- 광한군: 17만 호, 인구 66만 명

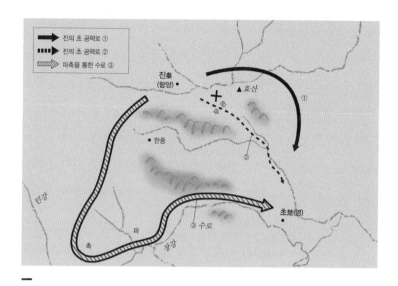

진의 초 공략로 ①
진의 초 공략로 ②
파촉을 통한 수로 ③

진秦
(함양)

▲효산

한중

①

②

민강

초楚(영)

파

③ 수로

촉

장강

진의 촉 정벌과 전국 형세의 변화. 촉과 파는 풍부한 자원을 바탕으로 생산력과 군사력을 갖춘 곳이었다. 진은 사마조를 활용해 이곳을 점령한 뒤 더 강해졌고, 장의의 유세를 통해 초를 공략했다. 이후 기원전 312년 진과 초의 전면전에서 진이 승기를 잡았다.

- 촉군: 27만 호, 인구 125만 명
- 익주군: 8만 호, 인구 58만 명
- 파군: 16만 호, 인구 71만 명

여기에 촉을 보유하려면 필요한 한중의 10만 호, 인구 30만 명까지 더해보자. 세 가구에서 한 명을 차출해도 당장 최소 20만 명의 장정을 얻을 수 있다.

그렇기에 후대의 유방은 촉을 기반으로 재기했고, 제갈량은 천하를 셋으로 나눈다는 계책[天下三分之計]의 한 축으로 파촉을 꼽았다. 그러나 이 파촉의 가치를 십분 활용한 이는 바로 삼국을 통일한 사마씨의 진晉(우리가 알고 있는《삼국지》의 진)일 것이다. 삼국시대 촉이 버틸 때 위魏나 진晉은 오吳를 도모할 수 없었다. 그러나 촉이 무너지자 진晉은 촉에서 배를 띄워 서와 북에서 일거에 오를 도모하니 촉에서 배를 띄운 지 불과 얼마 후에 오를 멸망시켰다. 그렇게 큰 싸움에서 배는 빠르고 효율적인 운반 도구였기에 군량과 병사와 군마까지 무더기로 싣고 힘들이지 않고 이동할 수 있었다. 그리고 장강에서 배로 싸우자면 상류를 차지한 이가 절대로 유리했다.

다시 전국시대로 돌아가자. 지금까지 배는 장강을 끼고 있는 초나라의 친구였지만 촉이 만약 진으로 넘어간다면 이제 배는 초나라의 재앙이 될 것이다. 진은 바로 이 지대를 노리고 있었다. 이 지대가 진의 판도로 들어오면 초의 위상은 일거에 추락한다.

장의가 위에서 돌아오자 서남에서 좋은 소식이 와 있었다. 촉과 저苴가 싸우면서 모두 진秦에게 도움을 요청했기 때문이다. 촉을 치기 전에 진의 조정에서 이런 논의가 벌어졌다. 애초에 장의는 촉보다 먼저 동방을 공략하자고 했다. 물론 그가 촉의 중요성을 모르는 것은 아니었다. 그러나 마침 한나라를 치려는 중이었다. 사실은 한나라를 새로 치는 것이 아니라 전쟁을 계속 수행하겠다는 것이었다. 장의는 한을 치자고 하고, 사마조司馬錯는 촉을 치자고 했다.《사기》〈장의열전〉의 대화를 요약하여 살펴보자.

장의는 위와 초를 데리고 한을 치고, 주 왕실을 위협하자고 주장했다. "우선 위·초와 친해놓고 군대를 삼천으로 내려보내서 십곡什谷의 입

진에서 촉으로 들어가는 검각. 오늘날 사천에 해당하는 촉은 가뭄 걱정이 없는 충적평야로 이루어졌다. 외진 곳에 자리 잡은 분지여서 중원인들의 침략이 적었고, 현지의 문화와 고원지대 사람들의 문화가 섞여 독특한 촉 문화를 만들었다.

구를 막고 위는 남양을 끊고 초는 남정으로 나가면, 진은 신성과 의양을 공격하여 두 주(당시 나뉘어 있던 동주와 서주)의 교외로 나가 주왕의 잘못을 꾸짖고, (이어) 초와 위의 땅을 침략합니다. 주왕은 스스로 구원할 수 없다는 것을 알고는 구정과 보기를 분명 보낼 것입니다. (중략)

그러나 촉은 서쪽의 편벽한 나라로서 융적의 무리입니다. 군대와 대중을 지치게 하면서 이름을 이룰 거리도 되지 않고, 그 땅을 얻은들 이익이 되기에 부족합니다. 신은 '이름은 조정에서 다투고 이익은 시장에서 다툰다'고 들었습니다. 지금 삼천과 주 왕실은 천하의 조정이며 시장인데, 왕께서는 이를 다투지 않고 융적과 다투려 하시니 왕업은 멀어질 것입니다."

사마조의 의견은 달랐다. 그의 말의 요지는 "촉을 쳐도 제후들이 개입하지 않을 것이지만 주를 건드리면 제후들이 개입할 것이다. 그리고 촉은 실제로 얻을 만한 이익이 있는 땅이다"라는 것이다.

"그렇지 않습니다. 신이 듣기로, 나라를 살찌우려는 이는 땅을 넓히는 데 힘쓰고, 군대를 강하게 하려는 이는 백성을 살찌우는 데 힘쓰며, 왕자가 되려는 이는 덕을 넓히는 데 힘쓴다고 하니, 이 세 가지 자산을 가지면 왕업은 따라옵니다. 지금 왕의 땅은 작고, 백성은 가난하니, 신은 먼저 쉬운 일부터 시작하기를 바랍니다. 촉은 서쪽 편벽한 곳의 나라이나 융적의 우두머리입니다. 그들이 지금 걸주 같은 난행[亂]을 하니 우리 진이 공격하면 마치 이리나 늑대를 몰아 양 떼를 쫓는 것이나 마찬가지입니다. 그 땅을 얻으면 나라를 넓히기에 충분하고 그 재물을 얻으면 백성들을 살찌우고 무기를 수선할 수 있으며, 또한 우리 대중이 상하기도 전에 저들이 먼저 복종할 것입니다. 한 나라를 들어내도 천하가 포악하다고 여기지 않고, 서해西海(하천이 많은 촉 일대의 땅)의 이익을 다 누려도 천하가 탐욕스럽다 하지 않으니, 이는 한 번 손을 써서 명과 실을 다 얻는 일이며, 거기에 (촉의) 난폭함을 금했다는 명성마저 얻을 것입니다. 지금 한을 공격하여 천자를 겁박하면 이름을 더럽힐 뿐 꼭 이익이 있는 것도 아니요, 또한 의롭지 못하다는 이름을 가지고 천하가 껄끄러워하는 주 왕실을 공격하면 위태롭습니다."

혜왕은 사마조의 손을 들어주었다.

"그렇구려. 과인은 그대의 말을 따르겠소."

진은 공격을 시작한 그해(기원전 316) 10월에 촉을 점령하고 촉왕의 이름을 내리고 후侯라 했다. 또한 진이 파견한 재상을 앉혀 촉의 정치를 맡게 했다. 과연 촉을 얻자 진은 더욱 강해졌다. 그렇다면 장의는 이 촉을 어떻게 활용할 것인가?

2. 국제적인 사기꾼이 되다

이제 우리는 전국시대에도 손꼽히는 사기 사건을 하나 목도할 것이다. 이 사기 사건이 중요한 것은 그때까지 진과 버금이라고 자부하던 초가 사기에 속아 회복하기 힘든 타격을 입었기 때문이다. 이 사기 사건의 주인공은 물론 장의다.

먼저 가장 신빙성 있는 기사부터 시작하자. 《사기》 〈진본기〉에 따르면 기원전 313년, 진은 조를 쳐서 크게 이겨 인읍을 얻었다. 그리고 그해 장의가 초로 갔다. 장의는 무슨 까닭으로 초로 간 것일까? 위에 있으면서 위가 합종을 버리도록 강요한 그다. 그는 다시 합종의 흔적을 지울 임무를 가지고 그곳으로 간 것이다. 이번에 그가 노리는 것은 제와 초의 연합이다. 대체로 내용은 《사기》 〈장의열전〉과 《전국책》 〈진책〉이 동일하지만 〈진책〉의 묘사가 더 구체적이므로 〈진책〉을 통해 당시에 일어난 일을 살펴보자.

진 혜왕은 이렇게 걱정했다.

"나는 제를 벌하고 싶은데, 제와 초가 서로 사이가 좋소. 그대는 과인을 위해 꾀를 내어보시오. 어찌하면 좋소?"

왜 제를 걱정하는가? 기원전 314년 제가 연을 얻는 엄청난 사건이 벌어졌기 때문일 것이다. 이 사건에 대해서는 다음 장에서 자세히 이야기할 것이다. 어쨌든 제가 너무 커지는 것을 진은 용납하지 않았다. 이런 진의 태도는 앞으로 꼭 20년 후 제가 송을 정벌할 때도 나타난다. 그러나 제를 치는 것은 쉽지 않다. 한·위·조를 모두 건너가야 하기 때문이다. 그렇기에 사실상 장의가 노리는 것은 제가 아니라 초였고, 진이 쳐서 실리를 얻을 수 있는 대상도 초였다. 〈진책〉의 내용을 "초를 치고 싶은데 초가 제와 결합하고 있어 걱정이었다"로 바꿔도 무방하다.

장의가 선뜻 대답했다.

"왕께서 신에게 수레와 돈을 준비해주시지요. 제가 한번 해보겠습니다."

이리하여 장의는 초나라로 떠나는데, 무슨 꿍꿍이가 있는 것일까? 장의는 거물이다. 초 회왕은 그를 위해 극진한 대접을 준비하고 있었다. 초 회왕을 만난 장의는 이렇게 말을 꺼낸다.

"폐읍(진)의 왕이 심히 따르고자 하는 이로 대왕보다 더한 분은 없습니다. 또한 저 장의가 심히 섬기고자 하는 이로 대왕만 한 분이 없습니다. 또한 폐읍의 왕이 가장 미워하는 이로 제왕齊王 같은 이가 없으며, 저 장의가 미워하는 이로도 제왕이 첫 번째입니다.

지금 제왕이 폐읍의 왕에게 죄 지은 바가 심히 크기에 폐읍은 그를 벌하려 합니다. 허나 대국(초)이 제와 사이가 좋으니, 저희 왕은 대왕의 명을 받들지 못하고 저 또한 신하로서 대왕을 모시지 못하는 처지입니다. 대왕께서 진실로 제와의 관계를 끊어주신다면 신은 진왕에 청하여 상商과 오於의 땅 600리를 대왕께 바치도록 하겠습니다. 이리하면 제는 분명히 약해질 것이며, 제가 약해지면 필히 대왕의 부림을 받을 것입니다. 이리하면 동쪽으로 제를 약하게 하고 서쪽으로 진에 덕을 베푸는 것이며, 또한 사적으로 상오의 땅의 이익을 얻는 것이니, 이는 한 번의 계책으로 세 가지 이익을 한꺼번에 얻는 것입니다."

이 무슨 횡재인가? 무려 600리의 땅을 얻는다고? 상과 오 땅을 얻으면 한중의 걱정은 없어진다. 이에 초왕은 크게 기뻐하며 조정에 선언했다.

"내가 상오의 밭 사방 600리를 얻었다."

이리하니 여러 신하들이 모두 축하했지만 모사 진진이 홀로 심드렁했다. 그러자 초왕이 말했다.

"한 사람의 병사도 쓰지 않고 한 사람도 상하지 않으면서 상오의 땅 600리를 얻었으니, 과인은 스스로 지혜로웠다 생각하오. 모든 선비 대부들이 축하하는데 그대만 축하하지 않는 이유는 무엇이오?"

"신이 보건대 상오의 땅을 얻을 수 없을 뿐만 아니라 우환이 닥칠 것이옵니다. 그러니 감히 망령되이 축하하지 못한 것입니다."

"왜 그리 보시오?"

"대저 진이 왕을 중히 여기는 것은 왕에게 제나라가 우방으로 있기 때문입니다. 지금 땅도 얻지 않은 상태에서 먼저 제와 절교를 하면 초는 고립될 텐데, 진이 또 무엇 때문에 고립된 초를 중시하겠습니까? 먼저 땅을 내놓으면 절교하겠다고 하면 진은 분명 들어주지 않을 것이고, 먼저 제와 절교하고 땅을 달라고 하면 분명 장의에게 사기를 당할 것입니다. 장의에게 사기를 당하면 왕께서는 필시 그를 원망하시겠지요. 이렇게 서쪽으로 진을 우환으로 만들고 북으로는 제와 절교하면, 두 나라의 군대가 반드시 들이닥칠 것입니다."

그리고 진진은 이런 구체적인 방법까지 알려줬다.•

"왕께서 취할 최상의 계책은 몰래 제와 연합을 공고히 하고 겉으로만 절교하고 사신을 장의에게 딸려 보내는 것입니다. 진실로 우리에게 땅을 줄 때 제와 절교해도 늦지 않습니다."

초 회왕은 이 계책을 듣지 않고 고집을 부렸다.

"내가 하는 방식이 옳소. 그대는 입을 닫고 내가 하는 일이나 지켜보시오."

이리하여 초는 제에 절교 사절을 보냈고, 그 사절이 돌아오기도 전에 또 사절을 보내 땅을 얻겠다는 욕심을 숨기지 않았다.

무릇 군주라면 굴러들어 온 이익의 위험을 잘 살펴야 한다. 더구나 장의가 누구인가? 당장 공격을 당하던 위나 한이야 어쩔 수 없이 진에 굴복한다 하여도, 함께 함곡관을 공격한 것이 엊그제인데 초가 이렇게 쉽게 제와 절교해도 되는가? 진진의 분석은 정확한 것이었다.

이어서 다음 이야기를 보자.

장의는 이런 약속을 하고 진으로 돌아갔다. 진은 장의가 돌아오자 제에 사절을 보내 몰래 연합하여 초를 고립시키고자 했다. 제는 초의 행

• 이 부분은 《사기》〈장의열전〉에 나오는 대화다.

보가 괘씸하던 차에 이 제의를 받아들였다. 초는 땅을 받고자 안달인데 장의는 진으로 돌아가자 병을 평계로 두문불출이었다. 초 회왕이 사람을 보냈으나 만날 수가 없었다. 어리석게도 회왕은 이렇게 생각했다.

"장의는 과인이 아직 제와 절교하지 않았다고 생각하는 것인가?"

이리하여 송나라 땅을 통해 용사들을 보내 제에 군사적인 도발까지 했다. 제 선왕이 화가 나 초와 완전히 단교하기로 한 것은 불문가지다. 장의는 초와 제가 완전히 절교한 것을 확인한 후 슬그머니 병석에서 일어났다. 그리고 초의 사자를 만나 지도를 펼치고는 이렇게 말했다.

"여기서 여기까지 가로세로 6리입니다."

사자는 깜짝 놀랐다.

"신은 600리라 들었지 6리라고는 못 들었습니다."

장의가 정색했다.

"저 장의는 진실로 소인에 불과합니다. 제가 무슨 수로 600리를 얻어드릴 수 있겠습니까?"

완전한 사기였다. 초의 사자는 어쩔 수 없이 더 이상 요청하지 못하고 돌아가서 사정을 보고했다. 초 회왕은 대로하여 군대를 내어 진을 치려고 했다. 그러자 이번에도 진진이 나섰다.

"신이 한 말씀 드려도 되겠습니까? 진을 벌하는 것은 좋은 계책이 아닙니다. 차라리 이름 있는 도시 하나를 떼어주고, 진과 더불어 제를 벌하십시오. 이는 진에게 잃은 것을 제에게서 보상받는 것이니, 초나라는 잃은 것이 없지 않습니까? 왕께서 이미 제와 절교하시고 또 진에 속은 것을 책망하신다면, 이는 우리가 진과 제의 연합을 공고히 해주는

파촉의 청동 문화를 엿볼 수 있는 삼성퇴 유물. 사천 지역에서 발굴된 삼성퇴 유물은 당시 파촉의 청동 문화가 얼마나 발달했는지 알 수 있는 자료다. 거대한 신상神像과 청동인면상 등 독특한 모양의 청동상들이 출토되어 독자적이고 수준 높은 문명이 존재했음을 증명하고 있다.

꼴이니 필시 나라가 크게 상할 것입니다."

욕심이 많은 이들은 제 꾀에 넘어간다. 비록 사신의 말이라고 하나 600리의 땅을 그렇게 쉽게 얻으려 한 것 자체가 잘못이었다. 그러나 진이 대국이지만 초도 대국이다. 감히 이런 사기 외교를 할 수 있단 말인가? 결국 초 회왕은 진진의 말을 듣지 않았다. 그는 분노를 이기지 못하고 기원전 312년, 진과 전면전을 선언했다.

사서들을 종합해보면 초는 먼저 단양丹陽에서 격전을 벌였고, 이어서 한중漢中에서 싸웠다. 단양에서 일단 패했으나 초는 다시 남전藍田에서 싸웠다. 초는 모든 싸움에서 패한 후 진의 우방인 한의 옹지雍氏를 공격해서 보복했다. 이 격렬한 싸움의 결과는 처참했다. 《사기》 〈진본기〉와 〈초세가〉 및 〈장의열전〉의 기록을 종합해보면 다음과 같다.

단양에서 진의 서장 장章이 초나라 장수 굴개屈匃를 잡고 8만 명을 죽였다. 그때 포로로 잡힌 주요인사가 70인이었다. 땅 600리를 빼앗고 한중군漢中郡을 설치했다. 초는 군대를 증강하여 남전藍田까지 진격했지만 다시 패했다. 한과 위는 초가 위기에 처한 것을 보고 초를 습격하여 등鄧을 공격했다. 초는 양방에서 공격이 오자 회군하고 말았다. 이 패배로 어쩔 수 없이 초는 다시 성을 두 개 주어 진과 강화했다.

남아 있는 사서가 진의 시각에서 쓴 것이기 때문에 진의 피해는 기록되어 있지 않다. 그러나 이 싸움이 일방적인 것이 아니었다는 자료들이 보인다. 싸움은 두 나라의 전면전인데 초가 우세했던 때도 있었을 것이다. 초로서는 한이 진에 붙도록 놔둔 것이 가장 큰 실책이었고, 위마저 진에 붙어 초를 공격한 것이 결정타였다. 《전국책》 〈조책〉에 진왕이 공자 타他에게 한 말 중 이런 내용이 나온다.

예전에 진과 초가 남전藍田에서 싸울 때 한은 정예 병력을 내어 진을 돕다가, 우리 진이 불리해지자 도리어 초에 붙었다.

그렇다면 진의 우방으로 붙었던 한이 멈칫할 정도로 초군의 공격 또한 매서웠던 것이다. 초군이 일방적으로 당한 것이 아니라 일대 격전이었다. 남전이란 바로 관중을 내려다보는 곳 아닌가? 남전에서 싸웠다는 것은 초군이 진의 관중을 노렸다는 말이다. 굴원은 '국상國殤'을 통해 당시 처절하게 싸웠던 초군의 용맹을 슬퍼하며 탄식했다. "대세는 기울고 신령이 노하여" 패배했으나 "진실로 용감했고 무예를 아는 그들"은 "혼백이라도 귀신들의 우두머리가 되리[子魂魄兮爲鬼雄]."

초 회왕은 욕심에 따라 판단하고 감정에 따라 행동한다. 실제로 초군은 퇴각을 모르고 진과 결전을 벌였지만 본토가 진의 동맹국들에게 위협당하니 더 이상 싸울 겨를이 없었다. 초 회왕은 춘추 이래 시종일관 강대했던 초나라를 스스로 꺾은 왕이라 하겠다.

그러나 싸움은 이것으로 끝이 아니었다. 《사기》〈진본기〉의 311년 기사에 이런 내용이 나온다.

초를 쳐서 소릉召陵을 빼앗았다. (중략) 한·위·제·초·월 모두가 복종했다. 장의가 위나라로 갔다.

싸움에 패한 후 초가 진과 강화한 것은 틀림없다. 그런데 초 회왕을 회유한 사람이 다시 장의라고 한다. 당장 죽여도 시원찮을 인간이 복종을 강요하러 나타날 수 있는가? 《사기》〈장의열전〉에 나오는 믿기지 않는 이야기를 간단히 요약해보자.

싸움이 끝나고 진은 초의 검중과 진의 무관 밖의 상오의 땅과 바꾸자는 제의를 해왔다. 이미 촉은 넘어갔고 서쪽 관문인 검중을 바치면 수도 영이 위험하니 받아들일 수 없는 요구였다. 그런데 초 회왕은 이렇게 답했다고 한다.

"땅을 바꿀 필요는 없습니다. 장의를 보내주면 검중을 그냥 드리겠습니다."

검중을 거저 주겠다고? 있을 법하지 않은 이야기지만, 잠시 이어보자. 진 혜왕은 이 제안을 듣고 머뭇거렸다. 그러면서도 그 땅에는 욕심이 났다.

"초왕이 그대가 상오의 땅을 주겠다고 속인 것 때문에 노했으니, 이는 그대에게 앙갚음을 하려는 것 같소."

그러자 장의는 스스로 초로 가겠다고 했다.

"저는 초왕의 총신 근상靳尙과 사이가 좋은데 그는 초왕의 부인 정수鄭袖가 아끼는 사람입니다. 신이 진의 부절符節을 가지고 가는데 초가 신을 어찌할 수가 있겠습니까? 신이 죽어서 검중 땅을 얻을 수 있다면 신은 기꺼이 죽겠습니다."

그리하여 장의가 초로 가니 과연 회왕이 장의를 가뒀지만, 장의의 예상대로 근상과 정수는 온 힘을 다해 장의를 빼냈다고 한다. 실제로는 패한 초가 감히 승자인 진의 사절인 장의를 가두지는 못했을 것이다. 장의의 마음에 들지 않으면 전쟁을 맞아야 한다. 이제 장의는 어떤 유세를 펼칠 것인가?

3. 장의의 초나라 유세: 싸움을 멈추고 이익을 공유하라 ▬

장의가 뻔뻔스럽게 진을 위해 초왕에게 이렇게 합종을 유세했다.* 장의
는 진의 자신감을 마음껏 피력한다.

> 진의 땅은 천하의 반이며, 병력은 네 나라를 동시에 당할 수 있고, 산
> 으로 싸이고 강으로 둘러싸여 사방이 견고한 요새입니다. 호분虎賁의
> 용사가 100만 명, 전차 1000승, 말이 1만 필에 곡식은 산더미같이 쌓
> 여 있습니다. 법령은 이미 밝으니 사졸은 싸움을 편안히 여기고 죽음
> 을 즐거이 받아들입니다. 군주는 엄하면서도 명철하고, 장수는 지혜
> 로우면서도 용감하여 군대를 내지 않고도 상산常山의 험지를 휩쓸어
> 천하의 등뼈를 꺾을 테니, 천하에서 뒤에 복종해오는 자가 먼저 망할
> 것입니다. 대저 합종을 꾀하는 것은 양의 무리를 몰아 사나운 호랑이
> 를 공격하겠다는 것과 마찬가지입니다. 무릇 호랑이와 양이 상대가
> 되지 않음은 명백합니다.

감히 어제 자신이 기만한 군주 앞에서 오늘 이런 말을 할 수 있는가?
장의의 언사는 오만하기 그지없다. 그러나 그의 뒤에는 갓 승리한 진
이 있었다. 이제는 초왕을 달래며 우리 둘이 천하를 호령하자고 회유
한다.

• 《전국책》〈초책〉에 나오는 문장이다.

대저 천하의 강국으로는 진이 아니면 초요, 초가 아니면 진입니다. 양
국이 적대하여 서로 싸운다면 형세상 양립할 수 없으니, 대왕께서 진
과 함께하지 않는다면 진은 군대를 내어 의양을 막을 것이며, 한의 상
지上地(한이 점유하고 있는 상당과 남양)로 가는 길은 끊어질 것이고, 하동
으로 내려와 성고를 취하면 한은 분명 진으로 편입될 것입니다. 한이
진의 신하로 들어가면 위는 바람을 따르듯 움직일 것입니다. 진이 초
의 서쪽을 공격하고 한과 위가 북쪽을 공격한다면 사직이 어찌 위태
롭지 않겠습니까?

장의는 이번에 진이 초를 이기자 한과 위가 바로 초를 치는 것을 보
았냐고 말한다. 그리고 이어서 합종을 포기하라고 종용한다.

합종이란 약자를 모아 강자에게 대드는 것입니다. 대저 약자가 강자를
공격하면서 상대를 헤아리지 않고 가벼이 싸움을 벌이며, 나라는 가난
한데 자주 군대를 일으키는 것은 나라를 위태롭게 하고 망하게 하는
길입니다. 신이 듣기로, 병력이 상대만 못하면 싸움을 걸지 말고 곡식
이 상대만 못하면 지구전을 벌이지 말라고 합니다. 합종을 말하는 이
들은 말을 꾸미고 허풍을 치면서 군주의 절행節行을 추켜세우며 합종
의 이익만 말하지 손해를 말하지 않으니, 급기야 초에 화가 미치면 이
미 돌이킬 방법이 없습니다. 그러니 대왕께서는 신중히 도모하소서.

장의는 초를 위협할 무기가 하나 더 있다. 이것을 버려둘 장의가 아

니다. 그 무기는 바로 파촉이다.

　　진은 서쪽으로 파촉이 있으니 네모진 배에다 곡식을 싣고 강을 따라
내려오면 (초의 수도) 영까지는 3000리입니다. 방선舫船(네모진 배)에다
병사를 실으면 한 척당 50명을 실으니, 석 달 치 양식까지 싣고 물을
따라 내려오면 하루에 300리를 갑니다. 거리가 멀다고는 하나 말에
게 땀을 흘리는 수고도 끼치지 않고 열흘이 채 되기 전에 한관에 도착
할 것이고, 한관이 놀라면 경릉竟陵 동쪽은 모두 성을 지켜야 할 것이
고, 그러면 검중과 무군은 이미 왕의 땅이 아닐 것입니다. 진이 갑병
을 내어 무관을 나서 남쪽을 향해 공격을 개시하면 북지北地(북쪽 땅, 즉
단수 북쪽의 완宛 등)로 통하는 길이 끊어집니다. 그러니 진의 군대가 초
를 공격하면 석 달 안에 위난이 닥칠 것이고, 초가 제후의 구원을 믿
는다 할지라도 도착하자면 반년 이상이 걸리는 터라 형세상 미칠 수
가 없습니다.

　**그런 후 어제의 패배를 다시 들춰내며 진과 싸우는 것은 초에 이익
이 없다는 것을 강조한다. 진이 더 크다는 것을 기억하라.**

　　대저 약국의 구원을 믿고 강한 진의 화를 잊으니, 이는 신이 대왕을
위해 우려하는 바입니다. 또한 대왕께서는 일찍이 오吳나라 사람들과
다섯 번 싸워 세 번 이겨 결국 나라를 멸망시켰지만, 사졸들을 다 죽

광안에 위치한 파왕성. 사천 분지 가장자리를 따라 고도가 점차 높아지는 곳에 위치한 광안은 동쪽 지역은 산지이고, 중앙 지역은 언덕이며, 서쪽 지역은 상대적으로 평평하다. 언덕과 협곡 사이에 놓인 전략적 위치 때문에 사천 동부의 관문으로 불렸다.

고 신성에 치우쳐 지키느라 주민들은 고달팠습니다.˙ 신이 듣기로, 큰 상대를 공격하는 이는 쉬이 위태로워지고, 백성을 피폐하게 하면 위를 원망한다고 합니다. 섭사리 위태로워질 공업을 지키느라 강한 진의 마음을 거스르니, 신은 가만히 대왕을 위해 이를 위태롭게 여깁니다. 또한 진이 15년 동안 함곡관 밖으로 군대를 내어 제후를 치지 않았던 것은 천하를 삼킬 마음을 비밀리에 도모하고 있었기 때문입니

• 초가 오를 당대에 이긴 것은 아니므로 착오인 듯하다. 혹은 옛 오 땅을 경략하려고 제와 다툰 것을 말할 수도 있다.

다.* 초는 일찍이 진과 얽혀 싸워 한중에서 싸웠으나 이기지 못하고, 통후通侯나 집규의 위치에 있는 이로 죽은 이가 70여 인이었고, 결국 한중을 잃었습니다. 초왕이 크게 노하여** 군대를 일으켜 진을 습격하여 남전에서 싸웠지만 다시 격퇴되었습니다. 이것이 이른바 두 호랑이가 싸운다는 것입니다. 대저 진과 초가 피폐해지면 한과 위가 그 후를 마음대로 주무를 것이니, 이보다 더 위태로운 계책은 없습니다. 그러니 대왕께서는 신중히 생각하소서.

그런 후 교활한 그는 동쪽의 이익을 이야기한다. 진이 움직일 때를 노려 초는 송을 쳐라!

진이 군대를 내어 위衛의 양진陽晉을 치면 분명 천하의 가슴을 열 수 있으니, 이때 대왕께서는 군대를 모두 이끌고 송을 공격하시면 몇 달이 안 되어 송을 들어낼 수 있습니다. 송을 들어내고 동쪽으로 향하면 사수泗水 위의 열두 제후국은 모두 왕께서 차지하실 수 있습니다.

- "함곡관 밖으로 나오지 않은 지 15년" 등의 말은 사실이 아니다. 진은 한과 위를 계속 두드렸다.

- "초왕이 크게 노하여[楚王大怒]"라는 구절은 문제가 된다. 장의가 유세하는 이는 분명 초 회왕인데, 그의 면전에서 "대왕께서 크게 노하여"라고 하지 않고 "초왕이 크게 노하여"라고 말했을 리가 없다. 단순히 전사 과정의 오류로 볼 수도 있지만, 그렇지 않다면 이 글이 후대인의 손을 거쳤다는 증거가 될 수 있다. 이 글의 나머지 부분은 대체로 무난하다. 그래서 필자는 이 구절은 후에 들어간 것이고, 이 유세는 전반적으로 진과 초가 크게 싸운 후 합종을 완전히 깨려고 할 때의 것으로 추정한다.

위의 주장에는 음모가 숨어 있다. 장의는 지금 욕심 많은 회왕을 부추겨 초와 제를 싸움 붙이는 중이다. 송과 사수 일대의 땅을 노리고 공을 들이던 이는 바로 제다. 장의는 진이 후방에서 지원해줄 테니 동방에서 제와 이익을 다투라고 한다. 물론 초도 이런 마음을 가지고 있었다. 이 책의 후반부에서 송을 가운데 둔 열국들의 다툼을 다룰 것이다. 이어서 장의는 소진을 헐뜯는다.

천하에 합종을 맺어 서로 공고하게 친하게 한 소진은 무안군으로 봉해져 연나라의 재상이 되었지만, 몰래 연왕과 결탁하여 제를 부수어 그 땅을 함께 나누려 했습니다. 이에 죄를 지은 것을 가장하여 연을 나와 제로 들어가니, 제왕이 그를 받아들여 재상으로 삼았습니다. 허나 두 해가 되어 이를 알아차리고 제왕이 크게 노하여 저자에서 거열형에 처했습니다. 대저 오로지 거짓말을 일삼으며 이리저리 배반하는 소진(의 대책)을 써서 천하를 경영하려 하고 제후들을 하나로 모으려 했으니 그 계획을 이룰 수 없음 또한 명백합니다.

지금 진과 초는 국경을 마주하고 있으니 형세상 친한 나라입니다. 대왕께서 진실로 신의 말씀을 들어줄 수 있다면, 신은 진의 태자를 초에 볼모로 보내고 초의 태자를 진에 볼모로 보내며, 진 왕실의 여인을 대왕의 첩으로 삼도록 청하고, 만가의 도시를 왕께 드려 탕목읍湯沐邑(왕실의 직할지)을 삼게 하여, 양국이 오랫동안 형제의 나라가 되어 종신토

• 소진은 장의가 유세를 하기 직전 제에서 죽은 것으로 보인다. 이는 이어지는 장에서 다룬다.

록 서로 공격하지 못하게 하겠습니다. 신이 보기에 이보다 더 편한 대책은 없습니다. 그렇기에 폐읍의 군주 진왕이 사신으로 하여금 대왕께 서신을 드리고 반드시 일을 맺으라 하셨습니다.*

초 회왕이 그러겠노라고 대답했다. 초 회왕이 이런 비루한 언사를 쓰지는 않았겠지만 기록을 그대로 옮겨본다.**

우리 초는 편벽한 곳에 있는 누추한 나라로서 동해에 의탁하여 지내고 있는 데다. 과인은 나이가 어려 국가의 장구한 대책을 배우지 못했습니다. 지금 상객께서 오시어 다행히 밝은 제도를 가르쳐주시니, 과인은 삼가 듣고 나라를 들어 따르겠습니다.

그러고는 수레 100대를 보내 계해지서鷄駭之犀(무소의 일종?)와 야광옥을 진왕에게 바쳤다고 한다. 장의는 이렇게 무서운 사람이었다. 이제 장의의 합종 파괴 유세 여행이 시작된다.

• 마지막 문장은 "故敝邑秦王使使臣獻書大王之從車下風須以決事"인데, 뜻이 잘 통하지 않는다. 억측이지만 "之"를 "以" 혹은 "而"의 오기로 보면 "폐읍의 진왕이 사신으로 하여금 서신을 드리고, 대왕의 수레를 따르며 부채를 부치면서라도 기어이 일을 맺으라 하셨습니다"로 새길 수 있다. 《사기》는 이 난해한 문장을 뺐다.

•• 이 대답은 초 회왕 자신의 것이 아니라 후대 사람들이 끼워 넣었거나 다른 논설과 섞인 것이다. 이어지는 문장은 장의의 제나라 유세에서도 보이는데, 글자를 초에서 제로 바꿨을 뿐이다. "우리 제는 편벽한 곳에 근거하고 있는 나라로서 동해에 의탁하여 지내고 있는 데다[……托於東海之上]." 초가 갑자기 있지도 않은 동해를 언급할 까닭이 없을 것이고, 노회한 회왕이 "어리다" 등의 말을 하지도 않았을 것이다. 그러나 우리는 세세한 자구보다 대강의 의미를 취하자.

4. 장의의 중원 유세: 진과 대결할 나라는 없다 ━━━━━

장의가 한으로 가서 한왕에게 연횡을 유세했다. 한은 척박한 곳인데 진과 대결하고자 하는 생각을 버리라는 말로 시작한다.

> 한의 땅은 험악하며 산에 거하고 있어서 오곡으로 나는 것은 보리 아니면 콩이고, 백성들이 먹는 것은 대개 콩밥에 콩잎국이며, 한 해만 흉년이 들어도 백성들은 조강糟糠(지게미와 겨)도 배불리 먹지 못하고, 땅이 사방 900리를 넘지 않으니 두 해 먹을 것도 없습니다.

실제로 장의가 한왕 앞에서 이렇게 유세했을까? 아픈 곳을 건드리는 것을 장기로 삼는 장의라면 그럴 수도 있을 것이다. 이어서 진과 한의 차이를 강조한다.

> 대왕의 병력을 헤아려보니 다 해야 30만 명이 안 되고, 이마저 시도厮徒 부양負養 등의 잡무병까지 합한 숫자로써, 변방의 요새와 망루를 지키는 이들을 제외하면 실제 병력은 20만 명이 되지 않습니다. 반면, 진의 갑병은 100만 명이 넘고 전차는 1000승이며, 말은 1만 필, 호랑이 같은 용맹으로 맨발로 투구도 쓰지 않고 뺨이 뚫려도 극을 휘두르는 전사들은 셀 수 없을 정도로 많습니다. 진나라 말의 뛰어남을 말하자면 앞발을 치켜들고 뒷발로 박차면 발굽 간의 거리가 세 길이

넘는 놈들이 셀 수가 없습니다.* 산동의 병졸들은 어울려 싸울 때 갑옷과 투구를 쓰지만 진나라 병사들은 갑옷을 벗어 던지고 맨몸으로 적을 추격하여 왼손으로 적의 수급을 쥐고 오른손으로 포로를 낍니다. 대저 진과 산동의 병사들을 비교하면 맹분猛賁(전설적인 장사)과 겁부怯夫의 차이와 같고, 힘으로 보면 오획烏獲(역시 전설적인 장사)이 어린아이를 상대하는 것과 같습니다. 맹분, 오획 같은 전사를 써서 복종하지 않는 약한 나라를 공격하는 것은 1000균의 무게를 새알 위에 놓는 것과 같으니, 분명 요행을 바랄 수 없습니다.

이어서 열국 중 약체이면서 진과 붙어 있는 한이 합종에 붙으면 나라가 망한다고 주장한다. 그리고 열국보다 먼저 달려와 진을 섬기라고 대놓고 종용한다.

허나 제후들은 자기 군대의 약함과 식량의 부족함을 헤아리지 않고 뭇 사람들의 감언이설에 넘어갑니다. (그들은) 당을 모아서 서로 부추겨주며 모두 말하길, "나의 계책을 들어주면 힘으로 천하를 제패할 수 있다〔强霸天下〕"고 합니다. 무릇 사직의 장구한 이익을 돌아보지 않고 잠깐 흘러가는 말을 듣다니, 군주가 오도됨이 이보다 심한 것이 없습니다. 대왕께서 진을 섬기지 않으면 진은 군대를 내보내 의양에

• 지금 말〔馬〕에 대해 이야기하고 있는데, "戎兵之衆〔무장한 병사(병기)의 많음〕"이라는 글귀가 끼어 있으나 잘못 끼어든 듯하여 새기지 않았다.

주둔하여 상지上地로 가는 길을 끊을 것입니다. 동으로 성고와 의양을 취하면 홍명궁鴻名宮과 상림원은 이미 왕의 소유가 아닙니다. 대저 성고를 틀어막고 상지를 끊으면 왕의 나라는 둘로 나뉩니다. 먼저 진을 섬기면 편안해질 것이요, 섬기지 않으면 위태로워질 것입니다. 무릇 화를 만들어놓고 복을 바라는 것은 얕은 대책으로써 원한만 심하게 만듭니다. 그러하니 왕을 위한 계책으로 진을 섬기는 것이 최선입니다.

한과 위로 초를 위협하더니 이번에는 다시 초를 평계로 한을 유인한다. 위에서 유세하던 내용과 유사하다.

진이 가장 바라는 것은 초를 약화시키는 것이고 능히 초를 약화시킬 수 있는 이로는 한이 제격입니다. 한이 초보다 강해질 수 있다는 것이 아니라 땅의 형세상 그렇습니다. 지금 왕께서 서쪽을 향해 진을 섬기고 초를 공격하신다면 진왕은 필시 기뻐할 것입니다. 이는 초를 공격하여 그 땅을 차지하고 화를 돌려 진을 기쁘게 하는 방도이니 이보다 더 좋은 계책은 없습니다. 그러니 진왕이 신으로 하여금* 대왕의 어사에게 서신을 바치고, 따라서 일을 매듭지으라 하셨습니다.

• 원문은 "是故秦王使使臣獻書……"인데 해석하면 "그러므로 진왕이 사신으로 하여금 서신을 바치게 하여"다. 그러나 장의가 사신으로 와서 자신을 사신이라 칭하는 것이 이상하므로 "使"를 하나 빼어 "是故秦王使臣"으로 봐야 할 것이다.

한왕은 장의에게 대답했다.

> 다행히 손님께서 오셔서 가르쳐주셨으니, (진의) 군현이 하나가 되고
> 자 하며, 제궁을 짓고 춘추에 제사를 드려 동번이라 칭하고 의양을 드
> 리겠습니다.

의양을 준다는 따위의 말은 사실과 부합하지 않는다. 그러나 이때부
터 한이 힘이 달려서 합종을 깨고 진으로 들어간 것은 사실이다(합종을
깬 결과에 대해서는 다음 장에서 논할 것이다). 지금 한으로서는 발등의 불을 끄
는 것이 급선무였다.

이어서 장의는 조나라로 갔다. 조는 합종의 맹약을 실질적으로 주관
한 나라다. 글 중에 시대에 맞지 않는 것들이 자주 등장하지만 우선 큰
뜻을 살펴보자. 장의의 조나라 유세는 실로 도발적인데 말을 듣지 않
으면 이미 진에 굴복한 나라들을 이끌고 조를 나누어 가지겠다고 위협
한다. 조는 진과 과연 겨루고 싶은가?

> 폐읍의 진왕이 신으로 하여금 감히 대왕의 어사에게 글을 올리라 했
> 습니다. 대왕께서 천하를 이끌고 진을 물리치니, 진병이 감히 함곡관
> 을 나서지 못한 지 벌써 15년입니다. 대왕의 위세가 산동 천하에 진동
> 하니 폐읍은 무섭고 두려워 엎드려 갑옷을 깁고 병기를 벼리며 전차
> 와 말을 꾸미고 (장비를 정돈하고) 달리고 쏘는 것을 연습했으며, 밭 갈
> 고 양식을 쌓는 데 힘쓰면서 사방의 국경을 지키면서 걱정하며 지낼

뿐 감히 일을 일으키지 못했으니 이는 다 대왕께서 뜻을 두고 감독하고 벌하셨기 때문입니다. 지금 진은 대왕의 힘 덕택에 서쪽으로 파촉을 들어내고 한중을 병합했으며, 동쪽으로 두 주周(동주와 서주)를 거두어 구정을 서쪽으로 옮기고* 백마진을 지키고 있습니다. 진이 비록 편벽하고 먼 곳에 처한 나라이나 마음속으로 분노를 품고 원망을 삼킨 지 오래입니다. 지금 저희 군주는 비록 미약한 갑사에 둔한 병기를 가지고 있으나 민지澠池에 군대를 주둔시키고 있으니, 원컨대 장수를 건너 파오를 기반으로 한단성 아래서 일전을 펼칠까 하옵니다. 갑자일에 싸움을 벌여 은나라 주紂의 일을 바로잡고자 하여, 삼가 신으로 하여금 좌우의 의견을 들으라고 했습니다.

장의의 말은 서방의 주나라 무왕이 동방의 은나라 주왕紂王을 벌한 것처럼 진이 조를 벌하겠다는 것인데, 조 무령왕으로서는 기가 막힐 노릇이었을 것이다. 지금 진왕이 성군 무왕과 동격이고 자신은 폭군 주와 동격이란 말인가? 진이 과연 주무왕과 같은 행동을 하고 있는가? 그러나 지금은 전국시대다. 힘이 있는 자가 없는 자를 부리는 것이 현실이다.

이어서 장의는 다시 라이벌 소진을 폄훼하며 합종론을 비난한다.

• 대개 수사적인 표현으로 사실과 부합하지 않는다. 진이 동주와 서주를 들이친 일은 기원전 250년대의 일로 최소한 장의 사후 반세기가 지난 뒤의 일이다. 아래에 나오는 "민지에 주둔" 운운하는 것도 몇십 년 후의 일이며, 제나라가 어염의 땅을 바쳤다는 것도 당시의 일이 아니다. 진의 우세가 확실해진 후대의 논설에 장의의 이름을 붙였거나, 원래 장의의 논설이라는 것에 후대인이 가필했을 것이다. 그러나 대체로 장의의 논지와 일치한다.

대저 대왕께서 합종을 하신 까닭은 소진의 계책을 믿었기 때문입니다. 소진은 제후들을 현혹시켜 옳은 것을 그른 것으로 만들고 그른 것을 옳은 것으로 둔갑시켜, 제나라를 뒤집으려다 실패하여 스스로 저자에서 거열형에 처하는 꼴을 당했으니, 무릇 천하가 하나로 합종할수 없음은 또한 명백합니다. 지금 초와 진은 형제의 나라가 되었고, 한과 위는 동쪽의 번신藩臣임을 칭하고, 제는 어염이 나는 땅을 바쳤으니 이로써 조나라의 오른팔이 끊겼습니다. 대저 오른팔을 잘라내고 남과 싸우려 하고, 그 무리를 잃고 홀로 되어 위태로움을 피하고자하니 어찌 가당하겠습니까? 지금 진은 세 장군을 보내, 일군은 오도를 막고 제나라에 명하여 군대를 내어 청하를 건너 한단의 동쪽에 주둔하라고 명했고, 일군은 성고에 주둔하여 한과 위의 군대를 몰아 하외에 주둔하게 했으며, 일군은 면지에 주둔하고 있습니다. 그리고 약속하여 말하길, "네 나라가 하나가 되어 조를 공격하고, 조를 깨뜨리면 땅을 4분하자"고 했습니다. 그래서 감히 이 사실을 숨길 수 없어먼저 신을 보내어 좌우의 뜻을 듣도록 했습니다. 신이 대왕을 위해 간절한 계책을 드리오니, 우리 진과 민지에서 만나 서로 얼굴을 마주하고 몸소 결맹하는 것이 최선입니다. 신은 군대를 멈출 것을 청하겠으니, 대왕께서는 뜻을 정하소서.

조를 4분하기로 한 이들이라면 무슨 짓을 못할까? 조로서는 협잡이라도 들어주지 않자니 꺼림칙할 수밖에 없었을 것이다. 초·한·위가 모두 진에 머리를 숙인 마당에 조가 버틸 재간이 있겠는가? 조 무령왕이 대답했다.

선왕 대에는 봉양군奉陽君이 권세를 독차지하고 멋대로 휘둘러 선왕의 총기를 가렸고, 관의 일을 혼자서 처리했습니다. 과인은 궁에 거처하며 스승에게 맡겨져 있어 국사를 함께 의논할 수가 없었습니다. 선왕께서는 군신群臣을 버리셨고(돌아가셨고) 과인은 어려 제사를 받든 날이 오래지 않으나, 개인적으로는 실로 합종하여 진을 섬기지 않는 것은 국가에 장구한 이익이 되지 않는다는 의구심을 가지고 있었습니다. 이제 마음을 바꾸어 땅을 떼어 이전의 잘못을 사과하고 진을 섬기고자 합니다. 마침 수레를 대고 급히 떠나려는 차에 사신의 밝은 가르침을 받았습니다.*

5. 장의의 제나라 유세: 중원을 몰아 제를 치리라

이어서 장의는 제나라로 간다. 제나라가 동의한다면 이제 합종은 완전히 끝나는 것이다. 연나라야 어차피 별 볼 일 없는 나라요, 다음 장에서

---

* "이리하여 수레 300대를 끌고 면지에서 진에 입조하고, 하간의 땅을 떼어서 진을 섬겼다"는 문장까지 붙어 있지만 후대의 가필이 분명하다. 무령왕이 일부러 진을 거스르지도 않았지만 땅을 바쳐 진에 굴복한 적도 없다. 무령왕은 실용적인 군주였고, 열국의 군주들 중에서 진의 위험을 가장 객관적으로 살피고 있었다. 독자들은 대강의 취지만 읽기를 바란다.

이야기하겠지만 일전에 제에게 깨어져 나라가 거덜 난 상태였다.˙ 장의
는 여기서 특이한 논지를 펴는데 먼저 천하 강국 중에 제나라가 제일
이라더니 갑자기 진이 더 강하다고 말한다. 그 이유는 진이 한과 위를
부리기 때문이다. 장의의 말을 들어보자.

> 천하에 제나라를 넘어설 강국은 없습니다. 그 대신 부형들의 수가 많
> 고 부유하며 삶을 즐기는 면에서도 제나라를 넘어설 나라는 없습니
> 다. 허나 대왕을 위해 계책을 내는 이들은 모두 일시를 위해 유세할
> 뿐 만세의 이익을 돌아보지 않고 있습니다. 합종을 들고 대왕께 유세
> 하는 이들은 필시 "제는 서쪽으로 강한 조가 있고 남쪽으로 한과 위가
> 있으며 (동쪽으로) 바다를 등지고 있으며, 땅은 넓고 인구는 많으며 병
> 사들은 강하고 선비들은 용감하니 진이 100개 있어도 장차 우리를 어
> 찌할쏘냐"라고 말할 것입니다. 대왕께서는 그들의 설說(겉으로 들어난
> 언사)을 살피시지만 그 지극한 실체는 간파하지 못하셨습니다.
>
> 대저 합종을 주장하는 인사들이 붕당을 이뤄 한 덩어리가 되면, (말로
> 는) 합종이면 못 하는 일이 없을 것입니다. 신이 듣기로, 제는 노와 세
> 번 싸워 노가 세 번 이겼다 하는데, 오히려 노나라는 위태로워지고 이
> 어서 망하고 말았습니다. 싸움에서 이겼다는 허명을 얻었으나 실제
> 로는 멸망하고 말았으니 이는 무슨 까닭입니까? 제는 크고 노는 작았

• 장의의 연나라 유세는 사실과 너무 맞지 않지만 논설 자체의 일관성은 있어서 가필이라기보다는 후대인
의 완전 창작으로 보인다. 이 책에서 장의의 연나라 유세는 다루지 않는다. 장의의 제나라 유세 또한 오
류들이 가득하지만 그 독특한 논리는 장의에게서 나온 것으로 보여서 다룬다.

기 때문입니다.*

지금 진에 대한 조의 위치는 제에 대한 노의 위치와 같습니다. 진과 조가 하장河漳(황하와 장수)에서 두 번 싸워 두 번 다 조가 이겼으며 파오番吾에서 싸울 때도 두 번 싸워 조가 다 이겼습니다. 허나 네 번 싸운 후에 조나라는 죽은 병사가 수십만이었고, 한단만 근근이 남았습니다.** 진을 이겼다는 이름은 얻었지만 나라는 깨어지고 말았으니 무슨 까닭입니까? 진은 강하고 조는 약하기 때문입니다. 지금 진과 초가 자식들을 서로 상대국 여자에게 장가 보내 형제[昆弟]의 나라가 되었습니다. 한은 의양을 바쳤고 위는 하외河外를 떼어주었으며, 조는 민지에서 입조하고 하간河間의 땅을 떼어주고 진을 섬겼습니다.***

이어지는 논지가 중요하다. 장의는 진이 제를 치지 못할 것이라 생각하지 말라 하며, 진이 한·위, 조를 부려서 몰고 갈 것이라고 말한다.

대왕께서 진을 섬기지 않으면 진은 한과 위를 몰아 제의 남쪽을 공격할 것이고, 조나라 군을 다 몰아 하관河關을 넘어 박관博關을 가리킬

• 노는 서기전 256년 초에 의해 망했다. 장의 사후 진이 승기를 완전히 잡은 후의 일이다.

•• 아마도 조나라가 거의 망하려던 때 조나라 장수 이목이 고군분투하던 일을 말하는 듯하다. 역시 한참 후대의 일이다.

••• 《사기》〈육국연표〉에 따르면 의양이 처음으로 함락된 때는 기원전 307년이고, 민지의 회맹은 기원전 279년이다. 모두 장의 사후의 일이다.

것이니, 그러면 임치와 즉묵은 왕의 땅이 아닙니다. 하루아침에 나라가 공격을 받은 후 진을 섬기고자 해도 이미 그럴 수 없습니다. 그러니 대왕께서는 숙고해주소서.

제왕이 이렇게 대답했다.

우리 제는 외지고 비루한 곳에 은거하여 동해에 기탁하고 있어, 일찍이 사직의 장구한 이익에 대해 들어본 적이 없습니다. 지금 큰 손님께서 다행히 이를 가르쳐주시니, 사직을 들어 진을 섬기고자 합니다.*

이리하여 합종은 완전히 깨어지고 말았다. 물론 합종이 깨어졌다고 합종의 정신이 깨어지는 것은 아니다.

앞으로 우리는 합종이 낳은 여러 자식들을 목격할 것이다. 그러나 소진의 합종이 6국이 힘을 모아 강한 진을 꺾는다는 대규모 기획이었던 반면, 앞으로 등장하는 합종은 이합집산의 성격이 더 강하다. 장의가 한 일이 이 정도이니 진나라 사서에 "천하가 장의의 덕을 보았다"고 기록된 것도 과하지 않다. 장의가 나타나면 전쟁이 따른다. 과연 저승사자 장의에게도 적이 있을까?

- 초가 깨어진 후 진과 자웅을 겨루던 제왕의 언사가 이렇게 비루할 리가 없다. 또 "제가 어염이 나는 땅 300리를 진에 바쳤다"는 문장이 붙어 있는데, 물론 당시에 그런 일은 없었다. 그런데 어쩐 일인지 《전국책》의 기록을 될 수 있는 한 교정하려고 노력했던 《사기》도 《전국책》 〈제책〉의 "어염이 나는 땅을 바쳤다"는 기록을 그대로 옮겼다. 모두 사실이 아니지만 우리는 대강의 뜻을 얻는 데 만족하자.

제4장

동방에
찾아온 기회

이제 비슷한 시기에 동쪽에서 무슨 일이 벌어졌는지 탐구해보자. 진이 초를 공략하기 직전 동방의. 제와 연 사이에서 엄청난 일이 일어났다. 기원전 314년, 동방의 제나라가 연나라를 불과 잠깐 사이에 점령한 것이다. 1년 내내 포위해서 성 하나를 얻기도 쉽지 않은 터에 수십 개의 성을 가진 커다란 연나라를 어떻게 제나라가 한 번에 들어낼 수 있단 말인가? 먼저 학자들 사이에 오랫동안 논란이 되어온《맹자》〈양혜왕〉의 말을 인용해보자.

제나라가 연을 치는데 이겼다. 제 선왕이 물었다.

"혹자는 과인더러 연을 취하지 말라 하고 혹자는 과인더러 취하라고 합니다. 만승의 나라가 만승의 나라를 쳐서 50일 만에 들어냈으니, 사람의 힘으로는 이렇게 하지 못했을 것입니다. 취하지 않으면 분명 하늘이 재앙을 내릴 것입니다. 취하는 것이 어떻겠습니까?"

맹자가 대답했다.

"취해서 연나라 백성들이 기뻐한다면 취하십시오. 옛날에도 그렇게 한 사람이 있었으니 무왕입니다. 취해서 그 백성들이 기뻐하지 않는다면 취하지 마십시오. 옛날에도 그렇게 하신 분이 있었으니 바로 문왕입니다. 만승의 나라가 같은 만승의 나라를 치는데, 도시락과 물병을 들고 와서 왕의 군대를 환영했습니다. 이는 다른 이유가 있는 것이 아니라 물과 불을 피하고자 했을 뿐입니다. 만약 물이 더 깊어지고 불이 더 뜨거워지면 다시 떠나갈 뿐입니다[如水益深, 如火益熱, 亦運而已矣]."

연나라 정치는 홍수와 화재처럼 사람들을 괴롭혔나 보다. 그리하여 연나라가 제나라로 굴러들어 왔다. 그런데 제나라 정치가 연나라 정치보다 더 사람을 질식시키고 익힌다면 연나라를 유지할 수는 없을 것이라는 말이다. 알다시피 제는 연을 유지하지 못했다. 그래서 훗날 맹자는 《맹자》 〈공손추〉에서 이런 변명까지 했다.

누군가 물었다.
"선생께서 제나라더러 연나라를 치라고 권하셨다는데, 정말 그랬습니까?"
맹자가 대답했다.
"그런 적 없소. 심동沈同이 '연을 칠 수 있을까요?' 하기에 내가 '칠 수 있다'한 것이오. 그쪽이 그렇다고 생각해서 친 것인데, 만약 그가 '누가 연을 칠수 있을까요?'[孰可以伐之]'라고 물어왔다면 '하늘에 순응하는 관리[爲天吏]'라면 칠 수 있다'고 대답했을 것이오."

제는 하늘의 뜻에 순응하지 못했던가? 연에는 무슨 일이 벌어졌던 것일까? 속담에 "기회는 돌고 도는데 기회가 와도 받지 않으면 화를 당한다"는 말이 있다. 역사에서 기회를 화로 바꾸고 화를 기회로 바꾼 예는 얼마든지 있다. 기회를 제대로 활용하지 않아서 망한 예는 바로 오나라 부차이고, 화를 기회로 바꾼 이는 월왕 구천이다. 이런 속담도 있다. "이유 없이 들어온 재화는 복이 아니라 화다." 요행을 좇다보면 그것이 오히려 화근이 된다는 말이다. 열국의 쟁탈 과정에서 이 속담은 모든 나라에 다 들어맞지만 동방의 제와 연 사이의 일에는 한 치의 오차도 없이 적용된다. 이 장에서는 연과 제 사이에서 벌어진 일을 살핀 후 소진의 변론을 통해 동방 국가들이 취할 최선의 전략을 살펴본다.

1. 맹자 왈, "연을 치십시오"

진이 합종을 깨뜨리고 본격적으로 초를 공략하려 할 무렵 동쪽의 대국 제에게도 뜻하지 않은 기회가 찾아왔다. 바로 눈독을 들이던 연에 난리가 난 것이다.

필자는 이 시리즈를 집필하기 위해 자료를 수집하는 과정에서 전국시대 중산국의 묘에서 출토된 명문에 "연왕 쾌가 재상 자지子之에게 자리를 물려준 잘못" 운운하는 내용을 직접 읽은 적이 있다. 작은 나라의 왕으로서 어떻게 나라의 멸망을 막고 이끌어갈 것인가? 그는 연의 일을 반면교사로 삼고자 했다.

오호라! 옛말이 틀린 것이 없구나! 과인이 듣기로, "사람에게 빠지느니 차라리 연못에 빠지는 것이 낫다"고 했다. 옛날 연나라 군주 자쾌子噲는 (중략) 자지에게 미혹되어 천하의 웃음거리가 되었으니, 하물며 (우리같이) 작은 군주야 말할 나위가 있으랴(嗚呼語不悖哉! 寡人聞之, 與其溺於人也, 寧溺於淵.‸昔者燕君子噲…….‸猶迷惑於子之而亡其邦, 爲天下僇, 而況才於少君乎)!

전국시대 후반 중산처럼 작은 나라의 군주도 알고 경계하던 그 사건은 무엇일까? 연왕 쾌 시절 연나라의 정치는 대단히 어지러웠던 듯하다. 쾌는 재상 자지를 대단히 신뢰했다. 쾌는 전국시대의 생리를 이해하지 못했던 듯하다. 모든 나라들이 왕권을 강화하는 그때 그는 재상에게 일을 모두 맡기는 정책을 쓰려고 했다. 그런데 그 재상이 관중이나 백리해가 아닌 것이 문제였다.

왕의 의지가 박약한데 여러 신하들이 대놓고 자지를 칭찬하니 권력이 오히려 자지에게 넘어갈 지경이었다.《사기》〈연소공세가燕召公世家〉에 의거해 이야기를 구성해보자. 먼저 녹모수鹿毛壽란 자가 등장하여 이렇게 이야기한다.˙˙

- 《대대례기大戴禮記》《무왕천조武王踐阼》. "사람에게 빠지느니 차라리 연못에 빠지는 게 낫다. 연못에 빠지면 헤엄이라도 칠 수 있으나 사람에게 빠지면 구할 수가 없다(與其溺於人也, 寧溺於淵. 溺於淵猶猶可游也, 溺於人不可救也)."

- ˙˙《사기》를 좋아하는 사람들은 여기서 소대가 등장하지 않는 이유를 궁금해할 것이다. 〈연소공세가〉에 소진이 죽자 연은 동생 소대를 썼는데 소대가 연왕 쾌에게 재상 자지에게 자리를 부추겼다고 하는 기사가 나오지만 필자는 이를 신뢰하지 않는다. 그 이유는 다음 장에서 밝히겠지만, 필자는 소대가 쾌를 이어 군주의 자리에 오른 소왕에게 출사했다고 본다.

"나라를 자지에게 선양하는 것이 좋겠습니다. 사람들이 요임금을 현명하다 하는 것은 그분이 허유에게 자리를 양보했기 때문인데, 허유는 받지 않았으니 천하를 양보했다는 이름을 얻었지만 실은 천하를 잃지도 않았습니다. 지금 왕께서 나라를 자지에게 양보하려 해도 자지는 분명 감히 받지 않을 것입니다. 이는 왕께서 요 임금과 동격이 되는 일입니다."

보통의 군주라면 그런 말을 하는 자를 꾸짖었겠지만 연왕 쾌는 그 말을 믿었다. 실제로 연왕 쾌가 나라를 자지에게 맡기니 자지의 권세가 막중해졌다. 혹자는 이 일을 이렇게 말했다고 한다.

"지금 왕이 나라를 자지에게 맡긴다고 했지만 관리로서 태자의 사람이 아닌 이들이 없다. 이는 이름으로는 나라를 자지에게 맡긴 것이나 실제로 일을 맡은 이는 태자다."

그럼 태자 평平도 음모에 가담했단 말인가? 태자와 자지의 관계는 더 이상 알 수가 없으나, 연왕이 자지에게 인수를 맡긴 것은 사실이다. 이리하여 연나라의 정치는 자지에게 넘어갔는데 자지는 넘어온 권력을 움켜잡고 놓지 않았다. 이제 자지는 현실의 왕이었다. 그러니 태자가 가만히 있을 수가 있겠는가? 처음에 태자는 자지를 이용하려 했을 것이지만 자지가 넘겨주려 하지 않자 장군 시피市被와 공모하여 자지를 칠 계획을 세웠다. 이렇게 자지와 태자가 대치하는 상황이 3년 지속되자 연의 정치는 아수라장으로 변하고 백성들이 두려워 떨었다. 제나라가 이 틈을 노리지 않을 리가 없다. 제나라 장수들이 입을 모아 연을 치자고 했기에, 제 선왕은 사람을 보내 연의 태자를 부추겼다.

"과인이 듣기로, 태자께서 의로운 분이라 장차 사를 폐하고 공을 세우며, 군신의 의를 바로잡고, 부자의 위치를 명백히 하려 한다고 들었습니다. 과인의 나라는 작아서 선봉이나 후위를 맡기에 부족하오나, 이는 오직 태자께서 영을 내리실 일입니다."

이리하여 제의 지지를 업은 태자가 시피와 함께 자지를 공격했지만 이기지 못했다.

그런데 시피는 지독한 기회주의자였던 듯하다. 그는 공궁 공격이 실패하자 태자보다 자지가 이길 가능성이 크다고 보고 자지에게 붙고 말았다. 그러나 태자도 만만치 않았다. 그는 공궁 공격에는 실패했지만 배신자 시피를 죽이는 데는 성공했다. 그래서 연에서는 태자와 자지의 무리가 서로 얽혀 싸우는 난국이 지속되었다. 몇 달이 지속되는 싸움으로 사람들이 무수히 죽어 나갔다. 기원전 314년의 일이다. 그러자 당시 제나라에 있던 강력한 반전주의자인 맹자마저 이렇게 조언했다.

"지금 연을 벌하소서. 이는 문왕 무왕이 은을 치던 시절과 같으니, 때를 놓칠 수 없습니다[今伐燕, 此文武之時, 不可失]."

이리하여 제는 다섯 도都의 군대를 거느리고 또한 연의 군중들을 이용하여 연을 쳤는데, 내분으로 지친 연은 아무런 저항도 하지 못했다. 군사들은 싸울 생각도 없어 성문도 닫지 않았다고 한다. 맹자가 말했듯이 그들은 끔찍한 현실이 싫어서 오히려 제나라 군대를 반겼다. 이리하여 제나라는 두 달도 못 되어 연을 들어냈고, 이 와중에 자지와 쾌는 모두 죽었다. 이 사건은 당장 국제적인 반향을 불러왔다.

2. 제가 연을 다시 잃다

그렇다면 제가 쉽사리 얻은 연을 차지할 수 있었을까? '안타깝게도' 제는 연을 차지하지 못했다. 제가 연을 차지한 지 얼마 후 제는 다시 새 군주에게 연을 돌려줬다. 우선《맹자》〈공손추〉에 제 선왕의 탄식이 나온다.

> 연나라 사람들이 반란을 일으키자 제 선왕이 탄식했다. "나는 맹자에게 심히 부끄럽구나(燕人畔, 王曰, 吾甚慙於孟子)!"

무엇이 부끄럽단 말인가?《맹자》〈양혜왕〉에 나오는 이야기를 옮겨보자.

> 제가 연을 쳐서 취했다. 그러자 제후들이 장차 연을 구하려고 했다. 그러자 선왕이 말했다.
> "과인을 도모하려는 제후들이 많습니다. 어떻게 대응할까요?"
> 맹자가 대답했다.
> "신이 듣기로, 70리 땅으로 천하의 정치를 행한 이가 있다 하니 바로 탕 임금입니다. 그러나 1000리의 땅으로 남을 두려워하는 이에 대해

• 《맹자》는 연을 친 이가 제 민왕이 아니라 제 선왕이라고 했으니 이 부분에서는 《사기》보다 정확한 사료다.

서는 들어보지 못했습니다."

통렬한 지적이다. 70리로 천하를 호령한 탕과 1000리의 땅을 가지고 전전긍긍하는 제 선왕의 차이는 무엇인가? 맹자가 말을 잇는다.

《서》에서 말하길, "탕이 처음 갈葛에서 정벌을 시작하니 천하가 그를 믿었다"고 합니다. 동쪽을 정벌하니 서쪽 오랑캐들이 원망하고, 남쪽을 정벌하니 북쪽 오랑캐들이 원망하며 말했다고 합니다. "왜 우리를 먼저 치지 않는가?" 백성이 탕을 바라기를 큰 가뭄에 구름과 무지개(비가 올 징조)를 바라는 듯했고, (탕이 정벌할 때) 시장으로 돌아가는 이는 발걸음을 멈추지 않고 밭을 가는 이도 그대로 일했다 합니다. (포악한) 그들의 군주는 죽였으되, 그 백성을 위로함이 때맞춰 오는 비와 같으니 백성이 크게 기뻐했다 합니다.

그럼 제는 연을 얻고 어떤 일을 했는가? 맹자가 말한다.

지금 연이 자기 백성을 학대하니 왕께서 가시어 정벌했습니다. 백성들은 왕께서 물에 빠지고 불에 데인 자신들을 구해주시리라 믿고 도시락과 물병을 가지고 왕의 군대를 맞았습니다. 그런데 만약 그 부형을 죽이고 자제를 포박하며, 종묘를 헐고, 중기重器를 가져간다면, 어찌 이것이 될 일입니까? 천하가 실로 제의 강함을 두려워하는데, 지금 땅을 배로 늘리고도 인정仁政을 베풀지 않으시니, 이는 천하의 군대를 끌어들이는 것입니다. 왕께서는 속히 영을 내리시어 늙은이와 어린이〔旄倪〕를 돌려보내시고, 중기를 옮기는 일을 그치시고, 연의 대중과 상의하여 임금을 세우고 물러나십시오. 이리하면 제후들의 군대를 멈출 수 있습니다.

제는 새로 얻은 땅을 소화할 만한 준비가 되지 않았던 듯하다. 연은 저항할 의지가 없었으니 탈취한 후 안정시키는 데 최선을 다해야 했지만 그는 승리에 도취되어 안일하게 대했다. 그러자 취하라 했던 맹자가 이제는 속히 떠나라 한다. 맹자의 말 때문은 아니겠지만 제 선왕은 연을 포기하고 퇴각하고 말았다.

비록 후대의 서술이긴 하지만 명明을 세우는 데 혁혁한 공을 세운 유기劉基가 쓴 《울리자鬱離子》에는 이런 이야기가 나온다.

제 선왕은 연의 재물을 거두고 백성들을 포로로 잡고는 조정에서 포로들을 받으면서 기뻐했다고 한다.

"과인이 연을 칠 때 한 사람도 살육하지 않았소. 탕왕, 무왕이라도 이정도는 했소이다."

이에 대부들은 왕을 축하했는데, 연이 반기를 들었다는 소식을 듣고 제 선왕은 분노했다고 한다.

"내가 연나라 백성들에게 온 마음을 다했는데, 하루아침에 반기를 들다니, 과인의 덕이 아직도 부족한 것인가?"

그러자 순우곤이 우화를 빌려 말했다고 한다.

"왕께서 한 사람도 죽이지 않았다고 말하시나, 사람이란 굶어도 죽고 얼어도 죽으니 굳이 칼날로만 죽이는 것이 아닙니다."

사람을 칼로 죽이지는 않았지만 이미 피폐해진 연의 경제를 일으켜 세우지 못한 것이 화근이었다. 연과 제는 풍속이 다른데 누가 다스려도 차이가 없다면 익숙한 사람들이 다스리는 것이 쉽다고 여기는 것은 인지상정이다. 그러니 연의 대중이 다시 반란을 일으켰을 것이다. 30년 후 우리는 똑같은 상황을 목격하게 될 것이다.

이렇듯 행운은 갑자기 올 수 있다. 그러나 그것을 지키기란 극히 어렵다. 제 선왕은 성군이라 일컬어지는 군주이며 직하 학당에서 무수한 인재들을 기른 문치군주이기도 했다. 그럼에도 연을 얻자 바로 잃을 처지가 되었다. 연을 치기는 했으나 여전히 연의 민심을 잡지는 못했던 것이다.

그러나 이상주의자에 가까운 맹자가 한 말을 모두 믿어야 할까? 맹자의 말도, 순우곤의 말도 모두 일리가 있다. 그러나 그것만이 전부는 아니었다. 정말로 전설상의 성군이 아니라면 누가 연을 차지했더라도 소화시키기는 어려웠을지 모른다. 개인의 능력으로 따지면 제 선왕은 당시 열국의 군주들 중 최상급이었다.

순우곤이라는 사람이 나왔으니 제 선왕의 자질에 관한 이야기를 하나 들어보자. 《전국책》〈제책〉에 나오는 이야기다.

순우곤이 제 선왕에게 하루에 일곱 인사를 선보였다. 그러자 왕이 의아해했다.

"제가 듣기로, 1000리에 선비 하나면 있다 해도 어깨를 나란히 하고 설 정도이고, 백세에 성인이 한 명 나더라도 뒤꿈치를 따라올 정도 (그만큼 많다)라고 합니다. 한데 그대가 하루아침에 일곱 선비를 보여주니, (대단한) 선비란 이들이 너무 많은 것 아닙니까?"

순우곤이 답했다.

"그렇지 않습니다. 새들도 깃이 같은 것들끼리 (같은 종이) 모여 삽니다. 대저 사물은 다 자신들끼리 모이는 밭이 있습니다. 저 곤은 현자들의 밭입니다. 왕께서 제게 선비를 구하심은 강가에서 물을 뜨는 것과 같고, 부싯돌에서 불은 얻는 것과 같습니다. 저 곤은 앞으로도 계속 선비들을 추천할 것인데 어찌 이들 일곱뿐이겠습니까?"

제 선왕은 순우곤의 말을 들어 인재를 더욱 모았다고 한다.

제가 연을 얻고 바로 잃은 데는, 제 선왕의 실책도 있겠지만 제가 커지는 것을 방해하는 엄혹한 국제적인 현실도 한몫했다. 《전국책》〈위책〉에 따르면 제가 연을 칠 때 초는 위를 끌어들여 연을 구하려 했다. 물론 제가 연을 취해 강해지는 것을 막기 위해서다. 초의 행동은 제 선왕의 덕정이나 악정과는 아무 상관이 없는 일이다. 그러나 장의의 간계로 그 계획은 실현되지 않았다고 한다. 속임수에 능한 장의의 말이라 다 믿을 수는 없지만, 당시의 상황을 알려준다. 이야기로 들어가 보자.

초가 위에 여섯 성을 준다는 조건으로 함께 제를 쳐서 연을 구하자고 했다. 당시 위나라에 있던 장의가 이 계획을 망칠 생각으로 위왕에게 말했다.

제는 삼국이 합치는 것이 두려워 분명 연에게 얻은 땅을 돌려주고 초에게 허리를 굽힐 것이고, 초와 조는 분명 이를 받아들일 것이니 그러면 초는 위에게 여섯 성을 주지 않을 것입니다. 이리하면 초와 조에게는 실책하고, 진과 제에는 원한을 쌓습니다.

여기서 우리는 당시 진과 제의 관계를 엿볼 수 있다. 진의 정책은 수시로 바뀌지만 당분간(기원전 316~기원전 314) 진은 제가 커지는 것을 잠시 방관하는 상황이었던 듯한데, 이유는 한창 위를 공략하는 중이었기 때문이다. 위가 제의 여섯 성을 받으면 진에게 더욱 강하게 저항할 것 아닌가?

이어지는 이야기에서 조의 입장은 훨씬 구체적이다. 여기서 뒷날 연으로 가서 연과 제의 운명을 뒤바꿀 주인공 악의가 등장한다. 당시의 상황을 묘사한《전국책》〈조책〉의 기록을 보자.

악의는 엉뚱한 제안을 한다. 오히려 제를 살찌워 반제反齊 동맹의 수를 늘리자는 것이다. 제가 연을 격파하자 조는 제가 커지는 것이 두려워 연을 존치하고자 했다. 악의는 조왕에게 이렇게 조언했다.

지금 (타국과의) 맹약도 없이 제를 공격하면, 제는 분명 우리 조를 원수로 여길 것입니다. 하동河東의 땅을 (제가 얻은) 연 땅과 바꾸자고 하는 것이 낫습니다. 조는 하북을 가지고 제는 하동을 가지면 (연과 조가 싸우는 이유인 하북을 조가 이미 가졌으므로), 연과 조는 분명 싸우지 않게 될 것이니 이는 두 나라를 친하게 하는 방안입니다. 하동의 땅을 주어 제를 강하게 하고, 연과 조로 그(제)를 돕는다면, 천하는 이를 미워하여 분명 모두 왕을 섬겨 제를 치자고 할 것이니, 이는 천하의 힘으로 제를 격파하는 것입니다.

이리하여 조의 하동 땅과 제가 얻은 연 땅을 바꾸니, 초와 위가 이를 싫어하여 사신을 조로 보내 제를 치고 연을 살리자고 요청했다고 한다.

이제 당시의 그림이 그려진다. 열국들은 인접한 나라가 커지는 것을 무조건 경계한다. 인접한 나라가 덕정德政을 펼쳐 새로 얻은 땅을 굳힐 시간을 줄 순진한 이는 없다. 진은 진대로 자신을 키우고 남을 줄이는 데 열심이었고 산동의 국가들도 똑같은 길을 따랐다. 그러나 산동의 국가들은 뒤얽힌 자연 지형과 그보다 더 얽힌 국내의 정치상황 때문에 진처럼 일관성 있는 행동을 하지 못했을 뿐이다.

이미 지난 일을 두고 가정을 하는 일은 실로 의미가 없지만, 만약 제가 연을 얻은 후 소화해냈더라면 국제질서가 제 위주로 돌아갔음은 분명하다. 제나라의 풍족함과 넘치는 인재를 똑똑한 제 선왕이 활용한다면 맹자의 의도대로 무력이 아닌 인민의 자발적인 이동에 의해 판도가 결정되었을 수도 있다. 제 선왕은 실제로 전쟁을 자주 하지 않는 군주였고, 또한 시작한 전쟁에서 패하지 않는 군주였다. 그런데 국제정세에 더해서 제나라 내부에도 국력 신장을 가로막는 요인이 있지 않았을까? 다음 장을 위해 제나라 국내 정치의 문제점 하나를 짚고 가자.

3. 제나라 정치의 아킬레스건, 공족봉군

제나라는 내부에 심각한 약점을 하나 가지고 있었다. 특히 밖으로 군대를 낼 때 이런 우려는 더 커졌다. 제 선왕의 연나라 정벌과 직접적인 관계는 없지만 제나라 왕들이 앞으로 몇십 년간 속앓이할 문제는 비대한 공족봉군公族封君이었다.

먼저 재미있는 이야기들부터 시작하자.《전국책》〈제책〉에 이런 이야기가 실려 있다.

> 맹상군의 아버지 정곽군靖郭君 전영田嬰이 봉읍인 설에 성을 쌓으려 하자 빈객들 중 말리는 사람이 많았다. 그러자 정곽군이 (문지기에게) 엄포를 놓았다.
>
> "앞으로 객을 들여보내지 마라."
>
> 그런데 제나라 사람 중 어떤 이가 와서 이렇게 고했다.
>
> "신은 세 마디만 하면 됩니다. 한 글자라도 보태면 삶아 죽이십시오."
>
> 이리하여 전영이 만남을 허락했는데, 그 사람은 뛰어 들어오면서 "해대어海大魚(바다의 큰 물고기)"라고 말하고는 그대로 돌아 나가버렸다. 정곽군이 제지하며 말했다.*
>
> "무슨 이야기인지 듣고 싶습니다만."

• 원문에 "客有於此"라고 되어 있는데 뜻이 모호하다.《회남자淮南子》에는 "정곽군이 나가지 못하게 하고 물었다. '무슨 이야기인지 듣고 싶습니다[靖郭君止之日, 願聞其設]'"로 되어 있어, 여기서는《회남자》를 따른다.

객이 말했다.

"비천한 신은 감히 목숨을 가지고 장난을 치고 싶지 않습니다."

"이제 그만하시고, 계속 말씀하시지요."

"군께서는 큰 물고기 이야기를 들었는지요? 그놈은 그물로도 제지할 수 없고 낚시로도 끌어 올릴 수가 없습니다. 허나 혼자 동탕〔蕩〕을 치다가 물 밖으로 나오면 땅강아지나 개미도 마음대로 할 수 있지요. 지금 제는 군에게는 물과 같습니다. 군께는 이미 제나라의 그늘이 있는데 설에게 또 무슨 일을 하시렵니까? 무릇 제나라를 잃으면 비록 설의 성벽이 하늘까지 닿는다 하더라도 아무 소용이 없습니다."

"옳군요."

군신의 마음이 하나가 된다면 설에 성이 있다 해도 해가 될 것이 없다. 성이란 나라를 지키는 방패다. 문제는 그 성을 어디에 쓰냐는 것이다. 전영은 전영대로 유사시 자신의 봉지를 지키려 하고 제왕은 제왕대로 그 봉지에서 사달이 날까 두려워했다. 더 큰 문제는 전영이 그 아들에게 봉지를 물려줬다는 것이다. 전영은 지금 제나라 안에 또 제나라를 만들려고 하고 있다.

깊이 들어가기 전에 일화 하나를 더 살펴보자.《여씨춘추》〈지사知士〉에 이런 이야기가 나온다. 기원전 320년 선왕 즉위 무렵으로 생각된다. 정곽군 전영의 식객 중에 제모변劑貌辨이란 이가 있었는데 그는 흠이 많았다. 주위에서 그를 좋아하지 않고 어떤 이가 제모변을 내보내자고 해도 전영이 듣지 않았다. 하다못해 아들 전문田文(훗날 맹상군이 됨)도 제모변을 내보내자고 했다. 그러나 전영은 막무가내로 "우리 집안이 망하는 일이 있다 해도 제모변에 대해 또 말하는 자가 있으면 용서하지 않겠다"고 선포했다. 문제는 새로 선 제 선왕과 전영의 사이가 대단히 좋지 않았다는 것이다. 제 선왕이 자리에 오르자 전영은 봉지로 돌아와 전전긍긍하고 있었다. 제 선왕은 안목이 있는 사람이었으니 지방에 할거하는 거족을 달가워할 리가 없었을 것이다. 그때 제모변이 전영을 위해 국도로 가서 왕을 만나겠다고 나서니 전영이 말렸다.

"왕이 나 영을 그토록 싫어하니 공이 가면 분명 죽을 것이오."

전영과 제 선왕 사이에 무슨 일이 있었을까? 제모변은 기어이 가겠다고 우겨서 선왕을 찾아갔다. 선왕이 대뜸 물었다.

"그대가 정곽군이 아끼고 의견을 경청한다는 사람인가?"

제모변이 대답했다.

"저를 아끼는 것은 사실입니다만, 제 의견을 듣는 것은 아닙니다. 왕께서 태자가 되던 그때 저 변(제모변)이 그에게 이렇게 조언했습니다. '태자는 어질지 못합니다. 턱이 너무 넓고 옆으로 흘겨봅니다. 이런 이들은 사람을 배반합니다. 태자를 갈아 위희衛姬의 어린 아들 교사校師를 세우는 것이 낫습니다.' 그랬더니 정곽군이 울면서 이렇게 말하더군요. '안 되오. 나는 차마 그리하지 못하겠소.' 그때 정곽군이 저 변의 말을 들어 그리했다면 필시 오늘의 우환(봉지로 가서 땅을 뺏길까 걱정하는 우환)을 당하지 않았을 것입니다. 이것이 그가 제 말을 듣지 않는다는 첫 번째 증거입니다.

또 정곽군이 설에 도착했을 때(바로 설로 쫓기듯 왔을 때) 초의 소양昭陽

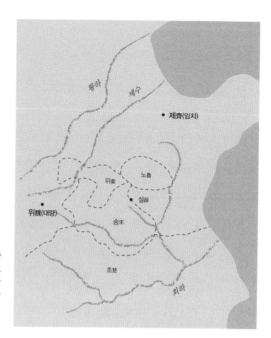

설의 위치. 설은 제와 송 사이의 국경에 위치해, 만약 초가 설을 얻으면 송은 초의 판도로 들어갈 수 있었다. 또한 제의 남방 경략과 수호의 거점이기도 했다.

이 몇 배의 땅으로 설과 바꾸자고 하자, 저 변은 '반드시 요청을 받아들이십시오'라고 조언했습니다. 그러나 정곽군은 '선왕께 설을 봉지로 받았소이다. 비록 후왕後王의 미움을 받았다고 그리한다면 선왕께 무슨 말씀을 드린단 말이오. 또한 선왕의 묘당[廟]이 설에 있는데 내가 선왕의 묘당을 초에게 준단 말이오?' 이리하여 저의 말을 듣지 않았습니다. 이것이 바로 제 말을 듣지 않는다는 두 번째 증거입니다."

그러자 제 선왕이 크게 탄식하며 말했다.

"정곽군이 과인을 위하는 한결같은 마음이 이 지경에 이르렀구려. 과인이 어려 미처 몰랐구려. 그대가 과인을 위해 정곽군을 불러올 수 있겠소?"

정곽군이 위왕威王(선왕의 아버지)이 하사한 옷과 관과 대검을 갖추고 수도로 들어오니 제 선왕은 몸소 교외까지 가서 그를 맞아 재상의 자리를 청했다고 한다.

우리는 이 이야기를 미덕으로 읽어야 할까? 제 선왕은 정치 감각이 뛰어난 군주였다. 그는 노련하게 분란을 화합으로 바꿨다. 그러나 제나라 전영 가문의 힘을 왕이 두려워한 것이 사실이며 문제였다.

도대체 설은 어떤 땅이기에 왕이 근심했을까? 설은 제와 송 사이의 국경 지대에 있었는데, 만약 초가 설을 얻으면 송은 초의 판도로 들어간다. 설공薛公이 자체 병력을 크게 가진 것은 바로 초를 견제하고 송을 노리자는 것이다. 그런데 제의 중앙군이 북으로 떠나 묶이면 왕은 지나치게 큰 설을 우려할 수밖에 없었다. 이 이야기는 다음 장에서 전영의 아들 전문에 관해 이야기할 때 다시 자세히 언급하겠다.

열국이 쟁탈하는 상황에서 나라 안 사람들이 상하로 뭉치는 것이 최상이고, 나라 안에 나라가 있는 것이 최하였다. 제나라는 나라 안에 나라가 더 있었다. 게다가 현재의 제나라 왕족 전씨는 음모를 써서 강씨로부터 제나라를 탈취했다. 그래서 그들은 항상 쿠데타를 의심할 수밖에 없었는데, 마침 쿠데타를 획책할 능력이 있는 세력이 나라 안에 있었다. 제 선왕이 재빨리 군대를 돌렸던 이유는 초가 남방을 칠까 두려웠기 때문이다. 초를 방어해야 할 설은 믿을 수 있는가? 앞에서 드러났듯이 초는 수시로 설을 유혹했다.

4. 소진, 오명을 얻고 죽다 ━━━━━━

무대를 제나라로 옮겼으니 소진의 운명과 그곳에서 그가 무엇을 했는
지 이야기할 때가 되었다. 결론부터 말하면 떠돌이 소진은 오명을 안
고 죽었다. 그러나 그가 합종을 주장하든 자기 군주를 위한 일국적 관
점을 표출하든 간에 그의 언변은 모두 일리 있는 희대의 논설이었다.
소진의 최후와 동방 중심주의자로서 그의 최후 변론을 들어보자.

우리는 6국의 진 공략이 실패한 후 소진이 조를 떠나 연나라로 갔다
는 이야기를 했다. 먼저 《사기》〈소진열전〉을 간단히 요약해보자.

소진은 연 역왕의 어머니와 사통했다고 한다. 그런데 역왕은 이를
알면서도 소진을 우대했다고 한다. 물론 소진의 이전의 공을 인정했기
때문이다. 그러나 합종도 실패한 마당에 소진을 헐뜯는 이들은 넘쳤
다. 소진은 연나라에서 스스로 지위가 불안하다고 느껴 제나라로 가서
연을 위해 일하겠다는 제안을 했다. 그래서 소진은 일부러 연에 죄를
지은 것처럼 꾸며서 제로 가니 선왕은 그를 객경客卿으로 맞았다고 한
다. 마침 선왕이 죽자 소진은 민왕에게 장례를 성대히 치르라 하고 궁
을 높이도록 부추기는 등 제나라의 힘을 뺐다고 한다. 이는 연을 위한
행동이었다.

물론 제나라에는 소진을 시기하는 대부들이 많았는데, 어느 날 소진
은 자객의 칼에 맞고 말았다. 중상을 입었으나 죽지는 않았는데 범인
을 찾을 수 없었다. 소진은 죽기 전에 제 민왕에게 이렇게 요청했다고
한다.

"신이 죽으면 거열형에 처하여 시장에 조리 돌리고 이렇게 말씀하십시오. '소진이 연을 위해 제나라에서 난리를 획책했다.' 이리하면 저를 찌른 자를 반드시 잡을 수 있을 것입니다."

과연 소진이 죽자 거열형에 처하니 소진을 찌른 자가 나왔고, 그를 잡아 죽였다고 한다.

어디까지가 사실이고 어디까지가 소설일까? 우선 소진이 제에서 죽은 것은 사실로 보인다. 연나라에 난리가 났을 때 소씨가 연나라를 떠났다는 기사는 여러 곳에서 보인다.

그는 연나라의 첩자였을까? 필자가 보기에 후대에 그의 아우 소대의 행동 때문에 소진이 그런 오명을 뒤집어썼을 것이다. 그 나머지는 모두 소설 같은 이야기다. 우선 《사기》〈초세가〉에 기원전 318년 "소진이 6국을 이끌고 진을 공격했다"고 못 박고 있다. 그것이 실패하자 소진이 조에서 연으로 돌아간 것이다.

그런데 제 선왕은 기원전 301년에 죽었으니 소진이 죽을 때 제 민왕이 등장할 수 없다. 물론 우리는 사마천이 제 선왕이 죽는 때를 기원전 323년으로 오해하고 있었음을 안다. 그러나 이를 참작해도 역시 논리가 성립하지 않는다. 알다시피 소진은 조나라를 위해서 합종했고 진을 공격했다. 연에서 탈출해서 기원전 323년부터 제나라에 있었던 소진이 어떻게 조를 위해 6국을 돌아다니며 합종 유세를 했겠는가? 연에서 쫓겨나 제에 불안하게 얹혀 있으면서 여러 대부들의 미움을 받던 소진이 기원전 318년에 연합군을 이끌고 진을 쳤다는 것은 소설에 가깝다. 소진은 합종이 실패한 후 연에 들어가고 다시 제로 갔다. 그러므로 소진이 제에서 죽은 것을 제외한 나머지 설은 모두 보류하자. 우리가 유일하게 믿을 수 있는 것은 희대의 합종론자 소진이 제나라에서 처절하게 죽었다는 사실이다.

그럼 소진은 제나라에서 어떤 논설도 남기지 않았을까?

5. 소진의 후발제인後發制人

《전국책》〈제책〉에 소진의 변론이라는 논설이 하나 등장하는데, 필자가 보기에 이것은 전국시대의 동방국가, 특히 제나 연에게 꼭 맞는 주장이다.** 이 문장은 합종을 포기했으나 여전히 일급 외교관인 소진의 면모를 보여준다. 필자는 이 문장이 제나라를 위한 최선의 방책을 보여주는 《전국책》 최고의 명문장이라고 생각한다. 소진의 반전론자로서의 면모를 드러내면서도 실리를 잊지 않는 외교관의 관찰도 돋보인다. 이 문장이 소진의 것이 아닐 가능성도 크다. 그러나 현실주의와 인본주의의 결합으로써 이 논설의 가치가 떨어지는 것은 아니다.

• 앞으로 등장하는 소대니 소려니 하는 소진의 동생들의 활동 연대도 소진처럼 모호하기는 마찬가지이므로 일일이 고증하지 않고 그들의 주장만 다루겠다.

•• "蘇秦說齊閔王"으로 시작하는 이 논설은 제나라의 경험으로 보면 대단히 일리 있는 말이다. 그리고 연대 착오도 많이 보이지 않는다. 정말 소진이 한 말일까? 소진이 한 말이 아닐지라도 소진 수준의 변사가 한 말이 분명하다. 《묵자墨子》의 문장과 《순자荀子》의 사상이 가끔 드러나며 《귀곡자鬼谷子》의 서술 방식도 보인다.

이 논설은 "먼저 나서지 말고 나중에 나서서 제압한다, 남의 원한을 대신 뒤집어쓰지 않는다, 내치를 기반으로 하여 외정을 도모한다"는 주장을 편 후, "큰 나라는 의리를 붙잡고, 작은 나라는 이익의 유혹에 빠지지 말라"고 당부한다. 또한 무력을 함부로 사용하지 말 것을 주장하여 전국시대 인민들의 고통을 상기하고 있으며, 여럿을 적으로 만들지 말라고 하여 외교의 근본을 설파한다.

싸우지 않고 묘당에서 승리를 챙겨야 한다는 외교 전략가의 논설을 따라가 보자. 필자는 이 논문을 소진의 최후 변론으로 읽는다.

소진은 제 선왕에게* 형세를 거스르지 말라고 말한다.

> 신은 군사를 쓸 때 천하의 다른 나라들보다 앞서기를 즐기는 이는 환난에 빠지고, 결맹을 주도하여 원한의 표적이 되기를 즐기는 이는 고립된다고 들었습니다〔用兵而喜先天下者憂, 約結而喜主怨者孤〕. 대저 늦게 군대를 (일으키면) 저울추에 의지할 수 있으며(형세에 기대는 것), 원한을 멀리하면 시세를 탈 수 있습니다〔夫後起者藉也, 而遠怨者時也〕. 그러므로 성인께서 일을 하실 때는 반드시 형세를 가늠한 후 시세를 타서 일어나는 데 힘썼습니다〔聖人從事, 必藉於權,** 而務興於時〕. 대저 저울추(형세)란 만물의 우두머리이며 시세란 백사百事의 으뜸입니다. 그러니 형세에 의지하지 않고 (저울추에 기대지 않고) 시세를 거역하며 일을 이

• 원문은 제 민왕이나 제 선왕이 옳다.

•• "必藉於權" 저울에 의지하다. 즉 저울이 어느 쪽으로 기우는지 보고 그 형세를 타다.

룬 이는 적었습니다.

형세를 타면 약한 것도 강하고, 형세를 타지 못하면 강한 것도 약하다. 여럿을 적으로 만들면 강자라도 패한다. 조와 위魏의 예를 보라.

지금 비록 간장干將과 막야莫邪 같은 명검이 있다 해도 사람의 힘을 빌리지 않으면 자르고 벨 수 없습니다. 견고한 화살과 예리한 쇠라도 궁노를 쓰지 않으면 멀리 날아가 살상할 수 없습니다. 화살촉이 뾰족하지 않은 것도 아니요, 검이 날카롭지 않은 것도 아닌데 왜 그렇습니까? 의지할 저울추[權藉, 형세]를 얻지 못했기 때문입니다. 어째서 그걸 알 수 있느냐고요? 옛날 조씨(조나라)가 위衛를 습격했을 때, 역참의 수레와 사람이 한시도 쉬지 않고 달려와 소식을 전하니, 위衛는 강평剛平에 성을 쌓고 여덟 문에 흙을 쌓아 올렸으나 두 문은 이미 무너졌습니다. 이로써 나라가 망할 형세였습니다. 그러자 위군衛君은 맨발로 위魏나라로 달려가 도움을 청하니 위왕魏王*은 갑옷을 입고 칼을 차고 조나라에 싸움을 걸었습니다. 조나라 수도 한단의 군중이 우왕좌왕하고, 황하와 태행산 사이의 민중은 난을 일으켰습니다. 이때 위衛는 반격의 형세를 얻어 남은 갑사들을 거두어 북쪽을 향해 달려 강평을 멸하고 중모中牟의 성곽까지 떨어뜨렸습니다. 위衛가 조처럼 강한 것은 아니었지만, 비유하자면 위衛는 화살이요 위魏는 궁노였으

• 그때 위나라의 군주는 아직 왕을 칭하지 않았고, 당사자는 위 무후魏武侯였다.

니, 위魏의 힘에 기대어 하동河東의 땅을 얻었습니다.

그리하여 조나라가 두려워하자 초나라가 조를 도와 다시 위魏를 벌하여 주서州西에서 싸움을 벌여 양문梁門을 나서고 임중林中에 주둔하고 말에게 황하의 물을 먹였습니다. 이번에는 조가 초의 힘에 의지하니 다시 위魏의 하북을 습격하고 극구棘溝를 불태웠으며 황성黃城을 함락시켰습니다. 그러므로 강평이 멸망당하고 중모가 무너지고 황성이 함락되고 극구가 불탄 것은 모두 조와 위魏가 원한 것이 아니었건만, 이 둘이 구태여 그렇게 한 이유는 무엇이겠습니까? 바로 (작은) 위衛가 형세와 시세에 의지하는 데 밝았기 때문입니다.

힘이 없으면 군대를 써서는 안 된다.

허나 지금 나라를 다스리는 이들은 그렇지 않습니다. 군대가 약한데도 강한 이와 맞서기를 즐기고, 나라가 피폐한데도 원한을 끌어 모으는 걸 즐기며, 일은 어그러졌는데도 갈 데까지 가기를 즐기며, 군대가 약한데도 남의 아래에 있는 것을 싫어하며, 땅이 좁은데도 큰 나라와 상대하기를 즐기며, 일이 어그러져도 여전히 속임수를 즐깁니다. 이 여섯을 행하면서 패자(伯)가 되려 하면 오히려 멀어질 뿐입니다.

제는 왜 원한의 표적이 되었는가? 실리 없는 명분, 실리 없는 승리를 즐겼기 때문이다.

신이 듣기로 나라를 잘 다스리는 이는 백성의 뜻에 순응하고 군대의 능력을 헤아린 후 천하의 일(外政)에 임했다고 합니다. 그리하여 결맹할 때는 남을 위해 원망의 표적이 되지 않았고, 정벌할 때는 남을 위해 강한 나라를 꺾지 않았습니다. 이리하면 군대를 소모할 필요가 없고 저울추(형세)는 가벼워지지 않으면서 땅을 넓히고 바라는 바를 이룰 수 있습니다.

옛날 제가 한과 위와 합쳐 진과 초를 쳤습니다. 싸울 때 그리 모질게 몰아친 것도 아니요 땅을 얻은 것이 한이나 위보다 많은 것도 아니었지만 천하는 유독 제나라에 허물을 돌렸으니 왜 그랬겠습니까? 한과 위를 위한답시고 원한의 표적이 되었기 때문입니다. 또한 천하가 너나 할 것 없이 군대를 쓰니, 제와 연이 붙어 싸우자 조나라가 중산을 겸병했고, 진秦·초楚가 끊임없이 한韓·위魏와 싸우자 월과 송이 군대를 일으켰습니다. 이 열 나라는 모두 서로 적의를 품고 있으면서, 유독 (한마음으로) 우리 제를 손볼 마음을 가진 것은 무슨 까닭입니까? 맹약을 맺으면서 원망의 표적이 되는 것을 즐기고 정벌하면서 강한 나라를 꺾는 것을 즐겼기 때문입니다.*

소진은 강대국은 남의 위에 서려다 실패하고, 약소국은 이익 때문에 실패한다고 주장한다. 약자에게 외교란 없다.

• 이것은 후대의 맹상군이 다시 합종을 도모하던 시기, 혹은 그 후대의 제가 송을 도모하던 시기의 일로 보인다.

강대국의 화는 언제나 남의 왕이 되려는 뜻을 두기 때문에 생기며, 약소국의 재앙은 남을 위해 도모하는 것을 이익으로 여기기 때문에 생깁니다〔且夫强大之禍, 常以王人爲意也, 夫弱小之殃 , 常以謀人爲利也〕. 그리하여 큰 나라는 위태로워지고 작은 나라는 망합니다. 큰 나라의 계책으로는 늦게 일어나 불의한 자를 (남이 친 후) 다시 치는 것이 제일입니다.

대저 늦게 군대를 일으키면 기대고 함께할 이가 많고 군대는 강하며, 많고 강한 무리로 적고 피로한 무리를 도모하는 것이니 군대는 분명 승리합니다. 일을 함에 천하의 마음을 막지 않으면 이익은 분명 따라옵니다. 큰 나라가 이를 행하면 명성은 빼앗지 않아도 도래할 것이요, 패왕의 업은 애쓰지 않아도 성취될 것입니다. 작은 나라가 힘쓸 바는 그저 삼가며 조용히 있으되 제후들을 너무 믿지 않는 것이 제일입니다. 조용히 삼가면 사방의 이웃들이 배반하지 않을 것이고 제후들을 너무 믿지 않으면 천하가 속이지〔賣〕 못할 것이니, 밖으로 속지 않고 안으로 배반당하지 않으면, 재목이 썩어도 쓰지 않고 비단이 좀먹어도 옷을 만들지 않을 정도로 부유해질 것입니다. 작은 나라가 이 방법을 쓰면 제사를 지내지 않아도 복이 오고 빌리지 않고도 풍족해질 것입니다. 그러니 말하길, "인을 행하는 이는 왕자가 되고, 의를 세우는 이는 패자가 되며, 군대를 갈 데까지 쓰는 자는 망한다" 합니다.

어떻게 그 이유를 알 수 있습니까? 옛날 오왕 부차는 강대함으로는 천하의 으뜸이어서 초나라 수도 영을 습격하고 월 땅을 빼앗아 거처하고, 몸은 제후의 군주들을 복종시켰지만,˙ 결국은 자신은 죽고 나라는 망하여 천하의 욕된 자가 되었으니 그 까닭이 무엇이겠습니까? 이는 부차가 편안히 거하면서도 (만족을 모르고 천하의) 왕이 될 생각을 하고, 강대하면서 (그칠 줄 모르고) 천하의 우두머리가 되는 것을 즐겼기에 부른 화입니다. 옛날 내萊와 거莒 나라가 모책을 즐기고 진陳과 채蔡는 속임수를 잘 썼습니다. 그러다 거는 진晉을 믿다가 (초에) 멸망당했고 채는 월을 믿다가 (역시 초에) 멸망당했으니, 모두 안으로는 속임수를 일삼고 밖으로는 제후를 믿어서 얻은 재앙입니다. 이로 보건대, 옛날의 예로 강대국과 약소국의 화를 살필 수 있습니다.

소진은 힘이 있으면 분출하지 말고 아껴야 한다고 말한다. 강하다고 먼저 나서면 적을 결집시킬 뿐이다.

속담에 "기기騏驥(준마의 대명사)가 쇠하니 노마駑馬가 앞서고, 맹분孟賁 (전설적인 장사)이 지치니 여자라도 이긴다"는 말이 있습니다. 대저 노마나 여자는 근골의 힘과 강도가 기기나 맹분만 못하지요. 그런데 어찌 이런 일이 일어났습니까? (힘을 아끼다 형세를 보고) 늦게 일어났기 때문입니다. 지금 천하의 관계를 보면 (한 나라가 전부를) 함께 없애지는 못합니다. 시기를 봐서 남이 군대를 낼 때 늦게 군대를 내고, 원한을 핑계로 바르지 못한 자를 치고, 몰래 군대를 쓰면서 (군대 쓸 일을 감추면

• 원문 "身從諸候之君"의 뜻은 불명확하다. 대개 부차가 제나라를 꺾고 진晉나라도 겁주었으므로 '제후들을 복종시키다'는 뜻으로 새겼다.

서) 의義를 핑계대면 천하열국을 모두 무너뜨릴 수 있겠습니까? 충분히 기다릴 수 있습니다. 제후들 사이에 일어난 일에 밝고 지형의 이치를 간파한 이는 친하자고 맹약을 하거나 인질을 서로 교환하지 않고도 위치(관계)가 공고하며, 재촉하지 않아도 달리며, 여럿이 도모해도 배반하지 않으며, 서로 떼어주고 받으면서도 미워하지 않으며[交割而不相憎], (상대가) 강해질 것을 두려워하면서도 더 친해집니다[懼强而加以親*]. 어떻게 그럴 수 있습니까? 형세상 우려하는 바가 같고, 군대란 이익을 추구하기 때문입니다. 어떻게 그렇다는 걸 알 수 있습니까? 예전에 제와 연이 환桓의 굽이[桓之曲]에서 싸울 때 연이 지고 군사 10만이 모두 죽었습니다.** 그때 호인胡人이 연의 누번樓煩의 여러 현을 습격해서 우마를 빼앗아갔습니다. 대저 호와 제는 평소에 친하지도 않았으나 함께 군대를 내었고, 인질을 교환하고 연을 도모하자고 약조하지도 않았지만 서로 더 심하게 서두른 까닭은 무엇입니까? 그 연유는 형세상 우려하는 바(연 북방의 호는 연이 걱정거리였고, 연 남방의 제도 연이 걱정거리였다)가 같고 군대란 이익을 추구하기 때문입니다. 이로 보건대 형세를 같이하는 나라와 결맹하면 이익이 늘어나고, 후에 군대를 일으키면 제후들을 몰아 부릴 수 있습니다.

• 어떤 판본에는 "俱强而加以親"으로 되어 있다. 그렇다면 "함께 강해지면서도 더욱 친해진다"로 새길 수 있다. 어쨌든 상대가 강해지는 것을 내심 두려워하는 것은 마찬가지다.

•• 언제의 일인지 확실하지 않다.

소진은 전쟁은 국가의 재앙이니 함부로 쓰지 말라고 주장한다. 이 부분은《묵자墨子》〈비공非攻〉보다 오히려 생생하게 전쟁으로 인한 백성의 아픔을 말한다.

그러므로 명철한 군주와 통찰력 있는 재상은 진실로 패왕에 뜻을 둔다면 전쟁을 일으켜 공격하는 것을 우선하지 않았습니다. 전쟁은 나라의 상처이며 도현都縣의 낭비입니다. 상처 주고 낭비하는 것을 우선으로 하면서 능히 제후들을 따르게 한 이는 적었습니다. 저 전쟁의 상해를 보면, 선비들은 전쟁의 소문을 들으면 사재를 털어 군시軍市(군용 물품을 파는 시장)에 보내고 음식을 보내 결사대를 대접하며, 수레의 끌채를 잘라 불쏘시개로 쓰고, 소를 잡아 전사들을 먹이니 이는 군주를 피폐하게 하는 길입니다. 국인들은 전승 기도를 드리고, 군주는 제사를 올리며, 큰 도시와 작은 현이 모두 사당을 만들고, 시장이 있는 읍이라면 모조리 일을 멈추고 왕의 명을 따라야 하니, 이는 나라 안을 텅 비게 하는 계책입니다.

대저 싸움이 벌어진 다음 날은 죽은 이를 눕히고 다친 이를 부축해야 하니, 비록 이겼다 할지라도 군대는 이미 소모되었고 나라 안은 곡성이 이니 이로써 군주의 마음이 찢어집니다. 집안을 파산시키면서 죽은 이를 장사 지내고 재산을 다 써서 부상자에게 약을 먹이며, 온전하게 돌아온 이는 크게 잔치를 벌여 축하해야 하니 그 비용은 사상자에게 드는 것과 똑 같습니다. 그러므로 백성이 낭비한 바는 밭을 10년 갈아도 보상할 수 없고, 군대가 가지고 나간 것으로써 부러진 창과

극, 끊어진 시위와 부러진 화살, 상한 노, 부서진 차, 지친 말 등 못 쓰게 되거나 잃어버린 것이 태반입니다. 갑병의 장비, 관이 사적으로 쓴 것, 사대부가 숨긴 것, 잡역부들이 훔친 것도 10년 농사로 보충할 수 없습니다. 천하에 이런 낭비를 두 번 하고 능히 제후들을 거느린 이는 드물었습니다.

성을 공격하는 비용을 보면 백성들이 첨폐櫓蔽(돌과 화살 등을 막는 천)를 수리하고 충로衝櫓(충차와 망루차. 모두 공성용 장비)를 옮기며, 온 가족이 다 나와 땅굴을 파다' 칼날 앞에서 지쳐갑니다. 전사들은 흙 쌓기에 골병이 들고 장수들은 갑옷을 벗지 못해도 몇 달 기한 내에 성을 뽑을 수 있다면 빠른 축에 듭니다." 이리하면 위는 시키느라 힘을 다 빼고 아래는 군무에 결단이 나니, 세 번에 이어 성을 함락시키고 나서 다시 싸워 적을 이길 이는 많지 않습니다.

그러므로 말하길, "전쟁을 일으켜 공격하는 것은 우선할 바가 아니다"고 하는 것입니다. 어찌 그 까닭을 압니까? 옛날 지백요가 범씨와 중행씨를 공격하고 그들 주군을 죽이고 나라(가문)를 멸망시키고 또한 서쪽으로 (조씨의) 진양晉陽을 포위했으니, 이는 두 나라를 병탄하고 한 군주(조 양자)를 우환에 빠뜨린 것으로써 용병으로는 크게 떨친 것입니다. 허나 결국 자기 몸은 죽고 그 나라는 멸망하여 천하의 웃음

- • "家雜總"을 온가족으로 추정했다.

- •• "期數而能拔城者爲亟耳." 직역하면 "수를 정해놓고[期數] 성을 뽑을 수 있으면 빠른 것이다"다. 며칠 내에 함락시키기는 불가능하고 몇 년을 끌 수도 없으므로 "數" 다음에 "月"이 생략되었으리라 짐작한다.

거리가 되었으니, 이는 무엇을 말합니까? 먼저 군대를 내어 공격하여 두 가문을 멸망시킨 것이 우환거리가 되었습니다.

옛날 중산은 온 나라를 들어 연과 조와 맞붙어 남쪽 장자長子에서 싸워 조군을 이기고 북쪽의 중산에서 싸워 연군을 꺾고 그 장수를 죽였습니다. 대저 중산은 천승의 나라임에도 만승의 나라 둘과 붙어 두 번 모두 이겼으니 용병으로는 상등이지요. 허나 나라는 기어이 망하고 군주는 제나라의 신하가 되었으니* 이는 무슨 까닭입니까? 나가 싸우는 것의 우환을 겁내지 않았기 때문입니다. 이로 보건대, 싸워 공격하는 것의 패착은 예전의 일로 충분히 알아볼 수 있습니다.

소진은 그런데도 오늘날 여전히 싸움을 고집하는 이들이 있다고 주장한다. 그들은 국가에 오히려 해가 된다.

오늘날 이른바 용병을 잘한다는 이들이 끝까지 싸워 모두 이기고 성을 지키면 뽑아낼 수 없도록 하니, 천하는 "잘한다"고 칭찬하고 각 나라는 그런 이를 얻어 기르나 이는 국가에 이득이 되는 일이 아닙니다. 신이 듣기로 전쟁에서 크게 이긴들 그 전사들은 많이 죽고 군대는 더욱 약해지며, 지켜서 뽑아낼 수 없도록 하자면 그 백성들이 피폐해지고 성곽이 무너집니다. 무릇 전사들이 밖에서 죽고 백성들이 안에서 피폐해지며 성곽이 국경에서 허물어지는 것은 왕 된 이가 즐길 일이

---

* 중산의 멸망은 소진 사후의 일이다.

아닙니다.

먼저 나서고 자주 움직여 천하의 과녁이 되고 싶은가? 그렇다면 차라리 늦게 한 번 움직여 천하를 제압하라고 말한다.

오늘날 과녁은 사람들에게 죄를 지은 바가 없지만, 활과 노를 당겨 쏘면서 맞추면 좋아하고 빗나가면 부끄러워하며, 노소귀천을 막론하고 모두 한마음으로 맞추려고 하는 까닭은 무엇입니까? 과녁이 맞추기 어렵게 보이는 것이 싫기 때문입니다.

지금 싸우면 모두 이기고 지키면 뽑아낼 수 없도록 하는 것은 비단 남들 보기에 어려운 정도가 아니라 남을 상하게 하는 일이니, 천하에 이를 원수로 삼는 이들이 분명 많습니다. 무릇 전사들을 피로하게 하고 나라를 거덜 내며 천하와 원수지는 일을 많이 쌓는 것은 명철한 군주라면 하지 않는 일이며, 강한 군대를 시도 때도 없이 써서 약하게 하는 일은 통찰력 있는 재상은 하지 않습니다.

대저 명철한 군주와 통찰력 있는 재상이라면, 움직이지 않아도 제후들이 따르며 사양해도 중한 재물이 자연히 옵니다. 그러니 명군이 전쟁을 할 때는 군대를 내지 않아도 이기며, 충로를 늘어놓지 않아도 국경의 성이 함락되니 사민이 알지도 못 하는 사이에 왕업이 이뤄집니다. 저 명군이 일을 할 때는 재물은 적게 쓰되 나날은 많이 써서 장구한 이익을 추구합니다. 그러니 말하길, "군대를 늦게 내면 제후들을 몰아 부릴 수 있다"고 하는 것입니다.

교만한 군주는 적을 부른다. 위나라 혜왕의 예를 보라. 상앙이 위나라를 꺾은 까닭은 군대가 강했기 때문이 아니라 위나라를 천하의 표적으로 만들었기 때문이다.

신이 듣기로, 공전攻戰의 도는 군대가 아니니 비록 100만 명의 적병이라 할지라도 당상에서 격퇴할 수 있으며, 합려나 오기와 같은 장수가 있을지라도 집 안에서 잡을 수 있으며, 1000장丈의 성이라도 술 한 잔하는 사이에 뽑을 수 있으며, 100척의 충차라도 이부자리 위에서 꺾을 수 있다고 합니다. 그러므로 종고우슬鐘鼓竽瑟의 소리가 끊이지 않는 중에도 땅을 넓히고 바라는 바를 이룰 수 있으며, 광대와 난쟁이의 공연을 즐기는 웃음소리가 그치지 않은 와중에도 제후들이 한 날에 조현하게 할 수 있습니다. 그러므로 (남들은) 그 이름이 천지와 버금가도 (충분히) 높다 여기지 않고 이익이 해내를 제어해도 두텁다 여기지 않습니다. 그러니 무릇 왕업을 제대로 이루는 방법은 천하를 수고롭게 하되 자신은 유유하고, 천하를 어지럽게 하되 자신은 편안하게 하는 것이니, 편안함과 다스려짐은 내게 두고, 어지러움과 수고로움은 천하에 두는 것이 왕자의 길입니다.

적의 정예병이 오면 막아내고, 우환이 오면 쫓아내며, 제후들로 하여금 모략을 꾸미지 못하게 하면 나라는 오랜 근심이 없어집니다. 어찌 그 까닭을 알 수 있습니까? 옛날 위왕魏王(위 혜왕)은 갑병 36만 명에 조나라 수도 한단을 뽑을 정도로 강했습니다. 서쪽으로 정양定陽을 포위하고, 다시 12제후를 끌고 천자를 조현하고 서쪽으로 진을 도모했습니다. 진왕이 이를 두려워하여 침불안석에 음식 맛을 모를 지경이 되어 경내에 영을 내려 성 안에 온갖 장비를 다 갖추고 끝까지 지키라 하고, 죽음을 무릅쓰는 병사들을 조직하고 장수를 두어 위나라의 공격을 기다리고 있었습니다. 그러자 위앙衛鞅(즉 상앙)이 진왕에게 모책을 올렸습니다.

"저 위씨(위나라)가 이룬 공은 크고 그 명은 천하에 먹히고 있는 데다, 열두 제후를 이끌고 천자를 배알했으니 함께하는 무리는 필시 많습니다. 그러니 우리 진나라 하나로는 저 큰 위를 당하지 못할 듯합니다. 왕께서 저를 사신으로 보내 위왕을 만나게 해주시면, 저는 반드시 위를 격퇴시키겠나이다."

이리하여 진왕이 허락했습니다. 위앙은 위왕을 만나서 이렇게 유세했습니다.

"대왕의 공은 이미 크고, 령은 천하에 행해지는 중입니다. 허나 지금 대왕이 거느리는 제후는 송宋이나 위衛가 아니면 추鄒·노魯·진陳·채蔡*등으로, 이들은 실로 왕께서 채찍이나 회초리로 부릴 상대일 뿐이니, 이로써는 천하의 왕이 되기에 부족합니다. 대왕께서는 북으로 연을 취하고 동으로 제를 벌하는 것이 낫습니다. 그러면 조는 분명이 따를 것입니다. 이어 서로 진을 취하고 남으로 초를 벌하면 한은 분명 따를 것입니다. 대왕께서 제와 초를 벌할 마음과 천하를 부릴 뜻이 있다면 왕업이 드러날 것입니다. 대왕께서는 먼저 왕의 복식을 행하시

• 진이나 채는 이미 망한 나라였다. 수사적인 표현이다.

고, 연후에 제와 초를 도모하소서."

그러자 위왕은 기뻐서 몸소 공궁을 넓히고 (천자의 의복인) 단의丹衣를 짓고, (천자의 기인) 구유九斿의 기를 세우고, 칠성의 깃발을 달았습니다. 이는 천자의 자리에 위왕이 앉은 것이었습니다. 이리하여 제와 초가 노하고, 제후들이 제의 편으로 달려가니, 제가 위를 벌하고 그 태자를 죽인 후 10만의 군대를 엎어버렸습니다.* 이에 위왕은 크게 놀라 군대는 나라 안에 그대로 두고 맨발로 동쪽 제나라로 가니 (가서 비니) 천하가 그제서야 그를 놓아주었습니다. 진왕은 이 기회를 타서 소매를 늘어뜨리고 팔짱을 낀 채 서하의 밖을 얻었지만 위왕에게 고맙다고 하지도 않았습니다. 위앙이 처음 왕과 계략을 짤 때 불과 한 번 앉은 자리에서 일어날 필요도 없이 술 한 잔 하는 사이 당상에서 계략이 이뤄졌지만, 위나라 대장이 이로 인해 제나라의 포로가 되었고, 충차와 망루차를 쓰지도 않았지만 서하의 밖이 진의 땅으로 들어왔습니다. 이것이 신이 말한 이른바 "당상에서 적병을 물리치고 집 안에서 적장을 잡으며, 술 한 잔 사이에 성을 뽑고 자리에 앉아 충차를 꺾어버린다(北之堂上, 禽(擒)將戶內, 拔城於尊俎之間, 折衝席上)"는 것입니다.

일대 유세가의 마지막 변으로 손색없는 논설이다. 제 선왕은 느꼈을 것이다. 한 나라를 얻는 것은 자기 의지대로 되지 않는다. 그도 제법 훌륭한 군주였고, 연을 치면서 사람을 죽이지 않았다고 자부했지만 천하

---

* 손빈이 위나라 태자를 죽인 전투를 말한다.

의 표적이 되어 삼킨 것을 바로 뱉어냈다. 그러니 그보다 못한 군주가 남의 나라를 칠 때 어떤 일이 벌어지겠는가?

마지막 장에서 우리는 선왕보다 못한 군주인 제 민왕의 행동을 살펴볼 것이다. 독자들은 이 논설을 제 민왕의 행보와 하나하나 대조해보기 바란다.

제5장

진취의 진秦과
자강의 조趙

: 의양 정벌과 호복기사

···

이번 장에서는 서방과 중원에서 일어난 일을 전체적으로 조망하기 위해 굵직한 이야기 두 가지를 동시에 진행할 것이다. 하나는 감무를 등용해 중원에 항구적인 발판을 마련하는 서방 진나라의 이야기이고, 하나는 군사 전술의 개혁을 통해서 자강을 꾀하는 중원 조나라의 무령왕 이야기다.

먼저 진의 "나그네 장수" 감무가 한의 의양宜陽을 점령하여 진의 숙원을 풀었다. 장의가 외교로 상대를 묶는 사전 작업을 했다면 감무는 마음만 먹으면 주 왕실을 손에 넣을 수 있는 요지를 기어이 점령하여 동방 경략의 기틀을 닦았다. 의양을 손에 넣자 진은 더 이상 관중의 국가가 아니라 중원의 국가가 되었고, 함곡관 밖에서 마음대로 중원의 사정을 바라볼 수 있었다. 의양을 얻은 후 진은 상대의 연합 여부를 가리지 않고 침탈했다. 거의 한 해도 거르지 않고 전쟁을 일으키니 황하의 핏빛이 가실 날이 없었다.

여기서 우리는 진과 기타 열국의 차이를 감지할 수 있다. 감무는 동방 사람이지만 서방을 위해 일했고, 진은 그에게 줄 수 있는 자원은 전부 주었다. 나그네로 하여금 공을 세우게 한 진의 저력은 무엇이었을까? 이 일을 통해 난세의 용인을 고민해보겠다.

다음으로 조의 무령왕은 기병전술을 받아들여 북방을 경략하자고 했다. 모든 신하들이 반대했지만 무령왕은 강변했다.

"그 잘난 중원의 습속을 따르느라 나가서 얻는 영광을 버리고 적에게 패하는 치욕을 받으란 말인가?"

과연 무령왕이 북방 경략에 만족할 것인가? 숨겨진 그의 거대한 기획이 이 장에서 밝혀진다.

또한 조나라에서 벌어진 무령왕과 반개혁파 간의 설전은 명분과 실리의 대결이라기보다는 차라리 인습과 개혁의 대결이었다. 기병전술을 채택하여 조가 잃을 것은 없었다. 한 세기 전 진에서 벌어진 변법가 상앙과 토착 군신들의 대결을 방불케 하는 설전을 통해 당시 열국들이 스스로 강해지기 위해 분투했던 역사를 되짚어 보자. 그리고 마지막으로 무령왕의 서글픈 최후를 통해 왕조 시대의 경세가들이 왜 항상 "제가齊家"를 "치국治國" 앞에 두었는지 다시 확인할 수 있을 것이다.

1. 장의의 죽음과 한 시대의 종말

앞 장에서 소진의 죽음에 대해 말했으니 이제 그의 라이벌 장의의 죽음을 논할 때가 되었다. 장의는 진을 살찌웠지만 언변과 행실은 모두 소진에 비길 수가 없는 이류였다. 심하게 평가하면 그의 인생은 협잡과 사기로 점철되었다. 그러나 그의 정치적인 입지는 오히려 소진보다 높았는데, 소진의 배경이 약한 연이었다면 그의 뒤에는 강한 진이 있었기 때문이다. 이제 후배 감무의 활약을 살피기 전에 먼저 장의의 마지막을 고찰해보자.

《사기》〈굴원가생열전屈原賈生列傳〉은 《사기》의 다른 부분과 약간 다르게 장의를 묘사하는데, 논리적으로는 오히려 일관성이 있는 듯하다. 〈굴원가생열전〉을 통해 장의가 초를 벗어나는 시점에서 다시 이야기를 시작해보자. 앞에서 말했듯이, 초는 장의에게 분풀이를 하다가 한중을 빼앗겼다. 이듬해 진은 한중을 돌려준다는 조건으로 초와 강화하려 했다고 한다.˙ 어쨌든 초 회왕은 이익이 보이는 곳으로 움직이는 인사였다. 진이 한중을 떼어줄 테니 강화하자고 하자 회왕은 이렇게 대답했다.

"땅은 필요 없고, 그저 장의를 얻어 마음이나 위로하고 싶습니다."

비록 공이 컸지만 장의는 초와 같은 대국의 왕을 기만했으므로 국제적인 비난의 대상이었다. 결국 장의는 진나라에서 떠밀리듯 초로 왔다. 초의 충신들은 모두 이를 갈았다. 마침 제나라에서 돌아온 굴원이 나서서 말했다.

"어째서 아직 장의를 죽이지 않았습니까?"

굴원이 보기에 참으로 안타까운 일이었다. 진이 장의를 내주었을 때는 죽이지는 못하더라도 최소한 본때는 보여야 했다. 그러나 초 회왕은 나라의 기강보다는 욕심에 눈이 멀었다. '장의를 죽인들 무슨 이익이 있을까.' 《사기》 〈장의열전〉에 나오는 굴원의 말은 더 가혹했다.

"일전에 왕께서 장의에게 속았을 때, 신은 그자를 삶아 죽일 거라 생각했습니다. 이에 그자를 차마 죽이지 못하시겠다면 그자의 삿된 말일랑은 듣지 마소서."

그러나 회왕은 검중의 땅이 걱정되어 장의를 혼내기는커녕 오히려

• 《사기》 〈장의열전〉에는 상오의 땅과 검중을 바꾸자는 조건을 내세웠다는데 《사기》 〈굴원가생열전〉은 한중을 준다는 조건이었다고 하여 설명이 약간 다르다.

그에게 아부했다. 장의가 진에 돌아가 잘 대해주리라고 믿었던 것이다. 그리하여 장의는 회왕을 회유하고 온 나라를 돌아다니며 유세까지 펼쳤다.

그런데 진나라 대부들은 그동안 혁혁한 공을 세운 장의를 좋아했을까? 그렇지 않았다. 공족 및 관리들은 장의의 사기 행각이 싫었다. 물론 현지인의 입지를 위협하는 나그네들은 실력이 출중할수록 더욱 미움을 받았고 장의도 마찬가지다. 장의가 진에게 이익을 준 것은 사실이지만 그는 속임수에 능한지라 어디서 어떤 말을 하고 다니는지 도무지 알 수가 없었다.

그는 목적을 위해서는 면전에서 타국의 군주를 속이는 일도 마다하지 않는데, 돌아다니며 자국의 군주를 속이지 않는다는 보장이 있는가? 장의가 적국에 진을 팔아먹은 것인지는 모르지만 그가 정적들을 해코지하는 데 일가견이 있는 것은 사실이었다. 진진이 진을 떠난 이유도 장의의 질투 때문인데, 진진이 초에 있는 것마저도 못 견디고 손을 썼던 장의다.

《전국책》〈초책〉에 이런 이야기가 나온다. 장의가 초에 당시 외정을 담당하던 진진과 내정을 돌보던 소과昭過를 축출하면 한중을 돌려주겠다는 제안을 던졌다. 그러나 초의 어떤 인사가 소과에게 이런 말을 한다.

진진은 하인夏人(중원 사람, 즉 삼진 사람)이라 삼진三晉의 일을 잘 알고 있으니 장의가 쫓아내려는 것입니다. 이리하면 초에 모신이 없어집니다. 그리고 군께서는 초나라 군중〔衆, 군대〕을 능히 부릴 수 있는 분이기에 그자가 쫓아내려는 것입니다. 그러면 초의 군중을 부릴 수가 없습니다.

이렇게 장의는 정보를 독점하는 것으로 유세의 힘을 키웠다. 그는 열국을 주유하며 얻은 정보를 밑천으로 진의 외정을 맡았다. 그는 자신의 지위를 위협하는 상대를 치기 위해서 심지어 땅을 미끼로 내거는 것도 마다하지 않는다.

다시《사기》〈장의열전〉으로 돌아가서 이야기를 잇자. 장의가 열국 유세를 마치고 귀국하니 청천벽력 같은 소식이 기다리고 있었다. 그의 뒤를 봐주던 진 혜왕이 죽었던 것이다. 알다시피 예전에 상앙도 자신의 정치적 후원자인 효공이 죽은 후 자신을 지키지 못하고 죽었다. 노련한 장의가 그런 상황을 모를 리가 없다.

새로 선 무왕武王은 성정이 괄괄한 데다 장의를 무척 싫어했다. 무왕이라는 시호가 알려주듯이 그는 정공법을 선호하는 이였다. 그리고 대개 새로 선 왕들은 국내 세력의 통합을 위한 희생양이 필요하다. 장의를 멀리함으로써 토착 세력들을 응집시킬 수 있다면 장의를 희생시켜서 나쁠 것도 없다. 장의는 애초에 기반이 없는 자이니 물리쳐도 후환이 없는 상대였다. 또한 장의는 너무 사기를 많이 쳐서 이제 제후들은 모두 그를 경계하고 있으니 효용도 줄어들고 있었다. 그러자 신하들도 장의를 밤낮으로 헐뜯었다. 장의를 헐뜯는 신하들의 태도를 이기적이라고 폄훼할 수만도 없다. 진은 강했지만 장의 때문에 사기나 치는 나라로 낙인 찍혔다. 물론 진은 앞으로도 사기를 치겠지만, 잠시 산동을 회유하기 위해서도 속죄양이 필요했다. 신하들이 이렇게 헐뜯었다.

"장의는 신의가 없는 자로서, 이리저리 나라를 팔고 다니며 (현지에서) 받아들여지기를 구하고 있습니다. 진이 또 장의를 쓴다면 분명 천하의 웃음거리가 될까 걱정입니다."

국내에서만 압력이 들어오는 것이 아니었다. 제후들도 일부러 사자를 보내 장의가 신의가 없다고 욕했다. 특히 제나라가 장의를 싫어했다. 사방에서 위험이 다가오는 것을 감지한 장의는 소진의 방법을 따랐다. 일단 타국으로 탈출하는 것이다. 그는 무왕에게 이렇게 그럴듯한 이야기를 했다. 그 이야기의 진정성은 우리 역사가들도 판단할 능력이 없다.

"저 장의에게 어리석은 계책이 하나 있습니다. 원컨대 말씀드리고 싶습니다."

"무엇이오?"

"진의 사직을 위해 계산해보니, 동방에 변고가 있은 연후에야 땅을 더 많이 떼어 받을 수 있습니다. 듣기로 제나라 왕이 저를 심하게 미워한다 하니 신이 가는 곳이라면 분명 군대를 내어 칠 것입니다. 그러니 신이 이 못난 몸을 끌고 위나라로 가면 제나라는 분명 위나라를 칠 것입니다. 위나라와 제나라가 성 아래서 뒤엉켜 서로 벗어나지 못할 때를 노려 왕께서 한을 쳐서 삼천三川으로 들어가고, 함곡관을 나와서 주왕실을 압박하면 분명 (천자의 상징인) 제기를 내어줄 것입니다."

장의는 겉으로는 제와 위를 싸우게 하여 진이 어부지리를 얻겠다는 전략을 표방하지만, 속으로는 한을 노리고 있는 무왕의 마음을 이용하여 호랑이 굴을 벗어나려는 개인적인 속셈을 품고 있었다. 이미 장의의 혀는 반복되는 거짓말 때문에 힘을 잃은 후였다. 그러니 무왕이야 미운 장의도 보내고 약간의 효과도 얻는다면 나쁠 것이 없었다. 그래서 진은 장의의 요청을 허락했고 장의는 무사히 진을 벗어났다. 《사기》 〈육국연표〉에 따르면 장의는 그 이듬해 위나라에서 자연사했다. 속임수를 일삼던 유세가의 최후로는 나쁘지 않았다.

장의는 어떻게 소진과 달리 비명횡사하지도 않았을까? 그의 거짓말은 역설적인 효과도 냈다. 다시 《전국책》 〈초책〉의 일화를 살펴보자. 초회왕이 위나라에서 장의를 쫓아내려고 했다. 그러자 진진이 물었다.

"왕께서는 어찌하여 장의를 쫓아내려 하시는지요?"

"그는 신하로서 불충불신不忠不信한 자요."

"그가 충성스럽지 않으면 신하로 삼지 마십시오. 믿음이 없으면 그와 약속을 하지 마십시오. 저자는 위나라 신하로서 불충불신한데 왕께 무슨 손해가 되겠습니까? 또 그자가 (위나라에서) 충성스럽고 믿음이 있다고 그게 왕께 무슨 이익이 있겠습니까? 저들이 쫓아내라는 청을 들어주면 좋겠으나, 들어주지 않는다면 왕의 명령이 곤궁해집니다. 만승의 나라더러 그 재상을 면직시키라 하는 것은 성 아래서 항복을 받을 때나 하는 일〔城下之事〕입니다."

장의는 늘 진진을 해코지하려 했지만 진진은 이렇게 일종의 동업자 정신을 발휘한다. 어쨌든 그 당시 장의는 신의 없음으로 명성을 떨치고 있었다. 이렇게 장의의 시대는 갔고, 그는 진을 강하게 하는 업적을 남겼지만 외교에서 근근이 유지되던 춘추의 신의를 적나라한 전국의 속임수로 바꾸는 악역도 맡았다. 장의가 신의가 있든 없든 진은 그를 써서 땅을 넓히고 제후들을 갈라놓았다.

이제 장의와 조금 다른 유형의 인물들의 시대가 온다. 장의의 모책과 상앙의 결단을 합쳐놓은 듯한 인재 한 명이 등장하는데, 그는 진을 위해 어떤 일을 할 것인가?

2. 감무의 의양 정벌: "식양이 저기 있습니다" ━━━━━

이번 이야기의 주인공은 바로 감무다. 《사기》〈저리자·감무열전〉에 따르면 감무는 초나라 하채 사람이다. 그는 진나라로 와서 장의와 저리질의 도움으로 출사하자 바로 군사적인 재능을 드러내어 한중 공략과 촉의 반란 정벌에서 공을 세웠다. 마침 무왕이 서고 장의가 위나라로 가자 그는 좌승상이 되어 우승상 저리질樗里疾과 함께 진의 국정을 담당했다.

저리질은 공족이며 감무는 떠돌이다. 무왕은 이 둘을 남몰래 경쟁시켰다. 진은 실력만 있다면 객을 버리지 않는다. 감무는 군사 작전 능력도 탁월했지만 정치적인 감각도 오히려 장의를 뛰어넘는 바가 있었다. 그의 활약을 지켜보자.

의양의 큰 싸움은 어떻게 벌어졌던가? 그때의 일을 열전을 통해 간단히 살펴보자.

즉위 3년이 되던 어느 날 무왕은 감무에게 이런 말을 했다.

"과인은 내 운구차[容車]를 타고 삼천을 통과하여 주 왕실을 한번 보고 싶소. 그러면 과인은 죽더라도 썩지 않을 것이오."

간단히 말해서 이제 진으로 주를 대체하고 싶다는 말이 아니겠는가? 감무가 대답했다.

"청컨대 위나라로 가서 맹약을 맺고 한을 치고자 합니다. 상수向壽로 하여금 저를 보좌하게 하여 주십시오."

위나라에 도착하자 감무는 상수에게 부탁했다.

"그대는 돌아가 왕께 이렇게 말씀드리시오. '위나라는 우리 요청을 받아들였습니다. 그러나 왕께서는 의양을 치지 않기를 바라옵니다.'"

감무가 위나라에서 돌아오니 무왕은 식양息壤까지 나가서 그를 맞았다. 무왕이 왜 위가 협조하겠다는데 의양을 칠 수 없는지 물었다. 감무는 이렇게 대답했다.

"의양은 큰 현이고, 한이 상당과 남양의 물자를 이곳에 비축해둔 지 오래입니다. 이름이 현이지 실상은 군郡입니다. 지금 왕께서 수많은 험지를 지나 1000리를 행군해 이곳을 공격하겠다 하나 어렵습니다."

그러고는 왕이 이 어려움을 견뎌내지 못할 것이라 우려했다. 왕이 끝까지 지원할 수 있다고 하자 감무는 효자 증삼의 이야기를 일화를 들었다. 열전의 내용을 축약해서 구성해본다.

"증삼은 효자였습니다. 노나라의 어떤 사람이 와서 어머니에게 '증

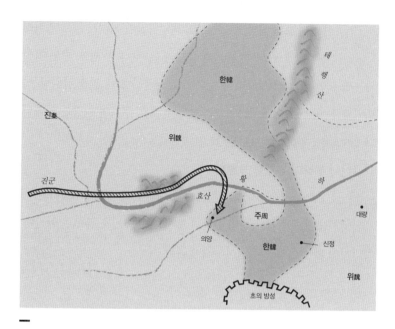

의양의 위치. 진에게 의양은 효산 밖에 위치한 가장 중요한 거점이었다. 진이 의양을 들어내고 차지한다면 주·한·위가 동시에 위험해질 수 있는 상황이었다.

삼이 사람을 죽였습니다' 했더니 어머니는 꼼짝도 않고 그대로 베를 짰습니다. 조금 뒤 또 한 사람이 와서 '증삼이 사람을 죽였습니다' 했는데도 어머니는 태연히 베를 짰습니다. 얼마 후 세 번째 사람이 와서 '증삼이 사람을 죽였습니다' 하자 어머니는 당장 베틀을 버리고 담을 넘어 도망쳤다고 합니다. 신은 증삼처럼 어질지 못하고 왕의 신에 대한 믿음도 어머니의 증삼에 대한 믿음만 못합니다. 하물며 신을 의심하는 이들이 셋에 불과하겠습니까?"

그렇다면 감무를 노리는 이들은 누구일까?

"지금 신은 나그네 신하[羈旅之臣]입니다. 의양이 뽑히지 않으면 저리자樗里子(저리질)와 공손석公孫奭(양자는 모두 공족이다)이 한을 끼고 저를 의논할 것이고, 그러면 왕께서는 그 말을 들을 수밖에 없을 겁니다. 이로써 신은 왕을 속이고 (의양을 뽑아내지 못하고) 공중치의 원망만 얻습니다(한나라 재상 공중치가 의양을 침공한 감무에게 이를 간다는 뜻이다)."

그러나 무왕이 결기를 보였다.

"과인은 그 참소를 듣지 않을 것이니, 그대와 아예 맹서를 하려 하오."

전국시대에 군주가 자신의 신하와 맹서를 하는 것도 특이한 일이다. 이리하여 둘은 식양에서 맹서까지 맺었다.

전전긍긍하는 주 왕실
—

잠시 여기서 주 왕실(당시 동주와 서주로 나뉘어 있었다)의 입장에서 진 무왕이 한 말의 의미를 곱씹어보자. 진이 동쪽으로 나오면 산동 국가들처럼 과연 명목상이라도 주 왕실을 섬길까? 진의 속성으로 보아 섬기기는커녕 오히려 위협할 것이다. 그래서 주는 전전긍긍하고 있었다.

《전국책》〈동주책東周策〉에 나오는 대화 하나를 살펴보자. 대화는 의양의 규모와 당시의 상황을 말해준다. 진이 의양을 공격하자 주나라 임금이 조루趙累에게 묻고, 조루가 대답했다.

"결과가 어떻게 될 것 같소이까?"

"진이 분명 의양을 뽑을 것입니다."

"의양성은 한 모서리가 8리에다. 뛰어난 군사 10만 명이 지키고 있으며, 식량은 몇 년을 버틸 수 있고, 한나라 공중의 군사가 20만 명이고, 경취景翠의 초나라 군대가 산에 의지하여 이를 구원하려고 하니 진은 결국 공을 이룰 수 없을 것이외다."

"그렇지 않습니다. 감무는 나그네 신하〔羈旅〕이니 의양 공략에 성공하면 주 공단이 될 것이지만 실패하면 관직을 잃고 쫓겨날 운명〔削迹〕입니다. 진왕이 군신부형의 의논을 물리치고 의양을 공격하고 있는 차에 성을 뽑아내지 못하면 왕은 이를 치욕으로 여길 것입니다. 그러니 신이 보기에 뽑아낼 것입니다."

"그럼 우리는 어떻게 하면 좋을까요?"

"군주께서는 경취한테 말씀하시지요. '공의 작위는 집규執圭이며, 관직은 주국柱國입니다. 싸워서 이기면 (작위든 관직이든) 더 더할 것이 없지만 진다면 바로 죽음입니다. 진을 등지고 의양을 지원하는 것이 최선입니다〔不如背秦援宜陽〕.' 공이 진격하면 진은 공이 자신들의 피폐한 틈을 노릴까 두려워 분명 보물을 보내 공을 받들 것이고, 한의 공중(공중치公仲侈)은 자신들을 위해 공이 진의 피폐한 틈을 타는 것에 감사하여 보물을 다 들어 사례할 것입니다'라고요."

• 진이 원래 한을 지원했는지 진을 지원했는지 명확하지 않아서 '背'의 의미에 대한 의견이 분분하다. 앞에서는 경취가 구원하려 한다는 말도 있어서 더욱 혼란스럽지만, 필자는 본문에서 설명한 이유로 '배반하다'로 옮겼다.

진이 의양을 뽑아내자 경취는 과연 군대를 진격시켰고, 진은 두려워 경취에게 땅을 떼어주었으며, 한은 보물로 보답했다는 설명이 덧붙어 있다. 초는 분명 출격했다. 그러나 그들은 진을 돕는 것도 한을 돕는 것도 아니고 그저 상황을 주시하며 이익을 노리고 있었다. 《사기》〈주본기周本紀〉에는 초가 의양을 구원하기 위해 파병했지만, 명목뿐이던 주周가 진을 돕는다고 보고 오히려 주를 벌하려 했다고 하고 있다. 그때 소대는 주를 위하여 초왕에게 이렇게 유세했다고 한다.

왜 주가 진을 위하는 화근 덩어리라 보십니까? 주가 초보다 진을 위한다고 하는 이들은 주를 진에게 주려는 이들이라서 둘을 한데 묶어 "주진周秦"이라 하는 것입니다. 주가 (진의 공세에서) 헤어날 도리가 없으면 반드시 진으로 편입될 것입니다. 이것은 진이 주를 취하는 최적의 방법입니다. 신이 왕을 위해 계책을 드리자면, 주가 진에 붙어도 잘 대하고 진에 붙지 않아도 잘 대해서(즉, 둘 사이를 이간해서) 진과 주의 관계를 떼어 놓으십시오. 주가 진과 절교하면 바로 초에 붙을 것입니다.

이전에 초는 단양에서 대패한 후 진과 강화했다. 무왕은 의양을 공격하려고 할 때 위와도 강화했는데 초와의 관계를 다지지 않았을 리가 없다. 이제 상황이 뚜렷해진다. 처음 초군이 나선 것은 명목상의 우방인 진을 돕는 것이지만 실제로 한과 싸울 생각은 물론 없었다. 그런데 의양의 싸움이 길어지자 초군은 오히려 진을 배후에서 위협하다 싸움이 끝난 후 한에게 생색을 내고 진을 압박하여 이익을 취하려 한 것이다.

다시 주 왕실의 입장으로 돌아가서 생각해보면, 그들은 생존을 위해 그저 승자에게 붙어야 하므로 한과 위 중 누가 승자가 될지를 점쳤다. 진은 강하지만 멀고 한은 약하지만 가까워서 누구를 우선하기도 어려 웠다. 또한 의뭉스러운 방관자 초도 압박해오니 달래야 했다.

앞으로 주 왕실에 대한 이야기는 할 기회가 없으므로 더 깊이 들어 가 보자. 언제 일어난 일인지는 불명확하나 《전국책》〈서주책〉에 한과 위가 토지 교환을 시도한 이야기가 나온다. 이 이야기의 배경 역시 기 본적으로 의양 싸움 전의 주의 상황과 비슷하다. 한과 위가 땅을 맞바 꾸려 하는데 서주에 불리했다. 그때 번어樊餘라는 이가 서주를 위해서 초왕에게 유세했다고 한다.

주는 필시 망할 것 같습니다. 지금 한과 위가 땅을 바꾸려는데, 한은 두 현을 얻고 위는 두 현을 잃는 형국입니다. 그럼에도 위가 그렇게 하는 것은 대신 두 주(당시 갈라져 있던 동주와 서주)를 모두 얻으면 두 현 을 벌충하고도 남고, 또 주에는 구정이 있기 때문입니다. 위에는 이미 남양, 정나라의 옛 땅, 그리고 삼천이 있는데, 이제 다시 두 주를 포괄 한다면 초의 방성 밖이 위태로워집니다. 또 한이 (위와 공유하고 있는) 두 상당을 아울러 조에 대든다면 조의 양장羊腸 윗부분이 위태로워집니 다. 그러므로 땅 바꾸기가 성사되면 초와 조가 함께 약해집니다.

그래서 초왕은 조나라를 시켜 한과 위의 토지 교환을 중단하도록 했 다고 한다. 진이 의양을 치자 초가 나타나는 상황과 한과 위가 일을 벌

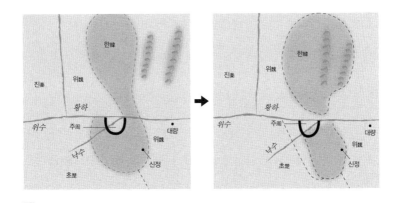

한과 위의 역지 개념도. 위의 입장에서 보면, 상당을 한에 귀속시켰으나 수도 대량에서 하동까지 땅이 이어지고, 주를 둘러싸는 형국이 된다. 마음만 먹으면 위가 주를 취할 수 있다.

이자 초가 나타나는 상황이 똑같다.

　이 일은 주가 동서로 분리된 이후(기원전 367)부터 서주가 멸망(기원전 256)하기 전이며, 위의 입장에서는 충분히 시도해볼 만한 것이었다. 위의 의도는 우선 상당을 주고 한의 남양과 삼천을 얻어서 대량을 안정시키려는 것이다. 게다가 위가 한보다 강하므로, 삼천과 남양에다 정나라의 옛 땅을 합쳐 두 주나라를 완전히 둘러싸서 고사시키면 하동에서 대량까지 한 덩어리로 이어진다. 한에게도 나쁠 것이 없어서 현재 위와 나누고 있던 상당을 하나로 만들고 상당 바로 아래의 위나라 땅을 얻으면 황하를 사이에 두고 둘로 나뉘어 있는 현재의 국토를 정비하여 국력을 응집시킬 수 있다. 그러므로 전략적인 군주들이라면 충분히 기획할 법한 일이다.

　그러나 문제는 주였다. 한이 보유한 삼천은 진이 대망을 실현하기 위해 꼭 확보해야 하는 곳인데, 이전에 위도 노렸다. 의양의 뒤에 숨어 있는 두 주나라의 생존은 오직 열국의 균형관계에 달려 있었으므로 그들은 항상 삼천을 공략하려는 세력들을 좌절시키려고 했다. 그러나 이번 상대는 힘을 앞세우는 진이고, 진군을 이끄는 이는 황소 같은 의지의 소유자 감무다.

그러나 위는 오랜 시간 머뭇거리며 주를 병탄하지 못했고, 오히려 진이 삼천을 얻고 두 주를 병탄하면서 판세는 거의 돌이킬 수 없는 지경이 되었다. 두 주는 미약했지만 실로 사통팔달 중국의 중심에 위치하고 있었기 때문이다.

사재를 털어서 의양을 얻다

—

감무는 주도면밀한 자였다. 《전국책》〈조책〉에 따르면 감무는 의양을 치기 전에 일단 위와 맹약을 맺었고, 이어 북으로 가서 조에게 참가할 것도 권했다고 한다. 그러나 무령왕의 조나라도 만만치 않았다. 감무가 오자 조나라의 책사 냉향冷向이라는 이는 이런 대책을 냈다고 한다. 열국 간의 이해 다툼이 그림처럼 펼쳐진다.

감무를 붙잡아두고 못 나가게 하고, 이를 가지고 제·한·진과 흥정을 하는 것이 좋겠습니다. 제왕은 의양을 구하려는 의도에서 분명 호지狐氏를 줄 것이고, 한은 의양을 지키려고 반드시 노섭路涉과 단지端氏

를 뇌물로 줄 것이며, 진왕은 진왕대로 의양을 얻을 욕심에 이름난 보물을 아끼지 않을 것입니다. 또한 감무를 억류함으로써 공손혁公孫赫*과 저리질을 자리에 앉힐 수 있습니다.

사신 억류는 대책이라고 부르기도 민망할 고식지계다. 조나라 무령왕이 냉향의 말을 들었을 리가 없다. 그렇다고 감무의 요청을 받아주지도 않았다. 무령왕의 정책은 기본적으로 개입하지 않는 것이다. 다만 우리는 당시 제나라가 한을 지지하고 있었다는 것과 열국이 감무를 대단히 두려워하고 있다는 것을 알 수 있다.

이제 감무의 의양 공벌이 개시된다. 진은 거의 온 나라를 들어 원정군을 보냈다. 대개 공성은 최소 두 배 이상의 병력이 필요하다. 의양의 수비군만 10만 명이므로 진은 20만 명 이상을 동원하고 치중을 운반하기 위해 또 많은 인력을 차출했을 것이다. 그러나 진군이 벌 떼처럼 달려들어 의양을 공격했지만 의양은 좀처럼 넘어가지 않았다. 진군이 도달하기 전에 상당과 남양의 양식을 산더미같이 쌓아두었으므로 식량을 끊어서 함락시킬 수도 없었다. 방법은 오직 힘으로 성벽을 넘는 것이었다. 감무는 그 나름대로 자신감이 있었지만 시간은 계속 흘렀고 끊임없이 사상자가 나오니 진군의 사기가 떨어져갔다.

그런데 그보다 두려운 것은 초의 행보였다. 경취가 대군을 이끌고 진군의 뒤에서 산에 의지하여 기회를 엿보고 있었다. 험지를 건너 효

• 《사기》의 공손석일 것이다.

산의 요새를 나왔는데 의양에서 패배한다면 초는 분명 배후를 노릴 것이다. 초군이 진군의 퇴각로를 끊고 한군이 성을 나오면 진군은 몰살당할 것이다.《전국책》〈진책〉에는 당시 진나라 조정에서 오고 갔던 대책들이 나온다. 싸움이 시작되자 풍장이 진 무왕에게 말했다.

"의양을 뽑아내지 못하고 한과 초가 우리의 피폐한 틈을 타면 나라가 위태롭습니다. 한중을 초에게 허락하여 환심을 사는 것이 낫습니다. 초가 기뻐서 군대를 진격시키지 않으면 한은 분명 고립되어 어찌할 방법이 없을 것입니다."

무왕은 옳다고 여겼다. 그래서 풍장이 사신으로 초에 가서 한중 땅을 주겠다고 약속하고 그 사이 감무는 계속 공격했다.* 이 기사가 사실이라면 초 회왕은 대책 없는 속물 군주다. 초의 문제는 속는 것보다 판단이 느리다는 것이다. 초가 진정 한중을 얻으려 한다면 감무가 의양을 몇 달을 공격하는 상황에서 초는 진의 후방을 더 압박해서 실제적인 위협을 줘야 했다. 진이 의양에서 승리한다면 이미 승기를 잡고 한의 세력까지 얻었는데 구태여 한중을 주겠는가? 의양에서 진이 진다면 초는 자력으로 한중을 찾으면 된다. 그때는 진이 먼저 나서서 한중을 떼어주고 강화하려 안달일 것이다. 냉혹한 국제질서의 현장에서 공

---

* 이야기는 이렇게 이어진다. 진이 의양을 얻자 초에서는 풍장에서 한중을 준다는 약속을 이행하라고 채근했다. 그러자 풍장은 진왕에게 이렇게 말했다.
"왕께서는 저를 망명시키십시오(쫓아내십시오). 그러고는 초왕에게 이렇게 말씀하십시오. '과인은 초에게 땅을 준다고 한 적이 없다(풍장이 사적으로 한 것이다).'"
국가 간의 외교로 볼 수 없을 정도의 속임수지만 이것이 바로 장의가 만들어놓은 진나라의 풍격이었다. 앞으로 이런 사술은 점점 심해져 전국 말기에는 극에 달한다.

짜는 없다. 진은 지금 급해서 한중을 주겠다고 하지만, 이겨서 급하지 않은데 한중을 주겠는가? 그렇게 속고도 초는 아직도 진의 생리를 모르고 있었다. 또한 목표가 불명확한 군대는 대개 용기가 없다. 군대를 내었으면 한을 돕든지 진과의 관계를 생각하여 아예 군대를 움직이지 않든지 둘 중 하나를 택하는 것이 정상이었다. 초 회왕은 다시 이익에 눈이 멀어 진과 한 사이에서 저울질하는 잔꾀를 부렸다.

감무도 이미 초의 행동을 예상하고 있었다. 의양의 싸움에서 초가 이리저리 저울질하다 진을 배반하고 한과 연합하자 무왕이 두려워했다. 그러나 감무는 이렇게 단언했다.

"초가 비록 한과 연합했지만 한을 위해 먼저 싸움을 하진 않을 겁니다. 한 역시 싸움이 벌어지면 초가 뒤에 마음을 바꿀까 두려워하고 있습니다. 한과 초는 서로 얽혀 있습니다. 초는 말로는 한과 연합했지만 우리 진과 원한을 맺고 싶지 않으니 제가 서로 얽혀 있다고 말씀 드리는 것입니다."*

감무는 초가 미적거리다 결국 움직이지 못할 것이라 확신했다. 그러나 문제는 국내의 정적들이었다. 싸움이 길어지고 의양성 밖에서 전사들이 몇 달에 걸쳐 죽어나가자 예상대로 국내에서는 비방이 들끓었다.

"어떻게 나그네에게 나라의 운명을 맡길 수 있는가? 나그네의 말을 듣다가 한중을 다시 잃게 되었다. 애초에 감무는 그만한 능력이 없었다."

공족 대부들은 감무를 끌어내리기 위해 뭉쳤고, 한의 인사들은 이들

• 역시 《전국책》 〈진책〉에 나온다.

에게 접근해서 회군을 부추겼다. 여론이 계속 악화되자 무왕도 더는 어찌할 도리가 없을 지경이 되었다. 그때 감무는 왕에게 이렇게 고했다.

"(우리가 맹서한) 식양息壤이 여전히 저기 있습니다."

무왕은 부끄러워 군대를 더욱 증강했다. 그러나 전장의 상황은 좋지 않았다.《전국책》〈진책〉으로 이야기를 이어가 보자. 당시 전장의 상황이 얼마나 안 좋았는지, 급기야 진격의 북을 세 번 울려도 병사들이 성을 기어오르지 않는 상황에 이르렀다. 우장右將의 위尉 한 사람이 조언했다.

"공께서 병사들의 잘잘못을 가리지 않으면[論兵] 큰 곤란을 당할 것입니다."

아군을 참해서 독촉할 수밖에 없다는 뜻이었다. 그러자 감무는 특단의 대책을 냈다. 그는 정통 진나라의 공격 방식에 동방의 색을 입혔다. 마치 오기가 병사들을 대하는 것처럼 말이다.

"나는 나그네 신하로서 진의 재상직을 맡고 있다. 나에게 의양은 왕이 던진 미끼인 것이다. 지금 의양을 공략하여 뽑아내지 않으면 공손석公孫奭과 저리질이 안(국내)에서 나를 주저앉힐 것이고, 한의 공중치가 나를 밖(전장)에서 궁지로 몰아넣을 것이니, 그러면 내 살 날은 남아 있지 않다. 내일 북을 울려도 성을 함락시키지 못하면 의양의 외성을

• 《전국책》〈진책〉에는 감무와 서로 견제하는 이가 공손연公孫衍으로 되어 있지만 〈저리자·감무열전〉에는 대개 공손석으로 되어 있다. 공손연(서수)은 7년 전 위나라 군대를 이끌고 진에 대패했는데 다시 진에 등용되었을 리 없다. 공손연은 이전에 장의와 앙숙이었다. 문맥상 감무는 자신은 뜨내기인데 저리질과 공손석은 자리를 잡고 있는 사람이라는 식으로 이야기하고 있다. 진의 공손인 석奭으로 보아야 할 것이다.

나의 무덤으로 삼겠다."

알다시피 당시 진의 군법에 따르면 주장이 죽었는데 부하들만 돌아가면 엄벌을 당했다. 이는 의양을 함락하지 못하면 자기 목숨을 내놓아 부하들도 죄를 받게 하겠다는 결기로, 바로 진의 방식이다. 그리고 그는 개인의 돈을 풀어 공적인 상금에 보탰다. 이것은 개인적인 기지로, 동방의 방식이다.

이렇게 엄포를 놓은 그다음 날 진격의 북을 울리자 진군은 의양의 성벽을 기어올라 기어이 성을 뽑아냈다. 감무는 잔인하게 복수했다. 그때 죽은 한의 군사가 무려 6만 명이었다고 한다. 이제부터 우리는 한이 점점 더 진의 꼭두각시가 되는 꼴을 목격하게 될 것이다.

이제 진 무왕과 감무 쌍두마차의 실력을 보았으니 잠깐 한의 입장에서 전쟁의 교훈을 도출해보자. 초가 한을 도왔다면 의양은 함락되지 않았을 것이다. 의양이 넘어가면 초에게 장기적으로 좋은 일이 없다. 그런데 왜 초는 그토록 대응하는 데 미적거렸을까?

배신에게 배신당한 공중치

—

한은 결국 초의 지원을 받지 못했다. 원인은 초의 기회주의적인 행동 때문이다. 그러나 어떤 나라도 본국에 직접적인 위협이 없을 때 타국을 위해 전면전의 위험을 감수하지 않는다.《전국책》〈초책〉에 이에 대한 실마리가 있다. 감무가 의양을 공격할 당시 초나라 조정의 대책회의가 실려 있다. 초왕이 진진에게 말했다.

"과인이 듣기로 한치韓侈(공중치)는 재능 있는 인사이고 제후들을 다루는 일을 잘 알고 있다 하니, 이 위난을 스스로 면할 수 있을 것이오. 반드시 벗어날 것이라 믿고 내가 먼저 그에게 덕을 베풀까 하오."

바로 한이 이길 것 같으니 초군으로 한을 지원해줄까 하는 심사였다. 그러나 진진의 생각은 달랐다.

"그러지 마십시오. 왕은 그를 믿지 마십시오. 바로 한치의 꾀 때문에 이 곤경을 만난 것입니다. 지금 산과 소택의 짐승 중에 미록[麋]만큼 교활한 놈이 없습니다. 미록은 사냥꾼이 앞에다 그물을 펼치면 자기를 모는 것을 알고 오히려 사람 쪽으로 몸을 돌려 돌진합니다. 그러나 몇 번 하다 보면 사냥꾼도 이 속임수를 알고 그물을 손에 들고 몰아가서 미록을 잡습니다. 지금 제후들은 한치가 속임수가 많다는 것을 훤히 알고 있으니, 그물을 들고 몰려는 이가 분명 많을 것입니다. 그만두십시오. 왕께서는 믿지 마십시오. 한치의 꾀 때문에 이런 곤경에 처한 것입니다."

초왕은 진진의 말을 들었고 과연 의양은 함락되고 말았다. 초왕의 대응이 전략적으로 정확했는지는 모르겠으나, 공중치의 잦은 속임수로 인해 잠재적 우방이 움직이지 않은 것은 사실이다. 한은 가장 작은 나라인데 잔꾀가 많으면 오히려 먼저 당한다. 이것이 소진이 작은 나라가 이익을 바라 술수를 쓰면 안 된다고 한 까닭이다. 공중치는 합종도 아니고 연횡도 아니고 상황에 따라 이리저리 붙기로 유명한 이였다. 앞으로 공중치가 다시 어디에 붙는지 살펴보시라.

한의 정치는 어딘가 문제가 있는 것이 분명했다. 진이 감무를 써서 공격해올 때 그를 상대한 이는 바로 공중이니 공숙이니 하는 존칭이 붙은 공족들이다. 실력도 없이 공족이라는 이유로 자리를 꿰찬 이들이 기반 없이 홀로 진에 들어가 전쟁터에서 검증을 거친 감무의 상대가 될 수 있을까? 감무와 이들의 기량 차이는 하늘과 땅이었다. 그런데 이 공족들마저 몇 패로 나뉘어 있었다. 어떤 이가 진을 지지하면 어떤 이는 제나 위를 지지하는 식이었다. 《전국책》〈한책〉에는 선혜왕이 공중과 공숙을 함께 쓰려고 하자 규류라는 이가 그러지 말라고 충고한 내용이 나오는데, 이것이 바로 한나라 정치의 상황이었다.

"둘을 함께 써서는 안 됩니다. (중략) 위는 서수(즉 공손연, 합종파)와 장의(연횡파)를 한꺼번에 쓰다가 서하 밖의 땅을 잃었습니다. 지금 왕께서 둘을 함께 쓴다면 힘이 많은 이는 안에서 당을 모을 것이고, 힘이 적은 이는 밖에서 권세를 빌릴 것입니다. 여러 신하 중 혹자는 안으로 당을 이루어 군주를 흔들고, 혹자는 밖으로 사귐을 얻어 땅을 찢어주면 왕의 나라는 분명 위태로워집니다."

실로 맞는 말이다. 그러나 한은 이 의견을 따르지도 않았고, 한이 견뎌야 할 시련도 여기서 끝나지 않았다. 앞서 진과 초가 단양과 한중에서 싸울 때 한이 초의 후방을 쳐서 초가 퇴각한 이야기를 했다. 물론 초가 한을 돕는 척하면서 한을 피폐하게 한 적도 있었다. 이번 싸움에서 초가 돕지 않은 것도 마찬가지다. 진의 위협을 더 받는 한이 정도가 심했지만 초도 점점 한을 닮아갔다. 한이 의양에서 패하자 초는 피폐한 한의 옹지雍氏를 공격했다. 옛 원한을 이유로 들었지만 한이 약해질 대로 약해졌기에 쉽게 공략하려는 것이었다.

다시 한번 공중치의 조변석개를 살펴보자. 초가 한의 옹지를 포위하자 한은 주나라에서 무기와 식량을 징발하고자 했다.[*] 주의 군주가 걱정스러워 소대에게 자문을 구했다. 소대의 대답은 이랬다.

"걱정할 게 뭐 있습니까? 저 대가 군주를 위해 한이 주에 무기와 식량 요청을 하지 않도록 할 수도 있고, 또 고도古都 땅도 주도록 할 수 있습니다."

"그대가 실로 그렇게 할 수 있다면, 과인은 온 나라를 들어 그대의 말을 듣기를 원하오."

소대는 이리하여 주의 사절로서 한나라 상국 공중치를 만나러 갔다. 이어서 소대와 공중치의 대화가 이어진다.

"공께서는 초의 계획을 못 들으셨습니까? 초장 소응昭應이 초왕에게 이리 말했답니다. '한나라의 군대는 기진맥진했고 양식 창고는 비어서 성을 지킬 재간이 없습니다. 제가 그들이 굶주릴 때 거둬들이면, 불과 한 달이면 성을 뽑을 수 있습니다.' 지금 옹지를 포위한 지 다섯 달이지만 아직 뽑지 못하고 있으니, 초는 이를 걱정하고 있습니다. 초왕이 막 소응의 호언장담을 믿지 못하게 되었는데 지금 공께서 주나라에 무기와 곡식을 요구한다면 이는 저들에게 한나라의 어려움을 알려주는 꼴입니다. 소응이 이 소식을 들으면 분명히 초왕에게 군대를 더 요청해서 포위를 강화할 것이고, 이러면 옹지는 함락될 수밖에 없습니다."

• 《전국책》〈서주책〉에 나오는 이야기다.

"그렇군요. 허나 우리의 사자는 이미 주로 떠났습니다."

"차라리 주에 고도를 주는 것이 어떻겠습니까?"

"아니, 무기와 양식을 징발하지 않는 것만으로 우리가 주에 해주는 것이 이미 적지 않습니다. 어찌 고도까지 준단 말입니까?"

"주에 고도를 주면 주는 분명 (진을 배신하고) 한으로 들어올 것입니다. 진이 이 소식을 들으면 대로하여 주의 부절을 불태우고 사신을 통과시키지 않을 것입니다. 이리하면 공은 피폐한 고도를 주고 주나라 전체를 얻는 것인데, 왜 안 준단 말입니까?"

이리하여 한은 주의 인력과 물자를 징발하는 대신 오히려 땅을 떼어주었다고 한다. 이 이야기는 너무 극적이라 믿기지 않는다. 의양까지 잃은 한이 무슨 수로 주를 노리며, 주에게 땅을 준들 주가 약체인 한에 귀부할 리도 없다. 게다가 의양을 잃고 강화한 지가 어제인데 또 진과 원수를 지면 나라는 결딴이 날 것이다. 이 이야기는 다급한 한나라가 주나라에게도 아부한 것을 보고 공중치의 변화무쌍함을 참작하여 만들어낸 것일 테다. 그러나 알 만한 사람들은 모두 알 정도로 공중치는 잔꾀를 많이 부렸다. 실제로 주에게 땅을 주고 물자를 얻었다면 한나라의 기강은 무너질 대로 무너진 것이다.

사실 한은 진밖에 믿을 바가 없었다. 공중치는 사자를 진으로 보내 이제는 어제의 원수 감무에게 매달렸다. 그러나 진은 느긋했다.

잠시 중국사에서 널리 회자되는 '음탕한' 이야기를 하나 들어보자. 이 이야기가 민망했던지 사마천은《사기》에서 이 이야기를 짤막하게 줄여 말하는데,《전국책》〈한책〉에는 자세히 나와 있다.

다섯 달이나 포위당하자 구원을 요청하는 한의 사절이 연이어 진으로 들어왔다. 마침 무왕이 죽고 소왕이 갓 왕위에 올랐으나 어려서 어머니 선태후가 정권을 잡고 있었다. 선태후는 원래 초나라 사람이기도 하지만 한에게 노리는 바가 있어서 요청을 듣고도 딴청을 부렸다. 그녀가 한의 사신 상근에게 한 말이 걸작이다.

"첩이 선왕을 섬길 때, 선왕이 한쪽 다리를 첩의 몸에 올려놓으면 첩은 힘이 들어 못 견딜 지경이었소. 허나 온몸을 첩 위에 올리면 무겁다는 생각이 들지 않더이다. 왜 그랬겠습니까? 내게 작은 이익이라도 있기 때문이지요. 지금 한을 돕자니 병력도 적고 군량도 모자라 구할 여력이 없습니다. 한의 위기를 구하자면 하루에 천금을 써야 할 텐데, (한은) 어찌 첩에게 자그마한 이익도 줄 수 없단 말이오?"

남녀의 일에 비유하기는 했지만 이 이야기는 실상 음탕한 농담이 아니라 고도로 정제된 외교적 언사다. 한이 나라 전체를 맡겨야 도와주겠다는 뜻 아닌가? 이렇게 선태후는 뭔가를 얻으려고 능장을 부리고 감무 또한 태연했다. 초와 한이 완전히 기진맥진할 때까지 기다리되, 초가 한을 얻는 것을 허락하지 않을 심사였기 때문에 마지막에 개입할 생각이었다. 그때 다시 한나라는 장취張翠를 사신으로 보냈는데, 그는 병에 걸렸다고 핑계를 대고 느릿느릿 갔다. 진에 도착하자 감무가 그에게 물었다.

"한이 이제 급한가 보군요. 병든 선생께서 다 오시고."

"한은 아직 급하지 않습니다. 허나 장차 급해지겠지요."

"진은 큰 나라이며 우리 왕은 지혜롭습니다. 한이 급한지 그렇지 않은지도 모를까요. 선생께서 급하지 않다 하시나, 그게 어디 될 말입니까?"

"급하지 않습니다. 한이 급하면 꺾여서 초에 들어갔을 텐데, 신이 어찌 감히 여기에 오겠습니까?"

감무는 장취의 언변에 탄복했다.

"(알겠습니다.) 다시 말씀하지 않아도 됩니다."

그러고 나서 감무는 왕에게 유세했다.

"공중은 진의 군대가 오리라 믿어서 감히 초군에 맞서고 있습니다. 지금 옹지가 포위되어 있는데 우리 군대가 효산을 넘지 않으면 이제 한을 버리는 것입니다. 공중(친진파) 또한 숙였던 머리를 들고 진에 입조하지 않을 것이고, 공숙(친초파)은 나라를 들어 남쪽으로 초나라와 합하겠지요. 초와 한이 하나가 되면 위는 그들의 말을 듣지 않을 수 없을 것이고, 초는 세 나라의 힘을 합쳐 진을 도모할 것입니다. 이리하면 삼국이 진을 치는 형세가 완성됩니다. 앉아서 공격을 기다리는 것과 남을 치는 것 중 어느 것이 이익일까요?"

왕이 드디어 감무의 말을 들어주어 진은 원병을 보냈고 초는 물러났다. 지금 감무는 한을 구하겠다고 마음을 먹고 결정적인 순간에 군대를 냈다. 반면 초의 경취景翠는 감무가 의양에서 다섯 달이나 묶여 있을 때도 아무런 행동도 하지 않았다. 아마도 이것이 진과 초, 감무와 경취의 차이일 것이다.

진을 떠나는 감무 – 삶은 계속 이어져야 한다

—

그럼에도 감무는 나그네였다. 이제 나그네가 떠날 시간이 갑자기 다가왔다. 그의 뒤를 봐주던 무왕이 죽었기 때문이다. 무왕은 장사여서 힘자랑을 좋아했다. 그는 역사들과 솥 들기 시합을 하다 떨어진 솥에 다리가 부러져 어이없이 죽고 말았다. 감무가 의양을 들어낸 바로 그 이듬해였다. 감무는 큰 공을 세웠기에 당장 축출되지 않았지만 점차 공족들의 공격은 격해졌다. 감무가 하는 일이라면 다 딴지를 걸었고, 감무가 두려운 열국들도 그를 실각시키려는 공작을 펼쳤다. 감무는 위나라를 치다가 돌연 도주를 결심했다.* 장의와 달리 속임수도 쓰지 않고 군공에 집중했던 그이기에 떠나는 마음은 쓸쓸했을 것이다.

감무는 떠나면서 멀리 제나라를 기약했다. 감무가 떠날 때 길에서 진나라에 사신으로 들어오던 소대를 만났다고 한다. 소대에 대해서는 다음 장에서 자세히 살필 것이다. 《전국책》 〈진책〉에 이런 전설 같은 이야기가 적혀 있다. 사실성은 떨어지지만 《전국책》에서 손꼽히게 아름다운 문장이다. 감무가 함곡관을 나서며 소대**를 만나 처연하게 자신의 처지를 이야기한다.

—

- 《사기》 〈저리자·감무열전〉을 근거로 한 이야기인데, 《사기》 〈진본기〉에는 무왕이 죽자마자 감무가 위나라로 떠났다고 되어 있다. 열전이 비교적 상세하여 그대로 실었다. 약간의 연도 차이가 있겠지만 무왕이 죽자 감무가 곧 동쪽으로 떠난 것은 사실이다.

- 《전국책》 〈진책〉에는 문장의 앞부분에는 소자蘇子로 되어 있고, 뒷부분은 소진蘇秦으로 되어 있다. 《사기》를 따라 소대로 적는다. 당시 소진은 죽은 후였다.

"군은 강변의 처녀 이야기를 들으셨는지요?"

소대가 대답한다.

"못 들었습니다."

"강변에 처녀들이 살았답니다. 그중 하나는 집이 가난하여 촛불 밝힐 여유조차 없었습니다. 다른 처녀들이 서로 의논하여 그녀를 쫓아내려 했지요. 집이 가난하여 초가 없는 처녀는 떠나려 하며 이렇게 말했답니다. '소녀는 초도 없기에 항상 먼저 와서 방을 쓸고 자리를 깔았습니다. 어찌 남는 빛이 사방의 벽을 비추는 것도 아끼시나요? 제게 그 빛을 나누어준들 여러분들께 무슨 방해가 된답니까? 저는 여러분들께 도움이 된다고 여겼는데 어찌 저를 쫓아 보내십니까?' 처녀들은 이 이야기를 듣고 그렇다고 여겨 보내지 않았답니다. 신이 못나서 진에서 쫓겨나 관을 나서는 길입니다. 원컨대 족하를 위해 제가 방을 쓸고 자리를 깔 테니 저를 내치지 말았으면 합니다.'"

"좋습니다. 공이 제나라에서 중하게 되도록 청하겠습니다."

소대는 감무를 안타깝게 여겨 무왕의 뒤를 이은 진의 소왕에게 이렇게 유세했다.

"감무는 뛰어난 이로, 흔한 선비가 아닙니다. 그가 진에 거하면서 몇 대로 요직에 있었기에 효산의 요새에서 귀곡鬼谷**까지 지형의 험함과

• 《사기》〈저리자·감무열전〉에는 감무가 "저의 처자식이 거기에 있습니다. 군의 남는 빛으로 그들을 비추어주소서[茂之妻子在焉, 原君以餘光振之]"라고 애절하게 가족을 부탁했다고 한다.

•• 《전국책》〈진책〉은 "自肴塞繞谷"이라 되어 있는데 뜻이 모호하고 〈저리자·감무열전〉은 "自肴塞至鬼谷"이라 되어 있다. 여기서는 열전으로 보충한다.

평탄함을 모조리 꿰고 있습니다. 그가 만약 제를 한과 위와 결합시켜 도리어 진을 칠 지략을 낸다면 진에 이롭지 않습니다."

소왕이 묻는다.

"그럼 어찌하면 좋을까요?"

"중한 예물과 후한 녹을 가지고 그를 맞이하는 것이 낫습니다. 그가 오면 괴곡槐谷에 연금해서 평생 밖으로 못 나오게 하십시오. 그러면 천하가 무슨 길을 따라 진을 도모하겠습니까?"

"그렇군요."

이리 말하고는 진은 상경의 작위와 재상의 직을 가지고 제로 가서 감무를 맞이하려고 했다. 감무가 사양하고 가지 않으니 소대는 이번에는 제왕에게 은근히 이렇게 말했다.

"감무는 뛰어난 사람입니다. 지금 진왕이 상경과 재상을 내걸어 그를 맞이하고자 하지만, 감무는 왕께서 주신 도움에 고마워하는 터라 가지 않고 왕의 신하가 되기를 원하옵니다. 지금 왕께서는 그를 어떻게 대하고 있습니까? 왕께서 그를 붙잡아 두지 않으면 분명 왕께 고마워하지 않을 것입니다. 감무의 재능으로 강한 진의 군대를 부린다면 실로 도모하기 어렵습니다."

"옳소이다."

이리하여 제왕은 감무에게 상경의 작을 주고 머물게 했다고 한다. 감무의 자손들은 그대로 진에 남아 봉사했다. 진은 감무를 원했지만 그는 다시 진으로 들어가지 못했다. 제후들이 모두 감무가 진에 가서 능력을 발휘하는 것이 두려워 방해했기 때문이다. 장의도 외국으로 나갔고 감무도 외국으로 나갔다. 그러나 그때는 이미 진이 그들의 재능을 다 쓴 후였다.

3. 조나라의 대개혁: 말을 타고 활을 쏘라 ━━━━━━

소진을 기용하여 합종을 기획했던 호걸 조나라 무령왕이 이번에는 중국 전쟁사상 몇 손가락 안에 꼽히는 전술적인 대개혁을 단행하려 한다. 그는 외교적으로도 보기 드물게 일관성을 유지한 군주였다. 합종의 실패 후 몇 번의 전화를 겪었지만, 그 후 그는 사실상 제후들의 일에 불개입을 선언하고 북방으로 방향을 돌린다. 마치 진이 촉을 취하고도 제후들의 간섭을 받지 않았듯이 그는 북방의 여러 호 민족들을 밀어내고도 견제를 받지 않았다. 그러나 합종을 주도하던 영걸이 진의 승승장구를 가만히 보고만 있을 것인가? 무령왕의 개혁에는 숨은 의도가 있다.

잠깐 기병 전술의 역사적인 의미를 고찰해보자. 세계 제국을 건설한 페르시아인들은 "말의 힘으로 나라를 얻었다"고 자부했는데, 그 "말의 힘"의 의미를 살펴보자.

전투에서 말은 대개 두 가지 기능을 수행했다. 하나는 전차를 끄는 것으로, 말이 끄는 전차는 평지에서 보병을 압도했다. 두 번째는 사람을 태우는 것이었다. 사람이 말 위에 올라탄 역사는 대단히 길다. 기마의 역사는 지금으로부터 6000년도 더 되었을 수 있다.' 그러나 말을 타고 활을 쏘기까지 다시 3000년을 기다려야 했다. 왜냐하면 말 위에서 활을 쏘자면 짧은 이중만곡형 복합단궁이 필요했지만 그런 활은 기원전 1000년 무렵에나 등장하기 때문이다. 긴 활로는 말 위에서 전후좌우 자유자재로 화살을 발사할 수 없었다. 활의 성능이 크게 개선되고 짧아지자 초보적인 기병이 생겨났다. 그리고 몇백 년이 지나고 나서, 페르시아와 스키타이의 궁수들은 말 위에서 마음대로 활을 쐈다. 다시 얼마 후 아시아 북부의 초원에서도 호胡로 불리는 이들이 말 위에서 활을 쐈다.

진과 조는 호를 상대하면서 이미 기마대의 존재를 알고 있었고, 점차 그 효용을 깨달아갔다. 기마는 상당한 장점을 가지고 있었다. 우선 기마대는 불규칙한 지형에서 전차대를 무력화시킬 수 있었다. 바로 페르시아가 초기에 그리스와 바빌로니아의 정주 민족들을 압도했던 이유다. 말을 타고 달려와 화살을 퍼붓고 돌아가는 기병을 전차로 추격할 수도 없고 보병으로 압박할 수도 없었다. 기병은 상황에 맞게 좌우로 움직이지만 전차는 약속된 한 방향으로만 회전할 수 있었다. 기병 자체만으론 타격력에 한계가 있지만 전차 및 보병의 혼성군단에 기병이 합쳐지면 엄청난 위력을 낼 수 있었다. 그리고 기병은 전투에서만 위력을 발휘한 것이 아니다. 기병의 넓은 정찰 범위 때문에 작전의 유

- 최근 말의 치아를 연구하는 방법에 의해 기마의 기원이 훨씬 오래전으로 소급되었다.
  "기마는 흑해-카스피해 초원에서 서기전 3700년 이전, 즉 카자흐 초원에 보타이-테르섹 문화가 등장하기 전에 시작되었다. 아마도 서기전 4200년 이전에 시작했을 것이다. 이것은 서기전 3700~3000년 사이 흑해-카스피해 초원을 통해 밖으로 퍼져나갔다." (David W. Anthony, *The Horse, the Wheel, and Language*, Princeton University Press[2007], p. 221).

연성이 커졌고, 지형을 가리지 않고 움직일 수 있기에 작전 범위도 넓어졌다. 그리고 이동 속도가 비교할 수 없이 빨라졌다.

그렇다면 중국은 왜 그토록 오랫동안 기마궁술을 채택하지 않았을까? 물론 기마궁술은 기본적으로 초원에 적합한 전술이고 춘추시대의 전차전과 전국시대의 공성전에 기마궁술이 크게 효용이 없었을 수도 있다. 그러나 이상하리만치 전차전에 비해 기마전은 빠르게 발전하지 않았다. 거기에는 중국의 보수성도 한몫했다. 그들은 기마대를 오랑캐의 군대로 생각했다. 기병이 일반화되기 전에 복잡한 지형을 만나면 사대부들도 전차에서 내려 보병으로 싸웠다. 춘추시대를 기술하면서 이야기했듯이 처음에 사대부들은 전차에서 내리려 하지 않았기에 사령관들이 거의 강제로 끌어 내렸다.

전차를 몰며 활을 쏘는 것은 사대부의 특권이었다. 그런데 이번에 무령왕이 기마궁수 부대를 만들려 하니 반발이 심한 것은 당연했다. 기마궁수가 되기 위해서는 좋은 말은 물론 오랜 훈련을 뒷받침할 자본이 있어야 했다. 그러므로 유목 사회와 달리 농경 사회에서는 개인이 기병이 되기는 쉽지 않다. 이런 상황 역시 변화를 막았을 것이다.

그러나 조나라는 양마장과 훈련장을 만들어 본격적으로 기병을 양성하려 한다. 이번에 주동자는 왕이다. 과연 사대부들이 기병대를 인정할까? 조나라 조정에서는 일대 격론이 벌어졌다.

세상을 뛰어넘는 지혜는 오히려 욕을 먹는다

이제부터《사기》〈조세가〉를 통해 "호복을 입고 말 위에서 활을 쏘자"
는 무령왕의 호복기사胡服騎射 개혁 논쟁으로 들어가 보자.

　무령왕이 총신들을 데리고 일대 연설을 한다. 왕은 호복기사가 강병
을 위한 조치임을 분명히 한다.

　무령왕 19년(기원전 307) 봄 정월, 신궁信宮에서 큰 조회를 열었다. 비
의肥義를 불러 함께 천하(물론 외교)를 의논하는데, 닷새가 지나서야 마
침내 조회가 끝났다. 북쪽으로 중산 땅을 공략하여 방자房子에 이르렀
고, 이어 대代까지 나아가 북으로 무궁無窮에 이른 후 서쪽으로 황하에
닿고 황화산의 꼭대기[黃華之上]에 올랐다. 무령왕이 누완樓緩을 불러
모의하며 일렀다.

　"우리 선왕께서는 세상의 변화를 따라 남번 땅[南藩之地]의 우두머리
가 되어, 장수[漳]와 부수[滏]의 험지를 잇고 이에 의지하여 장성을 세웠
으며, 또한 인藺과 곽랑郭狼을 취하고 임崔에서 임호 사람들[林人]들을
패배시켰으나 아직 공을 이루지 못했소이다. 지금 중산이 우리의 배와
가슴[腹心]에 자리 잡고 북쪽에는 연이 있으며, 동쪽으로 호胡(동호)가
있고 서쪽으로 임호林胡·누번樓煩·진·한과 국경을 맞대고 있는데 강
병을 추구하지 않으면 사직이 망할 터이니 어찌하면 좋겠소? 대저 '세

• 《전국책》의 문장은 자세하지만 《상군서商君書》와 심하게 뒤얽혀 있다. 물론 《사기》 〈조세가〉의 문장 또한
　상앙의 유세를 방불케 하고 비슷한 문장들이 자주 보이지만 사마천의 안목으로 한 번 걸러냈다. 따라서
　이 부분은 《사기》 〈조세가〉의 내용을 취한다.

상을 능가하는 명성이 있자면 분명 속습을 버린다는 오명이 따른다[夫有高世之名, 必有遺俗之累]' 하오. 과인은 호복을 입고자 하오."

누완이 서슴없이 대답했다.

"좋습니다."

누완은 나중에 진에 붙었다 다시 돌아오는 등 믿을 수 없는 행동을 보였지만 이때는 무령왕의 최측근이었던 듯하다. 그러나 나머지 군신들은 모두 호복을 입으려 하지 않았다. 그는 호복의 목적이 북방 경략이라고 주장한다. 이때 비의가 옆에서 무령왕을 모시고 있었다. 왕이 그에게 말했다.

"간주와 양주[簡襄主, 조간자와 조 양자]께서는 열렬히 호[胡]와 적적[狄]의 이익을 도모하셨소. 신하된 이란 영예를 얻으면 '효제장유순명의 절도[孝弟長幼順明之節]'가 있어야 하고, 통달하면 백성을 돕고 군주에게 보탬이 되는 업적이 있어야 하니, 이 둘은 신하의 직분이오. 지금 과인은 양주의 발자취를 이어 호와 적의 고을을 개척하려 하나 평생토록 이루지 못했소. 약자를 상대하면 힘은 적게 들이되 공은 크게 이루고, 백성의 힘을 다 쓰지 않고도 옛사람의 공적을 이을 수 있소. 무릇 세상을 뛰어넘는 공적을 이룬 이는 속습을 버린다는 오명을 얻게 마련이고, 뭇 사람을 넘어서는 지혜를 가진 이는 거친 백성들의 원망을 당하게 마련이오. 지금 과인은 호복을 입고 말을 타고 활을 쏘는 법을 백성들에게 가르치려 하나, 세상이 분명 과인의 행동을 의논할 것이니 어찌하면 좋겠소?"

비의가 대답했다. 비의는 충직하며 강단 있는 신하였다.

"신이 듣기로, 일 자체를 의심하면 공을 이룰 수 없으며 할까 말까 의심하면 이름을 이룰 수 없다 합니다. 왕께서 이미 습속을 거스른다는 비난을 감수하기로 작정하셨다면 천하의 의논일랑 거들떠보지 마소서. 무릇 지극한 덕을 논하는 이는 세속과 화합하지 않으며 큰 공을 이루는 이는 대중과 의논하지 않습니다. 옛날 순임금은 유묘有苗(삼묘)의 춤을 추었고 우임금은 나국裸國의 옷을 입었으나, 이는 욕망을 채우고 마음이나 즐겁자고 한 일이 아니라 덕을 논하고 공을 기약하는 데 힘썼기 때문입니다. 어리석은 이는 일이 다 되어도 깜깜하지만 지혜로운 이는 모양이 드러나기 전에 이미 간파합니다. 왕께서는 의심하지 마소서."

왕이 말한다.

"나는 호복의 효용을 의심하는 것이 아니라, 천하가 나를 비웃을까 두렵소. 제멋대로인 필부들이 즐거움으로 아는 것을 지혜로운 이는 슬픔으로 여기고, 어리석은 이들이 웃는 바를 현명한 이는 살핀다오. 세상에 나를 따르는 이라도 호복의 효능을 알지 못하오. 비록 세상이 나를 비웃는다 할지라도 호와 중산은 내 필히 차지할 것이오."

이리하여 드디어 호복을 입고, 공자 성成에게 사람을 보내라고 했다. 공자 성은 무령왕의 숙부로 공족 중의 어른이며 야망도 있는 이였다.˙ 공자 성을 설복시키면 공족들이 따를 것이다. 아마도 공자 성이 반대

• 《사기》〈소진열전〉에서 소진을 싫어하는 봉양군으로 등장한 적이 있다. 그러나 《사기》〈조세가〉에서 그의 봉호는 안평군安平君으로 나온다.

하는 태도를 보였을 것이다. 무령왕은 "당신부터 호복을 입게 하겠다" 며 은근히 강한 어투로 압박한다.

"과인은 호복을 입고 장차 조회를 하려 하니 숙부께서도 호복을 입기를 바라옵니다. 집안에서는 어버이의 말을 듣고 나라에서는 군주의 말을 듣는 것은 고금에 한결 같은 행동의 준칙입니다. 아들이 어버이에 반하지 않고 신하가 군주를 거스르지 않는 것이 형제의 통용된 의리입니다.˙ 지금 과인이 교지를 내려 복장을 바꾸려 하는데 숙부께서 입지 않으시면 천하가 입방아를 찧을까 두렵습니다. 나라를 다스리는데는 상도常道가 있으니 바로 백성을 이롭게 하는 것이 근본이며, 정치를 행함에 원칙[經]이 있으니 명령을 관철시키는 것이 우선입니다. 덕을 밝히고자 할 때는 천한 사람들로부터 시작하고 정령을 행할 때는 먼저 귀한 이들부터 믿도록 해야 합니다.

지금 호복을 입는 이유는 욕망을 채우고 기분이나 좋자는 것이 아닙니다. 일은 그만둘 바가 있고 공은 나올 바가 있다 하니, 일을 이루고 공을 세운 후에야 마땅한 것입니다. 지금 과인은 숙부께서 정치를 행하는 원칙을 거슬러, 사람들이 숙부에 대한 의논을 조장할까 두렵습니다. 또한 과인이 듣기에, 나라에 이로움이 되는 일을 하는 이는 행동이 삿되지 않고 귀척부터 시작하면 이름이 더럽혀지지 않는다 합니다. 그러니 과인은 숙부의 의를 연모하여 호복의 공을 이루고자 하옵니다."

그러나 공자 성은 개혁에 반대했다. 이것이 당시 지배층의 일반적인

- "子不反親, 臣不逆君, 兄弟之通義也." 뜻이 순탄하지는 않다. 빠진 구절이 있는 듯하다.

정서였을 것이다. 공자 성이 재배하고 머리를 조아리며 답했다.

"신은 왕께서 호복을 입으려 하신다는 말씀을 잘 들었습니다. 신이 불민하고 병으로 누워 있으니 달려가 자주 진언을 올리지 못했습니다. 허나 왕께서 명을 내리시니 신이 감히 대답하여 어리석은 충성을 다할까 합니다.

신이 듣기로, 중국이란 총명과 지혜가 머무는 곳이며 만물과 재화가 모이는 곳으로서, 성현께서 가르침을 펴고 인의가 베풀어지는 곳이며, 시서예악詩書禮樂이 통하는 곳이며, 탁월함·민첩함·기술·능력[異敏技能]이 사용되는 곳으로서 원방遠邦이 찾아와 참고하는 곳이며 만이蠻夷가 본받는 곳이라 합니다. 지금 왕께서 이러한 중국의 것을 버리고 원방의 복장을 따라, 옛 가르침과 옛사람의 길을 바꾸어 사람들의 마음과 학자들의 지식을 거스르며 중국의 제도와 멀어지려 하시니, 신은 이를 재고하시기를 원하옵니다."

이렇게 사자를 보내 말했다. 그러자 왕은 직접 나섰다.

"숙부께서 병이 있다는 소식을 들었다. 내가 스스로 가서 요청해야겠다."

왕은 결국 공자 성을 찾아가 이렇게 일장 연설을 했다.

"무릇 의복은 쓰기에 편하고자 입는 것이며, 예란 일을 하기 편하고자 따르는 것입니다. (중략) 구월甌越 사람들은 머리카락을 자르고 문신을 하고 팔에 그림을 새기고 옷깃을 왼쪽으로 여미고, 대오大吳나라 사람들은 이를 검게 물들이고 머리에 그림을 새기며 거칠게 물고기 가죽관을 쓰고 바느질한 옷을 입습니다. 그러니 예절과 복식은 서로 다르지만 그 편리함은 마찬가지입니다. (중략) 우리나라는 동쪽으로 황하와 부락薄洛의 물이 있어 이를 제·중산과 공유하며, 동쪽으로는 연·동호와 국경을 맞대고 서쪽으로는 누번·진·한과 경계를 이루고 있으면서도 아직 말을 타고 활을 쏘는 방비가 없습니다. 그러니 과인은 배나 노도 쓰지 못하는데 물가에 사는 백성들이 장차 어떻게 황하와 부락의 물길을 지키겠습니까? 복식을 바꾸고 말을 타고 활을 쏴서 연과 삼호三胡, 진과 한의 변경을 지켜야 합니다.

예전에 간주(조간자)께서 진양에 요새를 만들지 않고도 상당에 이르렀고, 양주(조 양자)께서는 융을 병합하고 대代를 취하여 여러 호인들을 내쫓은 일은 지혜로운 자나 어리석은 자나 다 아는 사실입니다. 선군의 시절에 중산이 강한 제나라의 군대를 등에 업고 우리 땅을 침략해와 우리 백성들을 포박하고 물을 끌어와 호鄗를 둘러쌌을 때, 사직의 신령의 도움이 아니었다면 하마터면 호를 잃을 뻔했습니다. 선왕께서 이를 부끄러워하셨으나 원수를 아직 갚지 못했습니다. 지금 기사의 준비를 하면 가까이는 상당의 형세를 유리하게 끌어오고[近可以便上黨之形] 멀리는 중산에게 원수를 갚을 수 있습니다. 허나 숙부께서 중국의 풍속을 따르느라 선대 간주와 양주의 뜻을 거스르고 변복의 오명이 무서워 호의 부끄러움을 잊으시니, 이는 과인이 바라는 바가 아닙니다."

이에 공자 성은 재배하고 머리를 조아리며 대답했다.

"신이 어리석어 왕의 뜻에 도달하지 못하고 감히 세속의 풍문을 말했으니 이는 신의 죄입니다. 왕께서 장차 간주와 양주의 뜻을 잇고 선왕의 유지를 따르고자 하니 신이 어찌 감히 명을 받들지 않겠사옵니까?"

이리하여 공자 성은 호복을 입고 조회했고, 이리하여 드디어 호복을 입으라는 포고령이 내려왔다. 그러나 공족들 중 다수는 여전히 명을 따르려 하지 않았다. 그러나 무령왕의 의지는 확고했다.

"선왕들이 따르던 풍속도 모두 다르다. 옛날 법 어떤 걸 따르란 말인가? 제왕들도 서로 똑같이 따라하지 않았다. 도대체 어떤 예를 따르라는 것이냐? (중략) 옛것을 답습하는 학문은 지금을 다스리기에 부족하다[法古之學, 不足以制今]. 그대들은 이를 모른다."

이리하여 기어이 무령왕은 전문적인 기병부대를 만들었다. 이렇게 할 수 있었던 것은 무령왕이 열국들의 일에서 한 발 물러나 나라에 상당히 오랜 기간 평화를 가져왔기 때문이다.

이어서《사기》〈조세가〉의 기사를 따라 호복기사 이후 무령왕의 행보를 따라가 보자. 그 이듬해(기원전 306) 조는 중산을 공략하여 영가寧葭에 이르고, 호를 공략하여 유중榆中에 이르렀다. 그해 임호 왕이 말을 바쳤다. 돌아와 누완을 진에 사신으로 보내고 구액仇液을 한에 보내고, 왕분王賁을 초에 보내고, 부정富丁을 위에 보내고, 조작趙爵을 조에 보냈다. 또한 대의 재상 조고趙固가 호를 다스리며 병사들을 모았다. 그 이듬해 다시 중산을 공격했고, 한 해가 지나 다시 공격했다. 이렇게 계속 북방을 경략하여 운중과 구원에 이르렀다.

여러 사람들을 각 나라에 보낸 것은 그 나라에 맞는 인사를 보내 외교를 안정시키기 위해서다. 예를 들어 누완은 친진파이며 부정은 친위파인 식이다. 보통의 군주라면 친진파를 진에 보내고 친위파를 위에 보내는 것을 꺼렸을지도 모른다. 무령왕이 그렇게 한 것은 현재 열국

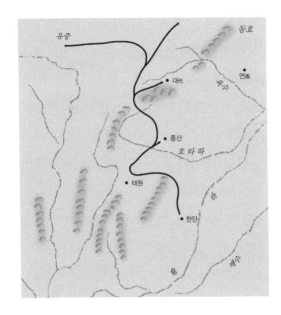

무령왕의 북방 경략. 무령왕은 기병 전술을 받아들이고, 조나라 군사의 수에 의지하여 중산과 호의 지역을 공략했다. 그는 호에서 기병을 길러 용병으로 쓰고자 했다.

들과 싸울 의사가 없음을 밝힌 것이다. 여기서 우리는 그가 계속 호의 군대를 긁어모았다는 사실에 주목해야 한다. 그는 왜 호의 군대를 모았을까?

중산 점령과 공진攻秦 기획

무령왕은 신하들에게 휘둘리지 않을 정도의 안목이 있었다. 그는 최대한 제후들이 간섭하지 않을 땅을 먼저 공략하고 반드시 중산을 얻고자 했다. 조는 오랫동안 중산을 공략했으나 산지에 의존한 이 나라를 공략하기는 쉽지 않았다. 그러나 그냥 두자니 중산은 계속 제와 힘을 합쳐 조를 견제했다. 어떻게 이 나라를 공략할 것인가? 중산은 조의 물량 공세에 당하지 않기 위해 일부러 전차가 다닐 큰길을 만들지 않았다. 결국 중산을 치자면 산지를 넘어갈 기병이 필요했다. 《전국책》〈조책〉을 통해 중산 공략의 과정을 살펴보자.

때는 제가 한과 위를 몰아 진을 치려고 하던 기원전 299년이다. 그때 제에는 설공 맹상군이 전면에 나서 정치를 주도하고 있었다. 부정은 제-위와 연합하고자 했고 누완은 진-초와 연합하고자 했다. 부정은 주보主父(당시 왕위에서 물러나 상왕으로 있던 무령왕)가 누완의 말을 듣고 진-초와 연합할까 봐 두려워했는데, 사마천司馬淺이 그를 위해 주보에게 유세에 나섰다. 그 유세에는 중산 공략의 비책이 숨어 있었다.

"우리는 제를 따르는 것이 낫습니다. 지금 우리가 제를 따라 진을 치지 않으면 진과 초는 힘을 합쳐 한과 위를 칠 것입니다. 한과 위가 급해서 제에 구원을 요청하면 제는 (이미 초와 결합한) 진을 치기 싫어서 분명 (조가 같이 진을 치자고 할 때 안 들어줘서 이렇게 되었다고) 우리 조를 핑계 삼을 것인즉, 이리하면 우리 조는 (어쩔 수 없이) 진을 쳐야 하고, (진을 치는 데 적극적이지 않으면) 한과 위는 분명 조를 원망할 것입니다.' 제의 군대가 서쪽으로 진격하지 않으면 한은 분명 (견딜 재간이 없어) 제를 배신하고 진의 명령을 들을 것이고, 제를 배신하고 진과 친해지면 (진과 한의 연합) 군

- 원문은 "必以趙爲辭, 則伐秦者趙也"이다. 포본鮑本《전국책》에는 "則不伐秦者趙也"로 "不"이 추가되어 있다. 그렇다면 "진을 벌하지 않게 된 것은 조 때문이다"로 새길 수 있다. 어떻게 새기든 애초에 제가 진을 치려고 할 때 치지 않아서 원망을 듣게 된다는 뜻이다.

중산의 유물인 **착금호**(좌)**와 착금룡**(우). 중산은 험한 산지 덕분에 전차대를 쉽게 막을 수 있는 장점이 있었다. 게다가 제와 힘을 합쳐 조를 계속 견제했기에 무령왕에게는 반드시 점령해야 할 땅이었다.

대는 분명 우리에게 닥칠 것입니다.

만약 우리가 제를 따르는데도 제가 군대를 서쪽으로 보내지 않으면 한과 위는 분명 제와 절교할 것이고, 제와 절교하면 모두 찾아와 우리 조를 섬길 것입니다. 또한 우리가 제를 따르더라도 제는 서쪽으로 군대를 보내지 않을 것입니다. 일전에 누완이 위에 석 달이나 머물렀지만 제와 위의 친교를 끊지 못했습니다. 지금 우리가 제를 따르자 제와 위가 정말로 서쪽으로 진격한다면 이는 제와 진을 동시에 피폐하게 하는 방안이니, 조는 필시 천하의 중요한 나라가 될 것입니다."

그러나 주보는 개입하지 않는다는 원칙이 있었다.

"우리가 삼국과 함께 진을 공격하면 함께 지치게 되오."

부정은 "우리의 목적은 진을 치는 것이 아니다"라며 성동격서聲東擊西 격으로 기발한 해법을 제시한다.

"그렇지 않습니다. 우리는 삼국(제·한·위)과 동맹을 맺고 진에 통고했으나, 아직 중산을 엮어 넣지 않았습니다. 삼국은 진을 치고 싶어 하니 분명 우리의 (중산을 취하고 싶다는, 혹은 중산의 땅을 얻어 강화하고 싶다는) 요청을 들어주어 우리에게 호응하려 할 것입니다. 중산이 말을 들으면 우리는 삼국의 위세를 가지고 중산을 흔들어 땅을 떼어 받고, 중산이 요청을 듣지 않으면 삼국은 모두 중산과 절교할 것이니 중산은 필시 고립될 것입니다. 삼국이 우리에게 호응하지 않는다면 우리는 (그 대가로 진으로 갈) 원정병을 조금만 보내도 됩니다. 그러면 우리는 군대를 둘로 나눠 중산을 고립시키면 분명히 멸망시킬 수 있습니다. 우리가 이미 중산을 멸망시키고 남는 병사들을 삼국에 합쳐 진을 공격하면 되니, 이는 진과 중산을 상대로 일거양득하는 것입니다."

다음 장에서 자세히 묘사하겠지만 제·위·한 삼국이 진을 치려고 할 때 무령왕은 별로 참가할 마음이 없었다. 연합군의 속셈이 다 다르다는 것을 그는 잘 알고 있었다. 그러나 삼국의 관심이 서쪽에 쏠렸을 때 그들을 돕는 시늉만 하고 중산을 치는 것은 어떤가? 바로 무령왕이 노리는 것이었다. 그는 결국 누완의 대책을 따르지 않고 부정의 대책을 따랐다. 부정은 친위파親魏派이지만 지조가 부족하여 오락가락하는 이고, 누완은 친진파親秦派이지만 후에 조나라 내부의 정보를 가지고 진으로 가는 등 역시 신뢰가 있는 이는 아니었다. 그러나 주보가 있을 때는 달랐다. 주보는 그들을 활용할 줄 알았다. 군주가 판단력만 있으면 지조가 없는 이도 쓸 수가 있다. 《전국책》〈조책〉에 이런 기사가 나온다.

삼국이 진을 공격할 때 조는 중산을 공격하여 부유扶柳를 취하고 5년 만에 호타呼沱도 빼앗았다.

기원전 299년 당시 그가 왕위를 아들에게 물려주고 상왕으로 물러나 주보로 불리던 때였다. 이렇게 무령왕은 부정의 계책을 써서 조의 숙원을 성취했다. 그렇다면 그토록 오랫동안 취할 수 없었던 중산을 무령왕 대에 얻을 수 있었던 이유는 무엇일까? 중산을 칠 때 조군은 어떤 군사적인 이점을 가지고 있었을까? 이제 왜 호병胡兵을 끌어 모았는지 밝힐 차례가 되었다. 무령왕 21년(기원전 305)의 기사를 보면 중산을 공략할 당시 조의 군사 편제가 드러난다. 기사를 그대로 옮겨보자.

조소趙紹가 우군을 맡고 허균許鈞이 좌군을 맡고 공자 장이 중군을 맡고, 왕도 아울러 이끌었다. 우전牛翦이 차기車騎(전차대, 혹은 전차대와 기병의 혼성부대)를 이끌었고 조희趙竘가 호胡와 대代의 군을 아울러 거느렸다. 조(희)는 이들을 데리고 좁은 길로 가서 곡양에서 합류했다〔趙紹爲右軍, 許鈞爲左軍, 公子章爲中軍, 王竝將之. 牛翦將車騎, 趙希竝將胡代. 趙(希)與之陘, 合軍曲陽……〕.

이 기사는 군제 역사상 대단히 중요한 기록이다. 우선 조나라 군사 편제에 삼군 외에 전차대(혹은 전차대와 기병의 혼성대)가 하나 더 있었고, 호와 대의 외국인 기마 부대가 또 있었다. 이들은 분명히 조에 고용된 용병이다. 이들은 말을 타고 있었기 때문에 산이 끊어진 곳[陘], 즉 경사

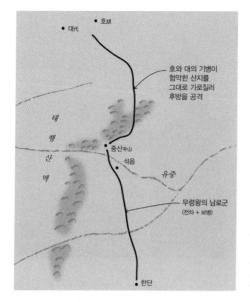

호胡

대代

호와 대의 기병이
험악한 산지를
그대로 가로질러
후방을 공격

태
행
산
맥

중산中山

석읍

유중

무령왕의 남로군
(전차 + 보병)

한단

무령왕의 중산 공략. 조나라 군사는 말을 타고 있었기 때문에 경사가 급한 협로를 마음대로 이동할 수 있었다. 삼군은 큰길로 가되 기병은 좁은 길을 택하게 해서 합류 지점인 중산으로 모이게 했다. 전차와 보병으로 이루어진 무령왕의 남로군은 한단에서 출발해 석읍을 거쳐 중산에 도달했고, 호와 대의 기병은 험악한 산지를 그대로 가로질러 중산 후방을 공격했다.

가 급한 협로를 마음대로 이동할 수 있었다. 중산이 그동안 버틸 수 있었던 것은 험한 산지 덕택에 전차대를 쉽게 막을 수 있었기 때문이다. 그러나 지금 조군은 삼군은 큰길로 가되 기병은 좁은 길을 택하게 했고, 이들을 합류 지점에서 만나게 했다. 춘추시대에는 군대를 웬만하면 나누지 않았다. 합류 지점과 시점을 맞추기 어려웠기 때문이다. 그러나 말을 탄 전령이 있으면 충분히 정보를 주고받으며 길을 나누어 진격할 수 있다. 산골짜기와 비탈을 타고 여러 갈래로 들어오는 조나라 군대를 인구가 적은 중산이 막을 수 있을까? 중산이 드디어 고립되어 망할 시점이 왔다.

그런데 무령왕이 그저 중산에 만족하여 호와 대의 기마병을 모았을

제나라의 중흥을 꿈꾼 무령왕. 무령왕은 개혁을 통해 조의 중흥을 노린 군주였다. 그는 재위 27년이 되던 해 왕위를 아들에게 물려주고 자신은 호를 공략하는 동시에, 호의 기병을 이용해 진을 직접 칠 계획을 세웠으나, 실천에 옮기지 못하고 대신 이태에 의해 비명횡사했다.

까? 그의 야망은 그보다 훨씬 컸다. 무령왕은 개혁을 통해 조의 중흥을 노린 군주였다. 그는 재위 27년이 되던 해 왕위를 아들에게 물려주고 자신은 호를 공략하는 동시에 호의 기병을 이용하여 진을 직접 칠 계획을 세웠다. 이것은 기존의 산동 국가들이 한 번도 생각한 적 없는 완전히 새로운 개념이다.《전국책》〈조세가〉의 기사 하나를 옮겨보자. 그의 대범함은 보통 사람의 상상을 넘어선다.

주보는 아들(혜문왕)에게 나라를 다스리게 하고 자신은 호복을 입고 사대부들을 이끌고 서북으로 호 땅을 공략했다. 그는 운중과 구원을 통해 바로 남쪽으로 내려와 진을 칠 계획을 세웠다. 이리하여 스스로 사자가 되어 진으로 들어갔다. 진 소왕은 그를 알아보지 못했는데, 그가 돌아간 후 외양이 심히 위엄이 있어 신하의 풍모가 아닌 것을 알고 사람을 시켜 쫓아갔지만 그는 이미 관을 나선 후였다. (다른 이를) 심문해보니 바로 주보였기에 진나라 사람들은 크게 놀랐다. 주보가 진에 들어간 것은 스스로 지형을 가늠하고 진왕의 사람됨을 살피기 위해서였다.

함곡관을 의미 없는 것으로 만들고 북쪽에서 일거에 함양으로 들이치겠다는 획기적인 기획이었다. 전차나 우차가 다닐 길이 잘 닦여 있지 않더라도 기병이라면 극복할 수 있다. 그러나 기병은 속도가 관건이다. 기병으로 성을 공격할 수는 없으므로 일거에 들이쳐야 한다. 그러기 위해서는 관중의 지형을 확실히 익히고 있어야 하기에 직접 진으로 들어간 것이다. 이런 계획을 가지고 그는 열국 간의 싸움에서 멀리 벗어나 진이 촉을 얻었던 것처럼 북방의 호를 얻는 데 집중했다.

대망의 좌절 – 적은 내부에 있다
—

그러나 무령왕은 호병을 이끌고 진을 치겠다는 원대한 계획을 실천에 옮기지 못하고 비명횡사했다. 화근은 정작 밖이 아니라 집 안에 있었다. 외정을 처리할 때 그는 일도양단의 쾌남이었지만, 가정에서는 정에 이끌리는 우유부단한 사내였다. 그 또한 사적인 애정 때문에 원칙을 깨다 실패한 여러 왕들의 경로를 따랐다. 《사기》〈조세가〉를 종합하여 그의 최후를 살펴보자.

무령왕의 장자의 이름은 장章인데 제법 출중한 인물이었다. 중산을 공략할 때 그가 중군을 맡았으니 군대를 부릴 줄도 알았다. 그런데 무령왕은 뒤늦게 오왜라는 여인을 얻어 그 궁에서 아예 살았다고 한다. 그러다 낳은 아이가 바로 하何인데, 왕은 늦게 얻은 하를 너무나 총애한 나머지 태자에게 커다란 흠이 없는데도 갈아치우고 말았다. 하가 열 살 남짓할 때 무령왕이 물러나 상왕이 되자 사람들은 그를 주보, 즉 군주의 아버지라 불렀다. 동생 하가 결국 왕이 되니 조 혜문왕이다. 무령왕이 상왕으로 물러나 있을 때 큰아들 장은 대 땅을 봉지로 가지고 있었고 봉호는 안양군安陽君이었다.

그런데 막상 조정에서 무령왕이 동생을 신하로 모시는 큰아들을 보자 불쌍했다. 그래서 그는 큰아들을 봉군이 아니라 대의 왕으로 세우려는 마음을 가졌다. 물론 한 나라에 왕이 둘이 될 수 없으니 이는 조와 대를 가르는 처사였다. 결국 여러 사람의 반대로 이 계획은 바로 무산되었다. 하지만 공자 장이 가만히 있을 것인가? 그는 동생에게 왕위를 빼앗겼다. 그런데 정황상 아버지의 마음이 돌아오는 듯하다. 그는 불만을 품고 기회를 노리고 있었다.

대신 이태李兌는 공자 장의 동태를 예의주시하다가 상국 비의에게 먼저 선수를 치든지, 차라리 정치를 공자 성에게 넘겨 화를 피하라고 조언했다.

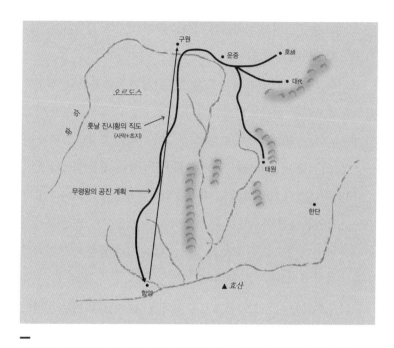

진을 공격하려던 무령왕의 계획. 효산과 황하를 우회하여 기병으로 진의 수도를 치려던 무령왕의 계획은 결국 실패로 끝났다. 그러나 진의 통일 후 진시황은 무령왕의 계획을 역으로 실천해서 흉노(호)를 막기 위해 직도를 만들었다.

"공자가 강하고 건장하나 뜻이 교만하고 사람들을 끌어 모으는 데다 욕망도 큽니다. 무슨 욕심이 있지 않겠습니까? 어진 이는 만물을 사랑하고 지혜로운 이는 화가 생기기 전에 대비합니다. 어질지도 지혜롭지도 않다면 무엇으로 나라를 다스리겠습니까? 어른은 어째서 병을 핑계로 그만두고 정치를 공자 성에게 맡기지 않습니까? 원망의 창고가 되지 말고 화의 사다리가 되지도 마십시오."

비의는 무령왕의 호복기사 개혁을 지지한 명신이며 충직한 신하였다. 그러므로 무령왕이 비의에게 정치를 맡긴 것이다. 그러나 비의는 이 제안을 단박에 거절했다.

"불가하오. 옛날 주보께서 왕을 제게 부탁하며 말씀하셨소. '법도를 바꾸지 말고 다른 생각을 하지도 말라. 한 마음을 굳게 지켜 생을 마감하라[毋變而度, 毋異而慮, 堅守一心, 以歿而世].' 나 비의는 재배하고 명을 받아 적었소. 지금 저들의 난이 두려워 내가 적어놓은 것을 잊는다면 이보다 더 큰 변절이 어디 있겠소? 나아가 엄명을 받고도 물러나 온전히 간직하지 않는다면 이보다 더 큰 배신이 어디 있겠소? 그대는 나에게 은혜를 베풀어 충고를 해주었소. 그러나 나는 이미 말한 바가 있으니 죽을 때까지 감히 버릴 수 없소이다."

그러자 이태는 사적으로 공자 성을 찾아가 반란에 대비했고, 비의는 그 나름대로 믿음직한 고신高信을 불러 난리에 대비하라고 했다. 이후 비의는 왕의 안위를 걱정하여 왕을 친견하는 이들은 모두 먼저 자신에게 들이라고 했다.

그런 차에 유람을 좋아하는 주보는 혜문왕과 함께 사구沙丘로 떠났고, 그와 왕은 각기 다른 행궁에 거처했다. 그때 큰아들 장이 기회라 생각하고 난을 일으키고 아버지의 이름을 빌려 혜문왕을 소환했다. 왕이 들어오면 바로 죽일 심사였다. 그때는 아마 아버지 주보를 이미 감금했을 것이다. 왕의 안위를 걱정한 비의가 먼저 주보의 행궁으로 들어가자 공자 장의 무리가 바로 그를 죽였다. 그러자 고신이 즉각 왕의 편에서 무장병을 데리고 그들과 싸웠다. 이 틈에 이태와 공자 성이 국도에서 대규모 군대를 동원하여 사구로 들어왔다.

이제 난이 마무리되고 주보는 무사할 수 있을까? 이 사건에는 반전이 있다. 패배가 확실해지자 장은 아버지 주보의 방으로 달아났고 주보는 아들에게 문을 열어주었다. 결국 공자 장이 죽자, 이태와 공자 성이 말했다.

"공자 장 때문에 주보를 포위했는데, 군대를 해산한다면 우리들은 분명 도륙을 당할 것이외다."

그들은 궁중 사람들에게 영을 내렸다.

"늦게 나오는 자는 도륙하겠다."

이리하여 궁중 사람들은 다 빠져 나왔는데, 주보는 나오려고 해도(나오면 죽일 것이라) 나가지도 못하고, 안에는 먹을 것이 없어서 참새 새끼까지 찾아서 먹었는데 석 달 남짓 되자 먹을 것이 떨어져 사구궁에서 굶어 죽었다. 춘추의 패자 제 환공이 상기되는, 실로 어이없는 죽음이었다. 일세의 군주가 아들 일 때문에 신하에게 죽음을 당한 것이다.

사마천은 이태와 공자 성이 어린 혜문왕을 끼고 있는데, 주보가 살아나면 자신들의 목숨이 위험할까봐 기어이 주보를 죽인 것이라고 설명했다.《사기》〈육국연표〉에는 무령왕이 오왜를 얻어 공자 하, 즉 혜문왕을 낳은 때를 기원전 310년이라 적고 있다. 이에 따르면 아버지가 죽었을 때 혜문왕은 겨우 열다섯 살이었다. 그렇다면 혜문왕은 열 살 남짓한 때에 왕위를 물려받은 것이다. 멀쩡한 큰아들이 코흘리개 둘째에게 왕위를 빼앗겼다면, 그 큰아들 주위에 사람들이 몰리지 않을 수가 없다. 이태는 실력자였지만 비의와 같이 충직한 이는 아니었다. 북방을 경략하고 북에서 기병으로 진을 치려던 영웅은 일을 이루지 못하고 이렇게 세상을 떠났다.

무령왕 치세의 안정성은 기록이 증명한다. 호복기사 개혁 앞뒤로 거의 20년 가까이 조나라는 열국과의 전쟁에 얽히지 않고 중산을 포함하여 북방을 착실히 개척했다. 그때는 바로 합종이 깨어져 진이 초·위·한을 극도로 괴롭히던 시기였고, 위와 한은 제 혹은 초와도 얽혀 싸우던 시기였다. 또한 제가 진과 겨루기 위해 새로운 동방 주도의 반진 연합을 시도하던 때였다. 그는 그런 이합집산에 개입하지 않고 개혁으로 군대를 강하게 하고 힘을 비축했다. 작지만 강한 나라인 중산을 빼앗아 조를 확실히 연의 우위에 서게 한 것도 바로 그였다.

그가 죽은 지 5년 남짓 지나자 한과 위를 마음대로 주무를 정도가 된 진은 이제 조를 본격적으로 공략하기 시작한다. 전국시대에는 기회를 잃으면 마치 법칙처럼 위기가 찾아온다. 무령왕 사후 30년 뒤에 조나라에 닥친 전화는 전국시대를 통틀어, 아니 세계 전쟁사를 통틀어 가장 끔찍한 재앙이었다. 그리고 그 전화의 첨병은 진의 기병이었다! 무령왕은 지하에서 그 광경을 보고 통탄했을 것이다.

제6장

합종의 파멸,
연횡의 변신

: 맹상군의 제2차 합종

...

이번 장에서 우리는 맹상군이 이끈 제2차 합종을 목격할 것이다. 제2차 합종도 다시 깨어지자 연횡이 오히려 변신을 거듭하여 성장하는 상황이 벌어진다. 먼저 기원전 300년대 전후에서 시작하여 무려 20년간 전국시대 정치의 격동기의 중심에 선 맹상군이라는 정치가를 통해 당시 양강으로 분류되던 제나라와 진나라의 행보를 살펴볼 것이다. 그러나 사건의 시작은 여전히 욕심에 따라 국가를 운영하던 초 회왕이었다. 초의 친제親齊와 친진親秦의 갈지之 자 행보에 대해 진과 제가 동시에 응징에 나서는데, 제에는 맹상군이 있었다. 맹상군은 소진의 제1차 합종에 비견되는 제2차 합종을 결성하여 진을 압박하고 외교가를 주름잡는다. 그러나 그는 본국의 왕에게 뒷덜미를 잡혀 좌절하고 만다.

맹상군의 전성기가 끝날 무렵 진의 정치를 담당한 이는 선태후의 동생이자 소왕의 외숙부인 양후穰侯 위염魏冉이다. 위염은 모책의 달인이며 인사의 귀재였다. 그는 전쟁의 달인 백기를 등용했다. 백기는 오기를 방불케 하는 백전백승의 명장이었고, 당시 진의 강경책을 뒷받침한 잔혹한 강심장의 사나이였다. 이궐伊闕에서 그는 과장 없이 시체로 산을 만든 학살극을 벌인다. 그는 온전히 군사적인 실력으로 삼진연합에 심대한 타격을 줬다. 삼진연합은 합종의 핵심인데 이제 이마저 어렵게 된 것이다.

드라마는 막판으로 가면서 송을 사이에 둔 제와 연의 첩보전으로 치닫는다. 이 첩보전을 이끄는 이는 소진의 동생 이중간첩 소대였다. 이중간첩 소대를 이용하고자 하는 이는 동쪽에서 패권을 노리는 제나라 민왕과 제나라에게 나라를 빼앗길 뻔한 트라우마를 가지고 있는 연의 소왕昭王이다. 가끔 소대가 제나라를 위한 계책을 내기도 했지만 그는 기본적으로 연을 모국으로 생각했다.

이번 장에서는 초의 방황에서 시작하여, 맹상군의 제2차 합종과 백기의 군사작전을 살피고 마지막으로 연 소왕과 소대가 만나 제를 도모할 계획을 세우는 것에서 마무리하겠다. 다음 장에는 소대와 악의가 짝이 되어 실제로 제를 도모하는 이야기를 전개할 것이다.

진은 갈수록 강해진다. 진이라고 실책이 없었겠는가? 그러나 함곡관이 있으니 산동의 나라들은 어쩔 도리가 없었다. 함곡관은 진의 크고 작은 실정을 막아주는 철옹성이었다. 이 시절 삼진은 진을 막기에 급급해졌고, 초는 일관성이 없어 좌우로 움직이다 스스로 힘을 뺐고, 제는 욕심을 부리다 나라가 망할 뻔했고, 연은 제를 발판으로 삼아 일약 강국으로 도약하려 했지만 역부족이었다. 이제 그 20년의 파노라마 속으로 들어가 보자.

1. 좌충우돌 초나라 외교: 초왕, 구금당하다 —————

"전쟁은 나라의 큰일이니 신중하지 않을 수 없다"는 말이 있다. 전쟁을 막거나 이기도록 이끄는 것이 외교이니 전쟁을 신중하게 생각하는 이는 먼저 외교를 신중하게 다룬다. 조나라가 무령왕 치세에 안정기를 누린 것은 외교 정책의 일관성과 안정성 때문이었다. 힘이 부족하면서 가볍게 싸움을 걸거나 싸움에 응하는 것, 이유 없이 오랜 친구를 끊거나 친구를 바꾸는 것은 국가를 경영하는 군주가 반드시 피해야 할 일이다. 주위와 두루 친한 것은 좋지만 새 친구를 얻을 때도 오랜 친구를 홀대하지 않는 것이 큰 나라의 외교다. 마음에 원한이 있다고 그것을 경솔하게 드러낸다면 적을 부른다. 자기보다 큰 나라에게 원수를 갚자면 오직 실력을 기르고 친구를 모으는 수밖에 없다.

왜 초나라에 피바람이 불고 한중을 잃었던가? 초 회왕이 장의에게 속았다지만 실은 땅을 그저 얻으려는 욕심에 제나라를 등졌기 때문에 화를 입었다. 한중의 싸움이 마무리되고 초는 몇 년 동안 권토중래의 기회를 노리며 진과 싸우지 않았다. 다행히 진의 무왕은 한을 치는 데 집중하고 있었다.

이제 한의 의양까지 진의 수중으로 떨어졌다. 다시 전화는 초로 다가올 것이다. 마침 제 선왕의 서신이 와 있었다. 기원전 306년이나 그 이듬해의 일로 짐작된다. 편지의 내용을 요약하면 이렇다.

"아직도 진나라를 섬기고 계십니까? 지금 한과 위가 진을 섬기려고 다투고 있습니다. 한과 위가 전부 진을 섬기면 분명 연과 조도 따를 것입니다. 그렇게 되면 초는 진의 한 현이나 군으로 전락합니다. 군왕께서는 과인과 힘을 합쳐 한·위·연·조를 거두어 주 왕실을 섬기고 군대를 쓰지 않고 백성을 편안케 하면서 천하에 명을 내리는 것이 어떻겠습니까? 그리하여 왕께서 제후들을 이끌고 진을 압박하여 무관·파촉·한중을 취하고 오월의 물자를 차지하면 초는 지금보다 훨씬 강해집니다. 왕께서 장의에게 속아 한중을 잃고 군대가 전몰해도 아무도 왕을 위해 분노해주지 않았는데 왕께서 먼저 진을 섬기려 하시다니요? 왕께서는 저의 제안을 깊이 살피소서."

---

* 이어지는 이야기는 《사기》〈초세가〉를 기반으로 정리할 것이다. 〈초세가〉에는 제 민왕이 서신을 보냈다고 되어 있으나 제 선왕이 맞다. 또한 초 회왕 20년에 이 편지를 받은 것으로 되어 있으나, 이어지는 소저 昭睢의 대답으로 보아 그보다 2년 후, 즉 의양이 진의 수중으로 떨어진 후, 한이 무수武遂를 돌려받은 후의 일로 보아야 한다.

하나하나 옳은 말이었지만 초는 지금 진과 강화하여 싸움을 피하고 있는 중이었다. 조정에서는 어떤 이는 그대로 진을 섬기자고 하고 어떤 이는 제의 제안을 받아들이자고 했다. 그때 대신 소저昭雎가 나섰다. 그의 이야기는 이러했다.

"제와 연합해야 합니다. 우리가 동쪽의 월 땅을 아무리 얻는다 할지라도 직접 진으로부터 우리 옛 땅을 돌려받지 않으면 치욕을 씻었다 할 수 없습니다. 한이 의양을 잃고도 진을 섬기는 것은 그저 멸망을 막고자 하는 의도입니다. 진이 한을 칠 때 조와 초가 호응한다면 한은 분명 멸망합니다. 한이 멸망을 피하려면 우리 초에 의존해야 합니다. 제와 친함으로써 한이 우리를 섬기게 하면 진으로부터 땅을 돌려받을 수 있습니다."

이리하여 초는 제와 연합했다. 사실 초와 같이 큰 나라가 독자적으로 우방을 선택한들 문제될 일은 없었다. 초가 제와 친하려 하자 진도 초의 마음을 사는 데 공을 들였다. 그러나 큰 나라는 몸값을 올리려고 이런 장사꾼식 외교를 하면 위험하다. 진이 초와 친하려 한 것은 잠시 한과 위를 공략하는 데 집중할 필요가 있었고, 또 무왕이 갑자기 죽고 어린 소왕이 새로 등극하여 외교를 안정시킬 필요가 있었기 때문이다. 진에게 복수할 마음이 있다면 일부러 그들의 심기를 거스를 필요가 없었음에도 초는 경솔하게 움직였다.

진이 적극적으로 구애를 하자 초는 다시 이에 응했다. 진은 초와 혼인 동맹을 맺었을 뿐만 아니라 상용上庸을 돌려주고 황극에서 회맹을 맺었다. 초는 한마디로 오락가락한 것이다. 문제는 여기서부터 시작된다. 제는 제2차 합종의 맹주가 되려 했는데 다시 초가 진에 붙음으로써 계획이 어그러지자 위와 한의 군대까지 이끌고 초를 압박해왔다. 초 회왕은 태자를 진에 인질로 보냄으로써 원병을 요청했고, 진은 객경 통通을 보내 초를 구원했다. 특별한 기록이 남아 있지 않은 것으로 보아 아마 큰 싸움은 벌어지지 않았을 것이다. 그러나 초가 오락가락하는 행보를 보이지 않았다면 군대를 끌어들일 일은 없었을 것이고, 원수의 나라에 군대를 빌리는 일도 없었을 것이다.

일은 한번 꼬이면 계속 꼬인다. 이번에는 인질이 된 초의 태자가 말썽을 일으켰다. 기원전 302년, 초의 태자가 인질로 가 있을 때 진의 대부 한 명과 사적으로 싸우는 일이 벌어졌는데, 태자는 그 대부를 찔러 죽이고 초로 탈출했다. 싸움이 벌어졌을 때 신분이 좀 더 귀한 이가 상대방을 죽이는 일은 당시에 가끔 벌어지는 일이었다. 그러나 국가의 운명을 걸고 타국에 인질로 가 있는 이라면 응당 그 나라의 왕에게 자초지종을 설명하고 용서를 빌어야 한다. 이유를 설명하지도 않고 자국으로 달아난다면 상대를 무시하는 처사다. 어리석은 태자는 초로 달아났지만 전쟁이 태자의 뒤를 따라왔다.

이듬해 진은 제·위·한의 군대를 모아 초나라 방성을 공격했다.《사기》〈진본기〉는 기원전 299년의 일로 기록하지만,《사기》〈육국연표〉를 비롯한 여러 〈세가〉는 기원전 301년의 일로 기록한다. 이 싸움에서 초의 장군 당매唐眛가 죽었다.

싸움은 여기서 끝나지 않았다. 이듬해 진은 다시 초를 공략하니, 초군 2만 명이 죽고 장수 경결景缺도 전사했다. 그러자 급해진 초는 제나라에 태자를 인질로 보내고 강화를 요청했다. 또 이듬해 진군은 다시 초나라를 침범해 여덟 성을 얻었다. 초가 진과 싸워서 연전연패할 정도로 약한 나라가 아니지만 지금 초는 사방에 적을 두고 있으니 집중력을 발휘할 수 없었다.

왜 이런 사달이 벌어졌는가? 아직 힘이 부족할 때 경솔하게 진을 등지고 제와 결합함으로써 속내를 비쳤다. 진이 상용을 돌려준다고 하니 다시 진과 결합하여 제의 원한을 샀다. 제가 위와 연합하여 쳐들어오자 이제는 태자를 진에 보내어 구원을 요청했다. 그러나 그 태자는 사적인 일로 국가를 배반하고 돌아와 버렸다. 이번에는 명백히 초가 죄를 지었으므로 진은 제와 위까지 끌어들여 당당히 초를 칠 수 있었다. 진의 공세가 더욱 거세지자 다시 제에 인질을 보내 결합했다. 회왕은 언제나 이익에 눈이 멀거나 감정을 이기지 못하여 국가 외교의 중대사를 결정하곤 했다. 설상가상으로 진의 소왕이 이런 편지를 보내왔다.

"처음에 과인과 왕은 형제가 되기로 약속하고 황극黃棘에서 맹서를 하여 태자를 인질로 보내니 지극히 관계가 좋았습니다. 태자가 과인의 중신을 모욕하고 죽이더니 사과도 하지 않고 달아나, 과인은 진실로 분노를 이기지 못하여 군대를 내어 군왕의 변경을 침범했습니다. 지금 듣자 하니, 군왕께서 태자를 제에 인질로 들여보내 화평을 구하려 한다고 합니다. 과인과 초는 국경을 접하고 있으며 오랫동안 혼인을 맺어왔으니 서로 친한 지 오래입니다. 허나 지금 진과 초가 서로 화합하지 못하니 제후들에게 영을 내릴 방법이 없습니다. 과인은 군왕과 무관에서 만나 서로 얼굴을 보면서 약조하고 맹서를 맺은 후 돌아갈까 합니다. 이는 과인의 소원입니다."

전쟁에서 연달아 패배한 직후였다. 이때 회맹 제의가 들어왔으니 거절하기도 어렵고 받아들이자니 진이 무슨 수를 쓸지 몰라 두려웠다. 소저는 응하지 말자고 했다.

"왕께서는 가지 마십시오. 군대를 내어 스스로 지켜내면 그만입니다. 진은 호랑이나 늑대 같으니 믿을 수 없고, 그저 제후들을 병합할 마음을 가지고 있습니다."

그러나 왕자 란蘭은 갈 것을 권했다.

"어찌 진의 호의를 끊는단 말입니까?"

결국 아들의 말을 채택하여 회왕은 회맹 장소로 갔다. 그러나 무관을 들어서자마자 진은 관문을 걸어 잠그고 회왕을 함양으로 데려갔다. 함양에 들어가니 진 소왕은 초 회왕을 마치 속국의 신하처럼 다룰 뿐 동등한 대우를 해주지 않았다. 그뿐만이 아니었다. 무巫와 검중을 떼어줘야 회왕을 돌려보내겠다고 협박했다. 회왕이 먼저 맹서를 하자고 하니 진은 먼저 땅을 달라고 떼를 썼다. 이런 수모를 당하자 회왕은 드디어 마지막 결기를 보였다.

"진이 나를 속이더니 이제 나를 핍박하여 땅까지 얻으려고 하는구나!"

회왕이 땅을 줄 수 없다고 하니 진은 회왕을 억류했다. 진의 강폭함에 초인들은 물론 여러 제후들도 혀를 내둘렀다. 왕은 진에 억류되고 태자는 제에 인질로 갔다. 초는 어떻게 이 상황을 타계할 것인가?

이렇게 진과 초가 모두 제를 바라보던 시절 제나라에서 맹상군이라는 봉호로 더욱 유명한 설공 전문이 정치 일선으로 나왔다. 그는 기본적으로 합종주의자였다. 이때 제에 새로 왕이 들어섰으니 바로 재주도 크고 야심은 그보다 더 큰 민왕이었다. 진과 초가 서로 척을 지고 각자 제를 우방으로 얻으려 하자 제는 국제적으로 위상이 훨씬 높아졌다. 제는 어떤 행보를 보일 것인가?

2. 왕의 품격을 가진 봉군

맹상군의 아버지 정곽군 전영은 수많은 식객을 거느린 것으로 유명하다. 그러나 맹상군은 아버지보다 몇 수 위의 기량과 도량을 갖춘 이였고, 모든 재원을 식객을 먹이는 데 쓸 정도로 사람들을 모았다. 그는 공족이었지만 열국을 여행하면서 제나라 외교를 좌지우지했을 뿐만 아니라 군대를 이끌고 천하를 누볐다.

그는 출발부터 범상치 않았다. 《사기》〈맹상군열전〉에 나오는 이야기다. 아버지 전영은 첩이 무려 마흔 명이나 있었는데 아들 전문은 첩의 소생이었다. 당시 5월에 태어난 아이는 아버지를 해친다는 속설이 있었는데 마침 그는 5월 5일생이었다. 그래서 아이가 태어나자 전영은 아이를 버리라 했는데 첩은 차마 버리지 못하고 키웠다. 전문이 장성하자 어머니가 손을 써서 아버지를 뵙는 자리를 만들었다. 버린 줄 알았던 아들이 찾아오자 전영은 그 어머니에게 심하게 화를 냈다.

"내가 이 아이를 버리라고 했거늘, 감히 살려둔 이유가 무엇이냐?"

어머니 대신 전문이 머리를 조아리며 당돌하게 물었다.

"군(아버지 전영)께서 5월에 태어난 아이를 거두지 않으려 하신 이유는 무엇인지요?"

"5월에 태어난 아이는 키가 지게문에 닿을 때면 장차 그 부모에게 불리하다(부모를 해친다) 하기 때문이다."

"사람은 하늘로부터 명을 받습니까, 문짝으로부터 명을 받습니까[人生受命於天乎, 將受命於戸邪]?"

"……."

"분명 하늘로부터 받는다면, 군께서는 무슨 걱정이십니까? 문짝에게서 받는다면 문짝을 높이면 될 따름입니다."

이 말을 들은 전영이 말했다.

"이제 그만하거라."

전영은 아들의 재량을 알아보고 빈객을 접대하는 일을 시켰는데 집안에 객이 점점 늘어났다.

훗날 맹상군이라 불리며 설 땅을 봉지로 전국을 쥐락펴락했던 이 사나이는 어느 정도의 도량을 가지고 있을까? 그는 역사상 여러 사람들의 입에 회자되는 숱한 이야기를 뿌렸다. 특히 그의 도량에 관한 이야기는 놀랄 만큼 많다. 맹상군이 남긴 일화 몇 개를《전국책》〈제책〉을 통해 들어보자.

맹상군의 식객 중 어떤 이와 맹상군의 부인이 서로 사랑했다[相愛]고 한다. 그러자 다른 이가 이를 듣고 맹상군에게 일렀다.

"군의 식객이 된 자로서 안으로 부인과 서로 사통하다니 참으로 불의한 자입니다. 군께서는 그자를 죽이십시오."

맹상군이 대답했다.

"외모를 보고 서로 연정을 품는 것은 인지상정이오. 내버려 두시고 더 말씀하지 마시오."

1년 후, 맹상군은 부인을 사랑한 이를 불러 말했다.

"그대와 저 문이 교류한 지가 오랩니다. 큰 관직은 얻을 수 없고, 작은 관직은 공이 또 원하지 않았습니다. 위衛나라 군주와 저는 포의의 사귐이 있습니다. 수레와 말과 피륙과 비단을 준비하겠으니 위나라 군주를 따라가 보시기 바랍니다."

그래서 그 사람은 위나라에 가서 일했다. 그런데 어떤 일로 위나라가 제나라를 배신하려 한 적이 있었다. 그 사나이는 이런 말로 위왕을 위협했다고 한다.

"군주께서 저의 말씀을 들어주신다면 되겠으나, 그렇지 못하겠다면 신이 못나서 그런 것이니 저는 당장 제 목의 피를 족하의 옷깃에 뿌리겠나이다."

물론 이런 언사는 무뢰배의 위협 수단이지 국가의 일을 하는 자의 소행이 아니다. 그러나 맹상군이 사람들의 마음을 얻는 수준이 이 정도였다.

또 이런 이야기가 있다. 맹상군이 여러 나라들을 순방하다가 초에 이르자, 초가 상아로 만든 침대를 선물로 주었다. 이를 제나라로 옮겨야 해서 초나라 사람에게 일을 맡겼다. 그러나 그 비싼 상아 침대를 제나라로 옮기려고 하는 사람이 누가 있겠는가? 일을 떠안은 사람이 맹상군의 문인 공손수公孫戍에게 호소했다.

"상아 침대 값이 천금인데, 털끝만치라도 흠이 나면 처자를 팔아도 배상할 수가 없습니다. 이 일을 면하게 해주시면 선대의 보검을 드리겠습니다."

그러자 공손수는 맹상군을 찾았다.

"신은 군께서 침대를 받지 않기를 원하옵니다."

"왜 그렇소?"

"작은 나라들이 모두 와서 군께 재상의 인수를 준 것은, 군께서 제나라에 있으면서 능히 가난하고 궁한 나라를 떨쳐 일으켜 세우고, 망하는 나라를 살리고 후사가 끊어지는 것을 이어준다고 들었기 때문입니다. 작은 나라의 영걸지사英傑之士들이 모두 나라를 들어 군께 일을 맡기는 것은 진실로 군의 의리를 기뻐하고, 군의 청렴함을 사모했기 때문입니다. 지금 군께서 초나라에 와서 (그 귀한) 상아 침대를 받았으니, 앞으로 방문할 나라들은 장차 무엇으로써 군을 모시오리까? 신 수는 군께서 받지 않기를 원하옵니다."

맹상군은 느끼는 바가 있었다.

"허락하오. 받지 않으리다."

이 일이 있은 후 맹상군은 문판에 이렇게 썼다.

"나 문의 이름을 드날리고 나의 잘못을 그치게 해주어 사적으로 밖(외국)에서 보물을 받고자 하는 이는 급히 들어와 간하라."

맹상군은 제후들의 신뢰를 받았기에 합종장이 될 만한 자질을 가지고 있었다. 그러나 앞에서도 살펴보았듯이 설을 봉지로 가진 맹상군의 집안은 제나라 왕실의 견제를 받고 있었다.

《전국책》〈제책〉에 이런 이야기가 나온다. 언제인지 정확히 모르지만 맹상군이 설에 있을 때 초나라가 공격해왔다. 순우곤淳于髡'이 사신으로 초나라에 갔다 오는 길에 설에 들렀다. 맹상군이 사람을 보내 예를 갖추고 교외에서 맞으며 말했다.

"초인들이 설을 공격하는데 어른께서는 걱정해주시지 않으니, 저 문文은 (싸움에 질 테니) 이제 어른을 다시 모실 수 없을 것 같습니다."

순우곤이 대답했다.

"공경히 명을 받겠습니다."

그가 돌아와서 사신으로 간 일의 보고를 마치자 왕이 물었다.

"초나라에서 뭘 파악했소이까?"

"초나라는 꼭 싸울 요량이고, 설도 그 힘을 생각하지 않고 있습니다 (맞붙으려 한다는 뜻)."

"어찌 그렇소?"

"설은 제 힘을 헤아리지 않고 선왕을 위해 묘당을 세웠습니다. 초는 기어이 공격하겠다고 하니 묘당은 분명 위태로울 것입니다. 그러니 제가 설은 힘을 헤아리지 않고 묘당을 세웠고, 초는 심히 완고하다고 말하는 것입니다."

제왕은 이 소리를 듣고 안색이 바뀌며 말했다.

• 《사기》〈골계열전滑稽列傳〉에는 우스갯소리를 잘하지만 진심으로 남을 교도하는 사람의 전형으로 묘사되어 있다.

"아, 선군의 묘가 거기 있구려."

그러고는 급히 군사를 일으켜 설을 구원했다고 한다.

설은 원래 제나라 땅인데 유세를 듣고서야 구원하는 이유가 무엇일까? 제 민왕은 맹상군을 견제하고 있었다. 여기서 찬탈자라는 원죄를 갖고 있던 제나라 전씨 왕족의 약점이 또 나타난다. 찬탈자는 다시 찬탈당하는 것을 두려워할 수밖에 없다. 문제는 제 민왕이 선왕보다 용렬했다는 점이다. 맹상군은 내외에 모두 적을 두고 있었다.

이제 제나라의 정치를 맡은 맹상군에게 첫 번째 정치적인 소임이 떨어졌다. 진이 초왕을 억류했는데, 기본적으로 합종주의자인 맹상군은 이를 빌미로 진을 치려고 했다. 그러나 진도 왕의 아우 경양군涇陽君을 인질로 보내 제와 친하고 싶어 했다. 경양군을 인질로 들인다면 상대도 답을 해야 한다. 그 조건은 무엇일까? 바로 합종주의자 맹상군이었다. 맹상군을 부르는 것은 진과 제의 연합을 공고히 한 후 삼진과 초를 도모하기 위함이었다. 이로써 맹상군은 졸지에 진으로 들어갈 처지가 되었다. 초 회왕을 억류한 진을 믿을 수 있을까?

3. 맹상군 탈출사건 ━━━━━━━━━━━━━━

진은 연일 초를 강탈하면서 제와 가까워지기 위해 애를 썼다. 그러나 제의 정치를 맡은 맹상군은 만만한 상대가 아니었다. 맹상군이 진으로 들어가면 진의 외교를 맡을 것이고, 그는 어쩔 수 없이 진과 제의 화친을 지지할 수밖에 없을 것이다. 그런 상황에서 맹상군은 고민하고 있었다.《전국책》〈제책〉에는 대단히 문학적이고 은밀한 대화가 나온다. 맹상군이 장차 진으로 들어가려고 하자 말리는 사람이 수천이었으나 듣지 않았다. 소대'도 말리고자 했으나 맹상군은 듣지 않았다.

"사람의 일은 내가 진작 다 알고 있소. 내가 아직 못 들은 것은 귀신의 일뿐이오."

"신이 오는 길에 치수淄水를 건너는데, 토우인土偶人(흙 인형)과 도경桃梗(복숭아나무 인형)이 서로 말을 건네더군요. 도경이 토우인에게 '너는 서쪽 기슭의 흙인데 빚어서 사람 모양으로 만들었지. 8월이 오고 비가 내려 치수가 너 있는 곳까지 닿으면 그만 풀어져버리겠지' 하니, 토우가 말하더군요. '그렇지 않아. 나는 원래 서쪽 기슭의 흙이었으니, (풀어지면) 다시 서쪽 기슭으로 돌아갈 뿐이지[吾西岸之土也, 吾殘, 則復西岸耳]. 너는 동쪽 나라의 복숭아 인형. 파고 깎아서 사람으로 만들었지. 비가 오고 치수가 들어차면 너를 흘려 보내겠지. 그러면 너는 표표히 떠다니며 어디로 갈지도 모르겠지.' 지금 진은 사방이 닫힌 나라로, 비유하자면 호랑이의 주둥이 같습니다. 군께서 (일단) 들어가시면 신은 군이 나올 바를 알 수가 없습니다."

맹상군은 이에 서행을 중지했다고 한다. 그러나 이 이야기는 야사일 뿐이고 실제로 맹상군은 국가의 명을 듣고 서쪽으로 떠났다.

맹상군은 일찍부터 진의 능력을 파악하는 데 열심이었다.《전국책》

• 《전국책》〈제책〉에는 소진으로 나와 있으나 〈맹상군열전〉을 따라 소대로 수정한다.

〈제책〉에 따르면 그는 이미 자신의 사람을 보내 진 소왕의 능력을 점검했다. 아마도 맹상군이 진으로 들어가기 직전에 있었던 토론으로 보인다. 이미 맹상군은 확실히 합종으로 기울어 있었다. 당시의 국제 정보전은 종횡으로 벌어졌다. 맹상군이 합종을 추구하려 하자, 공손홍公孫弘이 맹상군에게 말했다.

"군께서는 사람을 보내 먼저 진왕을 보시는 것이 어떻습니까? 살펴보고 진왕이 제왕帝王이 될 군주라 생각된다면 군께서는 그 신하가 되지 못할 것을 두려워해야 할 것인데, 어느 겨를에 합종으로 그와 대적하겠습니까? 살펴보고 진왕이 불초한 군주라 생각될 때 군께서 합종으로 그와 대적한다 해도 늦지 않습니다."

맹상군이 수긍했다.

"좋습니다. 공께서 친히 가주셨으면 합니다."

공손홍은 명을 받아 수레 열 대를 끌고 진으로 갔다. 진나라 소왕은 이 소식을 듣고 말로 모욕을 줄 결심을 하고 있었다. 공손홍이 알현하자 소왕이 말을 꺼냈다.

"설공(맹상군)의 땅이 얼마만 하오?"

"사방 100리입니다."

"과인의 땅은 사방 수천 리오. 여태껏 감히 과인에게 대드는 자가 없었소. 맹상군의 땅은 사방 100리오. 그런데도 과인에게 대들다니 가당키나 하오?"

공손홍은 당돌하게 대꾸했다.

"맹상군은 사람을 사랑하나, 대왕께서는 사람을 사랑하지 않습니다."

소왕이 물었다.

"맹상군이 사람을 사랑함이 어느 정도요?"

"의로는 천자의 신하 자리도 마다하고 제후의 친구도 되지 않으며, 뜻을 얻으면 군주 자리를 맡아도 부끄럽지 않으며 얻지 못해도 남의 신하됨을 인정하지 않는 이, 이런 이가 세 명 있습니다. 또한 다스림으로는 관중과 상앙의 스승이 될 수 있는 이로서, (주군에게) 의를 설하고 그 행동을 바로잡아[說義聽行] 주군을 패자로 세울 수 있는 이가 다섯이며, 만승의 엄한 군주라도 사자를 모독한다면 물러나 스스로 목을 찔러 기어코 피로 옷에 뿌릴 자, 바로 신과 같은 이가 열 있습니다."

소왕이 웃으며 사과했다.

"손님께서 어찌 그런 지경까지 가려고 하시오. 과인은 손님께 솔직하게 말씀드리오. 과인은 실로 맹상군은 좋아하오. 손님께서 꼭 과인의 마음을 전해주시오."

"삼가 받들겠습니다."

소왕은 맹상군을 우군으로 얻고 싶었고, 경양군을 인질로 넣었기 때문에 제 민왕은 거절하기 힘들었다. 사실 제 민왕은 맹상군을 속으로 싫어해서 진으로 보내버리고 싶었다. 제 민왕은 권모술수에 대단히 능했다. 그는 속으로 진이 삼진과 초를 공격하는 것을 은근히 바라고 있었다. 진이 동방을 공략할 때 직접 공격당할 가능성이 없는 제가 당하는 나라의 후방을 공략하겠다는 것이다. 그는 송나라를 탐내고 있었다. 이리하여 맹상군은 수많은 사람들의 우려를 뒤로하고 함곡관을 넘어 진으로 들어갔다.

맹상군이 들어가자 소왕은 그에게 재상 직을 맡겼다. 그러나 진의 모략가들이 맹상군이 기본적으로 친진 인사가 아니라는 것을 파고들었다. 또한 맹상군은 방대한 식객을 거느리고 있었기에 맹상군의 식객으로 인해 자리가 위태로워진 이들도 많았을 것이다. 그중 금수金受라는 이가 참소했다.*

"맹상군은 똑똑한 데다가 제나라 공족입니다. 지금 진의 재상이 되었으니 분명 제를 먼저 챙기고 진을 뒤로할 것인즉, 이리하면 진이 위태로워집니다."

물론 가능성이 있는 이야기였다. 맹상군은 합종론자였다. 소왕은 맹상군에게 정치를 맡기려던 마음을 그만두고 그를 구금한 후 죽일 모략을 냈다고 한다. 하지만 필자는 진이 맹상군을 죽이려 했다는 말은 믿지 않는다. 국경을 맞대지 않기에 땅도 얻을 수 없는데 죽이기까지 하여 원한을 사는 무리수를 두겠는가? 그러나 맹상군에게 정치를 맡기지 않고 그를 정치적으로 제거하려고 한 것은 분명하다. 맹상군은 초회왕처럼 어수룩하게 당할 이가 아니다. 그에게는 수많은 식객이 있었다. 여기서 약간의 야사가 등장하는데 재미있는 일화여서 소개한다.

맹상군은 진의 의도를 알아차리고 탈출을 결심했다. 그러나 어찌할 바가 없어서 소왕의 애첩에게 줄을 댔다. 그런데 애첩은 이렇게 요구했다.

---

* 《사기》〈맹상군열전〉에는 참소한 사람의 이름이 나오지 않지만 《사기》〈진본기〉에 금수라는 이름이 나온다.

"첩은 군의 호백구狐白裘(흰 여우 가죽 갖옷)를 갖고 싶습니다."

그 갖옷은 천하에 둘도 없는 명품이었다. 그러나 맹상군은 이미 그 갖옷을 소왕에게 바친 후였다. 빈객들과 의논해도 답이 안 나오는 차에 어떤 이가 나타났다.

"제가 그 옷을 구해 올 수 있습니다."

좌중이 돌아보니 그는 원래 개 소리를 흉내 내어 좀도둑질을 하던 자였다. 그런데 이 친구는 과연 개로 가장하여 개구멍으로 궁으로 들어가 창고에서 그 옷을 훔쳐 왔다. 그래서 그 갖옷 덕택에 첩이 소왕에게 맹상군의 구금을 풀어주라고 하니 맹상군이 풀려났다.

맹상군은 풀려나자마자 동쪽으로 말을 몰았다. 맹상군이 함곡관에 이르니 아직 한밤이었다. 진의 법에 첫 닭이 울기 전에 관문을 열어서는 안 되었다. 맹상군이 달아난 것을 안 진은 바로 추격병을 보냈다. 꼼짝없이 잡힐 순간에 이번에는 닭 울음소리를 흉내 낼 수 있는 이가 나타나 꼬끼오 소리를 내자 닭들이 따라 울었다고 한다. 이리하여 맹상군은 함곡관을 벗어났다.

독자들은 이런 야사를 믿기 어려워할 것이다. 그러나 진이 맹상군을 죽이려 하지는 않았더라도 맹상군이 위협을 받아 진을 탈출한 것은 사실이다. 맹상군은 진에게 이를 갈았다. 이후로 맹상군은 합종주의자의 태도를 굳히게 된다. '진은 결국 제의 적수가 될 것이다.'

4. 맹상군의 제2차 합종

맹상군은 돌아오자 바로 반진 연합 작전을 구상했다. 당시 합종을 기획하던 인사들의 면면도 만만치 않았다. 여러 번 촌철살인의 계책을 냈던 진진의 합종론을 들어보자.

맹상군이 등장한 후 소진의 제1차 합종에 이어 제2차 합종이 진행되므로, 이 유세가 그 무렵에 행해졌다고 보아도 무방할 것이다. 진진의 말은 단호하다. 진秦이 위를 치자 진진이 삼진을 연합해놓고 동쪽으로 가서 제왕에게 유세했다.[●]

옛날 왕자王者들께서 정벌을 하신 이유는, 정벌로써 천하를 바로잡고 공명을 세워 후세를 위하고자 함입니다. 지금 제·초·연·조·한·위〔梁〕 여섯 나라들이 (서로 싸워) 번갈아듦(遞. 우열의 교체)이 심하지만, 어느 한 나라도 공명을 이룰 정도가 되지 못하고 그저 진을 강하게 하고 자신을 약하게 하기에 꼭 맞으니 이는 산동 나라들에게 상책이 아닙니다. 산동 나라들을 위태롭게 할 능력이 있는 이는 바로 강한 진입니다. 강한 진을 우려하지 않고 서로 우열을 번갈아 가며 지치고 약해져서 양쪽 모두 나라를 진에게 넘겨줄 판이니, 이것이 신이 산동의 나라를 위해 걱정하는 바입니다. 천하가 (스스로) 진을 위해 자기들끼리 칼부림을 하니 진은 일찍이 힘들인 바가 없고, 천하가 진을 위해 서로

● 《전국책》 〈제책〉에 나오는 유세다.

삶아 죽이니 진은 땔감을 댈 필요도 없었습니다[天下爲秦相割,'秦曾不出力, 天下爲秦相烹, 秦曾不出薪]. 어찌하여 진은 총명한데 산동의 나라들은 이리도 어리석습니까? 대왕께서는 이를 살피소서.

옛날 오제·삼왕·오백五伯(오패)의 정벌은 무도한 자를 치는 것이었습니다. 지금 진이 천하(산동의 나라)를 치는 것은 그렇지 않아서 기어이 나라를 뒤엎고, 그 나라 군주에게는 반드시 죽음의 치욕을 안기며 백성들은 반드시 죽이거나 포로로 만듭니다. 지금 한과 위 백성들의 눈물이 일찍이 마를 날이 없건만 제나라 백성들만 이를 면하고 있습니다. 이는 진이 제를 친하게 여기고 한과 위를 멀게 여겨서 그런 것이 아니라 제는 멀고 한과 위는 가깝기 때문일 따름입니다. 허나 장차 제도 진과 경계를 가까이 할 것입니다. 진은 지금 진의 강絳과 안읍安邑을 공격하고 있으니, 진이 강과 안읍을 얻으면 동쪽으로 황하를 따라 수륙으로 제를 공격하여 제가 가진 바다까지 들어내** 관통하면 초·한·위는 고립을 면할 수 없을 테고, 북으로 고립된 연과 조를 겨눈다면, 제는 손을 쓸 방법이 없어집니다. 대왕께서는 깊이 생각하소서.

지금 삼진은 이미 뭉쳐서 다시 형제의 약속을 맺어 정예병을 내보내

- 흔히 "천하가 진을 위하여 땅을 떼어준다(할양한다)"로 새기나, 이어지는 문장과 호응되지 않는다. 한이나 위는 몰라도 연이나 제가 진에 땅을 떼어줄 일은 없다. "相割相烹", 즉 자기들끼리 땅을 얻거나 원한을 갚으려고 그악스럽게 싸운다는 뜻이다.

- • 원문은 "表裏河以東攻齊"이다. "황하를 안팎[表裏]으로 삼아 동으로 제를 공격한다"는 뜻인데, "안팎"은 무슨 뜻일까? 두 가지 해석이 가능한데, 황하의 남과 북을 따라 동진한다는 뜻과 수로와 육로를 따라 동진한다는 뜻이다.

위나라의 강과 안읍을 지키고 있으니 이것이 만세의 대책입니다. 제가 급히 정예를 내보내 삼진과 결합하지 않는다면 뒤에 분명 걱정거리가 있을 것입니다〔必有後憂〕! 삼진이 합치면 진은 감히 위를 공격하지 못할 것이고, (방향을 틀어) 필시 남쪽으로 초를 공략할 것입니다. 초와 진이 싸움에 얽혀 빠져 나오지 못하면, 삼진은 제가 자기 편을 들어주지 않은 것에 노하여 분명 동쪽으로 제를 공격할 것입니다. 이것이 신이 분명 제에 큰 걱정거리가 생길 것이라고 한 이유입니다. 그러니 급히 군대를 내어 삼진과 합치는 것이 좋습니다.

제는 제안을 받아들여 과연 군대를 내어 삼진과 합쳤다고 한다. 맹상군은 자신을 감금하려고 한 것에 보복도 하고, 진이 초 회왕을 감금한 것에 징벌도 할 겸 연합군을 모았다. 맹상군은 신의와 실력을 동시에 갖춘 이였고 이번에는 강한 제가 주도했으니 핍박당하던 한과 위가 동의하지 않을 수가 없었다. 《사기》〈육국연표〉에는 한·위·제가 진을 공격했다고 되어 있고 《사기》〈맹상군열전〉도 마찬가지이지만, 《사기》〈진본기〉에는 제·위·한·조·송·중산이 함께 공격했다고 한다. 조는 무령왕의 비개입 정책으로 참가하지 않았거나 최소한의 병력을 보낸 듯하다. 조는 중산을 계속 공략하는 중이었고 삼국이 진을 칠 때를 노렸다는 것을 앞 장에서 살펴본 바가 있다.

이번 싸움은 기존과 완전히 달랐다. 《사기》〈육국연표〉에는 하루 동안 황하와 위수가 멈췄다고 씌어 있다. 사마천은 진의 역사책인 《진기》를 보고 연표를 만들었는데 진이 이겼다면 분명 몇 명을 죽였다는 기사가 있었을 텐데 없다. 이 싸움은 어쩌면 병사들의 시체로 황하와 위수를 막을 만큼 격렬했고 진은 패했을 것이다. 그때 연합군의 위세는 대단했던 모양이다.《전국책》〈진책〉에 아래와 같은 기사가 나온다. 이렇게 허겁지겁 강화를 요청한 것을 보면 진이 급했던 모양이다.

삼국(제·한·위)이 진을 공격하여 함곡으로 들어오자 진 소왕이 누완에게 말했다고 한다.

"삼국의 군대가 깊이 들어왔소. 과인은 하동의 땅을 떼어주고 강화하고 싶소."

그때 정세는 삼국의 군대가 함곡관을 넘어서면 함양까지 위험해진다는 인식이 있었다. 그리해서 하동의 세 성을 주고 강화했다. 〈진본기〉에 따르면 연합군은 염지鹽氏(미상의 지명)까지 쳐들어왔고, 진은 한과 위에 하북河北과 봉릉封陵을 주어 강화했다고 한다. 맹상군은 또한 인질로 와 있던 초의 태자도 돌려보냈다. 맹상군은 이리하여 국제 정치 무대의 거인으로 우뚝 섰다.

초 회왕은 어떻게 되었을까? 그는 진에서 슬픈 생을 마감하고 시체가 되어 고국으로 돌아갔다. 실책으로 점철된 재위기였지만 마지막만은 진의 요구를 거부하는 결기를 보여주었다. 그러나 그로 인해 강대했던 초가 중등 국가로 전락한 것은 바꿀 수 없는 사실이다.

5. 모신이 전신을 등용하다: 이궐의 싸움 ━━━━━

이제 동방과 서방을 한번 대비시켜볼 차례다. 제 민왕은 재주가 대단할 뿐 아니라 교만하고 의심이 많았다. 제나라 왕에게 항상 설 땅의 봉군은 손톱 밑의 가시와 같은 존재였는데, 맹상군의 명망이 높아질수록 제 민왕의 불만도 커졌다. 맹상군이 반란을 일으키려 한다는 투서도 계속 들어갔다. 마침 맹상군의 문객 중 한 사람이 민왕을 위협한 사건이 발생하자 맹상군은 국외로 달아났다. 조사해보니 반란의 증거는 없었다. 이 일로 맹상군은 귀국했으나 설로 물러나서 조용히 살 것을 청했다. 민왕은 이를 용납했다.

그런데 서쪽 진에서는 왕의 외삼촌인 양후 위염이 실력자들을 모으는 데 열심이었다. 위염은 왕위를 위협할 수 있는 이들을 모조리 죽여 소왕의 자리를 안정시킨 이이며, 그 뒤에는 여걸 선태후가 있었다. 위염은 선태후의 동생이고, 선태후는 소왕의 어머니다. 위염의 동생인 미융芈戎 또한 군대를 부리는 데 재능이 있었다. 소왕이 어릴 적 위염은 함양을 지키는 일을 했고, 궁중의 일은 거의 위염과 선태후가 처리했기에 그의 위세는 왕과 버금이었다.

마침내 기원전 294년, 정력적인 합종주의자 맹상군이 실각하자 당장 한과 위가 진의 시달림을 받았다. 진은 먼저 위를 쳤고 이어 한을 쳤다. 그러자 위와 한이 연합하여 진에 대항했지만 맹상군이 없는 제는 역시나 몸을 사려 전선에 서지 않았다. 이 싸움을 이끈 진의 장수가 바로 백기다(우리는 다음 권에서 백기의 처절한 활약을 지켜볼 것이다). 모신 위염이 전신 백기를 기용한 것은 삼진에게는 재앙이었다. 백기는 어떻게 연합군을 격퇴할 것인가?

이궐에서 백기의 진군과 한-위-동주의 수십만 대군이 대치했다. 결론부터 말하자면 이 싸움에서 진은 연합군 24만 명의 목을 베었고, 한의 주장 공손희公孫喜를 사로잡았으며, 다섯 성을 함락시키고 황하를 건너 안읍을 공격했다고 한다. 24만 명을 죽이는 일이 가능한 것일까? 이 싸움에 대한 역사 기술은 의외로 적은데 엉뚱하게 《전국책》〈중산책〉에 백기가 왕에게 한 말에서 등장한다. 백기는 소왕에게 이궐의 싸움을 이렇게 회상했다.

> 이궐의 싸움에서 한은 세력이 작으니 위를 돌아보면서 자국의 군대를 먼저 쓰지 않으려고 했습니다. 반면 위는 한의 예리함을 믿어 한을 밀어 선봉으로 세우려고 했습니다. 두 군대가 서로 편한 것을 원했으나 힘은 달랐기에, 신이 의병疑兵을 두어 한군을 상대하며 전력을 모아 준비가 되지 않은 위군을 들이쳤습니다. 위군이 이미 패하자 한군은 자멸했고, 승세를 타고 따라잡아 공을 세울 수 있었습니다. 이는 모두 유리한 바를 계산하여 형세를 탄 것이니 자연의 이치일 뿐 어찌 신병神兵이 있겠습니까?

한과 위는 서로 눈치를 보고 있었다. 한은 자신의 적은 군세를 상하지 않고자 위에게 미뤘고, 위는 한의 군대가 정예라 생각하여 한에게 선봉을 미루고 대비하지 못했다. 한이 진의 유인 부대[疑兵]와 대치하고 있을 때 갑자기 백기가 전군으로 위군을 치니 위군이 격퇴되고, 위군이 격퇴되자 한도 궤산했다는 것이다. 24만 명을 죽이는 일은 정상적인 대치 과정에서는 있을 수 없다. 그날 한과 위는 전열을 완전히 잃고 일방적으로 당했음이 분명하다. 그들에게는 전날의 맹상군과 같은 주도적인 사람이 없었다.

도주한 위군은 완전히 겁을 먹고 방어적인 태세로 돌아선 듯하다. 《전국책》〈서주책〉에 이궐의 싸움 후의 일이 기록되어 있다. 백기가 이궐에서 위장 서수犀首를 꺾고 위를 도운 주나라로 진격한다. 그때 서주 난왕은 위나라에 가서 구원을 요청했지만 위 소왕은 자국의 상당이 더 급하다면서 구원 요청을 거부했다. 난왕은 오는 길에 위나라 양梁의 원유苑囿를 보고 부러웠다. 그는 화가 날 수밖에 없는 입장이었다. 이때 기모회綦母恢란 이가 난왕을 위해 위 소왕을 만났다. 위 소왕은 구원군을 보내지 않았기 때문에 미안한 처지였다.

"주나라 군주는 과인을 원망하고 있소?"

"주나라 군주가 원망하지 않으면 누가 왕을 원망하겠습니까? 저는 왕이 걱정스럽습니다. 주나라 군주는 지모가 있는 사람입니다. 또한 나라를 들어 왕을 위해 진을 막아주었는데 이번에 왕께서는 막아주지 않았습니다. 신이 보기에 분명 주왕은 나라를 들어 진을 섬길 것입니다. 진은 요새 밖의 병사들을 모두 데리고 주의 군대와 더불어 귀국의 남양을 공격할 것인데, 그러면 상당으로 가는 길은 끊어집니다."

"그럼 어찌하면 좋겠소?"

"주나라 군주는 형세상 진을 섬겨서 이로울 것이 조금도 없으며, 그는 또한 자그마한 이익을 좋아합니다.* 지금 원군 3만 명과 온溫 땅의 원유를 주시지요. 그가 이를 얻으면 (원조 온) 부형 백성들에게 감사하고 원유에서 나는 이익을 즐길 테니, 분명 진에 붙지 않을 것입니다."

그러자 위 소왕은 주에 온의 원유를 주고, 또 원군도 보냈다고 한다. 《전국책》〈서주책〉에는 주가 조를 끌어들이려는 노력도 했다고 나와 있다. 이궐에서 이긴 진이 서주로 진격하자 어떤 이가 조나라의 실력자 이태李兌에게 이렇게 유세했다고 한다.

"군께서는 진이 주를 공격하지 못하게 하는 것이 낫습니다. 조나라에게 가장 좋은 책략은 진과 위가 다시 싸우도록 하는 것입니다. 지금 진이 주를 공격하여 얻는다면 군사들을 많이 상하게 할 수밖에 없을 겁니다. 또한 진은 주를 얻을 생각에 분명 위를 공격하지 않을 것입니다. 진이 주를 공격하여 얻지 못한다면 앞에서 위를 이기느라 고생하고 뒤에 주를 공격하여 실패했으니, 분명 위를 공격하지 않을 것입니다. 지금 군께서 진이 주로 진격하는 것을 막으시면 진은 위와 강화하지 않을 것입니다. 이는 조를 온전하게 하고 싸움을 그치게 하는 일이니 분명 감히 제안을 거부하지 않을 것이고, 또한 군께서 진을 물리치고 주를 안정시키는 것입니다. 진이 주를 포기하면 분명 다시 위를 공격할 것이고, 위는 견디지 못하고 군께 기대어 강화를 시도할 것입니다. 그러면 군의 위치는 중해집니다. 만약 위가 강화를 하지 않고 끝내 싸운다면, 이는 군께서 주를 존속시키고 진과 위를 계속 싸우게 만드

• "周君形不小利事秦而好小利." 앞의 "小"는 잘못 들어간 것으로 추측된다.

는 것이니 역시 오로지 조나라만 중해집니다."

이 책략이 얼마나 먹혔는지 지금은 알 수 없다. 다만 조가 어떤 군사 행동을 했다는 자료는 남아 있지 않다. 조의 개입을 바라는 것은 주의 희망사항이었을 것이다. 조는 일부러 진을 건드릴 마음이 없었다.

이 싸움으로 진의 위세는 한층 더해져서 이제 한과 위를 몰아 초를 치겠다는 위협의 편지를 보냈다. 그러자 초는 전전긍긍할 뿐 진에게 대들 생각을 하지 못했다. 백기의 등장으로 향후 싸움의 규모와 강도는 한 단계 상승한다. 백기와 싸우면 미지근한 결과를 얻을 수 없었다. 백기는 싸웠다 하면 완승이었고, 이긴 후에는 부하들이 닥치는 대로 수급을 얻도록 허락했다.

6. 복수를 노리는 연 소왕

지난날 자지의 난 때 제 선왕은 연을 거의 얻었다 놓치고 말았다. 그 와중에 연의 왕족이 느낀 수치는 이루 다 말할 수 없었다. 연 소왕은 사실상 제가 세운 왕이었지만 속으로는 제에 복종하지 않았다. 연과 제는 꼭 춘추시대 말기의 월과 오처럼 속마음을 숨기며 서로를 노리고 있었다. 연은 나라를 빼앗길 뻔한 적이 있기에 항상 제에 아부했지만 복수의 기회를 노리고 있었다.

연 소왕은 영걸이었다. 그는 편벽한 연에 부족한 인재들을 모으는 일부터 착수했다. 그는 거의 깨어진 연을 이어받아 즉위했기에, 몸을 굽혀

연나라 하도 성벽. 연 소왕은 사실상 제가 세운 왕이었지만 속으로는 제에 복종하지 않았다. 연과 제는 춘추시대 말기의 오와 월처럼 속마음을 숨기며 서로를 노리고 있었다. 연나라의 별도였던 하도는 지세가 험난해 적의 공격을 수비하기 용이했다.

후하게 사례를 주며 인재들을 초빙하여 제에게 원수를 갚고자 했다. 마치 월왕 구천이 복수를 노리면서 범려와 문종을 중용한 것과 같다. 그는 먼저 곽외郭隗를 찾아가 물었다.《전국책》〈연책〉에 나오는 기사다.

 "제는 우리나라의 난리를 틈타 공격해서 우리를 깨뜨렸습니다. 과인은 우리 연이 복수를 하기에는 작고 힘이 적은 것을 너무나 잘 알고 있습니다. 허나 뛰어난 선비들을 얻어 나라를 함께 다스려 선왕의 치욕을 설욕하는 것이 과인의 소원입니다. 감히 원수를 갚을 방도를 묻고자 합니다."

 곽외가 대답했다.

"(초략) 왕께서 진실로 나라 안의 현자들을 널리 얻고자 하신다면 그 집 앞까지 찾아가 만나십시오. 왕께서 현명한 신하의 문 앞까지 찾아갔다는 이야기를 들으면 천하의 선비들이 분명 연으로 달려올 것입니다."

"그럼 장차 누구를 먼저 찾아가는 것이 좋을까요?"

"신이 듣기로, 옛날 어떤 군주가 1000금을 들여 천리마를 구하려 했으나 3년이 지나도록 얻지 못했다고 합니다. 그때 청소부가 '제가 한번 구해보겠습니다' 해서 보냈더니 500금을 주고 죽은 말의 머리를 사서 보고하는 것이었습니다. 군주는 크게 노했지요. '산 말을 구하라고 했더니 어찌 죽은 말을 사서 500금이나 버렸는가?' 청소부는 대답했답니다. '죽은 말도 500금으로 사는데 산 말은 오죽하겠습니까? 천하는 분명 왕께서 말을 살 수 있다고 생각할 테니 말은 금방 도착할 것입니다.' 그러자 한 해도 되지 않아 천리마 세 필이 왔다고 합니다. 지금 왕께서 진실로 선비들을 찾아오게 하려면 먼저 저 곽외부터 시작하시지요. 저 같은 이도 섬김을 받는데, 하물며 저보다 나은 이들은 말할 나위가 없겠지요. 어찌 1000리를 멀다 하겠습니까?"

이리하여 곽외를 우대하니, 위에서 악의가, 조에서 극신劇辛이, 제에서 추연鄒衍이 왔고, 무수한 인재들이 연으로 몰려들었다고 한다.

이제 연의 대 복수극을 이끌 인재들의 면면을 보자. 앞으로 연이 원한을 감추고 제를 치는 기획을 착착 진행시킬 것인데, 먼저 그중 중요한 인물은 군사 방면의 악의와 외교 방면의 소대다. 이들은 어떻게 연으로 왔을까?

먼저 악의를 보자. 《사기》〈악의열전〉에 따르면 악의는 원래 위 문후를 도와 중산을 친 악양의 후손이라고 한다. 악양의 후손들이 살던 땅이 나중에 조나라 땅에 속하게 되어서 악의는 조나라에서 출사했다. 그러나 그는 영걸 무령왕이 사구에서 불귀의 객이 되자 조나라를 떠나 위나라로 갔다. 그 역시 천하를 경략할 웅지가 있었던 셈이다.

무령왕의 아들 혜문왕은 싸움을 대단히 즐기는 사람이었다.《장자莊子》〈논검論劍〉에 혜문왕이 칼부림을 하는 인사들을 좋아했다는 이야기가 나온다. 그는 장자에게 "천자나 제후의 검은 꿈도 못 꾸면서 망나니들의 칼부림만 즐긴다"는 비판을 받는다. 실제로 무령왕 사후 혜문왕 시절에 조는 제후들의 일에 부쩍 빈번히 개입한다. 악의가 이런 수준의 왕을 모실 생각은 없었을 것이다. 그러던 차에 그는 연 소왕이 영걸에다 인물을 모은다는 것을 들었기에 연으로 들어갔다. 연으로 들어가서 악의가 소왕에게 낸 계책은 조·초·위를 끌어들여 제를 도모하자는 것이었다.

그다음으로 소대를 보자. 소대는 알다시피 소진의 동생이다. 소대가 소왕을 만나는 장면이《전국책》〈연책〉에 나온다. 그는 언제 연으로 들어갔을까? 〈연책〉에는 소진이 죽자 소대가 그 뒤를 잇고자 연왕 쾌에게 유세했다고 한다.˙ 그러나 소대가 유세한 이는 실제로는 연 소왕이

• 쾌는 자지의 난으로 죽었다. 그때가 기원전 314년이다. 이 기록을 믿는다면 소대는 자지의 난 이전에 연으로 들어간 것이다. 그렇다면 소진이 살아 있을 때 들어간 것이니 연대가 맞지 않다. 이런 연대 착오야 사소한 것이지만 소대를 받아들인 왕은 절대 연왕 쾌가 될 수 없다. 그는 무능함의 대명사이고, 재위 시절에는 연이 제에게 크게 당하지 않았으므로 기사의 내용도 모순이다. 포본 《전국책》도 이 왕은 쾌가 아니라 소왕이 분명하다고 짚었다. 《사기》는 쾌라는 이름을 빼고 그냥 연왕으로 기록했다. 모두 《전국책》 〈연책〉 기사의 문제점을 간파한 것이다.

다. 소대가 운을 뗀다.

"저는 동주의 시골뜨기입니다. 왕의 의가 심히 높고 순탄하여 왔습니다."

소왕은 그에게 제를 칠 대책을 물었다. 그는 이렇게 대답한다.

"제가 초·연·진·송을 번갈아 가며 치다가 힘이 빠졌습니다. 그리고 제 민왕은 승리에 도취되어 너무 교만해졌습니다. 그러니 인질을 보내고 제나라의 환심을 사고 신하들을 매수하십시오. 그리고 제가 송을 공략하기를 기다려 기회를 엿보십시오."

그리고 자신이 스스로 반간(이중간첩)이 되겠다고 말한다.

"안의 도적이 내응하지 않으면 밖의 적은 발을 들일 수 없다고 합니다. 왕께서는 밖을 다스리시면, 신이 (제나라) 안에서 화답할 테니, 이것이 제나라를 망하게 하는 형세입니다."

연 소왕이 대답했다.

"나는 제나라에게 깊은 원한과 분노를 가지고 있어, 보복을 다짐한 지가 2년이오. 제는 원수의 나라니, 과인이 치고자 하는 대상이오."

이제 《전국책》〈연책〉의 다른 기사를 통해서 당시의 정황과 소대의 계략을 살펴보자.* 우리는 다음 기록에서 몇 가지 중요한 내용들을 알게 된다. 먼저 제 민왕이 연을 부리면서 반대 급부는 전혀 주지 않았다는 사실이다. 연은 이런 모욕을 참을 수 없었을 것이다. 또한 제 민왕이

• 몇 문장이 순통치 않다. 다행히 《사기》〈소진열전〉은 순통치 않은 부분들을 수정해놓았다. 순통치 않은 부분들은 〈소진열전〉을 참고하여 고쳤다.

초의 회북과 송을 동시에 노렸다는 사실이다. 국가의 역량을 생각할 때 무리한 짓이었다. 제나라가 송을 치려 할 때 소대가 연 소왕에게 보낸 편지를 읽어보자. 그는 충실히 반간의 역할을 수행하고 있다. 먼저 그는 제를 도와 송을 칠 생각을 말라고 한다.

만승의 반열에 있으면서 제나라에 인질을 보낸 것은 이름을 더럽히고 권위를 깎아먹는 일입니다. 제를 섬겨 송을 치는 것을 도우면 백성이 피폐해지고 물자가 낭비됩니다. 송을 깨고, 초의 회북까지 멸하여 제를 비대하게 한다면, 원수(제)는 강해지고 연은 약해집니다. 이 셋은 모두 국가의 큰 실패인데도 족하께서 이를 행하려 하심은 장차 제로부터 입을 해를 제거하고 신임을 얻기 위해서겠지요. 그러나 제는 족하께 믿음을 더해주기는커녕 연을 싫어함이 더욱 심해질 것입니다. 그러니 족하께서 제를 섬기는 것은 잘못입니다. 대저 인민을 피로하게 하고 물자를 낭비하면서도 한 척의 공도 얻지 못하고, 송을 깨뜨려 원수를 살찌운다면 누대로 그 화를 짊어지게 될 것입니다. 송과 회북을 합치면 힘이 만승의 나라와 버금인데, 제가 이를 병탄하면 또 다른 제 하나를 덧붙이는 격입니다. 북이北夷의 땅 사방 700리에 노魯와 위衛를 합치면 역시 힘이 만승의 나라와 버금이니, 제가 이를 합치면 이제 제 두 개를 더하는 격입니다. 대저 연은 제나라 하나의 힘도 견디지 못하는데, 지금 제나라 셋이 연을 상대한다면 그 화는 필시 클 것입니다.

그렇다면 소대는 어떤 대책을 가지고 나올까? 기상천외하게도 그는 진을 끌어들여 제를 치자고 한다. 제는 진을 비롯한 열국들이 간섭하지 않는 순간을 노려 송을 치려고 하는데 진이 배반한다면 어떻게 될까? 그리고 과연 어떻게 진을 끌어들일까? 소대는 연과 조와 힘을 합치자고 한다.

왕께서는 전화위복·인패위공因敗爲功하고 싶으십니까? 그러면 제를 패자로 인정하고 후하게 존중하여, 주실에서 맹약을 맺고 진의 부절을 모두 불태워 버리며, "최상의 계책은 진을 깨는 것이고 그다음은 진을 영원히 소외시키는 것이다"라고 약조하는 겁니다. 소외된 채로 깨어질 날을 기다리자면 진왕은 분명 걱정에 빠질 것입니다. 진은 오대五代로 제후들의 맹주로 있었는데 지금 제의 밑에 처하게 될 판이니, 진왕은 분명 기어이 제를 곤경에 빠뜨리기 위해 한 나라의 국도를 아까워하지 않고 공을 이루려 할 것입니다. 그러니 왕께서는 포의지사 한 명을 보내 제를 곤경에 몰아넣는 방도로 진왕에게 이렇게 유세하는 겁니다.

"연과 조가 송을 깨뜨려 제를 살찌워 높이고 그 아래 처하는 것은 그걸 이익이라 여기기 때문이 아니라 형세상 어쩔 수 없기 때문입니다. 왜 형세상 어쩔 수 없습니까? 바로 진을 믿을 수 없기 때문입니다(후방을 교란하든지 지원을 주지 않든지 하는 위험이 있다는 뜻). 왕께서는 어찌 믿을 수 있는 이를 보내 연과 조를 거두지 않으십니까? 경양군涇陽君과 고릉군高陵君(진 소왕의 친동생들)을 연과 조로 보내시어, 진이 배반하면 인질로 삼으라고 하면 연과 조는 진을 믿을 것입니다. 진이 서제가 되고 조가 중제가 되며 연이 북제가 되어 삼제의 이름으로 제후들에게 명을 내리는 것입니다. 한과 위가 듣지 않으면 진이 치고, 제가 듣지 않으면 연과 조가 친다면, 천하에 누가 감히 명을 듣지 않겠습니까? 천하가 명을 들으면, 한과 위를 몰아 제를 공격하며 말하길 '반드시 송의 땅을 돌려주고, 초나라의 회북 땅도 반환하라' 하는 것입니다. 대저 송과 회북의 땅을 돌려주는 것은 연과 조에 모두 이익으로 여기는 것이며, 삼제가 함께 서는 것도 연과 조가 모두 원하는 것입니다. 대저 (제齊를 약화시키는) 이익을 실제로 얻고 (제帝가 되고자 하는) 원하던 이름마저 얻는다면, 연과 조는 헌신짝처럼 제를 버릴 것입니다. 지금 왕께서 조와 연을 거두어들이지 않으면 제는 분명 패자가 될 것입니다. 제후들이 모두 제를 따를 때 왕께서 홀로 따르지 않는다면 나라가 공격을 받을 것이고, 제후들이 따른다고 왕께서도 따른다면 이는 명성이 낮아질 것입니다. 즉, 왕께서 연과 조를 받아들이지 않으시면 명성은 깨어지고 나라는 위태로워질 것이고, 연과 조를 받아들이면 명성은 높아지고 나라는 편안할 것입니다. 지혜로운 이라면 명성을 높이고 국가를 편안하게 하는 길을 버리고 이름을 더럽히고 국가를 위태롭게 하는 일을 하지는 않습니다."

진왕이 이 말을 들으면 심장을 찌르는 듯한 아픔을 느낄 것인데, 왕께서는 어찌 똑똑한 선비를 보내 진에게 이렇게 유세하도록 하지 않는 것입니까? 그러면 진은 분명 제를 칠 것입니다. 진을 얻는 것은 최상의 사귐(외교)이요, 제를 치는 것은 정당한 이익입니다. 최상의 사귐을 귀하게 여기고 정당한 이익에 힘쓰는 것이 바로 성왕聖王의 일 처리입니다.

소왕이 감탄했다.

"선왕께서 일찍이 소씨蘇氏의 덕을 입었는데, 자지의 난으로 인해 소씨는 연을 떠났지. 연이 제에 복수를 하려면 소씨가 아니면 아니되겠다."

이리하여 다시 소씨를 불러 잘 대우해주며 함께 제를 도모할 계획을 세웠다고 한다.

이제 이 장을 정리할 시간이다. 먼저 초는 대국답지 않게 갈 지 자 행보를 보임으로써 합종의 맹주가 될 자질을 잃었다. 위와 한은 진과 정면으로 싸웠지만 서로 눈치를 보느라 대패했다. 진은 제와 친하고자 했고, 제는 송을 노리고 있었다. 그런데 합종주의자 소진의 동생 소대는 연을 위하여 제를 깨뜨릴 모책을 내고 있다. 소대는 전형적인 합종주의자가 아니다. 진은 종횡으로 동맹을 맺으며 군사행동을 했지만 나머지 국가들은 그럴 역량이 없었다. 그들은 그저 임시로 동서로 연결될 뿐 공세를 취한 것은 그나마 맹상군뿐이었다. 그러나 맹상군도 제민왕의 미움을 받아 힘을 잃었다. 또한 조나라의 무령왕도 죽었고, 그의 아들 혜문왕은 용렬해서 대책 없이 이리저리 싸울 마음만 가지고 있었다.

이렇게 합종은 파멸했고 연횡은 진화했다. 다음 장에서 우리는 동방의 패자를 자임하던 제의 몰락까지 목격할 것이다. 정작 제를 친 것은 약소국 연이었고, 그때 진이 제후들을 모두 몰아 동방으로 왔다. 연횡의 진화가 실로 놀라웠다.

제7장

동제의 몰락

· · ·

앞 장에서 우리는 거대한 나라를 마치 우마 부리듯이 함부로 움직이다 몸을 망친 초 회왕을 보았다. 이제 향후 10년 동안 동방에서 정신없이 몰아치는 태풍이 지나고 과연 무엇이 남는지 살펴보시라. 재주와 욕망은 크나 덕이 없어 열국의 과녁이 되고 만 제 민왕, 자그마한 나라의 적은 인민을 가지고 패자가 되려다 나라를 잃은 송의 강왕을 통해 무엇을 배울 것인가?

술수가 난무하는 전국시대에 덕으로 세상을 얻을 수는 없지만 패덕으로 가진 것을 모두 잃을 수는 있다. 다른 나라를 얻기보다 얻은 후 굳히기가 몇 배나 어렵고, 나라의 근본인 백성을 잃고 말단 외교에 힘을 써봐야 헛일이라는 것이 난세에도 꿋꿋이 증명된다.

어느 시대든 지도자는 어느 순간 힘을 헤아려 그치고 성과를 나눌 줄 알아야 한다. 성인의 시절을 이야기하는 것이 아니다. 도둑이라도 장물을 나눌 줄 알아야 도둑질도 오래 할 수 있으니, 나눌 줄 모르는 두목은 결국 제거되게 마련이다. 동쪽의 거인이 거의 사망 직전까지 갈 때 서쪽의 거인은 회심의 미소를 지었다. 민왕의 실패를 통해 우리는 소진이 열국의 과녁이 되지 말라고 주장한 이유를 알게 된다.

1. 동제 · 서제 사건

기원전 288년, 제나라 조정에 진나라 사자가 기이한 선물을 들고 찾아왔다.

"귀국이 동제東帝(동쪽의 황제)가 되고 우리가 서제가 되는 것이 어떻겠습니까?"

위염이 이런 꾀를 낸 것은 사실 맹상군 시절에 시도된 합종을 완전히 무력화시키고 위와 한을 더욱 몰아세우기 위함이었다. 그런데 제민왕의 야심은 그보다 오히려 컸다. 그는 송과 회북을 노리고 있었다. 이 제안을 받아들일 것인가? 속으로는 연을 위하지만 상황에 따라 제를 위한 대책도 냈던 소대는 이를 반대했다. 소대가 연에서 제로 가니,

제 민왕이 말했다.

"오, 그대가 오셨구려. 진이 위염을 시켜 제를 칭하자 하오. 그대가 보기에 가능하오?"

"지금 그 요구를 들어주지 않으면 진과 척을 지는 것이고, 요구를 들어주면 천하의 반응이 두렵습니다. 그 요구를 들어주되 진이 먼저 칭하게 하고 따르는 것이 좋습니다."

늦게 제를 칭한다 해도 손해는 없지만, 먼저 칭해서 제후들의 질시를 받을 필요가 없다. 제후들이 진을 질시하면 그만두면 되니 눈치를 살피라는 이야기다.

그런데 소대는 속으로 연을 위하는 이다. 그가 과연 제를 위한 대책을 낼까? 소대는 기타 열국을 상대할 때는 제를 위한 대책을 내고, 연과 관련된 일을 할 때는 제보다 연을 앞세운다. 그의 행보는 상당히 이중적이다. 어쩌면 소진의 경우와 마찬가지로 후대 여러 유세가들의 말이 소대의 것으로 둔갑하여 소대를 다중인격자로 만들었을 가능성도 크다.

기사는 이어진다. 소대는 제帝라는 이름을 버리고 송이라는 실리를 얻으라고 한다. 제의 칭호를 버리라는 것은 타당한 말이지만 송을 치라는 말은 미심쩍다. 우리는 앞 장에서 소대가 연왕에게 제가 송을 칠때를 노리라고 한 말을 기억하고 있다. 소대가 말한다.

- 《전국책》〈제책〉을 기반으로 했다. 원문은 소진이 대답한 것으로 나오지만, 《사기》에는 소대로 수정되어 있다. 물론 소진의 말일 수는 없다.

"진과 제齊가 제帝를 칭하고 조를 벌하자고 약조를 맺는 것과, 송을 정벌하는 것의 이익 중 어떤 것이 더 큽니까?"

그리고 그는 스스로 답한다.

"조를 벌하는 것은 송을 벌하는 것보다 이익이 없습니다. 그러므로 신은 왕께서 제帝의 이름을 버리고 천하를 취하시고, (중략) 그 사이에 송을 들어내십시오. 대저 송을 얻으면 위衛의 양성陽城을 위태롭게 할 수 있고, 회북을 얻으면 초의 동국東國을 위태롭게 할 수 있습니다. 제 수의 서쪽을 얻으면 조의 하동을 위태롭게 할 수 있고 음陰[陶]과 평륙 平陸을 얻으면 위魏[梁]는 문을 열어둘 수 없게 됩니다. 그러니 제의 이름을 버리고 송을 치면 나라는 중해지고 이름은 높아지니, 연과 초는 그 위세에 굴복하고 천하도 제나라의 말을 듣지 않을 수 없습니다. 이는 탕왕과 무왕이 한 일입니다."

마치 충신이 한 말로 들리지 않는가? 진에는 허울뿐인 이름을 주고 자신들은 송을 차지한다. 그러나 소대가 한 말은 지나치게 거창하다. 제 민왕에게 탕왕과 무왕이 되는 꿈을 심어주다니 뭔가 수상한 느낌이 든다.

소대의 유세가 통한 것인지 제 민왕은 곧 제라는 이름을 버렸다. 그러니 진도 그 이름을 버렸다. 이 일은 단순히 이름 놀이가 아니다. 진과 제가 함께 제의 이름을 취하고 그 사이에 있는 나라들을 도모한다면 얼마나 두렵겠는가? 그러나 제는 이 일의 위험성을 간파했다. 진은 공격받기 어려운 땅을 차지하고 있지만 제는 세 방면으로 동시에 군대를 불러들이는 지형에 처한 나라다. 섣불리 표적이 되어서는 안 된다. 제의 이름을 버리는 것까지는 좋았다. 그러나 제후들의 표적이 되지 않고 송을 얻을 수 있을까?

2. 어느 이중간첩의 고백 ━━━━━━━━━━

제는 송을 치려고 한다. 그리고 연은 그 틈을 노리고 있다. 연 소왕은 반간을 이용하는 데 정말 능했다.˙ 소대는 그의 일급 간첩이다. 그런데 소대는 그의 형처럼 실제로 연을 사랑했던 듯하다. 그 유명한 어부지리 이야기도 소대가 연을 위해 만든 것이다.《전국책》〈연책〉에 나오는 이야기다. 조가 연을 치려고 하자 소대가 조왕에게 유세했다.

"신이 오는 길에 역수를 건너는데, 조개가 마침 나와 볕을 쬐는데 도요새[鷸]가 와서 물었습니다. 도요새가 말하길, '오늘도 비가 오지 않고 내일도 비가 오지 않으면 조개 너는 죽고 만다'고 하고, 조개는 조개대로 '오늘도 안 놓아주고 내일도 안 놓아주면 도요새 네가 죽는다'고 했습니다. 이렇게 둘이 갈라서지 않자 어부가 와서 둘을 다 잡아버렸습니다. 지금 조가 연을 쳐서 연과 조가 오랫동안 서로 싸우자면 대중이 피폐해지겠지요. 신은 강한 진이 어부가 될까 걱정됩니다."

• 《전국책》〈연책〉에 연 소왕이 얼마나 반간을 중시했는지 한 예가 나온다. 제를 공격하기 직전 연 소왕은 제나라 사람으로서 연나라에서 벼슬하는 어떤 이를 불러 공개적으로 출격을 반대하게 하고는 은밀하게 말했다. "출격을 반대하라. 나는 기어이 출격할 것이다. 그리고 그대는 이 일을 핑계로 제나라로 떠나라." 나중에 일이 실패하여 제나라와 다시 강화해야 할 상황이 오면 그를 내세울 생각이었다.

사실 이 기사의 어부는 진이 아니라 응당 제다. 진이라고 쓴 것은 기록 과정의 실수일 뿐이다. 이제 조와 제를 이간시켜 연을 지키려 하고, 결국 제를 무너뜨려 연을 키우려 했던 반간 소대의 애환을 읽어보자. 그의 하소연이 슬프기도 하고 무섭기도 하다. 중국에서 간첩 활동의 역사는 이토록 깊다. 일단 《전국책》 〈연책〉에서 시작하자.

소대가 조의 봉양군(이태)에게 연과 힘을 합쳐 제를 치자고 유세했으나 봉양군이 듣지 않았다. 그러자 소대는 제로 들어가 조를 악담하여 제가 조와 절교하게 만들었다. 제가 이미 조와 절교하자 그는 연으로 가서 소왕에게 봉양군이 제와의 관계가 파탄난 것은 모두 소대의 소행이라고 한다면서 자신의 위태로운 처지를 하소연한다.

> 봉양군은 "나는 필히 병사들로써 그대를 감시하겠소"라고 합니다. 그 말이 험악하나, 왕께서는 염려하지 마소서. (중략) 신이 죽더라도 제가 조를 크게 미워하기만 한다면 신은 산 것이나 마찬가지입니다. 지금 제와 조가 절교했으니 크게 갈라놓을 수 있습니다.

소대는 조의 봉양군은 지금 제와 갈라진 것이 다 본인의 탓이라 여기지만, 그가 제에 단단히 화가 나 있는 것은 사실이며, 이때를 놓치지 말라고 한다. 그는 온갖 수식어를 들어 자신의 충정과 반간 활동의 어려움을 호소한다.

> 지금 크게 갈라놓지 않고 제와 조가 화해하고 다시 합치면 그때는 어

쩌 손을 쓸 수가 없습니다. 진실로 조와 제가 합칠 가능성이 있다면, 죽음은 저의 우환이 되기 부족하고, 도망자가 되어도 치욕이 되기 부족하며, 제후가 되어도 영광이 될 수 없고, 머리를 풀어 헤치고 옻칠을 하여 문둥병자가 된들 치욕이 되기 부족합니다. 신이 죽어 제와 조가 서로 공격하도록 할 수 있다면 신은 분명 그렇게 하고 죽음을 얻을 것입니다. 요순은 그 현명함을 가지고도 죽었고, 우탕은 그 지혜를 가지고도 죽었으며, 맹분과 오획은 그 용기와 힘을 가지고도 죽었으니, 산 자로서 죽음을 피할 수 있겠습니까? 반드시 그렇게 될 이치를 가지고 바라는 바를 이루겠다는데, 왕께서는 무엇을 주저하십니까?

그렇다면 소대는 도대체 무슨 일을 한 것일까? 이제 《전국종횡가서》'와 《전국책》을 합쳐서 소대가 제에서 한 일을 들어보자.''《전국종횡가

- 《전국종횡가서》는 《전국책》의 일부분임이 분명하지만, 시대가 더 빠르고 덜 편집되었기에 문체는 훨씬 원시적이다. 그러나 시대가 빠르다고 해서 더 정확한 것은 아니다. 《사기》가 《전국책》보다 오히려 정확하듯이, 유향이 한 번 편집한 《전국책》이 《전국종횡가서》보다 정확할 수도 있다. 그러나 오류 여부를 막론하고 이 책은 그 원시성으로 인해 뛰어난 문학적인 가치가 있다. 필자는 《전국책》과 《사기》에 전혀 등장하지 않는 부분만 골라 번역했다. 이 이야기들은 기존의 사서들을 충실히 보충한다. 참고할 서적 없이 번역했기에 많은 오류가 있을 것이나 책의 내용을 풍부하게 하기 위한 것이니 독자들은 이 시도를 이해해주리라 믿는다.

- 소대는 지금 엄청난 음모를 꾸미고 있다. 《전국책》 〈연책〉의 "제에서 연왕에게 편지를 올리다(自齊獻書於燕王)" 편은 《전국종횡가서》의 "自齊獻書於燕王" 편의 후반부와 같다. 따라서 《전국종횡가서》가 〈전국책〉의 일부분이라는 것은 거의 명백한데, 《전국종횡가서》에는 화자가 "소신 진(臣秦)"으로 나와 있어 소진으로 되어 있다. 그러나 〈연책〉의 화자는 소대가 분명하다. 《전국책》도 연대가 비교적 앞선 것은 소진의 것으로, 후대의 것은 소대의 것으로 구분해놓았지만 자주 뒤섞인다. 그러나 《사기》는 연대가 늦은 것을 모두 소대(혹은 소려)의 것으로 바로잡았다. 그러므로 《전국종횡가서》의 화자가 소진으로 나온다고 하더라도 모두 소대의 것으로 보는 게 옳다. 《전국책》 유의 사서에서 소진과 소대의 행적을 다룬 내용이

서》의 순통하지 않는 부분 중 〈연책〉과 겹치는 내용은 〈연책〉을 참고해서 새겼다. 간첩과 간첩을 쓴 사람 사이의 은밀한 대화다. 소대가 제에서 연 소왕에게 편지를 올려 보고했다.

연과 제가 서로 미워한 지 오래입니다. 신은 연과 제 사이에 처해 있어서(연과 제의 외교를 처리하는 입장이라) 장차 분명 불신을 받을 운명임을 잘 알고 있습니다. 신의 대책은 이런 것이었습니다. "제는 분명 (우리) 연에 큰 우환이 될 것이다. 신이 제에 등용되어, 크게는 제로 하여금 연을 도모하지 못하게 하고 다음으로는 제와 조가 서로 미워하게 하여 대왕의 대사에 도움이 되도록 한다." 이는 왕과 신이 정한 것이었습니다.

신이 제나라 외교를 맡은 지 5년인데, 그간 제나라 군대가 누차 출정했지만 연을 도모한 적은 없습니다. 제와 조의 관계는 좋다가 나쁘고, 합쳤다 헤어지는 사이였습니다. 연은 제와 더불어 조를 도모하지 않으면 조와 더불어 제를 도모했습니다. 제는 연을 너무나 믿은 나머지 북지北地(연과 맞닿은 곳)는 비워둔 채 군대를 운용하고 있었습니다. (허나) 왕께서는 전대田代와 조거질繰去疾의 말을 믿고 제를 공격하여('공격하려고 하여'라는 뜻일 것) 제로 하여금 크게 경계하고 연을 믿지 않도록

마구 뒤엉켜 있는 상황에서 사마천이 한 번 정리했고, 유향도 이 문제를 잘 알고 있었다. 필자는 《전국종횡가서》에서 연을 위해 일하는 이는 소대가 분명하다고 본다. 《진기秦紀》를 기반으로 했으므로 《사기》의 진 관련 기사는 명백한데, 소대는 분명 장의의 적수가 아니니 후대의 인물이다. 소진의 활동 연대에 대해서는 앞에서 누누이 설명했다. 소진은 연과 6국을 위해 큰 그림을 그렸고, 소대는 주로 연을 위해 제를 치는 데 집중했다.

하셨습니다. 소신 대""는 이 일을 사양했으나, 왕께서 노하여 감히 거스를 수 없었습니다. 조가 연을 의심하여 제를 공격하지 않고 왕께서 양안군襄安君을 동쪽으로 보내 일을 돕게 하니 어찌 소신이 왕을 거스를 수 있었겠습니까? 제와 조가 아阿 땅에서 만나자 왕께서는 이를 우려하셨습니다. 신이 함께 만나서 약조하길 "진을 공격하여 제의 칭호를 못 쓰게 하자" 했습니다. 비록 비용이 들지만 이는 제와 조의 우환을 없애고 군신의 치욕을 제거하는 길입니다.

여기서 잠깐 소대가 하는 말에 귀 기울여보자. 소대는 조와 제가 회맹할 때 "진을 공격하자"는 안을 내놓았다고 한다. 제 민왕은 진과 가까이 하려고 했으나 소대는 오히려 진과 멀어지게 하려고 한다. 소대는 제나라의 적을 많이 확보하는 것이 목적이다. 고백은 이어진다.

제나라가 장모를 죽였을 때 신은 일을 남에게 맡기고 제나라의 신하 직을 내려놓았습니다. (그러나) 왕께서는 경慶을 시켜 "제나라로 가서 우리나라를 위태롭게 하지 말라"고 하셨기에, 어쩔 수 없이 신은 죽음에 둘러싸여 제와 연의 외교를 다스렸습니다. 후에 왕께서 설공(맹

- 《전국종횡가서》의 문장은 "王信田伐繰去疾之言攻齊, 使齊大戒而不信燕"이고, 《전국책》〈연책〉의 것은 "今王信田伐與參去疾之言, 且攻齊, 使齊犬馬而不信燕"으로 대략 비슷하지만 그 이후의 긴 문장이 끊어졌다.

- 원문은 "신진臣秦(소신 소진)"으로 되어 있으나, 《전국책》〈연책〉을 따라 소대로 바꿔야 한다. 소진이 아니라 소대가 화자라는 것이 이로써 더 명백해졌다.

상군) 및 한서위韓徐爲와 더불어 제를 공격하자(하려고 하자) 봉양군은 저를 팔아 연에 죄를 돌리고, 제나라로부터 자기의 봉지를 안정시키고자 했습니다.

그는 이 일을 하고 싶지 않다고 고백한다. 그러나 왕이 계속 시키니 어쩔 수 없었다고 한다. 그리고 우리는 지금 맹상군의 마음이 이반했다는 것도 알 수 있다. 뒤에서 살펴겠지만 맹상군과 제 민왕은 사실상 원수 사이였다. 봉양군 이태는 어떤가? 그도 자기 봉지를 안정시키는 데만 눈을 팔고 있다. 결국 소대 자신만 위험하다는 뜻이다.

왕께서 일을 처리할 수 있는 (결단할 수 있는) 것은 제가 목숨을 걸고 일에 임하기 때문입니다. 그 후 진이 군대를 거두자 제와 조가 일찍이 함께 모의했습니다. 제와 조는 일찍이 연을 도모한 적이 없고, 천하를 상대로 왕의 이름을 다투었습니다. 신이 비록 큰 공은 없으나, 스스로 죄는 면할 정도라 여깁니다. 지금 제나라가 과한 언사를 하니 왕께서 제왕의 불충함 때문에 화가 나셔서, 이를 신의 죄로 생각할 터이니 신은 심히 두렵습니다. (중략) 왕께서 말씀하시기를 "제왕의 불충함으로 말하자면 부인들을 죽이고 아들을 쫓아내는 지경인데, 이를 죄로 여기지 않으면 달리 무엇을 원망할 수 있으리오?" 하시며 기어이 저를 제로 보내셨습니다. 이 둘은 큰 죄이나 왕께서 신을 용서하시어 죄를 사해주셨습니다.

이렇듯 복잡한 이야기들이 얽혀 있어서 모든 내용을 알 수는 없다. 그의 주장은 "나는 오직 연을 위하고 있으니 믿어달라"는 것이다. 위의 편지를 보면 제 민왕은 사생활에도 문제가 있는 인사였던 듯하다. 이어지는 《전국종횡가서》의 문장은 원래 이어진 별도의 서신으로 보인다. 그리고 《전국책》 〈연책〉의 내용과 대부분 비슷하다. 반간의 운명을 토로하는 부분이 처연하다. 그중에는 연 소왕과 비밀리에 약조한 내용도 들어 있다.

신의 행동이 장차 실로 사람들의 입에 오를 것을 알고 있습니다. 그래서 먼저 어서御書를 올리고 행합니다. 신이 제나라에서 귀해지면 연나라 대부들은 장차 저를 믿지 않을 것이고, 천해지면 신을 가벼이 하겠지요. 신이 쓰임을 받으면 장차 신에게 바라는 바가 많아지겠지요. 제나라에 좋지 않은 일이 생기면 그 죄를 저에게 돌리겠지요. 천하가 제나라를 공격하지 않으면 "(연을 위하지 않고) 제나라를 위해 좋은 모책을 낸다" 할 것이고, 천하가 제나라를 공격하면 제나라와 묶어서 저를 버리겠지요.

신은 지금 계란을 쌓아놓은 상황에 처해 있습니다. 왕께서 제게 말씀하시길, "나는 여러 사람의 (허튼) 말과 지어낸 말(참소)을 듣지 않을 것이다. 나의 믿음은 이빨로 물어뜯는 것과 같다(단칼에 끊겠다). 크게 되면 제에 등용되고, 그다음으로는 믿음을 얻으면 되고, 안 되면 죽지만 말아라. 그대는 못 할 일이 없다. 스스로 해도 된다고 생각하면 하면 된다. 연을 버리고 제로 가도 좋고, 심지어 연을 도모한다 해도 좋다.

결국 일을 성사하면 될 뿐이다" 하셨습니다. 신은 이 가르침을 믿었기에 제왕에게 갖은 말을 다하여 등용되었습니다. 지금 왕께서 여러 사람의 허튼 말과 지어낸 말을 듣고 신의 죄를 물으니 신은 심히 두렵습니다. 왕께서는 신을 귀하게 할 수도 천하게 할 수도 욕을 보일 수도 드날리게 할 수도 있으나, 신은 왕께 보답할 길이 없습니다. 경이 되고 봉지를 얻는 것은 제 뜻이 아닙니다.

마지막으로 그는 원망을 간곡한 언사에 담아 표출한다.

신이 왕께 입은 은혜가 골수에 사무칩니다. 신이 죽고 치욕을 받아 왕께 보답할 수 있다면 기꺼이 그리하겠습니다. 지금 왕께서 경慶을 시켜 신에게 말하길 "나는 좋아하는 사람을 쓰겠다" 하셨으니, 실로 마음에 들어 쓰고 싶은 이가 있으면 신은 왕을 위해 그를 섬기고자 합니다. 왕께서 저를 물리치고 마음에 드는 이에게 일을 전임하고자 하시면 저는 일을 그만두고 돌아가고자 합니다. 실로 왕을 뵙기를 가슴 가득 바라옵니다.

이제 "자조헌서연왕왈自趙獻書燕王曰" 부분을 살펴보자. 후반부는 제가 막 송을 공략하려는 순간으로 보인다. 소대는 조가 겉으로는 제와 친하게 지내려 하지만 속으로 제를 도모하려 하고 있다는 정보를 계속 제로 흘려 양자를 이간하고 있다. 그는 이 공작 과정을 연 소왕에게 보고한다.

최상의 일은 제와 조가 서로 크게 미워하는 것이고, 중간은 다섯이 화합하되 연을 소외시키지 않는 것이며, 최악은 조·제·진이 연합하여 연을 도모하는 것입니다. 지금 신은 제로 하여금 조를 크게 미워하게 한 후 떠나서, 제왕에게 "조나라는 겉으로는 화합하는 척하면서 속으로는 제를 소외시키고 도모하려 합니다〔趙之禾(和)也, 陰外齊謀齊〕"라고 말하고자 합니다. 그러면 제와 조는 분명 서로 크게 미워할 것입니다. 봉양군과 서위徐爲는 신을 믿지 않기에 신이 제로 가는 것을 심히 원하지 않고, 또한 신이 한과 위〔梁〕에 가는 것도 원하지 않습니다.*(중략) 신은 조가 신을 보내주지 않을까 심히 걱정됩니다. 지혜로는 나라의 위난을 구할 수 있으나 제 한 몸의 어려움은 구할 수 없군요.

소대가 한산韓山을 시켜 연왕에게 편지를 올려 말한다.**

신이 경慶을 시켜 그것을 보고하게 한 후, 서위가 저에게 하는 말이 심히 험합니다. 죽는 것도 큰일입니다만, 마음이 유쾌하지 않은 채 죽는 것을 심히 꺼립니다. (한 문장 생략***) 왕께서 경을 시켜 말씀하시기를 "너는 나라에 득이 되지 않는다. 나는 이를 우려한다" 하니 신은 감히 떠나지 못하고 있습니다. (중략) 지금 제나라 왕은 이종李終을 조로 보

• 이어지는 문장은 "燕事小大之諍(爭), 必且美矣"인데 그 뜻이 심히 모호하여 해석하지 못했다.

•• "使韓山獻書燕王曰" 편.

••• 이어지는 문장은 "故臣使辛謁大之"이나 무슨 뜻인지 통하지 않는다.

내어 조가 신을 붙잡고 있는 것에 심히 역정을 내었습니다.

반간 소대는 제와 조가 이미 갈라서고 있다는 점을 강조한다. 그는 이렇게 당부한다.

원컨대 왕의 사신이 조로 오셔서 반복해서 신에 관한 말을 해주길 바랍니다. 반드시 신을 조에 오래 머물도록 하지 마소서.

이어지는 편도 연왕에게 보내는 편지다. 결자가 대단히 많지만 이 부분에서도 엄청나게 복잡한 술수들은 이어진다.*

지금 제왕이 송규宋竅를 시켜 신에게 말했습니다. "봉양군이 주납周納을 시켜 과인에게 말하기를 '연왕이 소대에게 일을 맡기지 말라고 청합니다' 하더라."

제 민왕은 음흉하게도 조나라 봉양군이 자신에게 한 말을 소대에게 흘린다. 소대를 겁주려는 심사다. 제 민왕도 소대를 완전히 믿고 있지는 않다. 이렇게 사방이 감시의 눈이다. 소대는 조를 잘 대해주는 것이 중요한 게 아니라 조와 제를 갈라놓아야 한다고 역설한다.

——

* "使盛慶獻書於[燕王曰]" 편.

지금 왕께서 "반드시 조에 잘해주어야 나라에 이익이다[必善趙, 利於國]"하셨으나, 신은 그 이유를 모르겠습니다. 봉양군이 바라는 바로는 제와 진을 잘 대하여 자기 봉지를 안정하는 것이 최상이며, 그다음은 제에게 잘 대해서 자기 나라(조)를 안정시키는 것입니다. 제와 조의 관계가 좋은 것은 우리 연에게는 커다란 화입니다. 조를 제에 잘 보이게 하면 연에 해가 되고, 제에 미움을 받게 하면 봉양군이 신을 원망할 테니 신은 장차 어디에 처하리까? 신이 제를 조에 잘 보이게 하는 것은 분명 쉬운 일이나 이는 우리 연에 불리합니다. 함께 제를 공격하는 것이 아니라면 조는 쓸모가 없습니다[趙非可與功齊也, 無所用]! 조는 제의 미움을 받지 않는 것을 최상으로 여기는데, 제와 조가 서로 미워하지 않으면 나라(연)는 안정될 수 없고 공도 이룰 수 없습니다.

그리고 이런 절규를 덧붙인다.

조가 신을 억류하고 다른 사람이 제로 간다면, 분명히 연에 해를 끼칠 것입니다. 신은 조에 억류되어 어육이 될 것이니, 신의 지혜는 제 몸에는 오히려 해가 되는군요.＊

---

* "臣(결자)不利於身"인데, 소대가 "지혜로 나라의 어려움은 면할 수 있지만 제 몸의 어려움은 면하지 못한다"고 한 적이 있으므로, 결자는 아마 "지知"일 것이다.

3. 드러나는 제 민왕의 음모

이제부터는 지금껏 어떤 사서에서도 밝혀지지 않은 거대한 음모의 정체가 드러난다.˙ 제는 진을 비롯한 천하의 개입을 방지하기 위해 삼진의 군대까지 몰아 진을 치게 한 후 그 틈에 송을 먹으려 하고, 이 작업을 반간인 소대가 추진한 것이다. 그러니 이 또한 합종은 합종이되 오직 연을 위한 것이다. 소대와 연 소왕은 이 합종에 참여하는 척하지만, 속으로는 천하를 끌어들여 제를 치려고 하고 있다.

욕심 위에 욕심이 있다. 제 민왕은 서서히 수렁으로 빠져들고 있었다. 이번에 소대는 조나라에 있으면서 제 민왕에게 편지를 보냈다. 소대는 "조·한·위는 제의 편이니 걱정하지 말라"면서 진을 치는 기획을 의심하지 말라고 다짐해둔다. 이중으로 얽힌 음모는 이런 식이다.

> 신이 조에 도착하여 들은 바로는 한과 위가 진을 공격할 뜻은 굳건하지만 비 때문에 빨리 하지 못하고 있다 합니다. 신이 봉양군에게 얻은 바로는 한과 위가 합하면 조는 장차 상당의 군대를 다 들어 진을 공격하겠다고 합니다. 봉양군이 저에게 말하길, "초가 진과 대적하는 일이 없더라도 감히 제와 맞서지는 못할 것이다. 제와 초가 과연 대적한다 하더라도 그때는 이미 진을 거두었을 것이니, 초는 심하게 욕심부리지 않을 것이다" 합니다. 왕께서는 위를 용서하시고 다시 만나시기

• "自趙獻書於齊王曰" 편.

바랍니다. 조가 우려하는 것은 제가 진과 다시 합쳐 양쪽에서 조를 공격하는 것입니다.

그리고 자신이 연을 대상으로 한 공작을 설명한다. 연을 걱정할 필요는 없다는 것이다. 여기서 그가 연을 위하는 마음이 확연히 드러난다.

신은 족하께서 저와 약조를 맺도록 한 자를 시켜 연왕에게 "저는 제에서 잘 지냅니다. 제왕은 신이 죽을 때까지 연을 도모하지 않을 것이고, 신이 연에 등용되면 종신토록 제를 도모하지 않겠습니다"라고 고했습니다. 그러자 연왕은 제와 선린을 맺은 것을 크게 기뻐했습니다. 일이 잘 되고 안 되고는 모두 왕께 달려 있습니다. 왕께서 현명하시면 삼진 역시 왕을 따를 것이오, 왕께서 진을 취하시면 초 역시 왕을 따를 것입니다.

허나 왕께도 역시 어려움이 있습니다. 천하가 연을 미워하나 왕께서는 연을 믿으소서. 연은 진력을 다해 제를 섬깁니다. 먼저 제를 위해 진과 절교했고, 아들을 인질로 보냈으며, 2만 갑사를 길러 밥 먹는 순간부터 송을 공격하고, 2만 갑사는 밥 먹는 순간부터 진을 공격하는데, (제가 아니라) 한과 위라면 어찌 연으로부터 이런 지원을 얻어낼 수 있었겠습니까? 진력을 다하여 제를 섬기나 왕께서는 오히려 연을 미워하는 이들의 말을 들으니 연왕은 이를 심히 괴로워하고 있습니다. 원컨대 왕께서는 신을 위하여 연왕의 마음을 안정시켜주소서. 연과 제의 관계가 좋으면 왕께서는 천하를 얻지 못할까 걱정할 것이 무엇이 있겠습니까?

이런 이야기를 듣고 어떻게 연을 의심할 수 있겠는가?

한편 또 다른 이야기가 이어진다. 이번에는 대면이다. 아마도 송을 거의 들어낼 때쯤의 일인 듯하다. 이 편지에는 맹상군의 실정이 등장한다. 소대는 맹상군과 제 민왕의 사이도 이간질하고 있다.

> 설공이 제나라 재상을 맡고 초를 친 것이 9년에, 진을 공격하는 것이 3년이며, 송을 멸하고 회북을 취하고자 하나, 송은 없어지지 않았고 회북도 못 얻었습니다. 제로써(제 땅으로) 봉양군을 봉하고 위와 한에게도 모두 땅을 내놓게 하여, 이로써 조를 (한편으로) 얻으려 했지만 조를 얻지도 못했습니다. 종신토록 위왕과 (진의) 성양군成陽君은 북면하여 (사람을 보내) 한단에서 봉양군을 만났지만 조를 얻지 못했습니다. (그러나) 왕께서 설공을 버리고 스스로 일을 결단하여 제帝가 되고〔王棄薛公, 身斷事, 立帝〕, 제가 된 후 진을 공격하여 치니 이겼고, 조를 얻고자 하니 얻었으며, 송을 휩쓸자 하니 휩쓸었으니, 이는 왕의 밝음 때문입니다.

소대는 지금 한껏 민왕을 띄우고 있다. 맹상군이 재상을 할 때 합종을 시도했지만 실제로 얻은 것은 없었지만 왕이 직접 나서자 이제 모든 것을 얻었다는 식이다. 송을 치는 일에 조를 끌어들이는 방법이 나오고, 또 설공 맹상군이 등장한다. 기사로 보면 맹상군은 제 민왕과의 알력 때문에 이미 망명 중이었을 수도 있고, 사자로 파견되었을 수도 있다. 다만 《사기》〈맹상군열전〉은 그가 아직 망명하지 않고 설 땅에 있었다고 한다.

허나 왕께서는 살피소서. 이는 다른 이유가 아니고, 신이 연에 관한 일로 왕을 섬겼기 때문입니다. 膾이 신에게 말하길 "제를 해칠 자는 분명 조요. 진이 비록 강하지만 종래 감히 요새를 나와 황하를 건너고 중국(중원의 삼진을 말함)을 지나 제를 공격할 수 없소. 초와 월은 멀고, 송과 노는 약하며, 연은 제를 따르고 있고, 한과 위는 진의 우환이 있으니, 제를 해칠 자는 필시 조요. 허나 끝내 조를 얻을 수 없으니 어찌하면 좋소"라고 했습니다. 신이 膾에게 대답했습니다. "조를 위협합시다. 그대가 제로써 진을 크게 중하게 해주면, 진은 장차 연으로써 제를 섬길 것이고, 제와 연이 하나가 되면 한과 위는 분명 따를 것입니다. 조가 억세게 나오면 치고, 공손하게 나오면 데리고 송을 칩시다." 이렇게 말했더니 그가 옳다고 여겼습니다. (중략)

지금 삼진이 감히 설공을 잡아둘지 그러지 못할지 신은 알 수가 없습니다. 허나 비록 잡아둔다 하더라도 신은 연왕을 보위하여 왕을 섬길 것이니, 삼진이 감히 딴마음을 품지 못할 것입니다. 제와 연이 하나가 되면 삼진이 딴마음을 먹는다 해도 일은 시에 따라 될 것입니다. (이어지는 문장은 해독이 불가함) 그러나 신의 일을 완성하는 것은 왕께서 연을 달가워하느냐에 달려 있습니다. 왕께서 연을 의심하시더라도 달게 대하시고 의심하지 않더라도 달게 대하십시오. 왕께서 천하에 연이 있다고 (연이 걱정이라고)〔王明視天下以有燕〕드러내 보이시면 신은 왕으로 하여금 삼진에게 얻고자 하는 바를 얻도록 할 수도 없고, 능히 왕을 섬길 수도 없습니다.

다음 보고에는 조나라의 실력자 봉양군 이태의 의뭉스러움이 여실히 드러난다. 먼저 소대가 제 민왕에게 "제나라 왕께서 위나라를 걱정한다"는 것을 이태에게 전달했다고 보고한다.

신이 영을 받아 봉양군에게 고했습니다. "과인(제 민왕)이 걱정하는 데는 이유가 있소. 과인이 진을 공격하려는 것은 위를 위한 바가 크오. (그러나) 위는 제의 군대를 관觀에다 묶어두고 몇 달이 지나도 영접하지 않는 것이 그 첫 번째요, 우리 제의 군대를 형양과 성고에다 두고 몇 달이 지나도록 송을 공격하지 않는 것이 두 번째요, 과인이 송을 공격하려고 위에 관을 닫고 송과 통교하지 말라고 요청했는데 허락하지 않더니, 과인이 송을 들어내고 강화하니, 이제 와서 얻으려 하니 이것이 세 번째요. 지금 연과 조의 군대가 전부 오니 그제서야 더욱 빠르게 치薛(아마도 송의 땅)를 공격하니 이것이 네 번째요.
과인은 위가 두 번 사신을 보내 몰래 진과 강화했고, 또한 군이 '우리가 위의 화를 면하려면 사양할 수 없다'고 했다 들었소. 이 점은 한도 마찬가지일 것이오. 과인은 위가 동맹국들을 버리고 홀로 진을 취할까(진에 붙을까) 두렵소. (결자로 인해 문장 해석이 불가함) 진을 공격하는 것이 과인이 가장 바라는 대책이며, 강화하는 것은 과인이 가장 싫어하는 대책이오."

　이렇게 제 민왕은 기회주의적인 위나라에 불만이 많았다. 송을 치자고 할 때도 돕지 않고 진을 치자고 할 때도 위는 미적거렸다. 이런 고충을 조나라의 실권자 이태에게 털어놓으며 '贖'을 돌려보내는 일을 상의하고 싶다고 했다. 그러자 조의 이태는 어떤 대답을 했을까? 소대가 이태의 대답을 전한다.

　봉양군(이태)이 이렇게 대답했습니다. "(초략) 왕께서는 함께하는 나라들을 버리고 먼저 진을 취하지 마시고, 소篠를 버리거나 贖(篠, 贖 등은 모두 제와 삼진 연합을 수행하던 사신들일 것이다)을 돌려보내지 마소서. 왕께서는 어찌 원하는 바를 얻지 못할까 걱정하십니까? 위가 먼저 배반한다면, 제와 조가 공격하면 제는 반드시 대량의 동쪽을 얻을 수 있으며, 조는 분명 하내를 취할 것이고, 진은 약속하지 않고도 응해올 것인데 (위를 공격할 것) 왕은 어찌하여 위를 걱정하십니까? 위와 한이 딴마음을 품지 않으면, 삼진과 연이 왕을 위하여 진을 공격하여 왕께서 송나라를 공격하는 것을 편하게 해드릴 것이니, 왕께 어찌 불리하겠습니까? 지금 왕께서 삼진을 버리고 진을 거두고贖을 돌려보낸다면, 이는 삼진을 깨서 다시 천하를 신하로 삼겠다는 것입니다. 그러면 천하는 장차 땅과 중한 인질을 진에 주어 진의 신하가 되어 왕을 원망할 것입니다. 신이 보기에 이는 왕께 불리하오니, 원컨대 왕께서는 삼진과의 친교를 완성하소서."

지금 이태는 말 그대로 이중의 계산을 하고 있다. 조로서는 제가 먼저 나서서 진을 쳐주는 것이 달갑다. 가장 두려운 것은 진과 제가 조를 협격하는 것이다. 이제 삼진이 모두 제에 붙었으니 진을 공략하는 것은 문제가 없으니, 송을 공략하는 데 집중하라는 것이다. 우리는 잠시 후 입에 침이 마르기도 전에 이태의 조나라가 제나라를 배신하는 것을 목격할 것이다.

　　다음 편에는 초와 설공의 이야기가 나온다. 소대는 민왕에게 초도 걱정하지 말라고 한다. 문장에 나오는 수翳 따위의 구체적인 인명은 어느 역사책에도 나오지 않아서 고증할 길이 없다. 이를 무시하고 큰 뜻을 읽어보자.

> 　　신은 초왕이 수의 죽음 때문에 근심할까 걱정이 되고, 마침 왕께서는 송의 문제로 이를 해명하지 못하는 처지였습니다. 신은 소려蘇厲를 시켜 초왕에게 말했습니다.
>
> 　　"수의 죽음은 제왕이 시켜서 그런 것이 아닙니다(수는 초나라 사람이었을 것이다). 남의 어머니를 죽이고 그 아들에게 예를 다하지 않은 것은 마땅히 죽어야 할 죄입니다. 송이 회북의 땅으로 제와 강화하면 왕께서는 송을 공격하고 조신趙信(제나라 국경 수비대장으로 추측)을 치십시오. 제는 원망하지 않고 도리어 왕을 위하여 조신을 죽여 왕의 변경 관리에게 무례했던 죄를 물을 것입니다. 왕께서는 절대 수의 죽음으로 사적인 원한을 품어, 제의 덕을 배반하지 마십시오."

소대의 공작은 거침이 없다. 초도 무마해놓았다고 한다. 이제 남은 것은 문제의 사나이 설공 맹상군이다. 그런데 그는 당장은 맹상군을 건드리지 말라고 말한다. 맹상군의 신의라야 삼진을 동원하여 진을 견제할 수 있다!

왕께서 일찍이 신에게 "설공(맹상군)을 기쁘게 해서 일을 이루자"고 하셨을 때, 저는 참으로 옳다고 생각했습니다. 지금 상爽이야, 강득强得이야 하는 이들이 모두 왕께서 설공을 믿지 않는다고 말하니 설공이 심히 두려워하고 있습니다. 이는 일에 도움이 되지 않습니다. 설공의 신뢰가 아니면 삼진을 합쳐 진을 공격할 수 없으니, 왕께서는 설공을 달게 여기소서. 신이 제와 연을 지고 설공을 살피고 있으니 설공은 분명 왕을 배반하지 못할 것입니다. 설공에게 다른 뜻이 있으면 신이 기필코 막겠습니다. (중략) 진을 공격하는 일이 성공하면 삼진은 완전히 제에 붙을 것이고, 제는 종횡(합종연횡)을 마음대로 하면서 이익을 모두 차지할 수 있습니다. (진과) 강화하고 돌아와도 이익이요, 포위하고 풀어주지 않아도 이익이며, 돌아와 사민을 쉬게 한 후 다시 공격하여 중산처럼 만들어도(중산처럼 고립시켜도) 이익입니다.

그러나 진을 공격하는 일이 실패하면 삼진의 맹약은 흩어지고 서로 진에 붙으려 경쟁할 것이니 만사가 다 해롭습니다. 그리하여 신은 왕명으로 말하길, "설공은 삼진을 묶어 하나가 되도록 권하여, 빨리 진을 공격하여 반드시 깨뜨려라. 그러지 못한다면 진을 배척하라. 그렇지 않으면 제와 함께 모두 강화하여 다시 도모하라" 했습니다. 삼진은 왕께서 자신들을 아끼고 자신들에게 충성스럽다고 여길 것입니다. 지금 진을 공격하려는 군대가 갓 모였는데, 왕께서 다시 군대를 얻어 평릉平陵을 치려고 하시니, 이러면 진을 공격하는 일을 해칩니다. 그리하면 천하의 병사들이 모두 진을 떠나 송 땅을 두고 제와 경쟁할 것이니 (결자로 인해 문장 해석이 불가함) 왕께서는 이리하여 삼진을 두렵게 하고, 초만 좋은 일을 시키지 마소서. 초는 비록 송을 치지 않을 것이나, (초가 위협하면) 송은 그 말을 들을 것입니다. 왕께서 삼진과 화합하여 진을 치면 진은 분명 송을 구하자는 말을 못 할 것입니다.

소대는 "송을 얻으면 만사가 끝난다. 맹상군의 몫을 주되 먼저 조건을 내걸어라. 삼진이 진을 칠 때 속전속결로 송을 결딴내라"고 말한다. 그리고 단 석 달 안에 민왕을 천하의 패자로 만들 수 있다는 자신감을 보인다.

약한 송을 복속시키면 왕의 일은 속히 결판납니다. (중략) 삼진이 진을 치면 진의 군대가 도착하기도 전에 왕께서는 송을 끝장내고 백성을 쉬게 하고 계실 것입니다. 신은 연을 보위하여 왕을 섬길 것이니, 삼진은 반드시 딴마음을 품지 못할 것입니다. 삼진이 왕의 말을 따른다면 그들을 부리고, 따르려 하지 않으면 진을 거두어 그 후방을 끊어버리면 되니 삼진이 어찌 왕께 교만할 수 있겠습니까? 만약 삼진이 서로 뭉쳐 진을 공격하다가 왕을 등지고 진에 붙을 생각을 한다면, 분명 신이 먼저 알 수 있습니다.

왕께서는 연을 거두고 초를 데리고 진을 꾀어 위[魏國]를 치면 삼진을 반드시 깨뜨릴 수 있습니다. 그러니 신이 일을 하는 중에는 삼진은 결코 감히 배반하지 못합니다. 신은 백방으로 우환에 대비하고 있으니, 왕께서는 신을 위하여 연왕의 마음을 안심시키고 일을 그르치는 이들의 말을 듣지 마소서. 그리고 석 달이 지나도 왕께서 천하의 왕이 되지 못한다면 신은 죽음을 청하나이다.

신이 목숨을 내놓고 일을 이루려는 것은 비단 왕만을 위한 것이 아니라 저 자신을 위한 것이기도 합니다. 왕께서 연을 도모하지 않아서 신에게 은혜를 베푼다면, 신은 연왕에게 덕을 준 셈입니다. 왕께서 패왕의 업을 성취하여 신이 삼공이 되면 신은 세상에 자랑할 거리가 있는 것입니다. 그러하니 실로 일을 이룰 수 있다면 신은 죽는다 해도 부끄러워하지 않을 것입니다.

이제 거대한 음모의 실체가 밝혀졌다. 제 민왕은 삼진을 몰아 서쪽으로 보내고 그 틈에 송을 노린다. 그는 초가 감히 손을 쓰지 못할 것이라고 가상한다. 제 민왕은 맹상군을 싫어하면서도 제거하지는 않고 삼진의 신뢰를 얻은 그에게 이 일을 맡기려 한다. 반면 소대는 끊임없이 제나라의 잠재적인 적을 늘려서 일을 키우고 연 소왕은 그 틈을 노리고 있다. 과연 이 복잡한 기획이 성공할 것인가? 제 민왕은 소대를 완전히 신임하지 않지만 삼진과 연의 군대를 모두 서쪽으로 보낸 후 송을 취하라는 그의 계획을 믿고 있다.

4. 열 개의 나라, 열 개의 꿈

지금 분명 이태와 맹상군과 제 민왕이 서로 한 길을 가는 듯하다. 그 사이를 소대가 오가고 있다. 그러나 소대는 물론 이태와 맹상군의 마음도 제각각이었다. 《전국책》〈연책〉에는 봉양군이 소진을 아주 싫어했다는 이야기나 나오는데, 소진을 소대로 바꿔 읽으면 된다. 이태는 봉양군에게 이런 이야기를 했다고 한다.*

> 대저 연의 조종을 받는 이는 소진이며〔夫制於燕者蘇子也〕연은 약국입니다. 동쪽으로는 제보다 못하고 서쪽으로는 조보다 못한데 어찌 동쪽으로 제에 붙거나 서쪽으로 조에 붙지 않을 수 있겠습니까? 한데 군께서는 소진을 극히 싫어하시니, 소진이 약한 연을 껴안고 천하에 외톨이가 될 리가 있습니까? 이는 연을 몰아 제와 합하도록 하는 것입니다. 또한 연은 망할 뻔하다 살아남은 나라로서〔且燕亡國之餘也〕외교를 중시하고 귀한 이를 섬기는 것으로 권위를 세웠습니다. 하오니 군을 위해 대책을 내자면, 소진이 마음에 들어도 취하고 마음에 들지 않아도 취해서 연과 제가 서로 의혹을 갖도록 하는 것입니다.

이태는 고차원적인 반간계를 쓰고 있다. 감히 반간 소진(소대)를 역

---

* 이태가 바로 봉양군이다. 착간이 있거나 이태가 봉양군이 되기 전 봉호가 같은 봉양군인 어떤 이, 아마도 조성을 말하는 것이라 생각한다.

이용하겠다는 이태다. 그는 말한다.

> 연과 제가 서로 의심하면 우리 조가 중해집니다. 제나라 왕이 소진을
> 의심하면 군께서 얻을 것이 많습니다.

그래서 사신을 보내 소진과 동맹을 맺었다는 이야기다. 어디까지 이
이야기를 믿어야 할지 모르지만, 반간의 반간이 또 존재한다. 적나라
하게 말하면 사실은 서로 이용할 뿐 제 민왕이든 소대든 이태든 아무
도 상대를 전적으로 믿지 않았다.

그렇다면 맹상군은 어떤 생각을 하고 있을까?《전국책》〈진책〉에 민
을 수 없는 이야기가 실려 있다. 맹상군이 위염에게 편지를 보냈다는
것이다.《사기》〈맹상군열전〉에는 이 편지를 보낸 후 진이 제를 쳤다고
되어 있으나 확인하기 어렵다. 다만 제 민왕 아래서 맹상군은 예전의
충신이 아니었다. 그는 자기 봉지와 위치를 지키는 데 오히려 열심인
이기적인 사람으로 등장한다. 사마천도 의아했던지《사기》〈맹상군열
전〉은 문장을 일부 수정해서 적나라함을 제거했다.

제가 송을 열심히 공략하던 시절, 처음에 제 민왕은 삼진을 몰아 진
을 치는 정책이 아니라 진과 친하게 지내는 정책을 쓰려 했다. 그래서
진에서 온 여례呂禮를 쓰려 한 것이다. 소대는 그 정책을 반기지 않았
다. 제와 진이 싸워야 연이 제를 칠 수 있을 게 아닌가? 그는 맹상군에
게 여례가 들어오면 자리가 위험해진다고 유세했다. 그러자 맹상군이
이 말을 믿고 위나라를 위해 위염에게 (서신을 보내) 말했다고 한다.

문(맹상군)이 듣기로 진왕은 여례를 보내 제를 우방으로 받아들임으로써 천하를 구하려(경략하려) 한다고 들었습니다.

위염과 여례는 앙숙이다. 위염은 여례가 싫어서 쫓아낸 적이 있다. 맹상군은 위염에게 뜻밖의 제의를 한다. 오히려 자신이 진을 도울 테니 제를 치라는 것이다.

이리하면 군께서는 필시 위치가 가벼워질 것입니다. 제와 진이 합쳐 삼진에 대응한다면 필시 여례가 제와 진의 재상을 겸할 것입니다. 이는 군께서 제를 받아들여 여례의 자리를 무겁게 하는 것입니다. 제가 (여례의 진-제 화친 정책 덕분에) 천하의 군대를 피할 수 있다면, 제는 (지금 천하의 군대가 제를 공격하도록 한) 군을 분명 심히 미워할 것입니다. 군께서는 진왕에게 권하여 폐읍(맹상군의 봉지 설[薛])이 제를 공략하는 일을 마무리하게 하는 것이 낫습니다. 제를 깬다면 문은 얻은 땅을 군의 봉지로 드리겠습니다. 제가 깨어지면 위[晉, 주로 위[魏]를 말함]가 강해질 테니, 진왕[秦王]은 두려워 필시 군을 기용해 위[晉]를 취하도록 하겠지요. 제가 폐읍[薛]을 위에 주어도 위가 진을 당해내지 못하면 위는 분명 군을 중시해 진을 섬길 것입니다. 이는 군께서 제를 깬 것을 공으로 삼고, 동시에 위를 조종함으로써 중해지는 대책입니다. 이리하면 제를 격파해 얻은 땅을 군의 봉지로 정하고, 진과 위가 모두 군을 중시하게 됩니다. 그러나 만약 제가 격파되지 않고 여례가 다시 기용된다면 군께서는 분명 큰 곤경에 처할 것입니다.

그리하여 과연 위염이 제를 치자 여례는 달아났다고 한다. 소대의 생각대로 된 것이다.

이 기사를 보고 독자들은 놀랄 것이다. 맹상군이 어찌 이럴 수 있는가? 몇 해 전에 진을 떨게 했던 그였다. 그런 그가 어제의 적을 끌어들이고, 내응하겠다고 한다. 그는 송을 얻으면 설이 끝장나리라 생각했던 것일까? 제 민왕과는 절대로 함께할 수 없다고 생각한 것일까? 민왕이 자신을 이용만 하려고 한다는 것을 그가 모를 리가 없다. 송을 끝장내면 직할지로 다스려야 할 것인데 설을 가만두지 않을 법도 하다. 필자도 이 기사가 사실인지 아닌지는 확신할 수 없다. 그러나 훗날 맹상군은 실제로 이 기사의 신빙성을 확인하는 행동을 한다.

5. 제가 송을 얻고 본국을 잃다

이제 제가 송을 칠 준비는 다 되었다. 서로 인접한 조와 연이 속으로는 딴마음을 품고는 겉으로는 적극적으로 돕는다고 나섰다. 송의 마지막 왕은 포악했다고 한다. 얼마나 포악한지 걸송桀宋(폭군 걸의 송)이라고 불렀다고 한다. 제가 송을 노린 것도 그런 기회를 노린 까닭일 것이다.

기원전 286년, 제나라 군대가 기어이 송나라를 멸망시켰다. 그뿐 아니라 남으로 초의 회북을 얻었다. 주위의 작은 나라들은 신하를 칭하니 제 민왕의 권위는 하늘을 찔렀다. 그는 애초에 교만한 사람인데, 음모와 실력으로 송을 얻으니 천하를 제패할 욕심을 냈다. 그는 송을 얻자마자 맹상군을 제거하려고 했다. 맹상군의 우려도 기우는 아니었던 셈이다. 맹상군은 바로 위나라로 망명했고, 오히려 진과 삼진을 묶어 제나라를 칠 계획을 세웠다.

제 민왕은 송을 통째로 얻었고 초의 회북마저 얻었다. 제가 강해지는 것이 두려운 조와 연에게 그는 아무런 반대 급부도 주지 않았다. 또한 초의 회북을 얻어서 초를 적으로 돌렸다. 송은 연에 버금가는 대국이다. 송을 소화하는 데도 많은 시간이 걸리고 제후들을 무마하는 데도 그만한 시간과 자금이 걸린다. 그러나 그는 이 불쌍한 '장물'을 독차지하려고 했고, 실력자 맹상군도 없애려 했다. 그러자 강한 진도 나섰다. 제 민왕이 삼진을 몰아 진을 공격하려는 동작을 취하면서 송을 차지한 것은 누구나 아는 사실이니 삼진도 돌아섰다.

이리하여 제나라가 천하의 표적이 되었다. 반제 연합의 선봉은 바로 연이었다. 그리고 그 선봉군을 이끈 이가 악의였다. 또한 제의 지리를 훤하게 아는 맹상군도 적군을 이끌고 들어왔다. 황제가 되려던 사나이는 이렇게 궁지에 몰리고 말았다.

각 나라는 어떤 이해관계를 가지고 있었을까? 위나라의 행동을 통해 다른 나라의 태도를 유추해보자. 《전국책》〈위책〉에 위의 망묘芒卯가 진으로 가서 땅을 떼어주며 간첩이 되겠다고 요청하고는 그 대신 군대를 빌려 제를 치는 이야기가 나온다. 진에게서 잃은 것을 제에서 찾으려는 심사인데, 제가 송을 얻은 후 제후들의 과녁이 되었을 때의 이야기로 보인다. 망묘가 진 소왕에게 이렇게 말했다.

"왕의 선비 중 다른 나라에서 내응하는 이들이 없습니다. 신이 듣기에 명철한 왕은 반드시 내응을 기다려 일을 행한다고 합니다. 왕께서 위에서 얻고자 하는 땅은 장양長羊·왕복王福·낙림洛林의 땅입니다. 왕께서 저를 위나라의 사도司徒로 삼아주신다면 신은 위로 하여금 그 땅을 바치게 할 수 있습니다."

진왕이 대답한다.

"좋소."

이리하여 망묘는 진의 도움으로 위의 사도가 되었다. 그러자 그는 위왕에게 말했다.

"왕께서 우려하시는 땅은 상지上地이며, 진이 얻고자 하는 땅은 장양·왕복·낙림입니다. 왕께서 이 땅을 진에 바치면 상지는 걱정할 것이 없습니다. 이렇게 해주는 대신 군대를 내어달라고 하여 제를 치면 분명 땅을 크게 얻을 수 있을 것입니다."

위왕도 승낙했다.

"좋소."

이리하여 땅을 진에 주었는데, 땅을 준 지 몇 달이 지나도 진은 군대를 내어주지 않았다. 위왕이 망묘에게 말했다.

"땅을 준 지 몇 달인데, 진은 우리에게 군대를 보내주지 않으니 무슨 까닭이요?"

"신이 죽을 죄를 지었습니다. 허나 신이 죽으면 진에 기만당하고도 그들을 책망할 수 없게 됩니다. 왕께서 이를 고려하여 죄를 사해주시면 신은 왕을 위하여 진으로 가서 책임을 묻겠습니다."

이리하여 진으로 가서 진왕에게 말했다.

"위가 장양 등의 땅을 바친 것은 대왕의 군대를 빌려 동쪽으로 제를 치고자 함이었습니다. 이미 땅을 주었는데 진의 병사들을 얻지 못했으니 신은 이제 죽은 목숨입니다. 허나 앞으로 산동의 선비들 중 이익이 될 대책을 가지고 와서 왕을 섬기는 이는 없을 것입니다."

진왕이 두려워하며 말했다.

"나라에 일이 있어 군대를 보낼 겨를이 없었습니다. 지금 군대를 보내 따르겠습니다."

열흘 후 과연 진병이 도착했다. 망묘는 위와 진의 병력을 이끌고 제를 쳐서 22현을 얻었다. 당시 위가 제에 얻은 것이 이렇게 많은데 조와 연은 말할 것도 없을 것이다.

이리하여 삼진과 연과 제의 군대가 동시에 들이쳤다. 《사기》〈연소공세가〉와 《사기》〈전경중완세가田敬仲完世家〉를 종합하여 당시의 상황을 살펴보면, 한참 전에 연이 스스로 무너졌듯이 제도 속수무책으로 무너졌다. 제왕의 군대는 와해되었는데, 연합군의 군대 중 유독 악의가 이끄는 연나라 군대만 매몰차게 추격하여 수도 임치로 들어갔다. 좌군은 교동과 동래로 진격하고, 전군은 낭아로 나가고, 우군은 아와 견에 주둔하며 위군을 기다리고, 후군은 천승千乘으로, 중군은 임치로 향했다. 《자치통감》의 기사에 따르면 처음에 임치로 들어갈 때 극신이 말렸다고 한다.

"지나가는 곳을 정돈하지 않고 너무 깊이 들어가면 위험합니다."

그러나 악의는 반대했다.

"제왕의 정치는 가혹하여 백성들은 그를 이반했소. 이제 저들의 군대를 격파했으니 이 틈을 노리면 백성들이 반란을 일으킬 것이오. 이 기회를 놓쳐 저들이 허물을 고치고 아래 사람들을 구휼하도록 내버려 두면 다시 도모할 수 없소."

열국의 군대가 멈췄건만 연의 군대는 임치로 들어갔다. 제 민왕은 악의가 오기 전에 이미 위衛로 탈출했다. 망국의 군주이지만 어제까지 동방의 강자였던지라 제 민왕은 태도가 뻣뻣했다. 그러자 위나라 사람들이 그를 쫓아내서 그는 추나라와 노나라로 떠돌았다. 그 나라들에서도 역시 거만하게 굴자 결국 그는 거莒로 쫓겨났다. 이때 초는 요치淖齒를 보내 제를 구원했지만 온 힘을 다해 구한 것은 아니었다. 온 나라의 성이 다 함락되고 겨우 거와 즉묵만 남자, 요치는 승산이 없다고 딴마음을 먹었다. 그는 오히려 민왕을 죽이고 제의 보기를 연과 나누어 가지고 말았다.

요치가 민왕을 죽인 장면은 너무나 끔찍하다. 《전국책》〈제책〉의 기사를 옮겨본다.

요치가 민왕을 죽이기로 마음먹고 이렇게 다그쳤다.

"천승과 박창博昌 사이에 수백 리에 피 비가 내려 옷을 적시는 것을 왕은 아시오?"

"모르오."

"영嬴과 박博 사이에 땅이 갈라져 샘이 드러난 걸 왕은 아시오?"

"모르오."

"어떤 이가 궁궐 문에 이르러 울기에 따라가도 잡지 못하고 떠나가도 그 소리가 들린 일을 왕께서는 아시오?"

"모르오."

"하늘이 피 비를 내려 옷을 적신 것은 하늘이 고한 것이며, 땅이 갈라져 샘이 드러난 것은 땅이 고한 것이요, 사람이 궐에 와서 곡을 한 것은 사람이 고한 것이오. 하늘과 땅과 사람이 다 고했는데 왕만 경계할 줄 몰랐으니 어찌 죽음을 면할 수 있으리오."

요치는 제 민왕의 힘줄을 뽑아 대들보에 매달아 버렸다고 한다. 황제가 되려던 인물의 최후로서는 참으로 비참한 일이었다. 그러나 제 민왕이 얼마나 혹독했으면 그를 도우러 왔던 타국의 장수마저 그를 버렸을까?

우리는 맹상군이 제 민왕을 등진 것을 보았다. 맹상군도 처음부터 모리배는 아니었다. 《여씨춘추》〈심기審己〉에는 이런 이야기가 나온다. 제 민왕이 도망쳐서 위衛나라로 갔을 때, 종일 걸으며 공옥단公玉丹에게 말했다.

"나는 이미 망했다. 허나 그 이유를 모르겠다. 내가 망한 까닭은 과연 무엇인가?"

공옥단이 이렇게 대답했다.

"신은 왕께서 이미 아시는 줄 알았는데 아직도 모르십니까? 왕께서 망하신 것은 똑똑했기 때문입니다. 천하의 왕들이 모두 못나서 왕의 똑똑함을 미워하여 군대를 합쳐 왕을 공격하니, 그래서 왕께서 망하셨습니다."

필자가 보기에 이는 반어적인 표현인 듯하다. 망한 후에도 망명지마다 거드름을 피우다 쫓겨난 것은 그의 성격에 심대한 결함이 있기 때문이다. 스스로 너무 똑똑하다고 생각했던 한 사나이의 최후였다.

6. 제나라가 부활하다 ▬▬▬▬▬▬▬▬▬

몇 년 만에 모든 성이 다 떨어지고 이제 남은 곳은 거의 즉묵뿐이다. 과연 제가 버틸 수 있을 것인가? 비록 민왕이 어리석었지만 아직 제에는 무수한 인재들이 있었다. 제국帝國이 되려 했던 국가가 연과 같은 소국에 바로 주저앉을 리는 없다. 곧 뜻있는 이들이 일어났다.

《사기》〈전단열전田單列傳〉과《자치통감》을 통해 먼저 열사 왕촉王蠋의 이야기를 들어보자. 악의는 화읍畵邑의 대부 왕촉이 현명하다는 말을 듣고 전군에 명을 내렸다.

"화읍에서 30리 안쪽으로는 들어가지 말라."

그리고 사람을 보내 왕촉을 불렀다.

"온 나라 사람들이 그대의 절조와 의를 높이 사고 있습니다. 저는 그대를 장수로 삼고 만호에 봉하고 싶습니다."

왕촉이 거절하자 이번에는 위협했다.

"말을 듣지 않으면 군대로 화읍을 도륙하겠소."

그러자 왕촉은 이렇게 대답하고는 스스로 나무에 목을 매어 죽었다고 한다.

"충신은 두 임금을 섬기지 않고 정조 있는 아낙은 두 지아비를 섬기지 않소[忠臣不事二君, 貞女不更二夫]. 왕이 내 말을 듣지 않아 물러나 밭을 일구고 있으나, 나라가 망해도 보존시키지 못한 인물이요. 지금 협박 때문에 남의 장수가 된다는 것은 걸왕을 도와 포악한 짓을 하는 것과 다를 바 없소. 살아서 의롭지 못할 바에는 차라리 삶겨 죽는 것이 낫소."

이것이 그 유명한 '충신불사이군' 고사다. 이렇듯 왕촉은 평민에 불과했지만 의를 세웠다. 그러자 몸을 피한 사대부들이 부끄러워 일어서 태자를 왕으로 세웠다.

나라를 다시 세우려면 먼저 국군을 죽인 원수 요치를 처단해야 한다.《전국책》〈제책〉에 소년 왕손가王孫賈가 의병의 힘으로 요치에게 복수한 이야기가 나온다.

왕손가는 열다섯 살의 나이로 민왕을 섬기고 있었는데, 왕이 나간 후에 왕이 어디 있는지를 모르게 되었다. 왕손가가 거 땅에 있을 때의 이야기다. 그가 혼자 돌아오자 어머니가 이렇게 탓했다.

"네가 아침에 나가서 저녁에 돌아오지 않으면 어미는 문에 기대어 너를 기다렸다. 네가 저녁에 나가 돌아오지 않으면 동네 출입문[閭]에 기대 너를 기다렸다. 지금 너는 왕을 섬기고 있는데 왕께서 간 곳도 모르면서 어찌 혼자 돌아올 수 있느냐?"

그는 어머니의 말씀을 듣고 왕의 행방을 찾다 왕이 죽은 것을 알아냈을 것이다. 이에 왕손가는 시중으로 나가 외쳤다.

"요치가 우리나라에 난을 일으켜 왕을 죽였다. 나와 함께 그자를 죽이고자 하는 이는 오른쪽 어깨를 드러내시오."

그러자 시중에 따르겠다는 이가 400명이었다. 왕손가는 이들과 함

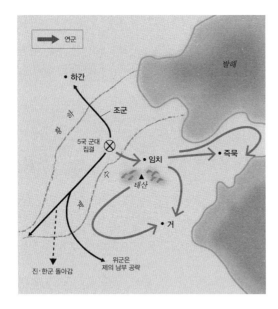

연군의 진격. 제 민왕이 삼
진을 몰아 진을 공격하려고
하면서 송을 차지한 후, 반
제 연합을 맺은 4국이 제를
치고 모두 돌아갔으나 연군
만 군을 다섯으로 나눠 제
나라 전역을 점령했다. 이로
써 제는 거와 즉묵만 겨우
살아남았다.

께 요치를 찔러 죽였다. 제에는 아직 문화적인 힘이 남아 있었던 것이
다. 즉묵과 거는 무려 5년을 항복하지 않고 버텼다.

 연의 악의는 영민한 장수였다. 그는 들이칠 때는 빨랐지만 일단 승
기를 잡자 천천히 기다리면서 민심을 거두겠다는 작전을 펼쳤다. 그는
30년 전 제가 연을 얻었다가 바로 돌려준 일을 잘 알고 있었다. 싸움이
길어지자 악의는 민심을 얻는 데 주력했다. 그는 환공과 관중의 사당
에 제사를 지내고 용감하게 대항한 열사 왕촉의 묘를 돌봤다. 또한 백
성들을 약탈하지 않고 유랑민을 구제하고 부렴을 가볍게 하니 모두 좋
아했다.

 이제 버틸 힘조차 없을 때 희소식이 날아들었다. 바로 악의의 후원

자연 소왕이 죽었다는 것이다. 이제 즉묵의 대부 전단田單이 활약할 차례다. 이제부터는 《사기》 〈전단열전〉을 통해 제나라 부활의 과정을 살펴보자.

즉묵이 포위당한 지 오래되자 사대부들은 마지막엔 성 밖으로 나가 싸우다 죽었다. 제에는 희망이 사라져가는 듯했다. 그때 사람들은 전단을 생각해냈다. 전단은 안평安平을 수비할 때 집안사람들에게 바퀴축의 양쪽 튀어나온 부분을 다 자르고 쇠로 감싸라고 명했다. 안평이 무너지자 달아나는 수레들의 축이 뒤엉켜 모두 사로잡혔지만 축의 끝을 잘라놓은 전단의 집안사람들은 무사히 달아날 수 있었다. 사람들은 그 일을 기억해내고 생각했다. '전단은 군사를 안다.'

난세에 영웅이 난다고 했던가. 이 사나이가 앞으로 제나라를 구한다. 전단은 연 소왕이 죽고 혜왕이 들어섰다는 소식을 듣자마자 이런 소문을 퍼뜨렸다.

"제나라 왕은 이미 죽었고, 그저 두 성만 버티고 있다. 악의는 돌아가면 죽음을 당할까 두려워 제를 벌한다는 명분을 내세우고 있지만 실제로는 싸움을 끌다가 남면하여 제나라 왕이 되려는 것이다. 제나라 사람들이 아직 귀부하지 않은 고로 즉묵 공격을 늦추고 일이 되기를 기다리고 있다. 제나라 사람들이 두려워하는 바는 오직 연의 장수가 바뀌어 즉묵이 멸망하는 것이다."

연 혜왕은 아버지 소왕에 비해 왕이 될 자질이 별로 없었다. 그는 아버지의 총신으로 지나치게 위세가 커진 악의를 용납할 그릇이 되지 않았다. 그런 차에 그럴듯한 참소를 연이어 듣자, 그는 결국 악의를 소환하고 기겁騎劫을 보냈다. 기겁은 악의의 유화 정책을 고쳤다. 그는 포로들의 코를 베고, 화살받이로 내몰았으며, 제나라 사람들 선조의 무덤을 파헤쳤다. 이리하여 즉묵 사람들의 원한이 목까지 차오를 때 전단은 연의 진영에 거짓 항복의 사자를 보냈다. 그는 처첩까지 군중에서 일하게 하고 사재를 풀어 병졸들을 먹였다.

연나라 군대가 항복을 확신하며 경계를 느슨하게 하고 있던 날 밤, 성 밖으로 불덩이들이 1000개나 쏟아졌다. 바로 전단이 소를 모아 뿔에 칼을 달고 꼬리에 기름을 먹여 불을 붙인 것이다. 꼬리가 타자 소들은 미친 듯이 연나라 군대의 진영으로 뛰어들었는데 그 소들은 모두 용이 그려진 붉은 옷을 입어서 기괴하고 무서웠다. 이것이 유명한 전단의 화우火牛 공격이다. 미친 소들을 따라 제나라 장정 5000명이 성밖으로 쏟아져 나왔다.

제나라는 와해되는 과정도 빨랐지만 수복되는 과정도 그만큼 빨랐다. 함락된 70여 개 성이 모두 반기를 들어 하나하나 제나라 수중으로 돌아왔다. 이제는 연의 군대가 오히려 몇 남지 않은 성에 갇혀 지키는 신세가 되었다.

나라는 역시 사람이 세우고 사람이 구한다. 《전국책》〈제책〉에 제가 나라를 수복할 때 유명한 유세가 노련魯連(노중련)이 성을 지키던 연의 장수를 죽음으로 몰아간 이야기가 나온다. 연의 장수는 돌아가면 죽음을 당할까 봐 돌아가지도 못하고 그냥 요성聊城에 들어앉아 지켰다. 전단이 해를 넘겨 공격해 병사들이 많이 죽었지만 요성을 함락시키지 못했다. 그러자 노중련이 서신을 화살에 달아 성 안으로 쏴 넣었다. 서신을 통해 그는 이렇게 유세했다.

제가 듣기로, 지혜로운 이는 시세를 거역하여 유리함을 버리지 않는
다고 하며, 용사는 죽음이 두려워 이름을 망치지 않으며, 충신은 군주
보다 자신의 몸을 먼저 생각하지 않는다고 합니다. 지금 공께서는 하
루아침의 분노 때문에, (먼저 죽어) 연왕의 곁에 (당신 같은) 신하가 없음
을 고려치도 않으니 이는 충이 아니요, 몸을 죽이고 요성을 잃으면서
도 위명을 제나라에 떨치지 못하니 이는 용勇이 아니며, 공은 없어지
고 이름이 사라지니 이는 지智가 아닙니다. 그러므로 지자는 계획을
고치지 않으며 용사는 죽음을 두려워하지 않습니다. 지금 사생, 영욕,
존비, 귀천이 한시에 갈리게 되었습니다. 원하노니 공께서는 세밀히
고려하시어 속된 사람들의 행동을 따르지 마소서.

실제로 그때는 국제적인 상황도 많이 바뀌어 있었다. 연이 제의 두
성을 포위하고 5년이나 지구전을 벌이고 있을 때, 진은 이미 위·조·초
를 번갈아 가며 강타하고 있었다. 노중련은 남쪽 땅을 다 잃어도 요성
을 얻을 테니 벗어날 생각은 버리라고 말한다.

또한 초는 남양南陽을 공략하고 위는 평륙平陸을 치려고 하지만, 우리
제는 남쪽으로 대응할 마음이 없으며, (초에게) 남양을 잃는 손해가 제
북濟北(요성이 있는 곳)을 얻는 이익보다는 작다고 생각하기에 대책을
확고히 하고 견고히 지키고 있습니다(우리는 반드시 요성을 공략할 것입니

다). 지금 진나라 사람들이 군대를 내보내면 위나라는 감히 동쪽으로 향하지 못할 것이고, 진과 연횡하는 세력이 합치면(진-제) 형세상 초가 위태로워집니다. 남양을 포기하고 우양右壤(평륙이 속한 곳)이 끊기더라도 제북은 반드시 지켜낼 것인즉, 계획대로 할 것입니다.

지금 초와 위가 번갈아 가며 군대를 물리고 연의 구원군도 도착하지 않는데, 우리 제가 천하의 아무런 견제도 받지 않고 요성과 해를 넘기는 싸움을 불사한다면, 신이 보기에 공께서는 견디지 못할 것입니다. 제가 기어코 요성에서 결판을 내겠다고 하면 공은 이미 돌이켜 다시 생각할 방도가 없습니다. 연나라는 크게 어지러워져서, 임금과 신하가 대책을 잘못 세우고 상하가 서로 미혹한 상태이며, 율복栗腹이 100만 명의 무리를 끌고 원정을 나갔으나 다섯 번이나 패하여 만승의 연나라가 조나라에 포위되는 지경이 되어 국토는 깎이고 군주는 곤궁에 빠져 천하의 웃음거리가 되었는데, 공은 이를 들었는지요?•

지금 연왕은 바야흐로 겁먹은 마음으로 홀로 서 있는데 대신들은 보좌할 역량이 없고, 나라는 피폐한데 화는 자주 닥쳐 민심이 기댈 곳이 없습니다. 지금 공께서는 피폐한 요성의 백성들을 데리고 온 제나라와 싸워 해를 넘기도록 와해되지 않았으니, 이는 묵적과 같은 (대단한) 수비였고, 사람을 잡아먹고 뼈를 장작으로 태우면서도 전사들을 배반할 마음을 먹지 않았으니 이는 손빈과 오기의 군대와 마찬가지였으니, 이로써 이미 천하에 이름을 드러낼 수 있습니다.

• 율복의 일은 훨씬 뒤에 일어났다. 후대의 일이 끼어든 것이다.

제가 공을 위해 대책을 세운다면, 군대를 해산하고 사졸들을 쉬게 하며 장비를 온전히 챙겨 돌아가 연왕에게 보고하는 것이 좋습니다. 군대를 온전히 하고 돌아가면 연왕은 분명 기뻐할 것이고, 사민은 공을 보기를 부모 보듯 할 것이며, 사귀는 이들은 팔을 걷어붙이고 공의 업적을 의논할 것이니 공업은 가히 명백히 드러날 것입니다. 위로는 외로운 군주를 보위하여 여러 신하들을 제어하고, 아래로는 백성을 길러 세객들의 칭찬을 얻으니, 나라를 바로잡고 풍속을 고쳐 공명을 이룰 수 있습니다. 아니면, 차라리 연나라를 버리고 세상을 등져, 동쪽으로 우리 제나라와 합치는 것이 어떻습니까? 땅을 떼어내 봉해달라고 하면 부는 도陶 땅과 위衛 땅에 버금갈 것이고, 세세로 고孤(과인)를 칭하며 제나라와 길이 함께할 테니, 이 또한 하나의 계책입니다. 이 둘은 이름을 드러내고 실익을 두텁게 하는 것이니, 공께서는 신중히 살피시어 하나를 택하소서.

《전국책》〈제책〉에 따르면 연군이 물러났다고 하고《사기》에는 그 장수가 스스로 목을 찔러 죽었다고 한다. 이 유세가 온전히 사실인지는 의문이 있지만, 한 사람의 유세가 전시에 이토록 큰 힘을 발휘하는 것은 사실이다. 이로써 제를 멸하고 연을 키우겠다는 악의의 계획은 완전히 좌절되었다.

7. 악의의 변명: 군자는 절교할 때 악담하지 않는다 ━━━

군사적인 성과로만 본다면 악의는 오기를 능가하며 당대 진의 백기에 버금간다. 그러나 정치란 병법과는 다르다. 악의는 끝내 모함이 두려워 조로 망명하고 말았다. 악의가 조로 달아나니 조는 그를 망제군望諸君으로 봉했다. 한편 제나라 전단이 기겁을 격퇴하여 다시 제나라의 성을 전부 되찾자, 혜왕은 이를 후회하면서 조가 연의 피폐함을 틈타 공격해올까 두려웠다. 그래서 악의에게 이런 편지를 보냈다.*

> 선왕께서 나라를 들어 장군에게 위탁하자, 장군은 우리 연을 위해 제를 깨뜨리고 선왕의 원수를 갚았으니, 천하에 떨지 않은 이가 없었습니다. 한데 과인이 어찌 감히 하루아침에 장군의 공을 잊을 수 있겠습니까? 마침 선왕께서 군신을 버리시고(세상을 떠나시고) 과인이 갓 즉위하니 좌우에서 과인을 오도했습니다. 과인이 기겁으로 하여금 장군을 대신하게 한 것은 장군이 밖에서 햇빛과 이슬을 맞은 지 오래라, 장군을 불러 쉬게 하고 일을 계획하도록 하려던 것이었습니다. 장군은 이를 과하게 듣고 과인과 틈이 생긴 것이라 여겨 급기야 연을 떠나 조로 들어갔습니다. 장군 스스로를 위한 계책이라면 좋습니다. 허나 선왕께서 장군을 대우한 것에는 어떻게 보답할 것인지요?

---

* 《전국책》 〈연책〉에 나오는 명문장이다.

그러자 악의는 다음의 명문을 보냈다. 이 문장은 역대로 진심을 드러낸 편지글의 모범으로 꼽히며, 제갈량의 〈출사표〉는 이 문장의 영향을 크게 받았다. 그의 변명 아닌 변명이 심금을 울린다. 악의는 이미 돌아갈 마음이 없었다. 소진의 후발제인 문장과 비견된다.

신이 명민하지 못하여 선왕의 가르침을 받들어 잇지 못하고 좌우의 뜻을 따르지 못했으니, 도끼 아래 엎어지는 죄를 받아 선왕의 밝음을 상하고 족하의 의를 해칠까 두려워 도망쳐서 조로 왔사옵고, 스스로 못난 이의 죄를 짊어지고 있던지라 감히 말씀을 드려 변명하지 못했습니다. 지금 왕께서 사자를 보내 누차 죄를 물으시니, 왕을 모시는 이들이 선왕께서 신을 아끼신 이유를 살피지 못하고 신이 선왕을 모신 마음을 알지 못할까 두려워 감히 글을 올려 답하나이다.

신이 듣기로, 현명하고 성스러운 군주는 친한 이라고 해서 녹과 은혜를 베풀지 않고 공이 많은 자라야 그리하며, 사랑하는 이에게 관직을 주지 않고 일을 잘하는 이에게 준다고 합니다. 그러므로 능력을 살펴 관직을 맡기는 이는 공을 이룰 군주요, 행실을 논하여 사귐을 맺는 이는 이름을 세울 선비입니다.

신이 배운 바로 살피자면, 선왕께서 일을 하실 때는 세상의 보통 사람들을 능가하는 마음이 있었습니다. 그리하여 신은 위왕魏王의 부절을 빌려 와서, 연에서 자질을 인정받을 수 있었습니다. 선왕께서는 격을 깨고 저를 들어 쓰시어, 빈객들 중에 발탁해 여러 신하들의 위에 놓으시고, 부형들과 상의하지도 않고 신을 아경亞卿으로 삼았습니다. 신은 스스로 영을 받들고 가르침을 이으면 다행히 죄를 면할 수 있다 생각하여 사양하지 않고 명을 받았습니다.

선왕께서 명을 내려 말씀하셨습니다. "나는 제나라에 쌓인 원한과 깊은 분노를 갖고 있으니, 강약을 고려하지 않고 (반드시) 제를 도모하고자 한다." 신은 이렇게 대답했습니다. "무릇 제는 패국의 가르침이 남아 있고 여러 차례 이긴 선례도 있으니, 병갑을 편하게 여기고 나아가 싸우는 데 익숙합니다. 왕께서 만약 제나라를 공격하고 싶으시면 반드시 천하를 들어 도모해야 합니다. 천하를 들어 도모하기로 조와 결맹하는 것이 가장 빠른 길입니다. 또한 회북과 송 땅은 초와 위가 함께 바라는 곳입니다. 조가 승낙하면 초·위와 결맹을 맺고, 송은 온 힘을 다하여 네 나라가 공격하면 제를 크게 깨뜨릴 수 있습니다." 그러자 선왕께서 "좋다"고 하셨습니다. 이에 신은 영을 받아 부절을 갖추고 남쪽 조나라에 사신으로 갔다가 돌아와 복명한 후 군대를 일으켜 제를 공격했습니다.

하늘이 도와 선왕의 영명함으로 하북 땅은 선왕의 거사를 따라 제수 가에 모였습니다. 제수 가의 군대가 영을 받들어 제를 쳐서 크게 이기니, 경무장한 정예병들이 먼 거리를 쫓아 제나라 국도에 이르자 제왕은 겨우 몸 하나만 빠져나가 거로 달아났습니다. 주옥재보珠玉財寶와 차갑진기車甲珍器는 모두 거두에 연으로 가져가고, 대려大呂(큰 종)는 원영궁[元英]에 늘어놓고, 옛 정[故鼎]은 역실궁[曆室]으로 다시 갖다 놓았으며, 제나라의 기기는 영대寧臺에 펼쳤으며, (연나라 수도) 계구薊丘의 식물을 (제나라) 문수의 대나무 밭[汶皇]에 옮겨 심었습니다.

그러니 500년 이래로 공이 선왕에 미치는 이는 없었습니다. 선왕께서는 흡족해하시며 신이 명을 제대로 수행했다 하여 땅을 떼어 봉하시어 작은 나라의 제후에 비기도록 하셨습니다. 신이 명민하지 못하나 스스로 명을 받들고 가르침을 이으면 다행히 죄를 면할 수 있다 여겨 명을 받고 사양하지 않았습니다.

신이 듣기로, 현명한 군주는 공을 이룬 후 부수지 않기에 춘추(역사책)에 이름을 드러내며, 선지先知의 선비는 이름을 이룬 후 훼손하지 않기에 후세의 칭송을 받는다 합니다. 선왕께서는 원수를 갚아 치욕을 씻고, 만승의 강국을 격파하여 800년의 축적을 거뒀으나, 군신을 버리는 날에 이르러서도 후손들을 깨우치는 유언을 남기시니, 정사를 맡은 신하들은 이로 인해 법령을 능히 지켜 (왕실의) 서얼들을 따를 수 있었고, 은혜가 평민에게도 미쳤으니, 이 모두가 후세에 가르침이 될 만했습니다.

이어지는 문장에는 왕의 처사에 대한 은근한 원망과 돌아갈 수 없는 슬픔이 담겨 있다.

신이 듣기로 잘하는 이가 꼭 공을 이루는 것은 아니며, 시작이 좋다고 반드시 끝이 좋은 것은 아니라 합니다. 옛날 오자서는 그 대책이 합려에게 채택되었기에 오나라가 멀리 초나라의 수도 영을 밟았지만, 부차는 듣지 않고 그를 가죽자루에 넣어 강에 떠내려 보냈습니다. 그러니 오왕 부차는 이전의 대책으로 공을 이룰 수 있다는 것을 깨닫지 못했기에 오자서를 수장시키고도 후회하지 않았고, 오자서는 지금의 군주가 선군과 도량이 같지 않다는 것을 미리 알지 못했기에 강에 빠지는 지경에 이르도록 고치지 않았습니다. 대저 죽음을 면하고 공을 보전하여 선왕의 업적을 밝히는 것이 신이 가진 최선책이며, 치욕스러운 비난을 얻어 선왕의 이름을 떨어뜨리는 것이 신이 크게 두려워하는 바입니다. 가늠할 수 없는 죄 앞에서 요행히 이익을 바라는 것은 의리상 감히 할 수 없습니다. 신이 듣기로, 옛날의 군자들은 사귐을 끊을 때 미워하는 말을 하지 않는다고 하며, 충신이 떠날 때는 제 이름을 깨끗이 하지 않는다〔古之君子, 交絶不出惡聲, 忠臣之去也, 不潔其名〕 합니다.˙ 신이 비록 명민하지 못하나 여러 차례 군자의 가르침을 받들었습니다. 모시는 이들이 측근의 말만 듣고 이미 멀어진 저의 행동을 살피지 못할까 두려워, 감히 글을 올려 알리나니 군주께서는 유의하소서.

악의는 결국 돌아오지 않았고 그렇다고 연을 도모하지도 않았다. 일세의 명장도 어쩔 수 없는 것이 정치와 문화의 힘이다. 제가 연을 얻고 돌려줬듯이 연도 제를 얻었다 포기하고 말았다. 그리고 연은 다시 약소국으로 돌아간다.

• "不潔其名." "자신의 이름을 깨끗이 한다"는 뜻이다. 자신이 깨끗해지자면 남은 더러워야 하니, 결국 남에게 오명을 주지 않고 스스로 오명을 받는다는 뜻이다.

8. 제나라 정치의 고질병: 왕권과 신권의 부조화

이제 이런 풍파를 겪은 제나라의 정치를 돌아보자. 《전국책》〈제책〉에 나라를 구하고 모함을 받은 전단의 이야기가 나온다. 사실 제의 새 군주 양왕은 전단이 세운 이라 해도 옳았다. 하지만 군주가 신하를 믿지 못하는 것은 제나라 정치의 고질병이다. 군주의 품성보다는 군주를 그렇게 이끄는 구조가 문제였다. 마치 원죄처럼 정권을 찬탈한 기억은 전씨를 따라다녔다. 앞서 본 맹상군도 전씨였기 때문에 제 민왕과 사이는 더 벌어졌다. 봉건시대에 동성 봉군을 두는 것은 배반을 막기 위함이다. 그러나 봉군이 커지면 왕의 의심도 커진다. 왕의 의심이 커질수록 봉군의 경계도 커진다.

역사 기록을 다 찾아봐도 전단은 실제로 왕위에 대한 사심이 없었던 듯하다. 그의 대범함은 여러 사적에 기록되어 있다. 그럼에도 그도 맹상군처럼 위협을 받았던 듯하다. 아래의 이야기로 들어가 보자.

초발貂勃은 항상 전단을 비방했다.

"안평군安平君(전단)은 소인배다."

이 소식이 전단의 귀에 들어갔는데 전단이 그에게 술을 한잔 청하면서 이렇게 말했다.

"단이 어찌하다 선생께 죄를 지어 항상 조정에서 칭찬[譽]을 듣는지요?"

이에 대한 초발의 대답이 걸작이다.

"도척의 개가 요 임금을 보고 짖는 것은 도척을 귀하게 여기고 요 임금을 천하게 여기기 때문이 아닙니다. 개는 그저 주인이 아니면 짖습니다."

전단의 대답도 걸작이다.

"삼가 명을 받겠습니다."

그다음 날 그는 바로 왕에게 초발을 추천했다. 당시 조정에서는 전단을 헐뜯는 이들이 아홉 명이나 있었다. 그들은 항상 전단을 걸고넘어질 생각만 하고 있었다.

그들이 왕에게 권했다.

"연이 제를 칠 때 초왕이 군軍과 장將 1만 명을 보내 우리 제를 도왔습니다. 나라와 사직은 이제 안정되었는데, 사자를 보내 초왕에게 감사하는 것이 어떻겠습니까?"

"신하 중 누구를 보내면 좋겠소?"

"초발이 좋겠습니다."

이리하여 초발이 사신으로 초나라에 갔는데, 초왕은 연회를 베푸느라 수일이 지나도록 그를 돌려보내지 않았다. 그러자 참소하던 이들이 바로 제왕에게 고했다.

"대저 일개 개인이 세력에 기대지 않고 어찌 만승을 끌겠습니까(초발 따위를 초왕이 그렇게 대접하는 이유가 무엇이겠습니까)? 또한 안평군과 왕은 군신의 예와 상하의 분별을 지키지 않는 사이입니다. 또한 거기에 옳지 못한 일을 계획하고서, 안으로 백성들을 거두어 그 마음을 위로하고 궁한 이를 진휼하고 부족한 이를 채워주며 백성들에게 덕을 베풀며, 밖으로 융적과 천하의 뛰어난 선비들을 회유하고 은밀히 제후 가운데

영웅준걸과 결탁하는 중입니다. 필시 다른 뜻이 있습니다. 왕께서는
살피소서."

다른 날 왕이 말했다.

"단을 불러오라."

전단이 어깨를 내놓은 채 관모도 없이 맨발로 나가고 물러나며 죽음
의 죄를 청했다. 이렇게 닷새가 지나자 왕이 말했다.

"그대는 과인에게 죄가 없소이다. 그대는 그대대로 신하의 예를 다
하고, 나는 나대로 군주의 예를 다하면 그만이외다."

마침 초발이 초에서 돌아오자 왕이 연회를 베풀었는데 술이 한창이
었다. 왕이 말했다.

"상국 단을 불러오라."

그러자 초발이 자리에서 벗어나 머리를 조아리며 말했다.

"왕께서는 어찌 이런 나라를 망칠 말씀을 하십니까? 왕께서는 위로
주문왕에 비해 어떻습니까?"

"내가 그분만 못하오."

"저도 그런 줄로 압니다. 그럼 아래로 제 환공에 비하면 어떻습니까?"

"내가 못하오."

"신도 그런 줄 알고 있사옵니다. 주문왕은 여상呂尙(강자아, 즉 강태공)
을 얻어 태공太公으로 삼았고, 제 환공은 관이오(관중)를 얻어 중보仲父
로 삼았는데, 지금 유독 왕께서는 안평군의 이름을 불러 '단'이라 하고
있습니다. 천지가 개벽하고 인민이 시작된 이래 신하된 이로서 누가
안평군보다 더 큰 공을 세웠습니까? 그럼에도 왕께서는 '단, 단' 하십

니다. 어찌 이런 망국의 말씀을 하십니까?

왕께서 선왕의 사직을 지키지 못하여 연나라 사람들이 군대를 이끌고 제를 쑥대밭으로 만들었을 때, 왕께서는 성양城陽의 산 속으로 달아났습니다. 안평군이 홀로 벌벌 떨고 있는 즉묵의 사방 3리의 내성과 5리의 외성에 의지하여 피폐한 사졸 7000명을 데리고 적의 사마를 잡고 1000리의 제나라를 탈환했으니, 이는 모두 그의 공입니다. 그때 성양을 봉쇄하고 스스로 왕이 되었던들 천하는 제지할 도리가 없었을 것입니다.

허나 도리에 따라 생각하고 의리로 돌아가 그럴 수는 없다 생각하여, 잔도를 놓아 성양의 산중에서 왕을 모셔오니 왕께서는 다시 자리에 올라 백성에게 군림할 수 있었습니다. 지금 나라가 자리 잡고 백성이 안정되니, 왕은 급기야 '단'이라 하시는데, 어린아이의 소견으로도 이런 행동을 하지 않사옵니다. 왕께서 당장 이 아홉 간신을 죽여 안평군에게 사과하지 않는다면 나라가 위태롭습니다."

왕은 이 말을 듣고 심히 부끄러웠다. 이렇게 하여 일은 가까스로 무마되었다.

이제 맹상군의 이야기로 돌아가 보자.

9. 맹상군의 최후

새로 선 제 양왕은 맹상군이 두려워서 건드리지 않았다. 그러나 맹상군은 다시 정치의 일선으로 돌아가지 않았다. 사실 순자의 말대로 맹상군은 찬탈하는 신하요 배신자다. 그는 타국의 군대를 이끌고 고국을 공격한 이다. 그러나 그가 처음부터 그런 마음을 먹은 것은 아닐 것이다. 그는 적이 아니라면 충성을 다했다.

맹상군이 달아나 위나라에서 정치를 했을 때의 일화다. 《전국책》〈위책〉에 나오는 것으로 기원전 283년, 진이 위의 대량까지 진출했을 때의 일이다. 당시 고국 제는 연과 지리한 대치 상황이었지만 그는 여전히 위나라를 위해 일하고 있었다.

진이 장차 위를 치려고 했다. 위왕이 이 소식을 듣고 밤에 맹상군을 만나 물었다.

"진이 위를 치려고 하는데, 그대가 나를 위해 계책을 낸다면 어찌하겠소?"

"제후들이 구해준다면 국가를 건질 수 있습니다."

"과인은 그대가 사신으로 가줬으면 하오."

이리하여 수레 100승을 준비했다. 맹상군은 먼저 조나라에 가서 조왕에게 유세했다.

"저 문은 군대를 빌려 위를 구하기를 바라나이다."

"과인은 그럴 능력이 없습니다."

"감히 군대를 빌리는 것은 왕께 충성하려는 까닭입니다."

"무슨 말씀이신지요?"

"지금 조나라의 군대는 위나라 군대만큼 강하지 않고, 위나라 군대가 조나라 군대보다 약하지 않습니다. 그러나 조나라 땅은 해마다 위태롭지도 않고 해마다 인민이 죽어 나가지도 않으나 위나라 땅은 해마다 위태롭고 해마다 백성들이 죽어 나가는데, 이는 무슨 까닭입니까? 위나라가 조나라 서쪽에 위치하여 울타리가 되어주기 때문입니다. 지금 조가 위를 구하지 않으면 위는 삽혈하고 진과 맹서할 것인즉, 그러면 조는 강한 진과 국경을 마주하게 될 테니 해마다 위태롭고 해마다 백성들이 죽어 나갈 것입니다. 이것이 바로 문이 대왕께 충성을 한다는 까닭입니다."

조왕은 허락하고 위에게 군대 10만 명, 전차 300승을 내어주었다고 한다.

맹상군은 다시 북쪽으로 연왕을 찾아갔다.

"예전에 공자(맹상군의 아버지?)는 항상 두 나라 왕께서 우호관계를 맺도록 했습니다. 지금 진이 위를 공격하려 하니 원컨대 대왕께서 구해주소서."

"우리나라는 두 해 동안 흉년이 들었소. 한데 지금 다시 수천 리를 행군하여 위를 구원하는 것이 가능하겠습니까?"

"수천 리를 행군하여 남을 구하는 것이 바로 연나라의 유리한 점입니다. 지금 위왕이 국문을 나서기만 하면 바로 적군이 바라보이니, 비록 수천 리를 행군하여 남을 돕고자 한들 가능키나 합니까?"

연왕이 여전히 허락하지 않자, 맹상군이 이어서 말했다.

"신이 왕께 유리한 계책을 올렸으나 왕께서는 신의 충성된 계책을 쓰려고 하지 않으시니, 청컨대 문은 떠날까 합니다. 천하에 장차 큰 변고가 있을까 두렵습니다."

"큰 변고라니 무슨 뜻입니까?"

"진이 위를 공격하고 있으나 아직 이기지 못하고 있습니다. 누대는 이미 불탔고 원유는 이미 빼앗겼는데, 기어이 연이 구원해주지 않는다면 위왕은 부절을 꺾고 땅을 떼어 나라의 반을 들어 진과 화친하면 진은 물러날 것입니다. 진이 위를 떠나면 위왕은 한과 위의 군대를 다 이끌고, 또한 서쪽으로 진의 군대를 빌리고 조의 무리까지 데려와 네 나라가 함께 연을 공격할 것인데, 어떤 것이 왕께 이득이라 보십니까? 수천 리를 행군하여 남을 돕는 것입니까, 아니면 연의 남문을 나와 적군을 바라보는 것입니까? 연을 치는 길은 가깝고 물자를 옮기는 것도 쉽습니다. 왕께 어떤 것이 이득입니까?"

연왕이 굴복했다.

"그대는 떠나시오. 과인은 그대의 말을 들으리다."

이에 병력 8만 명, 전차 200승을 내어 전문을 따르게 했다. 위왕이 크게 기뻐 말했다.

"군께서 얻은 연과 조의 병력이 많고도 빠르군요."

진왕은 크게 두려워 (오히려) 땅을 떼어주고 위에 강화를 요청했다. 사태가 마무리된 후 위는 조와 연의 군대를 돌려보낸 뒤 맹상군에게 땅을 봉했다.

맹상군은 위나라 군주를 섬길 때 이토록 최선을 다했다. 맹상군이 찬탈하는 신하라고 비난하지만, 문제는 오히려 그의 도량과 실력이었다. 그가 왕이었다면 제나라가 연나라에게 그런 수모를 당했을 리가 없다.《전국책》〈조책〉에 그가 조에 보인 행실이 기록되어 있다.

조왕이 맹상군을 무성武城에 봉했다. 맹상군은 사인 한 사람을 골라 무성의 관리로 삼아 보내면서 말했다.

"속담에 '빌린 수레로는 마구 달리고 빌린 옷은 해어지도록 입는다'는 말이 있지 않소?"

"네, 있습니다."

"나 문은 정말 그렇게 하지 않으리다. 대저 수레나 옷을 빌려주는 이는 친한 친구가 아니면 형제일 것이오. 친한 친구의 수레를 타고 마구 달리고 형제의 옷을 해어지게 입는 것은, 내가 보기에 안 될 일이오. 지금 조왕이 내가 못난 것을 모르고 무성에 봉해주었으니, 대부는 가서 나무를 베지 말고 집을 부수지 않아서, 조왕이 나 문이 근신하고 있음을 알게 하고 (나중에) 온전한 채로 봉지를 돌려줄 수 있게 해주오."

맹상군은 다면적인 인물이다. 《자치통감》은 순자의 평을 들어 맹상군과 제 민왕을 두고 권모술수에 빠져 나라를 망친 이로 평가한다. 제가 송을 병합하는 상황에서 진과 손을 잡는 것은 옳은 일이다. 그러나 맹상군이 자신의 봉지를 위해 사적으로 나라의 대업을 엎고 진을 끌어들인 것은 엄연한 사실이다. 그러나 누구에게도 죽음의 위협 앞에서 초연하라고 할 수는 없다. 특히 조조의 실력을 가진 이에게 미생의 죽음을 받아들이라 할 수 있겠는가?

맹상군이 죽은 후 그의 봉지는 제나라로 귀속된다. 그는 왕보다 더 실력이 나았기에 기구한 운명에 처했던 사람이다. 이것은 개인의 문제라기보다 오히려 제나라 정치의 구조적인 모순이었다.

마지막으로 우리의 슬픈 첩자 소대는 어떻게 되었을까? 소대는 난리 와중에도 살아남아 연으로 돌아갔다. 소대가 연을 위해 일한 것은 맞다. 그러나 그가 여러 차례 제를 위해 충언을 한 것도 사실이다. 그가 합종주의자로 활동할 때는 제나라를 위해 일했다. 맹상군더러 진으로 들어가지 말라고 할 때도 진심이었고, 제 민왕에게 제를 칭하지 말라고 할 때도 진심이었다. 그의 형제 소려는 제가 망할 뻔할 때 필사적으로 조를 말려서 조가 손을 떼게 하기도 했다. 그동안 우리가 살펴봤듯이 기록은 흩어져 있고 일관성이 없다. 소진의 말인지 소대의 말인지 아니면 제3자의 말인지 확신하기 무척 어렵다. 필자는 《전국종횡가서》를 비중 있게 다뤘지만 그것이 더 정확하기 때문이 아니라 실감나기 때문일 따름이다.

현재 우리가 할 수 있는 최선은 논설을 읽고 흐름 속에서 판단을 내리는 일뿐이다. 이렇듯 군주 역시 책사들의 말을 듣고 옳은 것을 취하면 될 뿐이다. 그들의 말이 일관되게 옳거나 틀리지도 않고, 그들이 일관되게 왕에게 충성하거나 배신하는 것도 아니다. 소대를 위한 변명을 하나 하자면 소대도 맹상군처럼 제나라가 아니라 제 민왕을 배반했던 듯하다. 그 시절 유세객들에게 왕은 목숨 같은 존재였다. 유세가로서 외국에서 활동하며 연 소왕을 섬길지 제 민왕을 섬길지는 자명한 일이다.

나가며

십년지계와
임시방편

먼저 2부의 결론까지 도착한 독자들에게 미안함을 표해야겠다. 선배 전목처럼 종횡가들의 유세를 역사적인 맥락과 연결시키는 대신 무시하거나 포기하는 것이 오히려 나았을 것이라는 생각도 든다. 그만큼 그들의 주장에서 일관성을 얻는 것은 어렵다. 사료 자체가 모순으로 가득하기 때문이다. 그러나 여전히 우리는 큰 줄기 몇 가지를 건질 수 있었다. 하루가 다르게 정세가 변하는 전국시대에 백년대계를 바라는 것은 무망하다. 그러나 십년지계十年之計도 없이 임시방편만 구사하다가는 어떤 대국이라도 약해지고 망한다.

지도자는 위기에 닥치거나 이익을 앞에 두고 경거망동해서는 안 되고, 상황에 따라 나라의 정책을 쉽게 바꿔서도 안 된다. 본문에서도 말했지만 임기응변이 잦으면 막다른 길에 이른다. 바로 공중치 같은 이가 그 예다.

《전국책》〈한책〉에는 이런 이야기가 나온다. 공중치가 누차 제후들을 속여서 제후들은 아예 그를 상대해주지 않았다. 그러자 그는 나라를 초에 의탁하려 했지만 초왕도 들어주지 않았다. 소대가 초왕에게 말했다.

> 일단 그의 요청을 들어주고 배반에 대비하는 것이 낫습니다. 그가 배반하는 방식을 보면 항상 조에 기대어 초를 배반하거나 제에 기대어 진을 배반하는 식입니다. 지금 사방의 나라들이 그를 막아버려 들어갈 곳이 없으니 걱정이 심합니다. 이제 바야흐로 그자가 미생이 될 수밖에 없는 시간입니다[此方其爲尾生之時也].

지금까지는 속임수를 즐겼지만 이제는 초나라에 죽을 때까지 붙을 수밖에 없을 것이라는 뜻이다. 기댈 곳이 없어졌으니 믿을 곳은 초나라밖에 더 있겠는가? 참고로 다리 밑에서 물이 들어차는데도 연인을 기다리다 죽었다는 이가 바로 미생이다.

그리고 지도자는 싸움을 가볍게 여겨서는 안 된다. 여기서 우리가 반면교사로 삼을 사람은 초의 회왕이다. 그는 싸움을 쉽사리 시작했다. 선제공격이 국가에 큰 도움이 되는가? 제가 위를 정벌하려 할 때 순우곤이 제왕에게 이렇게 말했다고 한다.

> 한자로韓子盧는 천하의 잘 달리는 개고, 동곽준東郭逡은 세상의 교활한 토끼랍니다. 한자로가 동곽준을 쫓느라 산을 세 번 돌고 다섯 번

올랐는데, 토끼는 앞에서 달리다 탈진하고, 개는 뒤에서 힘을 다 빼서 둘 다 기진맥진해서 그 자리에서 죽고 말았습니다. 농부가 이를 보고 힘들이는 수고도 없이 둘을 다 얻었답니다. 지금 제와 위가 오랫동안 붙어 싸우느라 군대가 둔해지고 대중이 지치면, 신은 강한 진과 큰 초가 그 뒤를 틈타 저 농부와 같은 득을 얻을까 두렵습니다.

국가를 다치지 않게 하는 것이 우선 백년대계다. 그러나 초 회왕은 속은 것이 화가 나서 원정군을 보냈고 대패하여 나라를 수렁으로 빠트렸다. 이처럼 분노에 넘어가는 것 또한 임시방편이다.

그러나 싸움을 걸어오는데 피할 수 있는가? 검을 비단으로 막을 수 있는가? 국가는 싸워야 할 때 싸우지 않으면 안에서 무너진다. 《전국책》〈초책〉에 나오는 다음 문장은 바로 그 점을 이야기한다.

어떤 이름 모를 이가 초왕에게 다음과 같이 유세했다고 한다. 그는 연횡을 이야기하는 자들이 국가를 팔아먹어서 국가의 권위가 깃털보다 가벼워졌다고 한탄한다.

신이 듣기로 합종을 꾀하는 이들이 천하를 합쳐서 대왕께 조현하려 한다 하니, 신은 대왕께서 받아들이기를 원하옵니다. 대저 굽은 것을 펴고 오랜 우환을 극복하여 공을 이루는 것은 용자들이 의롭게 여기는 것이며, 화를 바꾸어 복으로 만들고 적은 것을 많은 것으로 바꾸는 것은 지혜로운 이들이 우러르는 일입니다. 대저 보답(보복)에는 보답(보복)으로 되돌려주고, 침묵에는 침묵으로 감화하는 것〔報報之反, 墨

墨之化)은 오직 큰 군주라야 할 수 있는 일입니다. 화와 복은 서로 하나로 통하고, 삶과 죽음은 이웃하고 있으니, 죽든지 살든지 결판내지 않으면 큰 이름을 이룰 수 없고* 침탈하고 정벌하지 않으면 천하에 횡행할 수 없습니다. 무릇 진이 덕을 손상하고 명命을 끊은 지 오래인데, 천하는 이를 알지 못하고 있습니다. 지금 대저 연횡을 주장하는 이들은 입만 열면 이익을 얻을 기회라 하고 위로는 군주의 마음을 범하고, 아래로는 백성들을 침탈하며, 공을 표방하면서 사리를 취하고 있음에, 이로써 나라의 권위는 홍모鴻毛보다 가벼워지고 화는 산보다 더 무겁게 쌓였습니다.

당대의 용맹한 무장의 문장일까? 혹은 굴원과 같은 결기 있는 문인의 말일까?

국가는 군대를 쓰는 단위다. 산동의 나라들은 진에게 잃으면 더 작은 나라에게서 보충한다는 식으로 스스로 땅을 바치며 권위를 깎아먹었다. 권위가 없는 국가의 군대가 강할 수 있을까? 무한 경쟁의 시대에 쓸데없이 싸워 힘을 빼는 국가는 먼저 망한다. 그러나 힘에는 힘으로 돌려준다는 기본적인 원칙이 없는 국가가 기강이 무너져 망하는 것도 마찬가지다.

또 하나, 열세에 처한 국가는 이익을 찾기 전에 지켜야 할 원칙이 있

• 원문은 "不偏于死, 不偏于生, 不足以載大名"이다. 저울에 '대명'을 실으면 기울든 가라앉든 양단 간에 결정이 난다. 즉 대명을 이루자면 죽기 아니면 살기라는 뜻으로 보인다. "죽음에 치우치지도 않고, 생으로 기울지 않는다면 큰 이름을 얻을 수가 없게 됩니다" 등의 모호한 해석은 뜻이 전혀 통하지 않는다.

다. 초나 산동의 국가들은 합종을 더 오래 지속시켜야 했다. 산동 국가들의 입장에서 합종은 백년대계는 못 되어도 분명 십년지계는 되었다. 합종을 깬 것은 진이 아니라 산동 나라들의 욕심이었다. 《전국책》〈조책〉에 나오는 전략가의 말을 들어보자.

어떤 이가 조왕에게 이렇게 유세했다고 한다.

삼진이 합치면 진이 약해지고 흩어지면 진이 강해지는 것은 천하가 다 아는 일입니다. 진은 우방으로 연이 있을 때 조를 치고, 조가 우방으로 있을 때 연을 치며, 위梁가 우방으로 있으면 조를 치고, 조가 우방으로 있으면 위을 치며, 초가 우방으로 있으면 한을 치고, 한이 우방으로 있으면 초를 친다는 것도 천하가 똑똑히 봐온 바입니다. 허나 산동의 나라들은 그 행동을 바꾸지 못하니 군대가 약해졌고, 약하면서도 하나로 뭉치지 못하니, 어찌 진은 이리 지혜롭고 산동은 이리 어리석습니까?* 이것이 신이 산동의 나라들을 위해 우려하는 바입니다. 호랑이는 짐승을 잡아먹으려는데 짐승들은 그것도 모르고 자기들끼리 싸우고 있으니, 싸우다 둘이 지치면 결국 호랑이 밥이 됩니다. 그러니 짐승들이 호랑이가 잡아먹으려 한다는 것을 안다면 절대로 서로 싸우지 않을 것입니다. 지금 산동의 군주들은 진이 자신을 덮치려는 것도 모르고 항상 서로 싸우니, 양자가 모두 피폐해지면 모두 진에게 잡아먹힐 것이니, 지혜가 짐승보다 한참 못합니다. 왕께서는 깊이

• 원문은 "何楚之知, 山東之愚也"이나 문맥상 "楚"가 아니라 "秦"임이 명백하다.

살피소서.

그렇다면 복잡한 국제정세에 일일이 대응해야 할까? 나라를 지탱할 때 외정은 부수적인 것이고 내정이 근본이다. 아래 위가 하나가 되어 지키는 나라는 몇 배의 힘이 아니고는 들어낼 수가 없다. 왜 제나라는 위왕 시절에 안정되었고 민왕 시절에 거덜 날 뻔했는가? 위왕은 신하들을 믿었고 민왕은 자신이 잘났다고 그들과 싸웠기 때문이다.

《전국책》〈제책〉에 이런 이야기가 있다. 진이 한과 위에 길을 빌려 제를 공격했다. 제나라 측에서는 장군 광장匡章이 나와 맞섰는데 광장은 똑똑한지라 제군의 군기를 진秦의 군기처럼 꾸며 진군과 뒤섞었다. 깜짝 놀란 사자가 위왕에게 가서 고했다.

"광장이 우리 군대를 이끌고 진에 투항하려 합니다."

위왕은 아무 반응이 없었고, 이런 보고가 다시 여러 번 들어왔다.

담당관이 말했다.

"여러 사람이 한 목소리로 광장이 패했다고 합니다. 어찌 장수를 보내 치지 않습니까?"

위왕이 대답했다.

"그가 나를 배반하지 않을 것이 명백한데, 무슨 이유로 그를 친단 말인가?"

과연 광장은 대승을 거뒀다. 신하들은 어쩔 줄 몰라 물었다.

"어찌 배신하지 않았다는 것을 아셨습니까?"

왕이 대답한다.

"광장의 어머니는 남편에게 죄를 지어 죽음을 당하고 마구간 아래 묻혔소. 내가 그를 장수로 삼으면서 이렇게 권면했소. '그대의 강함으로 군사를 온전히 보존하고 돌아오면 내 필히 어머니를 다시 묻어드리리다.' 그랬더니 이리 대답했소. '제가 어머니를 다시 묻지 못해서 그런 것이 아닙니다. 신의 어미 계빙는 제 아비에게 죄를 지어 그리되었습니다. 허나 신의 아비가 저에게 어찌하라 하지 않고 세상을 떠났습니다. 대저 아버지의 명 없이 어미를 옮겨 묻으면 죽은 아비를 속이는 것입니다. 그리하여 감히 하지 못한 것입니다.' 대저 자식이 되어 죽은 아비도 감히 속이지 않는 이가 어찌 신하가 되어 그 군주를 속이겠소이까?"

선대의 위왕은 광장이 명백히 적의 군대와 섞이는 것을 보고도 그를 믿었지만 후대의 민왕은 맹상군이 반역하지 않았을 때부터 계속 의심하고 몰아세웠다. 맹상군도 광장보다 못한 인물이 아니었지만 결국 왕을 반역했다. 누가 자신의 목숨을 내놓고 교만한 의심덩어리를 섬기겠는가?

종합하자면 국가는 기민하지 못해서가 아니라 어려움에 직면해 원칙을 잃고 방황하다 망한다. 부질없이 자주 움직이는 것보다 덜 속이고, 덜 싸우고, 눈앞의 이익 때문에 우방을 자주 바꾸지 않는 것이 더 안전하다. 반드시 싸워야 할 때 피하면 내부에서 무너지며, 더 약해도 상하가 뭉쳐 목숨을 걸고 대항하면 나아가 취할 수는 없더라도 들어와 지킬 수는 있다.

초 회왕과 제 민왕이 비참한 최후를 맞은 것은 원칙 대신 이익을 좇고, 신뢰 대신 권모술수를 지나치게 믿었기 때문이다. 초 회왕에게는 진진이 있고 제 민왕에게는 맹상군이 있었는데 굳이 왕이 나서서 탐내고 속이는 짓을 반복했으니 나라와 몸을 망친 것이 당연했다.

깊이 읽기

전국시대 외교를
읽는 키워드

: 용인과 역지사지

…

　흔히 외교 관계의 변화무쌍함을 이야기할 때 '합종연횡' 운운한다. 전국시대 중반에 송까지 합쳐서 8국이 작게는 생존, 크게는 통일을 두고 서로 경쟁했다. 준비 없이 이 이야기에 빠져들면 미로를 헤매다 지치고 만다. 그래서 필자는 두 개의 나침반을 제시한다.

　하나는 진의 용인用人의 일관성이다. 정책은 변화무쌍했지만 진의 용인은 일관성이 있었다. 이 용인의 일관성이 진을 강하게 했다. 용인의 관점으로 전국을 읽으면 길을 잃을 염려는 없다. 또 하나의 나침반은 쌍방의 입장을 함께 살피는 역지사지의 태도다. 흔히 약자들이 힘을 합쳐야 하는 이유를 설명할 때 '순망치한脣亡齒寒'이니 '오월동주吳越同舟'니 하지만, 두 이야기는 질적으로 다르다. 궁지에 몰린 쥐들이 고양이에게 달려드는 것처럼 오월동주는 자연스럽게 이루어지지만, 상대의 처지를 나의 처지와 동일시하는 순망치한은 적극적인 의지가 있어야 인식할 수 있다. 멀리 있는 화보다 가까이 있는 이익을 찾는 것은 인지상정人之常情이기 때문이다. 어떤 기준이 되는 나라 하나의 입장에서 나머지 나라를 판단하는 대신 각 당사자들의 처지로 들어가 상황을 이해하는 것이 역지사지의 태도다.

　이야기를 마치면서 전국시대 외교를 읽는 키워드로 진의 용인과 역지사지의 방법을 검토해보자.

1. 난세에는 용인이 판을 가른다 ━━━━━━━

조조는 난세의 용인법의 표준을 제시한 사람이다.《삼국지》〈위서魏書·
무제기武帝記〉에 조조가 내린 구인 포고령이 나와 있다. 난세의 인재 덕
목으로 그는 진취성을 맨 앞에 내세웠다.

> 무릇 품행이 바른 선비라고 반드시 진취적인 것은 아니며, 진취적인
> 선비가 꼭 품행이 바른 것도 아니다. 진평陳平이 무슨 독실한 품행이
> 있었으며 소진이 어떤 신의가 있었던가? 그러나 진평은 한나라 대업
> 의 기틀을 놓았고 소진은 약한 연나라를 구했다〔陳平豈篤行, 蘇秦豈守
> 信? 而陳平定漢業, 蘇陳濟弱燕〕. 이로 보아 말하노니, 선비에게 어떤 단
> 점이 있다 하여 그를 버려두고 쓰지 않을 수 있겠는가? 인사 관리들

이 이 점을 명심하면 버려지는 선비는 없을 것이고, 관은 일을 내팽개치는 일이 없을 것이다.

필자가 《사기》에 기록된 전국시대의 인사人事를 찬찬히 살펴보니 조조가 말한 난세의 인사법을 일관되게 관철한 나라는 바로 진秦이다. 진의 용인의 원칙은 그 사람의 재능만 보고 쓰고, 들어 쓸 때는 전임하는 것이었다. 수많은 사람이 진이 어찌하여 칠웅의 우두머리가 되고 결국 그들을 하나하나 무너뜨렸는지 분석했지만 필자는 결국 용인이 성패를 갈랐다고 주장하겠다.

진의 용인은 대개 세 가지 원칙 아래 이뤄졌다.

첫째, 출신 지역을 따지지 않는다.

둘째, 본국에서 쓸 인재는 반드시 군공으로 검증한다.

셋째, 사람을 쓰지 못할 경우에도 그의 책략을 버리지 않는다.

이제 통일 전까지 진의 정치를 좌지우지한 인사들을 하나하나 살펴보면서 진의 용인이 나머지 6국에 대비하여 얼마나 광범위하고 용의주도했는지 잠깐 살펴보자.

비유하자면 진은 튼튼한 칼의 손잡이였다. 칼날이 되겠다고 나선 인재들은 넘쳤고, 상황에 따라 날을 갈아가면서 장검을 휘둘러대니 주변 나라들은 겁을 먹을 수밖에 없었다.

《춘추전국이야기 4》1부의 주인공 상앙은 위衛나라 사람으로서 위魏나라에서 성장하여 진秦으로 들어간 사람이다. 위는 상앙을 쓰지 못했기 때문에 참혹한 대가를 치르게 된다. 상앙은 위魏나라의 사정을 속속들이 알고 있었기에 스스로 장군이 되어 쳐들어왔고, 오기나 이회 등 위나라 인사들이 만든 법가 학문과 경제 정책을 가지고 가서 진나라에 이식했다. 그는 개인의 성정이 지나치게 모진 탓에 결국 죽음을 당하고 말았지만 그의 정책은 그대로 이어졌다.

그다음 역시 위魏나라 사람으로서 종횡가이자 전략가인 공손연이 진으로 들어가 상앙과 마찬가지로 대량조의 벼슬을 꿰찼다. 그의 고향은 음진陰晉, 즉 위와 진의 경계로, 전략적으로 극히 중요했던 오늘날의 화음華陰 지역이다. 이곳은 위가 진이 동쪽으로 나오는 것을 막기 위해 수비에 공을 들이던 곳이다. 공손연이 진나라 장수가 되어 고국으로 쳐들어오자 위는 음진을 떼어서 진에 넘겼다. 대개 기원전 330년 무렵의 일이다. 불과 반세기 전 오기가 위나라에 있던 시절 그토록 공을 들이던 땅을 위나라 사람을 이용해서 차지했다. 공손연의 인품은 별 볼 일이 없어서 국가보다는 항상 자신을 먼저 내세우는 사람으로서 타국과 내통하는 일도 마다하지 않았다. 그러나 진은 기어이 그를 썼다.

이번에 진은 최소한 공손연보다는 더욱 신의가 있는 장의를 등용했다. 장의는 진으로 가기 전에 '구직활동'을 하다가 초나라에서 심하게 매질을 당한 적도 있었다. 그런 장의도 진에 등용되자 위나라 선배들의 길을 똑같이 흉내 내어 고국 위나라를 침탈했다. 사람들은 장의를 그저 유세가로 알지만 당시 장의는 진나라의 유명한 장군으로서 수많은 위나라의 도시를 스스로 공략해서 들어냈다. 그리고 그는 연횡책으로 합종책을 깨고 진나라 동진의 발판을 확고하게 다진다. 굴러들어온 객인 장의는 수없이 참소를 받았지만 진의 왕들은 끝까지 그를 비호했고, 그의 정책은 이어졌다.

장의와 동시대 사람인 진진은 중원 출신이다. 기지가 대단했고 스스로를 오자서에 비할 정도로 자부심이 있는 이였다. 장의와 함께 진나라에 출사했지만 장의는 기어이 이 경쟁자를 초나라로 쫓아냈다. 초의 사신이 되어 진을 찾은 진진에게 진 혜왕은 골치 아픈 문제를 물었다.

"그대는 1년 이상 싸우고 있는 위와 한의 화의를 중재할 것인가 말 것인가?"

그때 진진이 제시한 계책이 "두 호랑이를 서로 싸우게 하고, 나중에 둘 다 잡는다"는 것이었다. 혜왕은 진진의 계책을 채택하여 한과 위의 싸움을 은근히 부추겨서 양자가 회복할 수 없을 정도로 지쳤을 때 갑자기 들이쳤다. 옛사람(진진)은 지금 다른 나라에 있건만, 그 계책은 그대로 이용한 것이다.

진 무왕이 등극하여 장의가 물러나자 이번에는 초나라 하채下蔡 사람 감무를 등용했다. 진 무왕이 감무를 좌승상으로 쓴 것은 파격적인 일이었다. 왜냐하면 아버지 혜왕의 동생인 우승상 저리질은 위나라 곡옥과 초나라 한중을 들어낸 공을 세운 이로 신분과 기량 모두 진나라에서 으뜸이었기 때문이다. 그럼에도 무왕은 감무에게 저리질에 버금가는 지위를 주었다. 이 파격적인 인사에 저리질과 공족들이 감무에게 이를 간 것은 당연지사였다. 그럼에도 무왕은 감무에게 한나라 의양을 치는 중임을 맡겼다. 하지만 진나라 정예 갑사들을 거의 동원해서 다섯 달 동안 공격해도 의양을 떨어뜨리지 못하자 비난이 들끓었다. 그럼에도 무왕은 감무의 직위를 박탈하지 않았는데, 결국 감무는 수비군

6만 명의 수급을 거두는 대공을 세웠다.

정적들이 끝없이 그를 공격하고 무왕도 죽자 감무는 결국 진나라를 떠난다. 진은 감무처럼 진나라의 내정은 물론 효산 동쪽의 지형을 훤히 꿰고 있는 인사가 동쪽에 있는 것이 두려워 그를 등용하려 했지만 이를 아는 산동의 나라들은 감무가 진으로 들어가는 것을 극구 방해했다. 그만큼 그는 활용도가 높은 인물이었지만, 실로 그의 재능을 이용한 나라는 진나라 하나였다. 감무는 진으로 돌아오지 못했지만 의양을 뽑은 공은 그대로였기에 그의 자손들도 대대로 진을 위해 일했다.

저리질이 죽자 이번에는 조나라 사람 누완을 등용하여 재상으로 삼았다. 누완은 조나라 사정에 훤하여 조나라는 누완을 실각시킬 공작을 꾸며 실각시켰다. 누완이 비록 장의와 같은 일급 모사는 되지 못했지만 기본적으로 진을 위해 합종을 주장했고, 누완이 진을 위해 조나라에 가한 해가 적지 않았다. 장평長平에서 조가 진에 대패했을 때 진에게 땅을 떼어주자고 한 이도 누완이었다.

누완의 뒤를 이은 이가 양후 위염이다. 그는 선태후의 동생이다. 역사에는 "선태후는 초인이다"는 기록도 나오고 "선태후의 선조가 초인이다"는 말도 나오고, 또 선태후가 스스로 "나는 초인이다"라고 한 말도 나온다. 아마도 당대에 초나라에서 진나라 왕실로 시집을 온 것으로 보인다. 위염은 외척이지만 걸물이었다. 그는 진 소왕의 외삼촌으로서 왕권에 위험이 될 인물들은 사정없이 제거해버렸다. 재상이 되자 백기를 등용하여 이궐에서 위·한 연합군 24만 명을 몰살시켰다. 초나라 사람이면서도 백기를 시켜 초나라 수도를 점령하기까지 했다.

그는 외국 출신의 인사들을 쓰는 데 일가견이 있었다. 자신이 물러날 때도 객경을 대신 앉혔고, 화양華陽의 싸움에서는 객경 백기의 짝으로 호양胡陽을 기용했고, 제나라를 공격할 때는 객경 조竈와 전략을 짰다. 호양은 삼진 사람이고, 조는 제나라 출신이거나 그 지형을 잘 아는 이였을 것이다.

위염의 뒤를 이은 이는 '원교근공'을 주창한 전략가 범저다. 공격의 시기 원교근공책은 그 어떤 전략보다 위력을 발휘했기에, 중국 외교사 교과서에 빠짐없이 언급되는 전략이다. 범저 또한 위나라 사람이었다. 그는 진나라에서 객경의 위치를 근본적으로 바꾼 인물로 평가된다. 그는 굴러온 돌이면서도 왕권에 위협이 되는 이들을 쳐냈다. 위염이 그 희생양이었다. 그는 스스로 물러나면서 머나먼 북동쪽 연나라의 책사 채택蔡澤을 재상으로 앉혔다. 채택은 여러 왕을 섬기다가 진시황까지 섬기며 고국 연나라에 사신으로 가기도 했다. 진시황은 연나라를 상대할 때 연나라 사람을 썼다!

이런 경향은 계속 이어졌다. 진시황을 세운 여불위呂不韋는 조나라 사람으로서 재상이 되었고, 초나라 상채上蔡 사람 이사李斯는 진나라 통일의 주역이 되었다. 진시황 시절 "궁 밖의 일은 몽염蒙恬에게 맡기라"는 소리를 들었던 장군 몽염의 할아버지 몽오는 진 소왕 시절 제나라에서 들어와 역시 상경上卿이 되었고, 죽을 때까지 한·위·조의 성읍을 무수하게 빼앗았다.

이상 《사기》 〈열전〉에 오른 사람만 잠시 살펴봤지만, 원래 진나라 출신으로서 큰 공을 세운 재상은 저리질을 비롯해 겨우 몇이고 나머지는 대개 외국 출신이었다. 진은 심지어 제나라 정계의 거두 맹상군 전문까지 재상으로 삼을 생각을 했다. 왜 그랬을까? 물론 동쪽의 제와 연합하여 끼인 나라를 치기 위함이다. 맹상군이 워낙 제나라의 거물이고 그 나름대로 확고한 국가관을 가지고 있었기에 그를 쓰지는 못했지만 인재에 대한 진의 욕심은 끝이 없었다.

나머지 나라들은 진에 미치지 못했다. 물론 변방의 연이 조나라 사람 악의를 써서 거대한 제나라를 거의 몰락 직전으로 몰아넣은 적도 있다. 그러나 연은 약소국이라 거기까지가 전부였다. 한나라 역시 약소국이라 인재들을 끌어들이는 데 한계가 있었기에 떠돌이들의 말에 휘둘릴 뿐 그들의 충성을 얻지 못했고, 자연히 왕실 인사들이 정치에 크게 관여했다.

나머지 네 나라들에는 왕실 인척 인사들의 실력이 왕실을 넘보는 경우가 허다했다. 이른바 '전국 사공자四公子'라는 이들 중 제나라의 맹상군 전문은 왕족이며, 위나라의 신릉군信陵君 위무기魏無忌와 조나라의 평원군平原君 조승趙勝은 왕의 동생이었고, 오직 춘신군春申君 황헐黃歇만 왕족이 아니었다.

맹상군이 자신의 봉지를 기반으로 제나라의 정치를 좌지우지하던 시절, 진나라는 객경들이 맹활약하고 있었다. 맹상군의 식객이 수천이었다고 하지만 그들은 맹상군의 신하이지 제나라 왕의 사람이 아니었다. 한 나라에 왕이 두 명 있는 격이니 선비들은 왕과 맹상군 사이에서 눈치를 살폈다. 진나라 위염은 왕의 외삼촌으로서 왕권을 강화하는 데 집중했지만 결국 객경인 범저에게 밀려 쫓겨났고, 그것으로 그의 정치

인생도 끝이었다. 그러나 맹상군은 제나라 정계에서 밀려나자 자신의 고국을 위협하는 일도 서슴지 않았다.

조나라 평원군은 맹상군보다는 정직한 사람이었지만 전략적인 안목이 부족했다. 그럼에도 그는 왕의 동생이라는 이유로 정계의 실력자로 군림했는데, 조나라 40만 명의 장병을 장평에서 몰살시킨 오산이 바로 그에게서 나왔다.

초나라 춘신군은 동쪽에 봉지를 가졌는데 그 크기가 사실상 하나의 작은 왕국이었다. 동쪽 경략을 이유로 오나라의 옛 터에 성을 쌓고 웅거했기에 초왕이 불안해했다. 말년에 그는 권력에 대한 미련을 버리지 못하고 술수를 쓰다 역공당해 비참한 최후를 맞이한다.

위나라 신릉군은 전략적인 안목이 있어서 소진 사후에 다시 합종을 성사시킨 이다. 그러나 그의 존재 자체가 위나라 왕에게는 불안 요소였다. 왕보다 인품이나 실력이 뛰어난 그가 식객을 지나치게 많이 거느린 것이 문제였다.

마구잡이로 얽혀 싸우는 전국시대에서는 끝까지 집중력을 발휘하는 쪽이 유리하다. 그러나 전국 사공자의 명망이 왕을 능가했다는 그 자체가 문제다. 그들의 능력에 비례하여 오히려 국가의 힘은 분산된다.

당시 국가를 이끌어 갈 인재는 넘쳤기에 그들을 거두는 쪽이 임자였다. 진과 나머지 나라들의 용인은 확연하다. 진이 그토록 많은 인재들을 실력을 기반으로 흡수할 때 나머지 나라들은 친한 사람을 쓰고, 왕은 이미 자리를 잡은 이들의 실력이 거딜 나도 쉽사리 내치지 못했다. 기록으로만 평하자면 진의 용인은 타국을 문자 그대로 압도했다.

2. 오월동주인가, 순망치한인가

'오월동주'란 "철천지원수인 오나라 사람과 월나라 사람이라도 한 배에서 풍랑을 만나면 서로 돕는다"는 고사성어다. 합종파 유세가들이 입에 달고 다니는 말이기도 하다. "나뉘면 우리 다 죽는다. 그러니 힘을 합치자" 또 하나 입에 달고 다니는 말이 있다. "조나라가 뚫리면 연나라가 위험하다"랄지 "삼진의 다음 차례는 제나라다"라는 식의 '순망치한'이다. 이런 이야기는 모두 진을 절대 강자로 인정하고 있다.

그러나 우리는 전국시대를 묘사한 사서들이 전국시대 후반에서 진한秦漢 대를 거치며 편집되었다는 것을 잊어서는 안 된다. 상당수의 기록이 후대에 결과론적으로 짜맞춰져 있기 때문에 전국시대 초기부터 진은 절대 강국이었고 나머지 국가들은 약했다고 생각하는 경향이 있다. 그래서 외교 정책도 합종과 연횡의 대결이 전부인 양 생각할 수 있다. 그러나 실상은 그렇지 않다. 한나라처럼 사방으로 적국과 국경을 마주하고 있으면서 경작할 땅마저 부족한 나라를 제외한 나머지는 모두 크고 강해질 가능성을 가지고 있었다. 절대 약소국으로 평가되던 연나라가 한때 서쪽의 진나라와 버금간다고 평가되던 제나라를 멸망 직전으로 몰아넣은 것만 봐도 쉽게 알 수 있다.

그리고 이른바 '전국칠웅'이라는 표현에서 우리는 '7'의 의미를 되새겨보아야 한다. 일곱 나라가 이합집산한다면 그 경우의 수는 엄청나다. 일곱 나라 중 두 나라가 결합하는 경우만 간단히 계산해도 스물두 가지다. 세 나라가 결합하여 나머지에 대항하는 경우도 있고, 세 집단으로 나뉘어 서로 각축을 벌이는 경우도 있다. 그러니 일곱 나라가 어지러이 동맹을 맺으면 그 수는 세기 어렵다. 이 수많은 경우의 수를 다루는 이들이 바로 종횡가들이었다. 다행히 7국의 결합은 몇 가지 경향의 지배를 받았기 때문에 경우의 수는 상당히 줄어들었다. 그중 가장 대표적인 경향이 합종과 연횡의 대결이다.

양자 중에서도 강한 진이 주도한 연횡이 더 단순했다. 연횡의 뒤에는 "천하를 하나로 합친다"는 일통一統 사상이 깔려 있다. 상앙은 전쟁으로 전쟁을 끝낸다는 이론을 내세웠다. 이론상 적국이 있는 한 전쟁은 계속될 수밖에 없다. 궁극적으로 적국을 없애서 전쟁을 없앤다는 것이 진의 책사들의 이상이었다. 상앙의 뒤를 이은 장의 역시 은근히 일통 사상을 전제하고 '진 대세론'을 펼친다. 역설적으로 맹자와 반전 사상가들도 일통 사상을 받아들였다. 묵자가 활동하던 시절에 천하통일이라는 개념은 중론이 아니었다. 묵자는 "몇몇 큰 나라를 위해 작은 나라들이 희생되어서는 안 된다"고 주장했다. 그러나 후대의 맹자는 "사람을 죽이지 않는 방법을 쓰는 이가 천하를 통일할 것이다"라며 일통을 옹호했다. 다만 일통은 강탈에 의해서가 아니라 국제적인 '방벌放伐'에 의해 달성될 것이라고 했다.

일통을 전제한 연횡에 비해 합종은 할거割據를 전제로 한 것이다. 2국이나 3국의 연합도 쉽지 않은데, 무려 6국을 연합시키려면 엄격한 상호불가침 협약이 필요했다. 불가침은 바로 할거를 인정하는 것이다. 또한 불가침을 유지하기 위해서는 6국의 이해관계를 끊임없이 조정할 전문가가 필요했다. 소진이 6국 재상의 인수를 차고 다닌 이유다. 그러나 일부 전문가에 의존한 이해관계 조정은 일관성을 갖기가 대단히 어렵다. 마치 제1차 세계대전의 참상을 목도한 후 만들어진 국제연맹이 제2차 세계대전의 발발을 막지 못한 것과 비슷하다.

비슷하게 들리지만 오월동주와 순망치한은 질적으로 천양지차가 있다. 뱀 한 마리가 두꺼비 두 마리를 동시에 공격한다고 하면 두꺼비 두 마리는 쉽사리 연합할 것이다. 오월동주와 같은 처지다. 그러나 뱀은 언제나 두꺼비를 한 마리씩 잡아먹는다. 당장 잡아먹힐 위기에 처한 두꺼비가 남은 두꺼비에게 "다음은 네 차례야"를 외쳐도 남은 두꺼비가 감히 달려들지 못하는 것은 자신의 "차례"는 미래의 일이지만 뱀에게 달려들다 다치는 일은 당장 지금의 일이기 때문이다. 그리고 뱀은 남은 두꺼비를 이렇게 회유한다.

"한 마리가 죽으면 자네가 차지할 벌레들은 늘어나지 않겠나?"

이익은 가깝고 위협은 멀다면 이익을 취하는 것이 거의 자연스러운 일이다.

일통사상에 기댄 대세론은 단순하기 때문에 오히려 쉽게 와해되지 않았고 더 강했다. 이에 반해 할거와 이해관계의 조정을 전제로 한 합종론은 지나치게 복잡한 경우의 수를 다뤄야 하기 때문에 구축하기는 어려우면서도 와해되기는 쉬웠다. 순자를 비롯한 사상가들은 이를 정확히 이해하고 있었다. "약소국에게 동맹도 선제공격도 의미가 없고, 오직 강력한 수비가 정답이다." 그러나 오히려 이는 더욱 어려운 일이다. 강력한 수비를 실현할 수 있는 군주는 오직 백성과 고락을 같이할 성군뿐이다. 군주된 이로서 백성과 짧은 낙樂을 같이할 이야 많겠지만 기나길 고苦를 같이할 이가 몇이나 될 것인가. 다행히 그런 군주가 나왔다고 한들 그 아들도 그렇게 하리라는 보장을 어떻게 할 것인가?

전국시대의 극히 복잡한 순망치한 인식이 전략으로 승화되기 어려운 구체적인 상황은 몇 가지 예만 들어도 충분하다. 당시 6국은 모두 자신만의 이해관계가 있었다.

일단 큰 나라 순서로 나열해보자. 전국시대 초기에 초나라는 진나라보다 약하지 않다고 생각했다. 춘추시대 진晉(전국시대의 삼진三晉)과 초의 남북 대결은 서방의 진秦이 부상한 시절인 전국시대에도 이어졌다. 춘추시기, 초는 서방의 진秦과 연합하여 북방의 진晉을 견제하는 경우가 많았다. 전국시대 초중반에도 삼진은 초의 입장에서 입술로 보이지 않았다. 진秦이 삼진의 어느 나라를 공격할 때 초는 오히려 이를 북진의 기반으로 삼으려 했다. 초가 삼진을 입술로 인식했을 때, 그 입술은 이미 너무 얇아서 바람을 막을 정도도 되지 않았다.

먼저 초의 동방 정책은 기회주의적이었다. 오월 땅을 접수하면서 동방을 얻자 제와 국경을 맞대었다. 그런 차에 서방의 진秦의 압력을 받자 오히려 동방 경략에 박차를 가한다. 초의 동방 경략이 못마땅한 나라는 바로 제였다. 초의 동방 경략과 제의 이익 충돌도 날로 심해졌다. 연이 제를 거의 멸망시키기 직전, 구원군으로 온 초군이 오히려 배반한 것도 이런 이해관계의 충돌 때문이었다.

두 번째로 제나라는 천하통일 정도는 아니더라도 패자의 야망이 있었다. 제나라 위왕과 선왕 시절의 직하학당稷下學堂은 이런 제나라의 이념을 만들어내던 곳이었다. 패업을 이루기 가장 쉬운 대상은 약한 연나라였다. 제나라로서는 가까운 연나라를 삼키는 것이 먼 진秦나라를 견제하는 것보다 중요했다. 그래서 제나라와 연나라는 원수지간이었다. 제나라는 삼진과 진의 알력을 순망치한으로 받아들이기보다 연나라를 병탄할 기회로 보았다.

삼진, 즉 한·위·조의 외교력은 복잡하게 얽힌 지리적인 형세로 인해 집중력을 발휘할 기회를 좀처럼 얻을 수 없었다. 위 문후와 오기는 이 상황을 명확하게 인식하고 먼저 삼진을 연합시키고 관중의 진을 먼저 제거한다는 원대한 구상을 세웠지만 그들이 죽고 하서를 잃으면서 그 꿈은 물거품이 되었고, 진은 항상 초와 제를 끌어들여 삼진을 잠식했지만 이들은 강대국 진晉을 너무 잘게 나눈 원죄의 희생양이 되었다. 약소국인 진은 서쪽의 조를 입술로 인식했을까? 장평에서 조나라 장졸들이 몰살당하자 연이 쓴 계책은 오히려 약해진 조를 공격하는 것이었다. 나라가 완전히 망하기 겨우 30년 남짓 이전에도 입술을 입술로 보기 어려웠다.

그렇다면 6국의 이합집산을 모두 뱀 앞에서 서로 싸우는 여섯 두꺼비의 몸짓처럼 어리석은 행동으로 보아야 할 것인가? 필자가 보기에는 그렇지 않다. 그것은 진의 독주체제가 명백해진 이후에 등장한 결과론적인 이야기일 뿐 당시의 실상과는 거리가 멀다. 최소한 몇 나라는 모두 도약할 가능성을 가지고 있었다.

만약 제가 연을 몰락시킨 후 결국 합병했다면 상황이 어떻게 되었겠는가? 반대로 연이 결국 제의 마지막 두 성을 떨어뜨렸다면 어떻게 되었을 것인가? 약간 엉뚱하지만 조가 흉노의 화살을 진나라 쪽으로 돌리는 데 성공했다면 어떻게 되었을까? 결국 무수한 가능성이 있었다.

일부 독자들은 필자가 진이 강자로 부상하는 과정을 합종과 연횡의 단순한 대결로 몰아가지 않는 것에 불만을 느낄지 모르겠다. 오늘날 결과론이 역사 서술의 주류를 이루고, 단순화로 독자들을 편하게 하는 것이 유행일지라도 필자는 그 경향에 반대한다. 관찰을 통해 복잡함 속에서 경향을 발견하는 것은 조금 고되지만, 법칙에 사실을 끼워놓고 안도하는 것보다 오히려 안전하다.

필자는 어떤 나라의 편에도 서 있지 않다. 전국시대의 외교를 읽기 위해서는 어떤 한 나라의 자리에서 보지 않고 모든 나라의 처지가 되어보아야 한다. 이것이 바로 '역지사지易地思之'의 태도다.

부록

전국시대 주요국 제후 재위 연표

연도(기원전)	동주東周	진秦	제齊	초楚	진晉	조趙	위魏	한韓	연燕
460									
455					출공出公				효공孝公
454									
453	정정왕貞定王	여공공厲共公					환자桓子		
452									
451				혜왕惠王					성공成公
445					경공敬公	양자襄子			
442								강자康子	
440									
438	고왕考王	조공躁公							
433			선공宣公						
431									
428									
425		회공懷公			유공幽公				문공文公
424						환자桓子	문후文侯		
423		영공靈公		간왕簡王					
415	위열왕威烈王					헌후獻侯		무자武子	
414									
410									
408		간공簡公							
407				성왕聲王	열공烈公				
404						열후烈侯		경후敬侯	
401									
399									
395		혜공惠公							
388			강공康公	도왕悼王				열후烈侯	
386		출자出子							간공簡公
384	안왕安王								
383							무후武侯	문후文侯	
380					환공桓公	경후敬侯			
379			·강씨 제나라 멸망 ·전씨제 시작						
376		헌공獻公		숙왕肅王					
375			전섬田剡					애후哀侯	
374	열왕烈王								
369					진晉 멸망			의후懿侯	
368			환공桓公						환공桓公
362						성후成侯			
361	현왕顯王			선왕宣王					
356							혜왕惠王	소후昭侯	
349		효공孝公	위왕威王			숙후肅侯			문공文公
339				위왕威王					

연도(기원전)	동주 東周	진 秦	제 齊	초 楚	진 晉	조 趙	위 魏	한 韓	연 燕
337									
334									
332									
328									
325		혜문왕 惠文王 (혜왕)							역왕 易王
324									
320								의혜왕 宜惠王	
319	신정왕 愼靚王								
318				회왕 懷王					연왕쾌 燕王噲
314						무령왕 武靈王			
311			선왕 宣王					양왕 襄王	
310		무왕 武王					양왕 襄王		소왕 昭王
306									
300									
298			민왕 湣王						
295									
283							소왕 昭王	이왕 釐王	
278	난왕 赧王					혜문왕 惠文王			
276			양왕 襄王	경양왕 頃襄王				혜왕 惠王	혜왕 惠王
272		소왕 昭王							
271									
265									무성왕 武成王
264									
262									
257							안리왕 安釐王		효왕 孝王
256	주 멸망					효성왕 孝成王			
254								환혜왕 桓惠王	
250		효문왕 孝文王							
249		장양왕 莊襄王		고열왕 考烈王					
246									
244			제왕건 齊王建						
242						도양왕 悼襄王			연왕희 燕王喜
238									
237							경민왕 景湣王	한왕안 韓王安	
235		진시황 秦始皇 (秦王政)		유왕 幽王		조왕천 趙王遷			
227				초왕부추 楚王負芻			위왕가 魏王假	한나라 멸망 (기원전 230)	
225						대왕가 代王嘉	위나라 멸망		
223				초나라 멸망					
222						조나라 멸망			연나라 멸망
221		제나라 멸망							

전국시대 주요 사건

연도(기원전)	주요 사건
453	한韓·위魏·조趙씨가 진양에서 지백요를 패배시키고 영지를 나누어 갖다.
410년대~400년대	오기가 서하를 공략하여 진秦의 동쪽 출구를 봉쇄하고 관중을 위협하다.
403	한·위·조가 주周나라 왕실의 승인을 얻어 정식으로 제후가 되다.
381	오기가 망명지 초나라에서 개혁을 시도하다 죽음을 당하다.
364	진秦나라, 위나라 석문에서 싸워 대승을 거두고 위의 갑사 6만을 베다.
350년대 후반	상앙이 진나라에서 변법 개혁을 시행하다.
352	제나라가 계릉에서 위나라를 대패시키다.
352	상앙이 황하를 건너 위나라 안읍을 항복시키다.
341	제나라 손빈이 마릉에서 위나라 방연과 태자를 죽이다.
340	상앙이 위나라를 공격하여 공자 앙을 사로잡다.
338	진이 상앙을 반역자로 몰아 죽이다.
328	장의가 진나라의 재상이 되다.
318	소진이 6국 연합군을 이끌고 함곡관을 공격했으나 패하다.
316	진이 촉을 치다.
314	제가 연을 얻었다가 돌려주다.
312	초 회왕이 진과 전면전을 벌이지만, 단양·한중·남전에서 패하고 한중을 잃다.
307	진이 의양을 얻고 6만 명을 살해하다. 조 무령왕이 호복기사 개혁을 단행하다.
298	맹상군이 제2차 합종을 성사시켜 함곡관에서 진을 공격하다. 진이 화의를 청하다.
293	진의 백기가 이궐에서 위-한 연합군을 대파하고 24만 명을 살해하다.
286	제가 송을 멸하다.
284	진·한·위·조·연의 군대가 제를 공격하고, 연의 악의가 제의 수도 임치를 점령하다.

찾아보기

춘추전국이야기 4

합본 개정2판 1쇄 인쇄 2023년 11월 30일
합본 개정2판 1쇄 발행 2023년 12월 28일

7권 초판 1쇄 발행 2014년 6월 16일
7권 개정판 1쇄 발행 2017년 10월 20일
8권 초판 1쇄 발행 2015년 3월 30일
8권 개정판 1쇄 발행 2017년 10월 20일

지은이 공원국
펴낸이 이승현
기획 H2 기획연대, 박찬철

출판2 본부장 박태근
지적인 독자 팀장 송두나
교정교열 문용우
디자인 김태수

펴낸곳 ㈜위즈덤하우스   **출판등록** 2000년 5월 23일 제13-1071호
주소 서울특별시 마포구 양화로 19 합정오피스빌딩 17층
전화 02) 2179-5600   **홈페이지** www.wisdomhouse.co.kr

ⓒ 공원국, 2023

ISBN 979-11-7171-072-0 04900
       979-11-7171-075-1 (세트)